U0858093

国家清史编纂委员会·文献丛刊

义和团运动文献资料汇编

法译文卷

路遥 主编

山东大学出版社

审者　高毅　高煜

本卷译者　刘驯刚　朱静

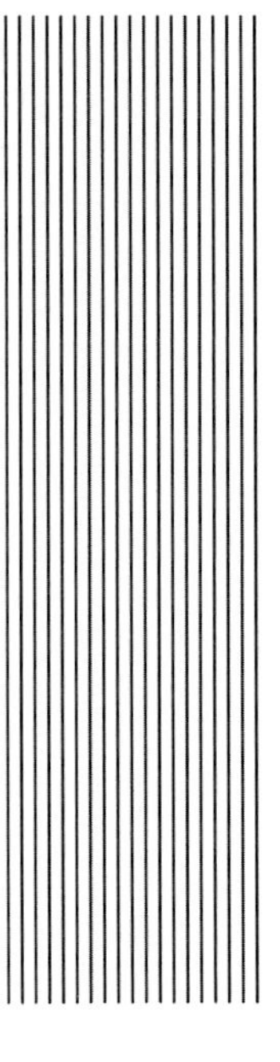

国家清史编纂委员会出版委员会

戴逸

邹爱莲　孟超　徐兆仁

成崇德　李文海　陈桦

马大正　于沛　朱诚如

（按姓氏笔画排序）

总　序

戴　逸

二〇〇二年八月，国家批准建议纂修清史之报告，十一月成立由十四部委组成之领导小组，十二月十二日成立国家清史编纂委员会，清史编纂工程于焉肇始。

清史之编纂酝酿已久，清亡以后，北洋政府曾聘专家编写《清史稿》，历时十四年成书。识者议其评判不公，记载多误，难成信史，久欲重撰新史，以世事多乱不果。中华人民共和国成立后，中央领导亦多次推动修清史之事，皆因故中辍。新世纪之始，国家安定，经济发展，建设成绩辉煌，而清史研究亦有重大进步，学界又倡修史之议，国家采纳众见，决定启动此新世纪标志性文化工程。

清代为我国最后之封建王朝，统治中国二百六十八年之久，距今未远。清代众多之历史和社会问题与今日息息相关。欲知今日中国国情，必当追溯清代之历史，故而编纂一部详细、可信、公允之清代历史实属切要之举。

编史要务，首在采集史料，广搜确证，以为依据。必藉此史料，乃能窥见历史陈迹。故史料为历史研究之基础，研究者必须积累大量史料，勤于梳理，善于分析，去粗取精，去伪存真，由此及彼，由表及里，进行科学之抽象，上升为理性之认识，才能洞察过去，认识历史规律。史料之于历史研究，犹如水之于鱼，空气之于鸟，水涸则鱼逝，气盈则鸟飞。历史科学之辉煌殿堂必须肖然耸立于丰富、确凿、可靠之史料基础上，不能构建于虚无飘渺之中。吾侪于编史之始，即整理、出版《文献丛刊》、《档案丛刊》，二者广收各种史料，均为清史编纂工程之重要组成部分，一以供修撰清史之用，提高著作质量；二为抢救、保护、开发清代之文化资源，继承和弘扬历史文化遗产。

清代之史料，具有自身之特点，可以概括为多、乱、散、新四字。

一曰多。我国素称诗书礼义之邦，存世典籍汗牛充栋，尤以清代为盛。盖清代统治较久，文化发达，学士才人，比肩相望，传世之经籍史乘、诸子百家、文字声韵、目录金石、书画艺术、诗文小说，远轶前朝，积贮文献之多，如恒河沙数，不可胜计。昔梁元帝聚书十四万卷于江陵，西魏军攻掠，悉燔于火，人谓丧失天下典籍之半数，是五世纪时中国书籍总数尚不甚多。宋代印刷术推广，载籍日众，至清代而浩如烟海，难窥其涯涘矣。《清史稿·艺文志》著录清代书籍九千六百三十三种，人议其疏漏太多。武作成作《清史稿艺文志补编》，增补书一万零四百三十八种，超过原志著录之数。彭国栋亦重修《清史稿艺文志》，著录书一万八千零五十九种。近年王绍曾更求详备，致力十余年，遍览群籍，手抄目验，成《清史稿艺文志拾遗》，增补书至五万四千八百八十种，超过原志五倍半，此尚非清代存留书之全豹。王绍曾先生言："余等未见书目尚多，即已见之目，因工作粗疏，未尽钩稽而失之眉睫者，所在多有。"清代书籍总数若干，至今尚未能确知。

清代不仅书籍浩繁，尚有大量政府档案留存于世。中国历朝历代档案已丧失殆尽（除近代考古发掘所得甲骨、简牍外），而清朝中枢机关（内阁、军机处）档案，秘藏内廷，尚称完整。加上地方存留之档案，多达二千万件。档案为历史事件发生过程中形成之文件，出之于当事人亲身经历和直接记录，具有较高之真实性、可靠性。大量档案之留存极大地改善了研究条件，俾历史学家得以运用第一手资料追踪往事，了解历史真相。

二曰乱。清代以前之典籍，经历代学者整理、研究，对其数量、类别、版本、流传、收藏、真伪及价值已有大致了解。清代编纂《四库全书》，大规模清理、甄别存世之古籍。因政治原因，查禁、篡改、销毁所谓"悖逆"、"违碍"书籍，造成文化之浩劫。但此时经师大儒，联袂入馆，勤力校理，尽瘁编务。政府亦投入巨资以修明文治，故所获成果甚丰。对收录之三千多种书籍和未收之六千多种存目书撰写详明精切之提要，撮其内容要旨，述其体例篇章，论其学术是非，叙其版本源流，编成二百卷《四库全书总目》，洵为读书之典要、后学之津梁。乾隆以后，至于清末，文字之狱渐戢，印刷之术益精，故而人竞著述，家娴诗文，各握灵蛇之珠，众怀昆冈之璧，千舸齐发，万木争荣，学风大盛，典籍之积累远迈从前。惟晚清以来，外强侵凌，干戈四起，国家多难，人民离散，未能投入力量对大量新出之典籍再作整理，而政府档案，深藏中秘，更无由一见。故不仅不知存世清代文献档案之总数，即书籍分类如何变通、版本庋藏应否标明，加以部居舛误，界划难清，亥豕鲁鱼，订正未遑。大量稿本、抄本、孤本、珍本，土埋尘封，行将澌灭。殿刻本、局刊本、精校本与坊间劣本混淆杂陈。我国自有典籍以来，其繁杂混乱未有甚于清代典籍者矣！

三曰散。清代文献、档案，非常分散，分别庋藏于中央与地方各个图书馆、档案馆、博物馆、教学研究机构与私人手中。即以清代中央一级之档案言，除北京第一历史档案馆所藏一千万件以外，尚有一大部分档案在战争时期流离播迁，现存于台湾故宫博物院。此外，尚有藏于沈阳辽宁省档案馆之圣训、玉牒、满文老档、黑图档等，藏于大连市档案馆之内务府档案，藏于江苏泰州市博物馆之题本、奏折、录副奏折。至于清代各地方政府之档案文书，损毁极大，但尚有劫后残余，璞玉浑金，含章蕴秀，数量颇丰，价值亦高。如河北获鹿县档案、吉林省边务档案、黑龙江将军衙门档案、河南巡抚藩司衙门档案、湖南安化县永历帝与吴三桂档案、四川巴县与南部县档案、浙江安徽江西等省之鱼鳞册、徽州契约文书、内蒙古各盟旗蒙文档案、广东粤海关档案、云南省彝文傣文档案、西藏噶厦政府藏文档案等等分别藏于全国各省市自治区，甚至清代两广总督衙门档案（亦称《叶名琛档案》），英法联军时遭抢掠西运，今藏于英国伦敦。

清代流传下之稿本、抄本，数量丰富，因其从未刻印，弥足珍贵，如曾国藩、李鸿章、翁同龢、盛宣怀、张謇、赵凤昌之家藏资料。至于清代之诗文集、尺牍、家谱、日记、笔记、方志、碑刻等品类繁多，数量浩瀚，北京、上海、南京、广州、天津、武汉及各大学图书馆中，均有不少贮存。丰城之剑气腾霄，合浦之珠光射日，寻访必有所获。最近，余有江南之行，在苏州、常熟两地图书馆、博物馆中，得见所存稿本、抄本之目录，即有数百种之多。

某些书籍，在中国大陆已甚稀少，在海外反能见到，如太平天国之文书。当年在太平军区域内，为通行之书籍，太平天国失败后，悉遭清政府查禁焚毁，现在已难见到，而在海外，由于各国外交官、传教士、商人竞相搜求，携赴海外，故今日在世界各地图书馆中保存之太平天国文书较多。二十世纪，向达、萧一山、王重民、王庆成诸先生曾在世界各地寻觅太平天国文献，收获甚丰。

四曰新。清代为传统社会向近代社会之过渡阶段，处于中西文化冲突与交融之中，产生一大批内容新颖、形式多样之文化典籍。清朝初年，西方耶稣会传教士来华，携来自然科学、艺术和西方宗教知识。乾隆时编《四库全书》，曾收录欧几里得《几何原本》，利玛窦《乾坤体仪》，熊三拔《泰西水法》、《简平仪说》等书。迄至晚清，中国力图自强，学习西方，翻译各类西方著作，如上海墨海书馆、江南制造局译书馆所译声光化电之书，后严复所译《天演论》、《原富》、《法意》等名著，林纾所译《茶花女遗事》、《黑奴吁天录》等文艺小说。中学西学，摩荡激励，旧学新学，斗妍争胜，知识剧增，推陈出新，晚清典籍多别开生面、石破天惊之论，数千年来所未见，饱学宿儒所不知。突破中国传统之知识框架，书籍之内容、形式，超经史子集之范围，越子曰诗云之牢笼，发生前所未有之革命性变化，出现众多新类目、新体例、新内容。

清朝实现国家之大统一，组成中国之多民族大家庭，出现以满文、蒙古文、藏文、维吾尔文、傣文、彝文书写之文书，构成为清代文献之组成部分，使得清代文献、档案更加丰富,更加充实,更加绚丽多彩。

清代之文献、档案为我国珍贵之历史文化遗产,其数量之庞大、品类之多样、涵盖之宽广、内容之丰富在全世界之文献、档案宝库中实属罕见。正因其具有多、乱、散、新之特点,故必须投入巨大之人力、财力进行搜集、整理、出版。吾侪因编纂清史之需,贾其余力,整理出版其中一小部分;且欲安装网络,设数据库,运用现代科技手段,进行贮存、检索,以利研究工作。惟清代典籍浩瀚,吾侪汲深绠短,蚁衔蚊负,力薄难任,望洋兴叹,未能做更大规模之工作。观历代文献档案,频遭浩劫,水火兵虫,纷至沓来,古代典籍,百不存五,可为浩叹。切望后来之政府学人重视保护文献档案之工程,投入力量,持续努力,再接再厉,使卷帙长存,瑰宝永驻,中华民族数千年之文献档案得以流传永远,沾溉将来,是所愿也。

《义和团运动文献资料汇编》序言

路　遥

我国史学界系统编辑《中国近代史资料丛刊》，始于一九四九年新中国成立之后。所谓"中国近代史"，其概念最初系指一八四〇年鸦片战争至一九一九年五四运动前这一属于旧民主主义革命阶段的历史。后来史学界将其下限延至一九四九年中华人民共和国成立之前，即将新民主主义革命阶段的历史也纳入"近代史"范畴之内。"中国近代史"被作为一个重点学科来研究，是从新中国成立之后才正式兴起。它以民族解放斗争结合社会阶级斗争作为主流，义和团运动即其中重大事件之一。

一九五〇年为义和团运动五十周年，著名历史学家翦伯赞主持编辑了《义和团》资料四册，是《中国近代史资料丛刊》最早出版的一种。翦老在该资料集"序言"中说："清算帝国主义血账，是纪念义和团的最好方法，也是我们编辑这部书的动机。"这就是当时编辑这部资料集之指导思想，对义和团研究起了重要推动作用。六十年代，中国大陆经历了一场"文化大革命"，史学研究领域（也包括义和团研究）陷入了非正常状态。迨至七十年代"四人帮"被粉碎，学术界开始拨乱反正，义和团研究又步入正轨。从八十年代开始，由于中外学术交流沟通，义和团研究才开始面向世界。一九八〇年十月，山东大学等五个单位联合发起在济南举办了"义和团运动学术讨论会"，共一百二十多人出席，其中有美、日、加、澳等国十位学者参加，这是义和团研究第一次具有国际性的学术研讨会。在这次大会上成立了"中国义和团研究会"，常务机构设在山东大学。隔了十年，至一九九〇年，山东大学又联合中国史学会、中国义和团研究会等六个单位，再次在济南举办了"义和团运动与近代中国社会国际学术讨论会"，共一百三十多人出席，其中有日、美、法、德、匈、波等国二十五位学者。再隔十年，二〇〇〇年十一月，又一次由山东大学联合中国史学会、中国义和团研究会等八个单位，仍在济南举办了"义和团运动一百周年国际学术讨论会"，代表近一百五十人出席，其中来自日、美、英、法、德、澳、韩、以色列等国及中国香港、台湾地区等二十八位学者。通过前后三次义和团国际学术研讨会的召开与讨论，对义和团研究有重大的推动。在这二十年内，无论中、日或美、欧，都相继有一些代表性的论著和资料出现，其成绩毋庸置疑。尽管如此，但由于义和团运动具有浓厚神秘性及其现象之复杂性，又由于文献资料之严重阙失，致使义和团研究中有不少重要问题难以突破，甚至停滞不前。其主要难题，有以下几点：

一、以往研究习惯于阶级斗争（包括民族斗争）的考察，着重于性质的论述，并满足于研究方法上的线性分析。从八十年代开始，研究者已不满足于纯以阶级斗争理论为指导，要求扩大视野，进一步从剖析社会结构着手。一九八六年在天津由南开大学等单位举办的“义和团学术讨论会”（国内），就已有这方面的一些研究成果出现，但那时还是着重于对社会经济基础的探索。从社会结构或经济基础层面去探讨这场运动的成因，是研究发展的必然趋势。因为人类历史是具有社会的历史，有社会存在是人类的特征，而人类社会又是以众多群体及其组织为主干，并以民族、国家、政治、经济、宗教、文化、地理等各种要素为其有机构成。所以从社会结构入手乃是深入研究义和团的有效方法，它实是采取历史学同社会人类学相结合，而被称为历史社会学或历史人类学的研究方法。

二、利用“矛盾论”——近代中国社会的基本矛盾和主要矛盾的理论，以考察这场运动中所体现出来之义和团、清政府与外来势力之间的复杂关系，当是可以继续遵循的研究方法。但其不足之处，在于更多研究者仍习惯于从矛盾各方之对抗、斗争，而不从或少从各方之相互制约的发展过程中去作具体而深入分析，把一场极其复杂的历史运动直线化、单一化了，因而也就很难有什么规律性的探索。即以近代中国社会的两个基本矛盾而言，民族矛盾当然是最主要的，而它怎样同社会矛盾相交织而促进了义和团运动的发生、发展；义和团运动同时期，国内曾爆发过几次规模较大的下层群众反抗斗争，它对义和团运动究竟产生什么样的影响等等，至今还未见有分量的论著出现。

三、义和团运动的产生从其历史条件看，主要是因德国侵占胶州湾出现民族危机而激发，同时也是反洋教、反教会斗争之延续与发展；而义和团之反教会斗争，又是同长期之民教矛盾密切关联。民教矛盾从西方宗教一方说，起主导作用的是教会及其传教士。义和团爆发于山东、直隶地区，在这些地区传教的天主教组织，有方济各会、圣言会、遣使会、直隶东南耶稣会与江南耶稣会等。这些修会在义和团运动地区原设有众多堂口，均受总铎区或主教代牧区领导。不同修会所采取的传教方针有什么异同？它吸收教民的手段有哪些特征？各修会同其所在国家的政治关系如何？这些方面的研究几乎是个空白。

尤其当民教矛盾尖锐爆发后，传教士同主教之间、主教同驻华公使、领事之间都有许多公文往来，教会内部更有大量通讯报道。台湾“中央研究院”近代史研究所曾于二十世纪六十年代整理过《教案教务档》，从中已不难看到大量民教矛盾都因民事、刑事纠纷而涉及司法权以及其他的相关资源问题。在各教会内部对此更有不少档案记录，却至今未有任何披露，这是导致“教案”研究难于推进的主要原因。

四、从思想意识方面看，围绕义和团运动暴露了中西方之间在思想文化与宗教信仰之间的重大差异。但不少研究者多习惯于从中西文化差异、冲突去论述义和团与教会之间的矛盾，而很少从基督教会将上帝信仰移植异境时应怎样同乡土文化、民间习俗相调适以化解矛盾这个视角入手，对此西方教会根本不予考虑。义和团运动的主体是中国下层民众的运动，应该考虑到这场运动的中国下层民众意识与民间信仰。所谓“民众意识”，是指特定时期在下层民众中间流行的日常各种意识；所谓“民间信仰”，是指其与日常生活紧密联系而刻印于民众心理结构中的信仰与仪式。就教会一方说，无论其在民间传播或使教民皈依，都莫不以精神征服为指引，其遭到乡土文化抵制与民间信仰对抗乃势所必然。一九六二年至一九六五年梵蒂冈曾召开了第二届大公会议，制定、发表了许多文献，对以往传教也有过若干反思与检讨。以之联系义和团运动时期，应如何评价教会的对华传教方针及其所形成的民教矛盾，却是亟待研究的问题。

以上仅就我们思虑所及，提出几个问题，并非全面。现所汇编的这套中外文献资料，也可以说是应对于上述研究困境而编辑的。

编辑这套资料也是我多年所愿望，记得一九九〇年十月在济南举行“义和团运动与近代中国社会国际学术讨论会”之际，中华书局总编辑李侃同志曾约我商谈，建议由我主持编辑一套大型的《义和团运动资料汇编》。其途径可从两方面着手：一是集中已出版的零散资料，二是搜索在各地的文献。基于当时条件，我心有余而力不足，难于负起此重担，但我对此事一直萦回脑际。二〇〇二年国家成立清史编纂委员会，二〇〇四年编委会抛出基础工程项目，本课题《义和团运动文献资料汇编》承国家清史编纂委员会戴逸主任大力支持而获得批准，终于实现了我的夙愿。现在这套资料同以往相比较，它涉及面广，有些从海外搜求来，因受经济条件限制，还不能达到我们预期的要求，但它会给研究者以有益的借鉴和启示。拿义和团运动同中国近代历史上许多重大事件相比，它的神秘性与复杂性远超过其他。义和团运动发生在十九世纪末，在中国社会危机之外又多出了民族危机，世界历史上西方资本主义对亚非地区的征服也已开始转向帝国主义扩张阶段；在中国是两个危机交织在一起，而义和团运动又是中国具有乡土文化、信仰的下层群众所自发的一场反抗斗争运动，其所映现出神秘而诡异的特征乃不可避免。仅从现象上看，义和团运动恰似一面多棱镜，从不同侧面观察，各有其不同特征，但这不等于它没有正面的形象和本质的构成，研究者可以从《汇编》中作各自探析。我们除大量摘录当时中文报刊外，还选译了日、英、法、德等不同语种的文献资料。本《汇编》共分五卷八册，其中：中文资料一卷二册，英、日译文各一卷二册，法、德译文各一卷一册，约计五百四十七万字。其来源主要如下：

一、外国的官方文档，如日本外务省和参谋本部文件，涉及日本对华政策以及出兵参与联军共同侵华过程的相当详细记录。

二、西方的天主教内部文献，主要有德国圣言会和法国耶稣会对华传教活动与民教矛盾频发的记载。

三、侵略方的国内舆论，选德、法两国国内有关报刊的评述。

四、选自基督教传教士和西方学者的最早或较早撰述义和团的论著。

以上大部分记述来自与义和团不同的立场，有许多诬蔑义和团为“匪”、“拳匪”、“团匪”等词句，均非我们所认可，为要保持资料之原始性，一概不予改动，它涉及义和团运动诸多方面问题，仍有重要参考价值。限于我们水平，所选译内容与编辑方法当有许多不足之处，尚望研究者、专家批评指正！

二〇一〇年五月

目　录

第一部分　徐州教区

《徐州：中国的主教辖区》(第一卷)

(兰文田　著)

前　言 …… (5)
介　绍 …… (7)
　地　域 …… (7)
　居　民 …… (14)
　徐州的第一个教团 …… (28)
第一编　创　建 …… (34)
　第一章　徐州的开放和重闭(1882～1884) …… (34)
　第二章　被困睢宁(1884～1890) …… (42)
　第三章　“岩石”上生存(1890～1896) …… (53)
　第四章　一位勇敢的竞技者：董师中神父 …… (67)
　第五章　棒打汤执中神父(1892～1896) …… (81)
　第六章　大刀会(1896) …… (92)
　第七章　明天将会怎样？(1896～1901) …… (103)
　第八章　搏斗苍龙(1896～1901) …… (115)
第二编　成　长 …… (129)
　第九章　圣宠和天理在闭塞之乡 …… (129)
　第十章　“气息啊，要从四方而来，吹在……”(1901～1911) …… (145)
　第十一章　沿着大运河(1901～1911) …… (178)
　第十二章　大大小小的苦难(1901～1911) …… (190)
　第十三章　1911年 …… (208)
　第十四章　灾难之后(1912～1919) …… (226)
附　录 …… (237)

第二部分　义和拳案

德国占领胶州的后果…………………………………………………………………………… (243)
补充新闻…………………………………………………………………………………………… (248)
义和拳在直隶东南(一)…………………………………………………………………………… (254)
义和拳在直隶东南(二)…………………………………………………………………………… (269)
义和拳在直隶东南(三)…………………………………………………………………………… (274)
义和拳在直隶东南(四)…………………………………………………………………………… (277)
中国的圣徒传……………………………………………………………………………………… (284)
义和拳包围范家疙瘩……………………………………………………………………………… (295)
逐出大名府………………………………………………………………………………………… (307)
一支临时组成的基督徒军队:保卫魏村 ………………………………………………………… (322)
战斗之后:苦难与破产 …………………………………………………………………………… (341)
附　录……………………………………………………………………………………………… (344)

第三部分　评　　论

中国、欧洲和罗马教廷 …………………………………………………………………………… (349)
中国的政治和宗教局势及其由来………………………………………………………………… (363)
关于中国问题……………………………………………………………………………………… (369)
中国的混乱局势…………………………………………………………………………………… (378)
最近的中国事件…………………………………………………………………………………… (386)
义和拳……………………………………………………………………………………………… (389)
义和拳危机的由来………………………………………………………………………………… (394)
义和拳和中国的秘密会社………………………………………………………………………… (398)
传教士与义和拳…………………………………………………………………………………… (405)
假目击者诋毁传教士……………………………………………………………………………… (411)
义和拳起义与法国的对华政策…………………………………………………………………… (416)

后　记…………………………………………………………………………………………… (429)

第一部分

徐州教区

徐州:中国的主教辖区

(第一卷)

Süchow, Diocèse de Chine, Tome I

1882～1931

兰文田(Rosario Renaud, S. J.) 著

Montréal: Editions Bellarmin, 1955

前　言

利奥十三世说："教会是一个团体，是基督的团体，生气勃勃，充满活力，受到耶稣—基督的支持和激励，耶稣—基督将其美德渗透于这个团体，就像葡萄树干，滋养着它所连接的枝蔓，使之果实累累。"（众所周知通谕，*Encycl. Satis* cognitum）

由此，我认为，我为之作序的这部徐州教会史，不仅说明了利奥十三关于教会的这一定义，而且可以说还向我们表明了教会史的基本脉络在中国这一方土地上的再现。

我想就以该教会与宗主教会的这种相似和接近作为开场白来概述这部精彩作品。它的文笔非常生动，而且我敢说，还极富使徒精神，传教士的生活在一种经过精心描绘的人种学和地理学的背景下很好地融汇到了历史里。

徐州的这个新生教会确实就是这种生气勃勃的团体。这个团体极富生命力，受到一位"所到之处都留下生命与活动痕迹"的创立者的鼓励，得到一群合作者的协助，这群合作者与这位创立者紧密配合，他们天资聪慧，忠贞不渝，禁欲修行，笃于信仰，具有那种令人赞叹的适应和再适应所处环境的宝贵能力，这些环境能让他们期待天主的时刻，并能让他们以炽烈而温顺的意志的全部激情追随天主。

它还是活跃的团体，始终处于觉醒状态，以便能抓住时机深入渗透，组织……或重新开始，永不放弃，凭借善良和忠诚来战胜邪恶，将征服和创立的热忱与维持和巩固的热忱结合起来，从而始终准备吸收要争取的人，与要保护的人保持联系。而且我还要赞扬作者对教区创立者不停的巡行活动的突出描绘：通过这些巡行，他响应着传教士们的吁求，支持着他们的努力，鼓励着他们的热情，使他们始终处于积极的状态。

最后是充满活力，其中既有上升的活力，也有向下渗透的活力。上升的活力，即是光辉的信仰，是不可动摇的信任，是天主和众生的炽热的爱，是频繁而持久的祈祷的生命力，是牺牲的精神。我们处处能感受到这种上升的活力显露出来，在他们的生活方式中，在他们的书信中，尤其在假日里他们与我们年轻人的交谈中，这些年轻人渴望聆听他们的话。而向下渗透的活力，即是急速传播的活力，向"各个方向上萌生新芽的枝蔓末端"渗透，要将生命力传给众生：传给那些刚刚皈化的新教友，传给无数传教士真心爱护的那些慕道者，传给不计其数的孩子，孩子们是收获的希望，挤满了学堂。

而对这些传教士来说，什么是能够维持这种生命力的深层源泉呢？这就是保禄们和沙勿略们曾经汲取过的源泉，即天主之心，它的搏动不停地促使每个使徒的心脏跳动。正如利奥十三世说到教会时所言，这就是"耶稣—基督，就像葡萄树干，滋养着它所连接的枝蔓，使之果实累累"。

正如这部史书所表明的，要在这里最终找到解释，何以能在这样一种环境中难以置信地改变人们的信仰，而且虽有重重障碍仍然勇往直前。

创立教会的团队，是锤炼传教者的团队，确确实实因宽厚大度、献身精神和由神圣而神奇的乐观精神支撑的虔诚而光彩照人，他们是一流的。然而如果没有圣宠，创立者及其合作者们的作用将显得无能为力，而且没有成效。对此，他们感受颇深。

徐州的这个教会要成为传送神圣生命力的大河的主流，而且在每次危机过后不但不萎缩，反而日益拓展延伸，也必须从基督的心中获得源泉；如果说传教士们都钟爱徐州，那么我敢肯定，圣心就是第一个钟爱徐州者，而且是深深地爱。

因为，如果说为了在异教的废墟上创立教会，就必须与远古的传统、专制者的权势、哲学家和雄辩家以及各种邪恶力量作斗争，那么，徐州教会的创立者也需要破除根深蒂固的迷信，战胜官吏们公开或隐蔽的抵制，挫败文人们玩弄的阴谋，推倒邪恶的偶像，那些偶像比木制的或石雕的偶像更具有抗拒力。这样的工作靠人力是无法完成的。

确实，作为教会，徐州传教区在其隐秘生涯和最初的使徒喜悦之后，曾有过类似于身陷陵墓的黑暗时期，曾受到暗中的或暴力的迫害，甚至发生过殉教事件，以至于我相信，很难找到一个教徒聚居地，至少是一个传教中心，不曾发生过抢劫、纵火、暴乱或谋杀事件……因而没有哪个教徒聚居地或传教中心不是在磨难中创立起来的，这 ut mirabilior esset gratia et potentia Dei（拉丁文：更奇迹般地显示出天主的圣宠和全能），要维持这样的事业，必须有天主相助。

而且，现时的徐州传教区全然如同教会，不轻视人助，但始终特别依靠神助。这就是为什么虽然几乎被彻底摧毁，基督徒们仍要回归，慕道者仍在增加，奇迹般地表明，spes contre spem（拉丁文：在绝望中仍怀有希望），或天主所要求的赎罪法则，即：per crucem ad lucem（拉丁文：通过十字架走向光明）。

是的，正是为了教会，所以尽管徐州的传教士们所宣讲的教义与邪恶背道而驰，尽管他们力量单薄并遭到反对，但他们已能发现，他们的事业还是在坚持，在发展，虽然是小如黑芥的种子，也能长成一棵大树，让无数飞禽栖息，这是因为，这种事业是神圣的，因为我已说过，圣心特别钟爱徐州教区，并降福于它。

这就是从这部史书升华出来的双重信念，让人产生强烈感受，获得鼓舞。我坚信，所有读者将从这部以其 nubes testium（拉丁文：无数的佐证）歌颂天主荣耀的优秀著作里，汲取这双重信念，在这无数的佐证中，处处展现出一些虔心雕琢出来的光辉形象。对未来要播种同一田野、为教会的发展和天国的扩张而劳作的所有传教士来说，将是产生力量、信任和希望的信念……而对今天的传教士们来说，它已经是了。

其实，在其艰辛的日子里的夜晚，对先驱们的慰藉就是看到接替者的到来……什么样的接替者啊？一群新的传教士，年轻，虔诚，积极，热情，就像五十年前的先驱们本人那样。

而我们自己呢？我们在读完这部史书时，会衷心感激神圣的天主，在徐州平原上，俯允这样的收割者来接替这样的播种者。

上海主教　惠济良[①]

上海，1945 年 9 月 26 日

于加拿大圣殉难者节（la fête des SS. Martyrs du Canada）

---

① 惠济良（Bishop Auguste Haouisée, S. J. 1877～1948），法国人，耶稣会士，1925～1928 年任上海天主教修院院长，1931～1946 年任上海宗座代牧区代牧，1946～1948 年任上海教区主教。另，本书中外国人名第一次出现时均附原文，并采用其汉名，无汉名或一时无法查考到汉名者，均注有“音译”二字，以资区别。中国人姓名第一次出现时不附原文，但无从核实的姓名，第一次出现时附原文，并加“音译”二字。地名亦然。—— 译者注

介 绍

地 域

一、土 地[①]

——华北东部有一片引人注目的地质奇观：大平原。从北京到淮阳山区，在平均二百到二百五十法里的宽度内，延展着一片由黄土、黄沙和黏土构成的土地，地理学家以比较容易接受的假设，解释了这块土地在这片陆地上的存在。

最初，发生过一次剧烈的地壳变动。在那未确定的、当然是非常遥远的时代，这片平原深层的地下崩塌，凹陷成一个周边陡峭的巨大盆地。盆地北达蒙古高原，西抵山西高原和蜿蜒突起的秦岭。南部耸立着淮阳山，东部是山东高地。海水立即侵入这十二万五千平方法里的洼地。[②] 这是最初的年代。

其次，以凹地的淤积为特征，因为山西的山脉与黄土高原毗邻，黄土地容易粉碎成极细的颗粒，因此易受水的影响，尤其容易受流经它的黄河的影响。

黄河从其源头西藏流出，向东北部延伸，绕过鄂尔多斯高原，沿途掺入并卷走大量的这种黄土。[③] 黄河往下奔流，牛奶咖啡色的河水冲击着秦岭屏障，秦岭形成直角转向东部。在秦岭脚下，几乎同样混浊的渭水汇入黄河，双倍的泥水流向大海。在史前期，黄河奔流不到一百五十法里后融入大海。

一些水势略小的支流、风和雨的作用与黄河的作用结合起来，每年带走几亿吨的腐

---

① 参见葛德时(Cressey)《中国地理基础》(*China's Geographic Foundations*)；西恩(音译，Sion)《季风的亚洲：中国、日本》(*Asie des Moussons，Chine，Japon*)；夏之时耶稣会士(Richard，S. J.)《中国坤舆详志》(*Géographie de l'Empire de Chine*)；雷科路斯(音译，Reclus)《中央帝国》(*L'Empire du Milieu*)；丁(音译，Ting)：《最新中国地图集》(*Nouvel Atlas de Chine*)；《东亚地质图》第 II 页(*Geological Atlas of Eastern Asia*)；刘(音译，Liu)和曹(音译，Chao)《关于江苏地质和矿产资源的初步报告，地图集》(*A Preliminary Report on the Geology and the Mineral Resources of Kiangsu，Maps*)；翁(音译，Wong)《华北的沉积物及其地质意义》(*Sediments in the North China and their Geological Significance*)。

② 葛德时的数据：125 078 平方法里(324 036 平方公里)。参见《中国地理基础》，第 157 页。

③ 沙性黏土比例平均占 0.6%(低水位时)到 20%干硬时。参见布朗德洛(音译，Brandl)《中国工程学会的……活动记录》(*proceedings…of the Engineering Soc. of China*)，1935 年，第 43～53 页。1933 年在河南商州重量比为 39%。参见艾利亚森(音译，Eliassen)同书第 53d. 页。这些数字与金尼阁神父(P. Trigault)的观察对比是很有意思的："这条河流……当它满载着泥沙奔腾时……随心所欲地改变河道，因此在这条河上行船的人要将水保存数日，直至泥沙沉积，留在底部的沉积物不少于 1/3。"(《基督教远征中华帝国史》[*Histoire de l'Expédition chrestienne au Royaume de la Chine*]，1616 年，第 554 页)

殖土。[①]

由于无数年来黄河就这样持续不断地奔流，致使河口淤泥堵塞，淤积加厚，河床升高，浮出水面，板结坚固，外展扩延，上升到山东高地，山东高地目前已被嵌入其中。现在甚至可以预见到，有一天将轮到直隶湾被完全填满。[②]

黄河从北纬35°的山区流出，直到开封很少脱离这个纬度。如果这条直线延续下去，黄河可能穿过徐州，它是山东、河南和安徽卡住江苏的突角地带，一片平地，无边界，约五千六百平方法里。徐州位于约东经116°30'至118°30'和纬度34°和35°之间，边界很少有任意交错处。[③]

在中部，从东北到西南，接连不断的多石的隆起地块使平原起伏不平。这片丘陵属于山东高地，至少过去是如此，因为自此，地面上升将丘陵分隔开来；随后，一层接一层的冲积层将底部覆盖，因此现在只能看到丘陵的顶部，这是原始土地被掩埋后留下的最后遗迹。平均海拔七百至八百法尺[④]，最高处在萧县，两千五百法尺。

这些受到磨损、剥落、被侵蚀到石灰岩层的丘陵使地平线呈现难看的齿状。丘陵几乎改变了整个景观。徐州地貌的特殊标志是由于黄河从这片山脊的每侧沉淀出的沉积物所致。这块地层可能比同样构造的其他行省要薄[⑤]，大概干涸得更早。当然，我们现在确实是在大平原上：相同的起源，相同的棕色，相同的成分，相同的单调。尽管在有大量尘土覆盖的地表上，河泥的主要成分因为水或风的作用不断地移动，但是自从海水退去以来，大平原的外表未必发生很大的变化。

在徐州的狭长地带，黄土、沙砾、胶泥的比例变化不定[⑥]，被两条长沙土带（即黄河故道和当地的河流沙河）切割的黄土遍布西部，而在北部，胶泥比例明显加大。在南部和东部，尤其在宿迁县，几乎是单纯的沙砾，当然这是一时的特殊表面现象，有时一场大水足以将沙砾冲走。

① W. H. 翁先生估计只是现代的黄河每年带走4.73亿吨。（参见《中国地质学会公报》[*Bull. of the Geol. Soc. of China*]，1931年，第247～252页）

② 大陆每年向前推进的尺度还是非常粗略的。西恩先生似乎同意每年100米的说法（见《季风的亚洲》第1卷，第97页）。根据翁先生之说，在理论上，黄河三角洲在海上可能每三年半扩展1公里。（参见《中国地质学会公报》，1931年，第267～271页）

③ 徐州（徐州或徐州府）包括八个县，其平方里面积如下：沛县，465.5；丰县，410.4；砀山县，427.3；萧县，788.2；铜山县，1,217.3；睢宁县，606.3；宿迁县，872；邳县，808.3。（参见《中国工业手册：江苏》[*China Industry. Handbooks, Kiangsu*]，第5～8页）

④ 参见《中国工业手册：江苏》，第12～13页。

⑤ 在北平，钻探到七百法尺以上未遇到岩石。（参见乔治·布·巴尔布尔[George B. Barbour]《关于北京地区深井的详尽数据》[Further Data Regarding Deep Wells in the Peking Area]，载《中国地质学会公报》，1930年，第49～57页）

⑥ 这些变化在《东亚地质图》(*Geol. Atlas of Eastern Asie*)中已相当准确地显示出来。

二、水[①]

——早在几千年前[②]已有人生活在大平原。今天依然如故，虽然陆地面继续增高，洪水仍然威胁到居民及其财产。在徐州，有许多防护工程引起我们的关注。高二三十法尺的土堤从河流和大运河的各侧延伸开去。这些土堤与其他顺着低洼地延伸或环绕湖泊的堤坝相连接。这项复杂工程，纵横交错，维护昂贵，令人惊叹，因为最初人们并没有认清这样做的必要性。

事实上，一个外国人看一看官方的县地图，便可对完善的灌溉系统作出评价：丰富的河水，两个大型天然水库（北部的微山湖、东部的骆马湖）和星罗棋布的小湖泊或池塘，一片河流和运河的网系，无精打采的蜿蜒流水当然不会让人产生任何灾难临头的观念。

在当地漫步的人更不会担心。他们很快便会发现，地图上的蓝线条，在十二个月中有八个月失去它们的意义，运河与河流自 11 月末干涸，农民在耕作自家地的同时，还耕作运河与河流的河床，在湖泊里耕作和播种。6 月初，堤坝沐浴在麦海之中。[③]

实际上，自从黄河（1851 年）改道以来，徐州一直被令人日益不安的干旱困扰着。由黄河供水的河流已随着黄河迁移。1855 年，微山湖突然缩小一半，结果使西北部的运河干涸。[④] 每年从 3 月到 7 月，湖水水位大幅度下降。在沛县，大湖甚至缩小成一条勉强可航行的沟渠，不再向大运河提供一滴水。但大运河仍然继续为徐州东部排水，造福于本省南部的农民。地下水相应减少，不能满足耕作之需。

然而，徐州是中国水灾最频繁、雨水造成灾害最严重的地区之一。

平均降水量五百至七百毫米对全年来说一点也不过多。但是像所有平均量一样，意味着时多时少。平均量不分旱季和雨季。旱季有时连续三四个月，其间不下一滴雨；而雨季正常情况下是 7 月和 8 月，期间，大雨倾盆，天昏地暗，三天、六天、十天内几乎不停顿。然而，地面的坡度不能充分适应如此大量的雨水快速流动，因此，雨水滞留在低洼地，或被堤坝挡住，少量的流入微山湖或大运河。

雨水滞留在已耕作过的地里并非坏事。在几天内有几法尺的水还过得去。不幸的是，农民们并不总是这么轻易地摆脱忧虑。大约每三四年，特大的雨水形成巨大的湖泊，七八法尺深，几个月后才干枯。这些水迅速积聚起来，对没过脚跟的水，居民还能勉强对

---

① 参见（除上面提及的作者外）比奥特（Biot）《论黄河下游的变迁（根据中文文献，加之 1851 年和 1938 年的变迁）》（*Mémoire sur les changements du cours inférieur du fleuve Jaune, d'après les documents chinois. Ajouter à cette liste les changements de* 1851 et de 1938）；布朗德洛《黄河下游的改造》（*The Improvement of the Lower Hwangho*）；爱莲斯（Elias）《关于黄河新河道的探察报告》（*Report of an Exploration of the New Course of the Yellow River*）；康治泰耶稣会士（Gandar, S. J.）《皇家运河》（*Le Canal Impérial*）；盖德润（Gundry）《中国，黄河的现在和过去》（*China, Present and Past, The Yellow River*），第 348～379 页。

② 参见卜科（Buck）《中国土地的使用》（*Land Utilization in China*）第 1 卷，第 61 页："从地理方面而言，在这些年原还不适于居住的数千年之前，就已有人类居住了，因而他们必定遭遇许多风险。"

③ 在微山湖，西畔的农民在一长条地带播种，可深入九法里之远。骆马湖（宿迁之北）通常是干涸的，只有在涨水期才能灌满水。

④ 关于湖泊的缩小和为占有由此而显露出来的土地而发生的争斗，参见徐神父（ZI. S. J.）《关于徐州府"团"或"圈"历史概述》（*Notice historique sur les T'oan ou Cercles du Siu tcheou fou* [*Süchou*]）。

付。常见的是他们的住房坍塌，秋季收成烂在地里。在这些湖泊周围，在相当远的地方，多细孔的土地如同被水浸泡。水从井口溢出来，水在没有地板的房屋里涌出，如同在一条拼合不牢的船里；甚至高岗地在几周内也有水渗出和流淌。作物腐烂，水变质致使人畜患流行病。缺粮和疾病将这场雨水造成的恶果一直拖延到半年以后的麦收。

另外，排水困难的徐州还处在山东洪水的路经之处。山东的洪水涌入邳县和睢宁县，或者注入微山湖。于是，湖水上涨到它的老湖界，淹没几百个建在堤坝和惯常的湖畔之间的村庄；同时，使大运河水位上涨，高出田地十、二十、三十法尺。大运河在徐州的平均宽度在七百至八百法尺，这异乎寻常的水量只靠几法尺的沙土围堰来抵挡。堤坝经常溃塌，大运河往往倒流进欠养护的支流，漫到平原。

更残酷的是黄河决口的袭击。

被大自然注定作为巨大工程的黄河因为它淤积的泥土，已成为一种不动产，它包括中国约四个省份，养育八千万人。然而它保留着特性，人们既没能消除它，也没有在它任性时阻止它在其领域内四处肆虐。自记载黄河决口以来，这条漂移不定的河流已十余次改变河道，从北到南，横扫中国的原野，尽管有堤和坝阻拦。①

在六百五十年间，徐州拥有它占地广阔的领主地位。将近 12 世纪末，疯狂、污浊的黄河突然出现。这不是它首次窜犯，但这次在蹂躏乡村之后，它串联起当地的河流，把它们纳入它的身躯，并安顿下来。堤坝曾一时将它遏制住。它这种充溢河床、蚕食河岸的双重癖性难以戒备，频繁的失控使它的绰号“中国的悲哀”(China’s Sorrow)名副其实。

1851 年 10 月 14 日，黄河从丰县西南的蟠龙集脱缰。两年内，它自由自在地来回游荡，整平、淤积了部分平原，然后在开封西面打开另一出口，终于在山东北部安定下来。它留给徐州无数尸体，不可胜数的村庄被夷为平地，或掩埋在泥浆下，在一些地方，泥浆有十法尺厚。②

黄河的河床始终在这里，就像为可能突然登门的客人准备的床。然而，黄河喜欢在它周期性的返回时选择其他路线。黄河听命于神秘的势力，将它引到出乎人们意料的地方，因此也是人们警觉薄弱的地方。西部和北部都有堤坝阻拦它。如果黄河冲不垮堤坝，它就从底部穿过沙砾渗透堤坝。几天后，成千上万平方法里的土地将覆盖上五至十法尺的水，汹涌的激流将树木、茅屋顶、牲畜和活人卷走。不久，水流减弱，水位略有下降，积水因几个月不流动而腐败，然后，又不知不觉地以与来时同样的迅猛消失得无影无踪。

黄河最后一次流经徐州是在 1935 年。这年七八月份正常的雨水未下来。

在 9 月末，本地区北部一半突然被洪水淹没，同时，在北部的另一半，细弱的作物枯死。一百万人动员起来试图将洪水引到大运河和淮河，但未获成功。洪水侵占了六个月，

① 改道图，请参见葛德时《中国地理基础》，第 160 页。人们会发现另一幅改道图附在翁先生《华北河流的沉积物……》(Sediments of the North China Rivers…) 文内，载《中国地质学会公报》(1931 年)。1938 年，中国军队用炸药炸开黄河大堤，引发洪水，阻止日本军队的前进。日本人千方百计堵塞决口，但是无济于事。截至 1946 年，黄河水淹没安徽的广大地区，通过淮河泄入江苏中部的湖泊和大运河。此后恢复了 1938 年之前的河道。

② 这种淤积在其他地方同样受到关注，参见爱莲斯《……考察报告》(*Report of on Exploration*……) 在丰县和砀山县北部的许多地方，人们注意在契约上规定，购买上部分和下部分。下部分是黄河水浸泡过的房砖，挖掘出来，可用于新的建筑。

在4月份才退去。

这种灾害每六七年侵袭一次，面积或大或小，有时是整个徐州。但通常涨水结束时，洪水就积蓄在西北部和邻近大运河的低洼地带，即本区域的四分之一。要使徐州不受到黄河的任意侵袭，可能必须再过几千年，并补充冲积层。

三、气　候①

——气候受各种气流的影响，其中季风占主导地位，季风六个月刮一个方向，六个月刮反方向。② 在徐州，夏天的季风约在4月中开始。开始风力微弱，很无规律，在5月末之前几乎不会增强。这时的东南风清凉，携带水汽，持续到9月。从10月到4月，风向颠倒过来，从西北南下，寒冷且有沙尘。

这种季风在印度十分稳定，而在徐州容易多次中断。季风有时减弱，或让位于灼热的西风和西南风、"台风尾巴"——"台风尾巴"是多风暴的东风，比在海滨减弱的台风危害性小。但人们怕的是"台风尾巴"在通常人们不需要雨水的季节带来连续的强降雨。

季风和逆风的常规活动结果是气候温和，有益健康，没有剧烈变化，夏天稍热，冬天稍冷，但作为补偿，这是中国最少潮湿的气候之一。③

秋季，最美好的季节，在徐州是美妙的。清澈的天空，温和，干燥；夜晚凉爽，三个月令人精神振奋。然而，随后凛冽的北风使树叶凋谢，小麦的绿芽停止生长，土地冻结。约在11月中，霜冻，随之稍后一个月，第一场大雪撒满大地。

这还只是预兆，因为在12月和整个1月上旬期间，寒冷天气很严酷。严寒或长或短要持续两个月，有时被抵消寒潮的回暖奇怪地打断，而寒潮会扰乱秋季和春季的正常时序。寒冷虽不是非常凛冽，温度也不太低，但要难熬得多，因为湿气让人觉得寒冷刺骨。④另外，无论是火炉还是炕⑤，都不能缓解房间里不利于健康的寒冷。一般用棉絮或衬了毛皮的棉衣保暖。手、脚、耳朵如果缺乏保护，就会皲裂、生冻疮、化脓，刺痒剧痛。

3月、4月是经常阴沉的月份，已经暖和的白天和还会上冻的夜晚相互交替，沙尘暴猛烈，冬季的季风已减弱，但令人不安且多雨。除非这几个月不绝对干燥，不被西风过早地吹干。非常精明的人可预见到天气给徐州带来什么。直到9月份，气候变化不定使农民苦捱许多焦躁不安的日子，那是只要赌盘转起来赌徒便可感觉到的焦躁不安。

炎热不太可怕。然而有一个月时间令人畜难熬。从7月1日到8月15日，温度在华

---

① 参见格尔吉耶稣会士（Gherzi, S. J.）《东亚气候地图集》（*Climatological Atlas of East Asia*）；《中国和近海的气候（国家民航局驾驶员使用的油印文本）》（*The Climate of China and the Adjoining Seas*, texte minéographié à l'usage des pilotes de la C. N. A. C.）。

② 关于季风的机理，参见西恩先生《季风的亚洲》第1卷，第3～15、19～21页。

③ 观察五年（1926～1931）的平均相对湿度为69.9%。（参见格尔吉耶稣会士《东亚气候地图集》[*Climatoligiecal Atlas of East Asia*]，第39页）

④ 在徐州观察的1月份绝对最低温度为－16.7℃（2°F）。参见格尔吉耶稣会士《气候地图集》，第31页。在最寒冷的天拂晓时，通常的温度为15°F，约－10℃，但随着太阳升起，水银柱轻而易举地从15度上升到20度，甚至30度（摄氏8～15度）。池塘里的冰，在夜间达一两指厚，一般在白天融化。雪同样也很快便消融掉。

⑤ 北方和满洲里的中国人用砖砌床，从内部加热。

氏 95 和 100 度之间摆动，有几天除外。[①] 幸亏太阳一落空气就清凉起来，由于有东南风，夜间可入睡。

人们更加关心下雨的规律。通常，每个月都下一点，但最充沛的雨量是在 4～5 月、7～8 月，这时雨水正是不可缺少的。人们希望雨水不要过分充沛，每年有一个无雨的月份，以便收割。这种巧合每五年约有两次。在另外三年，破坏性的气候使田地荒芜，要么不下春雨，使小麦干枯；要么春雨过多，淹掉小麦；要么春雨下得时间过长，连上夏季的雨水，四五个月的暴雨过后，导致洪水泛滥，引发饥荒。下文将详细叙述气候可能使一个民族陷入怎样的境地。

四、物　产[②]

——秦岭和渭河将农业中国明显地分成两大地区：北方产小麦，南方产稻米。这两个区域再细分为由地方性的次生作物划定的分区。因此，中国小麦包括三个分区：北方和西部是春小麦区；中部是冬小麦—黍类区；东部是冬小麦—高粱区。徐州位于两大区分界线附近，在冬小麦—高粱分区。因此，徐州不种水稻，基本粮食主要是小麦和高粱。[③]

除小麦和高粱外，人们也收获其他粮食作物（黍、大麦、玉米）、蔬菜和水果（几乎全是温和气候的各种水果）、棉花、油料作物等等，因而在丰收之年，徐州可向其居民提供必需的食物，以及衣服和取暖用的柴火。

这种经济独立性不仅是整个分区的，也是每个家庭的，它是中国农业特点之一。有助于徐州经济独立性的是：缺少大型农场，气候温和，土地肥沃，以及直到最近还存在的交通困难。

农民平均每户有一块二十到三十亩的土地[④]，一些盐类沿河泥的孔隙上升到地表，使土地肥沃。但有些盐类，如钾硝，使相当广泛的地块贫瘠。

> 耕种者们将牲畜的粪肥，特别是人粪肥，添加到大自然赏赐给他们的化肥里。他们把这种肥料与湖泊或池塘底部肥沃的淤泥混合起来，撒到已播种的田里。
>
> 人们不了解消除钾硝蔓延的办法。可能没什么可实施的办法，土壤里浸透了钾硝。雨水溶化钾硝并带走，但是钾硝很快又出现，摊在大片泛白的硬地皮上，使所有的作物窒息。如果没有比较可观的收成，农民们便刮钾硝卖。[⑤]

中国人有无可比拟的园艺技术，结合合理的种子分布以及不停歇的劳作，从这些小块

---

① 1928 年 7 月，在徐州观察到的最高绝对温度：43.3℃（110°F）。平均昼夜差：12℃。（参见格尔吉耶稣会士《东亚气候地图集》，第 31 页）

② 参见卜科《中国土地的使用》；索普（音译，Thorp）《中国主要土壤的地理分布》（*Geographical Distribution of the Important Soils of China*）；谢觉民（Hsieh）《铜山县的贾汪煤田》（*The Chiawang Coal Fields of Tungshan District*）；翁先生《中国煤炭分类》（*Classification of Chinese Coals*）；《中国工业手册：江苏》。

③ 更确切地说，在宿迁县有时也种植水稻，但这是一种旱地稻，在不灌溉的田里生长的红色水稻。秋种不能进行时，用水稻替代小麦，黄河穿过徐州时，徐州播种水稻。稻田随着河水的消失而消失。（参见康治泰耶稣会士《皇家运河》，第 47 页）

④ 在徐州，1 亩有 240 平方步，即边长 81.3 英尺的面积。以整数计，6 亩等于 1 英亩（40 公亩），15 亩等于 1 公顷。

⑤ 楷体字部分在原文中是对上文中某个情况、观点、事实等进行进一步说明的文字，类似旁注。下同。——译者注

田地里获得可观的收成。在七八个月期间，根据计算的进度，作物达到成熟，因此市场上既不会供不应求，也不会供过于求。

从 4 月到 11 月末，草本植物和大量品种繁多的绿色蔬菜，通称为“菜”，成为每天菜单上不可少的部分。在第一批草本植物之后，络绎不绝的有：青豌豆、黄瓜、洋葱、红萝卜、青萝卜和白萝卜，接着大麦、油菜，在 6 月份有小麦。小麦前不久，有樱桃。在小麦和大麦收割后空出的地里，立即种上蚕豆和山芋。

山芋是天南星科可食用的块茎。肉白(白芋)或红(红芋)，味甜，含有非常丰富的淀粉，经过水煮或油炸，其味如土豆。

在徐州，先把山芋埋在地里，让它发芽。6 月时，把芽移植到大田，让它生长，直到第一次下霜。这时，它已有七八法寸长，储存六个月。

割麦子时，高粱和玉米已有两三法尺高；4 月种植的黍子、棉花、烟叶、花生已能抵御开始来临的炎热和雨水。

水果成熟。李子、山楂、葡萄、桃、杏、梨、枣、石榴、柿子相继出现，并伴有二十几种瓜类，尤其是人们消费的西瓜数以百万计。从 8 月末到 11 月末，秋收、整地和播种来年的小麦占用了所有的人手。在 12 月，周期终止，耕种者结账。庄稼地给他们带来一个半的收成。[①] 他们卖掉小麦和水果，收入用于缴税，或添置财产，量少的高粱、黍子、蚕豆和山芋则储藏起来备用。他们在自己的屋子里储备粮食、咸菜、大蒜、一些干果和一袋做新年馒头用的小麦。他们有棉花、油、自家牲畜吃的草料、烧饭用的高粱秆。这是好年景。

一个半的收成是特殊的收成，如农民所说，这是“实打实”的收成。很少不因这样或那样的原因减少宝贵的十分之几的收成。蝗虫、虫害，或者是冰雹、干旱、雨水毁掉一部分，这些灾害有时会在同一些地区集中发生，灾害过后，所剩无几。

很显然，徐州的农民太依赖土地了。因此，必须通过工业来增加并稳定飘忽不定的农业收入。铁路没有像人们希望的那样促进商业发展。徐州出口少，进口更少。徐州只是一个交通枢纽，商品由此从内地流向沿海，在此地并不停留，反之亦然。[②]

用船运输货物要便宜很多，因此比起平原的城市来，工厂主更喜欢港口。花岗岩和石灰岩山丘取之不尽，说不定有一天，某个有雄心的人可能受到吸引，利用它们向整个华北提供石灰和水泥。由于没有公路，人们甚至尚未着手进行。现在有人在靠近山东的贾汪和萧县的孤山开采两个煤矿，但进程缓慢。

贾汪煤矿估计有一千来万吨。当地人早就了解有这个矿，而且已从中掘走大量的燃料。1929 年，华东公司安装一台现代化采掘设备，年产量五千吨。

孤山煤矿常年没有运煤的道路。只是在 1937 年，开始有一条路与津浦连接，但中国人不得不中途放弃。

日本人占领期间，日本公司占有贾汪和孤山，并自 1940 年开始与津浦铁路连接。

① 半个收成来自全年可以播种两次的土地(30%～40%)和小麦、玉米、高粱生长时在畦间插种获得的额外收成。

② 《中国工业手册，江苏》多处详细列举了该省的各种工业和生产，指出徐州县的比例。徐州特别输出未加工的物产：皮革、鸡蛋、水果、花生、小麦、家畜，但量很少。当地市场几乎消费了全部物产。

公司使产量远远高过1937年,但是数字无从查考。

因此,徐州长期在其气候的暴虐下呻吟。反复无常的苍天太频繁地迫使几百万人挨饿,或起码使粮食减产,在很多情况下,他们食物减缩超过了苦修的苦行僧。还需要多少年煤矿和工业才能改善他们的境遇呢?

居 民

一、性 格[①]

——怎能用几行字说明整个民族的特点呢?尤其像徐州这种情况,当地人由众多的小社团组成,他们都仿照同一模式,但也因地因人而异。例如,大运河地区呈现出的类型与西部县的类型有相当大的差异。宿迁县南部居民身上显示的特征,在北部不到五十法里的邳县居民身上却不存在。很多村庄自己一代代延续的一些特殊习俗和熟语,至多才为百来个家庭所忠贞不渝地传承。因此,我们的观察必然是非常一般化的,不会不加区别、不加细分地适用于整个徐州,更不能适用于其他省份的中国人。

因为徐州人在性格上和习俗中存在一些粗犷、强烈、不屈不挠的成分。徐州确实是一块封闭的土地,生活在这块土地上的人,在中国历史上可以追溯到的古老年代,他们为保卫生命与洪水、饥荒、土匪抗争;为解决他们的纷争与他们遇到的军队抗争。几千年来与自然斗,与人斗,造就了一个勤劳、坚忍、好斗的民族,尤其是为了每日的食粮,既不怕冒险也不惧奔波。他们是纯朴的民族,容易满足,贫穷,无知,但同时清楚地知道自己的古老,忠于他们的传统和习惯,深深地依恋他们的家庭和家业。

他们有充分理由感到自豪。他们在戏剧中,在流浪说书人的故事中,在民间小说中,表现了一些时代的英雄氛围,在那些时代,帝国的命运就在他们现在耕作的大地上决定;他们这个小故乡的一些人从类似于他们所住的土坯房走出来,飞黄腾达,直至登上皇帝的宝座。[②] 在徐州人为之自豪的王朝创立者、王侯和将领中间,有两人享有全国声望,沛县的两位冒险家,凭借他们的能力、果敢、计谋和机遇,成为历史和传奇中的英雄,他们就是

---

① 关于徐州居民,请参见拉富杜诺耶稣会士(Lafortune,S. J.)《加拿大人在中国》(*Canadiens en Chine*);史式徽耶稣会士(De La Servière,S. J.)《速写中国》(*Croquis de Chine*);于贡耶稣会士(音译,Hugon,S. J.)《我的中国农民》(*Mes Paysans Chinois*)(作者在徐州的邻县海州传教,两地习俗相同);《中国纪事》(*Relations de Chine*),尤其是埃尔芒耶稣会士(Hermand,S. J.)《灾害频仍的地区》(*Au Pays des dix mille calamités*),1919年,第298页及随后各页。关于一般的中国人,请参见埃斯卡拉(Escarra)《中国》(*La Chine*);马乐伯(Maspero)《中国》(*La Chine*);林语堂《吾国吾民》(*My Country and My People*);克劳(Crow)《我的中国朋友们》(*Mes Amis les Chinois*);翟理斯(Giles)《中华文明》(*The Civilization of China*);明恩溥(Smith)《中国人的特征》(*Chinese Characteristics*);《中国年鉴》(*The Annals, China*)。关于农民生活和农村习俗,请参见布雷东(音译,Bredon)《百座祭坛》(*Hundred Altars*);卜科《圣地》(*The God Earth*);明恩溥(Smith)《中国农民的生活》(*La Vie des paysans chinois*);戴遂良耶稣会士(Wieger,S. J.)《道德和习俗……》,等等。

② 大量最受欢迎的民间故事和戏剧取材于《三国演义》,故事的一部分就发生在徐州。邓罗(音译,Brewitt-Taylon)翻译全书,名为《三国》(*Son Kuo*)或《三国演义》(*Romance of the Three Kingdoms*)。中国戏剧充斥着曹操和刘邦的故事。(参见灵敦(Arlington)《中国著名戏剧》[*Famous Chinese Plays*])

刘邦和曹操。

刘邦，约公元前247年生于沛县附近。先是小吏，后是匪头。他控制沛县和丰县时开始发迹。从公元前208年起，他与徐州的另一位征服全国的冒险家项羽（生于宿迁西北二十三法里的下相）争天下。项羽将土地分割给他的将军们，将江苏和安徽两省留给自己，以徐州为京城。

公元前207年，刘邦在陕西作为封地获得汉王国。他仍不满足，雄心勃勃，他巧妙运筹，不久即位居诸将领之首，并在徐州攻打他的前首领项羽。两年内，两个凶残的对手血染整个平原。最后，穷途末路的项羽拔剑自刎。公元前203年，刘邦登基帝位，无人反对。刘邦死于公元前195年。他创立的汉王朝存在于公元前202年至公元8年，然后又从公元25年到220年。[①]

曹操和刘邦一样生于沛县，他是东汉的主要反叛者，最终推翻了它。当时中国处于乱世之中，集团的头目曹操蹂躏了安徽北部，经过多次挫折，他成功地攫取了帝位和帝国。220年，中国分裂为三个王国。曹操占有魏国，并传给他的后代，统治魏国直到265年。[②]

除刘邦和曹操外，徐州还诞生了南京宋朝（420～478年）创建者刘裕。[③]

死神尊重这些超人。这些超人仍然鲜活地存在于现代中国人的想象中。现代中国人天天在露天戏台上重复再现这些超人的功绩，先经受惨重的失败，然后通过不可思议的复兴弥补了失败，给他们带来最终的特殊荣誉，就像在两千年前一样。

这些荣耀为现代的平凡增添了史诗般的火花。人们一有机会就要品味一番，但这是往日的荣耀。

现实生活提出了一些问题，是人们以哪怕史诗般的幻想也解决不了的。徐州的中国人处理这些问题没有任何冲动。讲情理，有节制精神、自卫本领，前人规定的行为准则，身边人的舆论，最后是他们的良知，就是他们的行为指南。

他们为两个目标而奋斗：首先是每天吃两顿饱饭，其次是发财。

中国人有烹饪意识，对精品菜肴、微妙复杂口味的调味品有鉴赏能力。他们能无懈可击地做几十道极好的菜肴，所有人都是品尝的行家。他们的社会生活尤其要在装点考究的餐桌旁进行：嫁娶、丧葬、交友、买卖、诉讼、诡辩、签约、名誉的恢复，等等，都以宴请开始或结束。

然而，俭朴仍然是他们的一个特点。如果有一顿美餐等着，他们会毫不犹豫地行走一百里[④]去赴宴，但是除了酒席，他们满足于清一色的、相当乏味的食物。一年中有三百天，在百分之九十的居民家里，每日的两餐甚至极其寡淡：都是吃馒头——富人家是小麦馒头，其他人家是未精磨的玉米、高粱、小麦混合面馒头——干烙饼、粉丝、小米或高粱粥、煮山芋、青菜或咸菜、一滴辣酱油，时而有点肉或鱼，逢集的日子吃一块糖果……

---

① 参见戴遂良耶稣会士《历史文献》（Wieger, S. J., *Textes Historiques*）第1卷，第231页及随后多处；切普耶稣会士（音译，Tschepe, S. J.）《楚国史》（*Histoire du Royaume de Tchou*），第360页及随后多处。

② 参见戴遂良耶稣会士《历史文献》第1卷，第231页及随后多处；还有《三国演义》。

③ 参见戴遂良耶稣会士《历史文献》，ad annos（拉丁文：当年的）。

④ 三里约为一英里。

而且这只是对丰年而言。如果小麦发生锈病，或雨水卷走高粱，在很多情况下，生活是艰难、悲惨的。人们必须相应地限制饮食，所储备的粮食要吃到来年小麦收割时。不再吃粉丝和小麦馒头，粥也变稀了，豆饼（动物饲料，甚至是肥料）和其他没有营养价值但可以充饥的废渣一起拿来煮汤。许多家庭从 3 月到 6 月天天挨饿，最穷困的家庭勉强靠稀粥、野草或当蔬菜吃的柳树叶维持着。

最糟糕的是饥荒。一旦吃完储备粮，吃光野草、树叶，树根，就必须外出逃荒，否则就会死亡。于是成千上万的人和整个家庭到南方讨饭。来年春天，他们仍然像出发时那样贫穷地回到家，但是起码他们存活下来了。

这些周期性的饥荒，这种每年像季节那样有规律性的缺粮，深深地铭刻在当地人的性格上，同时，这种每日两餐的观念深入到头脑里，饥饿使这些天生有自尊心、不受拘束的人变成肚子的奴隶。饥饿经常泯灭了他们身上的怜悯和互助之情，在他们身上植入了自私自利之心、对他人的不幸无动于衷、嫉妒和怨恨。饥饿在穷人中间增加了不知羞耻的乞丐、不可救药的小偷，饥饿最终把他们推向偷盗和抢劫。

在徐州，就是想通过不正当手段，也不是想富就能富起来的。发财的希望只能随着生命的结束而破灭。在徐州如同在其他民族中一样，金钱是首要的，如果不说是唯一的念头的话。尽管“面子”、尊严、情谊、报复心对行为有很大的影响，贪婪仍是威力无比的原动力。中国人具有惊人的商业才能，而且，除非例外，如果不从事更高雅的事业，如文学、科学或宗教，他们就把自己的天才用于巧妙地赚钱。他们在赚钱方面无比精通，其恶果是源于贪婪的诸多恶习和罪恶。外国和中国作家们[①]在最微小的细节上描写了当地人出奇的唯利是图，逼迫对方出牌的不可胜数的花招，对弱者和穷人无情的盘剥。文学没有歪曲现实。

徐州还供养着一大批贪财的官员、放债吸血鬼、靠各种手段自肥的鬼鬼祟祟的经纪人。这些巧取豪夺的行家人不多，不幸的是，这种人也并不少见。他们的大多数同乡以前还是诚实的，一遇到机会就会产生同样的反应，人们会说这是正常的，他们面对利益的诱惑，抵抗能力很快就消失殆尽。

当然能遇到一些正直的人、诚实的商人、尚未被贪婪腐蚀且历经考验的人，但是他们已消逝在贪欲横流的人群之中，他们的存在更突出了其他人的贪婪。

二、社　会

——人们认为徐州有四百五十万至五百万人口。

> 就是说每平方法里约有八百人。扣除丘陵、池塘、墓地、道路、无产出的土地，每平方法里耕地供养近九百人，五十来头牛、马、骡、驴和百余口猪。人们还要从中获取衣服、税款、嫁娶丧葬费用，购买工具和其他物品的钱。[②]

徐州隶属于江苏，但是居民清一色地表现出山东人的种族特征。许多山东家庭的移居和两省村民之间的日常交往不能完全解释语言、习俗和性情惊人的相似。事实上，是省

① 参见李昌（音译，Li Chang）《清朝官员的习俗》（*Moeurs des Mandarins sous la dynastie mandchoue*）。

② 参见卜科《中国土地的使用》（*Land Utilization in Chine*）。有好几处。

界在大运河西岸将历史和社会关系上本为一体的人群分割开来。

徐州的人和北京的人讲相同的语言，即官话。这种官话不够洪亮，掺杂了一些地方熟语，但比江苏和安徽任何地方的话都更纯正，更有特点。

在知识界或文学界，人们几乎不提徐州；没有一位文人、一位思想家生在徐州，使徐州扬名。[①] 但不能因此认为农民轻视知识。相反，书写像魔法一样令他们着迷，何况五分之四的人不识字。尽管农民对书写从不隐瞒赞赏之情，但他们没有时间，而且可能没有任何愿望要理解表意文字的奥秘。这对他们来说会有什么用呢？

在帝国时代，殷实之家的子弟已掌握足够多的文字，可以经商或在官府的办公室里书写公文。普通的民众对书本学问毫不在意。现在，事情不再是这样的了。教育是有利可图的，最小的乡村也在办学，因为为了得到由进步产生的新职业，必须有文凭。(1911 年)革命前的农民是耕种者、手艺人、土匪或兵勇。现在年轻人经过几年学习，可在银行、铁路、城里的工业、教育、电力和运输公司谋得职业。

专业或职业工人的工资不受天气影响，对家庭来说，再没有比这更合算的了。这是一份宝贵的抗饥饿保险。但大多数有文凭的人必须到本州府之外，在工业中心或沿海大城市谋求生计，因为在徐州，城镇的数目远少于与人口密度所要求的数目，人口密度无力吸纳求职大军。唯一的大城市是徐州，它有三十万或四十万人口，是知府所在地，津浦一陇海铁路交汇点，也是整个苏北、河南和山西一部分的商贸枢纽。

在战前(1938 年)，徐州隐没在一群山冈之中，有一大片灰色的砖瓦房，绿色树木点缀其间。一片由黄河故道扩大而成的湖泊将城市分成两部分。这座中国最古老的城市之一，长期保存着破旧的面貌，默默无闻，略有一点不同于中国城市的神秘。屋顶有角的矮房子鳞次栉比，被弯弯曲曲、名副其实的迷宫般的窄小胡同分割开来。过往行人、游手好闲者、人力车、剃头匠、流动的修理工和四季叫卖的摊贩在胡同里摩肩接踵，来往穿梭。马路(可通车的道路)稍宽一些，用大石块铺成，须要提防路上的凸出的石块，容易使人摔跤。

不过也有七八栋欧式楼房，如：天主教堂、圣路易中学、主教座堂、中国银行、旅馆、火车站。北郊有几座工厂的烟囱，使人们的眼睛适应未来的建筑。[②]

日本占领的八年加快了变化。1938 年 5 月的轰炸和大火毁掉一个美好的城区。此后，日本工程师在大片未受损坏的小平房中间开拓出林荫道，他们还把许多胡同调直、加宽、铺石面，削平堵塞某些街区的坟墓。红砖或砖外糊上水泥的壮观建筑，如大百货商店、银行、领事处、官署、货栈、饭店、小酒馆、戏院、节日礼堂，还有诸多其他建筑取代破旧的房屋，点缀着新开通的、洋溢着青春活力和昌盛气息的街道。据说计划的实施使徐州可与华北最漂亮的城市一样美丽，而实际上相差甚远，再者，往日的特色已不复存在。

还有十二到十五个其他市镇，总人口二十五万到三十万，几乎全都受到日本的征战重创。但是大部分消息灵通的居民在征服者到来之前就已逃避到乡下。

---

① 中国一位大诗人苏东坡自 1077 年 4 月至 1079 年 3 月曾在徐州任知府。他在任职期间写作的诗集书名为《黄塔》，纪念他在黄河新堤上修筑的一座宝塔，以警示黄河改道。(参见林语堂《欢乐的才子》[*The Gay Genius*]第 13 章)

② 不缺少古老的建筑，但没有什么突出的。在拉富迪诺耶稣会士《加拿大人在中国》(第 11～19 页)会看到这些建筑物的名单和简介。

真正的徐州在乡下。平原延伸到天际,坐落着无数的小村庄,隐藏在远看像绿洲的树丛中。在远处陶醉于这种美景的人,一旦走近就大失所望,因为没有比这片像树瘤紧贴在地上的居民点更平淡乏味、更千篇一律的了。一般的说,在破碎的围墙后面情况很差,人们发现住房规模和结构相同,四面土墙,茅草作屋顶。每个家庭有这么几间原始的房间,它们呈方形,围绕着一个共用的院落,每对夫妻一间。这个院落是重要的场所。在一天的不同的时间里,它分别用作厨房、餐厅或大厅;夏天用来睡觉,也作牲口棚、鸡窝、猪圈。在院内放置劳动工具、坛坛罐罐、高粱秆、麦秸和许许多多日常使用的物件。在露天容易损坏的物品,如粮食、衣服、草席、家具等,就堆放在房间里。

因此,留给人的空间被大大压缩,没有隐秘,没有僻静之处。中国人大概已适应这种法国空想社会主义者傅立叶幻想建立的共同生活的模式,容忍较少的不方便,因为有钱人家的房屋按相同的模式修建,不过砖墙砌在石基上,瓦替代了秸秆,院落更宽敞,而且一道院接一道院,根据这户人家的大小和财产的多少,鱼贯连进三四道院。每个殷实的房产主都拥有带雉堞的塔楼,用来保卫财产,在盗匪攻击的情况下,这塔楼就是要塞。

塔楼、房屋、围墙构成一个封闭体。没有向外界开的窗户,仅有一个坚固的大门,太阳一落山即注意关闭。中华民族自己的心脏就在这泥土的村庄里,在这干泥篱笆围成的院子里跳动着。胜利地抵抗了自然和人的袭击的这个种族没有别的堡垒。我们深入到了他们的生命力、他们的传奇式持久力、他们的不可摧毁性的发源地。中国的年轻人在这里深受先辈们的精神熏陶,这些斗士们在生活中经受挫折,但不服输,因为他们从不认为损失、毁灭、灾难是不可弥补的。

目前的一代人只是由于时代而不同于他们的祖先。以前的世世代代赋予他们两种品德是其力量的根源,即:拼命干活和爱家,或更确切讲对家庭的崇拜。家庭本身将这两种品德传给它的后代。

徐州的男人、女人和孩子每天都劳动十至十五个小时。没人认为这是可耻的事。劳动如同吃饭和睡觉,是天生的需要,没有任何人想躲避。十个农民有九个种地。他们使用原始的、当然也是有效的工具,但仍要求出大力气,他们披星戴月地翻耕、刨挖、锄草①,对庄稼地像对花园那样细心照料。人们不容许田里有一根杂草,对每棵灌浆的茎秆都像珍贵树木一样精心呵护。日常的活计已经很沉重,如果为了保证收成,还必须抗击一种或几种灾害,如涝、旱、蝗虫、冰雹……活计还会加重。冬季里,土地一冻结,人们就闲下来。于是人们做些不紧迫的零活、修理工具,其余的时间则在茶馆闲聊。这时也是走亲访友、交易与诉讼的时间。

受制于同样勤劳生活的,就是手艺人、商贩、工匠们。阶级的差别不总是很突出。大多数手艺人和商贩有土地,在许多节俭或手更灵巧的农民家里,制作部分家具、工具、藤柳制品、居家需要的木器等。对于做买卖,人人都感兴趣,即使没有才能。从城里回来的人很少不带一些衣服、火柴或香烟在乡间推销,赚点外快。

外出的人在路途中听到一些消息和谣传,便向他周围的人滔滔不绝地讲述,晚上人们围坐在一起又重复起来,讲话不时地被惊奇的“呦”和怜悯的“哎呀”声打断。中国和天下

---

① 参见霍默尔(Hommel)《中国写实录》(*Chine at Work*),该书收集了各种使用工具。

的重大事件就是这样口口相传，几乎像电台广播那样迅速。人们紧紧跟踪最近这次世界大战，有时不无嘲弄地议论欧洲和美国的政策。人们了解这些事情，然而普遍关注如此遥远发生的事件所激起的兴趣是很微不足道的。农民讲求实际，他们的思想本能地促使他们关注看得见摸得着的现实，如收成、牲畜、治疮（疖子）的药、不幸的遭遇、他那个村子的丑闻，以及在这一切之上的金钱：过去他有钱时的所作所为，其他有钱人的所作所为，有钱邻居的所作所为……这是说不完道不尽的话题。

在不冷不热的夏夜，拉拉家常，筹划未来，有助于肌体的放松。围墙紧闭着。男人脱掉外衣，蹲着或躺在木板床上，手边放着茶壶和铜烟袋锅，女人和孩子围成圈坐着。如果加上人人都吃饱喝足，那么就是真正的心满意足了。

徐州的农民在家庭中，在其宅院围墙内，享受着他在尘世间最大的幸福。庭院本身是上天给予的第一件礼物，是他朴实的慰藉之处。在这里，在他童年时期，他的爷爷、奶奶百般呵护他；在这里，他在他父亲家门口建立自己的家；在这里，他的孩子，他的儿子们为他的生活增光添彩。最使他激动不已的喜悦场景是：家庭节庆、嫁娶、友情酒宴、新年、收获……老宅院保留着多少幸福的回忆啊……老宅院缓解了多少不幸：死亡、疾病、洪水、饥饿、战争……老宅院是藏身地、安全港、庇护所……

……这老宅院还是学校。大多数农民根本没上过别的学校，总的来说，在这里受到的教育远远超过他们在别处学到的东西。他们学习了生活，在长者身旁，他们体验了伦理课、子女的孝心、节俭、劳动、掌握言行的分寸、相互支持、互相帮助。十五人、二十人，有时更多的人，挤在同一围墙内，始终在一起，难免磕磕碰碰，相互摩擦已消磨掉他们性格上的棱角。他们知道，在家庭里，如果不放弃意见，不顺从、屈尊、沉默，谋求绝对的胜利，让丢面子的失败者耿耿于怀，那么团结与和睦就无法持久。这些行为准则也适用于全村，因为他们视全村为一个大家庭。[①]

于是，亲戚和邻里之间和谐相处，有事乐于相互帮忙，互相维护，同甘共苦，尤其不彼此伤害，起码不公开羞辱做了坏事的人，并坚持与之保持亲密关系。更不要向族长告发，以免有时给做恶事的人招来可怕的惩罚。

这些情感正是使其他国家的社会混乱的情感。这就是自私、嫉妒、仇恨、贪财、好色……以暴力，非常普遍地以难以想象的凶残爆发出来。因为为了控制这些情感未培养出好性格，而这与家庭教育的危险的缺陷有关系，家庭教育是乡村的中国人所接受的唯一教育。只要个人在正常的情况下走上大体上正直的道路，这种教育就将一些符合民众的安定和勤劳习惯的自然准则，足以让个人坚持的准则铭刻在人的思想里。可是这种教育宁愿束缚个性，不愿培养个性。这种教育规定了充分谅解不可缺少的态度，但未充分指出这种态度与良心道德以及完美的道德观念的关系。这种教育容忍思想的变质、贪欲、积恨，只要维护住家庭的体面，甚至容许最恶劣的同谋共犯。因而避免作恶不是因为作恶不好，

① 在许多村庄，许多家庭同姓，他们的成员之间不通婚，因为是亲戚关系。在徐州，很容易跟踪一个家庭持续几个世纪的发展。同一始祖的后代最常见的是分散居住在他们发迹的村庄，并以其姓氏命名新的村庄。因此，张镇，张家的第一个定居点，派生出张集、张楼、张井、张桥、张塔、东张、南张等等。同样，对徐氏、王氏、刘氏、马氏，以及徐州的其他氏族亦然。家族的记载连续至今，有时可追溯到始祖。

而是由于怕流言飞语和报复行为。要压抑欲念,只剩下畏惧了。

那么这里真的有束缚吗?宗教的约束是如此薄弱,实力、财富、庇护如此频繁地确保不受惩罚,以致粗野的本能占上风,得以发泄和满足。结果是大量未成年人没有别的谋生手段,只靠抢劫、勒索、偷窃、欺诈,报仇雪恨从父辈持续到子孙,全村武装起来掠夺其他村庄,而权力机关无动于衷。首领们似乎承认某些社会混乱为不可避免的,并利用它们来谋利益,根本不去努力消除它们。

三、政　府

——1911 年 10 月,永恒的中国发生了变化,此前的帝国变成了共和国。

> 正如埃斯卡拉先生所言,共和国一词的含义太广泛。他写道:"在法律上,共和国是由全体公民普选组成议会的代表们任命政府,部长们作为执行的代理官员对议会负责。这种模式容许有一些变化,但在整体上这种模式是现行的所有共和宪法的基础。在中国,从清朝灭亡(1911 年)以来根本没这么做过。有几年,曾进行过不成熟的议会制政府试验,但事实上,人民从未行使过普选权。同样,1928 年成立的国民政府只有'民国'其名。民国的机构,不论是中央政府的,还是省政府的,至今仍停留在纸面上。"①

因此,推翻天子帝位的革命不过是表面的转变,未触动或只稍稍触动整套的内部组织。共和国的创建者们梦想使其国家现代化。他们颁布过几部宪法、几百项改革法令,改变了学校体制,鼓励工业,适时和不适时地阐述孙逸仙的三项原则。当然,他们也取得了一些效果。可是宣传了三十年之后,在徐州像在中国大部分地方一样,帝国的废除并没有显著改变四五千年来统治中国人的制度。

因为共和制不得不依赖附着在民族的细胞本身的家长制。实际上,中国人先是家庭的成员,然后才是政府的国民,许多世纪里,家庭的裁判权先于君主制的裁判权许多世纪。

皇帝是凌驾于权威已具有法律效力的集团之上,而不是取代。因此两个权力,国家元首的权力和家长的权力始终共存,彼此超越,因为它们在相互接触但不混同的范围内发挥作用。

共和制拒绝这种二重性,但是它谨慎地避免正面攻击家长制。法律限制父权,但对违法行为视而不见,希望久而久之从思想上无争议地顺从。这就说明为什么中国社会强有力的骨架:当作半自治的小国家治理的家庭、氏族,在徐州一直坚持到(1948 年末)共产党人上台。

按中国式的理解,家庭由父亲、母亲及其子孙组成。除非例外,所有的人都住在同一院落内。每对夫妇和他们的孩子,有权分得单独一套小屋(三间),其所有权像其余的东西一样属于家长。家长是唯一的所有者,也是对在他家里发生的事情的唯一责任人。他掌管房地产和全家所有人的劳动收入,分配每人所得部分,根据需要出售或购买。他说一不二地决定他的子孙的命运。他送或不送男孩子到学校,选择他们的婚配,决定他们的职业,出嫁女儿甚至不征求她们的意见。他是判官,他惩处违犯家规家法的人,赶走不配作

① 《中国》(*La Chine*),第 54 页。

家庭成员的人。儿子、孙子和曾孙不仅要听从和尊敬他，在他死后还要祭祀他。

中国青年现在给父权打开的缺口是巨大的，它带来严重的滥用。可否因此就必须同狂热鼓吹摆脱束缚的人一起把父权视为盲目的专横，不能容忍的桎梏，国家进步的障碍呢？是否因为几个生长不良的枝权，就把大树连根拔掉呢？在强烈谴责中国的父亲们之前，应该审视一下他们在实践中管家的方式。

有一些人性格恶劣。他们打妻子，恐吓家里人。他们家的院落就是地狱。另一些人是守财奴或酒鬼、大烟鬼、赌徒、行为放荡的人，他们毁掉了自己的家。但这类人不是那么普遍。相反，人们一般看到的是夫妻间有牢固的爱情，起码有理性的和谐，热爱孩子，不辞辛劳地干活，为确保其未来而付出昂贵的牺牲，而这一切突出表明他是个好父亲。家长遇到问题，在确定方针之前，先跟他的妻子、族长、兄弟以及其他亲属商议。他的命令整体上表明家长的明智谨慎、通情达理和对整体财产的管理才智。家庭的暴君不是家长，而第一位的暴君是孩子，他哭叫几声就能任意支使他的所有长辈。其次是祖母，她经常利用年龄特权和对其儿子的影响，折磨她的儿媳们，使她们难以生存……

最后，你相信吗，许多有绝对权力的丈夫俯首帖耳地受他们的更有远见、更泼辣的老婆支配。中国妇女的作用长期以来被定规为：生孩子、抚育子女、为家人做饭、做衣。她像人们所写的那样是奴隶，而且是她做母亲尽义务的奴隶。小女孩从七八岁开始学做家务：照顾婴儿，拾柴做饭、放牛或放驴，以及传授给她的其他活计，一步一步学会管理全家。

她嫁到一个陌生的家庭，迫使她要适应，乃至屈服于这家人的性格、习惯和癖好，反抗这些是徒劳无益的。某些女人特别受到虐待，她们拼命抗争，甚至为摆脱婆婆的欺压而自缢。她们同时要报仇，因为自杀者的父母肯定无疑地要来打官司，不只一个家庭因此陷入灾难。

其他人，大多数屈服于往往是比较轻微的奴役，等待着轮到她们掌权。她们的权威随着儿子的生长、老人的故去而扩大。内务的治理，子女的教育和婚嫁，儿媳的管教属于家庭主妇，她们则顽强地维护习俗承认她应有的权利。而丈夫对此不持异议，他居家和睦，乃莫大福气矣。

氏族包括各家各户，在最古老（或最有资格）的权威下，包括同一血缘的所有个人。埃斯卡拉先生写道："族长要为与共同体生活有关的所有事项接受咨询，在由年龄最大的成员组成的一种家族会议协助下，做出最终决定。他是本氏族的以及组成本氏族各家庭的社会活动负责人。此外每个家族群体的集体负责制是中国社会和政治制度独有的特点。族长在精神上和物质上帮助需要帮助的个体，他们正因为是氏族的一分子而有权指望这种援助。目前的状况是，不能摆脱当今政府正设法抵制的讨厌的寄生性和任人唯亲的习俗。"①

法规未明确规定族长对本氏族成员的权力。这是个人影响和威望问题。有些族长确实成为真正的"大王"，用他们掌握的预算供养他们的保镖——一支武装队伍，他们发号施令并监督实施。他们真像有人说的那样，竟能宣布死刑吗？没有一个政府特许他们这种权利，但是确有族长的决定经常侵越国家法律，甚至对抗国家的法律却被听从，行政官员

---

① 埃斯卡拉：《中国》，第79～80页。

也许对此毫无所知,也许不能或不敢干涉。

一位族长要解决大量的问题,因为有些氏族有数千人。最棘手的问题是处理与其他氏族的关系。因为有些团体同个体的人一样,善良、热爱和平是一些氏族的传统,而另一些氏族则是爱找茬、好争执、嫉妒心强、掠夺成性。事实上,所有氏族的政策完全依据不受约束的道德,由当时的利益调整。侵入敌对氏族属地,人们不觉得其中有什么侮辱性行为,扣押其一部分财产或收成,向敌对氏族争得赎金,以报仇和使其破产为唯一目的提出极不公正的诉讼。获胜的氏族甚至以此获得有实力和"本事"(能干)的名声,由此甚至激起报复的愿望或欲望。族长了解他在其他氏族中的对手,能知道他们在精心策划什么。如果族长势单力薄,他便收买同盟者或策划计谋,转移对他的打击;如果他强大,他便通过成功的袭击,通过突出其氏族、给他脸面,从而将邻近氏族吸引到他的势力范围的多种手腕,巩固他所取得的敬重。一个族长取得这一权势程度几乎是不受束缚的。不仅他的命令是法律,而且他可以给合法的权力机关制造严重骚乱,如果后者敢把他看作一般国民的话。权力机关高度提防,县令学会迅速闭上眼睛。这对他们有双重的好处:族长们不同县令的居民一起制造麻烦,不妨碍县令的晋升,而县令则撤销他们不可能阻挡族长们的部分行动。

氏族之间的争端有时通过对簿公堂来解决。更经常的是通过中间人平等解决,如不能商量谈妥,则通过刀枪。这种械斗过去比现在频繁,现在是雷声大雨点小。械斗中小题大做,彼此谩骂;偶然不幸的一击致伤、致死,由此生出新的仇恨、新的报仇雪恨的缘由。如此这般,世代相传。

但是说到底,在这个有四百五十万中国人的政府的文榜中(我们排除不住在徐州的其他数亿人),就没看见警察、行政官员、一般法规及其执行人员吗?①

事实上有一个中央政府,一位首脑,一些高度审慎且非常详尽的法律;没有哪个地方有比这里组织得更好的管理机构,称职的官员有一大批。不幸的是,这些为地方福祉和昌盛而设置的制度往往只为个人利益效劳。在最后一个王朝统治的两个半世纪内,如同在前几个王朝统治下一样,官员们特别竭力通过提高个人税收、出卖官爵、用司法、恩惠、法律的保护,甚至隐瞒罪恶来中饱私囊。可能正是因为有如此通情达理、如此容易操控的中国人民,才一直有极多的官员渎职,或对他们的最基本的职责无所作为。况且,中国的力量和它的生命力像在革命时期领略到的那样,不存在于它的头脑之中。中央权力的衰落曾是频繁的,无政府状态有时持续四分之一世纪。不过如果国家首脑的一时消亡证明它是必不可少的,那么它的消亡同样证明中国人民的处境并不比它的消亡更糟糕。氏族、家庭取代国家首脑,在生活中保留着无首领的社会。

---

① 问题不在于在如此简短的说明中能描绘出中国的管理图。在已列举马乐伯、埃斯卡拉、夏之时耶稣会士等人的著作中会看到这一图景,在唐良理(音译,Tang Leangli)《中国的重建》(*Reconstruction in China*)和迪普·卢姆(Dip Lum)《中国政府》(*Chinese Government*)中更完整,后者转载1931年5月12日的宪法作为附录。简言之,徐州是一个府(地区,府),包括八县:铜山县、萧县、砀山县、丰县、沛县、邳县、宿迁县和睢宁县。首府冠县名,首府是徐州,铜山县例外(正式名称的确是铜山,但在口头上不用)。徐州城因此有两个衙门(行政公署):地区首长或府台的衙门和县长或县令的衙门,每个衙门各司其职。皇帝之下,在徐州同样驻有道台或由徐州和海州组成的地区总管。1911年革命后已撤销道台。

四、宗　教[①]

——为了理解徐州农民在宗教方面确切地信仰什么，以及信仰到什么程度，需要时间并同他们密切接触。一般来说，他们自己对此并不知晓。多数人从未感到有探究和明确之需，甚至从未感到有好奇心。他们身边的人向他们传播一些关于冥间的真实但混乱的概念，还有一堆他们未加思索、糊里糊涂接受的迷信行为和宗教仪式。他们对神奇事的轻信似乎无边无际，既不考虑逻辑性、真实性，亦不加评论，如同儿童盲目相信仙女的故事。

然而我们觉得，他们对他们信仰的各种因素并未赋予相等的重要性。他们谈论的方式、在民间传播的程度、对日常行为的作用、他们在意外危险中的反应等情况表明，他们本能地对信仰排列出他们的先后次序。

无可争议的是，自然规律及其法则和从中引出的道德，支配着宗教的方方面面。相信一个支配事物和人类，公正、善良、无所不知、无所不能的上帝，以及人们对他的祭拜，在中国已普遍地传播开来。没有人怀疑老天爷（或更简单地说"天"），上天主宰的存在，也不怀疑他行善免灾的箴言。人们是向老天爷做最后的乞求，向他上诉不公，请他作证，对他的默想可袪除罪恶。

其次是来自对佛教和道教的继承，佛教和道教的教诲、传说和宗教仪式充斥人们的观念和习俗。充斥已达到这样的程度，即乍一看，促使人们赋予它们没有或不再有的精神力量。实际上，至少在华北，极少有人遵循某种宗教的整套的规定。

相反，而且即使教诲、传说和宗教仪式唱反调，大家都严肃认真地接受当地的迷信、巫术、神药、不兑现的教规。这些做法如此完全适应民众的心理，就连有文化的中国人也抵挡不住诱惑，做出同样的举动，尽管他们怀疑和无尽地失望。

在日常习俗中，异教徒把自然规律、道德、家庭和世俗的生活准则和只有无知和恐惧没有其他支撑的迷信区别开来。自然规律不容争辩，如果有人违背它，他的行为就不正常。迷信是不受约束的。每个人均可选择适于他的迷信，但是完全不注意迷信的人是轻率的，会招致种种危险。

尽管对宗教事物和装饰居室的迷信图像或铭文有一定的尊敬，人们还是很快发觉宗教所占位置之微小。在徐州，寺庙与和尚之少给人以强烈的印象。[②] 除几座大城市外，勉

---

① 从第一批耶稣会传教士到现代汉学家，为数众多的作者已说明中国人的宗教观念。他们的大部分著作是非常博学的，比中国人历来所写的关于他们自己的宗教的全部作品更好于思索，更富逻辑性。孔子、老子和他们的洞察入微的评论家们大概承认这点，但是人民，在日常实践中，受这些崇高的观念指导吗？苏慧廉（Soothill）在《中国的三大宗教》（*Les Trois Religions de la Chine*）中，将书本上的宗教与他在实地观察表现的宗教完美地结合在一起。埃斯卡拉《中国》第 100 页及随后多处也有阐述得非常合情合理的篇章。但是为确切了解对神、鬼、兽类、迷信活动、老妈妈的故事，以及构成民间宗教的唯物主义等混乱概念，请参见禄是遒耶稣会士（P. Doré, S. J.）《关于中国的迷信研究》（*Recherches sur les Superstitions en Chine*）的宏篇辑录；戴遂良耶稣会士汇编的《现代中国民俗学》（*Folklore chinois moderne*）；翟理斯汇编的《一家中国画社的奇特故事》（*Strange Stories from a Chinese Studio*）。

② 过去黄河和它带来的人员与货物经过此地时，此地比较富足，庙宇较多，现在多数已完全消失，或被它们的修院倒空。人们在旷野的这里和那里发现宝塔的圣物青铜钟，而宝塔未留下踪迹。天主教教堂继承多件，为其祭礼所用。现在尚在的庙宇全都可以追溯到起码一个世纪以上。它们没有一点特殊的艺术性。自 1927 年以来，军队占据着大部分房舍，大大促进了时间的破坏作用。

强可以发现几座可怜的小庙，庙内有一两尊已经坍塌的雕像。在学校，既没有祈祷也没有宗教教育。在居家中，虔诚的宗教活动只剩下新年前夕在大门、家具、农具上贴几张神奇的惯用语，机械地数一数佛珠，人们似乎把圣事的效能归诸于几项宗教仪式，安排几项宗教仪式就足可以与冥府建立联系了。

寺庙里不举行有信徒参加的定期的宗教仪式。这些寺庙不是用来接待大批的祈祷者，而是用来供奉菩萨、鬼神、守护神等木制的或金属的雕像。和尚的寺院、朝圣者的会堂、相关的建筑物聚集在周围，与几套院落和花园组成一个典型的建筑群。有几座寺庙，如云龙山，令人羡慕地位于徐州城附近，这是城里的居民一家人一起爬山与散步的最佳去处。他们很少心怀虔诚，大部分人来此地像在大街上一样交谈、吃喝、吸烟。尽管如此，仍有许多来客敬畏地亲吻依山凿出、涂金的菩萨的拇指，或给当值的和尚留下施舍，或上香；甚至有几个虔诚信徒在此真心实意地祈祷。和尚享有赚钱的专营：出售护符，占卜，把寄托的祈求发送给天老爷，等等。

中国的异教与天主教所说的宗教之间的差别是显而易见的。对于天主教徒，信条是明确的、不可触犯的，因为它启示一种严格的道德，一种首先而且尤其是内在的爱的崇拜，尽管要定期表达出来。在中国人身上，除原始的原则外，作为信条如同作为道德一样是模糊的、含糊的、幻想的。崇拜的对象不是天主，而是鬼神，尤其是恶魔，因此崇拜不是力求表达无人检验的爱，而唯一的目的是积善德或避邪恶。这是一项交易。奉献多少是为了索取多少。中国人从一座寺庙到另一座寺庙，从一个偶像到另一个偶像，不是为了超脱自己，净化心灵，而是为了眼前的、尘世的好处。他们的宗教折中主义由此而来。

确实有一些和尚和一些虔诚的佛教徒超然于物质之上，克制他们的激情，苦修禁欲，产生非凡的德行，这是确凿无疑的，然而我们现在谈论的是人民大众。

> 为了确切地评估中国人的宗教意识，必须从内心了解，才可能发现比在本概况中所断定的一般性更为细微的东西。因为佛教和道教，尽管在其总体上是虚假的教义，但还是帮助许多人接近了仁慈的天主。[①]
>
> 至于更接近于自然法则的儒教使圣本笃祝福会(O. S. B.)的多姆·塞勒斯坦·陆(音译，Dom Célestin Lou)保持了中华民族固有的品质。他在《回忆与思考》(*Souvenirs et Pensées*)中写道："孔夫子的学说本质上是先王们的传统智慧，他们贤明而有德行，他们的崇高的形象翻开了中华民族的历史：在公元前三千年，有尧、舜和禹；在公元前两千年，有汤、文王、武王。这一智慧的文献是公元前6世纪由孔子整理、汇集并宣扬的。孔子口述这些文献，孔子的评述和忠告由孔子最亲近的弟子们收集并继承，成为对最初原则的不朽的发展。全部这些作品构成我们的十三经。中国过去，现在仍然仰仗着这一哲学和这一教育；由于我们的民众在艰难困苦中依然开朗，甚至快乐并且不断成长和发展，中国将其良好的家庭传统的谱系和延续归功于这一哲学和这一教育；中国还将其政治思想与其直接建立在家庭生活原则之上的治理传统的平衡，归功于这一哲学和这一教育。总之，在我们的历史长河中，我们没有热衷于提出

① 请阅读约翰C. H. 吴先生(音译，M. John C. H. Wu)的《超越东西方》(*Beyond East and West*)所记载的关于他的异教徒母亲的虔诚情况。

吸引人的理论，但我们是一代接一代地依照并根据我们先辈的教导，一心探索支配人性的规律，并真诚地与之适应，不断深化我们经历的主题和我们观察的主题。”（第 24～25 页）

随后写道：“我是儒教信徒，因为我曾在其中受到培养的这一精神哲学深入人性，明确地指出面对造物主，面对父母并面对同胞的行为准则是：人和社会。

“我是基督教徒和天主教徒，因为自人类初始准备的、由天主之子耶稣基督建立的教会受到神力启示并支持人的灵魂，对我们的各种最崇高的思想、最美好的愿望、向往、需要给以最终的答复……”（第 114～115 页）

因此，普通的中国人不是不信神，而是无宗教，同时对宗教持怀疑态度，比较轻信迷信活动，太受尘世的诱惑，以致不情愿为了在他们看来可疑的上天牺牲在尘世的快乐。其实，他们相信花钱能免灾，能得到各种恩惠，乃至众神的恩惠。这是厚颜无耻吗？有一点，但这也是比较正常的精神状态，因为他们的宗教体系是由命运女神所随意操纵的典章制度、习俗与方法的一种世外反映。中国人从自然法则出发，在牢固而狭窄的基础上，建立起他们的信仰，既没有后来的启示帮助，也没有后来的启示控制。而虽然一些思想家怀疑他们的宗教观念不适当，但民众的想象力没有超越人类的限度。

在民众看来，存在着两个世界：一个是看得见的，它现在或过去以皇帝为首脑；另一个是不可见的，首脑是天老爷。不可见的世界是我们所看到的世界的具体对应物，但是它的位置和范围却消失在民间描绘的朦胧之中。

在人世间，皇帝从其职责看是无可非议的，首先他关心他的臣民的福祉，而代表皇帝的官员们往往是不折不扣的恶棍。皇帝始终握有最后的王牌，这张王牌永远捍卫正义和权利，但是他掌握摊牌的时间。皇帝高高在上，并不接近想接近他的人。官员则直接摆布他的所有子民。他把地位和特权给予善于花言巧语的人，他无情地毁灭他厌恶的人。如果他滥用授予他的权力，那就必须忍受，耐心地容忍他的反复无常和敲诈勒索，直到皇帝得知他的行为并惩罚他。

在天老爷的王国里也不例外。天老爷本质上是善良的，他介入人间事务的全过程，惩恶扬善。他将日常事务委托给根据其才能列为不同主事的代理人，是在老天爷周围的鬼神、守护神、仙女范围内选择出来的。其他代理人则被指派到各种的人间同业组织守护其利益。

这些被委任的保护者同天上衙门的官员们一起在人间培养他们的弟子，并将他们的崇高地位归功于他们的美德和才华。古代中国造就了一大批这样的人，以致中国此后拥有了大量的说情者和保护神。[①]

人们发现各行各业（包括盗贼、娼妓……）、家畜都有其说情者和保护神，家具、器皿、炉灶等等亦然。

就徐州这地方而言，它出了彭祖，彭姓的族长，升格为长寿神，在宝塔里供奉其小型的

---

① 参见禄是遒耶稣会士《关于中国的迷信研究》（*Recherches sur les Superstitions en Chine*）；《中国的万神庙》（*Le Panthéon chinois*）第 VI 至 XII 卷；《中国的迷信活动手册》（*le Manuel des Superstitions chinoises*），第 124～132 页。

寿星雕像,与福星雕像组合在一起。这位人物是禹帝和尧帝的同代人(约公元前 2000 年),他受理彭(徐州的古称)氏领地,并以其勤勉受到奖赏,在其领地活了约一千年。[①]

法家的保护神萧何出生在沛县。他积极参与其同乡刘邦的冒险活动,他以其足智多谋和忠心耿耿为刘邦效力。他曾任宰相,他死后得到王的称号。他的画像现在悬挂在各个署衙内。[②]

这些脱离肉体者,无论是神灵还是非神灵,都未失去行为方式,以及造就他们的社会所具有的优点、缺点和恶习。他们像在人间的同行一样,钟爱钱财、尊崇和恭维。他们只对其信徒微笑。我们在各地看到他们的画像,以及为他们修建的众多寺庙,而除北京之外,天老爷却没有庙宇。注重实际的中国人直接面对命运的支配者。然而他们没有完全忘记主宰者。大年初一的清早,每家都向苍天献上菜肴、供香和鞭炮。此后,香只为其下属点燃。

有一类喜欢害人的坏家伙在天老爷建立的组织之外行动。他们以疾病袭击人,把蝗虫和其他灾害抛撒到田间,在干旱时刻阻止下雨,或者相反,凿穿天上的堤坝,引发洪水。当一种厄运突然降临到某人头上时,他即成为鬼的攻击目标。

鬼是比我们的狼人更凶恶、更机敏的亲属。它们是次一等的守护神,某些动物特别是狐狸(在徐州是鼬)的精灵,或者还是尸体没有坟墓的野鬼。

狐狸在中国民间,进而在民间信仰中起了重大的作用。以下是禄是遒神父关于这个动物是崇拜对象所做的记述。在我们看来,这些观察似乎完全符合徐州情况,虽然是在其他地方观察到的。

"异教徒们声称,鬼在狐狸的形态下是半鼬半狐的妖怪,经常在他们的家中出现。他们说,这个神秘的动物比普通的鼬肥大,长有人耳,爬到屋顶上,在房梁上走动,在家里散布恐惧。白天,它是隐蔽的,就在夜晚做有害的游窜。人们非常惧怕这个鬼怪,异教徒家庭花费大量的金钱做无数次迷信活动,以躲避它的贪婪。在我们这个地区、柳州府、(安徽的)霍州,人们确实崇拜这种神秘的怪物,或更确切地说,人们相信它是在神秘怪物形态下的精灵。人们建庙,在庙里烧香敬拜它;尤其在家里竖牌位,在牌位上面书写它的名称,在牌位前烧香,点蜡烛,摆上肉和美味菜肴……

"人们十分注意避免用过火的办法驱赶狐狸精(狐狸),人们尤其使用手腕,这就是变相地向它们示好。如果偶然伤害了它们,必定加倍地敬拜和崇敬,以求得原谅这种愚蠢行为。

"在别的情况下,狐鬼们控制了一个男人,通过他的参与,干出许多怪诞之事。这些被鬼神附体的人声称有能力治愈各种疾病。

"最后,有钱人家声言他们之所以财源兴隆,是由于他们坚持祭拜狐狸精……"(一些实地观察的例证随后)[③]

这些鬼随心所欲地假借人、动物形态,或隐藏在石碑、树木、岩石里,丝毫不会暴露自

① 参见禄是遒耶稣会士《关于中国的迷信研究》第 XI 卷,第 971 页及随后多处。

② 参见禄是遒耶稣会士《关于中国的迷信研究 》第 XII 卷,第 1156～1161 页。

③ 《关于中国的迷信研究》第 II 卷,第 461 页及随后多处。亦可参见戴遂良耶稣会士和翟理斯,上述各卷。

身的存在。它们具有超人的才能：它们可以不吃不喝地生存，分身，瞬间跑过很长的距离；它们能预知未来，知道人们藏宝的地方，经常偷来赠送朋友。它们了解人们的心思，了解人们的计划，并以巫师的巧妙手法挫败之。它们有时帮助人，但总的来说，它们的行径以骗人和使人破产为目的。

从未有人看见过鬼，可是人们总是臆想它们就存在于四周，并且极度惧怕它们。这种无理智的恐惧不可避免地促使人们采用护符和吉祥饰物来防身。为此人们制作了几百种护符，有象牙和玉石的艺术品，也有在红纸上写个简单的字，贴在住宅内，或烧成灰，或吞到肚里。①

和尚出售护符，他们小心翼翼地维持人们对鬼、对他们本身的魔幻能力的信仰，正如禄是遒神父所记："这些信仰尽管幼稚可笑，但它们仍然是以数千年前人类愚钝的古代经验为基础：就是这些信仰在无知民众中始终获得成功，这种观念几乎成为第二天性，人们以这种方式交谈，相信这些无谓的言辞，结果无数次地证明这些信仰毫无根据，却又无数次地重新开始。"②

另外，徐州和大运河地区更特别地受到巫婆的骚扰。她们自吹自擂能治百病。她们的大多数都已结婚，但是谣传说她们与当地广泛崇拜的狐仙保持着罪恶的关系。她们自己声称在按照狐仙的方法行事，这些狐仙治愈了她们的病，然后就附在她们身上。农民满脑子迷信观念，在医学方面极度无知，因此经常求助于她们。

禄是遒耶稣会士曾详尽地描述她们模仿和尚在类似情况下所采用的方法。我们作为典型来引述一下为治疗生病孩童采用的仪式。③

巫婆先洗手，然后点香："香一点燃，她便两手拿着香束，带到屋外。来到进口的门旁，俯下身子，在地上画两个十字，在每个十字上放一只脚，然后将香束献给天（天老爷）。奉献仪式结束，她回到屋内，重新放回那束香，她把香插到香炉的香灰里。她仔细查看在香束周围形成的香灰的颜色和形状，随着香火烧掉香柱，从中得出病愈与否的结论。如果香灰是黑的，而且倒下来，通常这是死亡的信号，而如果香灰是白的，并保持直立，病就有可能痊愈。"

……此后，"巫婆一只手拿着一个碗，另一只手拿着一张纸钱，走到那孩子眼前，吹那张纸钱，做出要在小病人身旁抓到东西的样子。这就是巫婆想要抓的致病恶鬼，并把它扣在碗里：为了把恶鬼活活烧死，巫婆把碗和纸钱扔到屋外点燃的麦草堆里"。赶掉他身上的鬼，孩子不止是站起来，痊愈了，巫婆就该得到金钱，并得到一顿饭菜的犒劳。

要是巫婆只满足于这些装腔作势，事情还不会太糟。但是，"当她们预示死亡临近时，她们便将其原因归某个人身上。她们说，'除非那孩子死，病永远不会好，因为这两个命是相克的：二人必有一人须死'。因此有时确有父母为了救活一个大人而听任某个孩子死去。官员们多次颁布禁止陶奶奶（音译，Tao-nai-nai，这是巫婆的名称）的告示，但是这些告示始终是一纸空文"。

① 关于护符，参见禄是遒耶稣会士《关于中国的迷信研究》第Ⅴ卷。

② 禄是遒耶稣会士：《关于中国的迷信研究》第Ⅴ卷，前言，第3页。

③ 参见禄是遒耶稣会士《关于中国的迷信研究》第Ⅱ卷，第380～389页。

多数中国人还处于这种状况。学校和基督教努力启发人的聪明才智，但不可能在刹那间改掉四千年来不断加强的行为特征。为此需要时间、耐心和圣宠。

徐州的第一个教团

徐州基督教史分为两个不同的时期。我们所知道的第一时期涵盖三十年，即1674～1705年。[①] 第二时期始于1882年。在此，我们只对这后一时期感兴趣，但是，有必要先回顾一下耶稣会士前辈们为开垦这片土地所作的努力，然后再来叙述天主教信仰如何在这片长期未经耕耘的土地上，牢固地，并且如我们所希望的，最终扎下根。

我们似乎对一项相当富有成果的传教活动几乎一无所知。为了再现其事实，我们现在还保留有中国耶稣会副会省的名录[②]，从中我们获悉义工们的名字，数量不多的一些简短的书信摘录，几张地图[③]，其中徐州用"十字架"标志，表明有教堂。这就是全部文献了。文献这样贫乏，一点不令人惊讶。徐州基督教区位于北京地区和上海地区两大天主教中心影响的边缘。北方的神父们和南方的神父们先后造访过这座二流城市，但无一位留驻在该城。在信使的时代，当神父们向他们的上司、双亲和欧洲的朋友讲述有教益的或出色的福音传播活动时，不记得在这个远离中心、一年里他们也许跑上一两趟的堂区有什么重要事情。因此，早期的徐州基督教区的历史包含许多疑点。

徐州第一个基督教区的历史由一系列无答案的问题开篇：基督教徒的最初核心是何时以及怎样形成的？是谁向他们传授基督教义的？是谁给他们洗礼的？……鉴于缺乏确凿的事实，我们不得不转而猜测，我们联想到徐州所属的济南和淮安这两个人们比较熟悉创建情况的教区。当时的传教士在皇帝的宫廷受到欢迎，经常密切接触官员；他们的交谈或他们的文章早已使其中几位官员皈化。随后这些人极力传播他们的信仰。他们与其同僚讨论，他们本人教导其家属或其朋友，开设小礼拜堂，邀请神父任其领导。1636年，徐保禄(Paul Siu)[④]的一个孙子以此方式介绍龙华民神父(P. Longobardi)到济南。1638年，应几位士人之请，毕方济神父(P. Sambiasi)定居淮安。

徐州位于北京和南京两地之间，是北京—南京官道的重要驿站。传教士、东部和南方

---

① 参见下列著作，其中有一些关于徐州的细节混杂在通史中的各处：高珑鞶耶稣会士(Colombel, S. J.)《江南传教志》(*Histoire de la Mission du Kiangnan*)；史式徽耶稣会士《耶稣会在华的原有传教区》(*Les Anciennes Missions de la Compagnie de Jésus en Chine*)；《耶稣会士书简集》(*Lettres édifiantes et curieuses*)第3卷；《中国方济各会志》(*Sinica Franciscana*)；费赖之耶稣会士(Pfister, S. J.)《在华耶稣会士列传》(*Notices biographiques*)；杜赫德耶稣会士(Du Halde, S. J.，音译)《中华帝国全志》(*Description de l'Empire de la Chine*)；赖德烈(Latourette)《基督教在华布道史》(*A History of Christian Missions in China*)；杜宁·斯波耶稣会士(Duninszpot, S. J.)《1641～1687中国史》(*Sinarum Historia*, 1641～1687)。

② 许多这类人名录的影印件保存在徐家汇，高珑鞶耶稣会士已复制其中的几件。

③ 见柏应理神父(P. Couplet)在殷铎泽神父(P. Intorcetta)和其他耶稣会士著《中国哲学家孔夫子》(*Confucius Sinarum philosophus*)中绘制的地图第Ⅷ页，1687年巴黎 Horthemels 版。

④ 上海的徐光启阁老(Paul Siu Koangki, 1562～1633)，于1603年在南京领洗。他是中国天主教徒中最著名者之一，传播天主教义最有为者之一，上海传教区的创始人。(参见高珑鞶耶稣会士《江南传教志》[*Histoire*]第Ⅰ卷，第143页及随后各处)

各州府的天主教官员定期途经此地前往朝廷。他们可能已埋下最初的种苗。要不就是在江南省(现代的江苏和安徽)和山东从事传教的神父们未经邀请先已深入到徐州。1639年,龙华民神父在山东巡行一番,随后每年重复一次;之前来过一批传道员,为他的到来安排慕道者。非常令人奇怪,龙华民神父没有被这个他的热忱能达到的道台首府吸引住。

徐州的天主教是怎样诞生的,这个谜团尚未揭开,但不管怎样,第一次提到它是在1674年,即第一位耶稣会士到达徐州七十六年后。①

自1665年1月遭禁的天主教从六年的迫害中恢复了。② 与其教徒们分离并被关在广州的外国传教士们将散居在十一个行省的十万名受洗者留给几位中国神父照管。1671年,皇上恩准这批传教士重返他们的教堂,广泛地纠正了一时的皈化禁令。宗教的和平在中国得以延续三十五年,天主教扩展其根基并壮大起来。

从1660年到1665年期间,在济南的传教士、法国耶稣会士汪儒望神父(P. Jean Valat)跑遍山东,复兴龙华民神父的教区。汪儒望神父曾与其同道一起被监禁在广州,随后于1671年获释,他重新开始其传教的奔波,不仅在山东,而且还在河北和苏北,直至淮安。1672年或1673年,杜宁·斯波神父(P. Dunin-Szpot)在其《中国史》中讲道,汪儒望神父给侯某(音译,How)及其家族的七十名成员行洗礼。这位几乎八十岁的鳏夫侯大人一年后在其圣礼的完满虔诚中故去,遗赠七百根金条修建一座教堂。汪儒望神父利用这笔遗赠在徐州城为救世主建起一座宏伟的教堂。杜宁·斯波神父补充说,以后几千名基督徒就经常上这座教堂。③

这篇文献是珍贵的,尽管它记述得不全。首先,关于这位虔诚的大人,该文未能向我们提供详细情况。他是徐州人吗?住在徐州吗?或者是偶然将其遗赠指定给徐州吗?再者,我们不能确定,这里是事关在徐州创建基督教区,还是事关对已经密集的教会建筑群进行扩建。事实本身,即这栋砖石结构的建筑,表明徐州天主教的发端不在最近,甚至是发展得相当早。传教士们的传教活动不是从建造教堂开始,而是在适当的时机以教堂代替那些单个太小的礼拜堂。

如果从花费的金额判断,汪儒望神父的建筑物是宽敞的,因此满足了相应的基督教团体的需要。稍晚又增建了第二座教堂给妇女们用,与男人的教堂相对称,这便进一步肯定

---

① 利玛窦神父(P. Mathieu Ricci)在他第一次去北京旅行返回时,于1598年末路经徐州。(参见利玛窦的旅行日记,由芬屠立耶稣会士[le P. Tacchi-Venturi, S. J.]编辑的《利玛窦神父的历史著作》[*Opere Storiche del P. Matteo Ricci*],1911年,马切拉塔[音译,Macerata],第302页)

② 参见聂仲迁耶稣会士(Adrien Greslon, S. J.)《满族人统治下的中国史(1651～1669)》(*Histoire de la Chine sous la domination des Tartares*, 1651—1669);毕嘉耶稣会士(Jean Gabiani, S. J.)《中国教会在对抗鞑靼中发展壮大》(拉丁文:*Incrementa Sinicae Ecclesias a Tartaris oppugnatae*);安东尼奥·圣玛利亚修士(音译,Fr. Antonio de Santa Maria)《关于……1664天主纪元……"突发……"迫害的记述》(*Relaion de la persecuion que …se levanto … ano del Senor de* 1664 …),载《中国方济各会志》(*Sinica Franciscana*)第II卷,第502～606页。(请注意:书中543～544页提到的名称"Sucheu"是今天习惯用罗马字体书写的"Soochow"[苏州],而不是"Süchow"[徐州])

③ 拉丁文:另有一位胡姓官员,年已八旬,他在钟爱的妻子死后,同七十人在家里用自家的水洗了。他施洗后,仅活了一年,如同无罪的婴儿,奔赴永远的天乡。我为其财产继承人写道:为建圣堂留下七百元(aureos)。在他死后,汪儒望神父用这笔钱在著名的南京省徐州城建起一座名为救世主的圣堂,此后,随着传教事业的开展,有成千的信友前来集会。(见杜宁·斯波耶稣会士《中国史:基督纪年1674》[*Sinarum Historia, annus Christi* 1674],徐家汇手抄本,第862页)

了"满足教区之需"这一结论。

当时的习俗禁止男女混合聚会,乃至祈祷。因此妇女有自己的教堂,传教士常常在一户殷实之家履行其圣职,但必须十分小心谨慎。

如今,这些羁绊已不存在。现在,只是把男人们安排在教堂的一侧,女人们在另一侧,在某些地方,用一块足有六七法尺高的挡板沿着中央通道分开。

关于当时在徐州兴建妇女教堂并用作圣母院一事,尽管我们查考过,除了发现它的存在之外,别无所获。总共有两种文献,一是我们在下文第 56 页[①]注释中援引的文献;二是耶稣会士白晋神父(P. Joachim Bouvet, S. J.)的文献。

耶稣会士白晋从北京到广州旅行时,于 1693 年 7 月 20 日到达徐州,次日离去。孔子的后代、徐州城的长官孔老爷(Kong Laoyè)以皇帝的使者应得到的全部礼节接待他。白晋神父讲道:"我去拜访他,拜托他关照我们在城里的两座教堂,这两座教堂是从前由柏应理神父在当地建造的。"[②]

承认这一有价值的情况,可约略确定教堂的修建日期。柏应理神父曾在中国的几个行省奉职,而尤其在江苏,多亏有徐保禄的孙女、甘第大夫人(音译,Candide Hiu)的施舍,他建造或修复许多教堂。他甚至可能在一段时间内负责淮安,所以也负责徐州。因此,妇女教堂可能建于 1674 和 1677 年之间(我们假设男人教堂先建)。1677 年后,柏应理神父在崇明岛宣传福音,直至他 1681 年回欧洲。白晋神父同样将男人教堂归因于柏应理神父,而不提汪儒望神父。然而在这方面,我们觉得杜宁·斯波神父更了解情况。

这样的双重宗教渊源毫无疑问激发了皈化愿望,虽然我们觉得杜宁·斯波神父提到的几千名皈化者人数更像是为了修饰文句。三十年后,即 1703 年,徐州仅有天主教徒一千人。

徐州像当时的全国一样,苦于缺乏神父。当时除缺少基督的住所外,还需要一位本堂神父。从何处聘请呢?不辞劳苦的汪儒望神父在山东和河北增加新的教区。他将在江苏的巡访减少到一年一两次,因为在他周围,很多虔诚的新近皈化过来的异教徒占去他的全部时间。

因而,为了减轻汪儒望神父的负担,便将徐州归并于传教士有更多闲暇时间的淮安。然而我们不知道是在哪一年。只能指出先后负责淮安的两位神父张玛诺神父(P. Jorge)和成际理神父(P. Félicien Pacheco)都到过徐州。1687 年 5 月 22 日成际理神父死后,苏北两年没有神父。

两年前到达中国的青年传教士卫方济(P. François Noël)于 1689 年在淮安获得他的第一个岗位,以及在扬州和徐州的堂区管理职务。最初的印象并不令人快慰。淮安教区几乎完全人散屋空,尽管不时有一位传教士从南京过来行圣事。堂区的管理状态可能同样可悲。卫方济神父只能更积极地投入堂区管理,修建或恢复教堂和乡间的礼拜堂。自

① 此系原著左侧的页码,注释见本书第 32 页注①。——译者注

② 参见杜赫德耶稣会士《中华帝国全志》第Ⅰ卷,第 117 页。

这年年末，他为二百五十人登记行洗礼。[①]

在指定给卫方济神父的传教点中增加了五河。在卫方济神父负责的时期，甘第大的一位亲戚自己出资在五河建起一座教堂，并在城里和郊区掀起真正的天主教热情。三年内，卫方济神父在这里给七百多人行洗礼，其中有许多文人，他们因为读了卫方济神父散发的书籍，还因为身患重病在施洗后被治愈而皈化。

卫方济神父详细地向他的恩人阿威罗公爵夫人(Duchesse Aveiro)讲述了圣宠给他在该县准备的不同凡响的收获。其中没有一句话提到徐州。那么据此就该得出结论认为信仰在徐州泯灭了吗？显然不能。卫方济神父无意在书信中讲述他的全部活动。除在五河获得的明显成功外，在可能称为老堂区的地方从事日常工作，这些老堂区在数量和热情上都正常增长，但都未提供感化人的故事。因此，我们不知道他的热忱产生了哪些事情，增强了汪儒望神父所提供的动力。况且卫方济神父并没有感受到收获汪儒望神父所播种的全部成果的喜悦。卫方济神父于1692年离开淮安去江西，同年，康熙颁布基督教弛禁谕令。毕嘉神父(P. Gabiani)于1693年接任卫方济神父，他死后，由万惟一神父(P. Guillaume Van der Beken)取代。

1692～1705年是在华传教最令人鼓舞的时期。康熙皇帝厚待传教士，允许他的朝臣接触传教士的教义，正式禁止某些官员对传教士的烦扰。在教会平静发展并组织得很好的行省，如在江南省，这种来自权力机构的友善展现了皈化的前景，只是受到一个有限的团队能力的限制。此外，在徐州，大自然本身为传教士和异教徒之间的接触提供了方便。

1699年，黄河冲垮堤坝，引发特大洪水，需要中央政府干预。[②] 参见安多神父(P. Antoine Thomas)奉旨(在北京的朝廷受任用，同时为在华耶稣会士的副省会长)两次深入灾区，并沿着黄河巡查到大海，以便能够提出某种排除泛滥的办法。稍后，康熙巡视灾区，批准耶稣会士安多神父的方案，并发出通谕实施。安多神父的使命还包括向灾民分发救济。没有必要描述饿得要死的民众欢迎他的场面。安多神父特别想到他们的灵魂。他与灾民的接触使他相信，这群可怜的人会愿意听从福音，他与负责此地的传教士万惟一神父商榷此事。万惟一神父正在兴建徐州堂里和一座新的圣母教堂给妇女们用，像原有的在另一处的那座教堂。他允诺，一俟建筑竣工，他将再去看望并教导安多神父匆匆经过时曾关心过的人们。

万惟一神父不幸于1702年2月2日故去，将扬州的三百名、淮安的五百名、徐州的近一千名基督教徒留给了恩中神父(P. Antoine Dantes)。在这三个教区，年度平均施洗礼

---

① 1689年8月27日，1890年8月18日，致阿威罗公爵夫人(音译，la duchesse de Aveiro)的信札，写于淮安。信札的摘要发表在《亚洲书志》(*Bibl. Asiatica*)第II卷，第50～51页。

② “去年，我曾两次被派往毗邻俄罗斯边境的西鞑靼部落，并在两个地方由刚刚臣服于皇帝的王公们举行了聚会。(参见杜赫德耶稣会士《中华帝国全志》第IV卷，第483页及随后多处)今年，我又两次被派往黄河流域，对遭受的严重涝灾如何赈济向皇帝进谏。皇帝亲赴现场，批准奏议并昭示贯彻执行。从泛滥区到东海岸，一路受到饥饿民众欢迎之热烈简直难以形容。在这里可以极大地赢得人心。范登贝茨修士(音译，Vanderbesz)作为一名出色的传教士，当他在徐州完成新教堂和座堂时，将动身穿越黄河两岸的泛滥区，以安抚人心。”摘自一封无署名、无日期的拉丁文书信，该信在阿威罗公爵夫人的文件中发现，发表在《亚洲书志》(*Bible. Asiatica*)第2部分，第119页。出版者认为是南怀仁神父(P. Verbiest)所写，日期为1681年。在此有待说明的理由略显冗长，但足以令人信服，宁可证明，该信是由安多神父写于1699年。

一百三十次，其中徐州四十次。[①]

由尊敬的安多神父转呈其罗马上司的这些正式统计数据，将传教士曾经和其欧洲通信者们谈到的教会的吸引力缩小到更容易理解的规模。但是他们没有丝毫杜撰。他们描述了他们的亲眼所见：圣宠的极强烈冲动伴随着或稍先于福音的启示。然而如果说圣宠激起的对天主教的好感是一回事，那么入教则是另一回事。圣宠吸引，开导，冲破障碍，但不消除自由意志。洪水和苦难使遭受饥饿的人们相信基督教的真道，而他们一有了好收成，便往往失去任何皈化的愿望。

毫无疑问，许多异教徒在安多神父巡访之际，已考虑他们的入教问题。万惟一神父（他的省会长评定他是一名优秀的传教士）可能已教育并施洗过许多人。但是如果说曾有过施洗高峰，也不持久，因为万惟一神父一死，一切全结束了，这从1703年施洗人数相当少可以看出。

人数少还说明信念不牢固。徐州的基督教徒增加得少，但是在增加，而应该再次感到遗憾的是，人们未能任用一位神父来发展基督教徒。

一千名天主教徒可能是最多的了，因为从这年开始，不利的情况在增加，使传教活动停顿下来。恩中神父的健康状况不允许他管理两地相距二百法里的堂区。从1703年起，尊敬的副省会长神父已打算更换他。1705年，杨若翰神父(P. Jean de Saa)在淮安接替恩中神父，而这项任命恰逢迫害开始，徐州的基督教徒在这场迫害下消失殆尽。

尽管康熙允许基督教行动自由，但是他并不满足个人的宗教情感。这是一种衡量耶稣会士们为他效力的方式，因为耶稣会士们不接受任何其他报酬。因而安宁只取决于皇恩的稳定。然而，康熙反复无常，生性多疑，专横独断，而嫉妒者们热衷于请求反洋人。

更为严重的是，关于中国礼仪的争论使传教士们发生分裂。[②] 大多数耶稣会士容许教徒在施洗后参与某些祭拜孔子和祖先的仪式。他们根据经典及异教和基督教文人的解释，认为这些仪式纯粹是世俗的。而另一些传教士则根据民间习俗判断，要把这些仪式当作迷信来禁止。

礼仪之争问题可追溯到半个世纪之前。早在1645年，英诺森十世禁止施行中国礼仪。然而在耶稣会士们陈述后，1651年，亚历山大七世宣布容许中国礼仪。1669年，克莱孟九世同样宣布允许。

这些决定丝毫未缓解传教士们之间持续进行的争论的激烈程度，最终迫使罗马教廷干预。1704年，耶稣会士们的见解同康熙皇帝的见解一起被否决。[③]。1700年，康熙皇帝表明“世俗礼仪”论符合中国传统和古人已正确阐述的学说。

康熙皇帝被激怒了。他视罗马的宣判侵犯了他至高无上的权力，对来北京宣布判决的教皇特使非常不友好。作为报复，他强迫所有传教士保证在中国礼仪问题上不背离早

---

① 参见安多神父撰写的《1703年耶稣会中国第五省传教区总堂录》(*Catalogo das Residencias, emissois da V. Prova de Cina da Compa de Jesus-anno* d. 1703)。

② 请阅《天主教神学词典》(*Dictionnaire de Théologie catholique*)第Ⅱ卷，2364～2391栏，“中国礼仪”条(Rites)中有关这段惨痛历史的细节。

③ 许多这种仪式伴随着岁月已失去其迷信的表象，重新得到罗马的允许。(参见《关于中国礼仪中的一些礼节和观念》[1939年12月8日]，载《1940年罗马宗座文件》[*Acta Apost. Sedis*, 1940]第24页及随后各页)

期耶稣会士的做法，然后取得特许证。许多传教士拒绝接受，动身离去；其他传教士则上诉教皇，在等待期间，申请许可证。

中国教会因这些纷争遭受重创，尤其在 1716 年后。传教士被放逐，拒绝教皇判决引起基督徒官员的愤慨。1717 年由康熙签署、1724 年由他儿子严厉实施的迫害谕旨，没收教堂。稍后，监禁并处决神父和天主教徒。这使教区一个接一个化为乌有。

徐州教区也悄悄消失了——不是突如其来的，也未留下痕迹。有人推测，淮安传教士王石汗(P. Van Hamme)、林安多(P. Morabito)和何天章(P. Peixoto)神父们坚持去徐州，直至 1724 年。被流放后秘密返回的其他几位神父也许一直走到徐州。1727 年，郭中传神父(P. Gollet)可能在距徐州不远处被捕，被押送到广州。[①]

在这最后的基督教生命迹象的背后，是一个谜！1882 年，当艾赉沃神父(P. Olivier Gain)巡视徐州时，他既未发现两个教堂的任何遗迹，也未发现堂里的任何遗迹。此后，传教士们访遍传教区，向老人询问当地的传统，辨认铭文和墓碑，查阅县志。调查一无所获。1703 年的一千名天主教徒的后代没有一个保持信仰，或保留一件往日的圣物：如有耶稣像的十字架、念珠、祈祷书，他们甚至不能认定老教堂建筑的方位，不知徐州教区何时诞生，也不知如何消失。

当局遵照 1724 年的谕旨，侵占并没收了教会的财产。皈化者们可能心灰意冷，若要反抗又过于势单力薄，便匆忙隐藏可能招来牢狱之灾的宗教物品。他们失去了教堂和圣事，不再接受神父的探访，习惯于隐瞒自己的信仰，并淡漠下来。久而久之，对宗教的冷漠蔓延开来。他们不再祈祷，不再为孩子行洗礼。这些孩子在异教徒中成长，接受了异教徒的行为方式和各种迷信。对基督教的记忆消逝在为生计而奋斗的现实中。洪水、灾难、迁徙、死亡、疏忽和对异教徒的畏惧等，终使天主教徒灭绝了。因此在一个半多世纪里，年复一年，传教士的事业在人们头脑中的印象越来越模糊。[②]

---

① 费赖之神父《列传》第 250 条："1721 年 3 月 22 日，嘉乐主教(Mgr. Mezzabarba)从北京经九江返回广东时，曾在距郭中传这位神父的传教区不远处停留。根据维阿尼(Viani)的行程路线，这个传教区很可能在苏北或鲁南。"

② 神父们多次认为找到了老基督教徒的踪迹。1879 年，德怀璋神父(P. Bedon)曾前往徐州。他写道："这次出行的理由是这样的：鹿邑县的基督教徒们肯定地对我说，有一片古墓地，人们在哪儿发现一块带十字架铭文的石碑。根据这句空泛的指点，我到徐州走了一趟。……我们住在第二道围墙内，我们用两天或三天时间，认真地跑了许多地方；在城里，城外，在寺院里，我们打听多少人啊，老年人等等，无法找到这著名的墓地，老教区亦无任何遗迹。"——1898 年 3 月 12 日致艾赉沃神父的信(AS)。恢复向徐州传播福音的第一批传教士，陶斯咏神父(P. Durandière)、艾赉沃神父和董师中神父(P. Boucher)试图核实这类的若干其他说法，但未果。

第一编　创　建

第一章　徐州的开放和重闭(1882～1884)

从1723年到1844年,中国的天主教徒生活在迫害的制度之下。警钟早在六年前就已经敲响。1717年,康熙中止了自他统治之初以来实行的保护政策,下令驱逐所有的欧洲传教士。不过,他豁免了为其效力的耶稣会士,出于对他们的友善,最终执行政令时有所克制。他的继承者即第四子雍正与父不同,此人少有感恩之心,对迫害更加狂热,即位后便着手根除西方的宗教。

1723年末,这位基督教的仇敌登基。1724年2月,他应浙江总督的请求,禁止天主教礼拜,除了北京的传教士外,其余全部都被拘禁在广州城内。这次不容许任何推诿。许多仇外贪财的官吏为能够驱逐外国人,并占有教堂和基督教教团的财产而欣喜若狂,而通常不愿打扰皈化者的人则为皈化者的处境担忧。

各省的欧洲神父都被押至广州。有些神父一时能藏匿在忠于他们的信徒们中,藏匿在船上,或偏僻的村庄里,但或早或晚都落入捕快之手。

迫害者以为,赶走神父,封掉教堂,基督教就会立即寿终正寝,可是他们错了。1724年的风暴影响甚小,他们为此感到失望,1746年又发起第二次更残酷的迫害。秘密返回的传教士们又被逮捕放逐,甚至被处决。许多基督徒遭受监禁和酷刑,许多人慨然赴死,或者以财产换取自由。不幸的是,尽管有这些光辉的典范,对迫害的恐惧仍然造成无数人背教。

天主教徒们最初以为这种迫害不过是一阵风而已,可它却持续了一百二十年。这场风暴并不一直都是恐怖的。因为有些年会暂时平息下来,让受害者得到歇息。但是每次迫害开始缓和,其恐怖程度似乎减弱时,新的仇恨、新的敕令便又使之重现,而且变本加厉。直到1844年末,天主教都是被禁止的宗教,其信徒尤其是神父,会受到最严厉的惩罚:他们的财产被充公,肉体受到严刑拷打,甚至被处死。

教会遭到重大损失。怎能抗拒全能的政府机器,保护散居在各省的二十几万领洗者的信仰呢?教徒们内部的反抗逐渐减弱……个人或群体弃教的情况经常发生,再往后,人们对宗教的冷漠比皇帝的圣旨更有效地摧毁了天主教。

这种冷漠是致命的。传教士们的走访是暗地里进行的,而且时间相隔太久,无法抵消渗透到社会的异教氛围的力量,受洗者人数在逐代减少,可能已经完全消失了。但是受朝廷雇佣的神父们利用他们的自由,仍在使用他们的北京教堂,中国人也可以进入,因而这些神父能继续进行其官职和环境所允许的传教活动。还有神父能到外省进行比较正常的巡访，途中对一些未遭到破坏的教堂进行鼓励，这往往是些重要的、虔诚的教堂。这些教士有当地的，也有外国的，为数很少，他们很快就失去了影响。不过，各个时期都有这样的教士，正是由于他们的辛勤工作，经受苦难（其中许多人以身殉教），中国的天主教才坚持下来，直到磨难结束。

*　*　*

耶稣会士们在江南省（现代的江苏省和安徽省）曾经积极地传播福音，因为到 1724 年，江南省的天主教徒达到十万之众。[①] 像在其他省份一样，江南省的官府也将教堂和收入占为己有，而且有许多背教行为记录在案。然而民众是坚定的，分化他们需要时间。一些令人钦佩的天主教徒深入到民众中——这是些宁愿放弃公职，也不肯参加必须遵行的迷信仪式的官员和文人，那些仪式最终在 1742 年受到本笃十四世的谴责；还有一些官员和文人为了坚持信仰，牺牲了他们的全部家产。此外，他们几乎都成为署衙和有嫉妒心的异教徒们骚扰的目标，他们的宗教信仰使他们得不到法律的保护。

无数人坚持其宗教信仰并传给他们的后代。他们特别要把这种坚持归功于天主的圣宠，而某些次要原因也为这种坚持提供了便利。这些次要原因主要是悠久的基督教传统，密集群体的形成，这些群体中的宗教组织以及他们所在的地理位置。

在 1724 年以前，江南省百分之八十的天主教徒居住在上海及其郊区。其余的分散在长江和大运河沿岸的大城市：南京、苏州、常州、淮安，或内地的某些城市，如松江、嘉定、五河和徐州。除后两个城市外，所有这些教区都始建于 17 世纪初。信仰已深深植根于上述各地，即使迫害使得教徒队伍减员松散，皈化者们也未感到孤立无援。因此，异教徒的排斥对他们的行为举止影响并不大。虔诚的天主教徒们的劝导，在较新的教区克服了可能导致背教的不足之处。

神父的离去未使天主教徒放弃任何宗教圣事，亦未使教区群龙无首。管理者、传道员、授洗者、童贞女等骨干顶替主持基本的宗教仪式。何况传教士们还常常躲在船舱里，潜入沿海的大多数信徒聚居点。1724 年被驱逐的一些耶稣会士又回来了，隐匿了姓名和身份进行来回巡访，甚至还带来一些新的传教士。1754 年，有八位神父冒险管理着仍然隐藏在江南的六万名天主教徒。然而在 1780 年，江南省的神职人员只剩下一位华人神父和伟大的南京主教南怀仁耶稣会士（Mgr. de Laimbeckhoven，S. J.）。他在去世前不久，授予四名中国青年神职。这几位中国神父在几位天主教遣使会会士的帮助下，坚持到 19 世纪中叶耶稣会士们重返之时。

因为江南省的天主教徒没有忘记他们的最早的传教者，当他们获悉耶稣会恢复后[②]，即致函耶稣会总会长劳达（T. R. P. Roothaan），恳请派遣传教士。南京主教罗类思（Mgr de Besi）支持他们的意愿，稍后便发出第二封非常恳切的请愿书。经过这些奔走活动，三位法国耶稣会士被派往中国：南格禄神父（P. Gotteland）和艾方济神父（P. Estève）于 1842 年 7 月 11 日，李秀芳神父（P. Brueyre）于 10 月 22 日先后在上海附近登陆。

同年 8 月 29 日，英国和中国签订《南京条约》，为英国国民开放五个通商口岸。无论

① 参见高珑鞶耶稣会神父和史式徽耶稣会神父的著作。

② 耶稣会于 1773 年被解散，1814 年由庇护七世恢复。

中国还是英国都未曾想到，这个事件对天主教来说至关重要，因为这份条约使东方和西方建立了新型关系，让天主教获得了它一直都缺乏的东西，即进行传教必不可少的自由。因为开放通商口岸给他们带来不少好处，即保证传教士的安全，工作稳定，这是以前徒然期盼过的皇帝恩典。

按照《南京条约》第二条，中国准许英国人（进而允许所有其他国家人民）及其家属在五个沿海港口定居。另外，1843 年 10 月 8 日签订的一项补充条约同意英国领事有权领回违犯某一法律的英国国民，根据他们本国的法律进行审判。

随后，其他国家也介入了，对最初的协定进行补充，扩大了范围。美国在其 1844 年 7 月 3 日的条约中，除允许旅居和引渡外，还获得了兴建医院、教堂、公墓的自由（第十七条）以及采购中文书籍、聘请教师、译员的权利（第十八条）等一些英国根本未考虑到的细节。

法国特使拉萼尼（M. de Lagrené）本着无私的精神和基督教情感，最终提出敏感的宗教宽容问题。法国政府委派他缔结贸易条约，而他则利用与中国全权代表耆英的良好关系，说服耆英向皇帝奏请废除所有反对基督教的诏令。这项请求于 1844 年 10 月末呈送皇帝，1845 年 1 月 8 日拉萼尼得到回复，附有皇帝恩准的批复。皇帝不再反对他的臣民进入基督教堂，但是外国传教士的热忱必须仅限于已指定的五处港口。像对待洋货一样，传教者也不许进入内地，官员们将把敢于无视协定者移送各自的领事处理。[①]

这些特许权自条约签订之时起在法律上生效，但它在民间的效用显得比较缓慢。要使排外和反基督教的思想突然转变，那是奇迹。因此，还会不断发生殉教、教堂被毁、被盗、因“洋鬼子”到来引起的一系列骚乱事件，但这是局部的骚乱，会很快被镇压下去，并通过提供新的保护和损坏赔偿来补偿。

这是因为天主教找到了一位保护者。法国担当天主教使团的保护国，严密地监督诺言的实施。法国已经要求归还一部分在迫害时期被没收的教会财产。1860 年后，在中国政府的同意下，法国为本国传教士和有此愿望的其他国籍传教士签发了特别护照，使他们在各省居住、购买土地、兴建房屋合法化。另外，法国还负责将传教士们的要求呈交总理衙门[②]，维护他们的权利，挫败限制他们业已获得承认的自由的企图，在中国人因信教原因受到伤害时提出抗议，等等。

因此，耶稣会士们到的正是时候，享受到 1842 年事件所预示的形势好转。罗类思主教和基督教徒们一起，以盛大的集会欢迎他们，并立即将约有五千万人口，其中包括四万八千名天主教徒的江南省托付给热忱的他们。

这些天主教徒有宗教信仰，但在很多人身上，这种信仰却与异教的生活方式相安无事。“在我们的基督徒中，无知、赌博、姘居、迷信是糟蹋这片基督葡萄园的恶习流弊”，在神父们到任前夕，罗类思主教如是写道。[③]

在向异教徒讲道之前，神父们明智地决定，先对信徒进行教育，并把他们重新组织起来，然后建立必要的管理和开展传教事业的机构：如修道院、学校、神学院……为此他们花

① 拉萼尼得到口头允诺，他不受此条款限制。

② 相当于外交部。

③ 罗类思主教致罗马教廷传信部的信，引自《江南省的传教》（*La Mission du Kiangnan*），1900 年，第 44 页。

了近二十年的时间。重建教区——在很多情况下几乎就是一场新的改宗运动——几乎只在上海和江苏东南部的基督教徒中展开。在其余的大量布道活动中,只限于进行预备性的巡查。一开始,去往昔的信徒群体中进行调查的神父们,处处都发现了成群的受洗过的人,尽管他们普遍无知,而且宗教情感十分淡漠,但是他们都打算更好地认识和参加由其先辈们传承下来的宗教活动。神父们每年探访他们一两次。1852 年,南京的宗座代牧主教赵方济主教(Mgr Maresca)甚至去了苏北两个仅有的保存着基督教遗迹的城市淮安和五河。

一年一度的几天的布道和主教十年一次匆匆的巡访是不多的。对神父们来说,精神食粮的分发更为艰难,他们明白这些教徒的拯救和进步取决于组织的稳定性。在他们重新找到的这些天主教徒中间,要有一位神父全年常驻,并在他的教堂周围创建学校和慕道班,对异教徒进行宣传。修道会长上们已考虑到要在老耶稣会传教士们工作过的各地创立这样的机构。如果仁慈的主允许,稍后也许可能在宗座代牧主教的每个县建立一个教区。不过为实现这个美好计划,要有人……大多数在上海任职的传教士,或在上海学习神学的学生都将目光投向这些无人照管的村落,投向使他们着迷的尚未开发的乡下。

从 1864 至 1878 年,南京宗座代牧主教、耶稣会士郎怀仁主教(Mgr. Languillat, S. J.)发出了上述传教士们所期待的信号。在他的任内,在南京、安庆(1865 年)、镇江、苏州(1866 年)、宁国府、广德州(音译,Kiangtechow)、淮安(1869 年),最后是五河(1874 年)等地增建了教区。在这些由一位或几位传教士管理一个的传教中心周围,新建了一百六十八个教徒村。1879 年 11 月 27 日郎怀仁主教去世时,在江苏的十二个府中,只有海州和徐州两个府既无传教士,也无基督徒。

郎怀仁主教的继任者是耶稣会士倪怀纶主教(Mgr. Valentin Garnier, S. J.),他于 1879 年 4 月 27 日接任,继续有条不紊地、顽强地扩展传教网,但是方式更加耐心和温和。他根据经验知道,在基督教贸然进入的地区,各种矛盾使传教士疲惫不堪。上述创建区多数都需要诉讼、外交干预,甚至需要炮舰炫耀武力。由于最恶毒的中伤污蔑,官员和民众对教会长期怀有怨恨。

因此,1882 年初,当倪怀纶主教获悉睢宁居民邀请陶斯咏神父到他们的城里讲道时,他叮嘱要极其小心。对这些渴望了解天主教教义的异教徒,首先要给他们派一位有经验的讲授教理者,租几个房间把他安顿下来。稍后,陶斯咏神父再去当地,判断是否有必要继续进行下去。

接受这些指示的陶斯咏神父是一位温和谦卑的修会会士,非常虔诚,非常宽厚,像听话的孩子。十四年的传教使命使他得到磨炼,但可能也让他失望,因为在所在的前哨岗位上,他的工作并不顺心。当时他主持淮安老教区,约有二百名天主教徒,他们名声不佳,宗教热情不高,让圣徒都感到灰心。异教徒们的态度都非常冷漠。

1882 年 8 月,陶斯咏神父晋升为颍州府堂区主管[①],迁往像淮安这样的老基督徒地区

① 在江苏的教区,一个堂区由总堂司铎领导下的若干县组成。如果这位总堂司铎是耶稣会士,根据耶稣会级别分类常用词,人们一般都称他为省区主管。一个县是一个或大或小的教会区域,委托给一位传教士管理,如同一个堂区委托给一位本堂神父。

五河，但五河的宗教情感更强烈。受洗者进行宗教活动十分认真，但与外界隔绝。迫害曾经削弱了传布信仰的热忱。五河和淮安一样，改变信仰的情况很少发生。因此，在睢宁的使者的呼吁下，陶斯咏神父感到自己的青年传教士的热情重新燃烧起来，要用福音教化新的地区！……

然而，重要的是先搜集关于该省徐州这一地区的资料，这个地区尚无一位神父探察过。应倪怀纶主教之邀，淮安传教士艾赉沃神父先后于1882年6月和1883年4月，两次到徐州进行探察。[①]

艾赉沃神父的结论明显有利于福音在徐州的传播。两种有利的情况打动了他：文人少，民众没有排外情绪。而在江苏其他地方以及安徽，文人激烈反对宗教，经常造成混乱、往往还毁坏传教设置的骚乱就是由这些文人的挑唆和诽谤文章引起的。他们的文章看来未对徐州产生有害影响。无论如何，艾赉沃神父遇到的几位文人未显露出他们的许多南方同行们那种充满仇恨的傲慢态度。民众处处都尊重这位欧洲人，向他索取药剂，接受他赠送的书籍，与他交谈。简而言之，一个外国人走遍整个徐州府，甚至在几个县的首府住宿也未引起丝毫骚动，他的走访这样顺利是一个好兆头。

> 1882年6月7日，艾赉沃神父进入徐州城后，得知基督教新教已捷足先登。在1879年或1880年，两位英国牧师已在徐州创建一处设施非常完善的门诊所，安置了七八名他们的皈化者、医生、讲道者和佣人，备有大批成套的宣传书籍。
>
> 门诊所位于鼓楼路，由青州府的一位牧师管辖，艾赉沃神父只知道他的中文名字叫钟求南(音译，Chung Chiunan)。这位牧师的雇员们一开始以为艾赉沃神父属于他们的教派，邀请他在他们家下榻。当他们发觉弄错后，立即来到神父住宿的旅馆向他致意。神父借口旅途劳累推迟会面，但是他的传道员回拜了他们，受到非常礼貌的接待。

情况好像证实艾赉沃神父的观察是对的，因为睢宁的许多居民要求加入慕道者队伍。有些人甚至南下淮安去结识艾赉沃神父，向他表明他们的真挚意愿。乡村里也有一些人有意皈化。圣宠显然在这方居民中发生作用了，陶斯咏神父认定有确凿的证据，迫不及待地想去实地加快开拓。不过倪怀纶主教不慌不忙，作出了正确的决定。艾赉沃神父遵从主教的指示，委派了最好的传道员李长根(音译，Ly Tchangken)去，他劝人皈化富有经验，能掌握分寸，比其他任何人更能胜任评估未来入教者的禀赋。

1883年1月底，李长根在睢宁不动声色地租下五间房，随后在同年12月，也在徐州租到一处房屋。一些传道员开始悄悄地讲道。

尽管小心谨慎，而且设施最简陋，但是天主教在该省北部出现还是造成了一点动荡。在睢宁，士绅们前往衙门请示如何处理，官员答复不要去打扰传道员及其教堂，于是骚动平息下来。当李长根将陶斯咏神父的信函呈送给徐州县令，并通知他有一位福音书宣讲人即将到来时，县令也作出类似的声明。

---

① 参见《江南省纪事(1881～1882)》(*Relations du Kiangnan*)中第十七封信关于第一次探察的记述。同一封信，节本，《哲尔济书简集(1883年)》，第36～41页。第二次行程期间所写的信函发表于《哲尔济书简集(1883年)》，第1～9页。

教会在两座新的城市站住了脚跟，但是地位很不稳固：传教士尚未亲身前往，所使用的场所不属于他所有。但是李长根的一项举措获得成功，很快巩固了这些据点。

睢宁的租约即将结束时，陶斯咏神父委托李长根续租。然而，几天之后他得知，他的传道员正商谈购买城里一栋漂亮的住宅，而不是像说妥的那样租赁。房主出售住宅，不过是典卖。这笔交易会引起许多纠纷，因此陶斯咏神父拒绝了，即使他可以商定购买。他即刻写信要求中止交易。是他错误表达，还是李长根误解了他的意思？反正李长根买下了这栋住宅，豁免全部地役，1884 年 3 月 8 日，他带着契约去五河。房价为三百五十块大洋[①]，他交了二十块大洋的定金。卖主和邻居都同意，只差陶斯咏神父签署了。

如果陶斯咏神父能独自拿主意，他就不会犹豫不决了。因为要在睢宁宣传福音，起码要有一处场所。可是，倪怀纶主教认为在徐州购买房产为时过早，而陶斯咏神父不是那种喜欢先斩后奏的人，况且他也无力支付购房费用。然而，如果解除契约，他也高兴不起来，因为他就失信于卖主，损失定金，李长根也丢面子。幸好倪怀纶主教理解这个误会，完全同意了。从此教会在睢宁有了房产。

而徐州的情况变糟了，抵消了这次成功。1884 年 5 月初，一伙手持棍棒的农民洗劫了教会租用的房屋。传道员慌忙躲到一邻居家，让人告知县令。县令立即跑来，但很难驱散这些示威者。谁唆使他们来的？无从知晓。但策动这次骚乱的人巧妙地选择了时机。一些前来领取赈济粮的乡下人堵塞了街道，而且由于考试日期临近，八个县的学子也纷纷进城，一个头脑发热的人便足以煽动起这群不安分的人了。县令害怕事情闹得不可收拾，雇了一辆车将传道员送往五河。

陶斯咏神父赞赏这位官员，派李长根和另一位传道员向他道谢。陶斯咏神父还要求公正对待权利受到侵犯的教会。物质损失不大，但房东拒绝再接受他认为非常危险的租户了。

官员非常谦恭地接待了两位传道员。在公开接见时，县官请传道员们坐上席，发表了称赞基督教的讲话，还特别劝告李和他的同道到考试完毕后再回五河。交谈中县官指出，教会如果拥有房屋，就会安宁一些。陶斯咏神父也是这样认为的，而且环境比任何时候都更非此不可。而城市骚动起来。每天都有人张贴告示，威胁要痛打敢向传教士出售或招租的任何人。

在睢宁，购房仍是秘密的。在确定取得房产所有权的那一天，两位传道员根据习俗，宴请未来的邻居们，同时，第三位传道员正式通知县令。这激怒了人们，士绅们要不惜任何代价废除这笔买卖。县官十分惊慌，不知如何是好，赶紧跑到徐州请示他的上司。

县令回来对士绅们说，他无力反对符合手续的权利。6 月 8 日，圣三节那天，陶斯咏神父进入睢宁。翌日，他致函传教会的长上、尊敬的帅维则(R. P. Sédille)神父，向他报告了最新的事态，还报告了另一个好消息：在徐州购得一处房屋。

事实上，李长根 5 月中旬再次来到徐州，处理教会被抢劫的事。他跟县令交涉，问题只是要适当的赔偿，并要房产主信守诺言。

可是，李长根没有说，他要找一位敢于藐视威胁的卖主。他终于遇到一位名叫柴四罗

① 中国的大洋当时价值一美元左右(五个金法郎)。

(音译,Tchai Silo)的人,他同意以三百六十块大洋转让一处房产,这座房产坐落在城里东南角。十六间朝向差的房子,其中只有三间砖瓦房,几乎不能住,但在眼下这是次要的事。

交易在继续进行,并在可能阻挠交易的人不知情的情况下结束。1884 年 6 月 26 日晚,原房主搬出的当天,陶斯咏神父就悄悄搬了进去,并借了一张床睡了一夜。当事情公开后,他有些担心第二天人们的反应。陶斯咏神父并非不晓得,县令在玩弄两面手法。县令在建议传道员买房的同时,吩咐有敌意的士绅们设法不卖给传教士。至于民众,经过数月的反对教会的活动,几个专门领头闹事的人会毫不费力地带领百姓发动最凶残的暴乱。

幸好陶斯咏神父虚惊一场。27 日这一天,他把名帖送到官员和士绅们的府上,通知他们他已到达。有些人也前来拜访。邻居们都来仔细观看“洋鬼子”,他们失望而回,这个洋鬼子穿着和他们一样,也蓄着发辫,说中国话,和人们所想象的洋鬼子完全不同。随后几天来访者继续增加,他们丝毫没有表现出不信任,这让陶斯咏神父相当惊诧。通常,异教徒们在冒险进入传教士的寓所前都要犹豫再三。29 日,陶斯咏神父走在城里的大街上,人们的眼光多是好奇,而不是敌意。

局面如此平静,民众如此友善,这让陶斯咏神父喜出望外。单单陶斯咏神父身临徐州的这个消息,就已经相当于一次讲道了。在萧县的小镇李新庄寨(音译,Lisingchwangchai),曾有五六户人家信奉新教,现在他们改变了主意,希望有一位天主教传教士来。陶斯咏神父租下他们中间一个叫胡臣三(音译,Hou Tchensan)[①]的人的四间房屋,并安排一名传道员。

度过了平静的几天,陶斯咏神父离开了徐州,将住宅留给他的人员看守。这时他满意之余也留下一个遗憾:因为他缺乏资金,将契约登记推迟到秋天。不久他就将为此而感到后悔。

物质上的获取是必不可少的第一步,而精神上的征服是传教士们唯一的抱负,要顺利完成这种征服,陶斯咏神父需要“一个积极向上、任劳任怨的人”。在倪怀纶主教的头脑里,这个人两年前就已经选定,他就是艾赉沃神父。在 1884 年 8 月这位神父上任时,整个徐州都由他管辖。

倪怀纶主教的指示具有预见性的震撼力,特别能鼓舞艾赉沃神父的伟大精神。“您就要开始新的生涯……对您来说,问题不再是走遍这片广阔的地区,也不只是在那里暂时居住。今后,您的目标应该是在徐州建立教会,您曾经是坚定勇敢的开拓者。我希望您还将成为有耐心(耐心尤其重要)而且勇敢的创建者。仁慈的主为您在徐州安排了什么命运,我一无所知,但有一点大概可以肯定,也难以避免,您将在徐州遭受磨难。舍此,教会不能牢固地建立起来……”[②]

1884 年 9 月 26 日,就在倪怀纶主教写这封信的当天,艾赉沃神父在陶斯咏神父和三

---

① 这位胡臣三似乎除去正经事,干过各种行当。他曾经信奉新教,后来在 1883 年,在徐州结识传道员柴某时,表明要做慕道者。他跟随柴某来到芜湖,将柴某领到他的村子。从 1884 年到 1889 年,他是忠于他的信仰的。他曾多次到五河看望陶斯咏神父,并带来老婆和孩子,让他们接受教导。稍后,他全家除了胡臣三,在淮安接受了洗礼和坚振礼。在 1899 年前后或 1900 年,只是在他去世时,艾赉沃神父才为他施洗礼。(参见艾赉沃神父的《马井日记》[*Diaire de Matsing*]第Ⅰ卷,第 1～3 页;《回忆录》[*Souvenirs*]第Ⅰ卷,第 34 页,注 1)

② 倪怀纶主教致艾赉沃神父的信,1884 年 9 月 26 日(AS)。

名新上任的中国助手陪同下到达徐州。创建了一年的徐州堂区的主管陶斯咏神父来正式任命艾赉沃神父。他在逗留期间走访了萧县的新教慕道者，但是回来即正巧赶上一场灾难，而这场灾难对教会的巩固是必不可少的。

1884年10月10日，下午1时许，座堂的小院内突然聚满了人，他们都不说话，其中夹杂着许多文人。陶斯咏神父请他们中间的几位进了会客室。忽然，有两个家伙二话不说就将门扇拆了下来。神父们上前质问文人们，没有人回答。很快，一个文人走出来，叫道："打！杀！"这是信号。于是有两三个人冲进屋内，见东西就砸。转瞬间，神父们就被砸烂的箱子、书籍、床、桌子团团围住。艾赉沃神父要捡起他的带耶稣像的十字架，有人抓住他的辫子，把他拽到屋外陶斯咏神父身边，站在门口旁。传道员们垂头丧气，躲在墙角里，但是没有人挨打。

"到城外去！"一个领头的喊道。陶斯咏神父丢了眼镜，只好摸索着走。人们把他推到街上。艾赉沃神父光着脑袋跟在后面，脚上只穿了一只鞋。他们二人走在几百人的前头，这些人仍然一言不发。[①] 两位神父以为人们这是在带他们去殉教，他们也作了这样的思想准备。人们将他们一直押送到黄河大堤外，把他们连同两位传道员和两位异教徒朋友一起，抛弃在野地里。他们这一小群人继续走，到达东边的山脚下，躲在梁山口（音译，Leangshankow）一个四面透风的马厩里，度过两天三夜。

这次劫掠和驱逐表明，外国人如果敢再来，闹暴动的人还会侮辱他们。这次警告至少暴露出直到那时还有某种宽容的人的真实思想。神父们渐渐获悉，这次冲击的煽动者就是桂中行知府本人和那位多次允诺帮助教会并建议购买一处房产的袁（Yuen）姓县令。士绅和文人们自愿参与阴谋，并以许诺分赃召来流氓恶棍。这场骚乱既不是自发的，也不得人心，不像不久他们力图让人相信的那样。

事件发生后几小时，传道员们回到被街坊邻居搬空的座堂，见到了袁姓县令。他已经撕掉和蔼可亲的假面具，打发传道员们督促神父们尽快离开，说他不能保护他们。传道员们提醒他，神父们身上没有钱，甚至没穿足够的衣服，可是县令断然拒绝提供帮助。第二天，陶斯咏神父回到城里想要见他，但是未受到接待。被抢的全部物品价值约两千块大洋，但人们只归还一头骡和一头驴。一位姓潘（音译，P'an）的新教徒借给了陶斯咏神父马鞍，署衙的一位官员借给他六千铜钱[②]，一行八人就靠着这笔微不足道的盘缠，步行到五河，有一百多法里的行程。10月17日，这些遭驱逐的人到达五河，衣衫褴褛，骨瘦如柴。

由于留守睢宁的人发出了快信，在镇江的人已知晓徐州事件。蔡尚质神父（P. Chevalier）得到的消息未提供完整情况，他担心发生最糟的事情，便向英国领事报警，英国领事通报了城里的道台，法国领事在镇江得到通知，于是先后向上海道台和南京总督询问情况。事件进入外交交涉阶段，历时十二年。

① 迷信，有传言称传教士具有魔力，为了抵御这种魔力，示威者可能要严格服从习俗，决不开口说话。

② 不足五美元（约二十五金法郎）。

第二章 被困睢宁(1884～1890)

神父们在房地产方面的权利被粗暴地剥夺了，这是不容置疑的。根据“柏尔德密协定”(la convention Berthemy)[①]，承认传教士有权以天主教教会名义在中国内地购置土地和住房。徐州购房虽是秘而不宣的，却是以合法的形式签订的。其契约尚未注册，但这项必须履行的注册手续容许缓办，丝毫不影响交易的有效性。

神父们返回的唯一障碍来自官员们的恶意。在驱逐的第二天，县令便让陶斯咏神父吃了闭门羹，他的行为表明他要对这件极不公道的事件负责。他的上司桂知府是他的后台。传教士们被解送到徐州，他们决定通过法国领事斡旋提出上诉。

不幸的是，自1884年8月2日以来，法国和中国处于交战之中。法国公使谢满禄(M. de Semallé)8月21日收到他的护照，离开北京，由俄罗斯公使照管法国利益。倪怀纶主教对是否让不认识的俄国公使来处理徐州事件犹豫不决，况且他宁愿等待时机。战争状态一旦结束，如果可能，和约将包含由于关系中断悬而未决的宗教问题。这样，教会便不会冒使事态激化的危险。

在等待期间，倪怀纶主教让艾赉沃神父主管海门的传教事务。陶斯咏神父保留他的五河职位，从五河关注着徐州和睢宁。

倪怀纶主教推测，如果战争转向有利于法国，徐州官员的态度就会变得好些，甚至会纠正他们的不公正的做法。为了便于接近这些官员，帅维则神父向陶斯咏神父建议，向徐州当局、道台、知府和县令交涉时，就当他们不知道驱逐和抢劫之事。陶斯咏神父向他们通报，然后将此归结为一场误会，请他们帮助他回到他的住宅。另外，他要求赔偿损坏的器物，归还钱财和被盗物品，最后要求反复教育民众应该尊重教会的人员和设施。

帅维则神父同意写一封“温和、适度、尊重对方的”信函。11月13日，李长根和柴传道员将信送交主管人。

官员们的反应使任何幻想都破灭了。道台连信函都不开封就退给送信人。知府(毋宁说他手下的人)接过信，用惯常的方式表态：县令将按根据神父的意愿解决争端。县令更坦率：“我看了陶斯咏神父的信。所以要明确地告诉他，别回到这儿来传教。有人已经两次当众侮辱他，他们还会再干的……”[②]

“有人”系指民众，县令声称他无力防备民众，保护布道人。民众驱赶传教士是因为民众不要他们。这是借口，有人以此作幌子禁止神父们进入他们的房屋。他们在回复总督和领事的信函中说：这是民众的愿望。随后，如果传教士执意返回，他们就要组织民众闹事作为反对传教士的证明。这种花招败露后，官员们就不得已而声称手续不合法，说房屋买卖是在瞒着官府，不通知城里的欧洲人到场的情况下完成的，契约没有注册，卖主找不

① 1865年签订。参见田云梦(Cordier)《……关系史》(*Histoire des Relations*…)柏尔德密协定的文本和说明，第Ⅰ卷，第68页及随后多处。

② 陶斯咏神父致倪怀纶主教的信，1884年12月5日(AZ)。

到了，现住在该处房屋的人自称是房主，等等。这么多借口丝毫不能废除教会的权利，只是拖着不承认而已。

官员们这次未明说的反对理由是怕失去“面子”。桂知府以前曾和宁国府的传教士们打过交道，后来不得不向金式玉神父(P. Seckinger)让步，甚至赔偿了损失。他调任徐州后就发誓，只要他不死，就不让一位神父进入他的知府。陶斯咏神父不顾阻止购买这处房屋时所采取的方式，让县令耿耿于怀。驱逐即是报复，是不公正对待传教士的延续。

以打击洋人为乐的南京总督和官员们同他们的徐州同僚串通。他们与领事的通信文笔优美，但对其要求漠不关心。法国舰队的火炮打不到徐州，因此他们料准法国不会为一处被盗抢的破房子开战。

在法国领事与衙门打笔墨官司期间，陶斯咏神父悲哀地发现，辛辛苦苦工作两年使民众激起的皈化愿望消退了。睢宁的慕道者都避开座堂。这种情况在徐州更为明显。在县令委托给一位官吏看管的住宅里，现有两户人家居住。官员们在其附近宣扬，传教士已被赶出中国，上海的主教本人已登上一艘欧洲船。

在徐州的受挫使陶斯咏神父一时不知所措。但是不久，他再次燃起了希望，因为他发现自己在徐州的短暂逗留产生了影响。就在1884年圣诞节，他惊奇地了解到，在他的五河教徒中有一个李新庄寨的慕道者受村里人委派，来核实徐州有关传教士的传闻，还想请一位传道员。这位信使证实，许多人有坚持学经的打算。陶斯咏神父心存疑惑。可是两个月内又有两次来访。在倪怀纶主教的鼓励下，1885年3月，陶斯咏神父派出了一名助手。4月29日，这名助手向他报告，有六七个要求入教的人在学教义。

陶斯咏神父接着发现，徐州的福音传布完全可以从外部开始，如在五河的学校，在五河没有人禁止他培养坚定的基督教徒。

1885年初，有人向陶斯咏神父报告说，徐州城附近有一户原籍山东的老天主教徒，一对父母亲带着四个孩子，非常贫穷。为了帮助他们，神父把其中两个孩子接到他的学校。他的想法是，当这两个孩子受过教育，就可在村里以充当布道者。

日后将会看到其中一个孩子中怎样为马井传教事业的创建作出贡献。

翌年的5月份，陶斯咏神父又为宿迁县未来的女传教者行洗礼，这位女传教者将把传教士们带进徐州东部，让人们接纳他们，并协助传教士领导大批的慕道者，她就是陆(音译，Lou)妈妈。

这位著名的陆妈妈来自宿迁东北三十三里的李家村(音译，Likia)。[①] 1881年发生饥荒的时候，一场大火将陆家烧毁。他们全家无处栖身，又没有食物充饥，眼看要和成千上万的人一样，难逃饿死的命运。于是陆家父亲、母亲、儿子，还有童养媳，一路行乞南下。几经周折，这四个饥饿的人来到了隶属于五河的一个大的基督徒村张家塘(音译，Tchangkiatan)。天主教徒们收容了他们，并借给他们一间破屋子，陆家依靠施舍和一点活计勉强维持生活，在张家塘定居下来。

很快，陆妈妈审时度势。她有心计，也有愿望，于是与村里人商量，让她的儿子进五河的寄宿学校，让她的童养媳进张家塘童贞女学校。两个孩子都聪明伶俐，学习优良。儿子

① 下文的细节几乎逐字逐句引自艾赉沃神父的《回忆录》第Ⅰ卷，第44～45页。

在校读过几年后，要求行洗礼。如果不是他母亲在，陶斯咏神父就愿意为他施洗了。陆妈妈被认为是该省北方最爱说人坏话的女人之一。有人说她可以用尖刻粗俗的话接连骂上几个钟头……障碍虽然很大，但是儿子也有对策。大概受他妈妈或别的热情男孩的授意，儿子假装生了重病。陶斯咏神父以为他要死了，为他进行了简礼付洗。男孩自然就急忙恢复健康，返回学校，人们为他补办了仪式，并准许他初领圣体。接下来，儿媳受过更好的教育，至少也很想这样，怎能拒绝对她施以厚爱呢？

神父们培养她的儿子，圣女们疼爱她的儿媳，两人都成了教会的教友，陆妈妈隐约看到了未曾梦想过的未来。她思前想后，然后也决定申请施洗。这让张家塘的信徒圈子和周围教区的人吃了一惊！人们允许她学经文，进教堂，可是她还要领洗！陆妈妈早已预料到会遭到反对，和以往及以后的多次争辩一样，在随后的争辩中，陆妈妈总是有理。

单靠徐州陆家这两个孩子和另外几个睢宁的孩子，显然不可能在其家乡建立起宗教信仰，必须要有一位神父。1886 年 7 月，陶斯咏神父向倪怀纶主教建议，再进行一次尝试。中国和法国签订和约已经一年了，归还徐州教会房产的谈判还一直陷于僵局，因此，这个城市仍然进不去。但在睢宁，当局对教会的权利不持异议，这可能是再安排一位神父去那里的时机。为了不妨碍领事的行动，艾赉沃神父一直等到 1887 年 8 月份才再次北上。

艾赉沃神父在得到任命时三十五岁。[①] 在整个江南省传教区，很难找到值得信赖的更有开拓才干的人。艾赉沃神父是创立者，同时是组织者。他聪敏机灵，精力充沛，真诚率直，对传教事业充满热情，看问题一清二楚，作决定迅速稳妥，深入基层有着百折不挠的冲劲；小心谨慎而又胸有成竹，办事干练利落，而且善于步步为营地开拓前进。

在艾赉沃神父领导下工作的神父尤其记得他对耶稣会士、俗间教士、教友和异教徒等所有人表现出的仁慈。他是出色的引导者，能激励人心。他培养出来的大多数传教士对他的指示、鼓励、辨别力和那令人鼓舞的愉快心情记忆犹新，在四分之一世纪之后，仍然能令健在者激动不已。

这些品格从宣传信仰的强烈热忱，从在每日祈祷中新生并增长的热情、严格遵守其修士规则、欣然承受牺牲、苦修及艰苦生活中汲取活力，是他的使徒使命获得成功的条件。

艾赉沃神父的虔诚没有一点儿忧伤。他从心灵的修炼中获得快乐，这种快乐有时是喧闹的，但是都洋溢着对兄弟们的爱，洋溢着与他们重逢、为他们提供帮助、在与他们的亲密交谈中缓和数周孤独压力的喜悦。当他尽管工作繁重，却还愿全心全意照顾病人时，这种爱德就特别值得称赞。“一个他曾护理过的人写道，一有可能，他就叫人把传教士带到自己的住所，一路上陪护照料，每天为他弄吃的，帮他作感恩祷告，鼓励他面对死神，一天里大部分时间都在他的房间度过，为他记账、写信。只有当病人进入康复期时，他才把病

---

① 艾赉沃神父 1852 年 3 月 25 日生于瑟堡(Cherbourg)附近的凯尔科维尔(Querqueville)。从孩提时代起，他就觉得自己身负圣职和传教使命。他在堂区本堂神父的家里开始学习拉丁文，在瓦洛涅中学(le Collège de Valognes)的厄德修会神父们(音译，les Pères Eudistes)那里结束拉丁文学习，十九岁时进入库丹斯大修院(le Grand Séminaire de Coutances)。三年后，于 1874 年 8 月 14 日离开大修院，进耶稣会。1876 年 11 月 22 日到上海，1881 年 9 月 11 日由倪怀纶主教授予神父神品，1885 年 8 月 15 日许下庄严的誓愿。(参见董师中耶稣会士《耶稣会士艾赉沃神父》[*Le Père L. Gain, S. J.*]，第 1～5 页)

人送到上海的诊疗所。”[1]

艾赉沃神父还没有大显身手，不过在淮安和海门积极从事传教事业的前五年已显露出他的卓越品质。因此他的长上们希望派这位满怀热忱的耶稣会士独自去这么远的地方竖立耶稣基督的大旗，他能够崭露头角。

1887 年 11 月 8 日，艾赉沃神父在睢宁就职。倪怀纶主教明确地规定了这一职位的传教士职责。睢宁是一个瞭望哨：艾赉沃神父要时刻关注徐州，一旦外交官们与中方达成谅解，他就准备前往。但睢宁首先应成为传教中心，因此主要力量将用于当地的福音传播。

新任本堂神父很快就完成对堂区的巡访。他的堂区确切地说只由一户人家组成，是宋姓（音译，Song）的慕道者，他家的三个孩子在五河的教会学校上学，不久将受洗。这个地方天主教连一点基础都没有，这种局面迫使他作出计划。首先，他要让民众接纳他；然后，在原有的慕道者中间消除因三年无人照管而产生的恶劣影响；最后，从城市当局争取到对传教权和皈化权的实际承认。

他的人手不足。到达睢宁六天后，他去了趟五河，带回了老宣（音译，Suen）。老宣的儿子是耶稣会士，女儿是修女，他是坨浦（音译，Towpu）基督徒村的村长，他已探访过睢宁周围的农村。未过多久，神父即开始行动。他在城里开设一家诊所，隔壁是劝导室。当他的一个手下人，一位南京的医生为人治疗伤口时，另一个人就和病人聊天，泛泛地解说宗教，消除偏见和无知，反驳异议，还悄悄地送给识字的人一些书籍，特别是《益闻录》（*I Wen Lou*）。[2] 老宣走访周围的村庄，为传教士前去传教铺平道路，他也留下一些书籍和药品作为他路过的纪念。神父紧紧跟在他的合作者后面，给他们鼓劲，他自己也去试图说服衙门的人。

在睢宁，反洋情绪不像在徐州那么强烈。侯超嬴（音译，How Tchaoying）县令本人对天主教并无任何反感。他很真心地在座堂大门上张贴相当友善的公告，接受了神父赠送他的表示感谢的礼物，并回赠了他的三卷诗集和他修订的本县年鉴。然而，1887 年 12 月，他在徐州和他的上司桂中行知府谈话时，无意中谈及他与传教士的良好关系，遭到知府的斥责，那种斥责让有抱负的属下们惶惶不可终日。他愁眉苦脸地回到睢宁。

艾赉沃神父却很乐观，设想了一套计策来扩大他的地盘。因为睢宁是个很小的地方。他的邻居同意以合理的价格出卖他们的房产，但买房注册要由县令决定。

艾赉沃神父想到在这位县官的眼皮底下平安无事，两人还互送了礼品，他的传道员们也和衙吏们关系融洽；另一方面，他还不知道这位县官最近在官场上不如意，于是打算邀请这位大人物到他的座堂来做客。他要向这位大人物说明他的计划，有可能的话，可以使县官当着证人的面得出这样的结论：神父的住所用来请客实在太小了。经过这样公开的

---

① 谷生春神父的手记（AS）。

② 《益闻录》（*Recueil de Nouvelles utiles*），1879 年 3 月 16 日由耶稣会士李问渔神父（P. Laurent Li，S. J.）在徐家汇创办的报纸，每周出版两次。“第一期社论称，本刊以从前的年鉴为范例，首先打算为人们提供服务，同时向人们报告各地的可能有益的各种新闻。本刊第一部分用于刊登政府的法令和官方文件；第二部分阐明天主教在宗教和自然伦理方面的重大论点；第三专栏登载与一般政治有关的宗教消息、短诗和短文、中外报刊评论摘编，科学、历史、地理问题，以及各种社会新闻等。”（参见《百年长江》[*Cent Ans sur le Fleuve Bleu*]，第 114 页及随后多处）

确认，顺理成章地，县官就会准许神父购置房屋了。

艾赉沃神父首先赶紧派一位传道员去见衙门的书吏，通告他要登门拜访，说明部分意图。而书吏们一听大惊失色，讲到徐州知府发出过警告，直言不讳地宣称必须劝阻神父：神父不会受到接见，县官也不会回访他。而传道员坚持说，神父应该马上拜访地方显要，如果神父不首先拜访城里的第一位大人物，就去拜访其他显要，这既不明智，也不合乎礼仪，这理由很充分，书吏们心悦诚服……

因此，关键是要做到既满足神父拜见县令的愿望，又满足县令不想接见神父的愿望，而衙门的书吏们善于把这两种极端的情况协调起来。他们想方设法。过了一些日子，"书吏们对神父说，两天后县令要去拜见总督及南京和苏州的高官。您就等到县令上路后再来拜访。传教士到场时，人们看到他受到接待也不会感到吃惊。如果您要一顶轿子，我们会给您送一顶署衙的轿子，我们甚至还可以借给您几个轿夫，而且要什么给什么"。

"好，艾赉沃神父继续说，就在那天早晨，没有更好的日子啦，当县令乘车去南京时，他的轿子公开到我们的门前来接我，先把我送到署衙，那里的人有礼貌地说：'大人不在。'然后神父就跑遍全城，到五六家主要士绅的门第拜访。"①

艾赉沃神父没丢面子，在当时情况下这是经常的。不过，扩大房产的计划成了泡影。艾赉沃神父几乎要放弃寻求另一次机会了，这时会见县令的愿望却以最出乎意料的方式实现了。睢宁的县令和捕头调走了，继任者于 1888 年 4 月 22 日到任。艾赉沃神父本想只是将名帖递到县令和捕头的府上，可是在 23 日上午 11 时，有人向他通报，捕头带着随从浩浩荡荡地来了，要亲自向神父致意。艾赉沃神父赶快穿上礼服，向客人深深地鞠躬致意。捕头对他的礼貌之举十分满意，说很高兴有他作邻居(捕头的公署正对着座堂)，并希望经常来和艾赉沃神父聊天。艾赉沃神父诚惶诚恐，连声说道："多谢！多谢！彼此！彼此！"捕头如此客气令他惊诧莫名。

这是捕头首次正式造访。他在城里所有士绅之前拜访了艾赉沃神父。这个荣誉显然非比寻常，尤其是因为这位新捕头来自徐州，他在徐州城的巡捕队担任了六年的小职务。因此，他了解驱逐传教士事件的来龙去脉，他之所以这样主动，是因为他的上司新任县令同意，还是起码因为确信不会惹县令生气。那么……

晚饭后，艾赉沃神父立即穿上礼服，上轿。他先去拜访捕头，然后将其名帖递到县令府上。县令外出了，由于乔迁太忙不能接见他。

艾赉沃神父叙述道："后来，我终于到达新县令居住的学校。我在众多卫兵把守的门前停下，我的名帖和身份证件已呈送给老爷('老爷'，礼貌用语，如同法语的'阁下')。寂静持续足有五分钟，是个好兆头，然后从院里传出叫声：'请！请进！'我的轿子进入一道门，二道门，然后停住。我下轿跟着引见者前行，立即看到县官本人，他身着盛装，嘴上挂着微笑，迎着我走来，对我说：'很高兴在此认识您，尤其是感到您能讲我国话很方便，不需要找翻译了。'我接着说：'老兄，不敢当，不敢当，您太客气了。我们只是想在此地开始传播我们的宗教，就有人散布关于我们的一些恶毒谣言，我指望您公正地在此地恢复秩序。''当然，当然！我知道您多年了，我知道您只是行善。我不希望有人给您添麻烦，我在此地

① 艾赉沃神父致陶斯咏神父的信，1888 年 2 月 27 日(AZ)。

跟您利益相同。'以这种口吻交谈持续一些时辰后,他请我原谅他没有好好招待我,没有给我准备点心。一喝完茶,他就一直送我上轿。最后还说要亲自到我们的住处回访我。"

果然,第二天,睢宁街上的行人便聚在座堂前观看县令和他的随从。艾赉沃神父继续写道:"从所有这些得出什么结论呢?首先,在徐州官员和我们的关系变成这样,可是件希奇事,要立即从中推断出某种结论可能为时过早。但不妨注意到,对我们的睢宁小堂而言,官员们的这一举动可能是开了一个好头,终于要在地方上面对我们,正式承认我们的存在,许多现在流行的或可能出现的恶毒谣传就不攻自破了。"①

当然不能把希望过多地寄托在这些有时看上去堂皇实际无益的表象上。从徐州起就折磨艾赉沃神父的仇恨并未消除。在显示了这种良好前景一些日子后,仇恨给予艾赉沃神父的打击比他所以为的隐约觉得会遭到的排斥更激烈。这期间他突然去淮安看他一个生病的学生,于5月29日和陶斯咏神父一起返回睢宁,得知在他离开时,有人用铁丝把他的房产围了起来。

这是前任侯县令的延迟的报复,还是像后来一名衙吏对艾赉沃神父所说的,是桂知府下令这样干的?不管怎样,士绅们听到神父已开始与邻居房产主磋商,刚刚得到座堂周围的土地:座堂东边的那块是一块长条地,南面十法尺,西南一法尺,另外是西边的一块地。北边是街道。"而且由于担心欧洲人设法通过桥或地道通到外界,规定他们购买的这几块地是从天顶到地心。"②

因此,艾赉沃神父为获得公民权的所有努力彻底失败了。手段不像在徐州那样强暴,但结果相同:遏制未能赶走的传教士活动,在他周围竖起像监狱围墙一样坚固的围墙。艾赉沃神父现在宣讲什么呢,他如何争取到他想要的那么多信徒呢;他没有教育这些信徒的学校,没有供其礼拜的教堂,没有比他那个小座堂多一寸的土地。

就在住所问题成为难题的时刻,这种考验就产生了。因为民众对艾赉沃神父的活动的态度显得比当权者温和。一开始,传道员认识了一位同时信奉四五种宗教的袁某,此人集算命先生、道士、素食者③、基督教新教徒于一身,收藏着所有这几种信仰的书籍和雕像。他为人正直,稍经辩论他便承认,像这样的大杂烩与真正的宗教是不相容的,于是他埋头学习天主教教义。几个月后,他便经常带着他的子女去淮安的学校,终于接受了教育、领洗、施坚振礼,还在他的袁家庄(音译,Yuenkiachwang)建起一个小基督徒村。

还有一些人,在一次茶馆会面、一本书、一句话的作用下,随处都能萌发出皈化的念头。因此缺乏有基础的基督教徒来领导这些新入教的信徒。陶斯咏神父的策略似乎是最好的:教会出钱,把这些想入教的人,尤其是儿童,送进学校,然后再将他们送回村子,作为"细胞"在其父母和朋友们中间增殖。

老教区五河有众多童贞女和传道员,完全适合承担这个启蒙者的角色。艾赉沃神父希望在五河指导这些慕道者。但是,1887年成为陶斯咏神父继任者的荣云锦神父(P. Joret)不喜欢外乡人挤进他的学校。他通知艾赉沃神父另谋他处,甚至遣散了在五河

① 致倪怀纶主教的信,1888年4月24日(AZ)。

② 艾赉沃神父的《回忆录》第Ⅰ卷,第52页。

③ 虔诚的佛教徒终生戒食蛋和肉。

领取救济金多年的陆家和宋家。幸好淮安的毕克诚神父(P. Debesse)比较仁慈,1887 年 2 月初,艾赉沃神父就在毕克诚神父家安排了第一个学生。在陆妈妈到来不久,其他人随之而来。

1888 年春,艾赉沃神父送陆家回原籍。陆妈妈的儿子则和宋家两个年轻人一起在淮安深入学习宗教知识,而陆妈妈的儿媳在村里开办了一所女子学校,陆妈妈也晋升为宣传员。

这位贫苦的农妇陆妈妈大字不识,但是无所畏惧,不辞劳苦,并能随机应变,深得人心,说理令人信服,对徐州的福音传播产生了长期独特的影响。她如约首先皈化,她的侄子们,随后陆家其他人,远房亲属,然后是刘家、叶家、张家、侯家、姚家都相继皈化……她说服了青少年后,又说服大人,然后是姑娘们和妈妈们。她带领信徒们步行到淮安(一百来法里)。"一路上他们非常艰苦,因为神父不能提供足够的盘缠。但是,陆妈妈的巨大影响支持着全部勇气,因为这些可怜的农村孩子必须远离家乡,把自己关在学校里,从早到晚学习经文。有些孩子逃学,后一学期陆妈妈又把他们带回来。"[①]

艾赉沃神父在陆家的村子创办学校时,进入了一个新的地区宿迁县。他在宿迁县不像在睢宁,不是从首府而是从农村开始开始创建,他没有料到这种拓展方法将在徐州西部给他带来那么多的成功。他标出区域,在这里安插一名传道员,在那里安排一户领洗的人家,目的是增加能产生影响的点。因此尚未出现基督教徒群体,只是在某一节日时,所有这些分散在各地的孩子都来聚集在神父的身边。

这样,1888 年 3 月 19 日,在睢宁,艾赉沃神父以某种隆重的仪式庆祝圣若瑟节。农村的慕道者们来参加弥撒和布道。在他们身后挤进来许多异教徒,他们是受到好奇心驱使而来的。艾赉沃神父满怀欣慰,向中国的主保圣人请求三个圣宠:最终返回徐州,在睢宁购买土地建一座教堂和一所学校,并在宿迁有一处落脚之地。

同年的圣神降临节时,在淮安,艾赉沃神父为陆妈妈亲自护送的她那个县五六个学生和同样数量的慕道者举行宗教仪式,这是动摇艾莱沃神父渴望向整个徐州传播信仰的热忱的开端。

我们知道上天对这些恳求和梦想的回应:这就是睢宁座堂周围的"铁圈"。天主仔细考虑了与他不同的计划。他尽管有点粗暴,但是肯定要让他的传教者实现计划。

1887～1888 这个年度的使徒使命接近尾声。对艾赉沃神父而言,这第一年是艰难的。他痛苦地感受到使其工作陷于瘫痪的那种迫害,此外还有极其艰辛的亲身体验。他经历了孤独无援、担惊受怕、做决定无法事前求助其上司。

艾赉沃神父致信倪怀纶主教写道:"我多次在人们面前公开表明,我在公务中,勇敢和决心在我内心深处远不是那么坚定。在经历徐州的冲突之前,我还不知道'不寒而栗'为何物,而六个月以来,我不止一次地一两天内都寝食难安,而为了使我的人习惯于外界的恶毒谣传,我还嘲笑他们的怯懦。我可以将这些事写给主教大人,并请您指示,可是如果回复在两个月后才到达的话,那有什么用呢?主教大人会要求我,祈祷和每日弥撒。啊,是呀!我肯定有这强有力的神佑,这是我仅有的。没有它,从人的能力来说,我可能已经

① 参见董师中耶稣会士《耶稣会士艾赉沃神父》,第 37 页。

逃避无数次了，或者已经变成疯子。由于天主的圣宠、弥撒和祈祷支持我，我非常希望在神圣的服从安排给我的岗位上，始终继续支持我。可是，如果在这一带我只有热情的翅膀支持我，我早就掉在地上了。"[①]

他的年度报告比较鼓舞人心。他列举了已取得的成就：在睢宁，人们对见到一位神父已习以为常；他在民众中已经获得同情，虽然不太强烈，但是真实存在；在淮安，已经拥有几个学生，还拥有了一些认真的慕道者，袁家庄有一所学校，有七八个孩子常去，李家村的陆家也有一所学校。

1889 和 1890 年留给艾赉沃神父另一件操心事。陆妈妈、传道员、学生和淮安的来客们的宣教把慕道者们吸收进教会里，艾赉沃神父在何处培养他们呢？必须向他们讲授祈祷文和教义，将他们吸收到基督教生活中来，使他们具备牢固的道德，以便在身处异教徒中的他们身上保存其精神财富。在淮安继续这项工作吗？可是淮安只是一个权宜之地，太远而且太小。[②] 要满足所有要求，就要将教堂和学校扩大两倍。然而倪怀纶主教认为扩大这个传教中心尚不合时宜。

那么就在当地教育慕道者吗？可是所需的房屋建在何处？不在教会被驱逐的徐州，亦不在教会被禁锢的睢宁。艾莱沃神父走遍各地为教堂寻找适当的地方。在陶斯咏神父陪伴下，艾莱沃神父深入了解宿迁，这是他宣传福音的地区最重要的城市。人们接待他不算太差。有人以优惠价格提供给他两处大宅子，每处都能满足初步安置。但是，购买倒不难，难的是公证人要求先由官员批准，才能在契约上签署天主教会的名称，而没有徐州的授权，官员根本不予批准。在徐州，授权属于桂知府的职权，他要驱逐教会，因此肯定会拒绝。于是艾赉沃神父建议无视知府的禁令，不事先打招呼购买这两处房产。这肯定会掀起一场风波，但最终会平静下来。那时传教士采取行动就有了充分的自由。

为回应艾赉沃神父的建议，尊敬的帅维则神父提出了另一条建议，更符合倪怀纶主教确定的行为准则。即宁可在信徒家里举行宗教活动，也别去惹恼宿迁的县令。如果信徒没有场地，神父自己花钱，但以信徒们的名义租赁几个房间，临时作教堂、学校，以及神父去看望他们时的住所。这样，上面就无话可说，因为他在城里的住所房主名字不是传教士，就不会引起骚动。

乍一看，这种办法将艾赉沃神父推到死胡同。他甚至思忖，他的长上是否准确地掌握时局。于是他更明确地向长上解释。问题不仅仅是修建两三处房屋，去看望慕道者，而是创办符合手续的慕道班，有三四十名学生的寄宿学校，包括宿舍、食堂、教室、礼拜堂等，固定安置一位神父照管学生。当时（1889 年 3 月 8 日），寄宿生中有三十名男孩，五六名女孩，还有几位成年人，都挤在淮安的茅舍里。孩子们的父母也想受教育。将他们安置在何处？还有其他报名的人呢？

为安置这么多的人，在乡村修建足够宽敞的传教中心需要宝贵的时间。而且，在哪里找到建造房屋的工人呢？谁来担保安全？结果艾赉沃神父还是宣扬，要在宿迁一下子弄

---

① 艾赉沃神父致倪怀纶主教的信，1888 年 4 月 29 日（AZ）。

② 教堂尚未建立。充当教堂的大厅估计要有十一步长，六步半宽，可容纳二百名教徒。学校有二十五名孩子，这就是它所能容纳的。（参阅郎绍德神父［P. Leblond］致倪怀纶主教的信，1888 年 4 月 10 日［AZ］）

到有三十来间房屋的大宅子,以及供未来扩展需要的地皮。

这一通辩解使长上们相当为难。他们想,显然,仰赖主的佑护,这项计划有机会实现,而且正在当地的艾赉沃神父也不会贸然提出。长期以来,倪怀纶主教迟疑不决,最后谨慎从事占上风。起码当时他不会赞成这种冒风险的向宿迁施压。艾赉沃神父已事先表明服从之意,他写道:"如果我们从这条路(尊敬的帅维则神父在给他指出的上述途径)走是主的意愿,Fiat!(拉丁文:愿它发生!),毕竟在实现我的想法时,我只想遵循仁慈的主的意愿,哪怕为此我应该无所作为,或一直只做有悖于我的想法之事。"①

因此,艾赉沃神父将服从尊敬的长上神父的指示:探访教友、租赁礼拜堂和学校……这样做,他会发现可以在远离城市的庇护下,为创建和扩大教会,建立并维持几个配备完整的站。甚至在稍后不久,他就会认为,将座堂从乡村搬到城里并没有好处。当时,圣宠的明显干预,可能已改变与徐州传教策略有关的许多观念。

倪怀纶主教拒绝了艾赉沃神父的建议,但他没有放弃征服城市。恰恰相反,甚至为了更有把握地进入城市,他在宿迁避免露出一点挑衅的迹象。如同北方的所有城市一样,宿迁的关键也在徐州。徐州如果开放了,其他城市则会自动开放。很少为日常事务分心的倪怀纶主教没有忘记徐州。自 1884 年以来,他把传教士们收集的有关住宅的资料集中起来,和答复中国官府困扰领事馆的诸多敷衍信函的方案一并呈报给法国领事。五年无结果的申诉,既未磨蚀他的耐心,亦未削弱他的恒心。教会一定要回到徐州!

关于倪怀纶主教在 1889 年初的诉讼,领事试图再次在南京总督那里进行斡旋。总督允诺安排时间考虑,而且其反应十分令人满意,甚至让人以为已经获得胜利。

倪怀纶主教通知艾赉沃神父和陶斯咏神父,准备就在徐州实现决定性的一搏。两位神父设想的计划很简单。先由传道员向当局报告负责收回教会房产的主教代表的到来。两天后,艾赉沃神父拜访衙门并递交正式的要求。随后陶斯咏神父支持其会友艾赉沃神父的行动。

1889 年 4 月 26 日下午,艾赉沃神父藏在挂着窗帘的车内穿过徐州,在李长根预定了两个房间的旅馆前下车。从到达之时起,就遇到新的烦恼事:县令换了。继任者在城里,一两天后上任。不管它。艾赉沃神父还是将名帖递给了各位官员。次日他就去问候他们。可是家家闭门谢客。更有甚者,就在他的拜访徒劳无果时,有人奉道台之命,关闭了留宿他的旅馆,以及邻近的另外两家。这种恶意的怠慢使李长根和传道员们沮丧,他们打算天蒙蒙亮就动身去睢宁。神父尽力让他们重新打起精神,叮嘱他们第二天弥撒时认真祈祷。因为他的决心已定:要迫使衙门让步。

车夫已捆绑好行李,准备运到城外更安全的地方,这时他收到知府的请柬。知府和县令十分礼貌地接待了他。在一小时又一刻钟的时间内,他们商谈了这件事。神父早先就知道那些异议,总是那些异议,他已经反驳过那么多次了,但是他还要反驳。知府问道:神父接受另一处房屋,要求归还被抢的物品吗?艾赉沃神父不是来交换的,而是来重新取得所有权的。只有倪怀纶主教才有权接受或不接受知府的提议。至于被抢的物品,主教已有话,可以不提。

① 艾赉沃神父致尊敬的帅维则神父的信,1889 年 2 月 1 日(AZ)。

知府不想以拒绝来结束这次会谈，提出必须进一步调查，并延缓几天。于是，县令退席，为神父去寻找住所，神父则和知府又单独会谈一小时。最后神父退出，由一位官吏和两名卫兵护送到徐州西区的关帝庙。就在那里，官员们为传教士准备了一出闹剧。

南京总督，如同他向法国领事宣称的那样，已下指示给徐州道台。指示相当含糊，尤其没有提到将被没收的财产归还给合法所有者。但是，总督禁止挑动闹事，官员们保证骚动不是他们挑起的，而是不容忍洋人的粗野的老百姓自发的。这还有待提供证据。

安顿在寺庙的第二天，柴四罗通知艾赉沃神父，道台的手下人招募一些乡下人来驱逐他。此时为晚上 8 点。10 点钟时，艾赉沃神父冒着倾盆大雨上轿，把这个阴谋告知县令。县令已经就寝，不可能见他。

4 月 30 日下午 4 点，通向寺庙的街道上挤满了人。李长根跑到县令府上，半小时后，县令吵吵嚷嚷地走进来，随手关上门，痛骂那些人，他说他们不怕违抗皇帝，无视法令，要阻止洋人住他们这儿。人们只待这第一个角色出场拉幕。

三四个钟头里，吼叫声不绝于耳，数百人啸聚在一起像群魔乱舞。大多数人还挥舞着兵械。他们要求把洋鬼子赶走。县令一再透过围困的大门进行交涉，一再来到艾赉沃神父坚守的房间恳求他离开，但是，艾赉沃神父不听。

“我不离开城里，您得保护我。”

县令抱怨道：“我一再跟他们说，您是按皇帝的敕令和总督的准许住在此地的，您没有伤害任何人。可是他们喊：赶走洋鬼子！”

他接着说道：“您迟些时候再回来吧，请您在骚动面前退让一下。等到一切平静时，您再回来。”

艾赉沃神父答道：“不，在骚动面前我决不退让。他们可以打我，杀我，把我硬拖到城外，但我决不一个人走。”[①]

县令将神父的这些话转告给街上的群氓，李长根还按照他的要求，重复了一遍，予以证实。然而，人们叫喊得更厉害，而且拒绝散去，淋漓尽致地表演着。这些小伙子围着寺庙不断发出诅咒和威胁，但是没有一个真想打砸，看得出有点像在表演。神父一行无人上当。人们只是嘴上辱骂，要不大门早就被砸烂了。

然而，虽然人们拼命叫嚣是虚张声势，但是情绪已极度亢奋，闹不好闹剧就可能变成悲剧。艾赉沃神父知道迟早得让步，因为这场闹剧显然只是一个前奏。但是在宣布是否离开之前，他要求有官员在场的情况下会见显要们。吵嚷声更甚了，之后估计他们为收到的钱已足够卖力，同意了神父的要求并且散去。

会谈于 5 月 1 日星期三举行，历时三个小时。《回忆录》中写道：“神父虽然要求这次会面，而且前去会面了，但是他并不幻想从中得到些什么。他要等待时机，将一些真相告诉士绅们和必定来打探消息的好奇的人，然后，作一些解释，之后体面地离开城市。其实这些人讲了许多话，他们试图让神父钻进各种圈套，要他签署会使他名誉扫地的字据。神父进一步阐明后脱身，但是既无所得亦无所失，我们的房产问题依然如故。”

艾赉沃神父被拒绝了，但是未被击败，于 5 月 3 日回到睢宁。这次挫折有不少好处。

---

① 艾赉沃神父：《回忆录》第 1 卷，第 58～62 页。

官员们在民众面前充分暴露出他们的诡计多么不明智。特别是多数士绅们向神父承认，他们不明白为什么要用这种骚乱来反对他。这种供认无疑只是一种脱身之计，但也表明仇恨并不是那么极端。接着，艾赉沃神父会见卖主柴四罗，柴某给他一份证明，附加在1884年抢劫时撕毁的正本契约后面。[①] 次月，柴某在下个月将在契约中添加一份证明，证明他从未和那位程(音译，Tcheng)某签过契约，而官员们曾把柴某出售的住宅说成是程某的。最后，与卖主的直接关系转变成与中国地方官府的关系。神父们对外交谈判效率的丧失了信任。他们相信，不通过中间人，在适当时机且在事后没几年进行商谈，结果可能会更快，更切实。

另一个可感觉到的好处是艾赉沃神父的传教活动不再被这案件分心。神父坚守睢宁，想着徐州。几个月里，他进行调查，提供文件，盘算机会。他将这次指望成功的进攻策划得细之又细，准备就绪就像踏上跳板那样，离开睢宁。这次挫折迫使他将注意力集中到圣宠在他周围建立的事物上。

当然，他时刻没有忘记他是传教士。他为徐州不遗余力，但是更为天主当着他的面塑造的心灵不遗余力。这是些谦卑、驯良、容易启发的心灵，与已改变异教的古代欧洲的心灵完全相同。当他通过洗礼使他们超脱时，他感受到一种难以描述的激动，那是教士将在一个民族中传教的初次收获献给主时所感受到的激动。

1889年7月，艾赉沃神父总结其传教活动。他施洗的人数还不很多：仅仅二十人。登记的二百七十三名慕道者也并非都怀着非常纯洁的目的，但是，在这无宗教信仰的人群中，有了这二十名施洗者和二百七十三名慕道者，就意味着已注入某种无限强大、任何官员都不能消除的新东西。

在官员们对待下属的情感和村民给予传教士的接待之间，存在何等的反差啊！有人诬蔑这些农民，因为他们本质上根本不仇视传教者或他们的宗教。艾赉沃神父发现，真正的中国人民淳朴、有礼貌、好客、宽容。对于这位洋鬼子，有人仔细观察他，有人让他窘迫。神父胸怀宽广，乐善好施，关心人，安慰人，不指责任何人。他的性格和他的事业成为有利于他的教义的自信，因为他真心实意地生活在他所讲道的内容之中……

偏见在接触中消除，由于和他经常往来，人们的无知消失了，传教士本人思忖，仁慈的主是否需要在徐州获胜，以便让他的教会诞生并扩大。

艾赉沃神父1890年2月去宿迁县巡行，可能缓解了许多懊恼。整整一周他从在陆家的村子开始，于13日离开，前往扒沟，然后探访其他天主教徒群体：先后在叶(音译，Yè)家和邱(音译，Kieou)家，最后在嶂山结束。一路由陆妈妈陪同。陆妈妈在这个小祈祷者团体里随意往来，因为几乎所有人都把他们的入教归功于她。她迅速为他们办理，组织接待，参加弥撒，召集入教前的布道会。淮安的学生(四十来名)回家过年时，他们使祈祷活动生气勃勃，并把他们在寄宿期间常用的仪式定为宗教活动的样式。陆家的学校和嶂山

---

① 官员们的公函声称柴四罗已逃跑，找不到，因此无法核实传教士的申诉。然而，柴四罗在1884～1889年整个期间，始终未离开过徐州城，而且一直准备着，一听到传唤，即去作证。官员们极力回避。他们出价五百块大洋外加一个小官职，换一份程姓的假契约。柴四罗始终坚决拒绝，反而声明他早已卖给天主教会，他决不可能说出违背良知的话。这种令人钦佩的不妥协精神给他招致各种凌辱。家人排斥他，仇敌使他破产。神父们曾多次要救济他。这位正直的异教徒，为公正而经受长期的迫害，和传教士交往相当密切。他至死不曾表示过受洗的意愿，此乃圣宠的奥秘。

的学校运转得非常好。神父向学生和教师表示祝贺。这些亲密聚会已经显示出完全基督徒式的热情和真诚，对此他尤其感谢主。现在是思考建立堂区的时候了。

数月后，他将在嶂山购买土地。在那里建一座教堂，几所学校，一个慕道班，一栋传教士座堂，另一栋女修道院，但艾赉沃神父还将努力购置其他土地。他开创的活动已结束，圣宠的时刻在徐州西部已经到来。

第三章　“岩石”上生存(1890～1896)

1890 年，皈化者的入教模式在徐州发生了明显的变化。睢宁的传教活动好像受到艾赉沃神父的工作、宣教和讲道影响。实际上，成就这一切的圣宠从表面上看其行为依赖于他的合作者的行为。圣宠沿着人开辟的路走，在人交给圣宠选择的人们中间指定选民。

从那时到现今，这将逆转过来。圣宠明显地主动采取行动。圣宠将从未接受过传教士宣讲的，亦未被劝说入教的，甚至从未谋面的人送到传教士跟前。这些陌生人成千上万地来要求入教。

> 1910 年，艾赉沃神父将给他的省会长写道：“人们会相信我吗？我在徐州传教二十多年来，当然经常劝导许多各种年龄和各种身份的异教徒接受我们的神圣宗教。好吧！我想可以坦白地承认，据我所知，他们中间没有一人最终领洗。来的这些人都是我从未见过的，因此，也不是我引导来的。我是不劳而获。”[①]

圣宠，一个隐藏在世俗诱惑之下的圣宠，引领着那些异教徒，因为在大部分时间里，圣宠只有通过物质利益的引诱，才能激发人们皈化的愿望。无论什么方式，人们已了解到有个强大的天主教会组织存在，它保护其成员，救助他们，减轻他们的苦难，他们便跑来参加教会。然后，圣宠当然会辅助传教士开导这些民众，教育他们，使他们超脱庸俗低级的理想，使他们在全然了解和充分自愿的情况下，接受宗教信仰。

天主在徐州的这种干预，其持续性及其强烈程度都不同于一般的干预，其首次显现就发生在该省的偏远地区——砀山县的侯家庄。

这个地区的习俗保存着他们古老的粗犷。氏族林立，组织严密，形成众多敏感暴戾的小独立王国，他们之间的纠纷经常演变成械斗。

侯家庄没有奉献任何东西使它特别受到圣灵的慈爱。它有五十来户没有文化的贫苦农民，跟散布在这片平原上的百十个村庄的农民差不多。村庄靠近省界，使他们跟在省界上聚集的土匪接触过于密切。村民们因此很容易受到在当地出没的匪帮的滋扰，而且也得承认，他们总是忍不住要借外部势力来打击他们的仇敌。另一方面，一般的说，他们为人善良，忠诚可靠，对他们的土地、习俗、家庭特别依恋。

后来，在 1889 年圣诞节前不久，艾赉沃神父接到报告，侯家庄有三十九户人家要求派传教士给他们讲授基督教义。侯家庄距睢宁一百二十多法里，神父甚至不知道这个村庄存在，没有任何布道者去过那里。这些农民不知该向谁咨询，便邀请了山东南部尊敬的圣

---

① 1910 年 10 月 10 日的信，载《哲尔济书简集(1911 年)》，第 31～33 页。

言会福若瑟神父(R. P. Freinademetz,S. V. D.),鲁南的圣言会教区已扩展到侯家庄附近。这位神父在江苏没管辖权,他迅速将经他的一位传道员核实了的这项请求转告艾赉沃神父。

任何一位传教士都不会对这种整村人的召唤充耳不闻,更不要说艾赉沃神父了。神父不仅有在这个地区撒网的强烈愿望,而且两年来他企望求教于圣言会的神父们。我们说过,艾赉沃神父不顾官员们的阻挡,正寻找继续传教并扩大传教的办法。山东的神父们目前显然已经找到这个办法,因为他们同样也遇到封闭的城市,可是他们已在广大的农村勇敢地建立起他们的传教中心,并拥有数以千计的皈化者。福若瑟神父在他的一处临时驻地等候艾赉沃神父,就为了向艾赉沃神父提供情况,甚至要带他去侯家庄。

由于各种情况所致,艾赉沃神父推迟到1890年2月末才会见福若瑟神父。这位有特殊才能的传教者给艾赉沃神父留下深刻印象。艾赉沃神父写道:"这是一位优秀的蒂罗尔人(Tyrolien),非常纯朴,具有罕见的美德,为人贤明,热忱和博学,我在江南省认识的神父中,很少有人在这方面能与他相比。"[①]

这位杰出人物的工作已经引人瞩目。1882年,他同尊敬的安治泰神父(R. P. Anzer,不久后成为安治泰主教)一起到达,他在山东东南部开始工作,当时那里有二百五十名无人照管的天主教徒过着默默无闻的生活。这两位勇敢的传教士经过多次打击和抢掠,被从各个城市赶出来,不知道靠着什么圣迹,他们竟然站住了脚跟,然后他们呼吁同道来援救。八年后,所有官员仍然反对他们。但不管怎样,福音传教在农村顺利进行。传教区有两千五百名领洗者,几千名慕道者,三十来名传道员,在安治泰主教购置的土地上建起了一个完全由基督徒组成的村子。传教活动非常广泛,竟至于现在只向至少有二十户人家决定学习教义的地方派遣一名传道员,而且最初的安置费用由这些人家支付。

艾赉沃神父花了两天时间考察了教区的机制、入教制度、外部基础以及其他问题。他亲眼看到福若瑟神父的无限仁慈,看到当时由十余名传道员教育的三四百名慕道者的虔诚和顺从。然后,他把所看到的一切记在心里,于3月3日同东道主一起前往侯家庄。

希望激发热情。一路上,艾赉沃神父数着一直展现到天际的村落,反复思考着福若瑟神父说的一句话:"毫不奇怪,用不了几年,您在侯家庄地区就会拥有二十多个基督徒村。"这是预言呢,还是一般的鼓励之辞?

在两省的边界上,距侯家庄二三法里处,有五十来人在望风。一些人手持枪支,梭镖和长矛。还有人带着小旗,锣鼓,甚至还有一顶大的红色仪仗伞。侯家庄人认为这是传教士就职必不可少的仪仗。当两位神父乘坐的车子驶近时,人们鸣枪击鼓,喧嚣声震荡云霄。消息传开,每经过一个村落,都引起更大的轰动。最后,在侯家庄,鞭炮和枪炮声震耳欲聋,将天主教的崇高观念传达给无数被这场热闹从方圆几里地吸引来的好奇的人。

侯家庄打算公开皈依天主教。

---

① 艾赉沃神父致陶斯咏神父的信,1890年3月7日。引自董师中耶稣会士《耶稣会士艾赉沃神父》,第29页及随后多处。福若瑟神父的情况已传到罗马教廷。关于圣言会的神父,特别是福若瑟神父在山东传布福音的历史,参见圣言会韩宁镐主教阁下(S. E. Mgr. Augustin Henninghaus,S. V. D.)所著《圣言会福若瑟神父:他的一生及其功勋》(*P. Joseph Freinademetz, S. V. D., Sein Leben und Wirken*),兖州府,天主教传教区,1926年。

这种出乎意料的场面没有让艾赉沃神父喜悦，却使他惊恐。因为他非常留意不想让官员们知道他的这次旅行。他甚至走大运河水路，避开徐州城，尽管要从鲁南绕个大弯。他担心这次行动会惊扰当局，不让他进入侯家庄，还可能不让他进入睢宁和宿迁。

然而，他无暇担心。在他的生涯中，从未如此忙碌。邻村的几百位来客络绎不绝地来访。神父 4 点钟起床，做完弥撒，就开门迎接他们，与他们畅谈宗教信仰，直到夜里 10 到 11 点。他享用人们送给他的东西，吃饭很不定时。阅读日课经时，他得躲到田野里去。

继来访者之后是慕道者。3 月 7 日，神父买到一亩半地，以及两处各有三间住房的茅舍。第二天，他同一名临时传道员及从睢宁带来的宋某的三儿子在此安顿下来。侯家庄的一百一十八人（不包括妇女），以几乎令人赞叹的热情学习经文。神父整天都在讲经、布道、劝导，传道员同时就在旁边的茅屋里进行同样的工作。

其他村子的人上门来请神父，但是他学习山东的神父的做法，不急于行动。他暂时不出访，向最大的群落派出传道员。唐家集距侯家庄西北两法里，第一个条件成熟，艾赉沃神父即委派年轻的宋某代表他，在唐家集正式开办慕道班。

3 月 9 日到 14 日，艾赉沃神父返回福若瑟神父那里，陪同他到几个教徒村去。最后在 20 日，他留下传道员继续教育侯家庄的慕道者，自己乘马车返回睢宁。中途他在王沙沟（音译，Wangchakow）（距徐州西八九法里）田（音译，Tien）家停留，并在此接待十来位家长。

这次在徐州边远的西部考察传教取得巨大成功。然而有一个问题仍没有答案：人们不约而同地急于要成为天主教徒的原因是什么？

艾赉沃神父写道："在所有这些原因中，是否有什么'蛇尾'问题呢？在询问并与各方探索之后，福若瑟神父及其传道员们都未能发现。原因可能是对村里一位重要人物的错误起诉，说他诱拐妇女，但是找到妇女后，官司了结了。"[①]官司了断了，但不久又有了续篇。

这段故事要追溯到好几个月前。远在 1889 年 12 月前，一个暴富的土匪江（音译，Kiang）某的姘妇失踪了。姘妇并不重要，但土匪丢了脸面。一支搜索队搜查丰县和砀山县，最终找到了逃跑的女人。这还没有了结。还必须找出同谋者，让江某能发泄盛怒，以此表明冒犯他就要受到惩罚。

江某花了大笔钱却未能发现罪魁祸首，公署的衙役们抓住侯家庄一个姓李（音译，Ly）的，指控他拐人。李某是无辜的：他被拘捕是因为名字相似。为此，李支付了十万铜钱[②]后获释。由于罚款远远超过其能力，他那个村子便凑份子付款。

侯家庄甚至从此引起衙役们的注意。村民们了解到这些可憎恨的人的习惯，并预料到必然会再次受到袭扰，因此他们决定寻求一位强硬人物的庇护。为求一方平安，弱者必须接受某个著名的宗派，一位显要人物，或一个狡猾的土匪头目的保护，但是需要付出很大代价……可能是通过山东的朋友了解到天主教会救援其被压迫的成员不收回报这个有利的特点，侯家庄的居民们便决定加入这个教会。这就是为什么传教士受到热情接待，并

---

① 艾赉沃神父致陶斯咏神父的信，1890 年 3 月 7 日（AZ）。

② 一百来美元（约五百金法郎）。

选择他维护他们的利益的原因。

居民们当然对艾赉沃神父只字未提这个事件,也闭口不谈他们邀请传教士的真实原因。目前前景是明朗的。他们专心学习祷经和教理,作为对前途的保证。

不久,一次相当天真却获得成功的虚张声势的行动,证实了他们的真实目的。

几个狂热者为了惩罚丰县的一个已皈化的慕道者,纵火烧毁了他的家。受害者的亲友们,还有一些慕道者,来到侯家庄请求艾赉沃神父支持。当时神父在睢宁,是他的传道员宋某接待了这批人。他们说:"真不巧,神父不在,不过,您是他的代表,同样会干好的,只要事情做得干净利落。"

宋某几乎大字不识,没有任何经验,加之头脑发热,很喜欢人们给他戴高帽子。人们很快写好状子,控告纵火者——丰县有权势的刘(音译,Lieou)家,并印制名帖。此外,人们还以艾赉沃神父的名义贴出大幅告示,把他说成是当前徐州的前代理主教。然后,宋某穿上大礼服,坐上两轮马车,作为教会的特别代表拜访丰县县令,要求亲自接见,审理刘的案件。

县令不接状子,甚至拒绝见代表,但他让人将其名帖送到宋某下榻的旅店。这一小小的表示敬意的举动竟吓坏了刘家,他们同意以和解的方式解决问题。他们将重建烧毁的房屋,并宴请四十位慕道者……房屋修建定在 3 月 10 日动工。这是教会的胜利。

5 月 4 日,衙役们再次逮捕侯家庄的李某,指控他诱拐江某的姘妇。村民们追赶他们,但未能使衙役们释放被捕者。现在,村里的士绅们在协商。他们的担心成了现实。衙役们要求很高的赎金,否则就把李某移送公堂。

幸好侯家庄这个村子是慕道的。村里住着一位有献身精神的教会代表,他在丰县官员那里上演的成功喜剧仍在广为传颂……年轻的宋某同意为侯家庄再表演一次,5 月 6 日晚,当人们正要上路时,艾赉沃神父突然到来。

他为其传道员的大胆所为出了一身冷汗。这位传道员不仅滑稽可笑地炫耀自己,而且以艾赉沃神父和教会的名义打保票。为预防官员的欺压而采取的所有迂回的谨慎措施,都毫无用处。神父以为保证他顺利传教的平静到此结束了……但是艾赉沃神父不会因不可弥补的差错而一直唉声叹气。现实的突发事件要求他密切注意,因为无须说,该村仰赖他的帮助。

这正是艾赉沃神父焦虑不安的事。他并非不愿给予帮助——他把保护被压迫者视作传教士的一项义务,而这种公然是不公正行为足以让他义不容辞。

士绅们敦促他去丰县衙门,神父的拜访县令定能解决一切问题。普通的传道员宋某都能产生如此作用,神父本人出面效果一定会更好。但是艾赉沃神父对他干预的作用未抱太大的幻想。官员们不大会让他成功。徐州的官员驱逐过他,睢宁的官员监禁过他。丰县的县令甚至会同意接待他吗?无论怎样,而且无论拜访的结果如何,这位县令都要报告他的上司。结果是他的上司必定要开始新的一轮烦扰,使传教士在整个西北部难以立足。侯家庄将成为第一个因招请传教士而受惩处的地方。随后,县官的担心就会使其他村庄封闭起来。因此,为了传教事业,甚至是为了村民,艾赉沃神父既然到侯家庄不是公开的,那他只应在最后关头才能露面。

神父把这些想法藏在心底。农民们可能不理解他的见解。另一方面,要赶快想出某种其他办法，因为可怜的李某的状况日益严重。衙役们已将李某交给江某，江某立即告李某诱拐民女。第二天，逃跑的姘妇指认李某就是诱拐她的人。次日，受到拷打折磨的李某，招认对方所要的一切。随后，令人不安的传闻流传开来。李某可能已告发十三个帮凶，都是侯家庄的人，县令命令逮捕他们。每个夜晚，武装的村民在他们的塔楼上警戒……

每发生一次波折，村里人都到艾赉沃神父的住所开会，每次经过长时间的议论都商定，只有艾赉沃神父可以息事宁人。艾赉沃神父设法赢得时间。艾赉沃神父获悉衙役们持有江某的委托书，便委派他的两位传道员，宋某和万（音译，Wan）某，去找江某，如果可能的话，劝诱他。但传道员报告说，他们受到冷遇和威胁，并说江某决心将官司打到底。5月9日，艾赉沃神父派遣村里的三十来人，同他的两位传道员一起，向官员担保李某的无辜。可是和前次一样，这种做法受挫。

在侯家庄，有人开始猜测神父要放弃本村的事业。士绅们认为神父提出推迟亲自出马的借口是不支持他们。三四天里，人们跟他赌气：没有人看望他，孩子们不得学祷经。

5月10日，又有新的麻烦：刘家食言，拒绝为放火烧毁的慕道者家重建房屋。从前景看，这又是一起官司，可能是两个氏族之间的争斗，因为在徐州，很少有受到类似的羞辱而不报复的。艾赉沃神父估计，他的传道员在丰县的活动和李某的官司为教会做的广告已绰绰有余。如果现在非要动手不可的话！……他呼吁福若瑟神父来救援，福若瑟神父无法离开县城，因为他有四五件事情要处理，但给艾赉沃神父派了一名天主教教会法学院毕业的传道员。

同时，按照士绅们的建议，艾赉沃神父已与庞泽昆（音译，P'ang Chekiun）接触。此人像江某一样，是文盲和窃贼，几乎跟他一样富有，有势力，能在其氏族的十八个村子里成千上万的人中呼风唤雨。庞某见到艾赉沃神父，他保证领回被囚禁的人。庞某于5月11日去丰县，但村里的不安情绪仍然延续了两周。终于在25日，庞某容光焕发地重新露面：江某撤诉了，李某支付二百块大洋[①]后将被获释。

这不是一笔小钱。被囚禁的人家变卖了全部家产，本村承担三十块大洋的沉重赋税。艾赉沃神父也掏出二十块大洋。可是还差一半。艾赉沃神父写道，“前天夜晚，村里所有老人恢复他们原有的热情，派他们的孩子来学经文，并一起来央求我借给他们十万铜钱，以土地、耕牛和我要的各种凭据作抵押。我承认，我很为难。拒绝吧，我就永远不可能进入他们的心，进入他们村子的大门……”再说，神父的个人收入也填补不了那么大的缺额。艾赉沃神父继续写道：“最终有了大家一致赞成的办法，这个办法把将要离我而去的所有心灵又给我带了回来。全村以老年人的名义，保证向我提供物资，砖、木料、土地等，帮我建一座教堂。根据这些物资的价格，我当场给他们预付十万铜钱……”[②]这样，李某获得释放。

这段插曲以皆大欢喜收场，理应如此。侯家庄接回居民，江某挽回“面子”，庞某得到一笔丰厚的佣金。而留给艾赉沃神父的是战场，是他渴望的唯一战利品。

---

① 二百块大洋在当时约可兑换二百美元（一千金法郎）。

② 艾赉沃神父致倪怀纶主教的信，1890年5月25日（AZ）。

由于艾赉沃神父在与这些慕道者一同经受考验的日子里，同他们保持着非常亲密的关系，因此了解到一些有关这些农民的珍贵情况。他们可能粗鲁，但具有某种积极、果断的品质，甚至有他在其他地方不曾发觉的直率。因此，艾赉沃神父向这些农民传播福音的愿望更加强烈。于是，他想把大本营设在这个给他公民权的村子里。他权衡了风险情况。他远离任何支援，没有指导者，没有助手，处在全是异教徒的偏僻地区。他预料会遭到官员、匪帮、村里的敌对者和反对他讲道的人的攻击。他给上司写道："我在此作战的条件是完全不可思议的。但是，安治泰主教和福若瑟神父在同样的条件下战斗了十年，而且每一年，一点没有退却，却赢得阵地：quod isti potuerunt ego non potero?（拉丁文：他们能做到，我不能做到吗？）"[①]

成功取决于传道员，取决于资源和派到这个地区的传教士的素质。

首要的是招募传道员。在该省南部的天主教传教中心，这可能容易。入教多年的基督徒人数众多，他们虔诚、稳重、受过教育，不过艾赉沃神父不想要他们。他们热忱不倦地接待领洗者，可是一旦面对异教徒，便本能地退缩。他们既不会北方话，又不了解北方习俗，这是最大的障碍。神父有证据。睢宁的宋某和五河的万某两人都在比较靠近侯家庄的地区，八天里把整个村庄都揽在自己身上。神父现在知道，如果不是这两个人的自负和无礼，不到江某家里威胁他，使他变得难以对付，李某的案件本来可以更快了结，花更小的代价。侯家庄人认为他们二人要对他们所受到的损失负责，并准备一份请愿书呈送倪怀纶主教，要求免除庄民们为弥补这二人的愚蠢行为造成的损失所借的款项。

需要有劝人信教的人来调教这些粗野的庄稼汉。福若瑟神父成功利用的人主要是来自直隶（今河北）东南的耶稣会士。因此，艾赉沃神父前往大名进行有力的申辩，因而人家让给他三位传道员，其中有献身光辉的传教事业的刘新蟾（音译，Lieou Sinchan）。这些助手于 6 月 23 日抵达侯家庄，神父立即安排这三位传道员：一位到刘堤头，另一位到玄帝庙，最优秀的刘新蟾到唐家集。秋天，艾赉沃神父指望有大名的支援，以满足其他村庄的需要，因为李某的案件丝毫没有削弱教会的影响。

他还等待着施神父。施神父是主教为徐州新派的管理人员。可是，7 月 31 日艾赉沃神父离开他的茅舍去休假时，施神父在途中耽搁了，尚未到达侯家庄。按规定，他应享有一个月的暑假。尤其是能接近上级，至少可以向他们具体汇报他的经历和未来的计划。因为如果他不确定自己走的路是正确的，就不能继续走下去。他认为他已认识到天主在侯家庄事件中的作用。难道他没有因受到他天赋的能动性驱使，受到一项吸引他、但不属于神圣计划的举动的光彩一面的驱使而产生误解吗？毕竟他的振奋人心的结论产生于缺乏说服力的前提。侯家庄的慕道者请他来只是为了帮助自己摆脱一起糟糕的案件。他们已经尝试了一次，用停止任何宗教学习的方法迫使他就范，这证明利益高于其皈化的愿望。他以全部爱德推测，以同样人道的原因开拓了其他村庄。

艾赉沃神父得到主教的赞同和鼓励，下定决心实施他的计划。为什么不以山东的德国神父为榜样，在侯家庄修建教堂、传教士住所，并开办学校和慕道班呢？直到现在，江南省的传教士们还是把大型传教中心设置在城里，官员们在城里通过协定监督他们的人员

---

① 致尊敬的帅维则神父的信，1890 年 5 月 26 日（AZ）。

安全和活动。徐州起码在目前不适合日常的工作安排：城市难以进入，更不可能保护传教士。官员们煽动闹事，躲避传教士。安置在侯家庄也有风险，但是那里的居民邀请神父，这是不可多得的优势，应该充分利用。

倪怀纶主教同意这一见解。8 月底，他任命艾赉沃神父为侯家庄和睢宁的传教士。他还给艾赉沃神父增派了施神父，协助他进行传播福音的工作，或草拟公函和购买土地。

追还六年前被抢的徐州住宅仍然在日程上，艾赉沃神父就是从这项计划开始 1890～1891 年的传教年。因此他在 10 月初拜访了许多官员，不出所料，他一无所获。

令人欣慰的是，宿迁县的基督徒村却充满活力和热情。侯家庄的情况亦是如此。施神父自 9 月以来一直住在侯家庄；传道员们承担艾赉沃神父分配的职务，继续教育人数始终众多的慕道者。唐家集人受到刘新蟾的强烈鼓舞，已显示出热情。地方当局或农民毫无捣乱的迹象。然而，敌意不期而至。

像经常发生的那样，一次大的安慰之后，接踵而来一个严峻考验，令艾赉沃神父震惊。那一年，倪怀纶主教在北方各县主持坚振礼。艾赉沃神父前往五河与倪怀纶主教会合，陪同他去淮安，并向他介绍睢宁和宿迁的四十四位天主教徒。艾赉沃神父写道："我没料到我那个县有这么多的教徒，我坦率地承认，在陪同阁下时，我看到这些刚皈化的新教友满怀信仰和崇敬走近圣餐台，我禁不住热泪盈眶，昨天他们还是异教徒，迷失在无数异教徒之中。"①

几天后，艾赉沃神父回到睢宁，得知西北部他的最优秀的慕道者唐贵石（音译，T'ang Koeiche）因其宗教信仰受到他的家族迫害。

教会在唐家集产生的影响已经使当地的一位叫唐凯泰（音译 T'ang Kiti）的文人不快，激起他的嫉妒。一位叔伯的亡故给他提供了出风头的机会。唐贵石和他的两个儿子都是文人家族的成员，但是是慕道者。在葬礼上，他们打破惯例，拒绝在死者尸体前上香和下跪磕头，因为这是当时教会禁止的礼仪。文人痛骂他们不孝。随后，唐凯泰又带领二十来个亲属霸占了唐贵石的四轮车、耕犁和牲畜，唐贵石得拿钱赎回。

一个月后，唐凯泰和他的一伙人又返回来，把唐贵石痛打一顿，抢他的东西，并把他带到砀山，强迫他允诺放弃天主教信仰才放他。唐贵石只好允诺，但他一获释，即跑去通知正在睢宁的艾赉沃神父。

唐凯泰憎恶天主教达到什么程度，很难说清楚。他可能对宗教没有多大兴趣，但是他憎恨唐贵石，一直找不到借口整他，便利用丧仪之机突然袭击唐贵石。不管他的理由如何，他攻击了唐贵石的信仰。因为牵涉到舆论，艾赉沃神父不能简单地劝人忍耐。他在给陶斯咏神父的信中写道："如果我们不出面保护我们的慕道者，这就将成为既成事实：不仅会使传教活动停止，甚至不知道能否守住已得到的阵地。我们的敌人大胆放肆——假定他们真是我们敌人的话，竟至认为我们害怕官府，既不敢见他们，也不敢求他们保护。"②

事实上，官府的一纸告示即可约束暴力行为。然而，艾赉沃神父知道砀山县令怀有敌意，通知上级政府要好一些。神父立即赶到徐州，可是道台拒绝接见，知府也称病。徐州

---

① 艾赉沃神父致尊敬的帅维则神父的信，1890 年 11 月 18 日（AZ）。

② 艾赉沃神父致陶斯咏神父的信，1890 年 12 月 1 日（AZ）。

县令管不了县外的事,但是他听说这次跟扣押的住宅无关,他听取了艾赉沃神父的情况介绍,同意转送他的请求书。艾赉沃神父匆忙拟就请求书。他简要叙述了唐家集事件,说出两个主要捣乱分子的姓名,坚决要求砀山县令颁布公告,向所有人宣布,帝国内准许天主教,不得因皈化者的信仰而粗暴对待他们,违者将因违犯帝国法令而受刑罚。这一要求既毫不过分,也不违背法律。这是 1844 年弛禁诏发布以来中国政府承认的诉讼程序。12 月 9 日,艾赉沃神父被告知,知府已函告其砀山下属。同日,神父即前往侯家庄。

砀山县的精神状态正如他所料,居民已得知他找过道台,等知道结果后再表态赞成或反对慕道者。当时唐凯泰的态度似乎也不太坚定,而艾赉沃神父指望官府的公告能彻底煞煞他的威风。

然而,期盼的公告迟迟不来。12 月 14 日,艾赉沃神父再次派出两名传道员去打听消息。官员在守孝,他的家门紧闭,但是他通过书吏告知,他未从上司处获悉任何有关天主教会的事情,因此他没有什么要公告的。

答复于 15 日传达到侯家庄。这天晚上(是巧合?)11 点钟,一伙匪徒冲破座堂的唯一防护墙——高粱秆篱笆,吼叫着"打!打!"涌入院内,还不时地放枪。他们径直窜入几天前改作小礼拜堂的艾赉沃神父的原住房,如入无人之境。他们抢走了一只用螺钉固定的重箱子,可能以为里面全是银锭(箱子装的是书)。他们还拿走了三根旱烟袋、二百枚铜钱和佣人的一双鞋。幸好他们没去搜查隔壁的房间,艾赉沃神父刚刚离开那个房间,任凭房门大开。房间里有他的经费和日常用品。有人对看门人迎头开了一枪,没有击中;传道员们用厚被子裹住身体,忍受一阵拳打脚踢。神父蜷缩在院子角落里,枉自生气。

19 日又发生警报。深夜里枪声大作,接着有人喊叫:"他们在那儿!救火!"在村中,火光照亮村民,人们指手划脚,东奔西突,用随手抓到的各种器械武装自己。这次没有土匪来,是偶然发生的火灾。人们还是谨慎地守到天亮。为了保护艾赉沃神父免遭袭击,安排在神父家里的警卫人员就待在厨房里,吃光了他储备的食物。

这种生活难以忍受。一位传道员说:"在此地真是度日如年。"艾赉沃神父疲惫不堪,但他不妥协退让,20 日再次前往砀山催促县令。途中他经过唐家集,在那里只有两家冒险迎接他。衙门的官老爷甚至不接受他的名帖。不过官老爷向他通报,徐州已送来一封书函,两天后他会采取措施。这正是艾赉沃神父想要知道的。艾赉沃神父从此心情平静下来,既然县令不贴告示,他待在侯家庄已无意义,于是他赶赴南方,直到安徽的淝河口,和一位同道一起过圣诞节。气氛的变化使他想让头脑冷静一段时间,他就没有抄近路回家,而是沿着砀山县进入河南,在鹿邑的翟龙文神父(P. Genini)家停留。翟龙文神父答应给他派几位修女。然后他去山东,直到张家桥(音译,Changkiakiao)他的朋友福若瑟神父家。1891 年 1 月 6 日,艾赉沃神父与刘新蟾会面。唐家集的事态恶化。

12 月 19 日,砀山县令派四个衙役来到唐贵石家。他们出示一张布告,布告扼要地写有艾赉沃神父致徐州知府的信函和这位知府下达给他的砀山下属查询实情、保障基督徒自由的命令。衙役们打听了情况后,次日返回。

1 月 1 日,唐凯泰绑架唐贵石及其两个儿子,将他们囚禁在家。唐凯泰的父亲试图威吓被囚禁者。他对他们说:"如果你们不放弃天主教,明天就把你们送上公堂。"唐贵石老人答道:"现在就去,无须等到明天。"于是人们把他们交给县令,县令给他们戴上镣铐。

这对艾赉沃神父是一次沉重打击，但增强了他要使这位极不公道的官员承认皈化权的决心。他立即向县令揭露唐凯泰暴行，请他根据法律和条约立即处理这一问题。县令则以拷打被囚禁者进行反击。因为他也要求他们弃教。我们来援引艾赉沃神父的话吧。

“1 月 13 日，我们的神圣宗教挨了六十记耳光，砀山官员陆炳诚（音译，Lou Pingcheng）亲手打五十七岁的慕道者唐贵石，唐贵石自始至终骄傲地公开表明信仰。”

秀才唐凯泰第一个作证，唐贵石在家族葬礼时不愿意叩头和做其他迷信活动。

“被告答道：‘我能不孝敬我的叔伯吗？……你们看我为他戴了孝，只是我不能参与我的宗教禁止的迷信活动。’

“官员问他：‘你信什么教？’

“‘我是基督徒。’

“‘不要那么说，否则我叫人打你。’

“‘我是基督徒，我不能出尔反尔。’

“‘来人啊，打他四十耳光！’……打毕再问，‘你还信这个教吗？’

“‘大老爷，我还是信。’

“‘来人，再给他二十巴掌！……你的两个小子也信这个教？’

“‘是的，他们也是基督徒。’

“‘来人，把他们统统关进牢房。’”①

县令太狂了。官员的狡猾一般不轻易外露，可是这位县令竟明目张胆地违抗政令。因此，艾赉沃神父写了一份合乎规定的诉状，于 1 月 20 日送交徐州知府。这位知府显得彬彬有礼，他倾听神父的话，允诺进行调查。他履行了诺言。至少两周后，艾赉沃神父在他隐居的睢宁收到他的书信。信中说，砀山的这些慕道者没孝心，不给他们的叔伯戴孝。因此，他已命令根据法律惩处他们，然后释放。

这是官样的答复：文辞优雅，担保公道，处理迅速，以及诸如此类的话。但是知府回避了问题的实质：宗教迫害。他命令释放慕道者，而最后这些人却始终在牢里受煎熬。最后他暗示，传道员们独自住在村子里有很大风险。这是警告。可是，艾赉沃神父熟谙徐州当局的诡计：在城市，阻止他们进行任何创建。在乡村，任凭传教士和信徒受坏人欺凌，迫使他们知难而退，或者至少让官员们有理由承认无力保护传教士和信徒。

在砀山，只有一次辉煌的彻底胜利才能使衙门的这些诡计化为泡影。半秘密的谨慎推进时期业已结束。又经过两个月的时间，艾赉沃神父发起全面攻击。在法国领事主攻南京总督时，他去烦扰徐州署衙。简言之，经过一场出色的战斗，教会达到了目的。

总督发出一些秘而不宣的指示后，砀山的囚犯们突然被无代价地释放了。这是在 4 月份。5 月，徐州的八位县令中有六位发布公告，命令其辖区居民尊重传教士、皈化者以

① 参见艾赉沃神父的《回忆录》第 1 卷，第 104 页。唐贵石是真正的劝人改宗者，通过他的劝导，使一个叫黄如意（音译，Hoang Jouyi）的狱友皈化。黄如意获释后，接受了施洗，请一位传道员到侯家庄，在他家那里创建一个有许多虔诚信徒的教友村（艾赉沃神父的注释，第 105 页）。

及他们的设施。[①] 砀山县令被革职。10月,他的继任者在艾赉沃神父督促下,拘捕了威胁要再次发动骚动的三名主要原告[②],并同意向教会公开道歉。

还是让艾赉沃神父本人向我们讲述他的首次胜利吧。

"唐家集案件终于结案。我给(砀山)规定的限期届满之前,十几位士绅们簇拥着府爷(知县的官吏),带着三个被判刑的罪犯到我这儿来,颈上套着枷锁,脸上露出令人满意的懊悔的神态。更有价值的则是府爷带来县令的一封友善的信和一份盖有署衙印章的文书,罪犯用文书请求圣教会饶恕,承诺从今以后与基督徒和睦相处。十位士绅在文书上署名为他们担保。在我要求办的三件事中,已有两件主要的办到了,即拘捕罪犯并当着官员的面出庭受审,还要确保今后不再惹事。于是我可以对第三件事——赔偿显得大度一些。经过几番讨价还价,我同意免除全部金钱赔偿,只要求办一次隆重的宴席,宴席开始时,三名犯人要当着基督徒和异教徒客人的面,在鞭炮声中,向大能的天主三叩首。当一切就绪并确定宴会日期时,我同意去看看那三个家伙,他们跪倒在我的脚下,我立即为他们解除枷锁,使他们获得自由。宴会,一切按照礼仪在唐家集,就在发生过辱骂和骚动的地方举行。和解从而实现了。从表面上看,我们可以不再担心了,可是对心灵而言,要让他们同心同德为时尚早。"[③]

唐家集的担保维持了六个月。官员们扼杀新生天主教的阴谋反而为传播天主教作出了很大贡献。教会从喧嚣的反对声中获益,传教士们则既未选择,甚至也不期望这种反对声,但它却表现得越发有效。民众怀着兴趣仔细关注着双方的角斗,目睹了教会的胜利,认为(不无个人内心盘算)教会行善与地方当局助恶势均力敌。总而言之,唐家集莽汉们的失败和县令发布公告之后,整个砀山县和周遍各县的慕道者人数大增。艾赉沃神父的地位终于得到正式承认,他得到授权书,准备大张旗鼓地重新创建。他已有一名传道员在萧县的马井村授课;他答应再派一个到丰县的戴套楼,另一个到沛县。

然而,在侯家庄,在李某案后却没有更大进展。艾赉沃神父写道:"我没有教堂,没有学校,没有慕道班,可以说也没有传道员,而慕道者人数众多,而且恐怕还会越来越多。"[④]

为此他常年抱怨缺乏传道员。他任用的传道员不是都能达到希望的标准,其实远非如此。但是,所有传道员在剧烈动荡期间仍坚持工作。他们甚至勤奋地对候选人进行教育,其中不少人已准备通过领洗前的最后阶段:在传教士亲自引导下闭门退省三十天。不过,必须先建好侯家庄座堂,才能接待他们。

1891年11月,艾赉沃神父指挥建筑工地的工作。他在房屋周围建起一道墙,在门房

---

① 艾赉沃神父似乎不了解这次突然180°大转弯的原因。他在书信和回忆录中提到谣传、徐州知府的南京之行、衙门里办事人员的传闻,但毫无准确之处。官员们在徐州的举动与同一时期许多官员支持一个秘密社团哥老会同样令人费解,哥老会破坏了安徽、江苏乃至淮安的传教活动。(参见高珑鞶耶稣会士的著作,第三部分,第Ⅲ卷)

② 这三名原告是唐诺袍(音译,T'ang Ngopao)、唐奉贤(音译,T'ang Fongsiang)和唐发贤(音译,T'ang Fa-siang),是其亲戚唐贵石的对头。后来三人都接受了洗礼。奉贤和发贤甚至服侍神父们多年。这次与唐凯泰无关,唐贵石被捕后,他不再关心过去的争论了。(参见艾赉沃神父的《回忆录》第Ⅱ卷,第13页)

③ 艾赉沃神父致倪怀纶主教的信,1891年10月28日(AZ)。

④ 艾赉沃神父致尊敬的帅维则神父的信,1891年11月1日(AZ)。

顶上立起十字架，建了一座有四五间大小的礼拜堂。[①] 冬季的严寒迫使艾赉沃神父推迟到来年开春再修建教堂和本堂神父住宅。

由于一直缺乏人手，于是他于1892年3月再次去趟了河南，带来五位教师和两位年长的女基督徒，向侯家庄的妇女教授教理。鹿邑是一个老教区，增援人员便由此而来。当时，当地有八十多名献身天主的修女，但住在自己家。艾赉沃神父说服其中三人跟随他来到侯家庄，掌管他打算开设的女校。这些虔诚的信徒生性胆怯，缺乏经验，以为肯定会失败，却是第一批出乎意料获得成功的人。她们鼓起勇气，热情地投入传播福音的工作。她们还引来合作者，其中有人干得很出色，不久即不得不阻止了，因为供过于求了。

1892年3月，艾赉沃神父还为西部地区第一批成年人，其中四个侯家庄人、两个马井人行了洗礼。为了稳妥踏实，两年的教育和考验不长，因为新教友过去一直生活在异教之中，改变宗教信仰只是开始。

在威胁天主教徒，或者妨碍众多慕道者入教的危险中，最令人担忧的是鸦片生产。当时在徐州，十分之六的土地用来种鸦片，因为种一亩地的罂粟相当于种四五亩地的小麦。哪个农民不想发财，不需要钱交税、偿还荒年借的债、满足额外开支呢？……

教会的规定是严格的：拒绝为未坚决放弃种植罂粟的慕道者行洗；拒绝为不顺从的天主教徒行圣事。艾赉沃神父因为对穷苦人实施这些规定而感到歉疚，鸦片本身是无关紧要的物质，对不吸者无大危害，但这些农民可以从中获得往往必不可少的额外收入。他知道罗马教廷正在研究这个问题。在等待最终答复时，不能放宽一点约束吗？例如，可不可以为只是为生计所迫才种鸦片的人行洗礼，接受其忏悔，但要推迟初领圣体，直到他们遵守规定之日？

然而，严格的规定远未放松，罗马教廷反而进一步加强了。1894年6月，对所述有关鸦片案情的决定终于传达到上海。徐州不是唯一令人感到悲伤的地方：中国的大部分都在遭受这一痛苦。因此，罗马的决定确费权衡斟酌。6月27日，倪怀纶主教将上述决定传达给北方的传教士们：禁止为种罂粟的家长行洗礼，领洗前要由配偶担保，甚至子女方面的担保，尽力使他放弃这种经营；禁止将土地租赁给罂粟种植者，或接受鸦片作为租金。倪怀纶主教接着说道："你们看到，罗马强调绝对禁止，而不是像许多人希望的那样逐步减少。重要的是要很好地了解教廷的意图。其结果不应由我们操心，我们只能服从。以如此贤明的严厉措施阻止农民普遍种植鸦片，难道不是阻止中国走向必然毁灭之路吗？"[②] 这岂不是把已经如此狭小的命运之门向大多数慕道者关上吗？艾赉沃神父完全陷于绝望了，他必须拒绝为整个一批受过良好教育、得到很好安排的年轻人行洗礼，因为他们的父亲——还有他们自己，因为是经营共有的土地——在提炼鸦片。第二年情况甚至更糟。几个天主教徒受利益的诱惑，仿效异教徒，也种起了罂粟。

没有人因种植罂粟发财。洪涝和干旱轮番而至，粮食减产。鸦片卖掉了，钱也花光了，小麦也短缺。饥饿可能激起有益于健康的坚定决心，因为到1896年春天，在丰县、沛

① 房屋的规格大小按"间"，即开间计算。标准间是十市尺宽对十三市尺长的一个房间。但在一边或另一边多出二或三尺也是一间。因此，估计艾赉沃神父的礼拜堂约五六十英尺对五十来英尺宽。

② 倪怀纶主教致陶斯咏神父、艾赉沃神父、南从周神父(P. Félix Perrin)的信，1894年6月27日(AS)。

县、萧县和砀山的各县,十分之九的土地种上了小麦。“艾赉沃神父满意地发现,种植鸦片的土地上,有十分之九破了产,这将使我们的农民拒绝这种被诅咒的作物,帮助我们的慕道者服从宗座的训令。”(1896 年 5 月 11 日)

果然,这是罂粟在徐州消失的开始。又过了几年,加之中国政府开展强大的运动使之彻底绝迹。[①]

而就目前而言,这是一个障碍。无此障碍,艾赉沃神父在侯家庄可以品味几乎贞洁的喜悦。他作为在村里有影响的村民,熟悉了已接纳他的艰苦环境。他在李某案件期间制定的计划正在逐项实现:他的传教中心不久将竣工,还增添了在俗的帮工,富有成效地协助他工作,他传播福音所获得的效果证明他的最宏大的希望是合理的。因此在 1892 年末,上级派给他一位传教士汤执中神父(P. Joseph Thomas)[②],让他培养并使其扬名。

汤执中神父于 1892 年 9 月 23 日到达侯家庄,开始他并不热情,但是直到 1919 年,在他去世的前一年,才离开这个地区。

> 汤执中神父获悉对他的任命时,给他的长上写道:“我刚才收到您的来信,通知我同董师中神父一起出发,与艾赉沃神父一起供职。我向您,我尊敬的神父,坦白地承认,我展阅您的书信时,我最初体验到的心情是惊愕和恐惧。鉴于我缺乏经验,我真不敢希望有这样的岗位供我一试。这不是超出我的能力了吗?
>
> “然而,我尊敬的神父,既然天意指定我在遥远的国度供职,天主定会赐我必要的圣宠,使我成为符合他赋予我身份的有尊严的人。在我这方面,我将尽全力在我的能力范围内,为天主的荣耀和拯救心灵而工作。”[③]

艾赉沃神父与汤执中神父在淮安曾萍水相逢,但双方彼此印象良好。汤执中神父没有魄力,也无眼光,又无像艾赉沃神父那样的才干,然而这样正好。如果是两位艾赉沃神父在一起工作,会互相妨碍的。汤执中神父并非是二流人才,但他更善于维持和扩大一种行动,而不是创造这种行动。他令人钦佩地弥补了艾赉沃神父的不足。他以通情达理、判断公正、坚韧不拔著称。他热忱、活跃、灵活,富有灵敏和周旋的天分。他极善于管理他的事务,后来先后领导了东部和西部两处的事务。

他初涉使徒生涯,在艾赉沃神父看来,他的素质并不差。在江苏其他地方居于主导地位的福音传播方法在此地可能行不通或无效果。如果在徐州供职的传教士不习惯于此法,那就好极了。任何“变革”都是长期的,由此引起的摸索既有害于基督徒,也有害于传教士。艾赉沃神父喜欢从一开始便出力的这种人。

基督徒和慕道者们的热忱接待,立刻消除了汤执中神父的忧虑,而他未费更大的劲儿便融入居民之中。他讲授教理、布道、监督工作,参加基督徒、传道员、各村选派代表的欢迎会,他访问外地的教区,调查情况,讨论问题,作出判断。总之,他收集材料,准备修建一处新的传教中心。他得到良好的培养,领会快,接受艾赉沃神父的想法比其他所有传教士

---

① 关于为此而采取的措施,参见庄卞成神父(P. de Bodman,音译)的信,1907 年 10 月 19 日,载于《哲尔济书简集(1908 年)》,第 19 页。

② 汤执中神父于 1863 年 1 月 12 日生于下卢瓦尔省圣拜尔港。先后在南特小修院和大修院学习,在其司铎授任礼之后,于 1886 年 9 月 7 日进耶稣会。1890 年 11 月 24 日到达上海。

③ 致尊敬的帅维则神父的信,1892 年 8 月 12 日(AZ)。

都快,他将继承艾赉沃神父的事业和精神。

1893 年 8 月,侯家庄一分为二。汤执中神父离开侯家庄前往东部二十来法里的戴套楼创建类似的机构。艾赉沃神父独自一人重返“洛克”。[①] 然而,此地不再是最初几年令人郁闷的孤寂之地了。现在有“邻居”了,就在不到一天的路程之外的地方,这使他精神振奋。会面甚至是很频繁的,因为艾赉沃神父与署衙还有案件未了结,如下文将说到的,他安置他的学生的那个小村庄困难丛生,甚至迫使汤执中神父回侯家庄住了好几个月。

感谢天主,多亏艾赉沃神父善于使教会和村庄维持着紧密关系,这里还洋溢着一派安全气氛。在其他地方,土匪抢劫和突然袭击接连不断。氏族间也发生械斗和劫掠,打官司闹得倾家荡产。尽管有人请求艾赉沃神父帮助,但是他严格保持中立,或者只是为了恢复邻里和睦才出面调解。1892 年,有官员试图污蔑他,在南京的总督和法国领事面前指责他窝藏杀人犯。但是,这件事历时一年多,并未妨碍艾赉沃神父的神职。

> 艾赉沃神父在其《回忆录》中概述了这段砀山县庞、刘两个氏族之间纷争的极其错综复杂的历史。
>
> 艾赉沃神父为交涉释放李某一事曾利用过的庞泽昆,过去曾与衙门的一位书吏共谋,骗取到刘家的一片土地。从此,刘家每年都抢夺庞家的收成,而庞家则用其他强暴行动进行报复。刘家曾想方设法收回他们的土地。他们甚至自称是慕道者,在他们的一个村子刘堤头开设了一所学校,以争取艾赉沃神父在官司中站在他们一边。
>
> 将近 1892 年年中,庞泽昆去世时,刘家进攻庞家,得到一些补偿,但超过了应得的。这激怒了庞泽昆的长子庞瑶金(音译,P'ang Yaoking)。一天夜里,他带领一百来人袭击了刘堤头学校,当时几名慕道者和传道员正避难在此。殴斗中,庞瑶金脸部挨了一枪。
>
> 艾赉沃神父继续写道:“慕道者方面无人受伤,但当神父不在的时候,郎(音译,Lan)传道员跑去向官员控告,伤者也出示受伤部位,要求向刘家报仇。由此演变成一桩严重案件。期间,官员们先判神父和基督徒们胜诉,要修缮学校,给刘家面子。然而,在械斗三十三天后,庞瑶金意外死亡,其弟庞瑶礼(音译,P'ang Yaoli)当着袒护他的官员的面,叫喊要向神父和基督徒报仇。县令、桂知府、道台、南京的总督,甚至李鸿章强烈要求艾赉沃神父、陶斯咏神父、倪怀纶主教,甚至安治泰主教(!),交出罪犯刘光石(音译,Lieou Koangtche)或刘三桥(音译,Lieou San-kiao),指控他们谋杀罪,他们说罪犯藏在我们的人中间。为这个从未了断、后来又使我们惹上大刀会的案件,双方彼此大费口舌和笔墨,后来竟成为继刘家皈化之后,庞家十八个村子皈化的起因。”[②]

侯家庄宝贵的安定源于村民的友善。如果神父忘却了这一点,如果他惹恼了这些往往守不住秘密的保护人,那么这个职位就保不住。

---

① 侯家庄(Howkiachwang)发音近似 Roc-ya-tchoang,因而从创建以来,在传教士中间时兴称之为“洛克”(意为“岩石”)。

② 参见艾赉沃神父的《回忆录》第 2 卷,第 16～17 页。亦请见徐家汇档案,艾赉沃神父在 1892～1893 年间的书信。

佘神父(P. Scherer)想必就花了代价得到这个教训。这位神父于1894年8月接替艾赉沃神父。他的性格很少与侯家庄人的性格和谐一致。他控制不好自己的性情,能从一个极端突然跳到另一个极端,今天和善,甚至显得软弱,明天严肃,动辄狂怒。由于脾气粗暴,会为一些小事大吵大闹起来。他一来就失去了最忠诚可靠的基督徒们的信赖,因此只能依靠不太可靠的一帮人,他们欺骗他,结果又被他责骂。在近一年的时间内,佘神父的人员被他斥责,丧失脸面,还受到各种伤害。佘神父并非总是理亏,绝非如此,但是他轻率冒失,缺乏明显的证据,尤其说话不是彬彬有礼。

按照当地的习惯,武装的守夜人员在有土匪袭击情况下,夜间要在座堂里的围墙周围进行警戒。1895年6月23日,因为丢失一枝枪支,佘神父解雇了三名警卫。情况不明导致行动不甚果断。教徒村的村长代为说情,并表示愿意赔偿枪支。佘神父根本不听,此乃水满则溢矣。

在老天主教徒中间,有人立即想出种种方式解决问题。这些生性勇猛、习惯于报复的农民只考虑一种办法。有人情绪最激动,提议立刻去把神父痛打一顿。残存的敬畏心理制止了他们。但是他们在村里密谋,饮酒发誓,如果土匪突然来袭,异教徒和天主教徒都不去支援神父。联盟破裂了。

四天后,6月27日,大约在夜里2点半钟,突然一阵枪声把佘神父惊醒。院子里,有人举着火把在佘神父的窗下放枪,并高喊:"打呀,杀呀!"神父保持冷静。他首先想到圣体龛的安全和可能对圣藏的亵渎。佘神父来不及穿好衣服就跑出来,真走运,他穿过这些正在寻找他的狂热的人却没有被发现。他来到圣器室。门关着,钥匙挂在他的房间内一个钉子上。一个小旁门从里面闩住。他发现进不了教堂,便试图爬越南墙。然而,有人发现了他。喊叫声和枪声迫使他爬过东墙,藏在一户异教徒家里直到天亮。

佘神父回到最杂乱的座堂。座堂已被全部偷光,连帷幕和周围村民带来奉献的圣体饼都不在了。不仅佘神父的房间空空如也,他几乎赤身露体,而且艾赉沃神父也丢失了圣爵布、祭衣和圣爵。

对一个资源有限的传教区而言,全面的扫荡损失严重,精神损失更大。天主教会曾享有高于氏族之上和令人羡慕的社会地位,现在降到财主和其他权贵的水平,只有靠他们自己的武装保卫。在侯家庄和它的本堂神父之间隔了一层帷幔,因为村里人是这次事件的同谋。艾赉沃神父的调查确凿无疑。不仅如此,盗贼了解座堂内的各种细小机密:圣体龛钥匙的秘密存放处、有人居住的房间、食品、衣物库房……原来是有一个"犹大"给他们通风报信。艾赉沃神父很容易就发现了他。他是一个被辞退的夜间警卫,是某个土匪头目的近亲,前两天他去过这个土匪头目家,可能充分向他说明了这次抢劫。不过神父宁愿忍受不再深究,这本来只是侯家庄人的不满情绪的一次宣泄,他担心助长这种情绪。人们不喜欢佘神父,曾向他表示过这一点。人们对教会的信任和依恋并未受到任何损害。

1895这一传教年的统计,尤其下一年的统计,无可争议地证明了这一点。艾赉沃神父于1894年9月将整个传教中心委托给佘神父:包括前一年已经开始举行祭仪的大教堂、本堂神父住宅、慕道班、男生和女子学校、一百二十为领洗的人和六百五十名慕道者。

尽管佘神父不受欢迎,但他还是将领洗的人数提高到二百零三人,发生抢劫案时,已有1 300多名慕道者。抢劫案发生后,佘神父被召回上海。

一位可惜不懂官话、且不学官话的中国神父来协助艾赉沃神父，在 1895～1896 年期间管理侯家庄。他很快重新建立起往日的紧密合作关系。他的 1896 年 6 月的总结报告证明李某案件以来他的工作进展：施洗三百三十一人、创立或组织十八项服务、几所规模已经显得过小的学校、一年内建新房九间并扩大了围墙。其他土建项目包括：一座真正的教堂，两层的本堂神父住宅……

可是，就在艾赉沃神父撰写他的辉煌的年度报告时，大刀会的人突然袭击了这项历时六年的工作。“洛克”在燃烧，教区被破坏，基督徒被抢劫，他们的大多数被迫放弃一切，跟随神父们逃往南方。

第四章　一位勇敢的竞技者：董师中神父

从 1890 年到 1896 年，艾赉沃神父为侯家庄呕心沥血，而且不限于此。上一章讲述的事迹已说明他的主要活动。事实上，在这整个时期，他的活动四处开花。在构筑他的“岩石”的同时，他开辟了戴套楼，探查了沛县，打开了萧县，还在铜山县王沙沟开办了一所学校。他先后探望了在睢宁、嶂山、淮安、马井和戴套楼的同道，把他的经验传授给他们，向他们提供所需的援助，而且兄弟般地分担他们所遭受的失败。

1894 年，艾赉沃神父取代陶斯咏神父领导徐州这一堂区，但从一开始，他的行为就像堂区的创立者。他斗争，寻找助手，开创传教方法，这一切大大超出他的特定的职责范围。无论他是否追求，在他的合作者看来，他个人是如此成功；他的组织是如此典范；他的见解是如此高明而实用的指示。

我们将要讲到嶂山、马井、戴套楼、沛县，这些传教区的创建都要归功于他。当然并不都是他一人完成的。但是，是他占领了阵地。新来的传教士到达后发现，多亏有了他，才有了一所住宅、几名受洗者、一些同情者。他本人从中体验到的不止是乐趣。

一、嶂山(1891～1897)

睢宁教区被铁圈围住，受到被扼杀的威胁，无法修建推进天主教所必需的教堂、学校、慕道班。派传道员到淮安去花费太大，再说那里也没有足够的地方。

考虑成熟后，倪怀纶主教允许将在睢宁不能完工的传教中心迁往农村，指望官员们闭眼不见。而艾赉沃神父的选择定在嶂山集，距宿迁北约十五法里。

这个有五六百户人家的镇存在许多优势。百姓不仇外。一所天主教学校在此地开办了一年，艾赉沃神父多次在此举行过弥撒。该镇有少量驻军，驻军司令经常和艾赉沃神父往来，对他充满友情。最后，在宿迁县陆妈妈的家乡还建了一座钟楼，几乎距他传教照亮的各家同样远。

考虑到问题的敏感性，艾赉沃神父委托施神父(P. Simon Che)为未来的机构购买一块地皮。施神父作为中国人不太会引起人们的反感情绪。况且他谙熟这类事务，尽管他是新领受圣职的。他曾长期担任传道员，他那罕见的献身精神和怜悯之心引起主教的关注，把他招进神学院，并任命他担任司铎之职。他热情高，经验多，善于与官府周旋，倪怀纶主教对他抱有很高的期望。

但是，要在徐州取得成功，施神父还缺乏胆量，缺乏对居民性格的了解，对这些皈化者，他们在信仰中还是真正的孩子，缺乏带有母亲般的柔情和耐心的足够热情。

他的头脑中充满着南方的偏见，在他看来，他被派到北方等于被贬谪。他第一次在侯家庄和睢宁的逗留没给他留下好印象，而且他怕官员，怕土匪，我们承认，这不是没有道理。[①] 他不善于维持手下人的热情，尤其是陆妈妈的热情，不久他便跟她公开对立起来。他在这个与上海有天壤之别的环境中不知所措，在睢宁闭门不出。不过，他最终于在 1891 年 2 月在嶂山购得两小块土地，于 4 月回到当地监督围墙的修建。他不敢开工建房，因为买地的合同未注册。这套手续的疏漏使他失去法律的保护，因为当局推托不知道他存在。

但是官员很快就得知。宿迁县令像其西部的同僚一样，已经受到艾赉沃神父在唐家集胜利的影响，不得不张贴传教士要求自由的告示。他的布告内容是一清二楚的，人们还更好地理解到他在其中作出的惊人解释。

1891 年 7 月末，艾赉沃神父向县令拜访道谢后赶往嶂山，以确认允诺的布告确实张贴。28 日，三名衙役将他的传道员带到客栈，以所谓县令的名义，迫使他指出天主教堂都在何处，他们要去把它们摧毁。传道员坚决拒绝，衙役们极力威胁他。传道员在几位慕道者的支持下，成功地逃脱衙役。衙役的头目十分不安，立即跑到艾赉沃神父那里哄骗他，使他相信事件没有那么严重，但是，艾赉沃神父另有考虑。他向官员通报。

艾赉沃神父的短笺送到这位官员的手上时，他正在看戏。他立刻丢下一切，同他的书吏们商议，命令将罪犯带来，同时要求那位传道员到场。

艾赉沃神父写道："他首先让衙役头目到案，'你就是这样履行你这个有把握的职务吗？我把天主教堂的非常重要任务交给你，你就找两个傻瓜去干？'……不要辩驳！'打他三百大板！'板子一板不差地打在这个倒霉蛋身上。'你们两个，坏蛋，现在过来！你们知道，这事关系到我的顶戴花翎。我从皇上那儿接到非常严厉的谕旨，要保护教堂，而你们竟冒充官方的名义去那儿捣乱！我判处你们每人挨五百棍，还要戴一个月的枷锁在嶂山集天主教住宅门口示众。'"

"在当场，当着官员和一大群来看热闹的人的面，两个可怜的衙役，他们曾在我们这儿那么凶暴，现在直躺着，被打得皮开肉绽，然后，有人把木枷给他们戴在脖子上，加上锁，下达命令：当天晚上出发，把他们送到嶂山。"

"判决如此迅速，如此严厉，在当地起到很好的震慑效果，而且很及时。因为有人公开威胁我们的刚皈化的新教友，嶂山首屈一指的士绅，过去曾是我的朋友，就自吹花费了二十万铜钱，要阻止我们在村里动工，等等。上谕[②]随同两名受刑犯同时到来，现在就在集

① 宿迁的马队队长在 1892 年 12 月向董师中神父表露，从当年年初开始以来，他已拘捕七百名土匪。其中三百名已处决，三百名死在牢中，其他一百名仍在坐牢。董师中神父致尊敬的帅维则神父的信，1892 年 12 月 10 日(AZ)。陶斯咏神父第一次在这一地区巡视后写道，"据陆妈妈说，白天可以说，我有衣服，我有家；但是到了夜里，人们就不再是其财物的主人了"。致尊敬的帅维则神父的信，1890 年 6 月 25 日(AZ)。请注意，宿迁县比西部各县要安宁很多。

② 此为皇帝敕令的抄本，准许传教士们宣传他们的宗教，中国人接受他们的宗教。

市上张贴在两名受刑犯的头顶上。”[①]

八天后，县官就破坏了处罚衙役产生的良好效果。他趁着神父不在，探访嶂山的座堂，调查了卖主、契约、注册情况，离去时对慕道者们和在门外看热闹的人说：“你们上了欧洲人的圈套……”同类的其他言辞很快使传教士们相信，他只是怕丢掉他的官位才容忍他们存在。随后人们发现，他并非不想挑动最不安分的下属来捣乱，尽管他曾注意尽快解决宗教争端。

不管怎样，大约在 1891 年 9 月 20 日，嶂山的第一位传教士董师中神父[②]带着建筑材料来到他的传教区，取得所有权，且未引起丝毫骚动。艾赉沃神父本想向人们介绍这位对当地及其居民一无所知，甚至不能讲北方话的“新神父”，但是董师中神父并未邀请艾赉沃神父陪同，艾赉沃神父出于谨慎亦未出席。

这正是董师中神父在其整个传教生涯期间表现果断坚定和勇敢无畏的一个实例。他还年轻，三十四岁，正是艾赉沃神父想要的“勇敢的竞技者”。他具有传教士与生俱来和后天获得的全部非凡品质：热忱，顺从天主意愿，不顾个人安逸，甚至迎接苦难，具有祈祷和沉思精神，亲如手足的仁慈激励他忘我地照顾他人，爱他的教徒，聪明睿智，活跃刚毅，勇敢无畏，这一切帮助他直到八十二岁还在为其神职尽职尽责。

董师中神父在学习神学期间，艾赉沃神父的探索之旅，以及在睢宁传教士生活的记述，常常让他浮想联翩，他想到在这些陌生地区的艰难的工作，各种危险，每天受痛苦的人只有跟耶稣一基督更亲密的交往，没有其他的慰藉。就此而言，他在徐州的八年将使他如愿以偿。

就是这样，董师中神父独自一人投入对嶂山的征服。在从上海到清江浦沿大运河航行时，他向同船的艾赉沃神父询问那个地区的状况和需要。在记事本的首页记下要建的房屋：教堂、本堂神父住宅、男校、女校、慕道班。

董师中神父可能隐约感觉到百姓或士绅们的敌对情绪，因为艾赉沃神父未向他隐瞒他的许多堂区信友的情感。但在这方面，董师中神父幸运地感到意外：他的周围是一派最理想的安宁气氛。相反，居民们为他们的工作发生争论，在私下议论，因为董师中神父从外地雇来几名工人。在两个月内，他建起了十间房屋：五间作礼拜堂，一间自己用，围墙外的四间供他的传道员陆妈妈的儿子住宿。在村外不远处，他还改建了几间茅屋，用作女校和妇女慕道班。

一如既往，在 1891 年 9 月，董师中神父的学生前往淮安。第二学期，董师中神父将他们留在身旁，这迫使他添盖宿舍和厨房。他写道：“所有这些非常可怜，很少像城市的建筑。尽管为了防火都盖上了瓦片，但多数房屋的墙壁都是泥的，或是用晒干的土坯砌成，按照当地的习惯，屋瓦就铺在一层秫秸上。”

《1892 年宿迁年度纪事》(*Rel. Ann. Sutsian*，1892)。董师中神父对他的房屋相

---

① 艾赉沃神父致倪怀纶主教的信，1891 年 7 月 31 日(AZ)。

② 董师中神父，1857 年 11 月 1 日生于罗罗芒坦(法国罗瓦尔一歇尔省)。他在布卢瓦小修院中等学业结束后，于 1875 年 9 月 6 日进入昂热的初学院，1882 年 10 月 26 日到达上海。1888 年被授神父神品。他在学神学期间(1885～1889)，撰写了《官话指南》(*La boussole du Langage mandarin*)，受到学院奖励，并多次再版。

当满意，实际上是普通的土坯房，尤其这是他用廉价获取的。嶂山使他为材料和劳力花费了一千二百块大洋（一千二百美元，即六千金法郎）。董师中神父解释道："这种相对节省，是由于使用了次等材料，泥土作墙，高粱秸作顶棚。材料足够牢固，我们的建筑在这贫穷之地更是一个奇迹。"①

董师中神父错了。从1893年开始，房屋全部损坏；1896年，全部倒塌。嶂山的"相对节省"比其他传教区的牢固建筑花钱还多。

除了嶂山，董师中神父在扒沟也安置了一个落脚点，安顿从五河来的一位修女，对当地的妇女进行教育。一有地产，他就在那里兴建一座教堂和一所学校。他甚至还想沿着大运河，在邳县建其他的传教中心，因为自从他到来，多亏陆妈妈，慕道者不断涌来。1891年圣诞午夜弥撒时，他估计有一百来人参加，四十来人领圣体，三位成年人领洗。1891～1892年底，他使宿迁县的基督教居民增加一倍（一百二十四名受洗者），慕道者达到四百七十六名。

传教工作因此有了进展，董师中神父为此感到高兴。然而，他心中却有一种莫名的不安，预感到如此有利的平静不会持久。董师中神父担心骚乱影响传教，而像往常一样，这些骚乱都是由于一项购置土地的计划引起的。近一年来，一位公证人一直在为传教士们商谈购买宿迁的一块地的产权。他就要成功了。可惜呀，将近1891年年末，交易活动走漏了风声。县令当即禁止公证人拟订契约，士绅们吵吵嚷嚷支持县令，另外还制造反洋人的舆论。1892年2月，陶斯咏神父过于张扬地到达宿迁更是火上加油。他刚进城，敌对的民众立刻围住他，准备焚烧房屋，驱赶外国人。当晚，几个无赖分别在为教会服务的公证人家和钱庄老板家闹事，因为钱庄老板的一个伙计充当了传道员的领路人。总之，为了不危及他的朋友们，陶斯咏神父离开了宿迁。

这次购地受挫很快就众所周知，使反对者更加胆大妄为。宿迁的士绅们共同商讨，今后要阻止任何人把土地卖给传教士，在嶂山发动了一场可能比正面进攻更危险的阴险运动。董师中神父写道："我第一次听到恶毒的传闻和污秽不堪的诽谤。显然，这是陆妈妈的儿媳引起的，因为她是唯一的女性，比较年轻，经常出入教堂，很容易破坏和她接触的教士的名声。本该料到这一点：令人惊奇的是此事没有更早地发生，这仍然令人悲伤。但愿我们在城里的受挫不要过分危害农村的传道。"②

县令暗中鼓励士绅们。士绅们请教县令，如果传教士再次试图在城里买地的话，应该怎么办，他可能答复说："我不能担保要禁止这种买卖。如果我禁止，我的顶子可能会戴不安稳。但对你们来说，事情就不一样了。"③

不管是真还是假，这话已传播开来，使人认为制造骚乱的人会取得决定性的优势。于是，董师中神父从谣传中获悉，有人在策划抢劫嶂山，烧毁乡下的礼拜堂。人们攻击他们是为了向他挑衅。5月23日，董师中神父不得不请士卒们支援，驱逐闯进他家索要失踪孩童的陌生人。之后不久，两个月内，匪徒两次潜入位于镇外的女校，搬走家具。第二次，

① 致尊敬的帅维则神父的信，1891年11月29日（AZ）。

② 董师中神父致尊敬的帅维则神父的信，1892年2月29日（AZ）。

③ 董师中神父致尊敬的帅维则神父的信，1892年3月10日（AZ）。

1892 年 11 月 27 日，他们还抢走全部衣物，但由于有陆妈妈在，学生们免遭暴行。

董师中神父对这场消耗战防备不足，但他还是进行了斗争。大多数盗贼属于一个秘密会社——纯和社（la Pure Paix），其头目还是他朋友。他通过这位调停人尽力收回失落的物品。县令接到报告，但未采取任何措施。最后，他担心有人指责他无所作为，便将主要罪犯关入监狱，同时，起诉了许多其他顽劣。其中一人被处死刑。这种迟到的严厉平息了一些人的担心，但激起了纯和社成员的报复心。谣言变本加厉地传播开来。12 月 25 日，董师中神父给他的长上写道："威胁在加重：秘密会社正在组织新一轮行动，我不无焦虑地期待着主管神父的到来，您容易理解这点吧。每天夜晚，人们都在自问这是不是进攻的日子：anima mea in manibus meis simper."（拉丁文：我的灵魂常在我的手中）

"8 点钟。各处传言都告诉我们今晚或明天进攻。In manus tuas，Domine."（拉丁文：主啊，在你的手中）[①]

那天夜晚平安无事，其他的夜晚亦不糟糕，但董师中神父度过不止一个不眠之夜，而且在几个月内，他都是和衣就寝，时刻提防着。

在这漫长的动荡时期，董师中神父更仔细地考虑了他个人及其事业的安全问题。他先将过于暴露的女校迁到院墙内。消极防御是不够的。如果有人向你进攻，还必须反击。董师中神父给长上们写道，窃贼之所以发现有利可图，传教士们难道就没有一点过失吗？为学校储备的粮食，传闻借给传教士们并按开支情况增加的金条，每年从上海带来的无数个货箱，对惯于小偷小摸的盗贼来说，这是不可抗拒的诱惑。在要靠自己保护自己财产的地方，至少传教士们要采取当地惯用的防范措施。每个财主都建有雉堞塔楼，拥有家丁和武器。

人们知道，是否将教堂改建为要塞，长上们犹豫不决，然而，西部几个传教中心被掠夺使他们认识到这种改建的必要。1893 年 5 月，董师中神父购买了枪支，在围墙拐角处修建了两个岗楼，每夜派人值班放哨。[②] 从此他更放心地入睡了。

在此期间，嶂山已有重大发展。董师中神父不再是孤单一人。自 1893 年 4 月 13 日以来，他向南从周神父（P. Felix Perrin）传授本区的管理。他还利用一位主教在场给予他的较大自由，走访了西部当时很混乱的站点，援助他的同道。

东部的百姓不太好斗。嶂山的本堂神父虽然不时会觉察到反对外国人的密谋和令人担忧的传闻。但是，更让他担忧的是组织的发展情况，而不是有人策划的恶意攻击。例如，他的中心男校的收效令他失望。他希望通过这所学校将基督教教育施于孩子们，这是在他们家里无法找到的珍宝。可是教师们和名义上的慕道者们却将教育限定在读《四书》[③]上。宗教教育完全落在董师中神父身上，他天天在每个课堂上讲解教义，但在思想和行动上没有明显效果。培养学生前，必须准备天主教的教师，因此要开设一所师范学校。神父认真想过，尽管在嶂山不可能实施这种事业。

董师中神父看到由于女校产生的社会变化而感到欣慰。女校迁到教堂附近，并加以

---

① 董师中神父致尊敬的帅维则神父的信，1892 年 12 月 25 日（AZ）。

② 然而，传教士们从其长上处得到的答复是禁止个人使用火器自卫。尊敬的姚宗李神父致陶斯咏神父的信扎，1894 年 3 月 21 日（AS）。

③ 《四书》，旧制度传统教育的基础，包括《大学》、《中庸》、《论语》、《孟子》。关于 1911 年改革前的学校制度，参见其中的明恩溥《中国农民的生活》（*La vie des Paysans chinoisX*）第Ⅸ章。

扩大，筑起了围墙，于1893年5月29日转给两位迅速产生重大影响的献堂会修女管理。她们热情机智，富有才干，全面改变了该区的面貌。董师中神父后来在1897年注意到，“宿迁县这个传教区有个特性，就是妇女走在男人的前面。她们比其丈夫更容易参加宗教节日，更自愿地留在慕道班”。

《1897年宿迁年度纪事》。献堂修会(L'Association de la Présentation)——“献堂会修女”由此得名——于1855年由南京教区赵方济主教正式创建，并从分散在上海周围教区的许多修女中吸收其第一批成员。1860年，她们被长毛党起义驱散后，修会立即重新组织起来，并于1868年2月由拯救修女会(Les Auxiliatrices du Purgatoire)领导至今。

在徐家汇(在圣母院)两年初修期和一年院外(在县或在学校)实习之后，献堂会修女们保证终生根据其能力服务于传教事业。许多人将个人的贞洁、清贫、顺从添加到这一承诺之中。献堂会修女们两三人一组被派往各县，以她们对妇女、慕道者或学生的工作配合神父的活动。她们在江南省传道方面的工作尤其在有刚皈化的新教友的地方起到很大作用。她们的榜样、她们生活的朴素和她们的献身精神十分有助于人们打消偏见、敬畏，甚至恐惧，没有她们，这些都将大大阻碍妇女的皈化。

献堂会的历史是值得书写的，它反映出在江南省传教非常有意义的方方面面。在马德赉耶稣会士(Moidrey, S. J.)的《中国修女会》(*Congrégations chinoises de Sours*)、圣奥斯坦嬷嬷(Mother ST. Austin)的《修女在华传教五十六年》(*Fifty-six Years a Missionary in China*, Bruns Oates, London, 1930)第七章、《中国纪事(1919年1～4月)》(*Relations de Chine*)第158～165页中可以发现一些非常简要的细节。

献堂会修女们的到来肯定了嶂山的创建。这是徐州的第一个站点，它已具有运作及扩展所必需的各种手段。徐州在当时(1893年6月)拥有一百六十八名领洗者和五百九十七名慕道者，分散在三个主要的中心：嶂山、扒沟、康池(音译，Kengchih)，每个中心都有教堂、学校和常住的传道员。传道员在中心周围着手开展许多村庄的皈化工作。宿迁县的北部特别突出。南从周神父在此准备埝头分堂区。1897年一位传教士在此地定居。然后是窑湾，接着是邳县。而在进行这些强有力的推动之后，嶂山将凋落，就是说，将失掉它的传教士和献堂会修女，重新降到普通堂区之列，隶属于最终被征服的宿迁城。

二、马井(1891～1896)

在侯家庄任用的大名的传道员们并非都有相同的热忱。他们大部分人是新入教的皈化者，已摆脱其所在圈子的监督，而且由于传教士经常不在身边，因此受着相当宽容的管制，他们曾想为所欲为。有些人就支持不住了。

在这些懈怠者中间，有一个收入不够吃喝的懒汉郭可清(音译，Kouo Keking)最为突出。艾赉沃神父决定开除他，但是，为了照顾他传道员的面子，派他到萧县去做调查，那里有几户人家最近正在探询学习天主教教义的方法。

郭可清于1890年12月20日离开侯家庄，音讯全无。而艾赉沃神父突然遇到麻烦(即更棘手的唐家集诉讼案)，因此几乎把他派出的密使郭可清忘了，当这位密使于1891年1月中重新露面时，带来了最值得关心的信息。他从距徐州西部二十四法里的萧县一个村庄马井来，两个月来，他在那里坚定地宣讲天主教教理。

马家井，即马井，马家的井，是一个有一百四十到一百五十家住户的大庄子，几乎都姓马。圣恩似乎来自这口井，但名声不佳。

上文提到，陶斯咏神父在徐州近郊好不容易找到一些来自山东的天主教徒乞丐，并把他们的四个孩子中的两个送进五河的学校。然而，这两个孩子中有一个开了小差，很长时间无法找到他。[①] 逃跑的孩子北上流浪，从一个村庄到另一个村庄，到达了马井。马井的农民收容了他，给他安排了一点活计。这孩子可能是为了得到重视，便讲述了他在五河的经历，说明他的宗教的一些原则，描绘了教会仪式，还将随身带的教理书籍送给被他的故事感动的听众。这颗种子孕育了许多年，后来村民们听说一位传教士正住在砀山县，他们想从他那里再多了解一些。因此来找艾赉沃神父，活动从此开始。

郭可清受到热情接待。为了讲解基督教义，人们把一处有三间房的学校交给他使用，从一开始就座无虚席。有一个有趣的故事，就是萧县县令为这种名望做出了最大贡献。

一位士绅大惊小怪，前来向这位县令告发出现传道员，县令对他说："你掺和啥事儿？你要我干啥？北京和所有大城市都有天主教机构。你我都无能为力。让他们干吧。"故事传开来，马井的慕道者陷入焦虑不安。他们知道官员们到处欺压皈化者。为了摸清底细，马井村官马建仪（音译，Ma Kienyi）也惴惴不安地去见县令，跟他说到开办天主教学校的事，县令对他说，"我知道了，跟你我都没有关系。在外省和在北京一样，谁想当基督徒就去当吧"[②]。

郭可清报告了其他许多令艾赉沃神父欣喜的事情。这种罕见的胸怀，居民的好感预示在这个全部是异教徒的县，是个最有成效的传教之处。艾赉沃神父的首次探访证实了这一期望。1891 年 4 月 17 日，艾赉沃神父在马井作弥撒，与重要的慕道者们交谈，并为传道员租用了三年房屋。在 10 月份，艾赉沃神父在另一个村庄安排第二位传道员，由于马井慕道班教室显得太小，他又扩大了两间。

艾赉沃神父知道迅速占领的重要性。因此，他请求为马井派一位传教士。而在上海，在 1892 年这一年，长上们感到为难，因为十名年轻的教士远离工作领域已是第三年了。马井离睢宁至侯家庄的大路相当远，这些已建或正在建的传教中心留给徐州的神父们跑路的时间很少，因此联系的次数难免就少了。再说，如何要求慕道者们在礼拜日和节日必须去侯家庄（四十法里）参加祭礼呢？因此，萧县的皈化者们在传道员的指导下"学习"宗教，却不过宗教生活。如果抛弃他们于不顾，就会有扼杀这些人的良好愿望的危险。为了尽可能避免，1892 年 8 月，倪怀纶主教给陶斯咏神父增加了创建马井传教区的重任。

创建马井传教区。事实上，外界环境真像艾赉沃神父所想的那么有利吗？萧县地区对福音的开放几乎是自发的，被传教士们从远处关注着，部分地探索着，尚未显露出它的本性。人们不怀疑，百姓的粗野有时候会驱使他们越轨。那么，如果突然发生骚乱呢？县令是宽容的，但是他对传教士的敌人同样也可能宽容。马井人的友好是宝贵的，但它能经

---

① 他的兄弟继续其学业，随后作为厨师开始服侍神父。（参见聂思聪神父[P. Dannie]在《中国纪事》中所描绘的饶有趣味的情景，1904 年 10 月，第 382～385 页）

② 艾赉沃神父致倪怀纶主教的信，1891 年 2 月 26 日（AZ）。

得住考验吗？教会由两个成年人组成：马良远（音译，Ma Leangyuen）和马良库（音译，Ma Leangkou），他们二人于1892年复活节在侯家庄领洗，是坚定的皈化者。可是，慕道者们对领洗显得热情不高，或者不能接受，因为他们种植鸦片。

在马井创办教会反映出这种精神贫困。艾赉沃神父于1892年3月购买的那块土地实在太小（不到两亩地，建有两间破草房），位于一个长条形村庄的尽头，神父容易受到袭击。

不过，陶斯咏神父虽然正直，而且老练，但行动却缺乏果断。经过反复斟酌权衡，深思熟虑，他往往还是过于缓慢地作出决定，而这种他一来就在其中搏斗的复杂处境，似乎要求一个更泼辣、更机智、更自信的人。

陶斯咏神父从扩大房产开始，因此有四五笔购买并经过近六个月的商谈，接着就得砌围墙。后又遭到挫折：堆放在茅屋周围的砖不翼而飞了。原来是被最虔诚的慕道者们无所顾忌地顺手牵羊了。

砖和灰浆备齐了，最后招了挖土工、搬运夫和泥瓦工，1893年4月开工修围墙。9日，有一人出现在工地上。问他姓甚名啥，他竟回以辱骂。次日，有六七个人突然跑来，其中有人身上暗藏匕首，没来由地向陶斯咏神父雇佣的劳工挑衅。马井的人个个都是火暴脾气。人们一听到有人骂，立即操起长矛、工具、砖块和棍棒，向骂人的人猛冲过去。陶斯咏神父看到这个情景，急忙跑过去拉架。他的一个工友嘴巴被打出血，挥舞着砍刀朝前冲。陶斯咏神父向他扑过去，夺过凶器，藏在他的床下。他把他的另外两个人推到围墙里，将他们堵在里面。他甚至抓住一个来犯者，不停地要大家讲道理。喊叫声和撞击声引来了村里人。男人们支援他们的乡亲，女人们加入了谩骂。来犯者眼看势头不妙，慌慌张张地聚拢起来，向他们的出发地，距马井一法里的曲里铺村落荒而逃。

一小时后，人们获悉曲里铺村的进攻迫在眉睫，紧张到了极点。渐行渐近的嘈杂声证实了这个报告。马井，天主保佑它！从未拒绝过战斗。人们取出长矛，包括陶斯咏神父的长矛，占据阵地。曲里铺村有四门中国火炮、六支活栓枪、六十余支长矛，还有辅助人员搬运大量石块和砖头。匪帮们一直推进到村子边上，开始了最恶毒的咒骂。

看到事态严重，陶斯咏神父吓呆了，恳求马井居民不要回击挑衅。他要独自去面对敌人，商谈和解。他走过去，一群没带武器、极力保持克制的人也跟在后面，一心要拦住他，他们承诺不去打斗，他这才返回。年长者像陶斯咏神父一样，想避免打起来，可是年轻人火冒三丈。马井村长之子去和曲里铺村长交涉。他说："如果是怨恨天主教会，这场闹剧是无益的，教会不会交手。如果是攻击马井，马井应战，但是必须先谈妥决斗的日期和条件。"交涉一直进行到深夜，宣布曲里铺村向年长者的恳求让步。不久，曲里铺村长代表村里向陶斯咏神父道歉。

动荡局势并未完全平静。11日夜间，又谣传再次抢劫。神父立即将他的箱子藏到一个慕道者家，然后躲到乡下。在曲里铺村方向，狗群在狂吠，这是要出事的信号。稍后，神父看到远处有许多人提着灯笼走进他的茅屋。他想，说来就来了。然而，他对那帮人平静地行事感到奇怪，于是往回走。原来他们不是强盗，而是赶来保护他的异教徒朋友们。

4月12日中午，他紧急派去找县令的传道员终于从萧县回来。由官员的助手率领的官兵和衙役护卫队产生了良好效果，曲里铺村派出了全权代表。

艾赉沃神父通过陶斯咏神父的函件了解到马井的事端后，于19日前来慰问他的主管神父，祝贺问题圆满解决。两位神父一起度过愉快的一天。4月22日，艾赉沃神父写道："昨天早晨我准备回到我的区，因为我还有许多悬而未决的大事。然而，就在午夜后一小时左右，突然有三十来个土匪闯进两位神父、两位传道员和一位基督徒正在睡觉的茅屋，全都手持手枪、大刀、棍棒等等。一听到嘈杂声，我们就已起身，但是还没有穿好衣服，这时已有七八个狂徒向我们猛扑过来。一声枪响，子弹穿过窗户，打碎玻璃，从我头顶飞过，打进房间的墙壁里。与此同时，被冲破的房门倒在主管神父身上，他的脚部被砸，并首先遭到棒击。土匪们害怕我们抵抗，先制服两位半身裸露的传道员，把他们拖走，如果不按土匪的意愿行事，土匪就要杀他们。他们向我们索要武器，看到我们一件武器也没有，便把我们的箱子全抢走，当着我们的面，几刀就把箱子砍开。箱内的物品散落一地，他们把小件物品装入口袋，衣服和床上用品等统统被他们抱到屋外……我们作为观众的角色为时不长。来人特别想要金钱，可是他们一点没找到，便向陶斯咏神父扑去，许多人把他认作房主人，因为他们最近曾向他要过眼药。他们三次揪住他的辫子和胡子不放，一部分头发和胡须都被揪掉了，还三次用脚猛踢他，用木棍和刀把打他。陶斯咏神父请我作临终赦罪祈祷，我对疯子们说，所有东西都在箱子里，三次把陶斯咏神父从土匪们的手里拽出来。最后，他们抢走一切仍不满足，叫嚷道：把他烧死，叫他开口！其中一人用火把烧陶斯咏神父的胡须，另一人将点燃的麦草放在陶斯咏神父脚旁。我急忙跑过去扑灭火，同时谴责他们凶残对待无还手能力的老年人。他们叫道：噢，我们来打这个吧！于是，看样子是匪首的人猛给我头上两刀，打得我晕头转向，鲜血大量涌出。其他人用粗木棍打我，后来很长时间我的腿和手臂都感到疼痛。随后，他们让我们担保。过了一会儿，快闹腾完了时，我听到一个人说：'必须杀死一个，另一个才会说出金条在哪里。'这时，我眼看着一只手抓住倒在地上的陶斯咏神父的脑袋，另一只手就在可怜的神父的颈部砍了一刀，我本能地紧紧闭上眼睛，害怕看到脑袋滚动。然而，那人是用刀背砍，第二刀就割破了陶斯咏神父的左耳，鲜血流到他的衣服和地上。这一小时就像一个世纪，所有东西都被打碎，或者被抢走；强盗们想从我们这里得到有关所谓财宝的情况，但是一无所获，便把我们拉到屋外。然后，他们放开我们，把全部战利品扛在肩上，最后还空放了一阵枪，朝着西北方向去扬长而去。

"就在此时，可怜的慕道者们胆战心惊，痛哭流涕，扑到我们的脚下，同情我们的伤痛，用各种方式尽力安慰我们。尽管他们友善，但是由于事件发生在半夜，令人措手不及，根本不可能对付有组织的、已经控制了局面的武装匪帮。相反，他们的介入还可能给我们和他们的生命带来悲惨的后果。要是建好了围墙，事情就不会是这样了……

"昨天，两位受伤的神父既不能起床，也不能进食。现在疼痛和发烧已好些了，今晚，我有点气力，可以向您，我尊敬的长上神父，简要报告一下这段插曲，在这段插曲中，耶稣会的两个孩子按照天意再次聚在一起，为我们亲爱的华人的皈化洒点鲜血，感到喜悦和幸福，这是他们向往已久的。Deo Gratias！（拉丁文：谢谢主！）"

陶斯咏神父加上一小段话："在给您写更长篇幅的信以前，我和艾赉沃神父一起向主教阁下致以最崇高的敬意，并向您报告，在最近的这次考验中，我从仁慈的天主那儿得到真正特殊的神佑，以喜悦和感激的心情领受了。天主永远受到赞美！一切都会好起来。

我的多处严重挫伤和创伤会很快痊愈的。All right!（英文:好极了!）”①

董师中神父在26日获悉土匪袭击的事件,他马不停蹄地赶来。陶斯咏神父在隶属于马井的小教区刘村(音译,Liutsuen)避难,他很快从痛苦但不严重的伤势恢复过来。艾赉沃神父已返回侯家庄。他因遭到抢劫而缺少衣服,胸部染上了炎症,到达后便卧床休息。汤执中神父护理他,给他涂抹碘酒,使他发汗。病情已脱离危险,但身体仍很虚弱,5月2日董师中神父来看他时,伤口尚未愈合。

董师中神父在侯家庄未耽搁,即返回到马井,侯家庄有汤执中神父在足矣。陶斯咏神父优柔寡断,不积极主动地要求伸张正义,董师中神父对此不满意,慕道者们的不满意也不亚于他。县令已得知此事,答应追查罪犯,也可能正在追查,但是未抓到一个。慕道者中间有传闻说,陶斯咏神父害怕了,正在考虑放弃马井……另一方面,县令派遣衙吏守卫座堂被视为对该村的侮辱。有人怀疑是否有村民与土匪串通?由于陶斯咏神父没决定回来,这些谣言就继续流传,使他成了众矢之的。

对董师中神父来说,为他的主管神父辩解是不容易的,幸好他的主管神父在5月3日重新露面,恶毒的谣言不攻自破。

十天后,伤害神父们的匪首被抓到。这是一个有名的强盗,两年来官府一直在追捕他,这次他伤了四个衙役后才投降。他承认所犯的罪行,然而,县令根据法律未砍他的头,将他投进监牢,然后去追缉共谋犯,他们已逃之夭夭,县令便把他们的家搜刮一光。

人们把县令的行为方式理解为反对宗教的手段,缺少对陶斯咏神父应有的尊重。而陶斯咏神父几乎不担心人们所说的当局的意图。衙役们正忙着对付萧县的所有盗贼,这期间没有人跟陶斯咏神父过不去。他利用一时的间歇,为了执行遭抢劫之后不久收到的命令,亲临徐州,以主教的名义讨回被无理扣押的房产。和前几次一样,这次企图也流产了。

5月30日至6月5日,陶斯咏神父留宿徐州。这是焦虑不安的一周,他担心再次遭受棍棒之苦。这次使命的劳顿与近两个月在马井的劳顿合在一起,让他筋疲力尽。尽管有董师中神父相陪,也夜不能寐。6月中旬,他同艾赉沃神父和汤执中神父三人先后去上海,他要在上海庆祝他到中国二十五周年。

夏天,照管侯家庄、戴套楼、马井的事务的是董师中神父。

8月份,人事调动,董师中神父被任命为马井传教士,南从周神父承袭嶂山之职。

董师中神父在变动中未占便宜。他表明愿去艰苦岗位,不提任何要求。他如愿以偿。他在马井重新回到两年前在嶂山的同一起点。然而,他不再是1891年的新手传教士了。他立即着手进行并在寒冬到来之前完成必要的土建。他在连同土地一起购买的老房子旁边增建了几间新草房,形成九间:四间作礼拜堂,两间给他自己,三间作学校、墓道班和孩子们的宿舍。整体上小得可怜。但是对申请者来者不拒,来的人数超过期望,未由于缺少住宿床位而辞退一名学生……中国人有诀窍,总能互相挤着睡下。

神父在围墙外为妇女们租用了几间茅屋,就像在嶂山那样,但是他未能说服女孩子和慕道者们相信她们是安全的。只有几个人敢住在那里。

① 艾赉沃神父致帅维则神父的信,1893年4月22日(AZ)。

最后，在 1894 年 4 月，为了保护座堂，董师中神父建造了设有雉堞的塔楼。自负的村民们到这时仍然反对。他们不愿意被人们当作教堂的佃农。

土建工程、老年人的成见以及假伙伴的欺骗，都未使董师中神父放弃主要工作：劝人皈化天主教。1891～1892 年进展平平：五人领洗。两三年来登记的慕道者们自以为是未接受洗礼的天主教徒，很少关心去进行学得很肤浅的宗教修行，认为报了名就算完事了。

他们对更多的要求感到惊讶，而且不悦。董师中神父认为，一年的工作不足以改变这种精神状态，引导最冷漠者对灵修生活产生一种更正确的认识。但是在深层次的邪恶方面，天主已有了治理药方，或更确切地说，是使徒以其虔诚、热忱、对宗教的献身精神成为这一教区的基石，并在半个多世纪以来始终坚持不渝。

马井的马良远跟萧县的多数农民一样，也是个农民，他自己学习了祷文和教义，做好一切准备后，就来见艾赉沃神父。神父调查后，给他行了洗礼。没有任何障碍：他不种鸦片，名声无可指责，他充分表达了愿望，今后要像真正的天主教徒那样生活。他自皈化以来，入教前后，从马井到有传教士居住的最近的侯家庄来回步行四十法里，从未错过一个重要节日。

自领洗几个月以来，马良远在他的村里负责安顿陶斯咏神父。他负责购买、供应、监管，在多项交易中都显得大公无私，这是他为人真诚的最佳标志。他不顾他的家族和邻居的怒不可遏，以公道的价格出售教堂占据的一块土地。他还检举了殴打神父的土匪头子。在那个时代，在那种严酷的环境中，如此表现真可谓英雄主义。

这种坚持不懈的献身精神[①]大大加强了在他同乡中的宣传作用。徐州的一个村庄像英国俱乐部那样封闭。那里的人们以各种方式排斥外地人，尤其是洋人，迫使他们卷铺盖走人。需要时，有人收买几帮强盗警告外来人，人们不欢迎他。对其事业取决于与当地人的良好关系的传教士来说，有一批对引导舆论有相当影响的朋友是不可或缺的，起码在初始之日是如此，以便神父得到社会的容忍，而后被接纳。

在马井，马良远尽力使曾因对宗教冷漠和 1893 年 5 月的事件而远离宗教的人们重新接近宗教，并说服其他心怀敌意或中立的人，相信陶斯咏神父只有一个目的：为了他们最大的利益。不是谁想进行这种活动都能获得成功的。它需要许多技巧、耐心、自我牺牲的精神和坚忍不拔的毅力。如果顺利，会使众多的人皈化，并从异教徒那里获得不可估量的帮助、同情和友谊。相反，如果是一个笨拙的人，可能很快引起受舆论左右的人的怀疑，从而毁掉他想要推动的事业。马良远沉默寡言，不慌不忙，他的活动消除了误解和非议。他的成功表现在，马井人对天主教不太反感的态度，陶斯咏神父和村民之间很快就团结一致，进而领洗人数从 1893～1894 年间的二十四人激增至 1895 年的一百二十九人和 1896 年的一百七十二人。

当然，不应该将所取得的进步全部归功于马良远一人。马良远的贡献是十分明显的，但渐渐地，在这位模范基督徒、关键时期唯一的支持者周围，聚拢起一批传道员，以及受他们影响的其他天主教徒。1893 年 12 月，在照管姑娘和妇女的董师中神父的合作者中间，我们遇见了陆妈妈，她离开了南从周神父。

---

① 参见董师中神父的书信，发表于《哲尔济书简集》，1895 年，第 7～12 页。

陆妈妈是独一无二的女传道员，这位善于打动人心的劝导者超出了她的工作范围。她不满足于已开辟的道路，插手对基督徒的管理，听忏悔，指挥传教士，管制所有人。早在淮安，陆妈妈有一次乱指挥坚振仪式，达到了不恰当的程度，施神父当众问她，谁是睢宁的本堂神父，是她？还是他？陆妈妈多次越权造成关系破裂。神父真想把她遣送回乡。但是，艾赉沃神父和陶斯咏神父在考虑了施神父的抱怨后拒绝了。他们想，支持陆妈妈的某些过分行为可能比得罪陆妈妈或突然终止她所坚持的行动要好。

董师中神父放手让陆妈妈自行其是。陆妈妈的缺点相应地膨胀，以至于南从周神父和献堂会修女们认为她太讨厌。陆妈妈只为钱干活。入教工作受到影响：现在她介绍到慕道班的人，大部分根本不愿意皈化。她以暂住神父的学校可获得免费食宿来引诱她们，她自己也可能想从中捞到好处。此外，她曾千方百计谋求，而且还在谋求一套住房，还谋求让她的因一件丑事而被辞退的传道员儿子复职……人们对她的抱怨数不胜数。

将她免职，不再任用？无论南从周神父，还是上海的长上们都决定不了。嶂山传教区的建立多亏了她呀！另一方面，为了传教区的利益和教徒们的利益，必须让她离开。她是否知道她失宠的真正原由？总之，她接受了，来到董师中神父处，当时董师中神父正为女教徒的事务头痛呢。

董师中神父原本是宁要河南的修女也不要陆妈妈，但是他无力保护她们，甚至无力安顿她们住宿，而陆妈妈已习惯苦难，无所畏惧。因此，他就让她负责对女孩子和妇女的宗教教育。陆妈妈成了学校老师！说实话，她一字不识，她甚至都不会晨祷和晚祷……这有什么关系！她将学会所缺的知识。每天晚上，一个九岁的小男孩（马良远之子）用只言片语教她玫瑰经、耶稣受难图、连祷文……次日，她就把这些经文传授给那帮小姑娘，小姑娘再重复给老太婆、聋子和头脑迟钝的女人。如此凑合着混日子，可能做不出出色成绩，但足以挫败使妇女们站在教堂门口止步不前的公众舆论，足以克服她们在防范不了任何土匪的慕道班茅草房里单独捱过一个月时所感受的恐惧。

几年里，陆妈妈制造了不少麻烦。1894 年 1 月，她离开董师中神父，回到嶂山。她在教堂的一次公开争吵之后，向南从周神父表示她要去上海。她想见主教。事实上，她瞒着董师中神父动身，而董师中神父要南从周神父让她返回。她抵达徐家汇，去佘山朝觐，最后返回马井。

随后陆妈妈受到排斥，有时她似乎还尽力唆使慕道者们离开教堂。我们说“似乎”，是因为说这话的传教士不完全肯定。不管怎样，她又回心转意了。郎本仁神父 1909 年写道：“在嶂山，陆老妈妈对医治小儿疾病确有声望。她为很多人施洗。我曾长期不相信她。现在我想，过去是我错了。”[①]陆妈妈的主要药剂就是圣水，现在人们还在谈论她的治病方法。

陆妈妈的儿子在五河由陶斯咏神父施洗，有人看到他在某些情况下变坏了。他以诈骗为生，抽大烟，就是为了使他皈化，陆妈妈痴心行善。她为这一心愿数念珠度过她的最后岁月。她于 1923～1924 年传教年期间在嶂山去世。

尽管担惊受怕，但是在一年半多的时间里，马井座堂里的人生活还相当安定。有好感

① 《1909 年宿迁年度纪事》。

且乐于助人的官员已颁布弛禁令，并很好地处理一些向他提出的细小事情。终于从1893年起，他在神父的围墙旁安排了一个小岗哨。守卫的存在防止了严重的骚乱，但未能防止盗贼两次破墙而入，径直溜进沉睡中的董师中神父的卧室进行夜盗。盗贼对董师中神父没有任何伤害，也没拿走什么东西。不时有一些人试图爬墙，试图破门等等，但是，总之，董师中神父为只付出如此微薄的代价而平安无事感到幸运。

座堂没有足够力量提防跨省流动劫掠的土匪团伙。一般来说，外地土匪更残暴，更贪得无厌，因为较少害怕他们或家人受到报复。受冒犯的官府和所洗劫辖区的官员仅仅要求把他们赶走而已。官员往往缺少人手，或他的兵丁与这些土匪团伙有勾结，因此避免和他们直接对抗。

不过，约在1894年末，一大批山东的土匪渗入萧县，并且自一些日子以来，声言要摧毁马井教堂，甚至比较肯定地确定日期就在圣诞节期间。确实，圣诞夜约6点钟时，他们动手了。他们冲破只有一个工友看守的大门，侵入围墙。一阵枪响过后，一阵冰雹般的砖头阻止住他们的冲锋。这是从四周集结起来的保卫者（马井的人员和来祈祷的天主教徒们）的反击。这出乎这些突袭者的意料。他们被围在院子里，就像跌落陷阱，四面受敌，无处躲避，被砸得晕头转向。十分钟后，他们带着一个伤员狼狈逃走。

天主教徒们再一次守住门口，这次更牢固。土匪是溃败了，但他们因丢尽脸面而更加疯狂。7点钟后不久，正如人们所料，他们又杀回来，在围墙的正门前堆放麦草，并且点燃，烧到为从属于女校的各家新建的草房。两个小时里，被包围在院内的人设法防止土匪再次闯入。一些人向正门泼水灭火，另一些人警戒着，大门已被烧毁一半，围墙可轻而易举地跨越。围墙外面，一大帮人不敢上前干预，干看着火势肆虐。但是，被人们这样严阵以待，土匪们消失在黑暗中。约莫在凌晨两点钟，又恢复了平静。

董师中神父先领了圣体。后来因为不能同他的保卫者们在塔楼上会合（这时土匪们占据着围墙），便藏在木柴堆后面。26日清晨4点钟时，做过弥撒后，他出发去侯家庄，通知艾赉沃神父并商讨自卫计划。一名报信人已经上路，去请求萧县县令保护。

这位县令大人为诸多麻烦事压得喘不过气来。小股匪帮迅速繁衍，四处活动，白天无影无踪，夜里遍布乡野。每天晚上枪声此起彼伏，村庄火焰四起。次日官兵去追击，却又常常空手而归。然而，官员对待天主教传教团抱有尊敬的态度，不像对待他的任何下属。他察看了损失情况，惩处了乡村捕快，指责他玩忽职守，并申斥士绅们。在教堂的大门口，他向民众发表长篇讲话，称传教士是中国人的朋友、是客人，应该受到保护。他鼓励村民拿起武器，保卫自己，保卫神父们，激励他们的尚武精神。

12月30日晚上，董师中神父和艾赉沃神父到达马井时，村庄一片沸腾。四十来个武装人员正在北门等候他们。村庄未筑围墙，他们选择座堂及其围墙作为堡垒，处于戒备状态时用作居民的避难所，同时作为守卫者的大本营。人们在徐州购买了火药、子弹、雷管；一个慕道者的村庄出借两门火炮；每天夜晚，十二名哨兵在塔楼上轮流值班，接连不断地敲打警板。

直到3月份，人们才放松下来。当时砀山、萧县和丰县的县令集合他们的队伍，由二三百名清军官兵增援，一次偶然的机会，剿灭了白脸王三（Pèlien Wang Ⅲ，Visage-Pale）的土匪团伙，白脸王三同他的喽啰一起被杀。人们将被杀土匪的人头悬挂在丰县城门上，吓唬其他土匪，这些土匪实际上已改变了社会环境。

艾赉沃神父随后的信函让人对与土匪持续千年的斗争方式有一个大概的了解，信中说："您可能已经知道了清军的伟大胜利吧？那是在上星期四，在萧县，马井西部三十里处，取得这一胜利的。白脸王三在那儿丢掉脑袋和两个手臂，且不说身体的其他部分，而这纯属偶然，因为当时人们寻找的并不是他。

"生命受到威胁的丰县县令三天来坚守着已经紧闭的县城大门。一个外号叫李二天爷的团伙头目和一百来个铁杆分子公开造反，想占领丰县城。他们在戴套楼南十五里的陈仓住下来。被派去搜寻的官兵总是小心翼翼地躲避他们。终于根据一道更紧急的命令，派遣正规部队的二三百名马兵和同样人数的步兵前去捉拿。星期三，战斗在清军的马兵、步兵和李二天爷指挥的叛乱分子之间打响。因土匪征用，鲍姓（音译，Pao）驻防长官（不知是自愿还是被迫？）借给了他们几门守城火炮。叛乱者们死心塌地，且弹药充足，他们赶跑官兵，官兵们由于敬畏（实是怕丢命！）甚至都不敢开枪，夜里就蜷缩在四十里外的丰县城里。第二天大清早，清军用几辆车拖着火炮、火药、炮弹等辎重反攻。李二在衙门里始终暗中勾结着的几个人及时向他通风报信，他逃到南方。前一天，他差人把他与其团伙所干的事情告诉了他的朋友白脸王三，要求提供支援。而在星期四早晨，当白脸王三到达陈仓李二已经逃离的阵地时，碰上了清军。战斗相当激烈，缺少弹药的土匪从黄口（音译，Huangkou）方面退缩到萧县。幸亏有马，而且腿脚快，王三和他的人窜入了一个小村子，自以为安全了，当他们正在那里吃饭时，清军马兵赶到，将他们团团围住，使他们插翅难逃。为了消灭他们，官兵们放火烧掉已由地方卫队完全包围的村庄。惊慌失措的白脸王三一只耳朵被一个农民射击的子弹击中。他感到自己完蛋了，又放几枪，然后一刀剖开自己的腹部，自杀了之。白脸王三，二十六岁，脸色苍白，由此得其绰号，生于曹州府的禹城，身穿丝绸，手下有二三百名土匪。他以不偷而借为原则……

"官兵们割下王三的头颅和手臂，砍掉他的十二个在战斗中已死或将死的同伙的头，将十三个人头放在一辆车上，带着另外十一个活捉到的土匪，凯旋运回丰县县城。对这十一个活捉的土匪，官员们将用尽中国的各种酷刑。汤执中神父的教友许太平（音译，Siu Taiping）被派到城里去取钱，在那儿被困了三天，看到了获胜队伍的归来。十三个脑袋靠辫子系在一起，像一串洋葱，在衙门的大院内示众。许太平也看到对俘虏的审讯，一些俘虏是山东的，另一些是陈仓的，陈仓的一个俘虏被重重地打了五百多下，脚踝骨都打碎了，直到招认是团伙成员方才罢休，但是他只承认借，硬说从未偷过，只参加了一次抢劫，是戴套楼的那次抢劫案。这二十四个土匪被砍的头现在知府所在地（徐州）……"①

1895 年 5 月 26 日，董师中神父收到县令的约五百块大洋，赔偿被烧毁的大门和茅屋。索要这笔赔偿曾经很困难，但董师中神父据理力争，被迫赔钱的官员理应更早防止事件发生。

三个月的提心吊胆、喧哗嘈杂、宿营生活不曾减弱宗教活动。学校、慕道班十分有规

① 艾赉沃神父致董师中神父的信，1895 年 3 月 14 日（AZ）。

律地运转着，以至于传教区的尊敬的长上在他 1895 年 11 月 7 日探访马井时，为两年内的显著发展而惊喜。他准许建一座教堂，并为女校提供一些补助金。

1896 年 6 月，马井教区的建立得到确定。更新了在 1894 年圣诞节烧毁的门房和房屋，利用官员的赔偿金，现在全部盖上了瓦。女校用围墙隔离，自 1895 年 12 月起，由河南的两位修女管理。最后，教堂标志着宗教之家的这个中心建成，拥有二百二十一名领洗者（其中仅马井一村就有四十名）和六百六十五名正在受教育的慕道者。至于董师中神父对教徒的培训，其后继者见证如下：

“来到此地，给我印象最强烈的是教徒和慕道者的组织。不像原先在宿迁的教区，以个体或孤立的无人问津的家庭形式分散存在，在这里，除了一两处例外，都是紧密的家庭群落。孤独的家庭只有两三家（很不热情）……相反，组织起来的家庭早晚，或至少在晚上，聚在一起背诵祷文，在有传道员的地方，就念玫瑰经；最热情的带动不太热情的，在许多地方是孩子们主导一切，他们甚至主动要求传道员们履行他们的职责，到时候就提醒他们念玫瑰经和祷文。而且，由于这种组织很少顾忌舆论，天主教的习俗容易树立起来，监督也容易实行。每个礼拜日，众多教友们从十分偏远的地方来参加弥撒，如此热忱同样是因为有这种组织……

“目前，领洗的妇女比男人要少。然而，已有几户家庭全家都是基督徒，在这些家庭里，基督徒的习俗逐渐形成。在许多中心，特别是有女孩子修女学校的中心，妇女们每天晚上，至少每礼拜天都聚会祈祷。

“（皈化的动机原本很朴素，现得以净化。）有人到这里来是为了让他们的孩子受到教育，有的是为了躲避土匪，有的是因为他们发现我们受到尊敬，有的则是由他们的天主教徒亲属带来的，最近一段时间，在萧县后一种情况最多。”①

第五章　棒打汤执中神父（1892～1896）

戴套楼的基督教区源于其非常淡薄的基督教情感。这个教区是由许太平和戴佩恩（音译，Tai Peien）创立的。从直隶（今河北）迁移过来的许太平在丰县这个村庄住了二十来年，深受孤独之苦。许太平家族仍在直隶的一些成员是天主教徒，向他宣扬过教会及其教义……况且，一段时间以来，许太平本人也想皈化，以便扩大他的社会关系圈，并以此巩固其社会地位。

戴佩恩出生于戴套楼，有众多亲属。他的父亲有钱，但是抽鸦片，在烟泡中挥霍掉他的全部家产，死时已负债累累。他的儿子佩恩为了尽孝，举债进行隆重的葬礼，以致一天早上醒来，突然发现自己就只剩下住宅和三亩薄田，整个家产已所剩无几。

他的邻居戴承宗（音译，Tai Tchengtsong）对戴佩恩的这三亩地垂涎已久。他为此出过好价钱，但未能成交，因为一桩旧仇两家不相往来。戴佩恩宁愿赤贫也不肯卖给仇家。就在这时，许太平和戴佩恩有机会在一起开诚布公谈心。许太平有一个特别好的办法以

---

① 《1897 年 6 月马井年度纪事》(*Rel. ann. Matsing, juin* 1897, AZ)。

好价钱出卖这块田地。“你当天主教徒吧。”许太平说：“传教士就要走访咱村了，待他定居下来时，他肯定要关注你这三亩地，他出钱会比任何中国买主都高。”戴佩恩欣喜地接受了这项给他带来超出他期望的计划，但是这个计划让戴承宗恼羞成怒。

我们的朋友们敲定他们的计划，便动身去侯家庄。这是在 1892 年初。艾赉沃神父为他们的措施感到高兴，但是不想违背他规定过的准则。他对他们说：“给我一份至少二十家愿意成为基督徒的名单，我可以给你们派一位传道员。”一个月后，戴和许联络到二十人同意参加天主教，将名单送交给艾赉沃神父，艾赉沃神父始终不了解如此美好的热忱并令他感动的原因。戴套楼的代表因而领回两位传道员，将他们安排在由一位慕道者借给的住宅里，恰好面对上述那块地。

然而戴承宗早已觉察到这个诡计。这两位传道员距戴家太近，必须尽快摆脱掉。戴承宗有钱有势，又是县令的好友，自以为无所不能。他多次向慕道者们寻衅，阻挡他们使用公用井等等。挑衅无效，传道员们不走。原因不必说了。受天主教教义影响的皈化者们开始喜好祈祷。稍晚一些，当艾赉沃神父第一次在这个二百户的村庄逗留时，有三十来人上宗教课，早晚集中在一起祈祷。“这是一个良好的开端。”董师中神父写道，“但是人们关心的是让艾赉沃神父注意到有一片空地，根据大家的意见，这块地应作为未来的教堂用地。”[①]1892 年 5 月，艾赉沃神父签署买地契约。这对戴佩恩来说是一次成功。

艾赉沃神父不知道，这下他为天主教树了一个可怕的仇敌，因为戴承宗受到排斥，丢了面子。这个人从此对戴佩恩和天主教会怀有不共戴天的仇恨，将竭尽全力毁灭两者，在随后的许多年，他将策划这些野蛮的挑衅反对传教士。

首先是打击戴佩恩。5 月份，一位慕道者的妻子去一个姓王的异教徒的地里拣麦穗。王咒骂她，打她，赶走她。当晚，慕道者们（传道员不在场）要求赔偿这个受侮辱的女人，但是被王拒绝了。第二天，王患重病卧床不起。戴承宗及其同伙立即向丰县官府控告慕道者们施妖术、下毒药。他们用钱买通，从县令那里得到戴佩恩的传票。戴佩恩被竹竿鞭打了几下，可是王死了。于是，戴佩恩被判为杀人犯，受到拷打。

戴佩恩一被捕，艾赉沃神父即前往官府说明事实。人家不接待他。他函告，没有回音。他向倪怀纶主教告急，然后推动地方权势，也不奏效。县令扮演了不好的角色，艾赉沃神父了解这一点。县令是戴承宗的好友，他不能拒绝他的朋友将一个死敌关进牢狱的要求。何况，事实上他也惩处了戴佩恩，是他将欧洲人引进他的县来，而且他不喜欢有能力向南京呼救、给他造成麻烦的传教士。他的辖区里所有正直的人也反对县令，他们中间没有一个不认为被告是无辜的。尽管县令要求，但无人肯作伪证，替县令担责。因此，县令也不急于判决。

1892 年 9 月。自 6 月份以来，戴佩恩在牢房里日渐衰弱。为此，艾赉沃神父休假返回时，便求助于徐州知府。八天后，丰县县令只传唤控告一方，就判决戴佩恩因偷王的小麦被囚禁、上镣铐、打耳光。

由山东传教士介绍并熟悉衙门的做法的一位传道员替艾赉沃神父递交新诉状。他径直和县令交谈。两天后，即 10 月 22 日，未经任何审判，未花一文钱，戴佩恩就获释了，凯

① 《1894 年戴套楼年度纪事》(*Rel. ann. Taitaolow*, 1894, AZ)。

旋般地回到侯家庄。

在百姓们看来，这次无罪释放，尽管姗姗来迟，仍然是教会的一次胜利。官员在官司中没有向公正让步，其手段已相当清楚地说明了这一点，但是他不得不屈服于传教士的压力。在大家看来，传道员们赢得了面子。至于戴承宗，这次失败的报复使他花费一千多块大洋，给衙吏和其他人等打点。但是，在他这个人身上，仇恨胜过贪财。

戴承宗试图直接动手。1893 年 2 月，在村东首领(戴承宗是村西首领)和他的十来个心腹支持下，戴承宗闯进天主教学校，砸碎学校的圣像、板凳和窗户。他还试探煽动村民反对皈化者。居民们没有跟他走那么远，但慕道者们的麻烦接踵而至。几乎每天都有人将一些坏消息报告艾赉沃神父。当时，使戴佩恩获释的传道员尚未离开侯家庄。艾赉沃神父第二次委派他去见丰县县令。传道员的行动十分见效，八名衙役被派去搜捕，对象不再是慕道者，而是戴承宗本人及其帮凶，戴套楼的另一头目。他们二人不得不上公堂，为了能走出公堂，他们接受与艾赉沃神父和解。

3 月份，一场火灾烧毁了一位慕道者的家，在他家存放着修建未来的座堂的木料。由于天意，房子虽然被焚，但是，作为攻击目标的木料却未遭受任何损害。传教士们未找到这场阴谋的始作俑者。

而就在这种暴力背景下，基督教的戴套楼初见端倪。

在交给艾赉沃神父的名单上签字的人，似乎只是为了方便他们的朋友戴佩恩卖地出借了他们的名字。他们是善良的人，是性格温和的农民，不穷也不富。传道员们的讲解一下子打开了他们的视野。自然的和启示的两种法则相遇在诚实的异教徒心灵里所引起的精神奋发刚刚开始，但是已经预示出，在一位内行的神父指导下，必将达到富有活力的规模。艾赉沃神父因此加快从 1893 年春开始的土建工程，以便提前在宗教活动的中心本身安排他的代理人汤执中神父。4 月 16 日，围墙已砌起来。工人们答应选 5 月 21 日圣灵降临节为礼拜堂、传教士房间、学校的正式开放日。

为强调教会占领戴套楼的重要，人们长期以来一直筹划一次隆重仪式，让徐州西部的三位传教士聚一聚。可是，当汤执中神父于 1893 年 5 月 15 日离开侯家庄前往他的新岗位时，形势改变了计划。4 月 21 日，在马井受伤的陶斯咏神父和艾赉沃神父尚不能经受旅途的劳顿。回到嶂山的董师中神父将汤执中神父一直陪送到戴套楼，但在他家只住了一夜。因此，汤执中神父只身一人准备并庆祝他的就职仪式。作为补偿，他体味到在节日前夕为十六名成年人和儿童施洗，圣灵降临节早晨为二十八人领圣体的精神喜悦。当天晚上，在必不可少的焰火之后，他才疲劳而满意地睡下。

午夜过后不久，汤执中神父突然惊醒。有人砸他的门。他明白了。这下轮到他了。他急切地划十字，准备自我牺牲。他将手枪悄悄塞进衣袋里，以免被人利用。这时，早已有两个家伙用棒子打他，一个打在腿上，一个打在胳臂上，同时，第三人手里握着匕首和手枪，勒令他交出金钱。另外两三个无赖翻箱倒柜，却未找到他们期望的金锭，他们鼓动同伙更凶狠地殴打汤执中神父。他们抢到衣服、床上用品、圣爵，只给汤执中神父留下裹身的衬衫和短衬裤。他们在捅破的一个箱子里，发现了一些钉子。他们抓一把钉子砸到汤执中神父的脸上，顿时满脸是血。一盒方糖受到同样的命运。他们正准备焚烧受害人的脚掌时，屋外放哨的匪徒发出一个信号，他们立即带着掠夺物品逃之夭夭。汤执中神父的马车夫顺利地翻过围墙,向教徒们发出了警报。

汤执中神父被打伤,鲜血淋淋,双腿无力支撑自己的身体,躺在钉子和碎片上。他的两个人员被击昏在大门旁。住在他隔壁房间的三十几个教徒和学生吓呆了,他们手无寸铁,不能来援救他。

当即获知凶讯的丰县县令通报他要来探望,但是22日全天和23日一上午,都在让汤执中神父空等。中午,他让人把他抬进车里,回侯家庄去治疗休养。约在6月中,我们在上文说过,他同陶斯咏神父和艾赉沃神父一起到达上海。

但是在汤执中神父出发之前,艾赉沃神父向县令发了一封措辞极其强硬的信函,提出赔偿问题。董师中神父在侯家庄看到信函副本,认为艾赉沃神父的要求超过了限度。事实上,艾赉沃神父把抢劫案直接归咎于县官。应该为通常很敬重官府的艾赉沃神父说句公道话,他还处在马井遭受一连串袭击的阴影里,现又接来了被打得面目全非、伤痕累累、半死不活的汤执中神父,最后,他提出的指控也并非没有根据。县令肯定已获得内报,因为上个月他曾向传道员们证实,有一些异教徒企图危害教会。然而,他未采取任何措施保护受到威胁的教会设施。他只想表现对传教士们的藐视,如其行为所示:汤执中神父走后,他曾到戴套楼视察,并未追查罪犯……

因为罪犯,或更恰当地说,煽动者是众所周知的。戴承宗曾鼓吹要消灭戴套楼的传教士。此前他的企图均已破产,于是求助于非常手段。他雇佣一伙土匪,要三次抢劫座堂,破坏学校,殴打神父,但是考虑到后果,不把他杀死。5月21日的抢劫便是这一连串行动的开始。

第二次抢劫紧随其后。8月5日,下午约4时,围墙受到攻击。传教士当时不在,由两位传道员和几名雇佣人员看守住宅,同时在给十几个孩子上课。土匪们的力量占上风。他们总共有二十一人,出人意料地闯进来,直奔放兵器的地方而去,武器白天就摆放在显眼的地方,目的在于打消歹徒夜间袭击的打算,然后,匪徒轻易地抓住了保卫人员。

这伙土匪比第一次更狠毒凶残,他们将传道员刘新蟾绑在树上,用木棒痛打,要他交出金锭。这位传道员向他们保证他一个金锭也没有,他们便打伤他的手臂,随后,一根长矛刺穿他的左脚。程(音译,Tcheng)老师胳膊挨了一颗子弹,厨师和一位木匠头上各挨一刀。只有一名学生受了点轻伤,其他人纷纷躲藏起来。

损失情况严重。在教堂里,带耶稣像的十字架被砸碎,圣体龛被推倒摔散,一幅圣母画像被长矛捅破。他们把座堂里的器具:餐具、成套的厨房用具、窗玻璃和门砸得粉碎;他们四处搜寻,除了三四块大洋外,未找到贵重物品。

土匪们要继续拷打传道员,但是墙外的枪声将他们吓跑。艾赉沃神父写道:"一个疯狂的匪徒却往回走,冲着躺在血泊中面目难以辨认的刘新蟾问道:你为什么信那个教?这句真言是对这次抢劫案的整个叙述中最令我欣慰的话。"[①]

可是,在戴套楼,人们并不是以多么超然的角度来看这些事情。神父们在上海休假,传道员和工友们自抢劫发生后就离开了,学生们也四散回家,天主教徒们处于无力防御状态,任凭有权势的戴承宗的摆布。戴承宗凶残的攻击,几个月的登峰造极的恐吓活动,深

① 艾赉沃神父致尊敬的帅维则神父的信,1893年8月29日(AZ)。

刻影响了天主教徒的精神状态。艾赉沃神父急忙离开上海，去援助、鼓舞他们，但是尽管马不停蹄，到 8 月末才到达戴套楼。感谢主，虽然此时形势最严峻，但拯救这个教区为时尚不算太晚。艾赉沃神父在给尊敬的帅维则神父的报告中表明，必须向官府起诉凶犯，但是对行动又不抱任何期望。

事实上，结果似乎无法料定。幸亏发生一连串完全出乎意料的情况，艾赉沃神父的坚忍不拔的精神还是取得了成功。

他刚着手同衙门进行交涉，那位敌视教会的县令就被革职了。一位原籍山东的姚（音译，Yao）姓县官作为代理接替他。姚从前在起诉安治泰主教和他家乡的基督徒的大案子中败诉过，因此调换县令并不有利于戴套楼。然而，艾赉沃神父的马车夫是这位姚某的亲戚。就是马车夫本人毛遂自荐作教会和官府之间的调解人，同这位当官的表兄弟秘密会晤两次，竟取得了出乎所有传道员甚至艾赉沃神父本人意料的全线胜利。

不久，尽管这位县令与这两次抢劫案无涉，他还是同意赔偿一千两银子（一千五百美元，七千五百金法郎），艾赉沃神父最后接受了对抢劫学校（戴承宗已撕毁在衙门签的和解协议）和毁坏建筑材料未遂案的赔偿。就在人们在戴套楼恢复名誉的这一天，一队泥瓦工为中心塔楼和围墙西侧几间新房奠基。这几处的扩建，县令的官兵上岗守卫，传道员们伤愈返回，接着，传教士们的到来，以及他们重新开始工作，这些让每个人相信，天主教会不打算放弃斗争。

当时有人观察到，敌对的异教徒氏族态度发生了彻底的转变，即承认天主教徒享有团体的特权，神父平安地定居下来。12 月 16 日，陶斯咏神父路经戴套楼，他认为岗哨牢固足以让一位传教士居住其中，可以几乎不受侵扰。

不久这一点便得到证实。戴承宗和土匪曾约定了三次抢劫。土匪们说到做到，决定在 1894 年 1 月 28 日进行第三次抢劫。那天下午，人们发现有几个人在座堂周围游荡。侦察人员已注意到他们，当三十来个全副武装的家伙突然发动袭击时，大门已经紧闭，塔楼上架起枪支。在令人生畏的障碍物面前，这伙匪帮止步不前了。

戴承宗失败了。他推翻教会的行动只能使教会扎根更深。2 月 6 日，大年初一，村里的所有异教徒，昔日还多少热衷于与教会作对的异教徒们，今天都涌到座堂向汤执中神父拜年。女人们则跑到专管教育女慕道者的修女家拜年。戴承宗从他家里亲眼目睹拜年的长龙队伍。这次令他愤怒的场面过后，为了挽回自己的面子，他只有溜走、躲避这条路，这就是他在 1894 年 5 月的行动。他拆毁位于传教团旁边的他同家人居住的四五十间房屋，在离村西南不足一里的地方重建一个新庄子。

可惜他这次退却并不表明任何懊悔，不承认任何失败。相反，这是他策划的磨蚀艾赉沃神父的毅力的手段。要使传教士的座堂成为孤立封闭的座堂。戴承宗决定将村子迁走，让戴套楼的传教士座堂周围人迹罕至。戴承宗指望他的影响以及他煽动的恐惧能使各家各户决心迁居。事实上已有几家效仿，但跟着走的人很少，因此传教士们并不担心，甚至不为此生气，认为他们的离开还可以减少邻居中的反天主教的小团体呢。

> 戴承宗重建的村庄的居民订立了一项郑重的公约：发誓他们本人及其后代永不皈依天主教。他们每年隆重举行一次宴会重新宣誓。这样一直维持到 1938 年。日本人的到来和当时徐州所有农民觉得需要保护促使他们靠拢教会。他们要求在他们

村里建立一所天主教学校，并且如愿以偿，许多人学习天主教教义，此后同时领洗的有戴套楼东部的一百来人，他们原来都是受类似誓约约束的家族的成员，对日本人的恐惧使他们靠近传教士。

从此分离开的两个营垒原本也许会达成休战的。可是艾赉沃神父的一次干预又重新燃起了战火。约在11月中，他认为有必要支持他的一名皈化者起诉戴承宗。他为此写信给县令，结果基督徒胜诉。由此，重新激起戴承宗内心的疯狂，他立即求援最有希望得逞的报仇手段：一伙土匪。

1894年11月21日，夜色降临，三十个人闯进戴套楼的座堂，甚至在现场守卫人员知道出事之前，他们已抓住了汤执中神父。一顿着实的痛打之后，进犯者把汤执中神父当作盾牌，使人员缴械。他们抢光衣服、床上用品，以及一百五十块大洋。最后，他们点燃神父的住所和中心塔楼，大火燃烧了一个通宵。圣体在礼拜堂安然无损。土匪们离开后，传教士和基督徒们首先跪在耶稣基督脚下，感谢他对所有人员的保护。

汤执中神父虽然受伤不像第一次那么严重，但他还是卧床数日。董师中神父从马井和在侯家庄上任的佘神父带着食物和衣服于22日夜间赶来。当时在宿迁的艾赉沃神父在24日才露面。汤执中神父这时已下床，几乎康复。

身体上已康复，但仍处于意外事件带来的精神紧张的影响之下。一连十几天，汤执中神父似乎准备申请召回，但又恢复冷静，而且艾赉沃神父未费多大劲便使他振作起来。

董师中神父意识到他的同道所经历的危机，立即毛遂自荐替换他。“请您不要忘记，”董师中神父给艾赉沃神父写道：“我始终接受您和长上们的安排去做需要我做的一切。只有派我到危险的岗位，如果认为适合的话，才可能使我更荣耀、更高兴。如果我最终能以我的鲜血赎买过去和现在的罪恶就太幸福啦。”①

1893年5月，戴套楼第一次遭劫后，董师中神父已经致信他的长上，尊敬的帅维则神父：“汤执中神父认为，为了获得(徐州教堂的修复)，必须挨三次打，如今只剩下我尚未完成这一任务。他也许说的比他想的更真实，我看到仁慈的主觉得我没有资格经受这些小小的考验，我深深感到耻辱。幸福莫过于生活在为主而忍受苦难的人们之中、并竭尽全力为主服务。”②

在短暂的几天聚会期间，神父们的重要而最令人欣慰的话题，毫无疑问是丰县县令程储臣(音译，Tcheng Cheoutcheng)，因为这位程大人一反其同僚们的做法，显得格外热忱：22日这一天，他探望了遭劫的传教士，并许诺对损坏的房屋进行维修，立即调查他已得知的戴承宗以三十块大洋收买土匪为他袭击传教团一事，尽快发出拘票逮捕发动罪恶攻击的教唆犯。神父们还从未见到过这么率直、这么果断的官员。因此，他们的信任夹杂着怀疑，疑窦油然而生。这种友善的姿态没有隐藏陷阱吗？这位官员没有力图掩盖他跟戴承宗的串通吗？和所发生的事这么近，怎会查出所有诡计呢？

事实上，这位大人善意的热情几乎带来与其前任们的疏忽同样严重的后果。

① 《马井文书》，1894年11月末(*Écrit de Matsing*，AZ)。

② 致尊敬的帅维则神父的信，1893年5月30日(AZ)。

因为正当神父们揣测县官的两面派手法和他可能与罪犯有串通时，戴承宗早已获得内情，得知这位县官决心要追捕他。如果执行追捕令，他就完蛋了，因此他的势力也终结了。想到这种结果，并且想到教会将逃脱他的仇恨，这个无耻之徒竭力要消灭传教士。11月27日，几乎在与六天前的同一时刻，他豢养的五六十人侵入戴套楼。幸好有人看到他们向传教团跑来，守卫人员得到报警，将大门紧闭起来。

早在三小时前，艾赉沃神父就已经被紧急叫回侯家庄，离开了汤执中神父和董师中神父。在攻击的喧嚣声中，董师中神父领了圣体，并与其同道一起爬上21日得以幸免的唯一的小塔楼，只带了几名护卫，因为大部分守卫人员认为，抄到敌人后面，从外部反击，能更有效地粉碎敌人的进攻。

> 这种从后面包抄显然只是一个不想参战的借口。村里无一处像座堂的围墙这么坚固，他们撤出去，是由于害怕遭到报复或其他原因，总之，他们没有为保卫教堂开一枪。

基督徒们英勇自卫，在一个多小时内，击退所有进攻。三个进攻者被击毙，多人受伤。然而，几个年轻匪徒借助当时正在施工的女校竖起的脚手架，成功翻过围墙，为其同伙打开大门，匪徒们涌入院内。两位神父知道，如果被他们抓住，结果不堪设想。于是他们利用混乱和黑暗，在教友们掩护下撤退，这时已溜到围墙外面的塔楼脚下。随后教徒们也跳下塔楼，他们越过田野，在小村庄谢楼（音译，Sièlou）同神父们会合，他们受到热心的接待，身体也重新暖和起来。匪徒们在恣意掠夺破坏，传教士们及其随行人员则步行到达侯家庄。他们凌晨两点左右到达，浑身泥土，筋疲力尽。

这第二次侵犯之后，程县令肯定不缺少严厉判决的理由。他那些话音未落的承诺肯定源自他保护传教士们及其设施的愿望，但是，他害怕戴承宗的怒火转到他身上来。然而，他试图制服这个非常令人讨厌的家伙。他命令这个家伙到丰县出庭受审，他不敢把他关进监牢，但迫使他支付已定赔款一千五百块大洋的一大部分。戴承宗卖掉土地和牲畜，以抵偿他报仇的费用，这是他破产的开端。1894年11月，抢劫后不到一年，汤执中神父在造成这三年战争的三亩地旁，用一百一十二块大洋购得原属于戴承宗的土地。

让我们先撇开这个还会高兴地看到戴套楼化为灰烬的人物吧。

这个教区值得有那么多苦难和那么多争斗吗？

奇怪的是，这些异常的艰难似乎既未阻挡也未促进福音传播。当汤执中神父就职戴套楼时，此地有十名受洗者。1894年6月为六十四人，1895年为九十三人，次年为一百七十六人。慕道者当时达到七百二十二人，分布在五个基督徒村。相对而言，马井、侯家庄、嶂山的进展很少受到干扰。

上述数字表明传教士们的坚忍不拔的精神和为不断地重建所付出各种代价。在经得起各种考验的信仰指引下，传教士们为了他们的设施，确实只考虑传教活动和他们与之配合的圣宠的指示。

如果有一个地方，人们谨慎地劝告你在那里不要仓促行事，那肯定是指戴套楼。传教士在戴套楼发现了一些渴望了解天主教的人。他去了戴套楼。可是在哪里安置这些渴望者呢？传教士购得一块土地，他兴建了房屋。土匪砸毁了家具。传教士重新购置家具。学校、神父住所被烧毁，人员被无情殴打。神父一痊愈，又进行维修、重建、扩建。这个大院越是遭到破坏，越是变得更漂亮，更扩大，人更多。

应该看一看 11 月 27 日晚上的这个大院，它就是一座断壁残垣的陈列馆。传教士们不为这点挫折就气馁。汤执中神父带领学校的孩子们撤离到侯家庄。他在那里注意着重新创建的戴套楼。由于获得赔款，他购买了维修材料。在 1895 年年初的晴朗日子里，工地上挤满了泥瓦工。4 月 14 日，复活节时，汤执中神父搬进比原先更高大、更坚固的塔楼，男校学生爆满，慕道者络绎不绝地赶来。在不远处，春天建成的女校开学，由两位河南的修女管理。这两位修女，行事有分寸，有才干，在妇女中大获成功，她们准备给这些妇女施洗，反复对妇女们进行牢固的虔诚教育。

秋天，洪水和部分地方的饥荒将孩子推进学校，多得使汤执中神父无力接待；十五到二十人不等的一群群慕道者相继来到中心，月月都有新的村庄加入，发展的步伐终于加快了。

神圣事业如此蓬勃发展，作为见证人的传教士欢欣鼓舞。但是他的喜悦是战斗的喜悦，因预感到危机四伏而始终受到节制。他知道，敌对势力正在勾结起来反对他，程县令不明朗的态度令他心神不安。

1894 年 11 月那场灾难的次日，程大人就露出他本来面目，他本来是能够进行判决，而且有一定能力的，但是他怕得罪神父的强敌。他承诺多，兑现少。他支付了一千五百块大洋，派遣了十二名士卒在戴套楼的废墟上守卫，也逮捕了两名土匪。

但是艾赉沃神父认为，这是不彻底的办法，不可能带来和平。他本人确定的赔款为六千五百块大洋，这个金额是有意夸大的，以便以打折扣来换取其他的让步。他发出一封封书信给县令。1 月初，县令请艾赉沃神父不要再发信了，他明确地说，艾赉沃神父会满意的。艾赉沃神父耐心等待。3 月份，没进行一次判决，三封信石沉大海，传道员们试图进入府衙，但空手而归。4 月初，被捕的土匪被释放，驻戴套楼的官兵返回丰县。当汤执中神父通知县令，根据其主教的命令，他不久将搬进已建成的座堂时，县令确实又重新派官兵去守卫。

艾赉沃神父终于等到案子审理。他向他的长上讲述审理情况。“在习惯的寒暄和道谢之后，我终于向他说明，戴套楼经过四次抢劫，损失巨大，我希望能补充一笔赔款。他答复我说：‘为了塔楼我已经给您五百两，为塔楼里的物品花了五百两，我已砍掉三个抢劫您的土匪的脑袋，四个月来，我用自己的钱养着在您大门口守卫的十名士卒，皇帝要求我们为战争捐助（当时中国正在与日本交战）已经把我们压垮了，如果您坚持要求，我向您表示我无能为力，而且我将挂冠而去。’当我告诉县令，我受托通知他，如果他拒绝同我谈，法国领事的代表就会到达，他对我说：‘难道因为我比我的前任们更好说话，因此您就要榨干我的血汗？’……他彬彬有礼又通情达理，沉着地辩驳，我实在没有勇气再坚持了。最后我对他说：‘那么请您一定对我提出的要求有所满足。——‘我首先要去拜访您，’他说，‘只要我仍然在任，我就留下十名士卒。秋收后，我将和显要们一起，去隆重地给您送匾，并训诫邻村的所有村官，令他们相互配合，击退土匪……’就是讲了这些承诺后，我们分手的。两天后，几个衙役将新近在（徐州城）府衙砍掉的三个土匪的脑袋放到我们戴套楼的门前，这三个土匪可能供认曾在汤执中神父处盗窃过。总而言之，众人异口同声地说，丰县的这位官员给了我们很大面子，精神上的收益绰绰有余地补偿了物质损失。”①

在平时，这些荣誉标志很可能缓和纷争。在其他传教区更不必要。可是，当时的丰县正动荡不安。土匪多如牛毛，文人们骚动，在离北部几法里的山东，有人正准备造反，还将蔓延到江苏。而丰县的县令，与其萧县和砀山的同僚完全一样处境艰难，他什么也不想看，什么也不想听，什么也不想干。不单单是教会在遭受这种无所作为的后果的影响。钱财在枯竭，尤其是农民和乡村的小财主。不满情绪普遍存在，随时都会爆发，而官员们毫不在意。

汤执中神父尤其担心地处偏僻无人保护的教徒村。例如在邱家集（音译，Chiukiat-si），1895 年夏天，文人们抢劫并烧毁了学校。官员得到消息，但听之任之。

传教士们被迫接受一个结论：要加强中心，维持武装守卫，因为当局不想，或不能予以保卫，那就自己保卫自己吧。就这点来说，丰县无一重要建筑具有像戴套楼座堂这样巍峨的外观。什么样的匪帮如此轻率，胆敢袭击这十法尺的高墙、四角的塔楼、有雉堞墙的大门、主塔楼，以及可以予以猛烈反击的驻防力量，然而，掠夺的诱惑力还是占了上风。

两个月来，一直有谣传要进攻。正当人们不再相信谣传之时，即 1896 年 1 月 8 日，董师中神父的一名信差在去戴套楼的途中，在距村子几法里处，被五十来人抓住。一个土匪团伙正在此集结，要对汤执中神父发动突袭。那名教徒信差受到盘问，他装傻，最终被释放，土匪还好意叮嘱他要躲开传教团。

这个基督徒当然急忙报警。汤执中神父领了圣体，统管准备工作。他指挥五十来人（包括县令的六名士卒），配备有枪支和三门中国火炮。匪帮至少有一百五十人，六门炮。他们约在晚上 9 时 30 分开火。一阵密集的射击让土匪明白，人们正严阵以待。匪徒们后撤了一段距离，商讨计策。在两个小时内，他们尝试了不同的计谋：架云梯，在围墙上凿洞、发动小组或全面冲锋。每次都被击退，而且有伤亡。汤执中神父的一位别名叫“月光”的工友表现特别突出。他多次几乎迎面对匪徒射击，炮弹里装有四寸长的铁钉。他使匪徒发出一阵阵嚎叫，随之而来的是溃不成军，显示出他这个大炮瞄准手的才干。

约 11 时 30 分，土匪们逃之夭夭，带走了六具尸体和三十个伤者，其中二十来个死亡。主要头目受伤被擒，他完全招供，第三天死在狱中。自卫方毫发未伤。

对如此频繁遭劫受欺的戴套楼来说，这是一场漂亮的胜仗，它对异教徒和天主教徒都产生有利的影响。土匪们前几次进攻获胜树立起来的威风荡然无存。他们的沉重损失使他们打消掉反扑的企图，而挫败他们的威力将四面八方的村民吸引到传教士这里来。同如此善于支持他们权利的人亲善，村民们感到非常自豪。县令本人也表示最热烈的祝贺，因为他的人已名扬四方。这次胜利使天主教徒们终于重新获得勇气，几个月后他们在面临大刀会迫害时，可以不至于过于软弱。

*　　*　　*

为研究 1890～1896 年这一时期而选定的这一层面不允许描述整体概貌。概括地说，创立徐州教区的艰辛工作是在六年里反对官员和土匪双重的专横暴虐的斗争中完成的。

---

① 致尊敬的姚宗李神父的信，1895 年 5 月 20 日（AZ）。

这种在不同战线由多方参与的斗争是不间断地按照同一方式发生的。传教士似乎每次被压下去，每次都更强大地崛起，更多地被容忍，更加成为战场的主人。

殴打、纵火、掠夺发生的远因是官员们的恶意。这些官员拒传教士于城门之外，在大路上设置障碍，在某些情况下，甚至依靠骚乱分子驱赶传教士。他们放任骚乱分子，尽管有时害怕要为他们的过火行为付出代价，但是他们的愚钝不能预防任何任意策划的谋杀行凶案件。因此，他们迫使传教士们采取有悖于传教士本性和职责的手段。传教士们作为和平和博爱的讲道者，却必须自备枪支，向他们要改变其信仰的人们开火。至少他们以此为代价反复说明要对教会的财产有所敬重，并让受他们保护的善良的人聚集在教会周围。土匪们很快便认识到，要从袭击捞到好处，风险太大。

不太真诚的官员们小心翼翼地掩饰他们的勾当。他们反对传教士就违背了由蛮族监督执行的皇帝的政令，因此他们收敛其反感行为。通常的手法是拒绝公示开禁的政令、接待神父、答复其要求。传教士拒绝完全听任衙门的摆布。经过法国领事的斡旋，传教士终于能直接找到总督，总督迫不得已，只得迫使下属赔偿损失。虽然赔偿比处分要好（部下知道怎样对付上面），但也刺到了抱有敌对情绪的官员的痛处。通过不断要求官员赔偿损失，艾赉沃神父终于得到他曾徒然期待的他们的公正意愿：由官方提供一点保护。

事实上，官方保护很少有效，也许是因为官员只是斤斤计较地或不情愿地同意，也许是因为他缺乏支持其诚意的助手。让我们看看砀山县令的自白吧。艾赉沃神父派他的一名传道员通知他 1895 年 6 月侯家庄的抢劫案。艾赉沃神父讲道："前天县令接待了我的传道员，对他极表尊重，满嘴好话，坚持向我保证他是有诚意的。可是，他补充说，请您看一看，我处在什么状况。我的追捕盗贼的士卒都不过是盗贼的一些朋友和他们头目，他们当衙役就是为了防备他们本人被捕。大家都这样说，然而，仍然难以相信这是从在职的、对其百姓有生杀大权的县令嘴里听到的。"

> 让我们再摘录一些吧："官府唯一的力量在于人民，农村的善良小民，他们要保全他们的家和可怜的家产，他们从骚乱中什么也得不到。组织和装备都很差的农民保安队，却只能使家乡免于破坏和无政府状态。人人都尽其可能地武装自卫，想方设法组成群体，然后村村联合，靠人多势众取胜。最近一段时间，官员们捕杀了不少当地人惧怕的盗匪。装备精良的皇家步兵和马兵只是躲在一边装点门面，而农民觉得有人撑腰，便什么都干。如果农民单独去战斗，会担心土匪报复，因为土匪队伍里总有当地人参与。官员和官兵只要出面，好处就是由他们承担全部责任。"[①]

这位官员如是说，因为他是乐意为维护神父们的权利做些事情的。一位官员啊。我们再给他加上两个同僚吧，他们同样说得好听，出于类似的理由，做得很少。这六年期间，就传教士们与之打过交道的至少十二位县令来说，所做与所说相比，微不足道。

从下面一份表列出的土匪的罪行，可以看出这些官员的不公正：

① 艾赉沃神父致尊敬的姚宗李神父的信，1896 年 7 月 2 日（AZ）。

1890～1891 年	唐家集案
1892 年	戴佩恩案
11 月 27 日	两次抢劫嶂山女校
1893 年 2 月	抢劫戴套楼学校
4 月 21 日	抢劫马井。陶斯咏神父和艾赉沃神父遭殴打
5 月 21 日	第一次抢劫戴套楼。汤执中神父遭殴打
8 月 5 日	第二次抢劫戴套楼。几位传道员受伤
1894 年 11 月 21 日	第三次抢劫戴套楼。汤执中神父遭殴打
11 月 27 日	第四次抢劫戴套楼并烧毁设施
12 月 25 日	袭击马井。土匪们被击退
1895 年 6 月	抢劫侯家庄
1896 年 1 月 8 日	戴套楼战斗。汤执中神父击败土匪

我们且不提遇到的各种麻烦，徒劳的奔波，遭受掠夺或焚烧的农村学校，也不提小打小闹的暴力行为，受到殴打或驱赶的传道员，遭受欺辱的基督徒之类的事情。我们也不讲那种根本的不公正，所有其他的不公正行为依据它产生，即徐州教会房产的查封和传教士们在这个顽固封闭的城里当众受到的侮辱。

但是在神圣事业中，一切事情都增加主的荣耀。官员和土匪都为天主教教义的传播及其使徒的完德做出巨大贡献，这有悖于他们的意愿，况且这意愿也许不像其行为那样黑暗。在当时徐州的艰苦卓绝的环境中，坚持持久地留下来，对传教士来说是决定性的考验：他要么崩溃退却，要么相反，迅速向与主结合的高度提升。虔诚的信徒如果非常坦然地接受一种艰辛的、空虚但几乎具有自然乐趣的、而且处于毫无人性可言的永久危险的威胁下的生活，通常就能达到这种高度。

可是，徐州教区的创建者们，在长时间内屈服于这种折磨人的制度，而且我们看到，他们并不逃避他们灵修生活的日常调料：苦修、考验和打击。尤其当他们注意到，迫害除了让他们更接近天主外，还向当地的四面八方宣告福音使者的到来，并把他们指示给圣宠选定的人。在天主教诞生十九个世纪之后，这是一种司空见惯的景象，迫害扬言要扼杀它，但是传教士从来都是带着感激和赞美事件主宰的强烈感情参与其中。在徐州，天主的干预是明显的。

就个人而言，神父们很少宣传。他们宁可力求默默无闻，悄悄地购置房产，远离官员不声不响地定居下来。这么做是出于策略。他们的工作与他们的存在密切相关。他们首先要做到容忍。然后，借助主的圣宠扩大行动。然而，人们注意到了洋人。洋人以为未被人察觉：但诉讼案、引起轰动的抢劫案使他身陷过于张扬的宣传，他认为这种宣扬对教会有害无益。他引退了一段时间，既不利于他本人，亦不利于中国人。1887 年重新开始又遇到同样状态的意图，喧嚣再起。但是，传教士不再退让。受其热忱的激励，并且受山东的神父们榜样的鼓舞，艾赉沃神父决心在长上们的支持下闯过暴风雨。

这次旅程充满风险，前途莫测。艾赉沃神父有信心。他的同道们勇敢地步其后尘，像他一样，遭到打击。但是他们未退却，而是前进了。就在 1896 年的这个春天，回顾往昔，这些征服者看到了其事业的辉煌成就。

1890 年，徐州传教区只有一个传教点，睢宁，一位传教士，即艾赉沃神父，一个四十一人的基督教徒团体。而在 1896 年，有了五个独立的传教区：睢宁、侯家庄、嶂山、马井、戴套楼，有一千零九十四名领洗者，有六位神父在此地尽职尽责，同时，指导六十名宗教教师，四十九名男子和十一名妇女的活动，他们在四十八所学校教育七百六十七名儿童。有三千五百多人准备领洗，许多村庄要求有传道员，指望传教士增援，以便在他们空闲时开设另一些已开拓的站点。

这份成绩单让传教士们忘却他们所遭受的一切，以及对未来的担心。

第六章　大刀会（1896）

中国的社会结构建立在以宗派方式组成的组合构架之上，这些宗派组织或许让人联想到这种概念。大部分宗派组织都具有善良的目的：向其成员提供资金和法律援助。宗派组织在社会各阶层都存在，从乞丐到最高层的官僚，有许多分支，有时聚集几十万之众的成员。多数宗派组织是公益性的，也有军事的、宗教的、商业的、政治的、文学的、慈善的或纯系友情的。① 还有大量邪恶的组织，不用说，它们是秘密组织，如强盗、走私犯、革命者、鸦片贩子、买卖妇女和儿童的人贩子……

历史上，秘密的革命会社自然留下了比较明显的踪迹。有一些组织，受上层操纵，在全国得到不满现状的群众的支持，曾多次推翻帝位及统治王朝。黄巾军（184 年）就是这样的组织，他们长期血染中国，准备推翻第一个汉王朝。另一个是白莲教，据认为，白莲教约于 1133 年创建，初始曾被查禁，但约于 1351 年重新出现，并推翻元朝。最后是三合会，是有一两个世纪历史的古老组织，孙逸仙曾利用它宣传革命，并于 1911 年推翻清朝。

这些几乎都是全国性组织，带动产生了众多小型组织，或成为这些小型组织的楷模。因此，人们将三阳教、龙华会、八卦教、大刀会归属于白莲教，它们沿用了共同祖先的教义、仪式、手法。只有政治色彩随着时代改变。②

---

① 步济时（Burgess）认为，仅在北京，就有一百二十八家商人和手工业者行会，每一行会有三千至四千名会员，甚至七千人。步济时在《北京的行会》（*The Guilds of Peking*）一书中，对这些行会中的四十二家进行了详细研究。在同一作者的《中国的行会和协会》（*The Guilds and Trade Associations of China*），载于《年鉴》（*The Annals*），第 72～80 页，也可看到。中国其他地方的商会与北京的商会只有极小的差别。亦可参见徐听波耶稣会士（Leboucq，S. J.）《中国的协会》（*Les Associations de la Chine*）。

② 各种会道门的演变关系，如果存在的话，并非都是容易确定的。许多十分熟悉情况的作者都将它们张冠李戴，这没什么大关系。确定的事情——这是缺乏想象力或因为母教门已臻于完善——是所有这些秘密会道门都相似，就像同一个果实中的籽。欲更详尽了解，请见：法弗尔（Favre）《中国的秘密会道门》（*Sociétés secrètes en Chine*）；田云梦（Cordier）《中国与西方列强关系史》第 1 卷第 70 页及随后多处，第 3 卷第 451 页及随后多处（*Histoire des Relations …*）；任德芬耶稣会士（Mangin，S. J.）《直隶东南部的拳民》（*Les Boxeurs dans le Tchely sud-est*），载《研究》（*Études*）1900 年 8 月 5 日，第 366 页及随后多处；戴遂良耶稣会士《历史文献》（*Textes Historiques*）多处。

一个会社的政治理念往往还需要在创建以后很久已具有一定的知名度时才会显现出来。① 确实，根据见证人的叙述判断，这些非法组织的主要活动既不是革命，也不是抢劫。几乎所有成员中，除去几个为其思想观点或抱负而利用社团的头领之外，几乎未发现什么爱国者，也未发现因不能容忍的压迫而激起的崇高义愤。他们通常是一个地区纠集在一起的落泊者与匪徒，他们不反皇帝，也不反军队，但反人民，他们残害人民，为任何一个政府所不为。而讲到劫掠、盗窃和放火，我们要说说大刀会的会众——“大刀人”的特征性。

称“大马刀”可能更确切些。事实上，大刀会因之得名的刀，是锻造的马刀，是大刀会会众偏爱的武器。大刀会这个有政治倾向的秘密组织是何时创建的，人们不得而知，最初它打着反满旗号。(1809 年)嘉庆皇帝的一道圣旨曾使其解散，但是，它依然存在，并在直隶和山东扩大了势力，在当地的名称叫“义和拳”，即“为公道与协和的斗士”，历史上以“拳民”之名闻名。

1890 年前后，是大刀会卷土重来的年代，他们转而喊出了“杀洋人，杀基督徒!”的口号，在实际行动上，他们很容易扩大这个有点狭隘的目标，不加区别地掠夺所有富人，无论是外国人还是中国人，是基督徒还是非基督徒。由于期望迅速暴富，大刀会确保精神无比的安定，因为它通过咒语可使其会众不受伤害。

这儿有一些具体细节是 1904～1908 年在武湾(音译，Wutwan)的传教士、耶稣会士徐神父(P. Stéphane Zi, S. J.)收集到的，徐神父曾使许多大刀会会员皈化。

“主要的秘密是他们念咒的秘密，一个皈化天主教的人给我背诵过，我不懂其意，不知在我转述的文字中是否有误。咒语大意如下：‘在寰宇之下，方土之上，(主宰)手里持刀，巡视天下。与神灵斗，神灵惊讶；与恶魔斗，恶魔惧怕。搏斗打击所有的鬼魂；一刀下来，万物清晰分界。’首领向入会人讲授这段咒语时，他不大声宣讲，而是在入会人的耳边小声地说，以防秘密被旁人听到。然后，他把咒语抄在一片黄纸上，交给入会人，入会人跪着接过黄纸，对着‘天神地祇’四字咒语，三拜九叩，最后把黄纸吞进肚里。入会人应该早、中、晚三次重复这一仪式；如果入会人坚持这样做，任何武器都不能杀死他，甚至不能触及其身。”②

正式入会的大刀会人确信无论子弹还是长矛都不能穿过他们的身体时，便开始抢劫他人的财产。在公开宣传的场合，他们解释说，如果发生了不幸，即如果这些有宗教幻相的人遇到官兵时发生“意外”，都是因为他们违犯了某些教规，信念仍不够虔诚。

这些强盗受贪婪的激励，确信能化险为夷，对妖术的场面着迷，仗着人多势众，并且有令人惧怕的首领指挥，早在 1896 年之前，就准备冲击天主教堂。他们在山东，在距侯家庄几法里的地方，得到官员的支持，公开招募并演练。他们宣称，他们将不局限于本省的教堂，徐州的教堂他们也不会放过。1896 年 2 月 26 日，圣言会的韩宁镐神父建议艾赍沃神父做好准备，严阵以待。

下述这份布告向艾赍沃神父说明了过去十余天发生的事件。在侯家庄周围，已经到处张贴红纸布告，煽动民众灭洋人。

① 参见马伯乐《中国》(*La Chine*)第 1 卷，第 76 页。

② 《中国纪事》(*Relations de Chine*)1908 年 7 月，第 143 页。

一份布告的内容如下:“通知:街坊四邻亲友们,你们已知悉,在砀山北部的侯家庄,现有非法前来的洋人,兴建白莲教庙堂(这种影射是国内最严重的侮辱)。他们日渐安置,成为民众一大祸害。本地各位士绅已密商铲除邪恶。因此,在本月上弦,二十日(阳历3月3日),上午10时左右,大家持械追杀洋人,务必斩尽杀绝。谅各位绅士和村长必已知悉,将无一人失约。”[①]

远在几法里外的村庄均发现这类布告,艾赉沃神父以前只跟官员和土匪打过交道,现在他意识到,文人也上阵了。

他认为必须尽快写信通知砀山县令。正当艾赉沃神父的秘书草拟公函时,一个信差跑来向艾赉沃神父报告,在(距侯家庄四法里的基督徒村)陈固楼,有一位武科生员和几位士绅粗暴对待传道员和最受重视的慕道者,把他们捆绑在牛车上带到砀山去。在路上,他们把被绑者扔到一条水渠里,要不是摆渡的艄公扬言要召他的村民们来揍这些凶手,这几个不幸的人可能早就淹死了。

当晚11时,一批慕道者突然从(距侯家庄两法里地的)套楼赶来。晚祷时,五六十个武装人员,由一位士绅带头,闯入小教堂,砸碎家具和圣像,然后带走基督徒村村长。翌日,天蒙蒙亮时,艾赉沃神父的两位传道员去通知县令。

艾赉沃神父压抑着由被掳走的人杳无音讯造成的不安,极力消除这事在陈固楼和套楼的皈化者身上产生的恐惧。晚上,他才听说挨打的传道员没有死。砀山县衙的衙役们把陈固楼的慕道者,而不是把传道员,临时囚禁起来。现在轮到文人们恐惧了,他们把那位遍体鳞伤和污泥的传道员抛弃在街头。不久,侯家庄邻村的一家基督徒发现了他,把他带回家疗伤。县令为表示其善意,派一名调查官员和一个班的士卒送回艾赉沃神父的使者。

2月22日,侯家庄也发出警报。给套楼送情报的两个人报告说,有百余人正准备进攻。眨眼间,村民们便闭守在座堂里,在围墙上布满长矛、枪支,乃至七法尺长的大炮。艾赉沃神父把修女和孩子们分散到基督徒家,然后,同一群老年人代表去会晤未出面的进攻者。

这位传教士知道如果危险临头要依靠谁。基督徒们已准备好支持他。二十几个村庄的皈化者们自动来加强侯家庄的防卫,这种全体一致的奋起与正式负责维护社会秩序的官员的态度形成鲜明对照。

不过,这位官员还是友善的。他同情艾赉沃神父的遭遇,也舍得给以鼓励,有时甚至还为艾赉沃神父着想。他签署了一项通告,禁止张贴威胁教会的布告。但是他拒绝监禁被告发的捣乱分子,因为这些捣乱分子是些学子。他在应付,但总是避免采取治本的方法。他在拖延时间,而过了一段时间,艾赉沃神父也不再烦扰他了。突然又恢复了平静。3月份,隐约地看出这场暴乱将要结束的好兆头,文人会社考虑到这次失败的后果没有采取行动。在侯家庄,此时正是准备洗礼的最后阶段,慕道者很多,神父急于在收割小麦之前结束洗礼,收割小麦时,他的传教中心会人走楼空,直到9月末都没有什么人。

不过,山东的大刀会人在这次小接触中毫无损失,这次小接触对他们而言是极有益

① 1896年2月24日,艾赉沃神父致尊敬的夏雷鸣神父(R. P. Havret)的信(AZ)。

的。使他们摸清了对方防御的薄弱点：世俗政权；潜在的对手：皈化天主教的人；他们进入地方所需的盟友：面对教会的强大影响而无能为力的文人们。有一个重要的头领尤其有能力对这些情况作出评价，他就住在距侯家庄几里地的地方，深刻了解他的同胞、他们的经济状况、他们的贪欲、他们的思想意识，以及他们的阴谋诡计的底细。这个人名叫庞三杰，或更简单地就叫庞三。

“这个庞三当时约有二十来岁。幼时他很少去村里的学堂，从来只是在参加武科生员考试时，才离家去砀山县府和徐州道台府。他身材中等偏高，身强体壮，是个美男子，善于拉弓射箭，走射骑射样样都行，各种课程训练都精通，不费吹灰之力就能摘下金球。这是他荣耀的开端，而谁知道？可能也是野心的开端，想必就是这种野心毁了他。”[①]

1892 年，庞泽昆死后，庞三被选为有权势的庞家族长，他酝酿一项庞大的计划。他听到人们在茶馆里闲聊说传教士们腰缠万贯，另外可能还有铲除官员、土匪和文人都战胜不了的宗教，使自己出名的愿望，对这个喜欢冒险、野心勃勃、掠夺成性的年轻人具有不可抗拒的诱惑力。几个月来，他反复思考他的计划。

过去神父们甚至都不怀疑庞三。1896 年 6 月 3 日，庞三带着六十个大刀会的人烧毁刘堤头小教堂时，被认为是庞家向刘家报仇。艾赉沃神父和县令于 6 月 7 日在废墟上会面，他们承认应该采取有力措施，但是他们并未打算预防毫无征兆的骚乱。确实，人们一再对艾赉沃神父说，纵火者曾放言他们不久要占领侯家庄和戴套楼，可是，这种威胁他已经听了这么多月了……县令的允诺和显见的真挚使艾赉沃神父不再担心，于是他返回戴套楼，董师中神父和汤执中神父正在戴套楼等候着他。艾赉沃神父将从 6 月 8 日晚开始他的年度避静，他的主管助理陈神父（音译，P. Chen）已于当天早晨出发去上海。

庞三放开手脚大干了。他在他的庞林庄园集结了从山东悄悄迁移过来的几百个刀民，于 6 月 16 日包围了侯家庄。这帮大刀会人及其附庸的比他们人数还多的为所欲为的歹徒发动了突然袭击，吓呆了当地的居民，他们甚至来不及拿起长矛。座堂未经战斗即被占领，顷刻间就被洗劫一空，部分遭到毁坏。一切可以搬动的东西：家具、门窗、祭坛、神工架、木制件……统统被运到庞三家。传道员们匆匆忙忙地把一些比较贵重的物品：衣服、书籍、做弥撒用的全部器具，存放在教徒们的家中。可是大刀人借口寻找隐藏在村里的神父，挨家挨户搜查，探查墙壁，挖掘地面，对什么都不放过。不信天主教的人和天主教徒们眼睁睁地看着他们的衣服、牲畜、粮食都被搬到庞林庄园。大刀人不满足于抢劫，他们还住下来，将近 6 点时，他们逼迫基督徒们为他们做饭。据他们说，他们的一个大头目彭桂林（音译，Pong Kweiling）正在山东招募援军，一旦招募到五十匹马，三千人，就让他们攻打戴套楼。

16 日夜里，刚结束避静的传教士们获悉庞三在侯家庄的所作所为。整个夜晚和 17 日一天，工友们和基督徒们相继来报告越来越具体的细节，揭露大刀会计划的内容。攻击戴套楼不再像是吹牛。17 日晚，董师中神父骑马向丰县县令求救。他在二十名装备有连发式步枪的马兵护送下，于午夜 12 点半返回。次日，县令来了。其间，神父们先曾下决心守卫戴套楼，现决定撤退到马井，在那里组织防御。他们天亮前做了弥撒，并打好行李。

---

① 艾赉沃神父：《在新中国》（Dans la Chine nouvelle），载《研究》（*Études*）1916 年 2 月 20 日。

县令赞同他们。神父们这一走大大减轻了县令的负担。传教士们把他们的日常用品装满两车，将十四箱杂物交给县令保管。18 日晚 6 点时分，他们到达马井。学校的两位修女同时出发，但她们乘坐两轮车，19 日才到达。因为一些盗贼和一个赶车人串通，在路上抢劫了修女们的包裹。

在离开戴套楼之前，艾赉沃神父派一个信差去济宁，带去一封发往上海的电报。还派一个信差，想必是要通知离徐州最近的传教士韩宁镐神父，然而，这位神父和几位同道已经躲藏在安全的地方。教友们已被驱散，教堂和祭台几乎被夷为平地。这些消息加上很多谣传使徐州的天主教徒们更加恐慌。人们在议论一位德国传教士在曹州被残杀；唐家集、刘堤头的村庄一片火海；一场可怕的骚乱过后，留下一片一无所有的土地……这比大刀会开始行动时更糟糕。

庞三及其一千三百名匪徒固守在侯家庄，他们占据了一个宏伟易守的大本营，他们从大本营出发扫荡砀山县的各个基督徒村。传教士拥有学堂、小教堂、领洗者、慕道者的唐家集、刘家庄、庞新楼、刘堤头、姚楼等十三个村庄现在全都遭劫，不同程度地被烧毁。这一切都发生在五天之内。大刀人是大王，是主宰。天主教徒们抛弃家产，慌不择路地逃亡，或逃向南方城市，或投奔亲戚，远离恐怖的大刀会活动区。大刀会人抢光属于皈化者的物品，就地出售带不走的东西，并且烧毁受害者的房屋。他们不掠夺村里不信天主教的富庶人家，放过这些人家，从一个教徒村到另一个教徒村，因为大刀会宣布，他们只跟传教士及其信徒过不去，但是他们向传教士及其信徒们征税，向他们“借”鸦片、牲畜、粮食、衣服。所到之处，对于不顺从的人，他们毫不犹豫地采用极端手段。为了避免大刀会借钱和折磨，许多不信天主教的人加入了大刀会。

没有人想同情砀山县令周修旺(音译，Tchou Hiowang)，他仍然经历着其生涯中最黑暗的时刻。他是一位浙江的年轻人，砀山是他的首任官职。他面临双重厄运，一是大刀会从他的辖地蔓延到外地，这种情况使上司不会轻易饶了他；二是大刀会攻击洋人，接着洋人就要逼迫他这位可怜的县令赔偿损失。这些令他不安的可能结果正好能激发他的能力。可是怎样摆脱庞三呢？去追捕他？他清楚地知道，衙门的这一小撮衙役都迫切希望和这些强盗结伙呢。当作叛党处理？6 月 17 日，他在刘堤头见过艾赉沃神父后，要去庞三的老巢劝导他。然而，庞三风闻县令要造访他，便谨慎地溜到山东。于是，这位官员给他写信。他通过士绅们斡旋，向庞三提出慈爱的警告：“如果你和山东的人，无论是传教士还是其他人有纠纷，请跟他们了结。但在江苏谁冒犯了你？不是我砀山县令，你却给我造成这么多的麻烦？不是艾赉沃神父，你却烧毁所有教堂？况且，你待在此地还有何益？官兵从各地来保护我的百姓，你撤回山东去吧，回你的家乡去，我也不追捕你了……”①

县令用这个方法能指望得到什么？赢得时间，或改变庞三？最令人震惊的是，几天里，他似乎采取了最好的策略。因为，6 月 21 日，大刀会人撤出了侯家庄，临走前还烧掉九间新建的房屋，拿走了小教堂顶部的铁十字架和窗栅栏，用以锻造大刀。

然而，这只是一次假撤走，仅仅是为了给官员面子。庞三带领手下杀向山东薛孔楼，焚烧村庄和教堂，24 日又窜回砀山县，比过去更强大更凶恶。25 日，两队大刀会人去抢劫

---

① 艾赉沃神父致尊敬的夏雷鸣神父的信，1896 年 6 月 22 日(AZ)。

侯家庄西部和西南部的村庄，另有一千多人的第三队人马扑向戴套楼。一路上，他们抢劫戴套楼教徒村，焚烧学校。许多殷实之家被课以重税。晚上8时，匪徒们进入戴套楼。

戴套楼空空如也。基督徒和不信教的人都撤离了戴套楼。传教士们出发去马井之后，县令拟就寄存物品的清单，并将贴了封条的箱子运到衙门。然后紧闭所有的门，座堂里的所有工友和守卫撤到丰县，他们由县令的士卒装扮。

戴承宗只带着他那个新村的几个无赖汉得意洋洋地在那里迎接为他报仇雪恨的人。三年多以来，他一直梦想对可憎的洋人肆无忌惮地进行报复……翌日拂晓时，他先让他的这些朋友袭击曾经拒绝跟他合作的那些人家的房屋。

烧毁了这些房屋后，就去攻击座堂。工友们早已做了大量工作，他们清理两个时辰后进入塔楼。当然，在居室被焚之前撤出了所有的家具。壮观的城堡只剩下正在施工中的教堂小塔楼和四根立柱未受损坏。稍后，男校和女校相继起火，随后，九十四间属于天主教徒的草房起火，最后是不信天主教的人家的房舍。总计烧毁一百八十间。

大刀会人打算从戴套楼去马井，但获悉正规军的官兵已在马井扎营，他们便返回侯家庄。他们在侯家庄焚烧、摧毁他们曾放过的一切：教堂、住宅、慕道班和女子学校。东南部的一些小教徒村也被他们光顾。

但是民众已忍无可忍。6月29日，大刀人占领江苏和山东交界处的大型马匹集市马良集。次日，农民们和镇上的居民向大刀会进行反击，杀死杀伤许多大刀会人，匪帮的头目彭桂林及其同伙三十余人被抓住，其余的逃窜到西部……

大刀会遇到了一次反抗。

要消灭这帮不可一世的家伙，痛打一次足矣。军队没有介入，官员们经历过衙门的深层的危机，但他们仍然把恢复秩序的荣耀据为己有。7月8日，他们耀武扬威，在徐州将彭桂林及其三个同党斩首，将人头挂在大刀会作恶的主要场所示众。

传教士们远远地看着他们这六年操劳的成果毁之一旦，多么痛心啊！物质的损失对他们的影响要小于他们的皈化者的不幸，皈化者们为自受洗礼后第二天所受到的迫害还心有余悸，这千百个善良的人已迈进教会门槛，恐惧可能使他们返回老路。传教士们几乎自责不能留在自己的教徒中间支持他们，给他们做榜样。

可是他们的教会创立者的身份不允许他们与敌人短兵相接。在抵抗中心迁到马井之前，神父们整整一夜都在权衡利弊。他们的职责是维护他们的洗礼者的信仰，如果可能的话，还有他们的生命和财产。然而，他们在戴套楼的存在只能使局势更加恶化。对他们来说，被大刀会人抓住，无疑就是殉教，而同时也使天主教徒受到生命危险，使不设防的教徒村遭受更野蛮的蹂躏。

马井离大刀会的老巢比较远，座堂的墙壁也能抵挡一阵，此外，艾赉沃神父还能依靠当局的救援。因为官员们终于看清了危险。大批匪徒涌入戴套楼抢劫超过了可容忍的限度。这是一次真正的流氓恶棍对社会秩序的造反，也许是一场革命，因为革命都是以这种方式开始的。官僚玩花招的时代结束了。这次灾难的部分原因是官员们无先见之明，他们现在坐立不安了，只要求炫耀他们的热情。

一个有关传教士们在冒险的警告就把萧县县令和一支可观的步兵和马兵部队调到马井。县令住圣器室，把他的人马安排在女子学校和未完工的教堂。翌日，道台从徐州派来刘参领和二三百名正规军官兵。这远超过了所需人数，但人们还不了解大刀会的实力和意图啊。

汤执中神父虽然想跟同道们在一起，还是不得不在6月20日离开去上海。根据道台的指示，艾赉沃神父和董师中神父协同县令和刘参领组织防卫。他们尤其不遗余力地帮助已遭蹂躏的堂区的天主教徒们。随着灾难的发生，临时的报信人接踵而来。不久，受到惊吓、饥饿、破产的难民们从砀山县大量涌来，他们无家可归，一无所有。神父们接待他们，安慰他们，尽力设法安顿他们，给他们提供食物。

22日早晨，一线希望之光照亮这些惨景。两位天主教徒通宵步行来向神父们报告，侯家庄已解困，庞三撤退了。稍后，砀山县令的一封信证实了这出人意料的消息。县令写道，一切均告结束，叛乱分子已溃散。于是他请艾赉沃神父尽快来讨论赔款问题。讨论赔款！另一场战斗开始啦。

赔款，对砀山县令而言，意味着一笔白银、一笔罚金，意味着他的上司们迫使他掏腰包安抚洋人的愤怒。他已预料到赔偿数目一定很大，但阻止不了他叫穷，玩弄各种手法来压低赔款额，拖延付款，得到一些优惠条件来减轻处罚，也许还可以捞到好处……

艾赉沃神父的想法完全不同。罚金是肯定的，但主要是安全保障。倘若没有官员们的敌意和失职，当前的骚乱，以及此前的骚乱，决不会达到如此规模。他们对传教士关闭城门，同时宣称无力在乡村保护他们。事实上没有保护他们，根本没有。如今，他们尝到了这种短视政策造成的苦果。让这些缺乏远见的人付出数千两白银，只能买到暂时的太平，而传教士们不想每年兴建一次他们的座堂和教堂，即便是用官员的钱。必须在教会和官府之间一劳永逸地建立起保证两者安定所需要的关系，承认天主教的天赋权利及其合法存在。不是口头承认——官员们最擅长花言巧语——而是事实上的承认，这就是，既要赔偿传教士和天主教徒最近遭受的损失，还要采取其他措施表明天主教不是敌人，它同其他类似的团体一样享受法律的保护。因此，官员们要停止行政刁难，他们曾借此处处限制传教士们；他们要向传教士们的正当要求开放衙门；他们不得容忍，尤其不怂恿反对传教士的暴力；最后，要归还占了十二年的徐州房产。

这就是艾赉沃神父所指的赔款，是他试图使官员们转变的观点。这是有奢望的设想，但是不无道理。毕竟他没有要求现有的帝国法律允许以外的任何东西。人们会指责他以其要求迫使官员遵守皇帝的圣旨？他本可以直接提出更苛刻的条件，因为南京的总督命令官员们迅速就地解决大刀会这件麻烦事。法国领事一方在督促，而自从蒙受耻辱的中日战争(1895年)以来，中国政府有些看重这方面的责难了。

传教士返回徐州是官员们失败最显眼、也是最受羞辱的表现。它终于被接受了，虽然艾赉沃神父对道台的某些退让还抱有怀疑。事实上，几个月来，这件事从表面上看彻底改变了。

1891年9月，倪怀纶主教对总理衙门的要求，结果只是使档案卷宗增多。仅仅在1895年5月，才谈到派为结束争议特别任命政府代表的问题。然而，六个月之后，这位代表还没露面。至于徐州官府的看法，没有变化。1895年12月，两位美国牧师在城里逗留了两三周，目的是创建传教点，他们在道台组织的骚动爆发前几天离去。1896年1月1日，艾赉沃神父对徐州的短暂访问使他确信，他们根本不考虑把房产还给他。

就在此时，传教士们获悉，代表真的已经任命，正在上海与法国领事会晤。谈判继续进行，但是缓慢而且艰难；决定不果断，结局依然难料。

倪怀纶主教根据领事的情报行事，他先函告艾赉沃神父3月3日到徐州，但在2月11日又函告艾赉沃神父，在没有确切获悉会受到欢迎之前，不要以个人名义行事。而传给艾赉沃神父的情报越来越使人失去信心。3月1日，陈神父路过徐州，他看到各处都张贴着极端仇视洋人的揭帖。两位派作先遣的天主教徒可能只见过知府的书吏一眼。柴四罗承认，有人给了他三百块大洋和一个肥缺职位，换取一份假证据，那人还威胁他，如果拒绝，就将置他于死地……怎么相信下面会有解决办法呢？

尽管表面上看有矛盾，但中国政府决定最终承认教会的正当权利了，派出代表即是证明。任命新的徐州道台和知府则是一个更可靠的证明，他们与抢劫案毫无瓜葛。

新任道台阮祖棠不像前任那样需要挽回面子。1896年4月，他一到任就致函艾赉沃神父说，他已下令把教堂的房产还给他。不过他请艾赉沃神父在当年6月底结束院试之前，不要有任何行动。从1884年成为房屋“承租人”的陈和梁（音译，Leang）两家在5月份的最后几天腾空了房屋。大刀会推延了最终的行动，正式交出；但是另一方面，它给艾赉沃神父提供了一个明显的例证，他需要这个例证为他的其他各项要求、更普遍的影响以及他的全部使徒事业的圆满完成，阐明理由。现在人们理解当砀山县令请他时他表现出来的激动心情。他终于达到了追求了这么久的目标。向传教士们及皈化者宣告的新时代，由于官府和教会两个权力间的和谐促进宗教传播的时代，想必就从这次会晤开始了。

马井的座堂沸腾起来了。6月23日一大早，既然不再有叛乱分子了，守卫人员撤离座堂。县令率领他的部队返回萧县。刘参领在砀山陪伴艾赉沃和董师中两位神父，以及回乡的基督徒难民们。无数的人忙着收拾行李、枪械和马匹，他们为灾难这么快结束感到高兴。两位神父最忙碌，监督装载从戴套楼带来的四十个箱子，装满了衣服、

圣器、书籍、物品等，他们做好准备，一旦出发不致措手不及。危险已消除，但艾赉沃神父不是没有内心的想法，他打算把这批物品运到徐州，委托给道台。他借口这四十箱物资太惹眼，是当地盗贼极具诱惑力的抢劫目标，说服县令组织一批志愿者护送。艾赉沃神父写道：“那还用说，明天我们就收回（徐州）府的房产，拿到这些箱子，我真希望它们不再离开徐州了。”

按照他的计划：“几天后，待我们确定并解决了砀山县赔款问题后，我们将先后走访砀山和丰县的每个教徒村，然后是处理（知）府的事情并希望在圣心节那个月的月末，圣心节前夕，可能给主教发电报：徐州诸事已毕！我们出发去度假……

“现在我表示一个心愿，希望阁下批准。如果我能在月末给您发去上述电报，堂区的每位神父将向圣心奉献许多感恩礼拜，而且，在徐州城里，要在至少有一百块大洋的祭台上，挂上一幅非常漂亮的圣心画……”①

砀山县令同样希望了断，尽管确信他会遭到敲诈。艾赉沃神父的赔款说明使他不寒而栗：传教士们和基督徒们的理由只有一个，因为大家都只因为是基督徒而受难，县令要给所有人同样的赔偿。实际上，本县几百个天主教徒被抢劫，他们的房屋被焚烧。对可怜

---

① 艾赉沃神父致尊敬的夏雷鸣神父的信，1896年6月22日（AZ）。

的人来说，这就是破产。两天里，县令顽抗，争辩，耍花招，先后请参领和士绅们代为说情，说服神父们不要把洋人和中国人同等对待。但是，神父们不妥协，而官员们有不惜任何代价解决问题的命令压着，只得让步。因此，按照艾赉沃神父的主意，通过口头和书面方式，并有军官和士绅们在场情况下，解决原则问题。

人们用数字表示原则。而传教士们却显得很大度。担心赔款额过大的县令，面对神父们提出的微薄要求——三千块大洋喜出望外，仅为损失的五分之一。县令的感谢之情溢于言表，然后这个讨价还价的人重新占了上风。"县令向我们解释，"艾赉沃神父叙述道："只有他独自一人支付这笔款子，确确实实如数，确确实实不夸大，不能求助于任何人，因为罪犯们或者在他的管辖之外，或者无清偿能力。他恳求我们同情他。于是我们向他承诺，我们将代他向主教说情，请主教减免一部分；他这个无辜的人应该根据协定向我们付款，条件是他这位官员与士绅们斡旋，为我们在砀山城里找到一处好房屋。县令答复我们说，我们的要求正中他的下怀，因为以后他很难在乡下保护我们。简言之，阴历五月十六日(6 月 26 日)晚上 11:30，一项'议谈'，即和解协议，由官员和我们双方签字，赔款总额确定在一千文一吊的铜钱两千吊[①]，其中，两百吊现款，其余部分存在两家钱庄，当风潮过后，需要修复毁坏的房屋，救援教友时，我们将从中提取。"[②]

协议签字墨迹未干，就得出发。当时大刀会烧毁了戴套楼。砀山至徐州的大道可能从第二天就被切断。27 日，午夜 12 点半，艾赉沃神父和董师中神父先后做完弥撒，随即在二十余名马兵护送下，前往徐州。

阮道台没有食言，院试结束，便举行一场相当隆重的仪式交还教会的房屋。他的通知函追了三四个县，到徐州才追上艾赉沃神父。此外，炫耀不再具有同样的影响。6 月 28 日清晨，两位神父乘车进城，砀山的马队和逃难的大队教友们尾随着，虽然未经准备，仍不乏声势。两位传教士在知县衙门门口下车，县令设早餐招待他们，并向他们介绍道台的代理人金先生(音译，M. King)。然后神父们回到他们的空空如也、破烂不堪的住所。梁和陈早已拆走或卖掉五个房间的门、隔板、窗户和屋架。县令一口答应出钱修缮，用从贡院借来的家具布置几个房间，傍晚，还带了几位士绅来看望。

中断近十二年后，1896 年 6 月 29 日，弥撒圣祭再次在徐州座堂里进行。

在其他情况下，艾赉沃神父可以充分地体味他的成功。天主教会现在有了公民权，7 月 1 日县令在一份致士绅们的通报中有如是申明。这位县令就是已实现转变的最佳证明之一。作为长期不公正行为的支持者桂知府的弟子，当了三年徐州抗击洋人运动的中心人物。如今，他的职责迫使他拆除他亲自构筑的壁垒。他心有不甘，好在上层的命令是严格的，而且掌握在道台手中。这位行政官员的友善保护抵消了未被驯服的旧派人物的敌意。尽管有某些传闻和某些士绅们的奸细，艾赉沃神父仍可在其陋室高枕无忧。

哎呀，这种太平，为什么要为它付出如此昂贵的代价？怎能忘记仍在冒烟的侯家庄和戴套楼，忘记那些无家可归的可怜的教友呢？他们只有靠传教士的救助。许多人在城里乞讨。艾赉沃神父收留了二十来个人，可是，怎么救济他们所有的人呢？然而，官员们以

---

① 1896 年，一千铜钱兑换一美元(五金法郎)。

② 艾赉沃神父致倪怀纶主教的信，1896 年 6 月 29 日(AZ)。

疑虑的眼光盯着这些可怜人，要求艾赉沃神父不要在他的住所接待他们。官员们害怕，或假装害怕，神父们在徐州聚集天主教徒向官府报仇。

艾赉沃神父一遍一遍地听难民们讲述，脑子里重现着北方教区的悲剧。人们精神和身体上的痛苦是深重的，甚至在大刀会溃散以后，恐惧心情远未平静下来。但是，最终没有一个基督徒背教，没有一个基督徒死亡。各处也有几个叛徒，但很少，而且他们给人印象是，他们进入教会只是为了更好地出卖教会。已受洗的和慕道者群众没有屈服，比以往更依恋教会。天主怜悯新教友的脆弱，使他们免除严重的背弃邪念。大刀会人只顾抢劫，很少想逼迫受害者明确表示放弃信仰。

然而，有几个受洗的教徒在受迫害时表现出基督教信仰给予的这种平静的胆量。其中有个唐贵石老人，他在洗礼前已被囚禁，他因宗教信仰遭到砀山官员的打击。他洗礼六年来，成为他的家族和他那乡村的传教者，他是传教士可信赖的人。

大刀会到来时，唐贵石在地里干活。他是教徒村的管理人，以天主教卫士闻名乡里，他的名字列在黑名单之首。当时，四五个家伙迅速追上他，把他带到他家，他冷眼看着发生在他身边的抢劫。然后，他们把他带到侯家庄的座堂，在裁定他的命运时，他们绑住他的两个手腕把他吊在葡萄棚架上。有一个大刀会人产生恻隐之心，他问看守："这个可怜的老头儿惹你们什么啦？来，你们发发慈悲，让他坐下吧。"这一干预结束了酷刑。稍后他被转移到庞林关起来。他们多次给他出主意自救："村里有钱的村长许家（音译，Siu）在哪里？（神父们的）座堂在什么地方？——我不知道。——西洋鬼子在哪儿？——哎呀，离这儿远着呢！——他们的家在哪里？——五万里地以外呢。——这太远了，我们去不了。那么，起码，你要把我们带到当地三四个有钱人家的大门口，不管是不是教民都行，但你要说他们是教民，这样我们就放了你。"[①]由于他坚决拒绝违背良心行事，唐贵石被课税三百两鸦片，即他为缴纳赎金而出卖十亩地的价钱。

在侯家庄的另一个基督徒村玄帝庙，大刀会人在路上碰到一个十二岁的小学生马家泽（音译，Makatse），外号叫喜鹊。他父亲不信天主教，是个大烟鬼，人不太好，但是，这孩子和他的母亲在两年前同时接受了洗礼。那天，他穿着当地的夏天衣服，在袒露着的胸口挂着一个很大的天主教圣牌。

马家泽遇到一群武装到牙齿的大刀会人。其中一人瞧见马家泽的圣牌，摸了摸，问马家泽，这就是护身符吗。马家泽回答："这不是护身符，是我的圣牌，我们基督徒们都带着它尊敬圣母玛利亚。"

"那个不信教的人，在这样的情况下，听到如此直率地回答，有点愣住了，他蛮横地命令马家泽：'快把那玩意给我扯下来扔掉，这么说，你也是欧洲鬼子的败类？'"

"'是，就是，我并不是欧洲鬼子的门徒，而是基督徒，崇拜天主，我的天父。'"

"匪徒们摆出一副狂怒的架势，围住喜鹊，一个匪徒拿出枪，对着他，另一个举起大刀，吼叫：'快把那东西扔了，要不我把你的脑袋劈了。'"

"马家泽挺着胸脯，骄傲地对他们说：'你们打吧！我决不丢掉圣牌。'土匪一般还是尊

① 董师中神父致巴斯塔尔神父（P. Bastard）的信，1896年7月21日（AZ）。

重勇敢的人,他们对马家泽的沉着冷静感到惊讶,于是放走了他,没伤害他一根毫毛。”①

而传教士们,在叙述皈化者的忠贞和勇气时,为其勇敢精神而动容,他们只有一个愿望:再看到他们。

现在是谈判的时候啦。和砀山县令算清账,尤其是神父们的节制态度,让道台和徐州知府欣喜。6月30日,在工作晚宴上,天主教的代表、两位传教士、道台、徐州知府、丰县县令,其他人物如见证人或顾问聚会一堂时,宾客们向传教士们表示祝贺,并劝他们对承担修缮戴套楼的丰县县令表现出同样的宽宏大度。神父们又一次可以让官员们几乎被迫接受他们的条件,领受要有远见的沉重教训。

如同在砀山,原则比钱的数额重要。官员们研究了前项协议,知道该何去何从。用不着商讨他们就同意向受伤害的基督徒们赔款。汤执中神父的个人损失特别大:住宅、家具、粮食、文件都遭受损失。面对赔偿的账单,官员们叫苦不迭,祈求上天保佑。同样,艾赉沃神父暗示,同意减少赔款,以换取某种方便,如在丰县城里获得一处房产,知县显得有些意外,但是他一下子便接受了。不过,他要征得士绅们同意。于是他宣称,第二天就去说服士绅们接受这项建议,不久后回来签字。三小时后,大家彼此非常满意地分手。

讨论赔款变成了一件开心事。然而,还剩下一笔赔款:徐州赔款,是当时有意疏漏的,因为预料到这笔赔款会令人难以接受。任何赔偿都补偿不了1884年的那场掠夺。时间已过十二年,人员已经更迭,问题复杂化了。北京的代表和法国领事都不敢触及这个问题,让要求赔偿的倪怀纶主教去操心如何确定总款额及如何去得到吧。事实上,1896年1月,倪怀纶主教曾向艾赉沃神父下达过指示,指示必然是不完全的,但仍表明不放弃。

可是,徐州的官员不愿重新讨论这个老问题。拟好赔偿清单的艾赉沃神父经过多次迂回的表达,才了解到应将这份清单交给谁,道台毫不含糊地表明,他的委任状仅限于修复房屋;法国领事当着黄(音译,Hoang)代表的面已放弃各种赔款。艾赉沃神父肯定不相信,但是,始终和蔼可亲的道台十分坚定地坚持他的观点,因此任何恳求都可能是不明智的。于是艾赉沃神父便退让了,宣称要向主教请示。

官员们拿不出所谓领事要放弃赔款的任何凭据来作为理由。因此,徐州县令作为可能的赔款支付者,要尽力弄到一份证据。

7月10日,拿回来已盖登记注册章的房产购买合同交给艾赉沃神父,附加了一个字据,说明传教士们和官府已解决所有纠纷。艾赉沃神父答复县令说,他要等待主教关于赔款的指示再签字。县令反驳说:“不再有赔款问题了,倪怀纶主教本人……已声明放弃。证据,我在曾总督的急件的正本中带给您。”急件注明日期是1885年,在房屋立即交付的情况下有效,这是不曾发生的事。再者,房屋事已由协议撤销。“但是,县令最后说,如果要付款,谁掏腰包?这事跟我没有任何瓜葛。要不然,我去找我的十二年前的前任,让他来向您解释?”②

道台说道:“您现在在城里,在整个徐州都有好名声;我已在您的所有主要传教点安排了我的士卒保护您,民众对您并无敌意,我让士绅们了解我的意图,他们现在以与您交往

---

① 禄是遒耶稣会士的纪事手稿(AS)。

② 艾赉沃神父致倪怀纶主教的信,1896年7月11日(AZ)。

为荣,您享受了太平,我将尽力为您维护太平,您不要因为要求这笔赔款而失去民心。因为,到头来,是谁付款?是对您毫无伤害的无辜者啊。”[①]

从某种意义上说,这是千真万确的。10 月 20 日艾赉沃神父出发去上海,事情并不比开始有进展。

第七章　明天将会怎样?(1896～1901)

直到 1901 年以前,这是徐州传教士们提出的、有时不无焦虑的问题。1896 年底出现的征兆是鼓舞人心的。大刀会已溃散;官兵固守着战略要地;官员们接受支付赔款的惩罚,保证痛改前非;徐州让步;县令们原则上承认传教士在城里修建教堂的权利;经历了苦难的信仰坚定的基督徒们返回家乡;神父们也回到他们的岗位。一切预示着平安、新生、宗教无限顺利的发展。

可是,不久又要重新战斗了。教会虽已取得公开地位,但是它的敌人,目前虽被压制,仍然保留了实力,他们很快便试图摧毁教会。官员们不再敢像过去那样公开蔑视法律,但是很想减少对在其辖地与文人和匪帮作斗争的传教士们的保护,很想忽视他们,这太平常了。最终,甚至在神父自家的田地里,黑麦草混杂在良种之中发芽成长。

如果说 1896 年前五年曾经是恐怖的五年,那随后的五年也几乎不逊色。然而,现在确定无疑支持传教士竭力工作的是徐州教会的创建。已公示天主教存在的考验也显示出既成工作的坚不可摧。今后对传教士们的袭击可能使皈化者们惊恐,使慕道者们暂时疏远,但不会使宗教本身的存在再陷于危险境地。这个危险阶段已跨越过去。

然而,传教团的物质状况是悲惨的。一场风暴已摧毁除马井之外的所有传教点。在未曾遭受大刀会祸害的大运河地区,嶂山的部分房屋在雨中垮塌。睢宁的传教士康池建起的慕道者学校也发生了同样的意外。

与人们所能料想的相反,这种情景并未使倪怀纶主教气馁,艾赉沃神父及其合作者更不会。对这几位宗教人士来说,徐州既不是被毁的传教区,也不是有待复兴的传教区。问题不在于让某个过于危险的职位空缺一段时间,甚至不在于推迟正在形成中的传教中心的诞生,直到事情都解决了为止。自 6 月份以来,在艾赉沃神父返回徐州教堂并讨论赔偿损失期间,他曾致信代理长上尊敬的夏雷鸣神父,催促他尽快派遣已承诺给沛县的传教士。1896 年 8 月,尊敬的长上把大刀会只当作一场噩梦,宣布了徐州的人选:年长者中有主管神父艾赉沃神父、董师中神父、汤执中神父、郎本仁神父、陈神父,还有两位新人:侯家庄的禄是遒神父和(沛县)丰乐村的段神父(P. Van Dosselaere)。一个月后,各位传教士已经身在第一线。

艾赉沃神父同他们一起进行痛苦的旧地重游。9 月 9 日,汤执中神父同艾赉沃神父前往戴套楼。他们一起走遍每个遭受蹂躏的教友村,探访每个教友家庭,将除官方赔款以外的一些救济金发给遭劫最严重的人。

---

① 艾赉沃神父致倪怀纶主教的信,1896 年 10 月 15 日(AZ)。

他们决定按照原图纸重建戴套楼，汤执中神父立即招募泥瓦匠。由于缺乏安身之处，汤执中神父只小住到10月份。但是一旦来到工地，他便寸步不离工人，看着建筑物拔地而起，转眼间房屋封顶。11月1日，教堂竣工。那一天，在场者站满全教堂，汤执中神父安排五十六人领圣体。传教士喜笑颜开，在教堂附近扎营的三十来个兵勇到场，使领洗者们精神抖擞。他们翻修茅草屋，去座堂不再畏缩不前。12月8日，戴套楼举行主保瞻礼，城里的所有天主教徒都来参加弥撒，形成丰县北部一支强大的基督徒队伍。翌日，汤执中神父主持男校开学，同时还开办有五十来人的成人慕道班。修女们于6日返回，稍晚一些在不再缺少桌椅板凳的新课堂里接纳了女孩子们。

1897年初，宗教生活恢复正常秩序，萧（音译，Siao）传道员前往丰县的一个小村庄陆家桥（音译，Loukiakiao），在那里创建基督徒村。

艾赉沃神父在访问戴套楼后，立即带领禄是遒神父拜访砀山县令府，县令彬彬有礼地接待了两位神父，并让两名卫兵护送他们到侯家庄。就职情况以其恐怖的一面使这位本堂神父震惊。禄是遒神父后来写道："长期以来，甚至在我一生中，我常常回忆起那种悲惨的场面在我心目中形成的初次印象，令我触目惊心的是那些摇摇欲坠的废墟，由战火造成的断垣残壁，被摧毁的教堂，被夷为平地的学校，被砸碎的砖头瓦片，过去曾是院落和房屋的地方，现在野草丛生。"[①]夜间，两名卫兵也吓跑了。

于是开始对基督徒们昔日遭受的苦难和眼前的不幸进行漫长的连祷。这是他们的家：没有屋顶的四堵墙，家具不复存在、家畜不复存在，既无粮食，亦无衣服。而为了停止一一列举，用到中国人中间的一句强调不幸之极的老话："我没有锅，也没有碗筷。"神父们安慰这些穷苦人，除此之外，还对每间烧毁的房屋附上一张两块大洋的票据。这是为受害者从官员那里争取到的赔款，用来购买些许秸秆修缮茅草房。

有一阵子有人甚至想骗取这笔微不足道的施舍。神父们存放其经费的砀山钱庄关门停业。传教士们失去了全年的津贴，分发给基督徒们的票据也不再具有任何价值。舆论谴责官员与钱庄老板串通勾结。据说，破产得到利益的一半返回给钱庄，补偿他由于大刀会而应支付的款项。不管是不是合谋，县令预料到抗议，当一名传道员以禄是遒神父名义提出要求正常兑现时，县令迫使钱庄立即全额支付。

于是，人们开始重建侯家庄。一些土匪团伙不断在村庄周围不怀好意地转来转去。白天，泥瓦工们一手拿抹子，一手握长矛；夜间，他们武器贴身，睡在围墙脚下的席棚里，由于缺少材料，围墙只能缓慢上升。不久缺砖又缺钱。

在砀山，所期望的赔款份额中，艾赉沃神父确定的赔款额度远低于损失。1896年初，艾赉沃神父想筑墙将侯家庄的地产围起来，用来留宿慕道者，但他身无分文。无论如何要重建教堂、座堂和几个乡村小教堂，其中只有一个，刘堤头乡村小教堂业已经修复。禄是遒神父几乎泄气，但他提前支取了下一年度的津贴，于1897年末建成他的教堂，在1897～1898年建成座堂和外围的几所学校。最后他欠了一大笔债，幸好长上们拨付的款项随即到来。

我们说一说沛县吧。1893年以来，艾赉沃神父一直打算派一位传道员。这一年，有

① 禄是遒神父的纪事手稿，第7页(AS)。

几个人在侯家庄曾缠着他,邀请他去传道。事实上,他们当时正受到一桩官司的威胁,寻求教会的支持。艾赉沃神父用几本宗教书籍将他们打发走。这就是事情的开端。过了一些时候,这几个人到公堂面对官员,自称是基督徒,宣讲他们的天主教义作为他们的证据,判官根据这唯一的证词,驳回他们的对手。此事在当地的影响可想而知。随即有好几个代表人物请求派遣传道员,艾赉沃神父接受他们的请求,其他村庄也正跃跃欲试。艾赉沃神父于 1894 年 1 月到县里来,在走访过程中,他在沛县东六法里的丰乐村购买到一块约四亩的土地。

这一次,艾赉沃神父运气不好。因为丰乐村当时是微山湖的一个小码头,每年夏季发洪水,湖水上涨便使其脱离陆地。有几个月,具体讲,在给慕道者和学生上课期间,人们只能在船上接待艾赉沃神父。还有更糟糕的,丰乐村是土匪的窝点。怎能把孩子、其他城镇的天主教徒引到这个危险之地来举行宗教仪式呢?不付赎金,任何人不得离开。艾赉沃神父——是不知情,还是急于进入沛县?——克服了这些大障碍。

艾赉沃神父于 1894 年 8 月被任命为丰乐村的传教士,但全年驻在侯家庄,他在丰乐村短暂露面几次。土建开始,汤执中神父从戴套楼进行监督。传教区的上司姚宗李主教(R. P. Paris)于 1895 年 11 月就任,答应派一位神父,选中了段神父。1896 年 10 月 8 日,艾赉沃神父和段神父将其证书呈送沛县县令,第二天,他们正式拥有了丰乐村。

两个小教徒村龙堌集和陈固楼归属于丰乐村,总计有三十名领洗者和三百五十名慕道者,一般说来,这些慕道者因惧怕大刀会显得不太热心。这有什么关系。让他们振作起来,再和他们一起鼓动许多其他的人,抱着这个希望,段神父开始在自己的本堂区传播福音。

有人对段神父预言,土匪们将在他到达后十天内殴打他,烧毁他的住所。可是,他在丰乐村居住三个月以来,并没有人袭击他。这地方在艰难的情况下确实是多事之地:五周内段神父的工友三次怠工,段神父得为受诬告的慕道者向官员说情,要求公正对待被抢劫和殴打的基督徒,愤怒地申斥试图蒙骗他的有偷盗行为的基督徒,摆脱那些企图让他卷入他们的官司的人,还有许多其他人,但没有碰到土匪。

就在 1897 年 1 月 25 日,段神父终于了解到人们出乎意料的疏远他的原因。他的两个守夜人经戴套楼返回时,向汤执中神父讲述他们遇到的意外之事。丰乐村的土匪未突袭座堂是因为他们显然要瞒着段神父,在他的眼皮底下,占领了丰乐村并将它变成他们的大本营。当然,工友和承担守卫的十名兵勇都知道这一点,但遭到威胁,第一个说出来的人将被处死。因此,三个月来,段神父收容当地的作恶者,自己却未觉察出来。

段神父并不天真,根本不,但土匪既不缺乏狡猾,也不欠缺胆量。有几个土匪首先以传教团的朋友和保护者的身份出现。段神父没有看破他们,称赞他们的好意,请他们再来……工友们深知这些保护者的身份,但是惊恐万分,向他们敬烟敬酒,同时保守秘密。胆大的土匪们始终口口声声表示友善,终于在门房安顿下来,从容不迫地干起他们的罪恶勾当。他们就在这个门房里商讨被拐骗儿童的赎金、策划他们的行动……等等。从门房开始,占领的地点扩展到马厩,随后是岗楼,土匪中的某些人开始夜间的袭击行动。趁着段神父经常不在,整个匪帮,五六十人就住在座堂里,每天夜里外出抢劫四邻,拂晓带着战利品返回,他们随时瓜分赃物,或暂时藏匿在各个空房间内。

为了消除公愤,必须求助于道台,道台大张旗鼓地紧急派出一队衙役。土匪闻风而逃,但是宗教的荣誉需要典范性的净化。沛县西门外的小村庄四田泽(音译,Sitientse)的几位慕道者非常适时地提供一块好地,于2月24日成交,并有6月4日的另一笔交易予以补充。传教中心转移到此。新址于1897年8月29日启用,从10月20日起,传教士带着武器和行李撤出丰乐村座堂,两年后他把那里拆除。

段神父亲临沛县工地促进了土建的早日完工。12月初,四十名学生入学;8日,第一个慕道班开课。段神父的事业开始蓬勃发展。

当西部从废墟中重生之时,东部也正在摆脱昏沉状态。虽然较少遭到反对,而且又处在动荡较少的地区,天主教却发展得更缓慢。自艾赉沃神父走后,睢宁就发展得不顺利。1893年9月,郁文彬神父(P. Hirgair),一位圣人修道士,热忱有余而精力不足,试图提高该中心在西部的地位,虽然有座堂被包围的不利条件。郁文彬神父跑遍他的广阔堂区,寻找有利的场所,在宿迁县康池停下脚步。他在距村子两法里的开阔田野买到一块地,1894~1895年期间,建成一座小教堂——座堂(八间),随后又建了慕道班和学校(十间)。一切就绪,准备接待慕道者。

然而,这项工作加上传教的奔波,使郁文彬神父筋疲力尽。1895年6月3日,郁文彬神父因病卧床。汤执中神父诊断为中暑。郁文彬神父的护理人南从周神父承认对这病一窍不通,漫不经心地照料他。他借口郁文彬神父病情好转,要去上海照管他的病人。郁文彬神父在圣诞时才恢复。他很虚弱。他咳血,但拒绝量力而行。1896年7月,他不得不再次住进诊疗所,30日这天,他虔诚地停止了呼吸。

就在郁文彬神父去世时,洪水淹没了康池,使已经颇为可怜的嶂山遭到致命一击。1895年9月,郎本仁神父从南从周神父手中接过董师中神父的耗费巨大的产业。1896年初以来,雨水浸入他的土坯房的墙壁。因为屋顶漏雨,他就睡在桌子底下。夏季的涨水加重了灾难……睢宁和嶂山再次荡然无存。

郎本仁神父和在睢宁尚未正式任职的陈神父缺少维修破损的经费,关于他们的传教中心的未来,也缺乏明确的想法。陈神父不喜欢徐州,他完全像上一年在侯家庄,呆在自己的房间闭门不出。南从周神父在埝头得到一小块土地和几间房屋,郎本仁神父打算将其住所迁往埝头,即使他稍后再定居嶂山,或根据艾赉沃神父从上海回来后决定的其他地方。在此期间,就在废墟的可居住部分勉强度日。

调整势在必行。郎本仁神父为个人原因要求调动。他被派到马井,董师中神父到嶂山接替他,但岗位的调换在1897年2月,传教年度结束之前五个月才进行。为了弥补浪费的时间,董师中神父立即在敢作敢为、头脑灵活、做事点子多的倪神父(P. Simon Ni)领导下,组织起流动的慕道班,倪神父刚被派来帮助董师中神父。他随即便提出使一切成为悬念的问题:我们该怎样处置嶂山和康池呢?

尊敬的姚宗李神父的答复是明确的,他写道:"(1)董师中神父在嶂山保留教堂和几个房间。(2)在埝头购置房屋用作一所女子学校。(3)在宿迁购买房屋。(4)尽力争取逐步做到在睢宁购买房屋。按我的想法,目前可以有两个小传教点,即嶂山和埝头,在那里建慕道班和学校。渐渐要在宿迁取得一个落脚点,一块几间房间的理想之地。当天主指定的时刻来临，该县必将划分为二，其中心分别在埝头和宿迁。”①

加上了埝头，这是1892年的规划，随着最好的机遇到来，现在重提这个计划予以实现。因为，此后大量的河水流进大运河，徐州让步了，道台亲自提议将几处教堂迁到城里，县令们不管是否出于本意，已采取更宽容的政策。可以说宿迁成为开放的地方。四年来，几位美国基督新教徒住在此地一家客栈。1897年5月，陈神父以教会名义达成购买三亩半地的协议，未引起任何骚动。

睢宁在抗拒。1897年4、5月份，该城唯一的天主教徒家庭力图取得一处房产，以便随后转让给传教士。但是，士绅们始终怀有排斥思想，揣测出这个意图，阻止了它。此外，他们张贴告示禁止将房产出售给基督徒。

但是万事均有限度。董师中神父起诉士绅们，向县令的公堂指控他们恶意反对天主教会。然后又将案件呈送给道台，道台使之胜诉。因此，1897年10月29日，士绅们在睢宁的小座堂聚会，共饮传教士的美酒，祝贺他圆满买到一块与他们为邻的土地。这一天，县令将登记的契约交给董师中神父。由同一帮人在1889年扣牢的铁箍现在被砸碎了。

东部的传教士们在宿迁、睢宁和埝头有了土地，不久又有了房屋，并利用在嶂山、康池和几个教友村已有的土地和房产，他们终于有了活动基地。顺利的开端和相对的和平使传教事业更迅速地发展。

在1896～1987这一年，人们在徐州的各个天主教中心进行建设。自创建以来，传教士们生活在连年不断施工的工地。在围墙里，在石灰坑旁，砖瓦、木料成堆。拌料工、泥瓦匠、砌砖工、细木工一拨接着一拨，而董师中神父手里总是有项目有待实施。他先是修修补补，再扩建，后又建新的。随后便如此这般重新开始。

我们完全相信，神父们这样做，并不是因为他们个人的喜好，更不是出于丰富中国的宗教艺术的愿望。他们修建房屋是因为受领洗者、学生、慕道者潮水般涌来，超过了所有预计。神父们加紧建设，仍然总是跟不上形势，更大一些建筑刚一竣工，就显得过于狭小了。

大刀会烧杀劫掠引起了恐怖，不只是毁坏了神父们的房屋，而且也毁坏了皈化者的房屋，传教士们原以为，即使不担心人们迈向教会的步子完全停住，至少也会明显慢下来。有人估计可能需要几年方可重现1896年以前的局面。

这是依照欧洲方式来判断事变。大刀会的抢劫在当地司空见惯，打击了当地人，但比官方对这些天主教代表的坚忍不拔表现出的软弱所产生的影响小得多。官员向传教士赔礼道歉，赔偿损失，保证保护这个西方宗教，因此采取了一些措施，这就是奇迹。除了皇帝的权势外，在徐州从未有一个权势达到如此效果。

有件事情也让人很惊奇，人们还未发现这些大胡子洋人有任何滥用他们掌握的实力的倾向。相反，他们的这种实力几乎只用来无偿地减轻信徒们的苦难。对面临敲诈勒索而无助的不幸的人，传教士就像天主的化身降临世间。如果有人吃了官司，跟公堂有了纠葛，嫌赋税过重，卷入遗产争端，以及不管受到谁的威胁，由于缺钱行贿判官而处于劣势，他就可以向教会求助，教会就会不计报酬地支持他的权利。

---

① 尊敬的姚宗李神父致艾赉沃神父的信，1897年3月20日(AS)。

但是，要向教会要求支持，必须成为它的成员。于是，人们以二十、三十或四十个家庭群体，以整个村庄，以及从各地同时申请加入教会。1896 年 6 月份，大刀会突袭徐州时，慕道者人数为三千五百五十。1897 年 6 月为一万人；1898 年为一万七千人；次年为两万六千人；1900 年，义和团运动爆发那年达两万多人。每位传教士的笔记本里都记载了二三千个准备参加闭门慕道班、准备领洗、或在传道员帮助下在家里学习的人名。好几位传教士在给主教的年度报告中写道，对严肃认真的慕道者，他们已尽可能查验过他们的个人经历和学道动机。如果他们考虑所有人的要求，人数可能要翻两三倍。

我们不久会看到，对多数人来说，进慕道班并不意味着坚持到领洗。但毋庸置疑，特别的圣宠遍施徐州，在保障物质利益的托辞下，将民众引领给传教士，传教士给民众指出拯救之路，民众在一定的时候在天主教和异教间直接进行选择。

许多正直的异教徒没有任何人为的理由急于改变宗教信仰。他们出于预防性的考虑而皈化，或者他们的亲属、他们的邻居、族长或村长为他们签名，有时不为他们本人所知。他们不受障碍，不抱成见，更迅速、更真诚地顺从真道。反之，许多人一旦清楚有人为他们做担保，便立即退出。另外还有一些人，他们加入教会引起轰动，带动数百人行洗礼，而他们本人却终不成正果，或直在死前才成为天主教徒。大刀会首领庞三杰就是这种情况。

庞三杰这时处于极其不利的情况下。他的山东重要盟友已被处决。他本人已列入皇帝判处砍头的罪犯名单。徐州的官员们一接到圣旨，即没收庞三的一部分土地，拘捕他的完全无辜的兄长，委托砀山县的士绅们负责拆毁庞林庄园。

士绅们购买庄园的物资材料并提前预付资金，但他们并不那么急切地去占有。庞林是设防的。有谣传说，人们动第一镐时，庞三就带领大刀会来报复士绅们。拆毁日期三次确定，三次变更。

负责抓捕造反者并将其斩首的官员们同样表现谨慎。他们函告北京，庞三已逃窜，无从寻觅。逮捕庞三肯定会激怒他指挥的大刀会，并推翻官员们始终把大刀会说成是山东的组织，与江苏无关的说法。庞三因此并不担心。他在当地来往自如，和家人住在庞林，忙于他的事情。

庞三无视官府，仍然在逍遥法外。他随时会受到某个有抱负的官员的过分卖力的惩罚、打击。官府对庞三的不容造成对其氏族的巨大伤害，再说，他的氏族对这种持续的提心吊胆感到厌倦。1897 年 4 月初，十八个庞村的村长们聚会，深入研究他们的处境。他们走投无路，唯一的出路就是向传教士靠拢，这个氏族因而整体加入天主教会。几天后，一位氏族代表将四千多个姓名的名单送交禄是遒神父。在下一个礼拜天，本堂神父目瞪口呆地看到三四百个庞家人突然挤进他的教堂，以虔诚的天主教徒身份来参加弥撒。庞三的所有近亲带着庞三的两个儿子都在场。有人断言，庞三本人不久后会致意禄是遒神父。

禄是遒神父面对庞家人不知所措。如果拒绝，庞家便要发动一场战争。但是如果接纳，就是参与反叛官员，某种程度地表明参与了这个氏族的罪行。此外，庞家并非无条件皈化。他们打算像对待官府那样平等地对待教会。艾赉沃神父被紧急请来接待全权代表。艾赉沃神父函告尊敬的夏雷鸣神父："在他们同官员和解、把已没收的土地交给官员、保证遵守本宗教的各项教规条件下，他们要求三件事：(1)保证庞三的生命安全，并让他在其家中自由平静地生活;(2)无条件释放他的被囚的兄长;(3)庞氏的住宅保留完整,从中拨出一部分作为基督徒的学校或教堂。"①

问题棘手,靠艾赉沃神父解决不了。但艾赉沃神父了解道台的想法,道台已公开他的策略。道台宣称:"通过说服士绅,并通过我们的怀柔手段,我们治理百姓比山东的那些人砍一些为首的头要好。"②于是艾赉沃神父将商谈条件呈送给道台。道台远未料到事情发生这样的变化,但是庞氏的屈服从根本上会带来多年的太平,这正是道台最高的祈望。

道台不履行已定的承诺——皇帝的意志和舆论迫使他采取委婉的方式——他答应,眼下不去碰庞林。他还答应,向砀山县令探询释放囚犯庞某的可能性。说到庞三,他皱起眉头叫道:"要他躲得远远的,别让人抓住,因为我们有令捉拿他,如果落到我们手里,再想出去就难上加难了。"③

这是用另一种方式说明事情已经了结。天主教会已顺利地与其昔日的敌人和解。百姓感谢艾赉沃神父的调停,将他们从内战中拯救出来。西北部村庄的动荡自从获悉他的活动的结果后平静下来。在 5 月中,县令释放了人质。庞三消失了一段时间,然后越来越放心大胆地住在自己家中,逗留的时间也越来越长,最终重新取得了社会地位。

庞三不隐瞒他的皈化,福音在他的氏族村庄传播,他与禄是遒神父的关系密切,他也经常去慕道班,这在侯家庄和县里产生了巨大反响。但是,作为宣传的效果,还是倪怀纶主教在 1897 年秋的到访最大。

倪怀纶这位高龄主教,当时七十三岁,他不想在离开人世之前,没有跑遍在他主教任期内开放的并如此令人不可思议发展起来的地区。他无视必然的劳顿和可能遇到的危险。传教士们已向他如实说明情况。中国地方官府也不十分确信这样的旅行时机是适宜的,但官员们在送给总督和法国领事的报告中,却极力吹嘘当地一派和平安宁,这让倪怀纶主教抓住他们的话柄。

10 月 23 日,倪怀纶主教的行船圣玛利亚号在蜿蜒曲折的大运河上航行了三周之后,将他带到微山湖南端、距徐州仅十来法里的一个小码头。三四十人的仪仗队在码头迎接他,以便第二天更加热烈地迎他进城。

主教大人在座堂院内刚一下轿,即受请赴五十人的宴会,随后官府人员、总兵和士绅们鱼贯而入。护卫队、宴请、盛大的拜访都自发地来自道台。倪怀纶主教和传教士们一样,既未料到如此热情,亦未料到一次普通的坚振巡行竟有如此辉煌的开端。艾赉沃神父写道:"(主教大人)惊讶不已,这预示接下去会更精彩。明天,总兵和道台将荣幸地自我炫耀,每人派遣一支马兵队和步兵队径直护送到马井。命令已下达到各县令和营地长官,以相同的礼遇护送全程,一艘炮舰护送圣玛利亚号从丰乐村到宿迁。"④

为了顺从主教的心愿,马井的传教士郎本仁神父不准备举行任何张扬活动,甚至不放鞭炮。更有甚者,为防止任何不合习惯的攀比可能引起官员们不快,只有领洗者应邀出席

① 艾赉沃神父致尊敬的夏雷鸣神父的信,1897 年 4 月 12 日(AZ)。
② 艾赉沃神父致尊敬的夏雷鸣神父的信,1897 年 4 月 12 日(AZ)。
③ 艾赉沃神父致尊敬的夏雷鸣神父的信,1897 年 4 月 21 日(AZ)。
④ 艾赉沃神父致尊敬的姚宗李神父的信,1897 年 10 月 26 日(AZ)。

仪式，任何人不得留宿座堂，通知慕道者们在确定引见他们的日期之前不要来。

然而，官员们自己在推波助澜。他们都似乎打算在主教所到之处大张旗鼓地宣扬，并鼓动基督徒们模仿。从马井到戴套楼，一路上举办一系列声势浩大、震耳欲聋、五彩缤纷、热情洋溢的迎接活动，使之成为凯旋式的访问。

11 月 6 日早晨，扈从的队伍一眼望不到尾，基督徒、坐马车的传教士、坐轿子的主教、百十名马兵和步兵，于军号声中，从北岸上路。据郎本仁神父讲述，"每进一个村庄，县令的号手便宣告，有位大人物要路过，大家便跑过来看谁在车上，谁在轿子里。没有一个地方有人说坏话，处处都是最崇高的敬重。梁寨(音译，Leangchai)正逢集市，于是形成几千人的人墙。稍远一些，人更多，戴套楼的卫队和丰县县令的马队一小时前就同基督徒的一位代表在那里等待我们。(旌旗、鞭炮、枪声、音乐，等等)据说，场面壮观，人们说：这是总督来了。进戴套楼时非常喧闹"①。

大部分天主教徒、异教的士绅们和无数看热闹的人聚集在村外相当远的大路上。主教的轿子在飘扬着彩旗、散发着尘土气味的密集人群中挤出一条小路。接着，乐队打头，在枪声、各种花饰、鞭炮声、一群给人好感的中国人发出难以描述的喝彩声中，受鞭炮声和激动情绪感染而极度兴奋的主教大人走进汤执中神父的住宅。

在这些小村庄，村民的接待必然简化。因此，倪怀纶主教将他的所有时间留给教友们。一个礼拜六，11 月 6 日的下午，倪怀纶主教到达戴套楼。稍事休息后，主教即出现在教堂，为聚集起来的信徒们祝福。翌日，主日全天奉献于祈祷和准备坚振仪式，主教主持隆重的弥撒，然后逐个村庄地接待领洗者，由正式的传道员逐一介绍。礼仪持续两小时。晚饭后，主教在耶稣受难图前默祷，忏悔至 9 时 30 分。8 日，主教大人为一百三十三人行坚振礼，在他们启程返回各自村庄之前为他们祝福。9 日，主教大人歇息。

在其他中心，除一些细节外，程序相同。11 月 10 日，喧嚣和热情在侯家庄达到高潮。倪怀纶主教在如此明显狂热欢迎他的这个地区行进，沉思这令人感动的圣宠的呈现，为欣慰和感激而流泪，他不厌其烦地重复说："真想不到六年前，这儿竟是一无所有！主真是仁慈啊！"

倪怀纶主教忘记了前一年的满天阴霾的几个月，忘记了报告不幸消息的那些电报，他可能以为身在世界上最信奉天主教的国家。因此，他只感受到徐州各处显示出来的这种令人目眩的表面现象，这种极度辉煌的气氛。一个意外事件就要让主教尝到传教士们的家常便饭了，那就是对有威胁的未知情况的焦虑，对不安全的焦虑，对一些危险的焦虑，人们能够揣测这些危险，却无法确定，而且其不确定性本身能让人耗尽精力。

有个大刀会头目因为造反被斩首，他的儿子们为父报仇，于 11 月 1 日杀害了两位德国传教士能方济(P. Nies)和韩理(P. Henle)。为此他们聚集了许多原大刀会的人和匪徒，在犯罪得逞后，把他们拉到沛县北部。他们打算首先向微山湖西部的移居民开战，然后再消灭教会，即沛县、侯家庄和戴套楼的各个传教中心。

在徐州，11 月 10 日人们还不知道这些事件发生。但圣言会韩宁镐神父的一封书信于同日晚将这些事件通知了艾赉沃神父。危险并非虚构。据传，倪怀纶主教甚至已成为

① 郎本仁神父，1897 年 11 月 12 日，载《哲尔济书简集(1898 年)》，第 45～47 页。

凶手的特定目标。

倪怀纶主教到达侯家庄，被人们安排的空前绝后的接待弄得筋疲力尽。人们原想瞒着他直到次日，但同行人员将情况告诉了主教的私人传道员，后者吓得语无伦次，对主教吐露抑制不住的恐惧。他的愚蠢的报告充满无稽之谈和不实之事，让主教摸不清头绪。尤其是在这天下午，主教还以为迫害远在天边呢——后来，艾赉沃神父不得不将情况告知主教，主教跟他推心置腹地说，自从最初几年在卡宴(Cayenne)[①]任主管神父时起，他就预感到要成为殉教者，而且他认为可能出事之地非徐州莫属。神父们都没能消除这种感受。

然而，已确定的路线未作任何改变。但是，丰县和砀山的县令加强了护卫。甚至有庞三带着两个儿子来迎接主教大人，在回戴套楼的路上，庞三派他的壮汉们在主教的轿子周围组成人墙护卫。

大刀会被微山湖的移居民们打退后，在丰县北部十法里处扎营，在那里招兵买马。所有村庄都动荡不安。人们谈论的都是德国传教士凶杀案，针对官员和天主教的阴谋。丰县县令征集了乡勇，汤执中神父按作战要求加固了围墙。但是这些令人不安的征兆丝毫未减弱天主教徒们的激情。

在庞家的护送下，倪怀纶主教于 11 月 17 日回到戴套楼。在“洛克”颇受煎熬的不安心情已平静下来。艾赉沃神父写道：“现在，主教大人很好。他的身体非常好。他对他所看到的一切表露出惊奇、欣喜、热情。因来自山东的不祥传闻产生的殉教想法也烟消云散。各地的官府和军事官员们、士绅们，还有我们不得不加以约束的基督徒们，都竞相为主教大人举行意想不到的凯旋般的接待仪式。”[②]

接着，11 月 27 日访问沛县之后，“直到在最西部结束，一切进展顺利。段神父在沛县县城为四十四人，在丰乐村为二十三人举行坚振礼。在主教上岸度过的最后两天里，他身边有处于戒备状态的三十多名马兵和近一百名步兵，且不说几百个梭镖、长矛、砍刀、大戟、旌旗、枪支等等，段神父的教徒们得意扬扬，在主教大人的轿子周围炫耀风光。主教大人既从未看到过如此场景，甚至也未梦想过，而且没有发生一点骚动，没有产生一点混乱”[③]。

圣玛利亚号当时同道台派遣的载有部队的炮舰在大运河上航行。嶂山、埝头、睢宁、康池的人前去迎接他们的主教。我们在上面已描述过这几处的破败景象。基督徒不像在西部按村庄组织起来。他们还更贫穷，因此，节日的光彩略显逊色，而且官员们须承担全部费用。

进入睢宁使艾赉沃神父特别开心。当天他写道：“在那几年，我生活在睢宁城里，像个死人被禁锢在铁圈内，我们以忍耐和毅力获得胜利。铁圈被粉碎，作我棺墓的围墙被推倒。主教大人在竹笛和乐鼓声中，在阵阵火枪声中，进入睢宁，受到官员们的迎接，始终由皇帝的马兵和步兵护送。这天早晨，在改饰成小教堂的邻家茅屋里，主教大人为二十三人

---

① 卡宴，法属圭亚那的地名。—— 译者注

② 艾赉沃神父致尊敬的姚宗李神父的信，1897 年 11 月 20 日(AZ)。

③ 艾赉沃神父致尊敬的姚宗李神父的信，1897 年 11 月 27 日(AZ)。

施坚振礼。”[①]

12月17日,倪怀纶主教登船前往上海。他在徐州的访问历经五十五天,从容不迫地参观了各个中心,鼓励神父们,举行了八百四十四次坚振礼,为马井、侯家庄、戴套楼三座教堂祝福。此外,他几乎接见了所有的受洗者,几千位慕道者,与中国地方官府密切接触,为1900年以后教会将享有的重大和解奠定了基础。

至于精神方面,影响巨大。当然,人们不能确定主教的访问对随后的皈化的作用有多大。与迫害相联系的圣宠、不久后天主教对百姓产生的特殊吸引力,同圣灵如此慷慨赠予的布施一起,形成了一股强大的合力。因此,我们不要再分割这三种因素。而且,甚至根据主教主持的坚振圣事,他已经开始完善神圣活动,这是一项完美、巩固、在他巡访后释放出热忱的活动。所有年度纪事都记载了这点。

纪事还记述准备施洗的工作在加速,并将此归于同一原因。并非因为传教士们需要更少的才能,亦非因为他们有随意让数字扩大的虚荣心。教理的宣传并未被忽视,选择也是严肃认真的。而且在更多的慕道者身上,动机更早地得到净化,诚意更快地表现出来,所以信仰在更短的时间内更明确地显现出来。

这里,数字能说明问题。1896年,天主教徒首次达到一千名。1897年,达到一千五百名。从1898年开始,在每份新的统计表上,千位数都在增加:两千二百二十四名,三千四百二十二名,四千二百五十五名。1901年,义和团运动爆发后,达到五千零四十六名。侯家庄领先(有一千二百五十名受洗者),马井(九百六十五名)和戴套楼(九百五十七名)紧随其后。宿迁有八百三十一名,后来者沛县七百一十五名,从下一年起,它将追上它的先行者们。

学校的数量可能更好地说明传教士们所付出的努力。从1896年的48所增加到1901年的二百五十七所。同期,传教团聘用教师三百名,而不再是六十名。

坚守洗礼要求的宗教仪式是显而易见的。十分之九的人过复活节,在1901年动荡不安的年份,有一万三千多名虔诚的领圣体者,达到领圣体年龄的有三千四百六十人。路途偏远妨碍了大多数天主教徒每周去中心。不过,到礼拜日,教堂都挤满了人,各村依次每月来一次或两次。传教士则按期在堂区的小教堂举行弥撒,年度讲道,看望病人和残疾人,因此,所有领洗者对传教士的主要职责都表示满意。

随着天主教家庭的增多,传教士们增添了合作者,监督必然松懈,因之出现诸多问题。

大多数传道员来自其他省。有些人毫无价值,或关心官司远超过关心宗教。应该清退有害的、无能力的人,用为从事这项艰难的职业生涯受过训练和教育的当地人来取代他们,因此要在传教区内创建一所师范学校。这项计划后来实现了。

董师中神父在嶂山尤其苦于缺少称职的传道员,1897年末,他将在堂区学校招收的二十五名学生集中在马井。他们因其道德和智力素质被选中,打算让他们进行两三年适当的知识学习,尤其是宗教知识,以后让他们在修女学校传授。这个小尝试经历过起落。1898年6月,郎本仁神父非常满意。他写道:“(学校)有三十来个孩子。学校已提供两名或三名优秀的传道员。留下来的脾气好,很单纯,非常温顺,非常懂礼貌。他们多数人比

① 艾赉沃神父致尊敬的姚宗李神父的信,1897年12月12日(AZ)。

现在为我们服务的大多数传道员都更有教养，我甚至相信，除一两个外，比所有传道员都更有教养。在（中国的）古典派文人看来，他们不是卓越人才，我认为这不必遗憾，但是他们能按格式书写信札，这就是所需要的。

"截至目前，纪律稍有待改进。老师们尽管愿望良好，由于教友是新入教的，不了解学校的各种传统，而且学生们过多地在家中生活。我们曾有过一位在镇江培养的老师。但愿他能提供良好的传统。"①

镇江的老师做得非常出色。他讲授天主教义令人钦佩。1898 年 9 月接替郎本仁神父的吕神父（P. Bastard）也着手此事。每天他去上宗教课。孩子们流利地复述礼拜日教堂讲道的内容。简而言之，将会有精英人才，神父们将不再为此苦恼。

1900 年有另一种说法。吕神父曾病倒。学校被委托给一位无能的老师后便瘫痪了。吕神父报告说："学校由新学生和新老师重新组成，他们满怀诚意，但缺乏正确的纪律观念，这种观念不会在异教的、甚至已皈化的文人头脑中萌发。吕神父需要老练的基督徒、高度自觉的助手，在基督教学校受过培养，能完全献身于培养青年的事业。"②

这种急躁情绪发自善良的本性，但站不住脚。中国教师怎能讲授他们未学过的、教育他人、强迫他们遵守既定规则的技艺呢？他们按一种完全不同的方式塑造他们，不顾吕神父批评指责，一直深信人们还没有发明出一种方法比他们所熟悉的方法好。为了将这专业传授给这些皈化者学子，首先要有职业教育家。1899 年，艾赉沃神父要求给马井师范学校派几位华人修士教员。尊敬的姚宗李神父答复艾赉沃神父说，已将您列入有此要求者的名单。艾赉沃神父还要等三年。

男生师范学校虽不完善，而且不稳定，但是仍然显得重要，它由玛利亚小兄弟会管理，不久将提供相当可观的支援。对宗教教育几乎普遍很迟的女生师范学校来说，难以找到教师。神父们认为，西部的工作岗位对设置献堂会修女太暴露，可能遭受危险。河南的修女们，更有文化或更自由的、领洗家庭的几位母亲负责女慕道者，但远不能满足任务之需。经过几年不懈努力，传教士们足以应付急需。1901 年，他们维持了五十一所学校，有六百多名女生在校学习祷文和教义。考虑到过去必须绕过的障碍，取得这样的结果已经很了不起了。但这是一个没有前途的结果。神父们承认这点，他们为此颇有怨言，但是并没有找到补救办法来应对因传教事业的发展而趋于严重的局面。

人们把大多数人员缺乏的情况归咎于各方面同时发展太快。当五十几个村庄同时需要传道员时，当几百人在一起准备开办闭门慕道班时，当必须立即应付无数其他正准备参加的人时，怎么办？没有任何可以满足这种需要的储备力量。而且日常工作过多地使传教士们分心。艾赉沃神父将这种情况上报主教。"徐州传教士们必须同时担任老师、传道员、设计师、泥瓦工、细木工、采购员、守夜人、钱庄老板、承包商、农场主、治安法官。他必须天天，而且几乎同时出现在教堂、学校、慕道班、他的房间、塔楼，在城里与官员交涉，在乡下同农民在一起，眼睛和手无处不在，为众生无所不为，竭尽全力为天主赢得尽可能多

① 《马井圣婴善会纪事（1898 年）》（*Relation de la Sainte-Enfance*, Matsing, 1898, AZ）。

② 《1900 年马井年度纪事》（*Rel. Ann.*, Matsing, 1900, AZ）。

的生灵。”①

圣宠好像是为了加重其合作者的工作，似乎喜欢在远离座堂的地方让人震惊。戴套楼区出现了几个大教徒村，但是距本堂神父的住所十五至二十法里。在沛县，在微山湖岸边和县的北部，人们表现出极大的热忱。在砀山县（徐州）也出现同样现象。艾赉沃神父在城里没有一位天主教徒，而皈化人群从西北部二十至二十五法里一下子涌来。未来大运河沿岸也必将出现同样的景象。传教士为了临终涂油礼、监管学校、在教堂举行弥撒，将他的大部分时间花在路上。不管怎样，探访的间隔时间过长，每次时间又过于短暂，他不可能指望将教徒提到很高的水平。在这样的条件下，几乎不可避免的冷漠迟早会到来。

感谢主，情况尚未达到这种程度。因此，艾赉沃神父要研究其堂区的宗教地理学，修改其论据，以获得新建中心的配置，以免措手不及。在上海，尊敬的姚宗李神父承认有必要压缩网点，但是只要最终的位置不明确，他发送津贴、派遣传教士就犹豫不决。他发现，直到目前，各种机构是漫无目的地冒出来的。考虑到未来，如果选择比目前的不重要的村庄更具战略意义的地点，可能会减少工作量，节省钱财。

一些传教士，包括董师中神父，没有少责备艾赉沃神父忽视比农村较少动荡、神父可以施展更大影响的城市。② 他们忘记了，艾赉沃神父并非总能实现他的一切愿望。1896年以前，城市是难以进入的。其次，有一个因素使问题复杂化，这就是基督徒问题。大刀会在伤害这些基督徒后，还在这些因其信仰被掠夺的可怜人四周不怀好意地游荡，难道传教士要弃他们于不顾，自己去占据更安全的地区吗？如果在奋斗六年后还放弃已得到的地盘，教会还有什么脸面呢？就因为这，艾赉沃神父恢复了戴套楼和侯家庄传教事业。

尊敬的姚宗李神父并不对既成事实吹毛求疵，而要寻求有组织发展的支撑点。如果农村的点缺少适用场地，我们就放弃，在城镇重建。因此为了宿迁放弃了嶂山。然而，对于艾赉沃神父的是否应该离开农村在城镇创建这个问题，他不会轻率做出任何决定，1899年2月12日，姚宗李主教答复说，他宁愿保持现状。在其他地方修建耗资昂贵，而金钱匮乏。继而，现有的房屋又做什么用？尊敬的姚宗李神父向上海的顾问神父们反映了这一情况，他们需要补充材料。根据他们的要求，艾赉沃神父于6月9日在徐州召集西北部的传教士开会，他们全都反对迁到城里，但是认为有必要在城里找个落脚点，并逐步完善，以便稍后让某位神父创建一个堂区。这就是最终人们所采纳的意见。③

在这次争论解决之前，为了促进教会的影响，尊敬的姚宗李神父将庞大的徐州堂区一分为二。1898年8月，他将东部的睢宁、宿迁、邳县三县并入东徐州堂区，委托给董师中

---

① 艾赉沃神父致倪怀纶主教的信，1897年3月22日（AZ）。

② 请阅读艾赉沃神父在董师中神父撰写的他的传记《耶稣会士艾赉沃神父》第79～81页中对看法的辩解。

③ 艾赉沃、段、禄是遒、庄（P. de Bodman）、吕等神父参加6月9日举行的议事会报告摘要：

… Ⅱ. —*An expediat residentias rurales Matsing, Howkiachwang, Taitaolow transferre in urbes … ab unoquoque quaesitum est*：（拉丁文：是否将马井、侯家庄、戴套楼乡下的座堂迁到城里……已询问每个人：）

1. — *An relinquendae vel evertendas et in urbibus reaedificandae sint ? Negaverunt omnes ; tum ne victi videremur, si tam ampla et tamdiu habitata aedificia omnino relinqueremus vel everteremus ; tum quia minus constaret omnia nova materia aedificare, quam lateres et ligna ex Residentiis in urbes longe distantes transvehere* …（拉丁文：遗弃，或者拆毁，在城里重建？众人均予以否决。如果将这么宽敞、这么长久的座堂遗弃或者拆毁，看来似乎不太划算，而购置新材料去兴建，比从远处搬运砖瓦和木材到城里更合适。）（根据保存在徐州的原本）

神父。艾赉沃神父保留其余五县，即西徐州堂区。

这是最适时的划分。自侯家庄创建以来，欣欣向荣的西堂区吸引了人员和钱财，不利于未能建立起来的另一堂区。财力贫乏的东堂区建起十年后，还只有六百八十二名领洗者，除四十三人外，其余都在宿迁县。传教区两翼的自治管理最终使其达到均衡。1897年起雷神父（P. Le Bayon）照管并着力经营埝头。1898 年，睢宁迎来了积极活跃、办事有条不紊的明神父（P. Crochet），三年后将领洗人数从三十四人提高到二百一十七人。最后，次年开放的是邳县。

董师中神父多次需要去邳县办事，在邳县城里找到五十间房屋的房产，于 1899 年 5 月把它买下来。10 月份，汤执中神父开始福音布道。同时，董师中神父的继任者尚全斌神父（P. Storr），然后是 1900 年 8 月被任命为堂区主管神父的朗本仁神父，准备在堂区中央的雄踞于大运河岸边的窑湾设点，1900 年初，这里取代宿迁成为主管神父的座堂。

人们看到，东堂区想追回失去的时光。尤其在 1901 年后，经过最初的开发，发展将会显而易见。届时人们会发现，圣宠之风虽然没有在比邻堂区吹得猛烈，但仍然会感动许多心灵和热诚崇拜者。在西堂区，预料将分成两个中心，具体是戴套楼和侯家庄，因此，传教士们要规划某几个选定的基督教徒村作为今后的中心。

幸亏尊敬的姚宗李神父有眼力，他手下的人有能力，因此 1901 年的和平以及随之而来的慕道者不同寻常的涌现未让传教士们措手不及。

第八章　搏斗苍龙（1896～1901）

经过半个世纪，天意的安排很清晰地显现出来。这就是，迫害，教会显示力量，迫害者皈化，主教凯旋般的巡访，这么多对异教民众的诱惑，这么多预示更加美好的未来的征兆。传教士们已预感到这一点。他们的信念再明确不过地向他们指出天主所选择的道路，他们的热忱无所畏惧地倾注其中。当然，他们不曾预料到其中出现的种种曲折，发生的件件意外。他们不是先知。但是，世俗助手的招募和对他们的强化培训，土木工程，发展规划，为利用光明时代而不间断的努力，所有这些表明，传教士们已从天天发生的有利或不利的事件的乱象中，辨清天主指出的大方向。为此，他们提前按照这个方向行动，期望在有时看来没有任何希望的情况下，他们的工作条件不久会得以改善。

再说一遍，必须有坚强的信念。因为，虽然过一段时间看，他们的事业历程似乎是连续的，但是如果近看，它却被一些考验、意外事件、障碍、苦痛中断。一种更多人性的睿智，一种较少超自然的眼光，可能是自欺欺人的。

说实话，传教士们为其传教成功付出了昂贵的代价。抵抗官员、匪帮和大刀会已不足为惧，幸亏这些宿敌已是强弩之末。他们必须强有力地同比武装袭击更危险的邪恶、同某些传道员的贪欲、同为满足私欲或报仇而效力教会的、不相称的基督徒作斗争。

因为基督徒们很伤心。他们损失了家具和牲畜，使流氓恶棍发了财，掠夺他们的人以他们的食物养肥了自己，而他们却因饥饿而死亡。既然现在天主教方面有力量，教徒们就难以理解神父们拒绝支持他们的正当要求。传教士们谴责各种通过暴力追索的企图，而一件意外事件将证明这一决定是明智的，况且几乎全体基督徒都服从这一决定。

艾莱沃神父已通告砀山和丰县的县令们，他不会对盗取神父财物的窃贼提出任何诉讼，但神圣的教会的面子要求归还在座堂的邻里可能找到的物件。官员和士绅们都已同意这一原则。因此，汤执中神父允许在他家值勤保卫的兵勇们搜寻被人掠走而失散的家具，甚至让他们由一对天主教徒夫妇陪同行动，进行辨认。

门、窗、桌子、板凳、座椅像变魔术似的回来了，且未付一文钱。汤执中神父欣喜若狂。但他从未料到正在密谋的一切。有人先让汤执中神父大致了解到事情的经过。但不久，自然未告知汤执中神父，有人打着他要收回财产的幌子，索要本属于天主教徒的粮食、耕牛、衣服……强盗和窝赃人应该退赃，还要贿赂衙役们，以堵住他们的嘴。接着，衙役们敲诈勒索为了自卫曾参加大刀会的家属。最后还勒索完全无辜的异教徒，某些异教徒变卖土地，以避免惹上官司。而这些事情始终是以汤执中神父的名义干的。受害者对汤执中神父和被认为是其雇员的人的积怨在增加。他们多次痛打兵勇和同谋的基督徒，后来还扬言要烧毁座堂。愤怒情绪高涨，竟使人们担心大刀会会卷土重来。

一些谨慎的异教徒想出了好主意，与许太平建立联系。许太平未参与这种诡计，他坚信汤执中神父不知道手下人的所作所为。于是人们向他诉说情况。有人将已查清的被骗钱财的总额，以及将钱装入腰包的人的名单告知汤执中神父。几位士绅和15位村长还提供了更完整的细节。过错严重。如何补救呢？将那些兵勇辞退给县令，县令惩处他们，并书面承认他的人员有罪。至于基督徒，汤执中神父谴责他们，结果连最狡猾的异教徒也供认，在这个案件中，他们和基督徒一样欺骗他。

这种敲诈行为在戴套楼被制止了，但在未曾遭掠夺的马井也再次发生。郎本仁神父的一名工友张天宇（音译，Tchang Tienyu），绰号叫“天不怕”，与其他骗子勾结，对大刀会成员强行征税，要人出高价，称他能阻止大能的传教士的报复，他宣称这种报复即将发生。“天不怕”暴露了，被清除出去，该人为丰县县令效力。在其他愚蠢行动中，他在丰县纠集了一伙土匪，其中还有基督徒，他们行动时，脖子上都戴有念珠和圣牌。

勒索和抢劫只是使极少数迅速被逐出教会的个人走上歧途。一些诉讼案件却并非如此。它们成为真正的瘟疫，危害徐州教会直到1911年。

诉讼在当时是使一个人破产的最直接的手段。无论被告是否无辜，要想挣脱衙门的魔爪，只有被搜刮干净，耗尽钱财，其财产被抵押，其家族长期负债。这是使小房地产主恐惧的事，是一大批诈骗者进行的有效的恐怖活动，诈骗者中大多为无业青年，以串通衙役或公堂书吏为生。揭发以往的违法行为，捏造罪行，将小过失变成有证据和有证人的重罪，或者解除犯人身上已经紧扣的枷锁，使板子打在罪犯身上不痛不痒，使证据最确凿的控告大事化小，小事化了，这些对他们而言乃是小事一桩，有钱就行。

人们就是为了躲避这批败类才涌向教会。然而传教士们已觉察出其危险性。

艾莱沃神父于1897年6月写道：“一般地说，可怜的民众，尤其是我们的无奈的新教友如此经常地成为大人物、富人和官府所有雇员的不公正行为的受害者，以至于我们使案件得到处理所依据的相对公正性令许多人忘乎所以。我们的此前一直过着悲惨生活的基督徒们刚刚走出困境，就为了区区小事进行报复，让异教徒们为其往日欺侮基督徒的行为付出昂贵的代价。这些日子有人向我提到一个城市，在该城里不仅有领洗的基督徒，而且还有刚会划十字的慕道者们，公然拿着念珠、圣衣和圣牌沿街游逛，把念珠、圣衣和圣牌当作护符，甚至吓人的怪物，来对抗公堂的衙役和向他们寻衅的异教徒。如果他们只是为了防守，这些尚可忍受，但对中国人来说，从防守到进攻，到个人报复，到不公正，只有一步之遥。天主为使我们免遭这种灾祸，让我们的神父竭力防止它发生，比遭受公开的迫害要好。”[①]

如果神父们对无理取闹的天主教徒能无情地拒绝给予任何援助，就将免去多少烦恼，而天主教徒将会免去多少丑闻！然而这是不可能的。前面我们发现，许多案件牵连到教会本身。如何保持中立？怎能任皈化者被极不公正的判官、不知羞耻的贪婪的衙役或村里的小暴君的欲望宰割呢？

况且，无人怀疑传教士们有保护天主教徒的权利。根据当地的观念，以权势和本领为成员谋利益是社团首领的责任。因此，丑闻并非来自干预，而是来自违反规则、出于不公正的理由进行的干预。

无须证明，没有一位传教士会故意支持一桩不道德的案件；相反，在异教徒一方，人们一直承认神父们真挚可靠和大公无私。但有些人有时会辩解太快，未完全掌握他们所述的内容。基督徒们对神父像对官员一样，常常不讲真话，只讲对他们有利的话。作伪证是常见的，而且毫不犹豫地伪造证据。有人烧掉天主教学校和自己的家，有人甚至打伤自己的家人，然后嫁祸于异教徒仇家，以便向他们索要罚金。所有传教士都或多或少被不道德或不忠实的基督徒愚弄过，他们有时就是这样支持了欺诈性的诉状。

然而，损害教会声望的并不是这些过错。造成特别损害的是借传教士的权势进行走私买卖，尤其是传道员进行的走私买卖，神父们曾不懈地对此进行过斗争。

理由是显而易见的。每天神父们都发现一些有他们签字的欺诈行为。董师中神父给他的主教写道：“人们滥用我们的名义，许多传道员、基督徒、慕道者，甚至异教徒以虚假的借口，声称受我们差遣，干不义的勾当，诈骗钱财，欺压老实人。买卖妇女的人贩子自称是神父的代理人。无赖们借口受神父保护拒绝还债。一些不太严格的传道员靠人养活，借别人钱离开时不还。异教徒们不敢来申诉。”[②]这是一年内一个县的情况。西部的县更糟糕。

传道员们得到的安排比信徒们好。神父信赖的人、秘书和代表是神父与官府之间的调停人，他们的意见很重要。由此他们深受士绅们和村长们的信任。衙门的官吏们平等地接待他们，官员们接待他们如同传教士的受托人，就是说，1896 年后，像贵宾一样对待他们。这足以使不坚守他们的使徒职责的人腐败。因为到处都有人怂恿他们为自己的利益和为准备付钱给他们的人的利益利用这种权势。他们并非所有人，也不是从一开始就违背职责。但虚荣心、搞阴谋的癖好、利欲熏心往往胜过其戒心。一旦陷入错综复杂的局面，诚实正直、良心道德、宗教信仰都不再能约束他们。他们和最坏的衙役一样贪婪。

接下来就轮到基督徒被带坏。他们不向主管人揭露这些传道员，反而保持沉默。士绅们，甚至应该谴责他们的官员更喜欢分享好处。在他们的影响下，很多人报名作慕道

① 《1897 年徐州年度纪事》(*Rel. Ann.* Süchow，1897，AZ)。

② 《1899 年宿迁年度纪事》(*Rel. Ann.* Sutsian，1899，AZ)。

者,不是真心皈化,而是想打赢官司。在短时间内,福音布道室变成贪婪的渊薮,教堂四周弥漫着这种衙门的气息,让正直善良的异教徒们敬而远之,而这些异教徒根据其教导的信仰,曾相信这个新宗教的贞洁廉正。

提醒、劝告、有力的监督、调职、惩处,教会未忽视任何预防措施。神父们经常告诫官员们提防声称以教会名义讲话的传道员或基督徒村村长们,请他们干脆回绝未持有传教士署名的信函的人。对异教徒、在校的孩子、可靠的天主教徒的民意测验久而久之揭露出各种各样的欺骗手段。对渎职的传道者,当即解雇。一些人在丑行败露后,甚至被当众鞭打,并上枷板。

预防措施和惩罚不足以根绝这些可憎的行为,但可阻止这些行为泛滥。尤其是这些措施和惩罚明确地表明教会在这方面的立场,对传教士们知道自己受到的恶意影射作出反应。

最荒谬的指责、离奇的谣传是衙门散布的。传教士们有时怀疑官员们在支持传道员们插手司法诉讼,目的是使教会在民众眼中失去信誉,虽然无确凿证据。不管怎样,县令们、道台本人会轻易地认为,皈化者的特点之一就是找茬儿跟其邻居吵架,老是爱打官司和敲诈勒索。官员们夸大事实,但这不是虚构,暴露这个过于明显的缺点,对不得不掩饰反感情绪的他们也许是个安慰。

总的来说,官府和教会之间的表面的关系还没那么坏。道台和几位县令真心实意地,有时能诚恳地处理这种关系。其他官员一般能遵守惯例:如礼节性拜访,迅速处理传教士提出的事务,维持一个岗哨保护传教士,注意避免过去的刺激性冲突。有两三位县令例外,他们在整个任期内一贯表现恶意。

我们来说说丰县的吴(音译,Ou)县令,他满怀仇恨,而且贪财,是“天不怕”及其盗贼的后台老板。1899 年 10 月,就是他判决丰县的一名天主教徒范天高(音译,Fan Tien-koei)三百大板,因为他坚持忏悔。戴套楼汤执中神父的继任者庄神父经常就不公平情况提出抗议。这位官员每次接待都非常彬彬有礼,表示歉意,对所有要求都承诺满足,最终却从不实践任何诺言。

在沛县,段神父受到的待遇更糟糕。这个县与苦役监狱无异,麇集着盗匪、大刀会、剥削民众的黑心的士绅们,怨声载道。领洗者们被骗取钱财并不比他人多,但他们有办法向神父求助,忠于职守的段神父对他们也有求必应。他频繁地去找官员,揭露罪犯,有恳求,有威胁,也大发脾气……

一切都徒劳无益。从 1897 年到 1900 年,与几位县令发生过冲突,强烈抗议不起作用。县令们不予理睬,听任士绅们随心所欲地报复基督徒揭发者,有时他们本人还借机添油加醋。段神父去找道台,道台则责备他言过其实,管得太宽,有些事他还是不去管为好。“他太偏听偏信,过分发火,在调解基督徒和异教徒之间的案件中过于苛求。”[①]艾莱沃神父不能戳穿向他提出这种评判的桂道台,但因为县令的错误特别严重,于是同意满足传教士的某些要求。

段神父的情况,乍看起来是极端情况,却证实了官员们的态度给人的印象。1896 年

① 艾赉沃神父致尊敬的姚宗李神父的信,1899 年 6 月 11 日(AZ)。

以后，有人嘱咐这些官员要更灵活一些。他们顺从了，但是他们一致首先排除某些让步，即可以带来教会所求的和平的让步。

毫无疑问，官员的协助是宝贵的，但是这种协助只在坏事干过之后，从未在此之前就提供协助。被艾莱沃神父理解为新制度的基础协定和许诺，结果成了一种不确定的修补关系的策略。

所有官员都回避一个话题：大刀会，这是所有话题中最忌讳的。1896 年大刀会犯罪后不久，官员们宣称，大刀会已被消灭。以后他们就不再松口。传教士们要求逮捕主要头目，臭名昭著的作恶者。所有作恶者都无法寻找。传教士们多次揭露，大刀会在农村宣传，在某些县招募了很多人，威胁要毁坏教堂。官员们对传教士们说，别担心，我们警惕着呢。

然而，1897 年 7 月 23 日下午①，三百名大刀会人闯进侯家庄。三天来就有人预报过。村里空荡荡的，所有财产都藏了起来。大刀会人打起座堂的主意，他们知道传教士不在。他们未听到任何声音，未见到一个人，以为可以称王称霸了，于是吼叫着冲了过去。

在围墙的六座塔楼上，县令的三十来名兵勇，依靠同样人数的全副武装的基督徒支援，粉碎了大刀会人的冲锋。第一次射击撂倒五个敌人。其余的便开始小心谨慎，他们多次试图再攻击，但每次都被击退。出于报复，他们放火烧毁村东的那片茅草房。只是到了晚上，他们才带着死者和伤员空手撤退。被包围者毫发无损。

周修旺县令的行为现在能做出解释。作为县令，在攻击前数日他就被告知，假如派遣十来个补充人员，就可以轻而易举地阻止这次攻击。但他毫无举措，然而第二天，他前往侯家庄察看损失，慷慨地奖赏打了漂亮的防守战的手下人员。8 月 15 日，他向艾莱沃神父承诺，为九十八间烧毁的茅草房赔偿八十万铜钱②，一周后在禄是遒神父的监督下，依照每人损失的房间数目，按比例付给基督徒和异教徒。

担心在侯家庄或其他地方再次被袭击，令人不安的谣言持续传播，砀山县有人在聚集，徐州北部和南部发生严重骚乱，倪怀纶主教的巡访等等，这一切对官员们的惰性有所震动。他们为座堂的驻防增添了几名兵勇。在主教巡视期间，为了主教的“脸面”，他们还砍掉了在侯家庄指挥纵火的六个小头目的头。然后他们就等待着。

大刀会也在等待时机。官员们采取的温和的剪除措施远未削弱他们，却激怒大刀会人。1898 年 1 月到 6 月可怕的饥荒促进了入会。义和团练场在增加，入会仪式在公众场合举行。在村庄里，人们开口都是造反、掠夺和杀洋人。

1899 年 1 月 12 日的涡阳暴动在徐州引起直接反响。22 日，礼拜日，戴套楼遭到三个

---

① 在这次进攻的记述中发现日期有很大的出入。艾莱沃神父在其《回忆录》第Ⅱ卷，第 55 页中记载为 6 月 25 日。董师中神父在《耶稣会士艾赉沃神父》中，逐字抄录《回忆录》，但把 25 日写为 6 月 2 日。在禄是遒神父的《年度纪事》(*Relation annuelle*)中是 6 月 24 日。我们在此沿用汤执中神父日复一日，或几乎日复一日写的丰县日志，他当时在戴套楼，同艾莱沃神父一起参加了调查。参见《丰县—戴套楼日志》(*Diaire Fenghsien-taitaolow*)，第 42～44 页。艾莱沃神父在向董师中神父讲述他访问侯家庄的一封信里注明日期为 8 月 4 日，《丰县日志》证实了这点，艾莱沃神父不习惯于为了宣布消息而多等待一个月。根据丰县日志，艾莱沃神父的这次访问是在 7 月 29 日。艾莱沃神父的《回忆录》写为 7 月 2 日。

② 约合八百美元(四千金法郎)。因此，每人每间得到八美元。这是令人满意的。1896 年，更大不幸的受害者只得到两美元。

小时的围攻。那是在庄神父做弥撒时。约7时30分,二百六十名刀民在陈或张崇善(音译,Tchen 或 Tchang Tchongchan)带领下,突然喊起战斗口号,险些占领正门。人们将他们堵在门外。眨眼间,天主教徒们跑出教堂,占领塔楼,从塔楼射出一阵密集的子弹,打退了匪帮。

军营邻近座堂。哨兵已关闭后门,兵勇们刚回过神来,已慌作一团,他们说要在门外自卫。这就是逃跑。在这时,大刀会人用大刀砸门,并在围墙上砸开一个缺口。蒋(音译,Tsiang)传道员对教堂守卫者的不抵抗行为深感不安,幸好,他翻过了小隔墙,用鼓励和许诺,敦促围墙上的四十名勇敢者前进。在塔楼脚下,大刀会人袒露胸膛,嘲弄吓呆的兵勇们,兵勇们甚至没想到使用武器。终于,一声枪响,一个强盗倒下了,其余的四下逃散,躲到邻近的房屋和树木后面。

双方都在期待增援。一位基督徒前去通知县令,驻军不停地射击,远距离地顶住进攻者直到增援部队到达。大刀会人向大头目郭兰亭求援。这位郭兰亭是官员交际手腕之谜,去年他被吴县令任命为天主教传教团的保护人,他想必是一听到神父的求援就及时和乡勇一起赶来。

将近10点45分,无论在家听到双方射击的郭兰亭,还是丰县的兵勇们,均未露面。被包围者射光了两千发子弹。为了打发时间,刀民们点燃周围的以及女子学校的草房。

郭兰亭这时带领百十来人出现。大刀会人急忙迎上前,向他跪拜。但郭和他的随从扑过去,抓住其中十三人,把他们结结实实地绑起来,在座堂的小院落里排成行。在郭兰亭背后,有四十名华山(Hwashan)的兵勇,丰县的马兵驱散了匪徒,他们为其头目一百八十度的大转变惊讶得不能反抗。

11点钟恢复了平静,可是多么惊心动魄啊!防卫的鼓动者庄神父和比兵勇们英勇得多的基督徒们终于松了一口气。傍晚,吴县令到,带着鸦片,他说,如果发现座堂化为灰烬,他就吞食鸦片自杀。他祝贺得胜者,犒赏驻军,夜间提审囚犯早晨,他下令将八人斩首,留下其余五人到徐州再审。大刀会人丢下三具尸体,三个姓陈的,即一个团伙头目及其两个亲属。八十名受伤者有半数不久死亡,而传教区没有任何值得可惜的损失。

赔偿有待确定,包括郭兰亭的可疑行为在内的几个疑点有待澄清。25日,县令和艾莱沃神父在戴套楼会晤。他俩在房间里关门密谈了两个小时,研究局势。吴大人很有一点局促不安。这是他第一次同艾莱沃神父面晤,他与教会的关系缺乏热诚。然而他显得平易近人。他同意六十万铜钱赔偿被大刀会烧毁的五十八间房屋。岗哨增加三十五人,由他装备并支付报酬。

这些初步的细节解决后,他们便谈起圣教的保护人郭兰亭。让我们听一听艾莱沃神父是怎么说的吧:“进攻方众所周知的头目们和被抓住的十三人,公认是他的门徒。[①] 传闻说,虽说不是郭兰亭本人号召大刀会人来劫掠我们,他起码会允诺亲自带二百人来助他们一臂之力。他们被迫撤退了,身心都受到伤害,发誓要在对我们进行报复之前,先向郭兰亭报仇雪恨。官员们实际上知道该怎么对付,如果我非常理解他们的策略,目的就在于加深大刀会人与其在丰县的头目不和。昨天(1月25日),县令和山东总兵在我们这里

① 于贺金(音译,Yu Hotsin),郭兰亭的主要副官之一,他是进攻者之一,受伤死亡。

时，威严的马兵和步兵随从队伍包围着，郭兰亭被召来，他非常尴尬地来到我们的客厅，向其父母官[①]请安。"这位父母官非常郑重地接待郭兰亭，当众赞扬他迅速改变立场并捉住俘虏，他还高声说，非常高兴奖赏郭兰亭十万铜钱(一百美元，相当五百金法郎)。后来，我特别向县令表示对这种举动惊奇时，他只是用意味深长的手势回答我："您要知道，神父，此人目前手下有两千人，地地道道的士兵，而我，我甚至没有两百人可与之对抗。"未来我们将知道这项策略是否正确。[②]

其他县令也可能承认这种说辞，它部分地说明了他们在徐州采取的手法，即半串通、半施压，并迫使我们在评判时减少严厉措施。官员们不再只是掌握权势，他们也生活在两种恐惧之中。

他们担心传教士们受到粗暴对待会使他们遭到斥责、罚款、丢掉乌纱帽。而在戴套楼遭袭之后，他们可能更害怕势力超过一般团伙势力的大刀会。大刀会这帮坏蛋不久以义和拳闻名，很快便发展到全国。他们在发源地山东受到官府的赞扬，他们毁坏数百个基督徒村。他们的暴行带有爱国色彩。他们声称，要报德国人占领胶州之仇，保卫受到基督徒和洋人威胁的清王朝。义和拳从山东扩散到河北(当时为直隶省)，聚集坏人，通过一条火与血的路，直奔京城。

有人说，从 1900 年初起，北京每天有四万人在住所操练他们偏爱的武器——大刀，他们在公众场合炫耀他们刀枪不入的本事，端郡王是这种滑稽的邪恶行为的教唆者，他说服太后凭借义和拳摆脱洋人。太后犹豫不决，最后，她还是命令所有总督在他们进行圣战时将其力量与义和拳结合起来。

南京、汉口和广州的总督看得清楚。他们拒绝执行谕旨，甚至指示下属不仅要注意外国人的安全，而且还要遏制辖区内的骚动苗头。因此，在华北如此暴烈的迫害，几乎没有祸及华中和华南各省。

徐州如此靠近义和拳发源地，已受其宣传的损害，不会完全避开当时控制了中国人的狂热。官府如果采取更坦率的政策和更积极的监督，本来完全可以防止灾难。但是官员们——是害怕？是缺少兵勇？还是同情革命的思想观点？——他们在拖延，指望这些善良的拳民不会把他们置于太恶劣的困境之中。然而缺乏远见就要付出昂贵代价，对他们的钱袋子来说，保护乡下的座堂比重建要好。

因此，1899 年 3 月 13 日，道台贴出告示，取缔大刀会(年初时他曾答应过一次，但神父们从未见过)。十天之后，艾莱沃神父获悉，道台不满足于这项更确切地说是理想化的预防措施，而指示县令们用土墙将传教士更加暴露的戴套楼、马井、侯家庄三个村庄围拢起来。事实上，这项工程不久后便开始了。

始终是权宜之计。关键是没有捉拿义和拳的头目，关闭其习武学校，赶走山东来的在村庄里进行煽动的传授者，保护随时有可能受到迫害的千百名天主教徒。官员们事先透露，他们容忍骚乱的底线是不要伤害洋人及其昂贵的建筑物。义和拳知道这个底线，但是他们的贪婪始终不接受这些约束。

① Fou mou(父母)，百姓的父亲和母亲，民间对官员的称谓。

② 艾莱沃神父 1899 年 1 月 26 日的信，引自董师中耶稣会士《耶稣会士艾莱沃神父》，第 90～91 页。

1900年夏季，徐州发生的事件只是北方教堂在当时遭受无情迫害的蹩脚模仿而已，但是造成的骚动、恐怖并不逊色。对1896年的回忆，确信官员们希望皈化者破产，义和拳的人数和残酷性，从山东、北京和各地传来的恐怖可怕的谣言，称村庄被毁，基督徒在教堂被烧死……所有这一切在皈化者中间引起惊慌。更糟的是，半数以上的传教士不在当地。

到6月中，西堂区的艾赉沃、吕、段等神父，东堂区的明神父、雷、潘(音译，P. P'an)等神父乘船去上海。[①] 每年夏天，传教士分两批轮流去，为期一个月，共同生活在上海或五河。因此，旅行对习惯这个惯例的基督徒来说，没有任何令人不安的含义。但是不祥的消息传来时，第一批神父正巧出发，这足以使神父们逃避斗争的谣言传播开来。不日之内便有人宣布，人们也会相信，神父们都在镇江被杀了。

和通常情况一样，东堂区的基督徒们受到一点威胁，很快就完全不知所措，他们不习惯近十年来西堂区发生的那种严重的动荡不安。甚至在还没有看到一个拳民之前，嶂山的天主教徒就在警卫的马兵帮助下，洗劫座堂，烧毁宗教画像，藏匿弥撒桌。一两家信教家庭还发表背教言论。在隶属宿迁的另一教区扒沟，官员说服领洗者拆毁他们的礼拜堂。他们曾建造整座礼拜堂来证明忠于他们的宗教。不久之后，那位官员书面承认他是担心骚乱，承认他犯下了罪孽，保证重建已毁建筑作为惩罚。

在别的地方，在睢宁、邳县、埝头和在宿迁城里，人们只感到恐慌，但是一种巨大的恐慌，一直持续到获悉官员的态度。这些官员十分冷静，抵制大操练。他们立即占领座堂，拒绝对天主教徒的任何控告，因而迅速恢复平静。在邳县，在汤执中神父不在的情况下，基督徒们继续去教堂，甚至在随后几个礼拜日里，有少数新教教徒加入进来。9月14日返回的郎本仁神父于10月初独自与他的一名传道员在乡下巡访。汤执中神父亦是如此。

西堂区的皈化者确实有正当的理由担惊受怕。他们的周围都是拳民，已经看到这些拳民在行动。因此，刚有征兆时，他们就将财产藏匿起来，很多人躲避到城里或离家去南方。在他们占多数的几个村庄，同异教徒一起组成乡勇队。这是官员和传教士向讨教行为准则的天主教徒出的主意：与邻居相互沟通，就地自卫。在“岩石”，环神父(P. Bondon)敲响集合鼓。百余名天主教徒与县令的兵勇会合。吕神父还通知环神父，戴套楼附近的教众已整装待发，如果敌人来犯即去支援。

因为拳民正准备决定性的攻击，同时攻击西部所有的座堂。日期已确定。只等待指示。是徐州发指示。

> 基督教新教的传教士已经离开城里，格埃医生(Dr. Grier)、他的妻子和他们的女儿伊莎贝尔除外。他们教堂的一位成员，电报雇员提醒格埃一家不久会发生的危险，他们甚至还想留下来不走，但是，皈化者们担心，格埃医生一家不走会使拳民更残暴。在他们的恳求下，请教官员之后，格埃医生一家于7月9日早晨前往宿迁，他们的同道业已撤离。他们从宿迁，经大运河，到达上海。
>
> 他们在徐州的财产由于县令在大门上张贴充公封条而幸免于被掠夺。同是这位

① 环神父在侯家庄，吕神父在戴套楼，而年轻的吴神父在徐州的座堂，他们坚守岗位，尚全斌和汤执中二位神父在宿迁，他们在7月17日才离开。

县令策划劫掠了这座天主教座堂。[①]

因艾莱沃神父不在，座堂就由中国人耶稣会士吴神父照看。7月9日，将近早晨10点钟，我们援引环神父的话："吴神父派工友到门口买西瓜。顾客很多。工友付了三个铜钱，小贩在因为忙忘记了已收钱，他叫回工友讨钱。工友则坚持说他已付。这样就发生了口角。附近一家店铺出来五个人干预，扑向工友，把他痛打一顿。

"此事以调解结束。工友返回。吴神父根据工友的述说，派人要求对方作出解释。三位聚在店铺的士绅蛮横无礼地回答。

"所有的店铺即刻打烊，人群聚集在座堂大门前，开始要破门。吴神父让人关闭所有的门户，赶忙吞掉圣体。不久，大门被砸开。吴神父想从厨房墙上逃走。但匪徒们已占领邻近的院落，叫喊着'打死他！打死他！'吴神父只得爬上顶楼，撤掉身后的梯子。在三刻钟内，他在顶楼上听到玻璃、家具、门等在众人的叫骂声中砸得粉碎；他从窗户看到，人们从隔壁的房间里搬走箱子、家具等，部分从大门，部分从墙上。成千上万的人涌进座堂。兵勇们无动于衷地目睹着。他们所能做的一切就是封锁附近道路的出口，以此阻止事态扩大。

"道台闻讯亲自赶来。他要一份被砸或被抢物品清单，答应全部赔偿。由于有孩子和几位女教徒在场，孩子的母亲们火速赶来，只有学校未受到破坏。只有一个狂徒冲进来，咒骂了几句后离去。主庇护了他们。"[②]

吕神父1900年9月14日的一份纪事认为军队具有更积极的作用："当一切几乎结束时，官员们坐着轿子来到。由于他们是从西部来的，一位负责地区卫队的金大人（音译，Kin），正式受道台委派，在艾莱沃神父不在的情况下，将吴神父的报告转交给道台，他对着愚蠢的掠夺者喊道：'滚到东边去，你们这帮蠢货，你们不去跪拜道台却连累道台。'官员们在总兵到来之前，是掠夺的'软弱的'见证者。总兵拔出大刀，喊道：'还不把这帮流氓砍了！'门太小，逃跑的人一下子出不去，便丢下碍手碍脚的家具。勇敢的总兵啊！多亏他，我还能有我的好骡子骑。有个人抢到这头骡子，牵到了街上，又改变主意，觉得返回来给驴子套上鞍子更好。他还未踏上脚蹬呢，就不得不丢下骡子逃跑了。"（AZ）

在戴套楼，就在7月9日这一天，两位异教徒通知庄神父，义和拳次日要来袭击他，他们已经在距他家四法里的石仓（音译，Chech'eng）集结。稍后，尚全斌神父的一封信根据法国领事的通报，劝告庄神父，如果形势像人们对他说的那么严重，就撤到一个码头。最后，2点钟时，庄神父的一名信差报告庄神父，两支正规军要来占领，正向"岩石"进军。

庄神父对外界发生的事一无所知，茫然不知所措，很想了解到主教的指示后再行动。为防备袭击，庄神父用四十名天主教徒加强其座堂的驻防，然后他在瓢泼大雨中前往徐州，从徐州他可以向上海发电报。他在金刚集（音译，Kingantsi）过夜。次日早晨，庄神父在路上遇到几位异教徒，他们向神父讲述了徐州的掠夺情况。这时他们还不晓得吴神父的情况如何。

① 参见汉密尔顿（Hamilton）《荣耀的一生》（*Glorious Living*），第50～55页。

② 庄神父1900年7月11日的书信，引自董师中耶稣会士著《耶稣会士艾莱沃神父》，第99～100页。

庄神父在将近3点时到达城里,在一间已然无法居住的房子里,在破烂堆中找到他的同道,城区内还有隆隆声。围墙上的布告煽动民众杀传教士。道台派的护兵们也表现得傲慢且充满仇恨。

两位神父一无所有,连床都没有,他们要求道台接待,道台同意接待他们,同时劝告他们尽快撤到上海。庄神父向道台表明,他们的去留取决于他的上司,他正等待命令。答复他们的电报于11日早晨到达。电报写道:"你们留下来。"庄神父立即通知道台,并于翌日晚,返回戴套楼。

义和拳未离开石仓,他们在寻找机会。入伙者们在西部的其他座堂周围集结,但是这些堡垒的威严的外貌和官员们不确定的反应,使他们直到此时还停滞不前。在徐州劫掠时,官府的态度对他们是有利的。

7月15日,两位神父奔赴有几个兵勇和二十几位基督徒守卫的马井。这些教徒成功地经受住首次攻击,还捕获十一名袭击者。夜里发生了更令人不安的猛攻。午夜时分,县令率领队伍赶来时,子弹箱几乎空空荡荡,人员精疲力竭。县令捉到另外七个俘虏。匪帮的残余部分带着伤亡人员逃到隐蔽处。在战斗中,义和拳火烧围墙附近的六十间房屋。但是他们失败惨重,放弃了再杀回来的念头。道台派遣的一支二百人的队伍足以在萧县维持相对安宁。不过吕神父失去了四个乡下礼拜堂,许多基督徒破产。

侯家庄形势严峻,但不无希望。坚固的座堂不必畏惧义和拳的主要武器大刀和长矛。义和拳包围了广场,仅此而已,他们蹂躏了四周的基督徒村。根据拳民焚烧距侯家庄二法里的唐家集礼拜堂和村庄的征兆,环神父派了一个年轻的乞丐去打探情况,这个乞丐向神父报告,纵火者就在已破坏的礼拜堂院里露宿。二十位基督徒和十四名兵勇在一位士官的指挥下立即出发,突袭纵火者,杀死其中许多人,砍伤大头目魏某(音译,Wei),士官割下他的脑袋。

在砀山县和丰县的义和拳操练场,狂热已达到极点。人们准备一场惊天动地的报仇,而且不久无数的入伙者带着火炮和装战利品的袋子到侯家庄聚集。突袭定在7月28日。但是后来又不得不推迟,因为27日的倾盆大雨耽搁了集合。而在大雨过后又迟了,因为徐州的一百五十名兵勇控制了座堂,使拳民夺取座堂的希望全部破灭。侯家庄得到解围。

一次幸运的救援同样解救了义和拳袭击的第二个目标戴套楼,他们打算在夺取侯家庄之后突袭戴套楼。一支数百名谋反者的先锋队在东部和西南部各村庄等待着他们,两个入伙者储备了一千五百斤馒头。庄神父向县令通报,县令先派遣了六十人,然后,7月30日,又派三十名马兵,由钱大人(音译,Tsien Tajen)指挥。在他们到达前不久,庄神父已出发去徐州。在庄神父不在情况下,姜(音译,Tsiang)传道员建议钱大人攻击西南部的匪帮。钱大人欣赏这个主意。他发现在戴套楼四法里处有四百到五百名拳民正在万泉石(音译,Wantsiuenche)庙里大吃大喝,他像流星一般向他们猛扑过去。计打死一人,俘虏六人,杀伤三十来人,使义和拳进攻座堂的计划破产。

段神父已离开沛县去度假。他从上海返回时获悉,座堂已击退三次袭击,其中8月11日的一次相当严重。据报告,那一天,整整三个小时内,有七百名拳民试图击败十二名兵勇和几个工友的抵抗。拳民们可能已带着百十来个伤员撤出战斗。

8月15日以后,这些座堂的境遇不再令人不安。但是教友们的命运更糟糕。从7月

15 日到 31 日，七十五个村庄的近五百个家庭被掠夺、烧毁或敲诈勒索。而且在四个月内，无敌的义和拳将在官员们慈父般的关注下赢得胜利。

可是艾莱沃神父于 7 月 27 日回到徐州。他通过道台的一份电报获悉他的住宅被抢劫时，尽管有领事的通知，他仍同潘神父于 17 日不顾领事的反对一起离开上海。艾莱沃神父意外返回对或多或少在觊觎其财产的邻居产生一种威慑作用。人们惊愕地看着他，心想这个洋鬼子吃了豹子胆啦，在这种情况下回来。

官员们的接待更彬彬有礼，却有些尴尬。从第一次晤面，道台尽力将过失推给那个买西瓜的工友。艾莱沃神父对道台说："阁下，一切我都知道。西瓜只是个借口。圈套是显要们和县令设的。木柴准备就绪，只缺火柴。'是的，'正在点烟的道台插话，'西瓜就是火柴'。"①

艾莱沃神父在他的徐州住所肯定看到了各种现象，但尚未看到任何能与 1900 年下半年的混乱相比照的现象。他又看到了他在北方传教十三年的最黑暗、但彼此重叠的片断：神父受到威胁，教徒遭到迫害，迫害者逍遥法外，官员对他的要求无动于衷，这些官员说谎，耍弄他，完全拒绝援助饥寒交迫的受害者，故意延长苦难，要让皈化者脱离传教士。

艾莱沃神父刚进到他的房间，当即陷入十几件互不相干、全都同样紧急、重要的事务中。危机在这个 7 月末达到其顶峰。艾莱沃神父加发信函和电报，让上海方面督促官员行动。他本人则对道台积极活动，想从他那里得到军队派往危机地方。接着是前来同他一起过圣依格纳斯节的庄神父发烧卧床，艾莱沃神父照顾他十五天。教友们前来寻求安慰，带来数百份他们的被盗物品清单，损失往往被夸大，有时错误百出，艾莱沃神父必须校核分类。在此期间，他询问来访者确定待付金额，了解到时支付将责任托付给谁，多次会见官员处理一些特殊情况，进行了无数次而且都是无功而返的交涉，要官员们阻止义和拳，要他们尽早赔偿，等等。

待到艾莱沃神父有了进展，能隐约看到结果时，又出现新的复杂情况，推翻了一切。官员们滥弄权术使艾莱沃神父为难，使他憎恶。他在徐州与基督教的公开敌人侯（音译，Heou）县令交涉。这位初出茅庐的青年人，受到暴力思想影响，即使没有组织 7 月 9 日的洗劫，也是鼓励行动的。② 证据不缺乏，证人也有。许多抱有敌意的士绅在两三天前曾经问他，最近道台发表对天主教徒有利的声明意义所在。他回答道："嗨！你们真幼稚，不知道所有这些声明都是为了蒙骗西方人？你们尽管打砸抢劫，只要不杀人放火就行。"③

在福音传播特别兴盛的砀山县北部，侯大人让义和拳完全自由行动。义和拳禁止基督徒收割高粱，他们全部掠夺。神父抱怨。县令以优雅的风格答复："怨恨基督徒的人如此多，他不能惩处众人，他担心公开镇压只能激起普遍的运动反对基督徒，他只能劝士绅

---

① 吕神父的《纪事……》(*Relation*…)，1900 年 9 月 14 日(AZ)。

② 当格埃医生向艾莱沃神父请教其动身之事时，艾莱沃神父对格埃医生并未隐瞒他对阴谋的了解。最终，格埃先生去拜见县官，这位县官是他的私人朋友。县官诚恳地说："格埃先生，您一定要离开徐州府。""我们明天准备，"神父答道："周二起身。"(7 月 10 日)县官欠欠身子，耳语道："周二我就无权救您了。今晚两点，我将派两辆车到您府上。这两辆车是我的官车，会受到尊重的。但您必须小心拉上窗帘，确保从外面什么也看不到。"(参见汉密尔顿《光辉的一生》，第 52 页)格埃一家在抢劫的当天早晨离开城里。

③ 吕神父《纪事……》(AZ)。

们保护(他们)。”①

其他县令也特别喜欢利用这个借口,而且他们走得更远。艾莱沃神父写道:“对我来说,有个谜团,这就是官员们对待他们在其告示中经常称之为‘拳匪’和‘盗匪’的人的方式。”交给县令的任何抢劫者和纵火者,哪怕是当场逮住的现行犯,就像在马井和在其他地方发生的那样,只要他自称是大刀会和义和拳的人,便立即被释放,或受到优待,和其他任何盗匪不一样。在这点上,道台和其他民政官员可能遵照不为人知的军事命令。因为他们将军队抓的歹徒作为无辜者释放,军官们丢掉脸面险些使之转化为尖锐的冲突。大家可能了解我们勇敢的刘总兵的坏脾气,这位湖南人反对官员释放被他手下军官抓捕的盗贼和敲诈者,因为其他盗贼和敲诈者已来要求释放他们……

“因此大刀会和义和拳的任何支持者都可以干各种罪恶勾当,不用担心被追捕,或至少能(指望)以随便一种担保被很快释放,却没有一个遭到抢劫、纵火等等伤害的基督徒的诉讼,在任何公堂受理。”②

下面就是艾莱沃神父对这种行为的评价:

“这个地方并未处在官员不能控制的无政府状态。他们所关心的在于无论对传教士还是对大教堂和座堂均不发生伤害,他们能确保做到这点。

“至于我们的教友,则截然不同。来找我们的人始终不断增加,这使官员受辱,使他们非常恼火。可以说,这些官员中最好的都会高兴看到我们的信徒破产,惶惶不安,准备离开我们。他们的情感和他们的保护很自然地向着我们的敌人。他们无人不恨洋人,但是不能直接挑衅洋人,他们满怀仇恨,因而压迫或任由他人压迫追随洋人的人。

“因此,以道台为首的所有官员,对我们满口的漂亮言辞,乐意向我们支付巨额赔款,但是却拒绝,或至少尽力推延救援我们的基督徒,指望他们遭到的不幸会使他们离开我们,或至少使其他人打消来我们这儿的念头。”③

然而,遭掠夺的许多基督徒没有其他办法,只能在他们避难的城里乞讨。艾莱沃神父收留了其中一些人。④ 9月份回到农村的神父们发现,数百名皈化者在被烧毁的家中忍受着饥饿。如何减轻他们的痛苦呢?神父们的物力不允许他们赡养这数千人,也不能为他们弄到冬衣,寒冬就要来临了,需求越来越迫切。

---

① 艾莱沃神父致尊敬的丁神父的信,1900年9月1日(AZ)。

② 艾莱沃神父致尊敬的丁神父的信,1900年9月1日(AZ)。

③ 致尊敬的丁神父的信,1900年10月1日(AZ)。

④ 首先由于缺乏场地,其次为了不引起官府的猜疑,艾莱沃神父需要克制自己的好客精神。实际上,荒谬可笑的传闻已有人相信。这里就有一个典型。1900年8月24日艾莱沃神父写道:“昨天晚上,我接到道台的一封加急信函。兵营紧急警报!这位阁下在三大页信笺上问我是否真如人们所言,弄来了大批武器储备,征集了大批兵勇……我和吴神父一边读着我们这位善良的、受惊的老高(音译,Koei)的来函,一边哈哈大笑,来函推断、恳求,却以威胁结束。吴神父立刻用三行字回复道台说,对我来说,甚至从未有过他说的那样想法,而且作为条约的细心观察者,我不寻求,我只请求他的保护和我的朋友刘总兵的保护,非其他保护。后来我得知,当天曹(音译,Chao)大人曾询问我们的人,我是否真的弄来几船枪支!……如果这些聪明的中国人都轻信和担心到这种程度,那么对于‘愚民’,难道不应该料想到什么吗?”——致尊敬的丁神父的信(AZ)。

至于赔款、对罪犯的惩处，则被无限期推迟。道台向艾莱沃神父表明，徐州县令只会尽可能少地赔偿，而且对基督徒分文不付，除非被迫而为之，这也是其他县令的意愿。

在徐州之外，当时事态已有进展。八国联军已占领北京，朝廷已逃跑……外交官们在讨论和解条件。官员们早晚得赔偿损失。道台对艾莱沃神父为他绘制的毁坏图表似乎不那么无动于衷，艾莱沃神父在五个成为废墟的县巡回一趟，约于 9 月 20 日返回。道台答应坚决要求，在领事和南京的总督完成最后工作之前，县令们结束此事。他们对赔款原则不再争议，可是，他们表示不乐意，而且反对提及大刀会、义和拳、惩处罪犯的问题。

好吧，不提它们，但掠夺者不能逃脱。艾莱沃神父提出一种方案，它一旦被正确实施，将打击义和拳的要害。方案有两条："(1)根据条约和(在徐州)几年来确定的惯例，给基督徒造成的如此损失予以合理的赔款；(2)这笔钱不由官员支付，而是由大家公认的、有偿付能力的要犯支付。"①

为了应对这笔损失，无人能比官员们更有资格。他们是行家里手。但是，他们假装发现了无法克服的困难。义和拳如此公开地得到扶持，已扩张并躁动起来。采取报复行为不是要挑起更可怕的暴动吗？

另一种可能发生的事已初露端倪，十有八九会发生。这就是，现在天主教徒们威胁要向义和拳讨还赔偿。传教士们以他们的名义进行交涉时，他们直到那时经受了考验，靠鼓励生存。他们了解官员们的恶意，忍受推延，但这时到了 11 月，义和拳的好日子到头了，教友们也失去了耐心。艾莱沃神父报告说："我听说，如果有人过分磨蹭，根据徐州(我们的教友)的风俗，他们将自己起来伸张正义，拿起武器，到他们所知的隐藏处夺回他们的物品、家禽、家畜、家具、粮食等。直到这时我们一直在制止。但是依靠这种管理，没有人既对未来又对损失作出担保。②

(四天后)"我们的教友正在策划一项真正的阴谋。几个更坚定的头目已向几个教友村发出口令，仅在我的砀山县，八天前人们就可能看到两千名武装基督徒自己去伸张正义……

"我去将所有这些秘密告知我们的老道台，我觉得他很感动。"③

天主教徒未并未走这一极端。直到最后，他们始终都保持着这让人满意的角色，即受害者的角色。艾莱沃神父在吕神父床边陪伴期间，基督徒们的不幸使他患上忧郁症。当预兆显得最令人担忧时，官员们的抵制却突然消失了。他们惩处罪犯，赔偿损失，恢复和平。

1901 年 6 月，艾莱沃神父告知主教，他正在撰写其堂区的年度报告。他讲到皈化者和传教士的痛苦，讲到他们如何勇敢而耐心地经受了四个月的迫害。他写道："和平恢复了，赔偿的时刻到了。一切均在传教士和地方官府之间协商解决，未求助于领事或上层官府。双方都担心未来，急于走出充满威胁的不确定状态。下面就是已支付的整数赔偿款项：铜山县：两千五百块大洋④；萧县：五千块大洋；砀山县：三千块大洋；丰县：一千块大

① 艾莱沃神父致尊敬的丁神父的信，1900 年 10 月 22 日(AZ)。

② 艾莱沃神父致尊敬的姚宗李神父的信，1900 年 11 月 1 日(AZ)。

③ 艾莱沃神父致尊敬的丁神父的信，1900 年 11 月 4 日(AZ)。

④ 1900 年一块大洋约值半个美元(二点五金法郎)。

洋;沛县:五千块大洋。

“经神父们手的这一万六千五百块大洋,三分之二以上分发给遭受烧毁、掠夺、敲诈勒索的家庭。不是人人满意,但神父们已尽了最大的力量,不可能让人人满意。神父们未分发出去的用来修缮损坏的房屋,或在迫害肆虐的中心兴建新的礼拜堂,或用在学校上了。

“谁支付这笔相当巨大的款项呢?因为不可能殃及所有平民百姓,我们曾经要求公认的罪犯头目接受赔偿命令作为唯一的惩处。我方的这一宽恕举措得到官员们的同意和称赞,因为根据中国法律,许多人已入狱、流放和处死,况且这些大人从中发现双重好处:其一,在其上司面前有良好记录,幸运地未以极刑惩处罪犯;其次,得到谋求个人利益的手段,详述为了确定每个人的责任所必须说的、写的、争吵的东西没有用处。在此期间,比我们更知情的官员在我们面前为被告辩护,而在下面尽可能地搜刮他们的钱财。因而这些可怜的大刀会头目,以及其他靠掠夺民众发财的士绅,只能将我们所要求的赔款的半数交到我们的手上。为了了结,pro bono pacis(拉丁文:为了平安无事),就是这些对保护我们如此不上心、又如此卖力的官员,把其囊中的余款慷慨地交出来。愿者上钩。然而,作为了解中国的人,我估计,这笔一万六千五百美元款项,交到我们手上的不超过罪犯们上缴总额的一半。我预料,这次放血救了其生命,甚至挽回面子,同时显然给他们对义和拳和大刀会的热情泼了冷水,使他们记住,今后如果有人正式或非正式地唆使他们欺辱基督徒和传教士,要更加小心谨慎。

“总之,在所有这些动乱、焚烧、掠夺、诉讼、判处等等之后,我们现时处在什么状态呢?我们倒退了吗?我们丢失了什么东西了吗?我们在这个地区的影响减少了吗?显然,而且按理说,答案应该是肯定的。然而,非也!奇迹就在这,必须说答案完全相反。

“有奇迹,忠实的信仰和谦虚卑躬使我们声言奇迹。随着类似的一阵风暴,我们可能完结,我们、我们的基督徒、我们的事业以及其余全部……

“(然而)群众继续来我们这里,比往日更密集、更众多。而且他们不再仅仅是只知道耕地和茅屋的善良的农民。这是一长列士绅和百姓、秀才、举人、有学问的富人以及族长,他们向我们打开他们的‘寨子’(水池和土墙围着的村庄)和城堡主塔的大门,带给我们他们所管辖的十五个或二十个村庄的名单,要求被整体地接纳在耶稣的牧羊棍下。

“这就是事实。谁能解释就让谁去解释。人们的这个行动或是正如通过老道台以恐惧心情所观察的那样,归因于地方官府的不公和贪污,是他们的专横暴虐和敲诈勒索,迫使善良人和财主将其人员及其财产置于我们的旗帜保护之下,在这面旗帜下,抓人敛财将更加困难;或是起因于担心在某个反基督教的运动中再次受到连累,官员们在其中扮演毫无光彩的角色,也没有决定权;或是起因于更开明的意识,即看到中国的制度在崩塌,而欧洲的一切却在发展。我乐意承认,其中有这些因素,但这种种因素不可能解释如此大规模的行动。在此地,我们远离港口,远离洋炮。我们既没把财富,也没把权势给予我们的教徒。我们是宣传一种坚强的精神,这种精神使文人们谦恭,并告诉富人们不得为所欲为……”①

一夜噩梦过后,黎明在即……

---

① 《江南传教区》(*La Mission du Kiangnan*),1902年,第12～15页转载的纪事。

第二编　成　长

第九章　圣宠和天理在闭塞之乡

拳击称雄于枪击时代。传教士们的坚定、乐观、顽强，天主教徒们的苦难以及忍耐得到补偿。教会不断地受到迫害、袭击、焚毁、抢劫，胜利地摆脱了历时十年的斗争。胜利，并非完全出乎许多人甚至包括异教徒的预料，但胜利令人惊奇，在百姓眼里近乎奇迹，因为官员、士绅、盗匪的勾结曾似乎不可战胜。

义和拳真正被打败了。但传教士们的主要意图不在于消除这三重障碍。对他们而言，这只是其规划的负面部分。他们首先而且唯一的希望是用福音教化地区，传教工作从未降至次要地位。正在受教育的无数领洗者和慕道者、兴建起来的中心、庞大的世俗救援团体，非常明显地证实了这一点。

传教士们在击退武装进攻的同时，还进行了另一场反对迷信和异教性质的阴暗面的战斗，这是一场不流血的战斗，但是更艰难，比他们坚持的反对匪帮和官员们的战斗产生的影响更大。尽管邪恶势力实施钳制，这场斗争如火如荼地展开，尔后，神父们将在更加有利的条件下坚持进行。因为他们不仅赢得活动自由，而且他们制定出传教策略，神父们将其令人满意的成功部分地归功于这种传教策略。

为了评价神父们的艰苦劳作和领洗者的价值意义，必须了解为什么那么多的徐州农民要求成为基督徒，他们接受的教育，在领洗前后他们遇到的障碍和危难。随着时光的流逝和经验的积累，已设计出一种方法，我们在前几章已粗略地指出。现在，我们要更全面地叙述，详细介绍构成严格意义上的传道工作的诸多活动。我们将其归纳为四个要点：传教、入教、宗教教育和基督徒生活。

一、传 教

一位传教士进入没有一个基督徒的地区，首先必须彰显自己。在 1900 年前的徐州，没有比这更简单的了。为了引人注目，骑马或坐两轮车去足矣。游历的神父路径一个村庄，在一家大客栈或一家茶馆落脚，或者坐在路旁，身处被他的出现惊呆的顾客当中。他的到来成了一件大事。好奇者驻足，在自家大门过道里取暖的闲人靠拢过来，孩童们悄悄地挤到前排。人群围成半圆圈，哑口无言，仔细观察着神父。神父的任何一个举动，任何一个特殊之处，都逃脱不了这些锁定的目光。

这是谁？从哪儿来？他那长长的鼻子给人们强烈的印象，他的吓人的大胡子[①]，当地无人能比。

神父于是一小口一小口地喝起人家递给他的热茶。他装作没有发现人们在端详他的神情，但是他在酝酿他的效果。他抬起头，注视着人墙，讲起话来。人们极少意料到会听到这个家伙说出他们丝毫不懂的中国话。人们面面相觑，保持着略显尴尬的沉默。神父微笑着，对着那个受惊吓程度最小的人重复他的话，这次成了：村子的名字？这是丁庄（译音，Tingchwang），丁家庄。事实上，神父跟他们一样知道这个村名，但坚冰被打碎了。大家还交流了几句话，神父付了茶费，离去。

一个星期，一个月过去了。再次来访问，人群再次聚集，再次交谈。神父已经不再是陌生人了。神父的车夫或陪伴神父的传道员也被询问一番。神父还去过了周围的村庄介绍自己，那里的人也提供了那个地方的情况。简言之，人们知道他来自另一个国家，来宣传一种宗教。

这是一位外国人，一个洋鬼子，人们在夜晚讲述有威力和妖术的那些西方魔鬼中的一个。许多这类滑稽可笑的传奇故事中塞进了反洋人的情节，但是尚未传到徐州。此外，这个洋鬼子没有一点凶恶相。他说中国话，有发辫，像文人们那样穿着打扮。因此，人们几乎不惧怕他。一些微不足道的小玩意：如少许香料、几滴眼药、泻药，都会让他们开心，神父成了仁慈的施舍者。神父护理病人时，传道员回答人们不敢向神父提出的问题。传道员则去打探村长、士绅们，悄悄地塞给他的同行小学教员一本小册子……下次来往时，他们互相攀谈，如同老朋友。神父被病人纠缠，有时他安抚奄奄一息的婴儿，一两个成年人可能会表示要学习他那宗教的意愿。胚芽已入土壤。

在短暂的时间内，这位神父的声望已在许多村庄确立。相识的人中有几位已成为朋友，他们高兴地再见到他，有机会还帮助他。多次交谈经常达到心灵深处，有时转到教理，神父毫不怀疑，不少皈化者就是因为一位传教士在传教游历中留下的一句趣话，一种慰藉。

要在大路上这样走走停停，需要充裕的时间。很快这位传教士就不再有充裕的时间了。他的传教中心留住了他。此后，他的旅行有了一个确定的目的，更匆促，路程更短。但是虽说人们难得见到他的面，他的名望却未因此停止上升。经他免费治疗的病人，他所救助的穷苦人，他教育过的小学生，都是宣传他的伟大而高尚的教理的人。他的品行庄重朴素，各项活动都显示出正直和坦率，他每日长时间的祈祷，不惜为皈化者尽心献身，他的住所里没有任何见不得人的东西。由于他的随行人员口无遮掩，因此这位神父如同生活在玻璃罩中，在众目睽睽之下，这比喋喋不休的说教更有效果。

要通过对基督教美德的好感把人们吸引到教会里来：稳重踏实的宣道，这是唯一适合神父个性和使命的宣道，这是神父曾经唯一关心的宣道。但是，宣道似乎给他们带来很少

① “已觉察到，在这些全新的地区，我的胡须经常成为众人嘲笑的对象，成为混杂着恐惧等心情的惊奇的对象；觉察到，我的胡须能在各种场合引来极多的好奇者，我认为胡须能满足绝大多数人的好奇是有益的。”——陶斯咏神父致倪怀纶主教的信，1884 年 6 月 28 日（AZ）。“鉴于我们经过的严重环境，您是否可以请段神父起码部分地牺牲他那在我们县激起反感、妨碍其传教的胡须呢？”——艾莱沃神父致夏雷鸣神父的信，1896 年 6 月 29 日（AZ）。

的入教者。要吸引徐州，还需要更闪亮的诱惑力。事实上，所有这些皈化愿望都是基督教战胜盗匪和心怀敌意的官府所获得的威望激发起来的。因此，几乎是秘密进入徐州的天主教会，要在那里宣示基于谦恭、爱他人、蔑视金钱和这世上其他浮华的教义，很快远离了它的活动中心，这些中心被认为是强大、富有、对其成员宽宏大度、可使他们获得一切的社团组织。

以教会为机会的贪欲只有天主搞得清楚。虔诚、忠诚的传教士是彼世的信使，这是令人仰慕的。人们确实仰慕。而一个不花分文就赢得官司、甚至争得署衙处罚金的教会；一个修建堡垒并令最胆大的匪帮尊重的教会；最后，一个资源似乎用之不尽的教会，它扩建建筑，供养几百名教师和一小群学生。就是这些征服了我们农民的灵魂，确确实实激发了农民生命的活力，即个人利益。在八个县里，一种热切的希望立即使受压迫者、失窃者、胆怯者、穷人、万劫不复的被剥夺者，以及某些觉得有机可乘的剥夺者，都行动起来了。

有一王（音译，Wang）姓人家，昔日的大房产主，被余（音译，Yu）姓氏族巧取豪夺。二十年来，王家一直不甘心其家道没落，试图用各种手段收回其财产。还有一蔡（音译，Tsai）家，土地和其仇家陆（音译，Lou）家的土地毗邻，每年陆家都抢劫蔡家的一部分收成，可是蔡家十分软弱，不敢以其人之道还治其人之身，甚至不敢去阻止，渴望攀附更有权势的团体。这里有几百个村庄，受着冷酷无情的士绅们控制，加上被官员们骗取钱财，村民们想到因为苛捐杂税，他们整个一生疲惫不堪，便绝望之极。贾（音译，Kia）家几位成员受到官司牵连，起诉即将开始，如果某位保护人不尽早介入，就要破产。陈（音译，Chen）家遇到一桩官司，对方心术不正，但有好关系，收买了判官。陈家至少要让出一半田产。小伙子侯某在其叔父们的魔掌之中，他们觊觎他的祖产。张（音译，Tchang）某在狱中受着煎熬，他的全部财产成了衙役们的茶水钱，以便他们放松狱规，减轻枷锁重量，加快审判。温（音译，Wen）某的一处最大最好的房产闹鬼，无人愿住，他更不愿意住，怎样脱手且无过多损失呢？彭（音译，Peng）家粮食极缺，上次饥荒就抵押出去几亩地，后又没有赎回，之后便衣衫褴褛，到处乞讨。宣（音译，Suen）某为其濒于破产的买卖寻找合伙人。徐（音译，Siu）某借债，利率将他吸干榨净，诸如此类。我们罗列了许许多多家庭，把每种不幸乘以千、乘以万，这无数的人就组成一个庞大群体，他们说："让我们做基督徒吧！"相信能够摆脱这种生活的灾难。

二、入 教

事情就这样定了。有人加入了天主教。家庭的年长者，氏族会议权衡了这一举措的好处，表示准许。现在，我们来看看被守门人带进神父房间的这两个人是怎样做的。他们是代表，是两个机灵的健谈者，已习惯于中国诉讼程序的无数种狡猾诡诈，受委托商谈张家入教事宜。神父真诚接待，客人们很快感到很自在。

"我们想入教。"

"很好啊，可是为什么原因要入呢？"

"为了拯救我们的灵魂。"

他们的答复恰如其分，已有人教会他们怎样说了，已不是头一次接待商谈代表的神父这样想，因此，他不谈入教前要讲清楚的一些事情。

直接考问徒劳无益。我们的小伙子都是有心计的人。当然，没有任何官司威迫他们，他们没有任何仇家。他们未想报复某人，他们只想一件事：平静地等待灵魂得救。他们的情况如此符合要求，如此少见，必须进行认真的调查。神父有多种手段推迟最后答复，既不割断联系，也不伤害感情。通常只需提醒个人不单独皈化就够了。渴望入教者在增加，因此，神父只考虑一地方的至少有二十个家庭的群体。因此，他将很愿意接收他们这些好人，条件是要有足够的同乡表明愿意仿效他们。

一两个月内，神父没听到别人说什么。随后，代表们第二次来访。这次带着几份或长或短、书写清楚的名单。他们完全了解当地的情况，极力避免吸收好闹事的、管杂事的以及其他可能影响其计划的古怪的人。他们优先考虑目前无可指责的人，种田人，手艺人，这些人从未想过天主教，他们既毫无欲望又不需要皈化，但是他们出于好意，同意加入慕道者队伍。

神父不露声色，但他非常高兴。有人把他引见给他优先考虑的人，那些乡下人，扎根在他们的土地和习俗中的朴实的人。要延续几百年的事业，神父还希望怎样更稳固的基础呢？另外，神父已了解到情况。这个村子名声并不坏。天边也许有几片乌云：最常见的诉讼案件、敲诈勒索、邻里之间或两个氏族之间多年的争吵，没有任何特别令人恼火的事，没有任何损害(起码在徐州如此)关心其声望的行会的事。但还是不应该显示过分的热情。入教登记是神父准许，而不是村民准许。越是难以入教，人们越重视，越容易接受有待讨论的入教条件。因为要赞同教会的教义，按照教义生活，就有必要了解教义，因此要向(必须留宿，稍后加上：供膳)传道员学习教义。供其使用的地方应该是足够宽敞的，以便容纳学生，神父来做弥撒时，便于基督徒们在此聚会。慕道者将提供一处像样的住宅，并置备家具。和传教相比，这是非常平凡乏味的细节，但在作出任何决定之前，要确定这些细节，否则会产生能使参加者寒心的纠纷，即使这些纠纷没把他们挡在慕道班的大门外。

肆无忌惮地讨价还价，无论对神父而言，还是对代表而言，一个铜钱就是一个铜钱，而“脸面”属于花钱最少的人。在这场辩论中，中国人是无与伦比的，神父极少占上风，他只能坚持理性。重要的是村庄。最终在各点取得一致：答应安排传道员，村里一安置好学校，传道员就动身。

这必定还需要一两个月时间。耐心地等吧！我们不是在通往大马士革的路上，合理的缓慢有好处。交易现在属于公共领域。人们在谈论这些事。传道员招来一些闲话——传教士亦然，但不多——有时会导致修改最初的约定。有时也会发生这样的情况，促使人们想皈依天主教的事(因为总会有一件)在这期间得到解决，那么，入教请求十次有五次会取消。还要考虑到收获季节，从5月15日到9月末，大家都在地里干活。

可是，现在是10月份了。神父休假回来了，他制定出他的规划。张村仍在其计划之中，张村已准备好三个房间安顿传道员。“在约定的那天，张村派代表团来邀请教师。代表团从神父手中接过一幅天主像、几块标牌和几本张村应该付费的祷经，神父同时提出几点有益的忠告。如果没有一辆车或一匹马供传道员使用，起码应该给他一种坐骑或一辆普通的两轮车。在村里，盛宴正等待着教师，孩子们来到教师面前，教师被带领到豪华排场、喧嚣至极的新学校。教师在学校接受在神父的名单上登记的人员的敬意，教师有一份名单副本。在辛亥革命前，叩头是很严格的，大家，乃至老人都要叩头。仪式结束，按规矩，所有慕道者，无论老少，从此必须服从教师。”①

村子的局面被鼓动起来。祈祷和教理学校开学了。但那是怎样的一所学校啊！一间三十来法尺的土坯房，靠门和两个用木头或砖砌的小洞采光。没有地板，没有天花板。在涂着一层厚厚烟炱的屋顶房架上，有一两个鸟窝：春天鸟雀会来这知识的环境中孵雏。屋子尽头，给老师的一个桌子和一把椅子，两者都摇摇晃晃。学生们往往有长凳和桌子。租用或出租房屋的人将成捆的高粱秆，也许还有一些农具，如独轮车、耕犁……存放在角落里。但这丝毫不妨碍学习。

也许，代表们曾许诺一间合适而且配备好桌椅的房屋，实际上，这个房屋与它周围的房屋并无差别，最有钱的人家是不屑住的。

教师未感到一点不快。况且他的声望和学识并不比环境更出众。这是一位三四十岁的男子，不太精通文学，但非常熟谙基督信仰教义，他参加宗教活动，尽可能是当地出生但属另一村子的，以便没有任何成见妨碍他的圣职。神父希望他“讨人喜欢、热心、乐于助人，尤其具有无可指责的美德”，最好是刚皈化的新教徒，因为老的基督徒对农民们学习祷经的迟钝不耐烦，并对农民们始终不掩饰其坏脾气。

> “很少有传道员能有效地为宗教开辟新的村庄。由于没有更好的传道员，你们要争取雇佣淳朴的人，顺从，尊敬人，畏惧主，不太傻，不太精，能意识到委托给他的重要使命，心里想着靠以身作则取得成功，而不是靠长篇大论。你们要排除大烟鬼、赌徒、自命不凡者、书呆子。反正都一样，一个新入教的信徒和一个不识字的人也会比一个老教徒或天主教教会法学院毕业生取得更好的成绩。老基督徒不相信新人的真诚；而农民也不信任多少有点傲慢的文人。”②

在这些深信其使命伟大，同时以其才华及其学识获得资格的传道员中，没有几人为神父服务，但神父为这个村子选择了一个最优秀的、经验丰富、虔诚的传道员，他会逐字逐句地灌输进入闭门慕道班所必需的宗教知识。教师一来，即对学生进行教育，白天是孩子，晚上是成年人。

三、宗教教育

教育儿童，说来容易做起来难。段神父写道：“不能设想有这样的学校，有书桌，板凳对称地排成行，在规定的时间，学生们两两一排随着乐声默默地走进来，在教室的深处，站着一位严格按照规章办事的老学究。此地一无所有，没有家具，没有制度。学生呢？他们打打闹闹，确实是在露天学堂……

“早祷时，所有的学生，平均二十来名，一般情况下全都出席。祷告一结束，想走的便离去，有七八个可能留下来，每人轮流大声背诵一段祷经或教理。时候一到，一个学生便去烧锅，另一个去汲水，或照顾他的小弟弟或驴子，大家不经许可可以离开，但一直高唱着

---

① 艾莱沃耶稣会士：《祈祷学校，几点回忆》(*Écoles de prières, quelques souvenirs*)，载《中国的学校》(*L'École en Chine*)，1916，第 454 页。

② 艾莱沃耶稣会士：《传统》(AS)。

他们的课文。另外一些学生来了，然后又离开，这连续不断的来来往往几乎没有妨碍，因为他们继续高唱着，同时，还有防止老师午睡过长的大好处。学校的老师们有时是大瞌睡虫。学生们在家干完小活计，再回来背诵功课，由老师带着学三四行新课文。然后，他们就这样又离开学校，沿着大路，穿过田野，长柄篮子挎在肩上，他们采集一切可供烧火或沤肥的东西，而且始终高唱着祷经或教理段落。这就是我们祈祷学校的情况。”①

在其他传教区，主要也是这样的课程。事情值得赞赏，教师顺利地安排了教理讲解、教会史片段，并要求学生背熟十段主要的祷经。②

没有什么比夜间上课更能产生强烈印象的了。日落时分，孩子们真正放学。轮到爸爸们了，他们比孩子更少拘礼。每个人按自己的时间来，围在老师身边，在豆油灯的微弱光晕中，坐着或蹲着。茶壶来回传递，烟袋点燃，课程开始。

要把文笔优美的祷经，把这些在不识字的农民看来常常是蛮族的、毫无意义的话，灌进这些未开化的脑袋里，必须有完全中国式的耐心。他们鹦鹉学舌般地重复祷经，刚解释清楚便忘掉了。如果老师不盯住他们的脸，如果不鼓励他们，如果他们的更加机灵的儿子不跟他们竞赛，他们不可能长时间地经受这种折磨。然而，渐渐地，划十字的手势铭刻在心了，祷经也一句句地理解了，他们模模糊糊地理解了这些字的意思，开始喜欢背诵这些祷经了。

可惜不是所有人都如此。这种枯燥乏味的背诵让一些人兴味索然，他们到此却步不前了。其余的几人，一旦知道这个教理迫使他们弃绝什么（姘居、鸦片……），就再无踪影。摇摆者经常参加最初几堂课，但对继续上课不指望任何好处，随后就回去重操旧业。他的朋友被请来补充传教士要求的名额，他们坚持下来了。

一开始，试修阶段历经两年。稍后根据天主教徒的人数和为避免人数减少而采取集中教授的方式，时间缩短一半。尽管慕道者们在全年只有五六个月学习（中国的春节有一个月的假期，然后人们再开始干农活），效果已经可观。在登记者的家里，已除掉具有迷信性质的牌位和纸符。早晨和晚上，慕道者们集中祈祷。神父对他们进行察访，在他们的村庄举行两三次弥撒。他们本人根据距离远近，每半个月或每个月在礼拜日同传道员一起去中心。他们会见领洗者和其他慕道者，对他们而言，这些人的情况似乎并不太特殊。他们知道，他们的教会遍布全世界，他们初步学会教会的祭礼、它的行为准则、它的精神。他们近距离地看到他们的精神之父，神父现在认识了他们所有人，他不久将亲自指导直到他们转变的结束。

这所极其简朴的祈祷学校对于福音传播相当重要。在徐州各县，祈祷学校已增加几百所，便于神父把最高程度的教育留在教区中心，不因此削弱福音的传播。

然而，学校只是初级阶段。通过学校教育的人是否就有了信仰呢？在人证背后，他们是否发现了给予启示的天主，是他们口头上相信的天主呢？尽管他们不理解主所断言的一切。他们可能怀疑这点。事实上，受洗的愿望在大多数人身上毫不强烈，许多人回避受

① 《1898年沛县年度纪事》(*Rel. ann. Peihsien*, 1898, AZ)。

② 十篇主要的祷文是：主日祈祷词、救赎经、宗徒信经、悔罪经、忏悔经、十戒、信德经、望德经、爱德经和圣母荣福经。许多基督徒会背早祷课和晚祷课、弥撒经、感恩经、苦路经、玫瑰经和一般的教义。

洗,不怕神父或传道员不高兴,在村子面前丢面子……不管怎样,退出者并不罕见。

因为慕道班的最后阶段,闭门隐修二三十天,比先前进行的一切都更艰难。这倒不是直接准备受洗,而是参加随后开始的全部基督徒生活:遵守主日、忏悔、领圣体、从中认别天主教徒的重要圣事。这三个星期的默思、自修和祈祷的前景并不吸引人,这有许多原因。首先是离开家,人们在神父领导下,在中心进行隐修。必须放下他的家庭、他的工作,放弃在这些穷人身上充作享受的习惯,抛弃懒惰的生活,克服寒冷月份的半睡眠状态,强制自己遵守一种团体制度,一种章程。他们害怕未知的事物,担心在这次离家期间,他的牛、谷物、产业不在眼皮底下可能会受到损害……简言之,他们往往愿意将考验推迟到以后再说。

然而,我们注意到了诚意。他们不轻易同意,但他们允诺了。因此,他们在约定的日子报到,有时也会在第二天或第三天报到,一旦到场,对发生的意外情况毫不介意。二十来个不同年龄的男人,往往是同村的,安顿在供他们支配的砖房内。神父可能要安顿更多的人,但是因为他的财力和物力有限,目标只限于那些更虔诚、准备得更充分、他希望能产生更大影响的人。

在选择妇女时,神父想必不太严格。妇女们坐着由丈夫推着的双轮车,或者骑着驴,带着被子和婴儿,有时两个婴儿,向献堂会的大院走去,一个胡同将大院与神父所在的大院隔开。所有这些妇女都是天主教徒的或在慕道班结束时将与妇女们同时接受施洗的慕道者的女儿或妻子。有为数不多的为神父服务的女传道员在她们的村子教导几个妇女。这些妇女懂得所有祷经和大部分教义,但她们形成一个很小的核心。其他人往往从屋外听听教男人的传道员讲解,学习几段教理。一般地讲,所有妇女几乎都是从划十字开始学习的。

神父非常清楚,对他们进行反复教育略高于最起码的程度,二十天进行三次可能不为过,但是其他的慕道者们在期待着……因此,神父利用他们良好的精神状态,要求他们在三周里付出更艰苦的努力,对他们来说,这种辛苦远远大于盛夏时节收割麦子。

大家看吧。他们5点半起身,醒后做弥撒一刻钟。男人和女人分作两个合唱队唱早祷经。弥撒之后,数念珠祈祷,然后神父宣讲半小时的教义。将近7点半时,慕道者们离开教堂,直接去他们的住区,单独一人或同传道员(妇女同献堂会修女们)一起学习这第一课的内容。

9点吃早点,再学习到中午。这时,所有人再来到教堂,背诵二十次玫瑰经,听神父第二次宣讲。学习到4点,吃晚饭,学习到晚祷,再学习到将近9点就寝。

在段神父这里,每日的作息时间就是这样的。在其他地方,传教士分作两次补充教义学习,某些传教士安排五六次,传道员复述,慕道者以各种腔调反复咀嚼,以便将教义塞进他们笨拙的记忆里。每人每天同传教士交谈一次。神父本人让他们背诵课文,使之活跃起来,鼓励他们,如果有疑难,给予解答,并提一些课文以外的问题,以确认他们已理解课文,并以这种方式领会圣宠的成果。

圣宠啊!直到此时尚没有明显效果。慕道者身上,没有任何通过非常途径的启示,没有任何神秘的、几乎难以抑制的冲动,没有任何强烈的渴望,要感受、热爱跟他们讲了一年多的天主。相反,他们身上的一切似乎不能更具人性:谋求私利的动机,对这种外国教理很快就得到满足的好奇心，信赖神父的话甚于主的话，讨厌呆在慕道班。主观上，他们闪现了一些诚意，行动上，也有一些真诚，但这是凡人的努力和意愿。神圣何在？圣宠何在？

圣宠就在这里，在对蝇头小利的追逐中，在小小的热情和惯常的怯懦之中，这种怯懦靠一种非常朴实和改善生活的模糊欲望补救。圣宠就靠这些良好的和不太好的因素传播开来，使这不协调的整体一致起来，并将这整体引向它的目标。这些慕道者从朴拙的人性出发，很少通过领洗达到天主呼唤他们的超自然状态。没有奇迹，没有动摇，多次违心，无数难以预料的情况和放纵行为，在圣宠的作用下，交织在一起，使他们慢慢下定决心改变本性，尽管要承担由此产生的各种艰巨义务。关注天主的作用的传教士不缺乏默想、赞赏、安慰的主题，而徐州的皈化历史令人惊奇地表明了主一边任人类摇摆，一边又引导人类的方式。

渴望入教者在其准备过程中可能感觉到，某个朦胧的愿望躲避了圣宠的影响。但是，在闭门慕道班中，他以完全有利于教育的温顺约束自己，适应环境。他一下子就赞同对他阐述的真道，最抽象的教条似乎未在他的头脑中引起任何异议。初出茅庐的传教士可能宁愿他们的听讲人有不同意见，他们喜欢同这些听讲人讨论难理解的问题，体味说服他们的满足感……啊！如果神父处在他们的位置上该多好啊……

愿神父能记得，曾经有一天，在他的堂区教堂里，他母亲指着圣体龛对他说："基督耶稣在这里。"他要过证据吗？他对母亲的话有过一分一秒的疑惑吗？稍后，他毫无怀疑地相信了为他准备初领圣体的本堂神父。

徐州的农民们也是这样相信的。他们不再是孩子，远不再是孩子了，可是他们保留了儿童时代的那种纯真的智力，那种不争论即接受的本性，不假思索便接受了他们信赖的人向他们讲述的一切。不过神父是公正无私的，他不欺瞒任何人，他的生命是圣洁的，肩负着有道德的行为，他的教导因而是千真万确的。徐州的农民们为什么要怀疑神父确认的事呢？

且不说天主教教义并未怎么扰乱徐州农民们的宗教思想。这些异教徒尽管过于关心物质方面，过于无知，但他们却有一种相当成熟的信仰。这种信仰首先源于自然法则，还来自佛教和道教。不过，徐州的居民中，始终参加这两种宗教的活动的人数很少，可能有百分之五至十，而这两者通过民间传说和图像，传播了一些谬误，尽管如此，却符合天主教会的某些教义，例如人死后灵魂继续存在，地狱及其酷刑，必不可少的赎罪祭礼，遵守教规者的奖赏，慈善和丑恶的超人的神灵的存在，奇迹的可能性，人世与超自然的关系，天意，以行善获得功德，以及其他一些观念。

天主教教义并未如人们所料想的那样，使这些人感到意外。他们一贯知道有唯一的、至高无上的主存在，主在无限仁慈且无限全能地看着并知晓一切。他们在多次危急情况下乞求主保佑。主的本性超出了他们的理解力，这是不言而喻的：主就是主，人就是人。主向某些人启示了他的奥秘，没有什么东西阻挡他，而且，显然，当主说了，就该相信主。因此，天主的代言人不向他们传达完全难以置信的信息。他们已掌握其中重要的基本概念。传教士把他们从使其糊涂的迷信中解救出来，把真实、具体、完整的含义告诉他们，但这些甚至就是一些熟悉的、可辨认的基本概念，尽管已经修改和添加。

在道德方面，相似处则更多，因为天主教的道德只是成熟而精练的自然法则。不过，灌输在任何人头脑中的原始法则在农民身上一直在发挥作用，因此，传教士宣讲基本的圣诫时，并未教给他们太多的东西。

我们并不是说徐州的中国人就是一些不被人了解的基督徒，绝对不是。中国的民间信仰与天主教的信经极为不同，但是在构成两种信仰的东西中，存在许多相同或相似的已经公认的观念，使神父提出的陌生的片段和天主教教理的主体部分突显出来，这些教理不太能引人注意，也不太迷惑人，更接近听众的思想习惯，因此，更利于从想象过渡到启示。

神父天天目睹他的慕道者在理解和意愿方面发生和完成的变化。一些人进步缓慢而有规律，属于正常现象。而另一些人，情况是常见的，出乎意料的突飞猛进，他们一接触真道，信念骤变，坚信不移。他们艰苦学习的经文享有盛誉。虽然他们不知其所以然，但是今天不同于昨天，他们懂得所讲授的教理是千真万确的。于是，他们相信了，他们要求施洗。他们跪下，流着眼泪，要求神父不要再耽搁。他们申明信仰，并表明从今以后按照神圣的宗教原则生活的决心。

他们的真诚坦率是不可否认的，这完全像是领洗和初领圣体之后，使他们每个人内心充满喜悦那样显而易见。他们容光焕发，慕道班最后几天的热诚证明已产生超人的效应。日子太短暂，但最富有成果，因为圣宠使一切明朗起来，激起了所有的勇气。神父极愿延长这个基督徒的童年时代，以便在这些新生的心灵中灌溉幼苗，便于他们向天主提升，培养对超自然事物的喜好，天主教的本性……然而其他人敲响了神父的大门。

每位传教士以极度劳累和大量金钱为代价①，从 11 月到 6 月培养出四批或五批慕道者，使新的天主教信徒从二百五十名增至三百名，包括婴儿。

有人会认为这个数目很多，也有人认为太少。与因缺少场所暂时放弃的三四千人相比，是太少。正如尊敬的丁神父 1904 年 11 月访问徐州各处之后所记，成年人领洗和慕道者人数之间存在巨大差异，从 1901 年到 1911 年，每年平均登记三万名慕道者，两千零七十二名成年人受洗，比例为一比十五，小于百分之七。再说一遍，这个数目太少。

然而，教会不是根据比例创建的，也不是根据不了解领洗诺言的受洗群体，教会不依赖其中任何一个。闭门慕道班耗费人力财力，它将传教士的力量集中到一些幸运的人身上，但这些人离开慕道班能清楚地知道他们的宗教义务，他们懂得忏悔，能有效地领圣体，祈祷，利用圣宠强化灵修生活。

> “我们的传教原则始终是这样的：任何身体和思想健全的人，无论男女，无论老少，如果那天不能按照规定有效地领圣体并做忏悔，则不得接受施洗。除必要的情况，施洗对象只知道最起码的必需品，推迟到下一年补赎和圣体圣事，我们始终觉得

---

① 对闭门慕道班，如同对寄宿学校，膳食先是免费的。传教士每天提供两餐，一成不变地包括面包（每人约一磅）和高粱粥，加上一种咸的或新鲜的蔬菜，可满足需要。不禁止携带特别准备的食物，但一般地说，穷人和富人满足于共同的菜单，没有因此而消瘦。全部计算在内，一个慕道班每人花费半美元多一点（二点五金法郎）。微不足道的金额，但乘以三百，半美元构成一笔开支远大于为补偿这项费用而拨给的总额。

1892 年，依照倪怀纶主教的建议，在图尔创立“传教区穷人慕道友慈善机构”（l'Oeuvre des Catéchumènes pauvres dans les Missions）或简称“慕道友慈善机构”，后来大大地发展起来。有十一个资助项目提供给徐州，在很大程度上为抚养慕道者作出了贡献。（参见《中国纪事补遗》[*Supplément des Relations de Chine*]1922 年 4 月、1929 年 10 月，和《纪事》[*Relations*]，以及随后徐州传教士的多份报告）

这是危险的。许多根据其要求这样领洗的新教徒，在稍做努力后，想象自己懂得足够了，缺乏进一步学习热情，以其基督教徒名义为自豪，忽视宗教义务，停止做祈祷和去学校，变得冷淡，不能领受圣事，极易趋于放弃一切，即使他未沦落到背教的地步。因此，不领圣体，且不经常忏悔，不予施洗。由此可见，我们的慕道班与欧洲老基督徒在家中进行的闭门避静几乎没有区别。以有圣像或无圣像的教理书、随便的传授和反复复述的形式，去掉了数念珠的祷告和其他共同祷告，这就是人们向他们提出的圣依纳爵神操，分阶段，同有关信仰、圣宠、圣事的全部基督信仰教义一起进行。"[①]

一年增加两千名经我们的教会教育、遵守教规的人是不可低估的成果。眼看着堂区也以同样比率扩大，不久便使本堂神父们不堪重负，因为他们并未以同样的速度增加人手。

四、基督徒生活

难道说，慕道班结业后，领洗者就不再需要学习了，始终不渝地保持着虔诚，能经受住各种诱惑的考验了吗？非也。一个人不像一只口袋，一下子就能翻过来。尽管闭门慕道班提供严格的教育，但它仍然是一座暖房，如果后来发现，由于慕道班草草结束，使基督徒身上出现缺点，那就没什么可奇怪的。郎本仁神父承认："我认为，我们大家都有点太急于施洗，并非因为我们的新教友没有充分准备：我可以肯定，他们是在我们的各个区准备的，但是我们所有的基督徒都是新教友，而对处于老教友中的新教友来说绰绰有余的准备，在新开拓的地区更需要，尤其如果受洗者是其村庄的第一批。"[②]

异教徒环境中淡薄的宗教气氛使灵魂消沉。使人振奋有多种方法：受洗者集会，传教士探访，经常参与圣事，以一些优秀天主教徒、传道员（如果有一位而且是热情的）为榜样，等等。这些完全不会抵消中国人过分敏感的三个神经冲动：祖传旧习、施洗前的习惯和气氛。基督教能完全控制头脑和内心，但不能在血液中流淌。还必须投入比一个慕道班更多的力。

这是，或者几乎是一条规律，而且是被一些例外证实的规律，徐州的一个成年人受洗，总是有点异教味。他的本能反应，且不说有意的，在经过长期的天主教生活之后，还表现出异教味，因而，既然不可能重塑人的潜意识，传教士们最终只得接受新教徒身上难得发现的一种无懈可击的基督信仰。他们宁愿将希望寄托在教徒的孩子身上，寄托在中心学校的寄宿生身上，他们从容不迫地培养，尽力使宗教信仰的神业牢固树立起来。

"对我们来说，最终的事业，现今的事业，尤其是未来的事业，就是学校的事业。"艾莱沃神父 1894 年写的这句话[③]，是其传教方法的要点。艾莱沃神父深信其修会的传统，把学校当作改造社会的最可靠的工具，他非常自然地依赖学校，以使徐州信奉天主教。我们已看到，在睢宁，他的大部分精力集中于学生，培养男孩和女孩，把他们送到淮安。徐州的所有基督徒村都是后来在学校基础上创建的。传教士进入一个村庄或一座城市设立传教

---

① 耶稣会士艾莱沃神父：《中国的学校》，1916 年，第 598～599 页。

② 《1904 年东堂区年度纪事》(*Rel. ann. De la Section orientale*，1904，AZ)。

③ 《侯家庄圣婴善会纪事》(AZ)。

点，甚至都是先从兴建儿童宗教教育需要的建筑开始，然后再修建教堂或其座堂。这一方法延续下来了。神父居住的中心"堂里"（Tangli），主要包括一座教堂、一座本堂神父住宅、一所男校。中心毗邻含有女校的献堂修女会。

那个时代的传教士没人想到要培养出专家学者。截至1911年，徐州的天主教学校主要是为青年开设的慕道班。青年比成年人具有不会成为无法挽救的异教徒的优势。从幼年便脱离家庭和村庄的迷信活动，由天主教老师培养，两年内在传教士身旁度过虔诚和学习生活，这些孩子已掌握受洗者通常在家得到的基督徒的思想品德。人们希望，他们的牢固的虔诚心将使素常忽视灵魂需要的父母保持诚意；他们的虔诚心影响到家里的异教成员，同时吸引他们信教。总之，尤其要依靠他们建立基督徒之家。

这项事业没有什么自高自大之处。相反，它却最好地满足了学生的条件。艾莱沃神父指出："他们并不是我们以高价赎买的奴隶，并不是我们应该抚养二十年的流浪儿，他们不是孤儿，不会长大后依旧无依无靠，重新陷入曾被人从中解救出来的身体和精神苦难之中。他们是有父母的小农民，土生土长，依靠家中的几亩地生活，与家人不可分离，尽管在我们这里待了两三年。"[①]

多数小男孩聪明伶俐，身体健壮，已领洗或已成熟到可以领洗，但举止粗俗，不能自我克制，抵制任何自我封闭的建议。雷伯雍神父讲道："在埝头的院内，父亲与孩子分离时，出现了多么令人心碎的场面。我看到这些孩子们在地上打滚，像疯子一样喊叫。另一些人则比较安静，只是默默落泪，拒绝吃饭，悲伤让他们失去了胃口。"[②]

艾赉沃神父说："当父母们最终明白必须听从神父，把孩子交给我们时，很多这些以前都是在户外自由自在长大的小乡巴佬，觉得共同生活方式太难忍受。许多人想逃学，他们蒙混过最严格的监视，才能成功。为了惩罚他们，我们要求父亲亲自把逃学的孩子送到学校，请求神父和老师原谅，一般都会原谅的。最不听话的，已原谅过两三次的逃学者，一旦开始爱上学校，知道神父喜欢他们，是为他们好，这些不遵守校规的小家伙便开始变得有教养，变得温顺、好学、虔诚：这时再也不可能把他们送回家了，他们要把整个生命留在我们这儿。"[③]

人们可否想到，在达到这一步之前，神父发挥了怎样的爱心、耐心和巧妙手段。事实上，极少数基督徒能领会到传教士采取那么多措施、坚持不懈和破费花销的道理。在他们看来，寄宿学校只有一个好处：学校能确保学生们每日两餐。这还只是节省了父母承担的饭钱，作为由他们自付的被褥、较体面的服装、文具、旅行等额外开支的合理的补偿。

于是学期随着收获期变化。如果人们家里有吃的，尽管神父使出浑身解数，也不是总能让他的课堂坐满。相反，在饥馑时期，父母就带着全家跑来。这时传教士从中发现各种各样的情况：一些女孩，对传教士隐瞒她们的出身，目的是在今后跟异教徒订婚；一些男孩在懂事年龄之前就已领洗，在结婚前夕，甚至不晓得他们已是天主教徒；一些童养媳，在未婚夫家长大成人，经常不为神父所知，她们从未听过一句天主教教理……

---

① 《1894年侯家庄圣婴善会纪事》(*Rel. de la Sainte－Enfance*, *Howkiachwang*, 1894, AZ)。

② 《1900年埝头圣婴善会纪事》(*Rel. de la Sainte－Enfance*, *Yentow*, 1900, AZ)。

③ 《1902年西部徐州圣婴会纪事》(*Rel. de la Sainte－Enfance*, *Suchow occidental*, 1902, AZ)。

这些情况通常并不在意宗教规矩，足以表明传教士力求在学校要纠正的是怎样的观念。无人怀疑，这是一项需要长期努力的工作，几代人之后才能作出评估。因此，徐州的创始神父们呕心操劳以慰藉其继任者们。可是他们已看到，学校是使个人发生深刻变化的工具，这个未来社会雏形建立在学生传布信仰的热忱之上，这已经是巨大的奖赏了。

规章制度，学习计划，思想指导，以及寄宿学校的一切，首先以对中国孩子进行道德培养为目的。祈祷、天主教教义、教会史居首位。在这些重点课程中间，穿插一些书法、《四书》释义、算术基本知识和地理课程。如此引导管理，学校未使孩子们降低社会地位，完美地帮助他们准备初领圣体，以及在其环境中的日常基督教生活。

当时的传教士为其信徒感到不小的自豪。他们很自然地将他们与同龄的法国小孩对比，人们要问，就天主教知识和理解力，虔诚和理智而言，他们中谁有优势呢？吕神父提出了证据。他写道："我不认为法国培养的最好的初领圣体者们知道并懂得天主教教义比一般的（马井的）孩子更好。而且我相信，毅力不太次于理解力。一句话，这是正在培养的基督徒一代。"①

缺少慈父般的热情，这是人们对派到徐州的传教士最初的印象。传教士们担忧难以驯化一群缺少文化教养、多疑多虑、完全逆反心理的乌合之众。他们的身边围着和蔼、笑容满面、充满信任的脸，带一点天真狡黠的眼光。他们注意到孩子们玩耍、学习、用餐时的欢乐活泼，这是安然自得的三个见证；随后，在教堂里，得体的穿戴、个人朝拜圣体、常领圣体。通过一次更密切的接触，传教士们发现了他们以为家世悠久的天主教徒身上才保留着的渴望和向往，战胜自我及有时英雄般的善行；而且优秀分子心地纯洁，有一种近乎一丝不苟的正直。然而，就在昨天，这些小天使还肩上挎着篮子在田野里游荡呢。

正如人们预料的，学校的活动迅速超出传教士的围墙。学生们回到村子里，轮到他们去教育别人了。艾莱沃神父写道："一个村子有两三个孩子在中心学校听过几个月神父经常重复的天主教教义，与还没有一点这种好运气的村子之间，存在着何等的差别啊！当神父突然出现在村子里，必定会看到并听到我们的'老学生'呼朋唤友，从四面八方跑来，围在驮着传教士的驴子周围欢呼雀跃，大家聚集在简陋的、用作学校或礼拜堂的茅草房里，给老年人上课，讲授在精神上的父亲面前怎样自我介绍。那个要自我介绍却穿着不得体的人可就倒霉了：穿上长袍，扣上衬衣纽扣，放下烟袋，保持沉默，端正立直，向神父叩首，等等。所有人，无论老年人，还是年轻人，都必须听从临时安排仪式的小主持人的命令。为什么呢？因为这些孩子经常去圣婴学校，在那里学会了礼貌和文雅举止，且不提他们向其父母和整个村子灌输的全套教理和基督徒伦理。"②

人们看到了直接的方法，它不只是专注礼仪。例如，当传教士去某个堂区举行仪式，他在他们中间找到几个可贵的助手。神父马上来到现场，他们急忙通知教友，带领他们忏悔，并帮助其中几个人反省。翌日，他们辅助弥撒，同传道员一起指导背诵祷经。如果有新生儿、病人、要重新宣布生效的婚嫁、一些可疑事情，神父迅速得到消息，并被引到需要他处理的地方。这些人不是专业的传教者，却主动表现出热忱。有多少父母经常来慕道

① 吕神父致尊敬的姚宗李神父的信，1898 年 12 月 16 日（AZ）。

② 《1901 年西堂区圣婴善会纪事》（*Rel. ann. de la Sainte－Enfance occidentale*，1901，AZ）。

班啊！因为孩子们老想让父母把他们送到这里来。有多少行动不便的奶奶们、非常年老的爷爷们去中心学习，因为孙子要准备施洗礼！他们为濒临死亡的婴儿施临终涂油礼，要跑十或十五法里去找神父！

不太容易评价，也许更为有效的传教，是通过榜样，通过在家里坚持早晚祷告，通过适时发话，通过指责……我们不是一切都知道。但在我们报告的内容之后，人们明白，当事关寄宿学校时，传教士准备作出各种牺牲。如果没有学校，在半个世纪后，尽管领洗者很多，徐州的基督教信仰也几乎不会比一开始有更多进展，祈祷学校会缺乏传道员，皈化者不会进入这更高的地位，然后逐步地直至从事圣职，就可能每代都要重复同样的工作。

在慕道班的不断努力下，教区迅速扩大，不久，传教士就得压缩管理工作，只确保其中重要部分。因为劝人改宗者的职责不是到施洗就结束了。他从异教解救出来的那些人，从此应该做弥撒，忏悔，领圣体。还会有结婚仪式和临终涂油礼。因此传教士充当了本堂神父的角色。

这二合一的角色本身并不令人反感，起码在最初几年，那时皈化者很少，而且就在座堂附近。通过几次简短的探访，本堂神父便了解到皈化者的需要，并满足它们，没有学生和慕道班让传教士太长时间地分心。这是一段好时光。神父睡觉前几乎能完成当天的全部计划。他甚至有点儿空闲，准备他的讲道，写信，与传道员谈话，帮助邻居，不会过度劳累。

可是在徐州，这个时期不长，神父们很快就迎来一批又一批的新天主教徒。同时又是本堂神父的传教士想保持这种征服。他们成功了。慕道班从未停止过活动，所以到1900～1911年这十年末，每个区平均有两千名受洗者，有两个区超过三千名。

让我们稍微更仔细地观察一下其中一个区或堂区吧。从面积看，这是一个主教管区：有三百五十至四百平方法里，人口三十至五十万，散布着一百来个小基督徒中心，不了解情况的人发现不了。距离远，居住分散，表明联系困难，不会减轻本堂神父的工作。某些小组住在距教堂二十法里处。因此很少来参加礼拜日的弥撒。最近的小组，如果下雨，如果正在收割，人也会到不齐：老年人不能走动，妈妈们家务缠身，有些男人得看家，其他人也被他们赖以生存的小生意拴住。

这些理由是不可忽视的。不幸的是，在我们的中国人身上，它们与完全反宗教的性情结合起来。不信教的人对宗教没一点兴趣，除非在灾年，甚至在那时，他们也仅限于参加一些不太强制的礼拜仪式。领洗后，他们表现出真正的热情，往往持续几年。其间，他们要克服对宗教冷漠的习性，还要克服使参加宗教活动变成累赘的情况。但是他们对这种不断的斗争厌倦了，而传教士又不能同时出现在其辖区的四面八方，帮他们克服懒惰，使那些软弱、消沉、气馁的人在完全消沉之前，重新振作起精神来。

天性于是重新取得优势，传教士加以抵抗，但是尽管他努力，还是失掉了阵地。必须增援，每年增加两三名神父。不过，在十年内，领洗者从五千零四十六名增加到三万二千八百二十五名，神父从十二位增加到十七位。在等待新人员和划分传教点时，解决每个慕道班恶化的局面的唯一方法，就是传教士努力奋斗，在中心照常地举行主日弥撒，平日在堂区巡回探访。

在徐州，主日是对传教士品质的试金石。这时他表现出仁慈、热忱、耐心、嗅觉、机智、身体耐力、管理和领导的才干。通过他对待传道员和教友的方式看出,他是否因超自然的动机而行动,是否关注宗教利益胜过他的安宁,是否有一些缺点控制不好妨碍了他的传教活动……徐州的主日是奇妙的经历。

座堂从礼拜六就开始忙乱。神父迅速完成日常工作,最早结束他的日课经,听寄宿生忏悔。做了那么多的事。将近4点钟,先遣队露面了:一名传道员,六名成年人,十五或二十名快活的祷经学校学生。他们吃过早饭从村子出发,步行三四十里,夏天冒着酷热,冬天带上被子。向主敬礼(如果他们忘记,有人会提醒他们),问候神父。会面务必简短,以便在晚祷前每个村子的人都到来,根据季节,在6点或7点背诵。神父坐在告解座里,9点半以前,可能10点钟以前,他是离不开告解座的。

大部分堂区教民在为他们预备的房子里留宿,即使没有入睡,也已经躺在席子或草垫上。由于经常是数百人,有人在其他地方:在看门人那里或教师家,或在学校看到的熟人处挤一挤(尽管这是禁止的),在学校里,男孩子们挤在一起,给熟人腾出地方。夏天,大家就露宿在院子里,或教堂的走廊上。神父要巡查,一切都井然有序。他便回到自己的房间,熟悉一下第二天的讲道内容,起码他还要独自或同传道员一起,检查一下人们应该提交给他的某件事情。

天亮了,大家都醒了。十来个人共用一个脸盆,闪电般地洗把脸。神父早已起来,每日的默祷已结束。夏天6点,冬天7点,在信徒进教堂之前,神父在教堂背诵一段日课经。为妇女、前一天的迟到者、日课经前才陆续到达的村里和附近的人,重新举行一场告解。男人和女人互相呼应着,基督徒们唱诵早祷经,接着唱诵一章天主教教义,交替背诵,背诵也如同祈祷。此后,如果忏悔者的队伍还长,只要神父没空,就背诵耶稣受难经,一遍苦路经,两遍苦路经。接着,神父讲道,开始举行弥撒。

基督徒们至少在教堂祈祷两个小时。几位妈妈得出去给婴儿透透气,几个因为太小还不能领圣体的孩子啃馍馍或大饼,其他人在通道走动,但气氛是静穆的。在场的人始终是两部合唱,同开始一样生气勃勃,唱主日或节日的祷文,随后是弥撒祷文。圣体降福结束全体领圣体和圣宠活动。在许多区里,圣体降福推迟到耶稣受难经之后,3点钟时进行,在各处几乎都是由神父一人主持。

这就是宗教活动的日程,但神父的职守延伸得更长一些。他的性格、他的影响、为他带来荣耀的无懈可击的品质,赋予他在其环境中无可争议的优越性。这就是精神之父,天主教徒组成的群体的首领。现在他必须倾听其成员的苦衷。

神父从圣器室出来,走到妇女一侧,接受她们的问候。传教士通常只在教堂会见她们。如果她们有困难,提前向献堂会修女说明,如有必要,献堂会修女稍后会报告神父。此外,最常见的情况是通过家里的男人解决她们的问题。因此,眼前跟她们说几句客套话,称赞她们坚持来做弥撒,鼓励她们持之以恒便足矣。接着,很快到了10点钟。妇女们感到饿了。教徒们喝粥或吃馍馍时，神父也乐意吃一点。[1]

传教士坐在接待室，队列活动开始。按村庄集合，传道员在排头，大家向精神之父叩拜，领过圣体者另外再加一次致谢叩拜。在这些队伍中有十分讨人欢喜的面孔，尤其是孩童的面孔，那么开朗，那么愉快。神父认识常来的人，那是些信仰坚定、纯朴善良、尊重神父的人，令郎本仁神父想起他的家乡布列塔尼的老乡。他不经常，每个月，或每两个月，或只在四大节日[2]见面的其他人是不太熟悉的，但传教士的一句话使他们不再感到拘束。

许多人反复酝酿内心的想法。显然他们在讲话中寻找机会，提出他们的官司，争取神父的支持。但是，神父猜中了他们的心思，用眼角窥视他们。现在不是卷入无休止陈述的时候。时间在一分一秒地飞逝，在作为开场白的赞扬和鼓励之后，神父要提出一些意见：要说明的节日或消息，号召向异教徒传道，也有一些责备，以及也许要揭露某个丑闻。有时候，至少是为了引起重视，真的发一下火不是不合时宜的。神父大发雷霆完全自由，因为他是在家里，人们并不怨恨他，证明是，他一发完脾气，人们马上就向他提出一连串的请求：要圣衣、画像、念珠、药物、经书、日历，据他们说，这些东西都令人遗憾地随便丢失或用掉了。神父经常发誓，日后要卖掉各种供品，但他这次还是禁不住大发慈悲送给他们，另外还添上弹子或糖果给孩子。

在一个多小时内，各村庄相继举行同一仪式。堂里学校的教师队伍、学生和工友的专业团体结束仪式队伍。此后，神父回到办公室，讨论在致意时不愿听取的较严肃的问题。他连续花几个小时处理纯粹的世俗事务、混杂的或单纯的宗教事务。

传道员比基督徒重要。他们必须汇报其工作。神父仔细地询问学生、慕道者，比较开支和收益。他利用两人单独会面的机会指出各种差错，发扬难能可贵的积极性。传道员是神父的左膀右臂。神父教导传道员，引导他，支持他，而且经常在他自己的评价中提升他。郎本仁神父叙述道："这个传道员对我说，他不能活了；他没脸了。——为什么你没脸了？——神父，有人说我没有文化；说我过去是汤执中神父家的守夜人。神父，我回家吧，不能再传道了。——我给你换个工作。——神父，今后我没用了。我回家。我跟他开玩笑，他回去，但只是这个主日回去。"[3]

脸面！

神圣教会的脸面往往只是覆盖贪婪和个人利益的一个面具。教会形象已被无法挽回地扭曲，因为有人偷了基督徒的驴子，或拿了一捆麦秆，或者因为他们混蛋的表兄弟，在训导中没见过两次面的慕道者，最终被关进监牢，或者因为邻居们咒骂他们。神父在一个主日便了解到"脸面"在中国的重要性和影响。

有时候基督徒被激怒。如果按照起诉人之意宣判的话，要有多少官员被撤职，多少收税官坐牢啊。神父调解要求，建议在公堂外和解，他根据经验知道，过错并非都在一方。

---

① 在福音传教之初，鉴于大多数人贫穷和路程远，传教士向参加弥撒的所有人提供礼拜六晚上的饮食和礼拜日的早点。这种餐饮原则上多次取消过，在某些区或者由于饥荒（这种餐饮是一种变相的施舍），或者由于其他缘故取消、恢复、维持相当长时间。1931 年以来，没有一位基督徒免费接受食物。神父为当时的慕道班和寄宿学校提供相当少的钱——支出的三分之一或四分之一——，因此每人都要付钱。

② 圣诞节、复活节、圣神降临节和圣母升天节。堂口的主保瞻礼同样以盛大的仪式举行，聚集许多信徒。

③ 《哲尔济书简集（1898 年）》，第 297～301 页发表的 1898 年 3 月 14 日致安塞尔神父（P. Ancel）的信。

尽管人们坚持要神父出面，但他通常不处理纯粹的世俗事务，不过容许一名传道员或一位有影响的天主教徒居间调解，以使各方和解。

如果神父能经常拒绝支持，事情可能比较简单。但他在请求中发现有对教会的攻击，有明目张胆的不公正，使他有义务进行干预。他被迫成为教会和弱者的当然的捍卫者。因此他要行动起来，但是不忽视进行深入调查。这需要时间。皈化者和异教的同乡一样，也有诽谤他人、使问题复杂化的习性：有时就因为伪造证据，使最有利的诉讼失败……传道员往往是同谋。那么，相信谁呢？情况到底怎样？

下午结束了。人们讨论了购买土地、修建或租赁校舍、薪金、学生的捐助金、派遣、撤回、传道员调动、教区开放……神父作出决定，稍后予以实施。渐渐地，他的办公室变得空无一人，剩下他孤身一人，还有一身疲劳，一个非常充实的主日里产生的令人快慰的疲劳。

还有更令人快慰的，也是更疲劳的，是对教友村的巡访。一个教友村是一个堂区的雏形，它将邻近几个村子的教友组织在学校和礼拜堂周围。教友村有管理人员、传道员，它应该尽可能向外扩展，成为一个自治的中心。每位神父平均主持八到十个教友村。神父平时在堂区举行的弥撒，不像主日在中心举行的弥撒，不是正规的，但是特别有助于宗教生活。耶稣基督在一个村庄有形的出现，伴随着大量其作用并不总是不可见的圣宠。任何传教士都是这些对人来说无法解释的事件的见证人：如天主教的顽敌的皈化，临终领洗，不知悔改的罪犯临死成为基督徒，还有多少其他惊人的事件与耶稣基督的降临相契合。

耶稣基督的这种直接作用夹杂着较少卷入世俗事务的神父的活动，更自由地倾心交流。神父在教友家看望他们，通过他的慈善、同情、尽心尽力，使所布讲的宗教具有吸引力。告诫和说教不能做到的事，在家中喝一杯茶即可完成。甚至责备也能让人受到触动，却不伤及自尊心，因为神父的口气中透露出真情。其次，怎能拒绝他改邪归正？真正坏的基督徒是很少的。不关心虔诚活动的人很多，或者像异教徒那样生活，他们只需要一种劝诱，一种特别的注意标志，以使他们重新建立信仰。

病人、老年人，以及许多从未离开家的人，他们的禀性更好。他们坚定地皈化，依恋他们的信仰，有时其忠诚表现如此令人感动，可是他们除了在传教士每年隐修时路过、复活节领圣体，或仅仅参加弥撒和忏悔这些机会，别无其他机会。对这些人来说，精神宝库不轻易打开，但是许多人不错过展现仁慈的主赋予他们的独特的才干。

传教士与信徒关系亲密、亲热，而且充满敬重，是父亲与子女的关系。传教士住在学校，或者如果没有合适的房屋，住在一个教友家。他在与伯利恒相符的背景中做弥撒。中国的农民们挤在耶稣圣体旁，也许和跪在童年耶稣周围的牧羊人没有多少区别。

神父逐家逐户从容不迫地接触所有的教友。白天，他登记注册，施洗，主持婚礼，以其讲话和榜样布道，查看学校的学生，或劝说近期去闭门慕道班的成年人。到了晚上，他在用大蜡烛照亮的小礼拜堂里，主持从本村和附近召集到的领洗者的祈祷。

祈祷之后，是睡前的精神放松的时刻，是传教士了解中国和中国人的时刻，这胜过所有的书籍。约十来个小伙子像朋友一样留下来闲谈。烟袋点燃了。有人问到神父的家乡，人们吃小麦还是吃小米，照耀着大地的是不是同一个月亮和同一个太阳……还谈到其他一些他们觉得有趣的事。神父回答问题，同时也询问。在几个小时内，这些农民详细说明当地的习俗、节日、历史、他们个人的和家庭的历史。他们谈得滔滔不绝。

令人怀念的谷生春神父(P. Lecointre)是一位观察能手,最了解徐州民俗。他曾不止一个晚上转到提出信仰的问题:对这些没文化的、只受其理性和某些原始原则指引的聪明人来说,这是他们非常喜欢的实际的娱乐。他们思想正直,能细微地区别他们的解决办法,往往非常微妙的精确,这尤其使神父惊奇不已。在这些无利害关系的小聚会中,他了解到真实的中国人,以及他们与基督教道德相关的品德,这些品德使这个民族成为世界上最吸引人的民族之一。

巡访了一个又一个教友村之后,传教士回到家,准备下周再出去。他每年周游三次或四次。

有人可能认为,在乡下的这种奔波使传教士的生活与舒适的消遣无缘。错了。这种奔波,加上孤独,就是他的磨难。它并不是最终使他不堪重负的众多磨难之一。这种磨难似乎微不足道,对人稍有损害,却让人得到那么多使徒般的快乐,它也是一种天然的愉悦,能抚慰很小的创伤,最初人们并未注意到它。但是传教士经常承受着这种磨难,它始终伤及同一处。滴水能穿石啊……

开始它只是一种不适。随着年龄的增长(譬如传教十年后),就成了阵阵剧痛,常常是一种折磨,要用巨大的力量来克服。痛苦因人而异。有一位传教士不喜欢出差:车子的颠簸使他产生骨骼散架的感觉,或者晕车。

驴背上的旅行使他疲惫不堪。还有人吃不下中国的饭菜,或者在不卫生的土屋内感到憋气。他们的天性忍受不了缺乏卫生、污垢以及光天化日之下的不文明之举。炎热、寒冷、潮湿、蚊虫又加重了劳累和日积月累的厌烦。总之,要他们出差,很少有人不推辞一次或几次。主动要求出差的没有,或几乎没有。肉里扎了一根刺不妨碍工作,但这根刺的存在确实而且具体地提醒传教士,他已全部放弃了安逸舒适、他的文明,这第二本性,甚至有时也放弃了生活的必需条件。

因此,传教士将自己的一点血液融入救世主的血液之中;因此,天主以全然父亲般的方式,将某种成圣的苦涩留给使灵魂成圣的幸福者。

第十章　“气息啊,要从四方而来,吹在……”(1901～1911)

如同以西结预言的场景,徐州骸骨遍地,于是“气息就进入骸骨,骸骨便复活了,并且站起来,成为一支极大的军队”(《圣经・以西结书》37:10)。

先驱者:从1901年起,急匆匆地涌向教堂的农民、商人、文人和官员,比一切条约都更好地宣告基督教之敌的大溃退。一夜之间,传教士从祸害的一端转为民心所向的一端,这种大转变并未使传教士们感到吃惊。他们一开始就预感到,迫害为非常特殊的圣宠做了思想准备。“请把使徒和十年的和平给予徐州吧,徐州将出现奇迹”,艾莱沃神父经常这样预言。天主同意休战,教士取得了地位;至于奇迹,它将使这位先知的预言大为逊色。

此后纪事和日记都非常简短。大多数神父甚至放弃日复一日、点滴不漏地记录枯燥乏味的细节。有些传教士始终如一,坚持不辍。数年内,他们登记了:在某个基督徒村举行了弥撒,修建或购买了一所学校,派了一位传道员到某村,众多的家族代表对许多遇到不公正、敲诈勒索、暴力行为的人进行了救助,进行那么多次的施洗,那么多次的领圣体,盛大的礼拜日,大批的学生,大批的慕道者……书信更简短,更少,几乎不提其他事情。

可是,如果用各区的年度统计补充这些简单扼要的资料就能明白,传教士们记录比较少,是因为他们没有时间。要不然就是他们已经讲述过一所学校的创建,一个村庄开始福音传播,觉得同一件事没有必要复述几十次或上百次。因此,他们的数字确实是宝贵的。我们讲过神父们的传教方法后,要对他们的工作和圣宠的推进有相当明确的概念,只要报告这些数字就足够了。

1901~1911 年登记的慕道者人数

西堂口各区	6 月末									
	1902	1903	1904	1905	1906	1907	1908	1909	1910	1911
徐州……	3 975	6 390	4 509	2 076	1 841	2 377	4 292	4 833	4 678	4 889
武湾……	—	—	—	1 005	780	540	659	574	709	499
沛县……	3 408	2 604	2 551	1 965	1 421	1 231	1 000	276	511	1 734
马井……	2 051	1 503	1 827	931	985	1 045	3 702	1 921	2 895	2 660
戴套楼……	3 662	1 556	3 320	3 339	3 011	1 998	1 338	1 852	1 535	1 673
三官庙……	—	3 176	3 980	4 541	4 542	5 493	2 970	3 763	2 677	2 258
侯家庄……	8 125	12 190	3 253	858	1 293	2 054	2 358	3 162	3 068	2 753
姜楼 ……	—	—	8 276	8 145	7 187	7 858	9 886	10 002	4 857	4 370
程寨……	—	—	—	—	—	—	—	—	7 136	6 546
小　计	21 221	27 419	27 726	22 860	21 060	22 596	26 205	26 383	28 066	27 382
东堂口各区										
睢宁…	583	375	275	175	282	945	783	953	1 199	2 060
宿迁…	344	711	734	831	1 063	1 404	1 182	1 070	1 170	1 126
邳县…	1 367	1 398	1 227	960	1 084	2 042	1 769	1 760	1 620	1 140
埝头…	457	—	—		527	2 604	685	140	1 458	1 950
窑湾…	—	878	1 762	1 799	1 243	1 815	2,222	1 648	1 418	1 542
土山…	—	—	—	—	—	—	—	—	—	1 589
小　计	2751	3362	3998	3765	4199	8810	6641	5571	6865	9507
总 计	23 972	30 781	31 724	26 625	25 259	31 406	32 846	31 954	34 931	36 889

怎样理解报告中的涌入、成群结队、大批慕道者以及其他一些词呢?如果传教士们向我们肯定地说,在 1901~1911 年间,成千上万的中国人经常来敲座堂的大门要求领洗,一批批地络绎不绝,有人会责备传教士们在夸大其辞。然而事实上差不多。

见证这个巨大变动的人没有给我们留下任何总数。慕道者人数是我们唯一的基准数，而且是粗略计算出来的仅有的数据。从中可计算得出平均每年有三万人，包括前几年的可靠的慕道者和约三分之一的新慕道者。

因此，我们的附表将接纳的十二万五千人至十三万人汇总为慕道者。不过，在登记注册前已经进行过甄选。传教士们宣称，有许多年他们婉拒了五分之四，有时是十分之九的候选人。除了这些不计其数的被接纳的和被拒绝的人，如果还把想入天主教的人，以及知道这个教会存在，或至少大致了解其性质及目的的人都算入，我们估计在这十年内，西堂区有六分之一或四分之一的居民不同程度地接触过教会，与事实不会有太大出入。

准确的数字到底有什么关系？事实显而易见。教会突然成为，而且在十年内仍将成为极其强大的作用的中心，并超越人们过去使用世人手段所期盼的一切。爆炸作用？非也。既无暴风雨，亦无雷鸣闪电，一点不激烈。这是一种最不可思议的作用，任意而且独立，不受控制。表面上看，传教士既不能使它产生，也不能领导它，几乎追赶不上它。这种作用要同时影响许多地方，它蜿蜒曲折地穿过村庄，动摇了一些村庄，无视另一些村庄；它突然出现，突然消失，它再来了，又再离去。人们以为已让它固定了，可是它已离开；人们想强化它时，它却又消逝；它挑战各种预见，打乱所有计划。

Tansitus Domini（拉丁文：主之经过）。这是主的通过，圣宠的通过，极其有效，而且极其尊重自由。圣宠通过居间人以中国方式行事。它采用差异很大的手段，途径不可计数。官员的反对远不能阻挡圣宠的道路，反而促使它进入各县。一些冷酷无情的士绅不自觉地为圣宠开放了受他们压迫的村庄。遇到乍一看可能非常欢迎圣宠的地方，它自己却绕了过去，但是在盗匪中间，在沛县和铜山县声名狼藉的角落安顿下来；越是有人抵制圣宠的影响，它呆的时间越久。谁能猜中圣宠的出现？没有人。圣宠在做什么？它启发，它行动，通过它所喜爱的迂回曲折之路，指导正在进行选择、教育、施洗的神父。人们完全信赖地受其冲动驱使，希望挽救他们的生命或钱财，拯救他们没有想到的灵魂。

某些人发现这种不可思议的未知事物的真实特征时，多么强烈地失望啊。人们理解这点。他们曾希望报仇雪恨，或者奢望得逞，有人交给他们一点天主教教义。许多人狂怒或伤心地转身走开。他们对教会不再感兴趣。

许多人消除最初的惊奇后，听从了建议，心甘情愿地专心学习，他们学习祈祷和教义，从内心验证祈祷和教义，但是在决定性的诺言面前打了退堂鼓。

许多人最终见证了这种圣宠的异常强烈的作用，许多人一看到超自然的宝库幸运地取代了他们所垂涎的蝇头小利便欢欣喜悦；许多人一见到福音的预兆便激动起来，真诚接受这意想不到的启示。

真诚，我们说。也许是真诚！用算计不是更确切吗？因为这些寻求某种世俗恩惠的异教徒，果然从传教士那里获得了，于是接受传教士的宗教，聊作谢意，但尤其是为了确保日后还能得到他的帮助。他们的真诚到达何种程度呢？

殖民地游记文学和许多自以为有资格评论中国皈化基督教问题的作家们用六个字，“基督教的食客”，回答了这个问题。他们在概括一些传教士的知心话，或者基于比较少见但确凿的事实，如：引起轰动的背教，皈化者袭击他们的教会，把中国的基督徒描绘成一伙有意识或无意识的伪君子，把信条当作商业基金，根据赢利多少参加活动。说实话，这些作者往往是在谈论基督教新教的教徒，而且是依据不同教派的牧师们的陈述。因此请基督教新教的传教士们去修正对其教徒的错误的判断吧。

至于我们的徐州天主教徒，没有专门针对他们的指责，虽说他们有缺点，至少不是粗俗的"基督教的食客"，靠神父们的轻信生活，实际上是拿福音当作一切不能立即可触知的东西不当回事。他们在皈化前谎说宗教愿望，以便神父答应给他们学校和传道员，他们的动机在当时曾引起注意，这是很显然的。一个人们只知道名称的教会能有什么诱惑力？况且没有把这些人引进一个伪装成财神庙或打官司的庙的圣殿。慕道班用一年多的时间向他们传授信经、戒律、天主教教规。各种考验有助于首先开导他们，接着让他们表达意愿。最后他们接受了施洗。

从 1901 年到 1911 年，徐州的传教士们为两万零七百二十九名健康的成年人施洗。我们在徐州可能还有这样多的模仿者。一些聪明的神父有解读灵魂的技巧，经常有解读灵魂的特殊圣宠，这些人也经常被耍弄！这简直是难以置信的。

由于对情况了解得很肤浅，这些尖锐的批评一般来说忽略了，当一个人要求施洗时，他可能是完全真诚的，为一个超自然的动机接受施洗，后来又屈服于邪念诱惑。观察这一现象难道要到中国来吗？因此，就是在宗教生活的淡漠时期(施洗后的三四年)，受机会、传教士在徐州的影响还小以及他们原有的异教徒血液中不只有一个魔鬼的驱使，某些不安分的或贪婪的基督徒想出卖其教会之子称号。在这点上，他们是有罪的，但这样的意志薄弱不一定玷污其皈化心愿。相反，人们将会发现，很多时候他们的皈化使他们防止了这种堕落之举，这些"黑色羔羊"是可以忽略不计的少数(虽然外界的观察家们认为他们为数众多)，而且最终传教士们也强烈抵制任何使教会屈服于私人利益的企图。

"基督教的食客"一词提醒关注传教士为皈化者提供的物质帮助。这是对宗教工作的必要补充，在徐州采取不同的形式：布施穷人，饥荒肆虐时配给食品或衣服、药物，皈化者遇到困难时提供建议、仲裁，提供有利于受害天主教徒的司法证据，等等。

某些人以为传教士把大部分时间和物力都用在有形的怜悯上，这是错误的。在欧美的城市里，牧师们为他们堂区的穷苦信民(然而不比中国的更穷苦)募集到的援助不仅超过传教士的恩惠，还超过传教士为维持日常用度、礼拜祭仪、学校和慕道班的全部花费。

在徐州，单靠公共施舍度日的受洗者相当少，而且给他们最多的并不是传教士。传教士跟别人一样，向伸手的人增添了一点点捐赠。传教士有时收养一位老人，一个孤儿，悄悄地塞几块大洋给某个遭到火灾、盗窃等灾难打击的人，差不多就这些了。甚至当饥荒蹂躏他的辖区时，传教士当时所拥有的最多的财产，也只允许救助少量的领洗者。这些领洗者也不得不和异教徒一样去逃荒，变卖田地，饿死更是常见。[①] 因此，天主教徒的生计既不能指望传教士的钱，也不能指望官府的救济款。[②]

截至 1911 年，皈化者向神父们提交了非常多的诉讼案件，要求受理。不平之事遍地皆是，受压迫者孤立无援。传教士倾听怨言，但并不总是同意申诉人的看法，远非如此。

---

① 见下文各区短缺的数字。

② 参见《1911 年 7 月中国纪事》(*Relation de Chine*, juill. 1911)，第 164～172 页发表的"关于传教士在华调解教友们的诉讼案件"，非常具体。

他甚至拒绝受理其中大部分案件，因为它们不正当，或者不明确，或者可能危害他所代表的最高利益。他支持的案件以和解的方式了结，或在公堂上解决。

徐州的农民好闹纠纷，报复心强，喜欢提无理要求，然而在向官员申诉前，他们会考虑再三，因为衙门会让人倾家荡产。他们宁愿找义务做好事的或职业的调停人调解，达成妥协。职业调停人探询对方，达成谅解，根据纠纷大小和诉讼人的财力计取报酬。

天主教徒非常自然地选择他们的本堂神父做仲裁人。这位仲裁人公正无私，不受腐蚀，颇得好评，而且不收报酬。人们不要求神父亲自听当事人陈述，只要求他委派管家、传道员、享有一定声望的精明的基督徒代他行事。传教士的调解往往到此为止。他的威信作为合法的价值赋予交易，而他的主顾依照手腕、情理及其代理人的公正性而身价倍增。他就是这样平息了许多纠纷，而且教导天主教徒和异教徒要节制，尊重他人的权利，建立在法律基础上的义务，必须为公共利益牺牲一点自尊心或利益。简言之，这是社会教育的基本原则。人们注意到，所有传教士都有限制这种传教方式的趋势。曾有过滥用的情况，我们没有隐瞒过。

至于诉讼案件，我们认为传说夸大了数字。

艾莱沃神父在1902年写道："基督教新教教徒们……责备我们只借助于诉讼传教……是的，这些不幸的人往往就是因为诉讼案件来找我们。就是为了一起他们所卷入的，或受到威胁又无法摆脱的案件。

"开始时案件接着案件。我们从不起诉任何人，除非极少例外，如教会利益的本身直接受牵连，违背了国家的公共法律或条约的条款。我们几乎不打官司，而且我们阻止打官司，或终止了不少官司，而且常常既无心也不知道。有时在我们不知情的情况下，受我们的旗帜庇护的孤儿寡母得以生存和喘息，不再被追究和掠夺。"①

有些传教士梦想匡正天下正义，有时侵越了官员的权利，表示出强硬态度，并指导官府。这是令人遗憾的过分行为，但是，充其量只是两三位神父所为，而且只在某些情况下。大部分神父，我们不敢说所有神父，都厌恶无端的诉讼。

况且，神父们不随便受人们多少好争讼的性格支配。长上们的指示是明确的：只允许在严重的情况下，而且无法用别的方法解决时，才去找官员帮助维护基督徒的世俗利益。1898年4月30日，尊敬的姚宗李神父提醒艾莱沃神父，并通过他提醒所有神父，只有堂区主管神父或总堂司铎有权过问诉讼。姚宗李主教写道："请您在磋商中反复地讲，（传教区）尊敬的长上神父叮嘱主管神父亲自在堂区的公堂上处理案件。如果偶尔要委派本堂区的传教士办理，一定要先全面了解案情，也就是说，充分了解情况，并且要指出须遵循的步骤和希望的解决办法。"②后来，1900年4月20日，他给东堂区的神父们写道："你们下次磋商时，告诉神父们，不要充当警察，而且不要插手纯世俗的案件，它们可能由最初的琐碎小事突然酿成巨大的困难。"③

姚宗李主教的继任者，尊敬的丁神父则进一步加以限制。他禁止神父介入异教徒的、

① 《1902年西堂区年度纪事》(AZ)。

② 致艾莱沃神父的信（AS)。

③ 1900年6月6日《磋商报告》(*Rapport des Consultes*)(AS)。

甚至朋友的官司。如果涉及基督徒,神父既不得拜访官员,亦不得委派传道员在官府看望官员,给官员写信,甚至也不得送名帖给官员。如果案件涉及到教会,神父可将案件告知士绅,请他们向相关人士传话。[①]

这些文献及许多其他文献证明,如果传教士完全自愿或被迫与司法当局打交道,他们有限制这种行为的命令,他们容易接受这个命令,更何况几年来对教会的攻击暴力和次数在减少。从 1904 年开始,提交到衙门的诉讼屈指可数。

《年度纪事》包含一些意味深长的说明。段神父记得,1905 年,沛县县令多次祝贺他三年来没处理过任何一桩诉讼案件。庄神父从同一时期开始,终止登记档案含糊不清的村庄。他尽可能少地亲自干预异教徒和基督徒之间的纠纷。蓝神父(P. Maynier)在 1909 年写道:"今年,我只求助过一次官员保护一位基督徒,他看到我无过分要求,很乐意地办了。"[②]次年,谷生春神父写道:"两年来,我从未向官员提及教友的案件。今年,我宣布,我不会督促署衙办理世俗的诉讼案件……如果我们允许传道员处理案件,全都是在和解条件下进行,不要求卫兵协助。因此,基督徒们似乎更少报复心,更温和,更有节制。他们的纠纷经常就由教友村管理人员平息了,不用跟我谈。"[③]

艾赉沃神父以身作则,默默地忍受迫害,在许多次纠纷中他具有不容置疑的权利,他也放弃了诉究。其中有 1904 年,基督教新教教徒在三官庙区惹起纠纷,如此明显地把种种过错算在他们头上,以至于庄神父对艾赉沃神父情愿不采取行动感到不解,甚至对此感到愤慨。后来又在 1905 年,当一个强盗头目殴打段神父时,当同一帮强盗勾结县令迫害他的教友时,他同样如此。[④]

总之,为了保卫教会,神父们提出一些诉讼案件,最初也经常支持他们的皈化者打官司。但是从 1900 年开始,传教士们越来越只局限于自己的管理职责,渐渐回绝请求帮忙打官司的人,消除影响和宣传的根源,然而,这并未妨碍教会的发展。实际上,从 1901 年到 1905 年,当人们对教会的胜利仍然记忆犹新的时候,在尊敬的丁神父发出限制命令之前,成年领洗者每年平均为一千四百一十一人,但从 1905 年到 1911 年,猛升到二千五百一十四人。至于注册的慕道者,1901 年为两万两千人,1905 年为两万六千人,并逐年上升至 1911 年的三万七千人。

这部分冗长的离题话将我们带回到起始点。在皈化运动开始时,要对人进行辨别,也辨别超越人的某种事物。民众中酝酿激情,并力求通过入教来满足这种激情,这都是合乎人情的。这种改变人的精神的力量是非凡的,它用心灵的愿望替代卑劣的贪婪,在异教徒的心中播种,并开放出基督信仰的道德之花。

让我们重新开始我们的编年史吧。我们将陈述这个神奇力量的主要表现及其作用,先是在西堂区(第 10 章),然后是在东堂区(第 11 章),阻挠或加速神圣推动力的事件留给第 12 章。

---

① 《1904 年 10 月东堂区磋商报告》(*Rapport des Consultes, section orientle*, oct. 1904)和 1904 年 12 月 4 日《巡访纪事》(le *Mémorial de la visite*, 8 déc. 1904)(AS)。

② 《邳县年度纪事》(*Rel. ann. Pihsien.*)(AS)。

③ 《1910 年戴套楼年度纪事》(*Rel. ann. Taitaolow*)(AS)。

④ 我们将在下文讲述这两段插曲。

1900～1901 年激动人心的大事有义和拳、抗议、布局、修缮和重建，冲击了西部堂区的教友们和传教士们。1901 年春天，艾赉沃神父和传教区的长上、尊敬的丁神父探访五个区，鼓励受害者。艾赉沃神父在圣神降临节前进行第二次巡访，6 月份的第三次是陪同尊敬的福若瑟神父，将他护送到兖州府。传教事业已经更加兴盛地恢复起来：各地的慕道班和学生人满为患，神父们全力以赴深入各地。在秋季，总的情况又有好转。学校和慕道班座无虚席，特别需求传道员，神父们忙得不可开交，既要关照有优先权利的领洗者，又必须对新入教的人进行引导，直到施洗……

看过了全貌，我们稍微更详细地观察一下圣宠的作用，它并非肉眼不可见，而是每个区都证实了它的威力的效果。可惜我们不能耽搁。通过某些日期、一些数字、引人注目的事件、浮现的一些人名、一本薄薄的相册，我们将会有一幅这十年的全景画。

让我们从徐州开始吧……我们还记得 1884 年的驱逐，接着是十二年的官司，最后在西部各座堂燃烧时的修复。在徐州重新立足，多大的“面子”啊！然而，从基督信仰传播的观点看，这几乎还没什么意义。铜山县，一千二百平方法里，1897 年有八名领洗者，包括从外地来的神父的传道员。七十二名慕道者。城里的房产非常狭小。想扩大？在农村，获得一块必要的十五或二十亩地非常容易，然而在徐州，神父身陷重围。几百间茅草房，几百家的房产主，紧围着神父的院落。可想而知，神父感到压抑，被人窥伺。他只是表示一下要另购地皮，价格就像火箭一般向上窜。

神父等了两年。1898 年 4 月，尊敬的姚宗李神父给艾赉沃神父四千块大洋（相当于两千美元，一万金法郎），确信这笔钱足够买地皮和主要建筑。11 月份，艾赉沃神父在他居住的那条街道的北边，买到第一片心仪的地块。一块地，六百块大洋。尊敬的姚宗李神父抱怨了。1899 年 3 月 7 日，再次买地。当时，总共五亩半地，花掉一千八百块大洋。尊敬的姚宗李神父觉得吃不消，他写给艾赉沃神父：“我担心，亲爱的神父，您一小块一小块地购买您在（徐州）府的新堂里，是钻进了马蜂窝。您给我的数字作为购买价格是惊人的。我以为有错误。一千二百块大洋几亩地（第二次购置）！显然不值。如果是这样，我认为，您最好建议您的邻居以同样价格买下您现有的地皮。”[①]

艾赉沃神父解释，并寄送图纸；尊敬的姚宗李神父亲赴现场，最终完全同意，但他前所未有地强调要缓慢行事。终于在 1900 年初，法国一笔慷慨的捐助使房地产增加一倍。4 月份，艾赉沃神父迁居，献堂会修女安顿在艾赉沃神父原先的堂里，准备接待妇女。艾赉沃神父十分高兴。

因为在 1898 年初兴建必需的房间之前很久，已经来了大量慕道者。艾赉沃神父写道：“尽管有魔鬼，尽管有官员，尽管有文人和士绅，尽管我本人不愿意，我也得开辟铜山县，本地区八个县中的第一富县、第一大县。我得临时安排十名传道员，以满足尤其近三个月以来向我提出的一部分要求。各地乡下有五百多个家庭在我唯一的教区热情地学习教义和祷经。”[②]

主要的一群人住在“团”（Toan）里，即住在由山东居民建在微山湖畔的圈子内。

---

① 致艾赉沃神父的信，1899 年 3 月 15 日（AS）。

② 艾赉沃神父致倪怀纶主教，1898 年 4 月 13 日（AS）。

"团"的出现及其拓殖的历史将我们带回到1851年10月,黄河在丰县冲垮堤坝之时。河水泻入位于下游的微山湖,使湖水上涨,使湖面扩展到沛县大部分地方,也包括另一侧的山东省界。洪水似乎稳定下来,不再退去,以至于居民们认为他们的土地已经全毁,于是成群结队地逃往他省。

四年后,1855年8月,黄河离开徐州。黄河不像六个世纪以来一直斜穿过徐州,而是绕过开封,奔向直隶湾,使徐州干涸。淹没的土地重新露出,随之出现一片新地带,长七十法里,宽七至十法里,微山湖在黄河退走后失去了一半以上水量。在湖底显露的同时,湖水淹没了山东的曹州,迫使居民到别处去寻找生计。这些灾民,有些人发现新露出的无主的土地,便就地安顿下来。他们叫来亲属,不久,从这片肥沃的土地获得小麦大丰收。在短短几年内,几万外乡人拥来,耕种这片宝地,并在当地人羡慕的眼光下富裕起来。

最近的一次洪水已造成当地人大批死亡,他们没有足够的力量能赶走山东移民,耕种他们视为自家财产的土地。但是,从第一天开始,他们就与闯入者进行流血斗争,激化成不共戴天之仇。当地人在多次被外乡人打退之后,便从司法上采取攻势,甚至到北京控告山东人夺取了他们原有的所有权。控告是有技巧的:外乡人没有任何地契,未缴国税,皇帝不曾获悉其帝国的这个小小变动。有人来进行调查。沛县北部的移居者确实占有了洪水来时迁走、洪水退后又回乡的当地人的地产,现在被遣返回他们的省内。允许微山湖西畔、在铜山县北部和沿着沛县的人保留他们开垦出来的土地。

外乡人将他们的新家园分成若干个自治"圈"(团),各"圈"置于他们原籍省的文人和头面人物保护之下,由"圈"长管理。1866年3月6日,皇帝决定,"圈"原封不动保留下来,承认外乡人为皇帝的庶民和房地产主。不过,尚未允许他们缴纳法定赋税,这是不认可他们的权利。人们为他们创立了一种专门的制度,在理论上,这一制度并未加给他们多于其邻居的负担,但它将产生不能容忍的流弊,并延续"圈"内持久的动荡。应该料想到这一点,因为经皇帝恩准,将向"团"征收的赋税留给官员,补偿废除的特权。官员们不仅利用这一特许无情地压榨庶民,而且征税官强行征收高额附加税,自己截留。低洼地经常被淹没的农民甚至被迫交纳两三倍的税,他们一再要求废除官员的这种敲诈掠夺。1904年他们才有充分的司法权。于是"圈民"服从普通法,农民获得地契。①

艾赉沃神父1893年在侯家庄接待的第一批沛县代表团来自各"团"。当地人和外乡人之间的敌意依然如故,几乎同起初一样强烈。村庄间的争斗,掠夺收成,司空见惯。人们只在做生意相遇时才不争斗。而征税官在"圈"内部造成的局势比这种战争状态更严重。特别是铜山县的"圈民"不知道该拜哪尊菩萨。李玉銮(音译,Ly Yuluen)是第一批

① 参见徐神父(P. Zi, S. J.)《关于"团"的历史概述》(*Notice historique sur les Toan*),根据目睹证据的记述和中国官方文献撰写,随其译文转载。

外乡人之一，是大头目的左膀右臂[1]，他抢劫，偷盗，扣押、拷打、随意杀害农民。铜山县令同他一起分赃，压制告状。受压迫者们认为，只有天主教会足够强大，可以从这两个吸血鬼手里拯救他们。于是，他们来徐州强烈要求艾赉沃神父出面，但他却未表现出一点热情。

艾赉沃神父讲道："确切地说，我们并不太了解这些外乡人的目的。刚接触时，鉴于他们的要求，我们很怀疑其中有蹊跷：他们这样成为基督教徒不只是为了天国，不晓得基督教义的第一句话。如果他们是本地人，我们可以比较快地接受他们，利用他们的诚意，纠正他们的意图，将他们引到正路。可是他们是徐州地方的外乡人，到处不被尊重，不受欢迎，流浪漂泊等等。总之，我们不能急着让他们牵着鼻子走。

"团的代表团要求入教，越来越多。他们那么执著，那么坚持，在他们中间也有一些很好的人，以至于为了求得安宁，我们派一名传道员去探察这地方。这名传道员是一名品行端正的新教友，姓王，萧县的秀才，心肠好，充满热忱，他想使整个中国皈化。八天之后他返回来。人们从未见过那样的积极热情。——神父，他们非常善良，非常淳朴，满怀热情，我给您带来了几份名单，有两千多人，他们都是好人。他们不穷，不要钱，没有官司，他们只希望神父阻止'统治者'('圈'的头领)不公正地骗取他们的钱财。神父，应该接受他们，他们强烈要求学习教义和祈祷呢。他们十个村子承担一所学校。神父，应该派几名传道员去。神圣的教会将有很大的面子啊……——这是通过王传道员的嘴说出来的鸽子般的天真。可是，如果你是传教士，即使你具有最像蛇一般的谨慎，又如何能顶住这样的理由呢？该怎么办就怎么办吧！不入虎穴，焉得虎子。如果不能通过，或者如果它预示脱轨的危险，总会有时间刹车和倒车。于是，外乡人便有了自己的传道员和学校，每个主日，他们成群地来参加祭礼，向神父敬礼，然后回到村里，自豪地炫耀分发给最有文化和最勤奋努力者的那些圣牌和画像。"[2]

义和拳毁坏了"圈"，差一点煽动慕道者反对地方官府。徐州县令本可以轻而易举地清除惹人讨厌的土匪们的湖岸，但是他完好地将他们保存下来，因为他在报复教会闯入他的地盘。他的继任者陶在铭，于1900年9月或10月就职，竭尽努力不付一点赔款，他还和李玉銮勾结，试图阻止皈化。

在徐州，陶在铭对艾莱沃神父表现得特别彬彬有礼，给艾莱沃神父送许多礼，经常请他吃饭。但是，艾莱沃神父报告说，他在下乡巡视中，召集族长和村长说：

"你们有洋校(指洋人学校)吗？"

"没有，大人。"

"好，好！别让洋校进你们这儿来。你们呢？"

"有，大人，在我村有一所基督教学校，可是，我跟此事毫不相干，不顾我反对，生米煮成了粥。"

"傻瓜们，你们不希望你们的脑袋留在肩膀上了？"在已经建起学校，教会已经进入的

---

① 艾赉沃耶稣会士：《一个土匪的所作所为》(*A propos d'un brigang*)，原载《1904年1月中国纪事》(*Rel. de Chine, janv.* 1904)，第160～176页。

② 《中国纪事》，第167～168页。

其他地方，这位官员向士绅和乡村警卫打招呼："你们要状告某个基督徒吗？你们认识基督徒当中的某个强盗、小偷之流的吗？"他用枷锁、棍棒、锁链，逮捕了几个罪大恶极的无赖，他们曾参加过一两次基督徒聚会，未被神父识别出。他让他的人员说："看，我们的大人就是这样对待吃教会的人。"①

艾赉沃神父向道台揭露这个县令，道台申斥这位过于公开抱敌对情绪的下属。李玉銮也得到应有的惩罚。李玉銮第一次被控告，被他逃脱了，试图让天主教徒和基督教新教教徒接受他，都遭到拒绝，于是又重操罪恶勾当。后来他与艾赉沃神父发生冲突，艾赉沃神父亲自将他的案卷放在道台的案上。尽管有陶县令袒护，李玉銮遭到监禁，并在1903年夏天死于徐州狱中。

其间，铜山县福音传播的进展超过任何期望。在1901年，艾赉沃神父有四千多名慕道者和三百一十五名领洗者，形成两个核心，两者距徐州约二十五法里。第一个在北部，在"圈"里；第二个在东部，在大徐家周围。

艾赉沃神父在中心因事务繁多脱不开身，不得不利用祭礼，不时地探访他的堂区各点，难免忽视自己的辖区。根据他的请求，1901年9月，教会给他添派了陶斯咏神父。陶斯咏神父在皈化事不多、老教友并非始终虔诚的环境中操劳了一生，现在乐于跑一跑当时处于宗教激情十分高昂中的"圈"，除了讲讲仁慈的主外，没有其他操心事。他准备并主持了两百多次施洗，这是他人生最后一年的圆满结局。他于1902年6月25日故去。②

继陶斯咏神父之后，连续两年有几位过渡的神父。人员危机严重影响到上海。艾赉沃神父并非不晓得这一情况，他等待着，但是他这个区集中在徐州—武湾—大徐家三角地带的教友村的事务已应接不暇。只是到了1904年8月，艾赉沃神父才为北部争得一位耶稣会士徐神父，并将武湾区从徐州划出。

离开富裕的松江地区和他的恭顺的天主教徒，去"团"修建教堂，从徐神父方面来说，是一种虔诚和克己的高尚行为。1904年10月9日，艾赉沃神父将作为他卧室的教堂圣器室钥匙交给徐神父，直至座堂建成。他还把六百二十二名新入教的教徒和一千二百到一千五百名慕道者委托给徐神父。

徐神父在第一年年末写道："总的来说，教友们是相当好的，有些非常好。许多人来做

① 《1902年西部徐州年度纪事》(*Rel. ann. Suchow occ.*, 1902)(AZ)。

② 请阅1903年1月《中国纪事》第67～68页关于陶斯咏神父临终时刻及其死亡感化人的记述。

弥撒，甚至女人们，尽管还没有献堂会修女们照顾她们。”[①]随后几年评语同样。在普通的礼拜天，教堂（它进深七十多法尺）里人满满的；在节日，一部分参加者涌到院落里。徐神父的慕道班不放假。九十六名（六十名男孩，三十六名女孩）学生经常住校，另有十七所学校遍布在农村。因而教会在正常扩大。领洗者们准时参加宗教活动，尽管有各种障碍，如土建工程，洪水冲垮围墙、学校、慕道班、教堂的部分建筑和几座小教堂，献堂会修女王玉姑（音译，Wang Yukou）去世——她是具有无与伦比的献身精神的组织者，产生过巨大影响，还有饥荒，抢劫，最惹人注目是两位天主教徒兄弟争夺圈头地位造成的公愤，等等。

慕道者人数下降不太好解释。[②] 这甚至是一件相当奇怪的事。传教士到来时，圣宠隐退了？掠夺、饥荒、压迫是整个这种宗教准备的根源，它们已经使“团”民们逃光了吗？远非如此，掠夺、饥荒和压迫同样在肆虐横行，但是民众反应不同。我们将在下文指出，在沛县的“圈”内，大概由于同样原因，官员与征税者—强盗的共谋造成雷同的现象。

因重新划分范围，徐州的教区减轻了负担，在数量和虔诚方面已有提高，除雷伯雍神

① 《1905年武湾纪事》(*Rel. ann. Wutwan*, 1905. AZ)。徐神父的《纪事》为拉丁文，我们翻译并压缩。下表是这十年期间武湾的一些灵修生活数据。

年　份	传教士	受洗者		教徒义务			逃避者	缺席者	虔诚领圣体者
		总数	遵守教徒义务者	忏悔	领圣体	%			
1901—1904	由徐州传教士主持								
1904～1905	徐神父	727	540	526	526	97.4	3	11	1 248
1905～1906	—	763	546	536	536	98	3	7	1 836
1906～1907	—	924	665	654	654	98.3	8	3	1 882
1907～1908	—	1 157	829	804	804	96.9	13	12	2 472
1908～1909	南从周	1 253	900	822	816	90.6	14	64	2 538
1909～1910	陈神父	1 424	997	912	876	87.8	16	69	2 731
1910～1911	—	1 493	972	539	517	53.1	—	433	1 523

② 见本卷第145页。——编者注

父不知疲倦的活动外，没有其他经历。[①] 从 1904 年到 1914 年，这位神父在本县来往奔波。他的堂区包括目前的江安集（音译，Kiangantsi）[②]、徐州和和大徐家三个区，七年间，他在三个区发展了两千多基督徒。他在徐州堂里的同事艾赉沃神父，因为繁忙既没给他各种鼓励，也没给他帮助，当三人都在忙碌时，大量的活计、奔波、学校和慕道班等，就落在雷伯雍神父一人的肩上。

标志着一个兴旺的教区发展的，是一大堆总是千篇一律的琐事，我们不会忘记其中最有意义的事情，即徐州教堂的兴建。[③]

的确，艾赉沃神父已经建起多座教堂，但是无一处符合他的理想。况且人们可以想象得到，在 1900 年前后祭礼设施所呈现的外貌。这在当时还是值得夸耀的一项成就。北京的英国大使馆两位馆员经陆路去上海时，1897 年 12 月 29 日到达马井。他们讲道："耶稣会士传教区位于距铜山（徐州）偏东大路不远处。那里，人们实际上看到了战斗的教会。建筑物由筑有雉堞的、高大的墙围着，四角有火炮的塔楼护卫。我们到来四天前的夜里，传教区打退了土匪的一次进攻，期间，优势的武器，塔楼居高临下，以少胜多……这些匪徒多次攻击马井，但幸运的是，传教士始终同其武装人员以及装好铁弹的火炮一起严阵以待……"[④]构成这片城堡的是一群式样单调的房屋，拥有长围墙和高塔楼的教堂鹤立其中。教堂内部阴暗，陈设简陋，没有装饰，亦无风格，没有任何特色能吸引异教徒，没有任何东西能反映出居住者的庄重。

艾赉沃神父想在徐州这样重要的城市建设一座让所有署衙和宝塔都黯然失色的建筑。董师中神父具体地讲道："他尤其想要一座由石料砌成的教堂，有石墙和石柱，甚至穹拱，真正的石砌穹拱，就像布列塔尼或诺曼底的教堂那样。"在艾赉沃神父提出这些设想

---

① 徐州的一些灵修生活数据：

年　份	传教士	受洗者		教徒义务			逃避者	缺席者	虔诚领圣体者
		总数	遵守教徒义务者	忏悔	领圣体	%			
1901～1902	陶斯咏	560	458	458	449	98	—	—	3 761
1902～1903	雷神父	646	546	543	532	97.4	1	2	4 175
1903～1904	和神父	917	736	732	730	99.1	1	3	3 845
1904～1905	雷神父	509	382	376	374	97.9	1	5	2 293
1905～1906	—	915	719	707	694	96.5	3	9	2 736
1906～1907	—	1 271	968	788	781	80.6	6	172	2 500
1907～1908	—	1 689	1 361	1 219	1 209	88.8	6	136	4 798
1908～1909	—	1 863	1 365	1 128	1 127	82.5	8	229	4 695
1909～1910	—	2 112	1 548	1 085	1 076	69.5	14	449	4 382
1910～1911	—	2 454	1 810	1 067	1 055	58.3	17	726	5 018

② 江安集先是属于武湾。1905 年，人们将江安集同周围的十一个基督徒村一起划给徐神父，使武湾成为只保留给山东外乡人的中心。最终在 1911 年 8 月，六个基督徒村、六百二十七名领洗者又回到武湾，直至 1940 年行政划分。

③ 参见董师中耶稣会士《耶稣会士艾赉沃神父》，第 116～121 页。

④ 引自《哲尔济书简集（1899 年）》，第 22 页。

时，他既没有钱，也没有土地。整个徐州找不到一名稍稍懂得这种类型建筑的石匠，更难找到指导工程的建筑师。然而艾赉沃神父看到，那么多不可能的事情都实现了。事实上，天主将组织一切力量，让他建起他的教堂。

1900 年，法国的一笔善款用于购买土地。还有一些为数不多的捐赠作为艾赉沃神父希望补充的储备金。唉，岁月流逝，始终不足的资金还在财务管理处睡大觉。然而，1907 年 12 月，巴黎耶稣会士的省会长、尊敬的德耀章神父(R. P. Daniel)到徐州，按教规探访会士。教会的成果使他欣喜，他非常高兴地将为共同的努力增添了一些力量，拨给堂区的神父两万块大洋(合一万美元，或五万金法郎)，其中一半给徐州教堂。巨大的障碍消除了，人们将轻而易举地克服其他障碍。土色卫(音译，Tusewei)雕刻工场场长、耶稣会士贝科修士(F. Beck，S. J.)绘图。建筑师来自兖州府。韩宁镐主教非常关照，将圣言会的助理主教若瑟(F. Joseph)修士派给艾赉沃神父调遣，若瑟于 1908 年 10 月 4 日到达徐州，毫不迟延地开工建设。

若瑟根据经验了解到沙质土壤隐含的危险，并考虑到工人的技术水平，认为全部用石料建筑有难度，因此放弃了原来的方案。于是用当地的砖作墙和穹拱，并承诺要经过多次修改，建成艾赉沃神父所希望的那样漂亮、坚固的教堂。[1]

教堂，十字型，罗马风格，从正门到祭坛深处一百三十法尺，两排柱头雕刻的花岗岩立柱将四十六法尺宽的大厅分开。两座方型塔楼和一个深十八法尺的门廊构成一个颇为相称、朴素而虔诚的整体，艾赉沃神父可以自豪地把它描述成天主堂。1908 年 11 月 7 日，

---

① “他向我保证，必须修正八次或十次，才能达到理想的完美，并避免产生裂纹。坚持不懈取得成功，以至于许多神父在赞美这个壮丽的工程之余，为给它蒙上一层水泥而惋惜。”(参见已援引的董师中神父著作，第 120 页)

尊敬的吉洛神父(R. P. Gilot)祝福并奠基。① 1910 年 5 月 15 日，圣灵降临节的主日，在临时祭坛上，艾赉沃神父在竣工的教堂里做第一次弥撒。艾赉沃神父有了自己的“主教座堂”。

* * *

1901 年沛县有一位幸运的人，他就是段神父。这个弗朗德勒地区小商贩的儿子生来就是管理者，同样也是组织者。依靠天主教徒们奉献金钱和劳动的支持，段神父为其中心建造了坚固的建筑：一座有弗拉芒式屋顶(但不久他得减小坡度，因为瓦片不能固定在上面)的两层座堂，几所学校一慕道班，一座一百一十五法尺的教堂，连接着一座六十来法尺高的方型塔楼。在当地，只有远处的位于微山湖东侧的青山超过这一高度。

基督徒们始终不渝地参加活动，慕道者增加了，回报了传教士们的热忱。神父大力支持皈化者的权利。另一方面，地方官员也怕麻烦，在两三桩案件中，甚至不听神父陈述，就判神父胜诉，令那些不怀好意的人服从。纠纷因此以和解了结，没有任何火气，当段神父向同道们表露，在沛县他就是国王时，他并没有言过其实。

让我们往后翻几页沛县的编年史吧。段神父失去他的王位。1904 年春，一位年老的贪婪、排外的迫害狂接替了宽容的官员。“一些被掠夺的，或者其权利受到损害的基督徒提出书面诉讼，都是石沉大海。有基督徒受到指控吗？无须究查就发出传票。基督徒不论是原告还是被告，总是理亏，证据唾手可得：如果没有基督徒，就不会有基督徒和异教徒

---

① 这块基石放置在教堂的耳堂东侧墙上。基石上镌刻着下述铭文：

CORDI JESU SSIMO
IN HONOREM SI JOANNIS APOSTOLI
NOVI TEMPLI OEDIFICANDI
HUNC PRIMUM LAPIDEM
ANNO DNI 1908, DIE XVII NOV.
PIO X^{O} SO PONTIFICE FELICITER REGNANTE
R. R. DD. PROSPERO PARIS, S. J., EPISCOPO SILANDENSI
ECCLESIAM NANKINENSEM ADMINISTRANTE
IMPERATORE KOANG－SIU XXXIV ANNO REGNANTE
R. P. HENRICUS GILOT, S. J., VICARIUS GENERALIS
NECNON MISSIONIS NANKINENSIS SUPERIOR REGULARIS
SOLEMNI RITU DEDICAVIT,
FUNDAMENTUM POSUIT
A. M. D. G.

(拉丁文：[献与]至圣耶稣圣心/谨以圣若望宗徒/教堂表示敬意/时在救世主年 1908 年 11 月 17 日/罗马教宗比约十世在位期间/最可敬的姚宗李耶稣会士，希朗宕希[音译]主教/主持的南京教区/清光绪在位三十四年/可敬的吉洛耶稣会士，副主教/南京地区修会长/隆重地奠基/为建新教堂/为了主更大的光荣)

在祭坛深处，装饰屏半隐蔽着镶在墙里的一白色长条大理石，大理石上写着：

CORDI JESU SSAMO
IN HONOREM
S. JOANNIS APOSTOLI

(拉丁文：[献与]至圣耶稣圣心/圣若望宗徒/谨表敬意)

为了同时践行他在 1896 年的诺言和满足该教堂一位行善者提出的条件，艾赉沃神父设想出这一式样。(参见董师中神父著作，同前书，第 119 页，以及《徐州日志》[*Diaire de Suchow*])

之间的官司；因此如果有官司，责任就在基督徒……往日当地的士绅还经常来看望我们，现在他们不愿再来了，过年甚至不来送名帖，同时，北部、西部、南部的一些新慕道班受到粗暴对待，士绅或普通的村长都催促关闭学校，退回传道员……1904 年年末，我们受到全面迫害。”[①]

李佩玉（音译，Li Peyu）和他的儿子李明国（音译，Li Mingkoei）是“团”里最凶狠的打手。李佩玉者，原反叛分子头目、土匪头子和窝主，在义和拳期间，是残害天主教徒的刽子手，赵“圈”的征税官，他那条命还多亏了段神父所救。他的儿子是一个既仇恨天主教又贪财的恶魔。此前段神父所享有的优待使他们不得不尊重皈化者。李佩玉自称出于感恩，甚至不止一次地在纠纷中帮助过传教士。然而，制度的改变使他们失去了约束。

1904 年秋，李家要求每亩收税一百铜钱，而不是道台先前规定的三十二铜钱，被段神父揭露后，被迫退还超收部分。1905 年 2 月，为了报复，李明国派四十名土匪扑向沛县最好的教友村曹楼（音译，Chaolow），折磨天主教徒，尤其是李家的仇敌赵（音译，Tchao）家。

所有的协调尝试失败后，段神父向县令争取到逮捕李明国及其七名同伙的传票，纯形式上的传票，没有实施任何监禁，但推迟了关系的全面破裂。因为李佩玉试图哄骗段神父：他承诺召回土匪，完全准备与曹家言归于好……

“圈”的七个村的村长们同意商谈一项协议，为此应该在 2 月 20 日会见李佩玉。李佩玉未出面，但让他儿子代他来了，他儿子大发雷霆，竟踹了段神父两脚，还用头顶了他胸口两下。段神父被教友们护住，他们当即要报复李佩玉的儿子，被神父拦住了。村长们表示道歉，并在第二天又聚会。为了讨论，李佩玉这次出面了。

人们要求李佩玉撤走蹂躏曹楼的土匪，以表明诚意。然而，就在李佩玉确认满足条件的同时，信差气喘吁吁地跑来通知段神父，土匪们正在用枪扫射一间被他们包围的茅屋，屋内有两名基督徒。

段神父受骗了，但他利用强有力的权利迫使官员立即逮捕李佩玉。接着，翌日，段神父独自前往曹楼，要重新鼓起教友们的勇气，分担他们的危险。段神父写道：“上车时，我派人给县令送去这张便笺：‘我要去曹楼，您看看您该做些什么。’目瞪口呆的官员哀求我的传道员：‘这可使不得，请您赶快挡住神父。’传道员答道：神父已经上路了。署衙内立即乱作一团。我还没走出两公里，便有二十人追上我。一些人徒步，另一些人骑马或骑驴，一些人佩带着老式火枪，另一些人手持长矛或大刀，所有人都带着各自的鸦片烟枪。这支滑稽可笑的护卫队决不会阻拦土匪抓我，好像这是他们的打算。他们面对异教徒们的反对，不得不放弃他们的打算，在我达到之前半小时，他们三五成群地分散到微山湖附近的村庄里。下午，我走到码头，察看子弹打穿的茅屋。我到达这个小村时，看到距离六十步远的一个屋角处有五个武装匪徒，其中两人肩上挎着火枪，他们用枪瞄着我。我往前走，百十个几乎全都是异教徒的孩子和年轻人围着我。他们的出现，以及受了太多连累的村民们按照中国道德的恳求，阻止了土匪的射击。不久，土匪们便从田地里溜走了。”[②]有人把情况告知徐州的军事官员，他急忙派遣十名精良装备的官兵，把土匪撵得远远的。军事

① 《1905 年沛县年度纪事》。

② 《1905 年沛县年度纪事》。

官员的官兵甚至碰巧抓住了李明国,李明国在沛县监狱与他的父亲重逢。做了那么多凶杀和敲诈的恶事,最终理应受到惩罚。可是根本不是那回事。过了几天县令就放了他们,接着,他还跑到道台那里,罗列神父和基督徒的各种罪状,说服上司拒绝任何赔偿……李家重新登天,他们的分散的土匪们又重新集合起来,变本加厉地继续进行掠夺,段神父含垢忍辱,无能为力地忍受着领洗者们遭受无以计数的欺凌。

这段插曲确实很激烈,只是1904～1907年一系列考验中的一环。段神父在各处遭到士绅们的敌视。许多村庄拒绝接受他们先前要求的传道员,或者退回传道员,关闭已开课的学校。官员敌意的冷漠与“圈”的头领们不再容忍段神父这位碍手碍脚的见证人的愿望结合起来,毫无疑问大大延缓了福音传教的发展,部分地说明了慕道者的逐渐消失。

这些苦难从另一方面得到主的补偿。从1894年开始这个区有了第一批领洗者,1911年6月末计有二千四百八十九名仍然健在,而且热情不减。[①] 每个礼拜日,有四五百人参加弥撒。平时的教堂活动也吸引几百人,以至于段神父经常抱怨,他几乎留不出时间给慕道者。

段神父的堂区在过分扩展。他建议划分,并在微山湖东岸的基督徒村安置第二位神父。这些难以进入的教友村显示出大有成果。他关心该地区自然的宗教中心下陈(音译,Hiachen)的建设,目的在于加速推动上海的决策。

然而没有一位传教士要在下陈安顿下来,艾赉沃神父得出结论,这就是为什么主的圣宠,加之遇到很多障碍,不得不限制单独一人的力量。

他还进行了更深入的研究。他把他的堂区五个县的领洗人数进行比较,指出丰县和砀山县超过其他三个县许多。他寻思:“这更突出的进步从何而来?首先必须注意到,在丰县和砀山县,教友村的数量多一倍,而在其他县,几乎停顿不变。这里发生的情况和传教区其他地方一样,让单独一位传教士实行有效地监督和管理,四十个,甚至三十个堂区或小堂区都太多了,即便它们是非常邻近的村庄。超过这个数目,我们就拒绝新的村庄加入,将其推延到较合适的时机,这些年来我们每个人都是这样做的。再者,由于问题不在

① 沛县的一些灵修生活数据:

年份	传教士	受洗者		教徒义务			逃避者	缺席者	虔诚领圣体者
		总数	遵守教徒义务者	忏悔	领圣体	%			
1901～1902	段神父	1 003	753	731	702	93.2	15	7	2 510
1902～1903	—	1 249	976	845	922	94.4	15	16	3 300
1903～1904	—	1 461	1 140	1 111	1 071	93.9	14	15	3 360
1904～1905	—	1 630	1 244	1 210	1 182	95	17	17	4 230
1905～1906	—	1 742	1 320	1 223	1 206	91.3	65	32	3 240
1906～1907	—	1 930	1 409	1 285	1 243	88.2	51	73	3 210
1907～1908	莫内(音译)	2 115	1 391	1 260	1 211	87	44	87	3 483
1908～1909	方神父	2 277	1 661	1 468	1 342	80.7	77	116	3 596
1909～1910	—	2 318	1 693	1 276	1 179	69.6	229	188	5 079
1910～1911	宣神父	2 489	1 759						

于干活麻利，也不在于数量，而是想把工作做好，能持久，而且有益，因此我们首先以提高新入教者的素质为目标，使之成为未来教友村的牢固基础。一位传教士平均一年施洗的可靠的领洗者，几乎不能超过二三百名。”

“从这些原则出发，就没有人惊讶于砀山、丰县甚至铜山等县的新教徒人数增加得更迅速，因为传教区和传教士的数量在这几个地方已增加一倍，而沛县和萧县则由于缺人和缺钱而未能被划分开来。”

“那么，在徐州传教区建得越多，基督徒就越多吗？我的回答是肯定的，毫不含糊的。我敢保证，对每位有能力且按规定被安排去领导任何区的传教士来说，平均每年能够对二百至三百人施洗。因而将我的数字乘以年数和区数，便可精确地预计在若干年内徐州所增加的基督徒人数。”①

*　　*　　*

尽管艾赉沃神父看起来自以为是，但是他的计算却是准确的。西堂区的每位神父当时已能提前每年登记至少二百次施洗。在丰县、砀山县、徐州和沛县的各区，数字证实了这一说法。萧县亦然。应在马井再开放一个或两个以上中心，以满足所有皈化的愿望。因为这是福音传播受阻最小的县之一。官员们虽然相继轮换，但教会与衙门之间的亲善关系继续维系着。那里与别处一样，有很多官司，幸好神父几乎都无须亲自过问，或是可迅速解决的无关紧要的案件。持续多年的洪水和饥荒瓦解了基督徒村；相反，同样是这些灾难，为神父带来不止一个不大热心的基督徒，并为他打开不止一个村庄。

多亏吕神父的辛勤工作及其传教士的素养，领洗者人数在十年内增加两倍。艾赉沃神父写道：“吕神父很闻名，基督徒、士绅和官员都愿意听他的。他掌握着他的教区。为此，他煞费苦心：每周在当作学校的破房子内做两三次弥撒，为调解小矛盾而苦口婆心，为安排传道员及其妻子、招收学生和女慕道者等等而频频外出奔波。对最富天赋的神父来说，要获得同样的威望，起码要用三年时间。”②

① 致尊敬的丁神父的信，1905 年 9 月 29 日（AZ）。

② 致尊敬的丁神父的信笺，1904 年 2 月 10 日（AZ）。

总之，马井进展顺利[①]，但速度放慢，因为单独一位传教士不够应付。吕神父不能巡访教友村，同时只待在他的住处监督中心的工作，尤其是监督培养教师和堂区传道员的师范学校。

这所学校开始由世俗老师管理，后来由修道院修士管理，让修士先在学校里实习一两年，再去学习神学。1903 年 3 月 9 日，学校转给了玛利亚小兄弟会。培养未来的神父需要修士们的文化和榜样，而这些中国修士们卓越地承担了他们的艰难工作。他们的出现以某种方式减轻了传教士的负担，但也迫使传教士更严格的常驻，否则他那小修会就举行不了小弥撒和领圣体活动。艾赉沃神父在进行上述的赞扬后，还坚决主张给吕神父配一位助理司铎。

长上们并不要求更好，而是在马井扩大一倍以前，他们关心的是还没有任何传教士的传教点。仅仅在徐州，这些传教点的数量就超出可安排的人数。不过对马井会优先照顾。他们派年轻的教士到马井学习管理，或者派尚在学习语言的传教士去。但是，如果指望该区近期能划分，那就错了，因为助理司铎们结束了基础知识的传授后，便被派往别的地方。

第一位年轻的教士是来中国八个月的毕神父(P. Chevallier-Chantepie)。他于 1904 年 9 月 30 日到达马井，他在吕神父领导下，主要致力于与官员打交道和管理一个中心。他刚准备效力，就被送往睢宁，而最近受圣职的黄如意神父(P. Hoang)于 1905 年 6 月接替他。黄神父至少会中文，他布道，教导慕道者和学生。吕神父越来越多地遍访他的辖区了，远到离马井十来法里的周围地区。北部、东部、尤其西南部的许多村庄邀请他。吕神父在 1906 年写道："在马井东南四十法里形成一个新的中心，在那里四五个村子有一名传道员。其中两个村子今年已有了领洗者：李庄(音译，Lichwang)有四十多名，徐庄(音译，Süchwang)二十名。如果今年给我必要的资金在那里筹办一座新的堂里，我可以承诺，两年内在那里创建一个不亚于马井的兴盛的中心。只是得必须抓紧。新入教的教友劝说异教徒入教的热情一般只持续两三年，此后皈化运动就放慢，转移到另一个地区。"[②]

① 马井的一些灵修生活数据：

年份	传教士	受洗者		教徒义务			逃避者	缺席者	虔诚领圣体者
		总数	遵守教徒义务者	忏悔	领圣体	%			
1901～1902	雷神父	1 039	782	660	650	83.1	51	71	2 270
1902～1903	吕神父	1 215	801	716	710	88.6	45	40	3 055
1903～1904	—	1 333	902	827	827	91.6	45	30	2 649
1904～1905	—	1 585	1 325	1 244	1 244	93.8	68	13	2 344
1905～1906	—	1 790	1 449	1 325	1 325	91.4	14	110	2 351
1906～1907	—	2 035	1 645	1 430	1 430	86.9	26	189	1 723
1907～1908	—	2 559	1 725	1 309	1 229	71.2	132	284	4 970
1908～1909	—	2 572	1 941	1 251	1 248	64.2	265	425	7 540
1909～1910	富守和	2 795	2 090	1 368	1 298	62.2	156	566	7 636
1910～1911	—	3 020	2 341	1 214	1 179	50.3	187	940	7 110

② 《1906 年马井年度纪事》。

唉，吕神父曾经把黄神父当作另一个厄里亚(Élisée)[①]，可是他于1906年6月离去。谷生春神父到马井一个月后，又被紧急调到戴套楼。1907年，他希望与富守和神父(P. Ferrand)在一起。1908年，他又为富守和神父到武湾上任而失望。1909年，吕神父生病，永远离开徐州。富守和神父接手了马井的事务，也继承与助理司铎有关的倒霉事。他向姚宗李主教枚举了他那个区在1910～1911年遭受的损害：饥饿、疾病等等。最后，富守和神父继续写道，“最大的悲痛，比今年给我的所有悲痛都大的悲痛……是主教大人派来的同伴痛苦地离世。尊敬的曹神父(音译，R. P. Tsao)担任马井副本堂神父仅六七个月，任神父之职才一年，仁慈的主便奖赏了他，把他召去。他死在战场上，是在行善中牺牲的，他在照料垂危病人时感染上伤寒，夺走了他的生命”[②]。

杨庄集(音译，Yangchwangtsi)传教点的建立不断推迟，但是并未被放弃。根据尊敬的丁神父建议，1905年12月人们优先于几处更积极的邻村，选择了杨庄集。1907年10月1日，富守和神父在杨庄集购得一片土地。为了给期待的本堂神父铺平道路，他委托马良远施工，教会的监督委托给他的杰出的传道员，绰号为“大拇指”(Tom Pouce)的弗朗索瓦·刘成堂[③](音译，François Lieou Chengt'ang)。

弗朗索瓦·刘，1865年前后生于河北，父母是异教徒，在孩提时学习祷经，在他那村的天主教学校领洗。他的青年时代可能是热诚的，因为他希望十全十美的生活，并作为要求入修院者进入杨庄集的缄口苦修会(la Trappe)。但他未能留在那里，他离开苦修会后不久，移居徐州，向艾赉沃神父自荐作传道员，艾赉沃神父将他派给正在创建马井的董师中神父。

弗朗索瓦·刘身体异常矮小，罗圈腿，穿着邋遢，说话磕磕巴巴，他的老乡都难听懂他的话，这位新人不太讨董师中神父的喜欢。董师中神父写道：“他最初负责慕道班，这是个不太重要的职位，在开始阶段很难吸引某些更加真心实意的人。他在慕道班以他的纯朴的虔诚、不知疲倦的献身精神、大慈悲赢得人们的信任。他在其他传道员面前自感弗如，担任最后一个无人跟他争的职位，似乎这个职位对他最合适。因而，他对慕道者具有真正的影响，他很好地培养他们，安排他们施洗。

“他非常简朴，对最少的薪俸也心满意足，从未要求过加薪，他还设法将其少量的积蓄交给神父，用作追思弥撒的费用。他还帮助贫困的教友，为了施舍自己节衣缩食。我们宁可把他派到最贫困的传教点，要克服的困难最多、成功机会少的地方；然而，因为有主的圣宠，在其他任何人甚至都不想试一试的地方，他总是获得成功。”[④]

弗朗索瓦·刘征服的第一个人便是神父本人，不久他就成了神父离不开的人。他的诚实、组织才干和以最佳方式处理与完成最艰难任务的技巧，这些品质结合为一种杰出的超自然的精神，使值得信任的岗位非他莫属。他履行这些职务，令马井的许多传教士满意，受到感化，不因此失去帮助慕道者准备领洗的热情，而多数管家(这是他在马井的身

① 厄里亚，《圣经·列王纪》(下)中的先知。—— 译者注

② 《1911年马井年度纪事》。

③ 关于这位模范传道员，富守和神父在杨庄集的“助理司铎”，富守和神父留下一些我们现在概述的传记摘要。我们根据保存在徐州的原件引述之。

④ 富守和神父援引的书信，第2页。

份)认为这是与他们的才干不相称的徒劳无益的工作。

弗朗索瓦·刘至死未婚。不过,在1905年前后,马井的一些媒人曾试图说服弗朗索瓦·刘娶亲。由于在当时,订婚的人在婚礼当天的早晨之前互相不见面,婚礼时再退婚已太晚矣,因此媒人很容易把未婚人夸得天花乱坠,他们很快就告诉弗朗索瓦·刘,为他找到了对象。弗朗索瓦·刘按照习俗给未婚妻送了礼,并付了佣金给媒人。未婚妻不猜疑吗?总而言之,那位小姐不顾一切礼节,躲藏在教堂对面的一间房屋内,窥视人们给他指定的那个人。她只看了一眼,便当即撕毁婚约。弗朗索瓦·刘以基督徒的方式接受了这次羞辱,这是中国人不会原谅的羞辱之一,但他不再让任何人跟他提及婚事。

弗朗索瓦·刘的心仍然要寻找机会尽心尽力。汉口一个年幼的天主教孤儿,名叫马克(音译,Marc),一天他跟着一帮游荡的乞丐走过马井的一个基督教徒聚集点刘村。刘村的领洗者留住这个孩子,把他带给吕神父。吕神父显然不能把他再推到马路上去,但是,传教团在徐州不赡养孤儿,于是弗朗索瓦·刘收养了这个小马克,使传教士摆脱了困境。没有哪个父亲比弗朗索瓦·刘奉献得那么多,没有一个儿子接受过更多的爱。主赋予了弗朗索瓦·刘这种温情,还注意让他得到褒奖,因为客观情况迫使父子分居两地。弗朗索瓦·刘从1907年12月到1912年住在杨庄集,接着居住徐州,直至去世。其间,马克上学,稍后在马井安家,跟他的妻子定居在吕神父给他的一间土房里。

弗朗索瓦·刘在杨庄集的五年足以使他成圣。除了因为他充分发挥热忱,且具有让人了解仁慈的主的天赋,有幸争取到许多人入教,他也经历了他的大部分忧虑,这些忧虑在持久的根基上留下标记。1908年6月20日,“安清帮”(1900年之后大刀会的名称)烧毁了他的一部分房屋。他经常与谣传引起的焦虑作斗争:强盗来了、安清帮回来了,他们公然图谋将弗朗索瓦·刘的房屋夷为平地。最后他经历了辛亥革命的动乱,但是由于他的勇气和机智,竟能逢凶化吉,事业也未受到损害。尤其是,他经受了孤独,未能领圣体。因相距遥远,他的本堂神父每月只能探访他一次。

1912年,人们将杨庄集归并于徐州传教区,弗朗索瓦·刘担任城里座堂的看门人。他不再年轻,本可以回到马井他儿子家,儿子有两个他酷爱的孩子。他又一次奉献了他的仁爱。富守和神父举例说道:“此后只呆在他的茅屋里,他的孙子在徐州城传教区的班里学习期间,他全天祈祷,或读一些虔诚的书籍。他接待所有到他门房的人,他不忘记他老传道员的日课经。跟来人交谈时,他问他们是否准时去他们教友村的学校祈祷,复活节时是否领了圣体。当某个因事耽搁的教友承认没有时间做这一切的时候,他迅速承揽下来,让准备接受圣事……这个小矮子非常忠于职守,所以得到所有人的爱戴,受到大家的敬重。神父们能够一直求助于他的献身精神和非常灵验的祈祷。自从他成为尊敬的主管神父的看门人,甚至在冬天,每天在天亮前很早做第一次弥撒时,总是在第一个弥撒时领圣体。他愿意在开大门前祈祷,甚至后来在夺走他生命的长期生病期间,也是如此。”①

另外一些考验使他完成了成圣。先是他的一个孙子死亡,随后是他的养子。他本人感到精力衰竭。他长时间地准备,在生命的最后的一个月,独自一人在一位修道院的年轻修士皮埃尔·杨(音译,Pierre Yang)陪伴下,圣洁地死亡。结核病迫使皮埃尔·杨也离

---

① 引自《纪事》,第13页(AS)。

开了修道院。他俩相隔几个月平静地停止呼吸,弗朗索瓦·刘是在1922年6月末。他们的遗体并排安葬在徐州城附近的传教团墓地,in spem resurrectionis(拉丁文:在复活的希望之中)。

* * *

义和拳的统治破坏了戴套楼,并使新入教者非常气馁。中心未受到损害,但是神父被长时间地禁锢在中心里。农村的学校——礼拜堂被毁,最起码被抛弃,传道员全部脱离岗位。义和拳让被掠夺的天主教徒在弃教和赎买赃物或得不到赔偿之间作出选择。在许多村庄,这些天主教徒容许村长(大多数为异教徒)以大家的名义同拳民和解。一些领洗者确实被命令加入义和拳,但他们极力拒绝,抗拒殴打和死亡的威胁,但是尽管个别人表现出英雄气概,多数人还是陷入泄气之中。

这个遭到如此削弱的区却以惊人的速度重新挺立起来。庄神父以其行动的敏捷和得力,首先使教徒们脱离麻木状态,甚至借此重新发起皈化运动。庄神父讲道:“这整个是一场手腕巧妙和大胆果敢的运动。最终,经过许多努力,几乎所有传教点都夺了回来,只有两个除外:一个慕道者的村子,它受的苦难最重,有十来家在最后阶段才返回来,还有一个有三十来名领洗者的村子,可惜它们两三年来一直表现非常冷淡。这是致命的打击。甚至在那地方,神父稍微多表示一点温和态度,本可以挽救局面。所有其他村庄,尤其是力量单薄的村庄,在神父回来后都热心迎接,流了许多眼泪。正如我所说,更困难的是使这些村庄下决心重新公开自称是基督徒,重新接纳传道员和学校:恐惧还是很强烈的。为了消除恐惧,必须正式而公开地恢复往日的影响。这就是解决赔款问题应该做的事情。”[①]

庄神父当时(1901年)离开戴套楼去上海进行第三年的试修,接替他的锡神父(P. Salmon)继续前任的工作,不久便获得很大成功,以至于他都忙不过来。因为圣宠的光芒来自于两个同样强烈的光源:一个在神父居住的戴套楼,另一个在位于西北部20法里的三官庙——一个完全皈化的小村庄。如果要保持这种震撼的优势,辖区划分势在必行。

三官庙新堂口的创建落到庄神父身上,他在三官庙又见到五六百个天主教徒,他的到来消除了最后的担心。庄神父写道,他1902年8月到达那里是“总觉醒的信号。一次全面的巡访使各处恢复生活,传道员们在各地重新安顿下来,最后,经常探访保持着势头。这个活动赢得了异教民众,二十二个新教友村相继创建起来,此前由于神父的疏远和老基督徒的冷漠,他们还一直保持着谨慎态度”[②]。

空闲时,庄神父在中心指导他的男生学校和成人慕道班建设,并于12月14日开学,有一百零五名学生,21日他在慕道班接受他的第一批慕道者。1903年6月,他在乡下有四十九所祷经学校,三千名候选人受教育。

这仅仅是开头。庄神父增设了女子教理学校,并于1904年春在女校安置献堂会修女。最终,1905年12月25日,庄神父为他的教堂举行落成仪式,有几千名基督徒和异教徒赶来出席,尽管天气冷得令人扫兴。

---

① 《1901年戴套楼年度纪事》(*Rel. ann. Taitaolow*, 1901,AZ)。

② 《1903年三官庙年度纪事》(*Rel. ann. Sankwanmiao*,AZ)。

庄神父这样写道:"一个没有交叉支架的大殿。厅堂有十二米多宽,从进口到祭坛深处长二十五米,由十根高七点五米的柱子支撑,柱子细长,使总体建筑给人某种宽敞和悬空的感觉。十二个大窗洞,高三米多,宽一点六八米,全部装饰彩色玻璃,使大殿充溢着丰富多彩的宗教光辉,建筑物正面的圆花饰和进口大门的三件半圆形花饰,受到基督徒们的称赞。"[①]

他的建筑物还没有用来举行祭仪就已嫌太小,因为在三年内,天主教徒的人数增加了一倍。1905年末,他们近一千三百人,庄神父预计今后每年继续增加。因为他采取措施来稳定圣宠的最初推动,在各村安排热忱、虔诚、具有足够文化修养的名副其实的传道员,同时净化皈化动机。自1904年起,他迫使人们支付在慕道班期间的膳食费。慕道者还应该分担传道员的供养。这项措施阻止了一些人,但是也从其他人的真诚中获得了补偿。

这项政策的成果即刻显现出来。1905年庄神父写道:"无私的要求越来越常见。我已经有一定数目的教友村,几乎没必要补充说,这是最好的教友群体,它们的起源应归功于教友们的某种虔诚,他们善于在一年内渐渐地将其亲戚和朋友聚集起来,创建一个新教友村。这些教友村与从私利出发最后达到信仰的教友村完全不同。自创建之始,它们便具有信仰、纯朴、和平的精神、对神父的爱戴,一句话,就是超自然的东西,它在一个本身就是超自然和虔诚的灵魂召唤下,在心中慢慢地发芽、长大。"[②]

从这一源头已经有十来个教友村涌出来。关于模范的基督徒,协助圣宠的人,下面便是三官庙教区的创建者、全区真正的信仰支柱庄神父对他们的描绘。[③]

雅克·王(音译,Jacques Wang),中文名王兴运(音译,Wang Hingyun),生于山东,年纪很小时便以推独轮车谋生。他往北部贩运小麦。"沿着黄河边走的时候,同伴们将麦子浸湿,从重量上得到净利。他说,我从来不做这种事;相反,我卖东西都认真称量,因为我从年轻时候起,在知道主之前,老天爷[④]的思想就制止我作任何不义之事。"

三官庙的有位居民是雅克·王的亲戚,雇他做佣人。雅克·王勤劳加节俭,不久积聚了钱财,娶了亲,并帮助他在山东的老家。他家逐渐殷实起来。"无可争议,他在村里最受尊重,最受欢迎。他已成为当地最富的房地产主、家喻户晓的诚实人之一,而且他身上还集中各种品质,在这个实际既没有公堂,也没有司法的地方,人们赋予他仲裁者的重要角色。他的经历,他的清晰的理解力,能让他一下子便了解情况和问题症结;他的机智和大公无私给他指出公平、公正的解决办法,他说话十分通情达理,正直无邪,夹杂着地方谚语和一点幽默,同时又充满温与优雅,因此很少有人反对他。

"兴旺发达没有让雅克·王忘记灵魂的事。他经常对我说,他老是想在某处发现或需要时创建一个敬重神父和老天爷的团体。因为在中国,就像在其他异教民族中一样,尽管人们知道有至高无上的天主,并受人祭拜,但是没有祭仪,也无庙宇供奉。兴运有一个儿

---

① 致姚宗李主教的信,1906年3月29日(AZ)。

② 《1905年三官庙年度纪事》(*Rel. ann. Sankwanmiao*,1905,AZ)。

③ 我们在随后几页将概述庄神父的一篇简介的主要内容,简介的题目为《一颗正直的心灵》(Une ame droite),载《哲尔济书简集(1920年)》,第69~82页。

④ 老天爷或天老爷,逐字译为"Le Seigneur Ciel",在中国北方作为季节的调节者、道德的见证者和审判者敬奉的普世神。(庄神父注)

子。当儿子出门经商时，他嘱托儿子打听是否有这类宗教存在。”

“主最终使他如愿以偿。”

雅克·王在六十五或六十六岁时，第一次遇到一位天主教徒，同他谈起其宗教。他听这位天主教徒讲述时，油然产生一种强烈的皈化愿望。后来，在1895年10月25日，汤执中神父受一位想卖地给他的文人之邀，委派一名传道员代他去三官庙。“由于不接受单独的家庭，(这位文人)宣称自己同所有邻居都是慕道者。王兴运本人不知道，他的名字也列在名单中。”

“然而，兴运以其惯常的谨慎，首先用整个一个月留心观察(传道员的)教导和举止。当他感到满意时，他即完全乐意献身。可以说就从此时起，他就带头参与皈化运动，成为新教友村的真正首领。人们很快便叫他‘老会长’。他当年有六十八岁，耳聋得厉害，但身板尚硬朗，十分热情。”

“鉴于他的热忱和高龄，为了照顾他，缩短了所要求的施洗前的考验年限。次年，1896年的春天，他被招进慕道班。他满怀热忱地学习祷经和教义，他等大家在当作宿舍的大厅里入睡时，伏在吊灯下的桌子上，把灯降下来，捧着书，对着灯光学习几整页。第二天，这位刚识几个大字的善良老头在神父面前，流畅地背完八页，让神父和在门口等着轮换背诵的同伴们目瞪口呆。”

三官庙的第一位领洗者王兴运回到家，“成了榜样。他虽然六十八岁，每个礼拜六，带领一队慕道者，走二十英里的路到戴套楼，参加主日弥撒。他自豪地记得，第一次他带领三官庙的四十二人去做弥撒。他的热忱就这样坚持了七年。最后几年，他七十岁后，走到戴套楼他要用两天时间，后来，他得拄一根木杖，最后不得不只限于在重大节日时拄着棍子前往”。

1902年，当神父在王兴运的村子定居下来时，他的热情可想而知。“他巨大的喜悦是终于能享受到宗教的慰藉了，此前他只经历了宗教的考验。他不错过一次祭仪。腿上的一处伤妨碍他行走长达数月，他就让儿子背着去教堂，甚至参加晚祷。他坚持为身体健康但热情不如他的基督徒树立榜样。”

“但尤其吸引他的是圣体。在罗马(关于经常领圣体事)的最终决定之前，有一天他向我表示想更经常领圣体，此前他只在主日和节日领。‘好吧，’我告诉他，‘我准许你一周领三四次。’我刚说完，他一下子激动起来，扑倒在我的脚下，感动得声音都颤抖：‘啊，神父，您让我高兴死啦。’‘你们知道吗，’他一再对基督徒说，‘你们知道宗教中最重要的是什么吗？就是圣体。’

“有一次他对我说，‘当我领圣体时，我总在想，我的心只跟耶稣的心合在一起。’”

“当罗马的决定终于向所有真心实意的心灵开放圣餐台的日常入口时，王兴运是想要获得这个巨大恩惠的第一人。他高兴之极。几天之后，他眼里含着泪水对我说：‘我的神父，我领圣体已十二天了！我必须感谢您’，并向我叩首。他始终以最深切的敬意领圣体，既没有矫揉造作，也没有要标新立异的迹象。”

“他对祈祷的热爱同样引人注目。‘我只考虑一件事，’他对我说，‘我做什么能让主更高兴呢？因为我知道祈祷使主高兴，我便尽可能多地祈祷。我只睡半个夜晚，我一醒来就祈祷。’鸡叫第三遍时，他轻轻地掀掉被子，跪下去，在弥撒时间之前，低声背诵两遍念珠祷告。‘唉,’有一天他笑着对我说,‘有人偷过我家的公鸡。现在不要紧,我一醒就起床了。’”

“一天里,只要他有点空闲,便拿起念珠,在田里或在他常走的小道上,独自一人,在女校南墙和一条将女校与村子分隔开来的壕沟之间背诵。”

“村里的人看到他一人独自散步,不敢上前跟他攀谈,他们说,他在祈祷呢,便去走另一条路。”

“此外,看到他一脸的虔诚,以及焕发出来的祥和喜悦,人们仿佛觉得,他一直和主生活在一起,我毫不惊奇自我在三官庙居住第一个月起,他有一天对我做的自白:‘神父,我不可能一刻不在想主。’”

由于他热爱祈祷,基督徒各种美德:慈善,爱他人,宽恕别人对他的不公,自制,热忱对待异教徒皈化和领洗者圣化,都充分展现出来。他尤其无限信赖主。他像孩子一样要求他所需要的一切。“当他以为人们不注意他的时候,便跪在他家的田里的一个角落,请主保佑他获得好收成,他的收成总是当地最好的。”他还得到更多的好处:生病好得特别快,能感觉到圣宠,有能力制伏魔鬼,他洒圣水驱赶魔鬼。“他驱邪祓魔出了名,附近的异教徒都来请他。这时他从撕碎迷信的画像,砸碎偶像开始:‘你们不要怕,他(对异教徒们)说,我不怕鬼,甚至不怕城隍庙的鬼,我靠天主。’”

此外,“在方圆几公里之内,就异教徒和基督徒而言,可以说,他是当地的仲裁者。人们估计他调解的纠纷、他做的和解、他阻止导致破产的官司不计其数。尤其是主日,基督徒们从本区各点来参加弥撒,极少没有几桩案件需要他调解。我大致了解情况后,总是把诉讼人或原告送给老会长的‘法庭’,请他为我裁定。一般的说,事情解决后,他十分高兴地告诉我:善哉!就这样又了结一桩,双方都满意”。

他照顾跟富人闹纠纷的穷人和弱者。有一天他出现在王寨(音译,Wangchai)的领主府邸,面对一群秀才和民众,笑着对他们说,“你们看,先生们,我只是一把扫帚,来扫除你们和某人的各种纠葛”。这人是一位穷亲戚,也有许多过错:但是这善良的老人为他辩护,最终为被他辩护的人争取到十吊钱(十二美元)。

庄神父总结说:“对我来说,我认识他十一年,在他身边度过八年,几乎天天看见他,经常一天见几次,尽管我全面关注他,但可以肯定,从他言行中,从未发现过一点短处,一点失常的举动。”

老王于1912年12月21日在三官庙故去,享年八十五岁。“三官庙教徒村的创建者随他而去了。多亏他的坚定不移,他的告诫劝导,尤其是他的榜样,他死时留下了有两百位领洗者的全基督徒村。丰县北部整个传教区的存在和发展同样要归功于他。没有三官庙教徒村,该传教区是否能创建起来,值得怀疑,而且它的迅速发展(王去世时,该县有三千多名领洗者),大部分要归功于榜样的光辉,无疑还要归功于这位善良老人的祈祷。”

三官庙的所有天主教徒远没达到这种尽善尽美的程度。唯有一人成为圣宠在这些新教徒中发挥影响的非凡见证。因此三官庙跻身于最兴旺的宗教中心之列。慕道者、领洗者、领圣体、学校(庄神父同时开设了九十六所学校)的数量有所波动,但幅度不明显,始终在一个很高的点上下波动。看一下"灵修生活数据"，比所有评论都更能说明问题。①

相对而言，而且仅仅是相对而言，戴套楼堂区是三官庙这个健壮孩儿的母亲，却似乎显得有些虚弱。② 从1905年以来，拒绝圣事者的人数不规律，递增几乎不明显，某些年份，内部同样存在不安的征兆。事实上，《年度纪事》提及好几个障碍：1904年之前扎在座堂内的兵营，"安清帮"挑起的骚乱，令教会招人憎恨的好争斗的天主教徒，最后是居民不太随和的性格。

主的两位手下以美德支持信徒，争取好心的异教徒，他们尽力制止邪恶，或至少限制了破坏，他们就是皮埃尔·刘神父和谷生春神父。

皮埃尔·刘神父，据其讲述，他不能胜任戴套楼的福音传播。他扼要地写道：将人们吸引到教会的，首先是外国传教士的威望。然而，他作为中国人，对官员没有任何影响作用，衙门甚至都不接待他。此外，缺乏经验、身体虚弱、糟糕的视力进一步削弱了他"在这敲诈勒索泛滥、官司丛生之地"的威望。他还怎么能宣传宗教信仰呢？

---

① 三官庙的一些灵修生活数据：

年　份	传教士	受洗者		教徒义务			逃避者	缺席者	虔诚领圣体者
		总数	遵守教徒义务者	忏悔	领圣体	%			
1901～1902	由戴套楼的传教士主持								
1902～1903	庄神父	730	604	546	534	88.4	13	45	1 174
1903～1904	—	855	674	618	610	90.5	30	26	2 051
1904～1905	—	1 194	1 005	942	939	93.4	27	36	3 159
1905～1906	—	1 404	1 193	1 127	1 117	93.6	19	47	2 413
1906～1907	—	1 868	1 380	1 280	1 276	92.5	18	82	2 909
1907～1908	—	2 285	1 817	1 644	1 629	89.6	20	153	6 007
1908～1909	—	2 691	2 141	1 881	1 865	87.1	19	241	6 250
1909～1910	顾蒂里耶	3 189	2 551	2 372	2 346	91.9	26	153	9 263
1910～1911	(音译)	3 397	2 520	1 416	1 406	55.7	—	1 104	3 768

② 戴套楼的一些灵修生活数据：

年　份	传教士	受洗者		教徒义务			逃避者	缺席者	虔诚领圣体者
		总数	遵守教徒义务者	忏悔	领圣体	%			
1901～1902	锡神父	1 115	917	866	822	89.6	24	27	2 309
1902～1903	—	669	544	491	469	86.2	8	45	1 907
1903～1904	皮埃	798	638	633	633	99.2	3	2	2 235
1904～1905	尔·刘	1 131	862	844	841	97.5	7	11	2 229
1905～1906	—	1 434	1 153	1 086	1 080	93.6	42	25	2 227
1906～1907	谷生春	1 552	1 158	857	857	74	104	197	2 177
1907～1908	—	1 807	1 323	1 098	1 060	80.1	37	188	4 240
1908～1909	—	1 922	1 382	1 144	1 045	75.6	105	133	4 750
1909～1910	—	2 186	1 513	1 316	1 258	83.1	87	110	5 799
1910～1911	—	2 340	1 565	1 165	1 128	72	15	385	6 300

他的道德行为起了作用。他让庄神父使用他的两轮车和骡子，他经常骑驴跑遍二三十个教友村。他非常慈善、热忱、谦恭，他的行动直接感动了新入教的教徒。他以直率和温和逐渐与士绅们和解，他尽力为士绅们粗暴对待的领洗者获得公正。他不能一直如愿以偿，远非如此，但是他勉励受害者耐心忍受，尤其不要念念不忘报仇。然而，人们听从他。无需长期与徐州的农民们往来，便可了解到这种顺从对被压迫者来说，是怎样的善意和信仰精神；对传教士来说，说服力和超自然的机敏使他们产生与其所有本能如此相反的情感。

一些丑闻发生了。1906 年，有三个基督徒村的管理人员或传道员成为骚乱的帮凶。神父不得不拒绝为身为窃贼的和吸鸦片的基督徒做圣事。刘神父为此而悲叹，自责无能，但他十分谦恭地承认，在所有其他地方热忱仍占主导地位。刘神父在这一年被调换，留给继任者一个困难的、但浸透了他的朴实辛劳和不屈不挠并忍受痛苦的区，主乐意让它兴旺的区。

谷生春神父的传教工作也具有同样的特点。这位神父于 1905 年 11 月 17 日到中国，突然被任命为戴套楼本堂神父时，他才在徐州学习了两个月的中国官话。不难想象，对一位首次任职的传教士来说，谷生春神父必须面对的出乎意料的条件有多么不利。他的堂区彻底被洪水淹没。他的十六处学校——礼拜堂在雨中坍塌。教徒们迁往外地，或被洪水困在村里。不久，饥荒和伤寒使他们大量死亡。谷生春神父刚好懂得足够的中文能听忏悔，给孩子们解释教义，他对当地习俗的了解也用得上。他想依靠的献堂会修女们，几个月后将由两位新来的同他一样不了解本县事务的献堂会修女替换。最后，1906 年 8 月，长上们将戴套楼委托给鲍神父（P. Desportes），他刚刚在糟糕的处境下离开他的传教点，更使他消极对待这次继任。

前一年，这位鲍神父曾在戴套楼曾当过环神父的助手。长上们知道鲍神父性格古怪，但未预料到它的严重性。鲍神父似乎满意在戴套楼任职，但管理这个区近一个月，就完全晕头转向。10 月 22 日，他出发到西部去，让借用的马车夫领路，没有钱，除了穿戴以外，没有带其他日常用品。环神父得到一位基督徒的通知，急忙追赶他，在河南的归德追上了他。但是环神父不得不独自一人返回，完全不知所措。鲍神父处在不理智的状态，尽管身体其他部分正常，他不愿继续跟随环神父。八天后，逃跑者自己回到徐州。病情发作未彻底结束，但有明显改善。几个月后，病人被召回上海。

鲍神父的这次出走使艾赉沃神父非常为难。因为没有更好办法，在等待上级指派另一位本堂神父的同时，他于 10 月 28 日将谷生春神父从马井调到戴套楼，并指派他担任传教点监督职务。“这个临时代理任期”却历经了十年。但是，从第一天起，谷生春神父便理解了天意的要求，并从一位行家董师中神父的赞赏中获得勇气，全心全意地投入。他的耐心、同情心、坚定的温和、无限的献身精神，弥补了语言和经验的不足，而这种艰苦奋斗的作风决不会没有成果。

他的影响是深远的。我们从几位天主教徒的知心话以及他对身边人的魅力了解到这一点。另外，他每年提供的数字不低于平均数。事实上，统计数据没有对和平虔诚的基督徒村和要求一位圣徒的美德来坚持或重新振作起来的基督徒村进行区分。谷生春神父未超越他的同道，但在他传播福音的所有区，他从最低层做起，从更艰险之路攀登。

*　　*　　*

在砀山县十三年的传教士环神父，经过另一种考验。谷生春神父很善于让变冷淡的传教中心重新活跃起来，而环神父擅长掀起广泛的接近教会的运动，或者更确切地说，似乎他只要一出现，慕道者们就立即将他团团围住。1902 年 6 月，他在侯家庄登记了八千名慕道者，即申请者的一半。次年，一万二千名。他离开侯家庄去距砀山两法里的姜楼（音译，Tsianglow）。第一年末，这个新传教点拥有慕道者八千名，而在 1909 年，创办程寨传教点那年有一万名。1911 年在姜楼略有下降：六千五百名，较上一年少五百名。然而，如果考虑到，要将六千五百名成年人引导到领洗，需要一位神父约二十年的工作，那么人们确信：这位本堂神父一点不愁无事可做。

自修院的修业期起，环神父的长上们承认他们有点敬畏地预料，环神父的热忱不会限于通常的范围。尊敬的姚宗李神父写道：环神父在海门受到考验，“他非常规矩而出色地工作。第三年便脱颖而出。因此我相信，现在能完全放心地将他派给你们，他一定会做得非常出色”①。

环神父实现了“非常出色”。是怎样实现的？他的方法相当简单。其中包括完全献身福音传播，藐视危险，不顾安逸和休息，只关心受洗人的增加和进步，不求回报，每天宣讲五六次教理，一次不断用事例进行的宣讲，无私，信仰和祈祷精神。环神父的传教激情感染了他的传道员、学生、教友，异教徒本人。他能够让人们激发出炽烈的热情、皈化的积极性，以及对教会的友情。他点燃人们，照亮人们。

1901～1902 年的侯家庄具有典型性。让我们择要援引环神父写给姚宗李主教的《纪事》吧。“刚刚过去的一年，充满了上天对砀山县的祝福。官员、士绅、文人，甚至土匪，都争先恐后地来扩大基督徒的人数，但各自的意图截然不同。每逢主日，教堂里人满为患。慕道者和领洗者不怕长途跋涉前来参加弥撒，平均来说，始终有一百来人要步行四十多里，三四十人走八十到一百二十里。”②

环神父的管辖范围扩展到一千三百名领洗者、八千名慕道者、九十二所祷经学校（在下个 6 月份将达到一百零三所）。他至少雇用了五十名辅助传道员。学生们劝人入教的热忱是非凡的，某些学生能为神父带来全村的人。县令将神父当作朋友款待。这位官员起初监视基督教徒和传道员，但很快就认识到基督教的社会效用，尤其对根除抢劫而言。士绅和文人也礼貌和气地对待他，其中有不少人还是慕道者，将神父介绍进他们的农村同业者的圈子。最终，许多大刀会人被神父处理义和拳问题的宽容态度感动，要求带领家人和他们的村子入教。

在这巩固教会胜利的 1902 年，其他区的《纪事》中也充满了同样令人快慰的细节，但是，这荣耀的一年过去后，就只有在环神父释放魅力的活动范围内，才能再次碰到这种荣耀的年份了。他在整整十年内确实激励着民众，看到他工作的人都几乎不相信自己的眼睛。

1903 年 6 月，聂思聪神父（P. Dannic）访问过环神父，记下了有趣的故事。在砀山城

① 致艾赉沃神父的信，1899 年 5 月 18 日（AZ）。

② “1902 年侯家庄年度纪事”（*Rel. ann. Howkiachwang*，1902，AZ）。

里，他在1902年2月购买的小座堂遇到环神父。聂思聪神父讲道："我承认，这个座堂太简陋了：独一无二的一副餐具，两只盘子，一张桌子，两把椅子，一张床，土墙上几幅中国地图，这就是环神父的全部家当，而在这广袤的江南宗座代牧区，他却是拥有新入教教徒和慕道者最多的神父。教堂同样简陋。

"但是，虽说神父的座堂简陋，却是从早到晚来人不断，首先是同环神父保持着最真诚的关系的官员及其整个署衙，因为环神父始终善于细致地维护官员的权利。我看到过这位官员送一名病得相当重的囚犯来做忏悔，然后送回牢狱，似乎甚至到死都在继续经受应得的苦难。他是一个盗贼，他只怕一样东西：地狱。如您所见，在砀山的盗贼中还是有希望的。

"我刚刚知道，环神父有一位贵客，城里的首要士绅，相当于在我们这里所称的市长先生，他为我办了一桌一流的宴席，各类男人穿着非常讲究，前来向我致意，赠送礼物，对我表示关心，我非常不习惯这种文雅之举。'环神父，那么全城都成了基督徒啦?'——'没有，聂思聪神父，只有一半人愿意，同这些城里人在一起必须小心谨慎!'——'是的，亲爱的环神父，但总会有某种最初的好意，起码您不会一上来就制止。一个中国城市里有这么多慕道者，就其罕见性来说，确实是更值得大书特书的事实。'

"容易发现，环神父的心却不在城里。我好歹休息了一下，四轮车就套好了牲口，我们要下乡去。实际上我觉得这是白费力气，而且由于工作繁忙，没有任何人会停下来向我们致意。我错了！一路上我都以为自己是在布列塔尼，这么说一点不夸大。一公里接着一公里，都是全由三四十户基督徒家庭组成的美丽村庄，男男女女都离开打麦场来迎接，尤其是孩子们，见到他们的好神父，抑制不住喜悦。平时，如果预先得到通知，所有这些人都会带着长矛火枪来迎接我们。长矛和枪支，衣着好坏，这都是次要的，在这些善良人身上，我特别看到的是心，是他们的善良之心令我感动。

"砀山不是大县，因此本堂神父先生可以在两三天时间内，乘车(当地的四轮大马车)探访一千多名教徒。因皈化和安慰工作忙得不可开交的本堂神父多么快乐啊！多么出色的神父，他不要金钱，而要人在心灵的收获处于高潮时帮助他，要人帮助他充分利用这个可以说是神奇的机会……他激动地将未来的中心指给我看，其中堆放着未来座堂的建筑材料，这时他要求派三四名神父到砀山。但愿他的梦想不会有佩雷特夫人(音译，Mme Perrette)的梦想的结局！将近二百个村庄！可是一个叫圣方济各·沙勿略(s. Francois Xavier)的人用我们目前的福音传播方式，可能就要呼喊求助了。培养新教友并非工作的全部，还必须关照老教友，要不然肯定是浪费时间。然而在砀山，单单做新教徒的工作便足足占用一位神父。他们不是靠神父施舍的穷人，而是非常殷实的壮劳力，全都是有家业的人，是真正朴实的百姓，乡下人……"①

几个月后，9月，环神父离开侯家庄，去姜楼安家。一百来个村子"由士绅、'团总'(几个村子的村长)、村长为代表，以旌麾队打头，前来欢迎神父。这种完全自发、出乎意料的欢迎在当地产生了非常好的影响，几天之内，异教徒中最有影响的人物接连不断来访问，他们——包括他们的手下人——都答应，一旦发生动乱(这在当地经常可能发生)，要听从

① 《砀山教区》(La Chrétienté de Tangshan)，载《中国纪事》(*Relations de Chine*)1904年1月，第155～156页。

神父的调遣。”[①]

而且艾赉沃神父写道：“姜楼周围的运动是令人称赞的，如不说是异常的话。环神父可以立刻在姜楼安排一百名传道员。他出了很多力，日夜泡在那里，忙不过来。”[②]

就这样一直延续到1911年。再说，环神父尽力避免做任何让自己成为示威目标的事。在上述的1902年那篇《纪事》中，他在思忖是什么吸引了这批民众，却没有找到答案。他不为任何人提供膳食，留宿慕道者和学生的条件也非常差，他要求安排了他的传道员的村子提供膳食、部分薪俸和学校。那么吸引人们的是官司，神父的保护和影响吗？可能是吧。还能有其他什么东西吸引这些异教徒呢？是传教士散乱的胡须，还是他那本他们不懂一个字的福音书的美妙？他们知道，环神父是强大的，他不容忍侵犯他的权利，而他也非常关心他的信徒的权利。

他们记得，1900年，环神父在他的要塞中击败了本县的所有拳民。事后，官员不是都一视同仁地赔偿外国人的礼拜堂和基督徒的房屋吗？在徐州，一种用这样的方法支持，又被如此坚强的捍卫者推举的宗教，不会让任何人无动于衷。况且，这片边缘地区是一个氏族、匪帮、个个都想称霸一方的村庄拼凑起来的区域。神父只是盟友，但是个强大的盟友，谁都想让神父站在他那一方。

民众让环神父在砀山县拥有某种权力是做对了。但是，神父不把拥有这种权力归功于官员的好意，也不归功于经常与他会面或他所教导的士绅们的庇护。这个权力来自他的人品，来自他分析和控制形势的方式。我们可以从一件事了解到环神父的影响程度。

那是1906年10月，阴雨连绵，庄稼部分歉收，粮官盗窃公家粮仓，盗匪抢掠横行，这一切让砀山县陷入破败萧条。而衙役们的强盗习气更甚于灾害和贪污，激起了村民的反抗。衙役们专门绑架财主，拷打他们，向他们索要钱财。另一方面，衙役们密切监视衙门，只允许同伙或不敢告发他们的胆小鬼出入。

他们本可以长期这样下去，且无多大风险，不料有一天，其中八人将环神父的一名传道员监禁起来，要在他身上“榨油”。环神父大概不止一次听到衙役的恶行，火冒三丈，立即赶到县府，向县令揭露他的下属的种种丑恶行径。县令全然蒙在鼓里。他召来一个姓李的来询问。最近衙役们曾将李某悬吊在一家小客栈的房梁上，掠走了一大笔钱财。于是这事在全城不胫而走，家喻户晓，调查结果实在太触目惊心了。

县官确信无疑，为了平民愤，决定惩处衙役们，衙役们群起反对，威胁要杀他。衙役们尤其对环神父怀恨在心，在10月5日，夜里10点，三四百名叛乱分子出发去姜楼，要杀环神父。环神父和手下人及时翻过围墙，逃往砀山。翌日县令证实，座堂被抢劫一空。

城里的骚乱愈演愈烈。一场殴斗过后，风传有人伤害了环神父。听到这一消息，几百名基督徒从农村赶来保卫环神父，以砸毁衙门作为报复。环神父最终将他们送回家。就在此时，环神父获悉，八九百个土匪倚仗暴乱分子的支持，在砀山秘密周围聚集，要强占县城，实施抢劫。环神父亲自提醒县令，并向全县宣告，阴谋已被揭露，官府已采取措施，保护县府。几天里，环神父穿梭于姜楼和砀山之间，必要时甘愿冒生命危险维护秩序。最

① 《1904年姜楼年度纪事》(*Rel. ann. Tsianglow*，1904，AZ)。

② 艾赉沃神父致尊敬的丁神父的信，1904年2月10日(AZ)。

终,土匪溃散,县令得到救援,危机得以避免。10月中,艾赉沃神父来援救。他给姚宗李主教写道:“我打算向您汇报关于几乎洗劫整个砀山县的事件。是环神父的沉着冷静挽救了县官的性命,使县城幸免于劫掠。”

“我到达时,人们的情绪正平静下来,大小官员都匍伏在我的脚前。环神父本可以使官员革职破产,要十个罪大恶极者的人头,要求一万两银子的赔偿,但是却只要了一百块大洋修缮损坏处,加之一纸告示,使善良的民众摆脱这批官员的驾驭,使当地恐怖的衙役败类的不公和强夺豪取得到控制。我要求将这份告示镌刻在县城四座大门显眼的石头上。整个地区,以士绅们为首,欠我们的情,所以对我们的宗教有更多的期待。十名主犯被关押在狱中,直到环神父要求释放他们。”[①]

这段插曲在环神父的一生中是特殊的。人们很清楚,他不是每天都有机会制止民众暴动的。他终究成功制止了一次,这还算少吗?这不是砀山县农民的看法,环神父的座堂同衙门一样门庭若市,但这是一个不敲任何人竹杠、不许人贿赂的衙门。公正性的愿望、好心肠、怜悯、社会责任感、对一种超自然利益的期盼,充分说明利用宝贵的时间处理传教士极少感兴趣的纠纷是正当的。显然,只要不妨碍他在这里的传教工作。

环神父躲过了暗礁。人们忽略了他的行动所引起的贪婪,但由这位福音的神奇宣传者创建的教徒村仍然显示着他的热忱。实际上,人们不用对比便已看到,环神父活动的效果一般为其同道者的一倍,当然这是以数字评价的结果。就慕道者来说毫无疑问。[②] 施洗:在别处每年二百或三百次,在环神父处达四五百次,直到1907~1908年的八百零六次(其中一百二十九次为垂死的成年人)。他创建了两个新区,其他神父——不是所有的——只创建了一个。他最终延续到1910年,复活节领圣体的平均数在百分之九十以上,自1905年起,几乎各地都下降到百分之九十以下。

> 我们相信,环神父是那个时代徐州的唯一一位进入牢房履行圣职的传教士。这是惠济良神父(后任主教)提供的关于这位使徒使命的一些细节。
>
> “这座监牢不是正式的,更确切地说是地牢。所有进入地牢的人都成为其狱卒种种残暴敲诈勒索的目标,几乎必定要死于饥饿、悲惨或虐待。环神父与官员关系良好,争取到狱卒,能够自由进出监牢,施洗了三百多次。他不时去给他们讲一点教义;能力最强者教别人,他们在临终时要求施洗。此外,对他们来说,环神父的探访常常成为真正的节日,因为为了他们能和神父在一起,神父要求并说服狱卒撤掉他们身上的沉重的枷锁。”[③]

圣宠,有利的环境,洋溢的热忱,许多因素都有助于扩大数字。另外还有环神父培养出来的助理司铎们的帮助,他们是:侯家庄的尤岫高神父(P. La Rivière)和常神父(P. Acher-Dubois);姜楼的鲍神父和沙神父(P. Dezaire,两年),最后还有1909年开创程

① 致姚宗李主教的信,1906年10月26日(AZ)。

② 见本卷第145页。——编者注

③ 1909年8月20日的信,引自《哲尔济书简集》,1909年11月,第51页。

寨时看管姜楼的张神父(P. Luc Tchang)。①

* * *

我们朝圣到达侯家庄，侯家庄像是堤坝上的一个缺口，圣宠就从此处流淌到整个徐州。自从堂区主管定在徐州，尤其是从运动普及以来，由于“岩石”远离中心，而且重要性属中等，使之下降到次要地位。侯家庄的名字不时地同几乎无麻烦事的安定的中心名称一起在报告中出现。而最初的十年风暴后，这种平静有点出乎人们意料。说实话，“安清帮”所怀的敌意一直存在，他们招兵买马，收买农民，等待时机。但是由于 1906 年到 1911 年五年期间，饥荒和伤寒交替发生，有效地抵消了为教会制造障碍的企图，民众的所有精力不够应付造成大量死亡的灾难。传教士多次得到警报，每逢歉收就再次担心，但是很快就消除了，因此他们将力量集中在皈化上。

侯家庄已到关键时期。艾赉沃神父和环神父激发的热情已减弱。十到十五年来，基督教精神在领洗人身上得到增强，但还没有控制异教徒的天性。老天主教徒在信仰上从最初的热情到稳固之间的过渡阶段始终不平静，而且为时不短。就像所有青春期危机一样，这个过渡阶段需要传教士精心呵护，不断指导，一种灵活的而且首先是令人愉悦的指导。

环神父的继任者，1903～1905 年间在侯家庄的传教士江神父(P. Beaugendre)似乎未抓住这一点。他是在其他地方培养的，习惯于别的方法，年龄也太大，以至于不适应。他

① 1908 年 12 月 3 日，环神父已为姜楼教堂举行揭幕仪式。

姜楼的一些灵修生活数据：

年 份	传教士	受洗者		教徒义务			逃避者	缺席者	虔诚领圣体者
		总数	遵守教徒义务者	忏悔	领圣体	%			
1901～1903	由侯家庄的传教士主持								
1903～1904	环神父	1 097	794	774	765	96.3	14	6	2 203
1904～1905	—	1 482	1 065	1 039	1 013	95.1	11	15	4 617
1905～1906	—	1 829	1 283	1,241	1 235	96.2	12	30	4 811
1906～1907	—	2 377	1 673	1 539	1 535	91.7	12	122	2 416
1907～1908	—	2 986	2 146	1 971	1 951	90.9	12	163	6 922
1908～1909	—	3 474	2 415	2 240	2 183	90.3	11	164	7 341
1909～1910	张神父	2 567	1 793	1 523	1 459	81.3	8	262	6 783
1910～1911	—	2 735	1 979	1 086	1 078	54.4	10	863	4 821

……而在程寨：

年 份	传教士	受洗者		教徒义务			逃避者	缺席者	虔诚领圣体者
		总数	遵守教徒义务者	忏悔	领圣体	%			
1901～1909	由侯家庄的传教士主持								
1909～1910	环神父	1 578	1 104	1 041	1 026	92.9	4	59	3 098
1910～1911	—	1 816	1 283	1 079	1 079	84.1	—	204	5 179

生活在堂区信友中间，却不见他们，更确切地说，只过多盯着他们的缺点，迷恋于那种没有结果的沉思冥想。

下面是对侯家庄天主教徒的两种评价，它们本质上是相同的，但反映出两种完全不同的观点。

江神父在1904年6月的观点："我们居住的村庄的基督徒，大部分似乎都对传教士有意见。他们很少参加主日弥撒，传教士很少看到他们。有些人从不来跟传教士说话，其他人来则是为了利用传教士。孩子们野蛮粗鲁，不想上学。年初一前后，人们从事迷信活动。礼拜五和礼拜六的斋戒基本上得到遵守。我觉得习俗是好的。

"（庞新楼和唐集[音译，Tangtsi]两个发展顺利的基督徒村）对其他所谓的基督徒村来说，他们有所谓的教堂，即'小屋'，它的一部分就是窝棚，简陋，狭小，肮脏，很少能在里面做圣事。我还以为是在易洛魁人或阿尔冈昆人[①]家里呢。"[②]

而和神父（P. Marivint）在1906年写道："新入教的教徒距要成为完美的基督徒还很早。他们没有恶意，但必须盯紧他们，要反复强调才能使他们遵守主日，同意把孩子送到学校，不把女儿许配给异教徒。一句话，要持续奋斗才能使基督教的各种生活习惯植根在他们中间。

"在二十九个教友村中，只有两个有合适的礼拜堂。"[③]

和神父的评语是一位无正式资格的医生的看法。和神父身体虚弱，头脑迟钝，1903年到达徐州时，已有四十五岁，大家都对他有意见，包括艾赉沃神父，"他一点也不缺少意愿和智慧，但他尤其缺少心灵的第三官能。可能由于北方气候干燥，他的健康状况好于往年，足够应付一个小传教区的工作，但我怀疑，他从未懂得足够的汉语，无法独自同我们传教区的各个复杂的部门一起处理选择慕道者、安排传道员等难题，更别说不可避免的诉讼案件了"[④]。

和神父在徐州当了一年副本堂神父，然后在段神父身边，于1905年8月，被任命为侯家庄的本堂神父。他在语言运用方面没什么进步，但是他在"岩石"待了十三年，工作扎扎

---

① 易洛魁人（les Iroquois），系指全部操易洛魁语的北美印第安人。阿尔冈昆人（les Algonkiens），系指操阿尔冈昆语、分散在加拿大渥太华河上游两岸密林中的部落人。——译者注

② 《1904年侯家庄年度纪事》（*Rel. ann. Howkianchwang*，1904，AZ）。

③ 《1906年侯家庄年度纪事》（*Rel. ann. Howkianchwang*，1906，AZ）。

④ 艾赉沃神父致尊敬的丁神父的信，1904年2月10日（AZ）。

实实。[①] 细心而且顽强的和神父步步紧跟他的教友，每年至少探望一次每个家庭，消除最大的缺点，纠正其中几个，在他的区县里建立老堂区的规章制度。这说明，传教士身上如果缺乏某些天赋，可以由心灵钟爱主这个最重要的天赋来补偿。

保持已获得的土地，扩大这片土地，并使之巩固，充实圣宠启示的愿望，并使之实现，这就是计划。在展示以数字表述十年传教工作的最终统计表之前，我们要记住，这些成果是一支人数极少的团队取得的。这支队伍从未同时有过十一位神父，包括新手在内。这只能说成果正好与工作相称。在某些情况下，最活跃的热忱受到了约束。如果不是饥荒把无数的天主教徒驱赶到外地，那么，像参加复活节领圣体和日常领圣体这样的圣事的平均人数就可能非常高。要是可以在徐州使用与活动规模相称的一些义工，那么谁能说出领洗者的总数呢？

徐州西区的一些灵修生活数据

年　份	传教士	受洗者		教徒义务			逃避者	缺席者	虔诚领圣体者
		总数	遵守教徒义务者	忏悔	领圣体	%			
1901～1902	7	5 038	3 878	3 669	3 577	92.2	99	110	14 625
1902～1903	8	6 241	4 754	4 498	4 391	92.3	93	163	19 340
1903～1904	8	7 433	5 591	5 378	5 323	95.2	114	99	20 265
1904～1905	11	9 384	7 244	6 946	6 884	95	166	132	23 353
1905～1906	11	11 145	8 585	8 058	8 007	93.2	188	339	22 163
1906～1907	10	13 532	10 013	8 522	8 456	84.4	236	1 255	19 547
1907～1908	11	16 178	11 843	10 374	10 137	85.6	270	1 199	36 032
1908～1909	11	18 332	13 318	11 228	10 900	81.8	513	1 577	40 469
1909～1910	10	20 753	15 058	12 457	12 071	80.1	555	2 046	50 504
1910～1911	11	22 587	16 216	10 841	10 687	65.8	333	5 042	46 174

① 侯家庄的一些灵修生活数据：

年　份	传教士	受洗者		教徒义务			逃避者	缺席者	虔诚领圣体者
		总数	遵守教徒义务者	忏悔	领圣体	%			
1901～1902	环神父	1 321	968	954	954	98.5	9	5	3 775
1902～1903	—	1 732	1 283	1 257	1,224	95.4	11	15	5 714
1903～1904	博让德尔	972	707	683	678	95.8	7	17	3 924
1904～1905	—	1 126	821	765	765	93.1	32	24	3 233
1905～1906	马里万	1 268	923	814	804	87.1	30	79	2 449
1906～1907	—	1 575	998	710	680	68.1	11	277	2 730
1907～1908	—	1 880	1 251	1 069	1 044	83.4	6	176	3 140
1908～1909	—	2 280	1 513	1 294	1 274	84.2	14	205	3 769
1909～1910	—	2 584	1 770	1 564	1 553	87.7	16	190	5 733
1910～1911	—	2 843	2 029	1 685	1 685	83	11	313	6 468

第十一章　沿着大运河(1901～1911)

上帝的影响在大运河沿岸不比在西部地区少,但它没有显示出同样的辉煌。西部地区有一些有才干的人,有足够的设施,还有必需的金钱;而那个从1898年开始自主管理的东堂区,却是在漫无目的的漂流。因为选错了舵手。创始人董师中神父已晋升圣职,他完成了一项超过集体力量的个人工作,他经验丰富,性格刚毅,但不是那种人人见了就要当作榜样的人。人们钦佩他,他不吸引人,他的继任者尚全斌神父亦然。

1900年9月,堂区归于郎本仁神父,他在宿迁和马井劝人入教尤为出名,但他缺乏魄力,也许还缺乏毅力,不敢在其同道面前树立威信,督促他们达到一个明确目标。四年里,他为其辖区遭受的不幸悲叹,他知道消除的办法,但是从1904年起,才由汤执中神父实施。

在这之前,没有推动者,因而没有一个团队。人们尚未找到适当的传教方式。每个信赖自己的热忱的人,都根据当时在头脑中突然出现的想法管理他的中心,这种想法因一时的成功固定在其经验中,这些成功激起了很大期望,但无法实现。

在睢宁,明神父喜欢在座堂周围遇见足够多的慕道者,他出色地将其大部分时间和钱财都奉献给他们。他拒绝太远的村庄的吁求,也不愿在乡下安排传道员,他担心不能密切监督他们的工作。他确实在城里成功创建了一个重要的领洗者核心团体,领洗者都受到很好培养,有些人非常热忱,但是他的行动仅此而已。除了靠近中心的几个基督徒村,整个县的人不知道他的存在。被拒绝的村庄不再来了,由于缺乏传道员,慕道者一点没有新增加。明神父过于限制自己的范围,不对未来着手进行开发。

林神父(音译,P. Ling)在宿迁极力提倡在本省南部采用的传教方法,这种方法适应老天主教徒,不适应新入教者。他将前任创建的五所祈祷学校当作圣物保存下来,可是他会利用它们吗?学生总数极少超过五十来人,这几处策源地的影响既没表现在领洗者人数上,也未表现在慕道者人数上,两者都相当低。

郎本仁神父犹豫不决,但能够敏锐地看出堂区发展不顺利。怎样使堂区重新活跃起来?他宣称,解救者将来自传道员,更确切地说,可能来自传道员,如果有传道员,而且他能把他们分布在他的周围。然而,他的人员有限,且素质也不高。他一放手让一位传道员去干,此人便喜欢插手诉讼案件,最终造成过大于功。安排传道员也不容易,尤其是沿运河边的居民不集中。要求学习的家庭分散很广,为两三个慕道者办一所学校说不过去。总之,郎本仁神父抱怨他无力改善这种局面。

只有在邳县的汤执中神父知道他要什么,怎么办。他行事果断,而且具有迅速得到回报的不屈不挠精神,实践从艾赉沃神父那里学到的教训。下面就会看到,他以什么方式成功地使这个堂区摆脱正使它慢慢僵化的束缚。

除了组织的缺陷,还有策略的错误,特别是几处座堂的迁址。这就破坏了习惯,而且产生的反应就是热情变冷。例如嶂山的天主教徒就不愿意牧师和献堂会修女离去,甚至没给他们留下一名传道员教育镇上的一百二十五到一百五十名领洗者的孩子。结果在四五年内，信仰在此地冻结了。不再有人皈化了，基督徒也以路远为由，主日不肯去宿迁礼拜。不过，他们仍然相当忠诚地早晚在他们改建的礼拜堂背诵祷经，传教士探望他们时，也有许多人参加弥撒。康池在悲惨地衰落。郁文彬神父为了加快开局，给受了一半教育的慕道者们行洗礼，他想先施洗，然后再慢慢培养。后来郁文彬神父去世，康池中心的创建计划也完结了。郁文彬神父发展的新入教者被忽视了五六年。他们没有完全丧失信仰，但很快放弃了宗教活动，他们让其儿女与异教徒婚配，要不是林神父重新开办祈祷学校，他们自己完全可能渐渐回到异教。1905 年，这个教友聚集点获得重生，随后获得发展，居民们只是由于无知犯了过失。

因为宿迁城几乎是拒绝天主教的，因此人们更不理解为何要放弃隶属于它的嶂山和康池。天主教传教士在县城不得人心。居民们更喜欢能治疗病人、灾荒时会分发施舍的基督教新教。在 1905 年，城里的堂区由两家构成。第一家的家长是一个过去由佘神父皈化的老和尚，佘神父是一位真正的神父，他已准备为他妻子的父母施洗，后又准备挽回多年失去联系的第二家。另外有十几个移民是慕道者，是家境殷实的布商。这是在传教八年之后啊！

还有一次不适当的迁移：中心从埝头向西八公里的窑湾迁移。说实话，既然必须选择新址，运河上的大商镇窑湾与邳县、睢宁和宿迁距离相等，完全满足一个堂区中心的各种要求。可是埝头五年来拥有一位传教士，天主教徒们一心想要留住他，这可能只是为了面子。无纪律，太执拗，实际上使这个基督徒村骚动起来。1899 年，雷伯雍神父恰好免了杨(音译，Yang)管理员的职。此人从此同教会决裂，还鼓动了许多天主教徒，朋友或是同伙。无论雷伯雍神父，还是他的继任者吴神父，都未能使这些固执的教友回心转意。人们这才知道，1902 年决定将中心迁往窑湾，在这些被惹火的人身上产生了怎样的作用。埝头的天主教徒习惯于在自家门口听弥撒，拒绝前往新教堂，并中止在其周围的任何宣传。

只剩下邳县和汤执中神父。在委任汤执中神父为邳县本堂神父——创建者的信中，尊敬的姚宗李神父曾悄悄地表露过心愿："您可能将邳县变成又一个戴套楼。"

先来者的任期内没有达到目标，因为汤执中神父离开他初次开展工作的地区时，留下了五百一十名领洗者和近两千名慕道者。这是在 1898 年 8 月。在他任职的第三年(1898～1899)，汤执中神父策划了这五年的初期使徒工作，至少在他的大退省的决定中改正了所犯的错误，使他在匪徒们对他毫不留情的一阵乱棒中设想出来的征服计划成熟起来。他的传教士见习期就此结束。

邳县的居民仿佛急于皈化。几个村的代表已与埝头的传教士建立联系，或把他们的孩子托付给传教士，并恳求派几名传道员，一位传教士……于是，1899 年 10 月 1 日，汤执中神父取得教会在邳县的房产，他写道："原以为去年的美好愿望可望实现，可是失望很大：没来一个人。因此，最初几个月只好修缮已购买的破房屋，为神父准备三个小房间，清扫并为教堂、学校和其他相关的地方进行一些布置。前三个月福音传播工作一点没有做，只是用在和官府和士绅拉关系上。只是将近圣诞节时，有人开始从城里和农村来，但是还没有村庄成批地来，因此不可能像在该府西部所做的那样，向外派出几名传道员。元旦过后，这个活动渐渐加强，而我必须几乎带着遗憾离开一个多月。恰好在我不在时，主日人来得更多，而且是按时来。此前我曾多次试图为学校招收一些孩子，都未成功。我怎么不惊奇呢,在我回来时,竟发现十来个孩子在拼命唱诵,而且已经会不少祷经了! Non nobis Domine, sed nomini tuo da gloriam.(拉丁文:主啊,愿光荣不属于我们,而归于你的圣名)我只能小心翼翼地浇灌仁慈的主的种子。复活节时,我的小教堂显得太小了,从此,每逢主日,都发现慕道者人数稳定增加。两名传道员被派出,现在其他好多地方要求派传道员。"①

但汤执中神父没有传道员,而且不知道从何处得到。雷伯雍神父将他的两三名老学生派给他,"以便教新慕道者背诵祷经的规则和方式"。陆妈妈花了一个月勉励她引来的许多妇女。人们不能再小打小闹地开始了。

汤执中神父此时正准备他的行动计划。他觉得城里不值得特别关注。住在城里的四百户人家几乎全部属于衙门,因此他们看不到常去传教团的任何好处。然而有人向神父指出其中有四十来家品行正派,对教会颇有好感,但是神父并不急于接近他们。他等待着献堂会修女,因为调查和选择将是细致入微的。

汤执中神父关于戴套楼的记忆使他转向农村。邳县人好闹纠纷,打官司,但令人奇怪的是,他们根本不寻求教会的支持。事实上,代表团多是来自决心选择新信仰的村庄,他们有的是因为要摆脱有危险的官司,"有的是为了防范未来,这是最通常的情况:相当殷实的老实人担心被士绅或村里的其他小暴君欺诈蚕食,便成了基督徒,希望别人不再敢攻击他们。就是这后一类慕道者最有幸获得成功,而如果他们目前不把要处理的官司带来,传教士也更情愿接受"②。

一年后,汤执中神父仍未施洗一人,甚至未开设慕道班,但是农村任其所为。1901 年末,汤执中神父有一千多名候选者,二十一名领洗者,分散在十个中心。

传道员不够耽搁了汤执中神父。艾赉沃神父给他提供了十名传道员,他立即安排下去。于是学校限定了一些新的村庄,汤执中神父不得不将刚刚领洗的几名年轻文人提升为宗教教师。他不为此感到遗憾,因为起步之势在扩大。自 1903 年起,未来不再使汤执中神父不安。各学校用作入教办事处,保持候选人数在一千五百名左右。准备工作已结束,人们每年在邳县行施洗和在西堂区最好的区一样多。就复活节和日常领圣体、参加礼拜日和节日的弥撒、仁慈精神、基督徒的顺从性而言,邳县可能堪称典范。

① 《1900 年邳县年度纪事》(*Rel. ann. Pihsien*,1900,AZ)。

② 《1900 年邳县年度纪事》(*Rel. ann. Pihsien*,1900,AZ)。

1904 年 8 月汤执中神父离开邳县。[1] 在他奠定的基础上，吴神父，然后是蓝神父，建立起一个牢固的堂区，洪水、饥荒、迁移都不能摧垮它，基督教新教的宣传、反基督徒的风暴，甚至这些障碍所预兆的大革命等内在困难，都不能摧垮它。

*　　*　　*

窑湾同邳县并驾齐驱，不久便超过它。1902 年 9 月，人们扩大了世纪初在这个大镇购买的落脚点，堂区主管在此地建起座堂，将埝头的三百五十名领洗者归并到这个新传教点。我们已经知道，这个举措是令人遗憾的。埝头失去快速发展，窑湾不久也因这一突然的举措而缓慢下来。因为邳县的慕道者拥向运河西部。于是窑湾的传教士左右为难，一边是赌气的老基督徒，他要尽力安抚；一边是受到可以更多利用良好教育的上层同情者，因为他们的皈化并不急于引起注意。朗本仁神父尽力不指望双方，他将为数太少的传道员公平地分布使用，丈量并划分辖区。

1904 年 9 月，汤执中神父被任命为东堂区的主管和窑湾的本堂神父。于是他开发他自己的区，与为 1900 年之前创建的，还在探索的传教点定位进行结合。长期以来，他深入了解普遍的麻木不仁、经常发生动荡的原因，并根据其经验制定出规划。

汤执中神父在窑湾发现了人们大量涌向教会的迹象，但是如果要扩展这个堂口，就要给它行动自由。根据汤执中神父的要求，1905 年 8 月，在埝头重新安排了三年后领洗者还在要的传教士。随后他专心于其辖区的西部，在那里有一千八百名慕道者正在学习宗教信仰。有十名传道员在教育乡民。汤执中神父写道："其他八个地方，我无法安排。有不同的理由：没有足够数量的教友来承担费用，在其他地方，教友分散在几个村庄，只有很少能去学校，传道员几乎不得不单独一人整天呆在那儿。说到费用，必须互相商量。理论上，教友只向传道员提供膳食，但实行时，他们会想方设法变得挑剔了。还有面子问题，使教友们不得不非常讲究地款待传道员。"[2]

---

① 他们完成必要的设施：1901 年秋天是慕道班、学校；1902 年春天是神父的座堂和献堂会修女（1902 年 3 月到达）的住所；最后于 1904 年 5 月 29 日启用教堂。

邳县的一些灵修生活数据：

年　份	传教士	受洗者		教徒义务			逃避者	缺席者	虔诚领圣体者
		总数	遵守教徒义务者	忏悔	领圣体	%			
1901～1902	汤执中	119	95	93	93	97.6	2	—	724
1902～1903	—	358	276	275	275	99.6	1	—	1 320
1903～1904	—	562	427	425	425	99.5	1	1	2 009
1904～1905	吴神父	643	461	451	451	97.8	8	2	1 927
1905～1906	—	927	629	620	620	98.5	6	3	2 228
1906～1907	蓝神父	1 307	905	755	740	81.7	8	142	2 790
1907～1908	—	1 628	1 116	1 028	1 026	91.9	29	59	3 726
1908～1909	—	1 878	1 224	1 158	1 152	94.1	26	40	4 649
1909～1910	—	2 189	1 394	1 332	1 331	95.4	31	31	5 661
1910～1911	—	2 259	1 552	1 434	1 417	91.3	48	70	10 102

② 《1906 年窑湾年度纪事》(*Rel. ann. Yaowan*，1906，AZ)。

妇女教育让神父非常为难，特别是中心慕道班的一个月培训期几乎不可能。除了天性胆怯，还有许多理由将母亲们困在家里，以至于多数妇女在她们的丈夫和孩子行洗之后，依然长期是异教徒。1907 年的饥荒在窑湾纠正了这种反常的、对天主教的前途如此危险的局面。

除了上海一家委员会拨给大宗款项，不分信仰地分发给饥民外，汤执中神父掌握着主教的施舍，还有一位机灵的本堂神父在穷困时刻在其抽屉里找到的储备金。他裁减为数已相当少的佣人；推迟了座堂的建设，尽管各种材料已经备齐；组织与可怕的死亡作斗争，死亡威胁到农村的领洗者，他们得到的施舍少于城里的人，因为他们离各分发中心更远。况且他们增加了数千名异教徒，他们乞讨一块很小的面包能让他们坚持到下个收获期。

神父首先将已经延误了宗教教育的所有孩子集中到中心学校。他还接受有一位或几位领洗者的家庭中仍是异教徒的成员，尤其是多次召集都未成功的妇女。每一批留四至六个礼拜，他们以同样的胃口接受提供给他们的面包和教义。1907 年 6 月，神父满意地看到，天主教徒们挺过了灾荒，他这个区的所有家庭，除几个例外，全部领洗。那一年皈化人数从五百九十二人上升到一千零八十人。

许多其他人自称慕道者是希望得到额外的配额。收获过后，三分之二的人改变主意。汤执中神父预料到这一点。他很快便感到安慰，因为天主教徒在土山和窑湾周围的同情者有利地取代了背叛的人。这些新成员因本村一部分人的皈化而安心，这是满意新入教者的见证，而且如果他们再感到饥饿的威胁，就可能受到粥碗前景的引诱，他们会表现出良好的品性和高度的顺从。妇女传教工作碰到的魔法被打破。现在她们许多人都参加主日弥撒，慕道班不再使她们惊恐。每年增加三百五十至四百人，1910 年，需要张神父（音译，P. Joseph Tchang）和一千二百多名领洗者一起开始创建土山传教区。

灵修生活与之相辅而行，比在邳县更紧张——起码在人数上——超过了西堂区最好的区。[1] 随后两年，在 1910 和 1911 年，窑湾保持着日常领圣体的记录。在某些天主教徒身上，人们还注意到，他们对天主教教义有更细致的理解，这是他们自愿进行转变的迹象。在 1905 年，他们建立圣徒祈祷会（l'Apostolat de la Prière）。三十名创始成员郑重保证不搞任何迷信活动，决不错过主日弥撒，并且每个月领圣体。接着有了"善终会"（l'Association de la Bonne Mort，由一位女基督徒于 1906 年提出，并立即组成），用少量的会费为死者举行宗教仪式，力求直接消除教会谴责的异教活动，但是一个天主教徒回避异教活动不要严重伤害死者家庭。

汤执中神父在邳县和窑湾有目共睹的业绩是一位杰出传教士的业绩，显示出使徒和管理者，有节制和有洞察力的热忱，不屈不挠的活力，对可靠方法的爱好，适应能力，以及利用人、事和环境的学问这些品质之间的平衡，整个堂区从中获益。

1904 年，人们不再争论汤执中神父看重的传教方法的优异性。这个方法在邳县的成功回答了各种异议，证明现实的所有障碍不是不可克服的。而且三年来，支持这些观念的朗本仁神父力求在他的窑湾—埝头环境下实现，并利用各种机会向邻近的传教士宣传。这些传教士一个接一个地采纳了这些观念，不久汤执中神父就在其同道中间享有了校长的声誉。

许多人尽管有改进和征服的愿望，还必须考虑 1900 年以前的基督徒的精神状态，他们的前人灌输或容忍的习惯，冷却初始的虔诚并限制皈化的陈规。这样多的束缚却未在

---

① 窑湾的一些灵修生活数据：

年　份	传教士	受洗者		教徒义务			逃避者	缺席者	虔诚领圣体者
		总数	遵守教徒义务者	忏悔	领圣体	%			
1901～1902	堂区管理者的落脚点								
1902～1903	朗本仁	460	351	326	315	89.7	2	23	1 565
1903～1904	—	571	440	411	400	90.9	2	27	1 628
1904～1905	汤执中	835	610	574	574	94	8	28	2 970
1905～1906	—	592	396	387	385	97.2	3	6	3 170
1906～1907	—	1 080	753	746	741	98.4	3	4	5 660
1907～1908	—	1 499	1 000	948	933	93.3	19	33	6 416
1908～1909	—	1 789	1 164	1 085	1 077	94.2	16	63	9 803
1909～1910	—	2 172	1 420	1 351	1 349	95	23	46	13 492
1910～1911		1 660	1 099	1 017	1 008	91.7	29	59	18 178

……而在土山：

年　份	传教士	受洗者		教徒义务			逃避者	缺席者	虔诚领圣体者
		总数	遵守教徒义务者	忏悔	领圣体	%			
1901～1910	由窑湾的传教士主持								
1910～1911	张神父	1,340	922	748	748	81.1	2	172	2,428

邳县妨碍汤执中神父,他开垦了一片处女地;他们接受了一份相当加重负担的遗产。

天主教徒的状况使传教士在各地处于严重不利的地位。陆妈妈介绍的嶂山、宿迁和埝头的多数领洗者都属于贫苦阶级。这大概就是人们向穷人宣称的福音的特点之一,而无人能指责徐州传教士们冷待耶稣基督的这些宠儿。然而久而久之,过分的苦难肯定同富有一样使灵修生活萎缩。苦难将人的各种能力与土地,与吃的东西紧扣在一起。人们寻思,每日食不果腹的穷天主教徒,怎么几乎和异教徒一样陷入苦难之中。当神父提供礼拜六和礼拜日的饭食时,他们按时参加弥撒。取消这种施舍以后,就再也看不到他们。他们祈祷吗?他们必须首先从精神上消除粮食的困扰。可是,怎能忽视在十二个月中有十个月饥馑要烦扰他们呢?

在这种变动不定的基础上创建教会,这是冒崩溃的危险。洪水冲走收成是大运河沿岸司空见惯的现象,它迫使穷人背井离乡,这样一位本堂神父一下子就失掉三分之二或五分之四的信友。流浪、讨饭、茅草房的拥挤、习惯性的偷盗泯灭了宗教意识。这些外出的人回到家并未改善处境。他们的孩子只有供应膳食才去学校。他们无法分担传道员的开支、兴建礼拜堂,他们没有任何作用,他们宁愿防止皈化,除非是他们的同类人,没人愿意降低自己的地位与他们为伍。

在各区,人们接纳穷苦人。但是在别处,穷苦的人依靠小房地产主这一牢固的支柱,稳定和发展的因素。这是东堂区老区所缺少的。由此在汤执中神父这里有一项紧张而经常性的工作,以便招收温度变化不太严重影响的大部分穷苦人,这项工作保证了教区及其生命机体的稳定性。

不可能详细记载这七年传教士们为复兴这一堂区进行的磋商、交谈、书信、指示、说明、每日的努力。汤执中神父的策略主要在于将这群松散软弱的天主教徒引进宗教学校。他的勉励、经验和建议,他的窑湾模范学校,使其他传教士决心大胆行事。

作为实干家,汤执中神父立即想到实施其计划不可或缺的传道员。自 1904 年 10 月 5 日第一次磋商,他便建议将在宿迁发展不顺利的师范学校迁到窑湾。当时的神父们一致赞同。1905 年秋季,二十五至三十个“中心”着手制定与马井一致的学习计划。计划的实施和他们的进步令汤执中神父欣喜。汤执中神父对培养青年人具有浓厚的兴趣和才干,他将其堂区学校建成其事业的灵魂,基督教信仰的辐射点,由此辐射到各传教区、教友村,以及渴望辐照基督教信仰的各个异教村庄。

和在马井一样,玛利亚小兄弟会领导学校,他们的工作受到姚宗李主教和所有神父的赞誉。据 1909 年 6 月的纪事记载,汤执中神父向他们颁发了精美的天主教教育家证书。他写道:“(中心学校)有从各区优秀者中挑选的三十六名儿童。由主母会会士(les Maristes)照管,学校运作良好,如他所愿。理智、虔诚,还有学习,在学校受到重视;而且我认为有理由为已取得的令人满意的结果感到高兴。在放假回来的孩子们身上,神父们一致观察到明显的信仰精神,往往与他们周围的冷漠和麻木形成强烈对比。他们许多人在家里成了神父,给幼儿施洗,勉励病人,启发父母。因此,看来这所学校追求的目的已经达到,这些学生成为家庭的父亲,或作为传道员,或作为本教友村的管理者,有效地帮助传教。(有两人非常感人地死了)”[1]

次年,“我们的许多大龄学生已经离开中心学校。两三个因为贫穷变坏了。其他人得到任用,让神父们非常满意,或者在神父的监督下担任传道员,负责教育孩子们,或者负责慕道班,他们一边履行职责,一边充实提高”[2]。

堂区的其他传教士也像汤执中神父那样想,但不是会始终表达出来。大概出于习惯,他们抱怨教师没有能力;他们期待更辉煌的成果,并指责学年(四五个月)太短,政府学校的竞争,政府学校是已出台的欧洲计划……然而,他们参与了教友村的振兴,已经关闭的或濒临关闭的学校再现生机,新学校在本地区各个角落涌现出来,统计数字表明,宗教活动远远超过平均数。当传教士们意识到他们是天主教复兴的工具时,他们承认,没有师范学校及其在乡下的分校,这种复兴可能永远不会获得成功,肯定没那么迅速,那么普遍,那么持久。

毫无疑问,转折是微妙的。必须有圣宠和特殊才华使心热起来,更要使心重新热起

① 《1909年东堂区圣婴善会纪事》(*Rel. de la Saint-Enfants, section or.*, 1909, AZ)。

② 《1910年东堂区圣婴善会纪事》(*Rel. de la Saint-Enfants, section or.*, 1910, AZ)。

宿迁的一些灵修生活数据:

年　份	传教士	受洗者		教徒义务			逃避者	缺席者	虔诚领圣体者
		总数	遵守教徒义务者	忏悔	领圣体	%			
1901～1902	林神父	666	519	445	399	76.9	56	18	1 318
1902～1903	—	741	585	491	414	70.7	63	31	1 668
1903～1904	—	793	638	535	445	69.7	68	35	1 933
1904～1905	朗本仁	907	642	613	593	92.3	8	21	2 924
1905～1906	—	1 041	712	662	635	89.1	8	42	2 857
1906～1907	—	1 319	933	881	851	91.3	6	39	4 184
1907～1908	—	1 488	1 003	946	903	90	10	47	4 566
1908～1909	张神父	1 707	1 155	1 060	1 021	88.3	15	80	5 601
1909～1910	袁神父	1 837	1 259	884	862	68.4	97	278	5 067
1910～1911		2 032	1 289	925	903	70	92	272	4 496

来。这就是宿迁、睢宁①和埝头的传教士着手进行并进行得很好的双重任务，

这些地方的进步是持久的、稳定的、有节奏的，即长途行走的步伐。在这些区尤其要感谢的传教士中，我们要指出在宿迁的朗本仁神父，他的活动和耐心，终于战胜了曾被说成不可救药的惰性。在睢宁，在明神父之后，是终身神父毕神父。在十六年里，他使他的县成为榜样，并使之完善。最后在埝头，本堂神父像走马灯一样调换，略显过快，夏之时神父编纂《中国坤舆详志》，但未干扰其直接对灵魂的工作，他每年都扩大他的传教范围。所有传教士，不分南北，他们共同努力，使这个堂区摆脱了它深陷的困境。

我们从下面的十年统计表中了解到这一点。这不是一份胜利公报，时光永远不会看到它，而是一份健康公报，是用数字表达对一个基督教群体的逐年诊断，这个群体过去是衰弱的，但经过精心照料，现在已逐渐恢复健康。

---

① 睢宁的一些灵修生活数据：

年份	传教士	受洗者		教徒义务			逃避者	缺席者	虔诚领圣体者
		总数	遵守教徒义务者	忏悔	领圣体	%			
1901～1902	克鲁塞	287	229	221	217	94.7	8	—	1 735
1902～1903	—	373	288	267	251	87.1	21	—	1 428
1903～1904	—	516	395	383	377	95.4	12	—	2 166
1904～1905	—	639	482	455	448	92.9	25	2	2 138
1905～1906	毕神父	729	572	490	488	85.3	18	64	1 611
1906～1907	—	815	638	573	573	89.8	30	35	1 231
1907～1908	—	954	736	596	591	80.2	68	72	1 756
1908～1909	—	1 109	846	662	658	77.7	69	115	1 909
1909～1910	—	1 330	968	822	809	83.5	75	71	4 610
1910～1911		1 605	1 181	906	906	76.7	77	197	8 712

……而在埝头：

年份	传教士	受洗者		教徒义务			逃避者	缺席者	虔诚领圣体者
		总数	遵守教徒义务者	忏悔	领圣体	%			
1901～1902	吴神父	347	248	191	191	77	35	22	774
1902～1905	并于窑湾	540							
1905～1906	夏神父	702	367	311	307	83.6	7	49	613
1906～1907	—	842	500	463	459	91.8	1	36	1 337
1907～1908	南从周	851	612	470	452	73.8	19	123	2 294
1908～1909	Ph. 李	1 041	639	361	359	56.1	271	7	2 047
1909～1910	夏神父	1 292	729	567	567	77.7	84	78	2 636
1910～1911	—		855	764	764	80.3	23	68	7 417

徐州东部的一些灵修生活数据

年　份	传教士	受洗者		教徒义务			逃避者	缺席者	虔诚领圣体者
		总数	遵守教徒义务者	忏悔	领圣体	%			
1901～1902	5	1 419	1 091	950	900	82.4	101	40	4 551
1902～1903	4	1 932	1 500	1 359	1 255	83.6	87	54	6 041
1903～1904	4	2 442	1 900	1 754	1 647	86.6	83	63	7 736
1904～1905	5	3 024	2 195	2 093	2 066	94.1	49	53	9 959
1905～1906	6	3 829	2 676	2 470	2 435	90.9	42	164	10 479
1906～1907	6	5 223	3 729	3 425	3 364	90.2	48	256	15 202
1907～1908	6	6 411	4 467	3 988	3 905	87.4	147	332	18 758
1908～1909	6	7 334	4 998	4 326	4 267	85.4	397	305	24 009
1909～1910	7	8 569	5 770	4 956	4 918	85.2	310	504	31 916
1910～1911	6	10 193	6 903	5 794	5 746	83.2	271	838	51 333

一些传教士对比两个堂区的状况，寻找圣宠明显偏爱西部传教点的原因。事实上，在义和团运动已结束的日子里，创建了十三年、已划分为四个中心的东堂区，本该像突然卸掉重负的气球一样迅速上升。事实令人失望。西堂区的光辉统计数字和热情报告令人炫目，而东堂区就显得没有生气、沉闷、迟钝，它的发展费力而笨拙。1907 年以前，它一直处于半麻木状态，没遇上冲击西堂区的潮流。人们在东堂区一点没发现那种冲击，那种长久的翻腾，那种不间断的汇流，而在西部各区这表现为神圣的存在。圣宠似乎从砀山发出，向邻县传播，最后尽管衰弱了，还是传到离发源地很远的大运河的陡岸边，发生人们期待的奇迹。

可是，在十年内，六位传教士增加了九千名领洗者，并不表明圣宠克制了它的慷慨。就时期和环境而言，日常领圣体的次数众多，复活节领圣体的比例也一直高于五分之四，这些也具有相当明晰的意义。不可怀疑，圣宠起着很强的作用，但与西堂区不同。

我们已经注意到圣宠在睢宁和侯家庄的进程的差异。① 在睢宁和宿迁县，经过艰苦的布道和说教准备工作，艾赉沃神父简直指定了一些个人进行不可思议的提升，这些个人可以说是他亲自选择的。相反在侯家庄，天主本人保留选择权，选定后再召唤艾赉沃神父完成皈化。

侯家庄产生的所有区都以这种方式开端。截至 1911 年，西堂区明显受到圣宠的提升，甚至提升得过高，传教士不能始终跟上趟；而在东堂区，传教士的工作成为上天恩惠的分配标准。只要传教士在摸索，只要缺少助手，圣宠便不作为。随着传道员们派到各个村庄，传教前景扩大，神父们努力全面推动，领洗者和慕道者增加，宗教活动加强，教友群体兴旺，好像圣宠为了通过，需要有人开路。

---

① 参阅第三章的开头。

圣宠最终以某种方式起了作用，效果是相同的：教会扩展了。但这就是天主教会吗？在这次快速巡行中，我们就像在露出异教的水面的石头上，从一个中心跳到另一个中心。通过非常贴近的审视，我们了解了这些小小国家，他们组织起来，靠自己而不是靠邻居生活，由于受同一修会的传教士管理而偶然地结盟。这些相隔很远的社团，不会形成那么多和世俗宗派一样严密、表明要抛弃等级制度并"适应"信条的宗派吗？

分立的思想还从来没有影响到徐州。信徒们完全意识到他们选择信仰天主教教义的责任。在他们领洗之前，有人对他们解释了教会的这种情况，每天他们都能够验证它的真实性。无须提及使他们结合起来的信仰、祈祷、祭仪的一致性，全天下天主教徒彼此承认这种一致性，不断的交流，一些互相需要和帮助势必建立一些关系，将这些部分密切地连成一体，一个社团，它本身只是一个组成部分，是天主教社会的一个方面。

每个基督徒村享有一定的自治，是在一个主教的辖区内的堂区的自治，但是有人徒然地想从中寻求细微的分歧，与其余领洗者隔绝的一点点屏障。相反，徐州的天主教徒似乎和信奉同一宗教的人一起，放弃了他们面对陌生表现出来的那种天生的怀疑。教师和传道员，虽然大部分人对他们工作的环境显得陌生，但在各地仍深受欢迎，享有很高的威信。在中心学校，神父们将几个区的孩子集中起来没有任何困难。基督徒们出行时，要注意备有他们本堂神父的一封书信，享用各省教堂给他们提供的接待。最终，大量的人群移居外地和迁回本地，季节性的或长久性的，从山东到徐州，从徐州到南方各省进行迁徙。各地教堂向这些外乡人开放，就像回自己的家一样，因为大家意识到自己是同一家族的成员。

1911 年的徐州这个家族几乎不可忽视。不到四分之一世纪，它聚集了三万二千七百八十名领洗者和三万六千八百八十九名慕道者，即近七万名信徒。这些信徒有自己的教堂、学校、教师，并有优先利用全国天主教的学校、教师的权利。而我们的农民为属于如此强大的组织而自豪，当然没有任何为另组团体而脱离这个组织的愿望。

* * *

徐州的传教士不再不停奔波了，他也不再每天二十四小时都来教授他的学生或慕道者。不过，他的门庭若市的座堂里有一间密室，是他的内院，他躲避在这里休息、祈祷、埋头阅读或他的教养所要求的倾诉，这是他接受的高级智力修养，是他的艰苦劳作的性质本身。因此，让我们简略了解一下传教士私人生活的某些方面。

一个修士的正常作息制度与他处在教会第一线的作息制度之间存在很大差别。传教士是在睿智、有教养、经验丰富、学识渊博的人陪伴下培养出来的，那么多的关系和思想把他和这些人联系在一起，这些人就是他的同道、老师、神师、长上，他突然觉得自己移居了，远离了他自己所属的那个有魅力的环境，如果失去它，在世间没有任何东西可以弥补。他的修会的规则精确地规定了祈祷、自修、睡眠的时间，就餐、静默和自由活动的时间。他的规则是黑暗中的指路灯，逆境中的支持；他的规则在放松，不再和爱德的最高法则混在一起，并且以它为先。他不再有书籍，不再或很少接触同时代人的杰出思想，取而代之的是：他要关照家事，筹备物质，召开令人疲乏不堪的会来倾听基督徒的申诉。

经过长期考虑和准备，从一种环境跳到另一种环境，以及这种行动所包括的一切，都是自愿的。从第一天起，传教士便忠实地承诺他的新处境所强求的放弃，而且因为有对天主和众生的爱相助，很快回忆便只带点淡淡的遗憾了。然而，人们明白，这些人采取或重新形成了生活方式、思维习惯、年轻人的社交生活，尽其可能不减少他们的传教活动。长上们督促他们的传教工作，不是为了减轻奉献之苦，而是为了使他们免于孤寂和平庸，使他们虔诚的火焰保持光辉、纯洁、热烈，使他们沉浸在给他们带来活力的环境中，最终获得新生。

在这一方面，在徐州的传教未遇到任何适应问题。近半个世纪以来，在法国耶稣会士传教团中，根据灵修生活要求和长上们的关切，产生了一项制度，对老教会的牧师，对身在第一线的艾赉沃神父，都是有价值的。但是路程远使执行比较困难。为了告解，艾赉沃神父必须赴淮安（往返八天至十天），同一位同道进行最简短的谈话，来去要走五六十法里。徐州的这位创建者向我们表明，他怎样饱受孤独、通讯迟缓、任何建议都无法减轻的责任之苦。

但是在世纪之初，由于教堂周围安全，修会会士的增加，房间更宽敞及布置得更舒适，人们形成了一些习惯，一种纪律，它不是团体的纪律，但有时令人产生错觉，无论怎样它为了关心心灵和躯体，向有诚意的人提供足够的便利。

通常，从早到晚圣职缠身的传教士，将他的空闲时间都留给了灵修活动。但是如果下雨，以及在收获期间，他便找一些闲暇从事业余爱好。因为大多数人都有一种业余爱好。通常是一本汉语课本，是传教士在其职业生涯的重要阶段一直要学习的。有些人利用片段时间，耐心地撰写一部著作，其念头还是在修业期间萌发的，久而久之，他们创作出几部具有重大价值的巨著。董师中、禄是遒、杜古（音译，P. Dugout）、夏之时、徐诸神父在徐州就是这样做的，他们的出版物为汉学家所熟知。其他传教士定期为传教士期刊尤其为《中国纪事》撰稿，并通过同道们之间无数封为交流而写的书信，在寄居国引起人们的同情和援助。同时他们也防止了麻木侵袭他们的思维。

羽毛笔对许多传教士是负担，但昆虫、植物、岩石、习俗使他们兴趣盎然。多年来，可惜只在他们自己的头脑中积累观察、启发、经验；他们阅读书籍，搜集资料，“精通”起来，如果在他们看来有某种重要性，他们可能成为这方面的权威。他们是过分谦虚的博学者，心甘情愿地只采集资料。他们愉快地向专业人士指明正确的出处，使他们避免很多差错，而他们个人只满足于面对圣体龛，盛赞创造万物的主。

邻近的本堂神父来访也是放松的时刻。在通常的时间，将近黄昏时，院内响起一阵马蹄声，他的车夫一通尖叫，通报邻近的本堂神父的到来。一片愉快的欢呼声！十五天了，大家都没有见过面，都没有说母语，没有谈心。有新闻没有？因为到来的神父总会知道更多的情况。自己这里是世界的角落。新闻一个接一个发布，而且除了讲一些现时的玩笑话，也再谈一谈往日的趣闻逸事。大家在一起议论，发笑，逗趣，然后坐下来吃饭。

饭菜不再清淡，吃起来也不是狼吞虎咽，比独自一人用餐更有食欲。先要来一番拜谢耶稣基督，反省，忏悔。其实这就是此次出行的理由，但也有许多其他心里话要说。大家开始谈起工作，谈起希望，谈起对某个正在经受危机的教徒村的担心，谈起下次巡行时将要付诸试行的办法，还谈起个人的困难、挫折、有时的泄气。在黄色的灯光下，两位神父交谈，听了半句便能相互理解，彼此鼓励。次日，他们分手时将更加精神抖擞，准备更好地献身。

团队精神、相互帮助、愉快的情绪深刻影响了徐州的创建，而且传承至今。在主保瞻礼日时家庭聚会，在咨询、圣依纳爵日、假期开始或结束，分手之前，人们就看到这一点。按惯例要求，为突出各区的主保瞻礼日，一个堂区的所有本堂神父都要出席。他们要连夜骑马或乘车，由一名传道员护送，并几乎立即坐到告解座。当他们为六百、七百或八百名为节日而来的教友进行赦罪时，只剩下睡觉时间了。不能保证头沾枕头就能入睡，尤其是如果像惯常那样，把两三位神父安排在同一个房间就寝的话。大家在黑暗中还低声讲述非常有趣的故事，而和法国神父在一起的中国神父不如前者健谈，也不如他们笑得开朗。

然而就在次日，庄严的弥撒之后，大家领略到这次晤面的全部魅力。为庆贺圣主日，一顿一流的晚餐——厨师了解他的"脸面"的职责——为半严肃半打趣的交谈助兴，使之妙趣横生。没有什么比徐州主保瞻礼节的晚餐更能体现人们的心情愉快、兄弟之爱、家庭精神了。传教工作在此赢得传教士蓄积的全部活力，从比较和讨论得到的经验，采纳的整体策略，招募的助手：如为隐修的讲道者、一名传道员甚至一名佣人，交换书籍，分配购得的生活必需品等等。很欠考虑的人才可能批评这种聚餐。

时而在北部，时而在南部，这次在武湾，下次在侯家庄，教会在这十次或十二次历年聚会中重新振奋起来。在徐州和窑湾，堂区中心的本堂神父住宅比其他堂里更宽敞，展现出教会住房的布局状况。堂区的每位神父在此有自己的房间，配有一个书柜、报纸、期刊，不时地，甚至在似乎充满单纯的活动时，也有必不可少的安静。可是，尽管神父们在徐州像在窑湾一样受到欢迎，尽管事务频繁把他们召唤到徐州，但是他们不会滞留。他们一路风尘仆仆地赶来，忍受着劳累和孤独，决定在此待上整个一周。可是一两天后，眼界的变化又使他们精力恢复，他们便坐不住了。他们曾想忘掉他们堂口的操心事，不谈其他事情，可是现在却是已经开始担忧：我的学校如何？我的慕道班如何？他们的眼睛又像得到第一个工作岗位的那天一样发亮，他们又打道回府了。

第十二章　大大小小的苦难（1901～1911）

徐州的福音传布一再被激烈的动荡和危机打断，直到1901年仍险象环生。当然，教会辉煌地树起了威望。它的还击是准确的、直接的、成功的。它已击退所有反攻，但也暴露出它在数量上的弱势，交往关系的微妙，支持者的不稳定。一场全面的出击难道没有理由吗?

我们所说的这种可能性并未抑制任何传教士。他们仍然充满激情，因为信仰，因为看到了目标而坚持不懈，一些障碍将他们与这个目标分隔开，他们对这些障碍是熟悉的，但也不认为是不可克服的。未来属于天主，而他们现时的工作就在造就未来。

长上们不太放心。在为已取得的成果感到自豪的同时，他们也有一些担心，担心他的先遣人员过早进入布满陷阱的陌生地区。虽然不可能半途而废，但是忍受大量痛苦，花许多钱，坚守侯家庄、戴套楼、马井这些无法防御的阵地，这是些如果没有威严的护卫队护送，连官员本人也不敢冒险进入的不设防的村庄啊，这不是玩命吗？尊敬的姚宗李神父就差一点指挥撤退到城里。他认为这是推行事业的一条基本的谨慎措施。然而，他被传教士们说服了，他们并不觉得受到什么威胁，教堂非常成功地反击义和拳。中国和八国联军

1901年承诺安全的协定，更坚定了他们的乐观精神。

就是在这一时期，在徐州开始了正常的传教工作。反洋人的骚动已经平息，传教士行动自由，圣宠充盈，教徒村开始在许多新的地方运作起来，扩大，一分为二；人员增加，设施改善，天主教精神显现出来，组织更紧密且不失灵活性，并最终成型。

在上海，长上们已换任。倪怀纶主教在他难忘的北方各县巡访之后八个月，于1898年8月14日去世。苏继章主教(Mgr. Jean-Baptiste Simon)于1899年6月25日祝圣，同年8月10日去世。最后，姚宗李主教于1900年11月11日祝圣成为传教区的长上，随后成为主教，主宰了徐州从创建到1931年从南京宗座代牧区分离这一时期的全部发展进程。[①]

自1893年以来，尊敬的姚宗李神父是江南省传教区常任长上，一直仔细地跟踪着传教士在徐州的奋斗和成功。他没有创建者那样的热情，但是为了使徐州这片土地得到兴建需要的人员和钱财，他丝毫不疏忽大意。他赞赏成果，他为执行迅速、不断进展、一致的热情感到高兴，然而这种满意带点预感，他没有隐瞒，尽管此时此刻他不可能予以证明。他担心发展过快，害怕开支太大，多次提醒艾赉沃神父控制采购和土建，让他的传教士节俭。他对在他称之为“小共和国”的徐州盛行的不拘礼节反感。神父们非常和睦，彼此很友善，亲密无间，这很好，但是别过分。有人行为卤莽，竟至于私拆主管神父的书信，利用由此得到的情况要求补充津贴，支持他们的抱怨……

随着教会地位巩固，忧虑消失，主管神父为了更好地指导共同努力，摆脱了普通传教士的事务，可以不费劲地纠正过分行为。

发展要服从成熟的计划，不为发展而牺牲巩固，但要在能力限度内发挥全部热忱和才能，这就是尊敬的神父，后来的姚宗李主教的三项基本原则。我们顺便注意到天意的奇妙安排，在工作的物质条件和方法允许从中得到全部好处，并使开明的领导敏捷而明确地协调这些有利因素的时刻，天意就同时给予改宗的圣宠与和平。

我们已经知道，在姚宗李主教任期的第一个三分之一期间，徐州发生了怎样的巨大跃进。我们现在将说说挫折和不安，这是获得传教的喜悦必要的代价。

人们以为列在这些苦难之首的，是土匪的几次袭击，义和团某些狂热分子、大刀会某些支持者的反扑。错了。不再有大刀会、义和团，不再有土匪了。

不再有土匪？我们理解。在1901～1911年这些年，在徐州从未见过那么多土匪。官员们先追捕、搜刮他们，使他们破产，把他们斩首、歼灭。但结果出乎预料：匪患迅速繁衍。土匪从打击更加严厉的山东和河南流窜过来，使当地的土匪队伍得到扩充。由于洪水、饥荒、盗空公家粮仓的贪污，使土匪四处孳生、密集，如同腐肉上的蛆虫。衙役与他们勾结，将枪支弹药卖给他们，讨伐土匪时，空手而归，还释放意外逮住的土匪，此外对他们进行大范围的压榨。军队里有那么多为逃脱司法而入伍的无赖，已被秘密组织腐蚀。1900年“狼披上了新羊皮”的安清帮，将兵勇和土匪都网罗同一旗帜下，进行大规模的掠夺。

土匪确实存在。但是由于发生奇怪的彻底转变，他们不再攻击传教士。在1900年以前，他们激烈地反对传教士，之后却漠不关心，在某些情况下，甚至还充当传教士的保护

① 姚宗李主教死于1931年5月13日，在分离之前数月。

者。于是各中心肯定放松了警惕,神父们来往于农村不再带武器和随从。他们拥有过去的土匪认为可以轻易到手的粮食、牲畜、金钱、衣服,为什么他们今天这样尊重教会的财产?显然,如果说土匪不再伤害的话,那是因为人们磨掉了他们的獠牙。

是谁磨掉了他们的獠牙呢?传教士们不得而知。庞三就是这样付出他的人情债的。因为艾赉沃神父救过庞三的命,他上了近两年的宗教课,但从那以后,他又抵挡不住月黑风高之夜的诱惑了吗?……现在他是安清帮的头目之一。有人说他手下有八百人。他给他的团伙下达过命令吗,其他团伙为避免冲突也服从这个命令,或者说这命令来自官员?因为他们与这些不法之徒有千丝万缕的联系。正如同他们用睁一只眼闭一只眼的办法征收战利品的什一税一样,他们为了维护其面子及其利益,也能规定必不可少的某些限制。

对产生这种天意的平静的内情,我们一无所知,只是后来才意识到,现在就甘心地接受吧。因此,在几年里,神父们让武装的守夜人继续在各座堂的塔楼站岗放哨。自他们到徐州以来,土匪们在各种场合显现身影。哪能猜到土匪们像变魔术一般真的销声匿迹呢?为了更安全起见,官员们在乡下的各教堂附近,有时甚至在大院里,部署少数驻军,最初这些驻军不是一点用不上的。官兵的存在增强了基督徒的信心,有利于慕道者的入教。至于土匪,他们和教堂的保卫者相互了解,远不会和他们对抗,而且还从他们那里购买炮药和枪弹。

然而发生了不可避免的事。没有任何人使官兵有顾虑,他们沉迷于他们最喜爱的消遣:赌博和鸦片。空闲时间都用于大吃大喝、欺诈、七大根本罪孽,不久,就在主的家门口,在基督徒的眼皮下和愤慨中,有一种毒害比昔日的抢劫更丑恶可憎。传教士们提出申诉,官员替换掉他们最受牵连的人,丑恶行为依然如故,因为所有的衙役均来自于同一渊源。只有一个根本的纠正办法:关闭营房。可是人们不敢,即使敢,人们可能关闭吗?官员们要保护传教士的生命和财产,只有军队可以胜任,神父们也经常要求军队保卫。从座堂撤走驻军对神父和官员来说,都可能是生命攸关的,他们谁也下不了决心招惹风险。

形势不知不觉地在好转。到1904年或1905年,武装袭击教堂成为遥远的过去。

因此,由于神父们安全感大大增强,官兵又回到自己的营房;值夜者在夜间的岗楼上,后来在自己的床上,睡得越来越深沉。英雄时代的最后痕迹已消失殆尽。

另一种性质的危难扰乱了传教区的平静。这完全不是虚构出来的危难,但人们夸大了它,要是神父们不遵从指令轻视这一危难,它可能成为实实在在的危难。这就是基督教新教的竞争造成危难的出现。

法国耶稣会士和基督教长老会的美国牧师因信仰和语言不同而疏远,还因双方不想接触而疏远。牧师们有两个场所,一个在宿迁,一个在徐州,在神父们的居所对面的街区,牧师们的信徒相当少,主要集中在这些机构的附近一带。多年来,神父们和牧师们不相往来,耶稣会士们担心,如果他们与长老会信徒来往,会在中国人眼里消除他们的宗教与基督教新教之间的差别。然而,1899年秋天当吕神父病倒时,耶稣会士们毫不迟疑地求救于徐州长老会传教团的随从医生穆尔博士(Docteur Moore)。这位医生以无与伦比的献身精神治疗这位传教士,给他的病人送来牛奶(当时稀缺的食品),给神父们留下最温馨的回忆。

当提到出诊费用时,这位穆尔博士给吕神父写道:"无偿地治疗福音的无限财富的分发者是一位医生的幸福。我不能为出诊而要求您什么。我来看您非常荣幸，我在您那里得到的薪俸绰绰有余。”

在另一封信里：“我估计您不会再不舒服了，但是，如果有一天您需要我服侍，我恳请您和您的人接受我为你们效劳。在你们的住处看望我的生病的朋友，对我而言不是打扰。没有什么像想到一位朋友独自一人忍受痛苦那样使我不安的了。”[①]

1903 年，当徐州传教士休・W・怀特牧师（Hugh W. White）在法文期刊《欧洲人》（l'Européen）上发表恶意中伤的文章，攻击徐州的神父们，随后在东京湾[②]的报纸上转载时，尚未丝毫损害上述最初的印象。

我们不经意地发现这篇陈诉书，题为“一名美国人对法国政府和法国人民的呼吁”。

根据《1904 年中国纪事》第二百七十二页及随后各页发表的摘要和简短的反驳，神父们被指控：(1)侵犯中国官方人员的特权和职权；(2)对无辜者施加压力；(3)对无视司法的罪犯给予保护；(4)如果当事人不加入他们的传教团，便拒绝倾听为获得宽恕或公正的求救……

那位牧师在文章里不限于反对天主教的传教工作。如艾赉沃神父所言，怀特先生骑着自行车跑遍农村，或打发“布道人四处搜寻并重新煽动异教徒和大刀会对天主教徒的旧仇恨……他甚至对慕道者说：你们去找法国传教士，成为他们那个宗教的成员，有什么用？你们不知道，在法国，他们把所有朋友都赶走了？”[③]

艾赉沃神父不曾亲眼见过怀特牧师的行径，在他所报告的内容中，也许应该注意到一些修饰，在中国不比在其他地方，这些修饰是这类谣言主要成分。不管怎样，艾赉沃神父希望得到解释，于是在 1904 年 1 月初来到这位牧师家。“他是真诚的吗？”会面后艾赉沃神父寻思。这不是不可能。至少他是公开行事，没有回避。我觉得他是一个不了解情况的神经症患者，一般来说对法国传教士，具体地说是对我们，充满偏见。他接受并坚信他所听到的不利于天主教徒和耶稣会士的一切。

“我们的会面是正确的。江神父（P. Beaugendre）（作为翻译同去）对此是满意的。我们等待他承诺的书面答复，他让人等待大概是他要重新进行调查，并也许能摧毁已推翻他的所有说法的证据。那时我肯定会看到他是否真诚。”[④]

在随后的半个月内，艾赉沃神父会见了怀特牧师五六次。他答应收回前言却一拖再拖，而且终未兑现。作为回应，姚宗李主教、艾赉沃神父、《中国回声报》（*l'Écho de Chine*）（上海）主编梅德尔先生（M. Lemière）对作为传声筒的《欧洲人》及其一伙的谎言进行了充分的驳斥。此外，艾赉沃神父还汇集了一套文件，以防这位牧师再次发难。

人们也许在本该开始的地方结束此事了。传教区的长上、尊敬的丁神父写信给艾赉沃神父：“这位怀特牧师给您造成的困难将随着时间和耐心自行消除，但要有一个条件，就

① 吕神父致寿神父（P. Gustave Gibert）的信，1899 年 12 月 15 日，载《哲尔济书简集（1900 年）》，第 247～248 页。

② 东京（Tonkin）湾系指中国海南岛和越南之间的北部湾，以下同。—— 译者注

③ 艾赉沃神父致尊敬的丁神父的信，1904 年 1 月 21 日（AZ）。

④ 艾赉沃神父致尊敬的丁神父的信，1904 年 1 月 10 日（AZ）。

是您尽可能彻底地'不理睬'(英文意译)这位先生。请您不要再和他有任何联系,您既不要答辩他的言辞,也不要回答他的人员的话。请您叮嘱您的教友和慕道者,要像您那样有耐心。如果您确实担心失去理智的行为会引起混乱,请您通知官员。您还可以向署衙举报散布反对您或基督徒的可能扰乱安宁的谣言的人,哪怕这些人在为怀特先生效力。当然,对于您要否认或肯定的事实,您要有十分把握,并且必要时能予以证明。"①

这是正确的战术。它能反击怀特先生,次年这一战术就在三官庙成功运用了。

截至 1904 年,基督教新教在丰县勉强有了几个信徒。分散的信徒团体有时接待济宁的一位讲道者探访。可是讲道者和他的信徒只占有这么一点地盘,以至于讲道者在丰县居住和活动了六年,庄神父还从未听到人们提及。然而在距三官庙一法里的李河(音译,Liho),住着三户基督教新教徒和一位来自山东的虽不识字但敢作敢为的传道员。他利用袁才(音译,Yuenchai)的一个撵走基督徒佃农的地主的坏脾气,以及庄神父让人通过县令评理,把不满者纳入他的教派,着手进行激烈的反对天主教运动。有人走得更远。1905 年 1 月 15 日,从李河来的几个听弥撒的孩子说,有几个基督教新教徒辱骂并殴打了他们。鉴于他们精神紧张的样子,事情不是不可能的。庄神父立即派他的私人传道员带领一个被打的孩子、一位士绅、三位教友村管理人和几位天主教徒去调查。

庄神父报告说:"来到基督教新教徒村,面对领头打人者,那孩子刚开口讲述早晨的情况,就突然被七八个大人用拳头、砖块、农具袭击,三次被推倒在地,最后才好不容易逃回家。所有这一切就发生在传道员和其他证人眼皮底下,大家都目瞪口呆。事实是尽人皆知的:有五十来个证人,其中有天主教徒,也有基督教新教徒,还有异教徒。事实确凿,不用补充,而且任何假设都不可原谅。"②

庄神父要求最低限度的补偿:摆一桌酒席。"尽管基督教新教传道员从中捣鬼,这桌酒席还是得到同意,并签署字据。19 日,当应邀者入席已上菜时,传道员突然闯入,以威胁的口气命令他的信徒离开现场,带走饭菜、桌子和鞭炮。几乎难以相信,人们竟服从他;他做到了。可想而知,我们的人多么愤怒。"

艾赉沃神父将案情呈报给丰县县令,县令试图取得承诺的补偿,然而枉费心机。面对传道员的强硬,县令建议等山东讲道者来解决这场争端。这位讲道者于 3 月 9 日到达。他是一个二十二岁的年轻人,刚到中国,他完全听信其信徒的说法。他真了解问题吗?不过,在返回之前,他写信给庄神父说:"他反对其教友进行任何赔偿,除非当着丰县县令的面作出合法的判决,他要亲自在场。"③道理和舆论在天主教徒这边,但艾赉沃神父认为基督教新教已造成相当的轰动了,便退出了纠纷,这使庄神父非常失望。正如庄神父所预料的,那位讲道者由此提高了威望,许多村都申请加入他的宗教,但是他们的热情也就到此为止。庄神父的慕道者人数一点儿也没有受到影响。

东堂区也发生过几起冲突,但不大,是由天主教徒和基督教新教徒,或天主教徒和为一时一事求宿迁的新教牧师保护的异教徒之间的官司引起。从这些极其错综复杂的纠纷

---

① 尊敬的丁神父致艾赉沃神父的信,1904 年 2 月 8 日(AZ)。

② 《1905 年三官庙年度纪事》(*Rel. ann. Sankwanmiao*,1905,AZ)。

③ 《1905 年三官庙年度纪事》(*Rel. ann. Sankwanmiao*,1905,AZ)。

中得出的结论是:两个营垒的传教士往往为极少宗教性的缘由,既不为传教利益,也不为公正相互较量。从此以后,由于这些争执,他们相互视为难以交往的狂热者,而当抗饥荒的斗争迫使他们互相接近时,这种彼此错误的印象就成为他们意见不合的远因。

1907 年这场饥荒,是传教士见到过的最可怕的一次,它由八个县中五个县的洪水引发。1906 年 6 月初,收割小麦正当时,瓢泼大雨倾泻到徐州,四个月内几乎天天如此。在 10 月中旬,当地受到致命的打击:一股浑浊的水流流淌三天三夜。邳县和萧县被浸没。人们在这里和那里只瞥见几个直径为三分之一或四分之一英里的小岛。在徐州城四周和砀山县,低洼地形成巨大的湖泊。

东堂区受影响更大。从宿迁到山东,东部和西部一样,一片一望无际的黄水哗哗流淌,迅速流向安徽的湖泊。水面与建在丘岗上的村庄齐平,淹到建在几乎与堤坝顶端持平高度的窑湾。洪水损害了传教区。7 月 25 日,教堂里水深达一法尺半,堂里的前厅达半法尺。

人们在堤坝上,在小山冈上,在所有露出水面的地方避难,目瞪口呆地看着这场灾难。在他们的眼皮底下,树干、门板、高粱秆、雨水冲垮的麦秸屋顶,跟着牲畜尸体一起,横七竖八地漂浮而过。土坯房屋坍塌,埋掉了家具和衣物。逃难时慌不择路,一些孩子失散,正在水中漂流;有整个家庭为了不被冲散,一家人系在一起,竟全部遇难,而水流就卷走了这一串串溺死者。

大雨下个不停,席子底下是唯一能够躲避的地方,各家各户围着一包麦子、几件用具,日夜守护着财产:有人不怀好意地四处游荡,准备为一口面包铤而走险。有时会有一只船靠近来,几个武装人员下船将粮食、衣服、锅一抢而光……人们连哭的力气都没有了。

接着,死神肆虐。饥饿,在非常凉的夜晚露宿,发烧,皮肤病,夺走老人和儿童的生命。其他人勉强撑着。他们穿着衣服发抖,粮食要精打细算地吃,还因缺乏柴火,只能做成半熟。东堂区的灾民遭灾最大,却得到意料不到的援助:涨水带来特别多的鱼,他们靠着鱼能维持几周的生活,某些地方甚至能维持到 10 月份。

9 月末,河水下降。人们在露天苦熬了两个月后,回到村里,发现成堆的泥巴,是房屋的残垣断壁。没了粮食,没了衣服,没了第二次收成,没了钱,甚至没了秋季播种小麦的保证。在未遭洪水的县,一半粮食在打麦场上烂掉,含硝的河水渗入到房屋里,腐蚀了抢救出来的一部分东西,恶性热病造成许多村庄的人大量死亡。

然而,这些难以忍受的灾难预示着更可怕的灾难。因为这些农民知道,大自然使他们每九到十年遇到一次洪水、饥荒、瘟疫的灾害周期。他们现在才只通过了这个地狱的第一道关,他们被禁闭在第一道关卡直到八个月后的下一次收成。

他们的命运是绝望的,然而他们没有表露出反叛情绪,没有咒骂抛弃他们的天老爷。抗拒上天的谕旨有何用? 他们屈服了。但是在表面的宿命论背后,隐藏着一种强烈的本能,使他们起来奋起反抗饥饿。他们可能支持不住,但那是在不屈不挠的抗争之后,在他们吃掉所有能哄骗肚子的东西,拖到挨饿超过可能真实的限度时。

根据物力,有两种解决办法:待在自己家里,吃其储备,卖掉家具和田产,否则逃往外地。但是许多人不再有选择,洪水已夺走他们的一切。自 10 月起,在刚刚干燥的大路上,一支凄惨的难民队伍弯弯曲曲地延伸到南方。缺吃少穿已在他们身上留下标记。男人们焦躁不安,衣裳褴褛,瘦骨嶙峋,一根扁担担着两个包袱,或者推着独轮车。母亲们乳房干瘪,用胳膊紧抱着骨瘦如柴的婴儿,死婴被扔在远处,扔在路旁。秋种之后,更长更密集的队伍走上同一条路。唉,南方几乎也是普遍的不幸,逃难的人多得不会引起怜悯。因此,许多移居者不久便返回自己的村庄,宁愿死在自己的家里。

因为某些商贩的粮仓充分供应,有钱人随心所欲地储存粮食。但是小麦比正常年景贵四五倍。一些官员不去管理粮食供应,稳定价格,却与商贩们勾结,从收成好的省份大量购进,利用关税豁免和其他权利,囤积小麦和大米,在其同乡的生活上打主意,攫取巨额利润。然而,在他们周围,贫困日益严重。小财主们以十分之一的价格出卖田产,拆除房屋,出售材料。穷人们先是用豆饼煮粥,靠这种用来肥田的蚕豆渣饼过活,可是,从1907年1月开始,他们采集树根、野草、树皮,剁碎磨细,做成令人作呕的汤。根据季节,他们还加进柳树、山毛榉、桑树叶、小麦芽、绊脚草的嫩苗。这些难吃的汤分解血液,使肌肉肿胀,吃下去几乎跟没吃一样,人必定饿死。到2月中旬,在东堂区和大部分西堂区,可能有一百万人每天只能吃到一顿饭。

饥饿窒息任何同情心。在多少家庭,尤其是女孩子和年轻媳妇,脸部肿胀,或者相反,骨瘦如柴,而他们的兄弟保持着好气色。父母已进行了选择。他们把能够弄到的白面和高粱留给年龄大的或身体最强壮的。其他人就靠偷盗或乞讨维持生活。他们日趋衰弱,在幸运者冷酷的眼皮底下死去。

除非人们把他们卖掉。为了挽救他们生命,同样为了延长家庭其他成员的生命,有人用妇女和女孩换一斗粮食,一两块大洋。受灾较少的家庭因此以低价买到女佣或儿媳,但是这些不幸的女人大部分沦落妓院。在马井附近的某些村庄有名副其实的奴隶市场,吕神父及时得到通知,在该市场上赎回了几名天主教徒。在睢宁县,这种非法买卖达到很大的规模,痛恨这种行为的县令已将十五个以上以此为业的人关进死牢。

有必要提一提土匪吗?土匪是铜山县北部、沛县、砀山县的大王和主宰。他们未抢劫过的村庄屈指可数。他们不再像往常那样,只满足于抢劫金钱、衣服和粮食,他们还要掳走妇女和儿童,然后卖掉。为了消灭这些匪帮,官府动用了五百名欧式装备的官兵。

在这八个月里,衣食的匮乏是无法形容的,死者不计其数。人的兽性经常显露出它的丑陋。但是除了饥荒造成的这些恐怖之外,公众和私人的善举也发扬光大,它虽然未能使所有挨饿者幸免于难,但它支持成千上万的饥民坚持到新麦上市,甚至在上市之后。

支援来自三个重要来源:传教士、政府、上海专门组成的国际委员会。

天主教和基督教新教的传教士们行使了双重职责:一是正式分发上海委员会募集的捐献物的职责,二是更朴实的、私人行善者的职责。下面即可看到这个委员会的作用和神父们的参与。我们首先想说明天主教传教士利用个人资源和受人委托随意使用施舍财物的方式。

这些资源是单薄的。一个区的预算只够维持工作的最低需要,没有考虑到一场大饥荒的意外之需。1906年8月末,神父们从上海回来时,加上他们的年度津贴,也没有多少东西送给当即将他们包围起来的教友和慕道者。不可能只给一人而不给大家,因此神父们避免任何直接施舍,而是通过慕道班和学校,用教徒捐给神父的年献金帮助饥民,且不妨害传教。

因此，他们的房间挤满了学龄儿童，过去父母们是从来不愿和他们的孩子分离的，一些丈夫已领洗的妻子本人内心已皈化，但由于家务忙，此前都不能参加学习，还有老大娘、叔伯姑婶，原本都是基督徒家中幸存下来的异教徒，所有这些人都突然决定响应圣宠的号召。

神父和基督徒都没有受骗。只是食物吸引了这些绝望的人，这是一份极少的食物，不能让谁长胖，但是恰恰相反，谁也不是勉强下咽。雷伯雍神父写道："早晨，孩子们吃随意做的糊糊，没有其他东西。糊糊确实相当稠，是用砸碎煮烂的豆饼做的，加了一点高粱面，以增添颜色，偶尔加点大米，但没有持续多久……晚上还是吃糊糊，每个学生加一块高粱饼。"①

其他中心的食谱差不多一样，与绊脚草粥相比，这是莫大的享受了。神父们险些亏空。自 1907 年 1 月起，多数中心只剩下不到一个月的食物。姚宗李主教回应呼救，给予了额外补助，除了法国和中国天主教徒的捐款，还加上了这位尊敬的长上神父将他的捐款，一次又一次地施舍，不得已时把糊糊煮得略微薄一些，使粮食供应拖到小麦收割。

我们不知道神父们在那一年救活了多少穷苦人：饥饿持续那么久，每个座堂平均每天供应七百到一千份饭。传教士们毫不犹豫地为人们贡献出金钱和时间，但在他们看来，他们为之培育灵魂的人更有价值，而且他们并不一定要对灵魂进行定量配给。他们既未减少劝导，也未减少宣讲教理，并在慕道者的领洗上获得丰收。

无疑，教规要求更长时间的预备期，通常神父们会更谨慎些。但是，这些后到的慕道者，尤其是妇女们，长期以来表现出了良好的秉性，已经通过已入教的丈夫或孩子了解教会。为减轻食欲对皈化愿望的作用，教育要更强化，审查更严格，最终传教士们就不会为他们的信任感到遗憾。妇女们与献堂会修女住在一起，没有了对舆论的顾忌，这种入教的拘束以前是那么难以克服。从此，她们更频繁地参加主日弥撒。更别提所有成员均已受洗的大多数家庭了。为获得这一成果，传教士们可能得付出比几吨小麦更多的努力。

事实上，救助饥民的责任首先落在政府身上，特别是南京的总督身上。在获悉徐州遭灾的最早消息时，总督便将中国慈善家捐助的或从国库中提取的钱转交给县令们。我们缺乏有关官方援助的具体资料。在传教士的书信中，有些细节暗示，官方的援助是慷慨的。因此，约在 1906 年 11 月末，邳县县令告诉汤执中神父，他在收获季节之前，已经收到南京多次办理的第一笔款项，四万两白银。②

在萧县，吕神父证实了由官员领导的地方委员会完成工作的广泛性和效率。朗本仁神父在宿迁也如此证明。其他神父注意到某些地方发生了浪费和令人气愤的侵吞公款的事。他们还揭露官员支持囤积居奇者，以现金方式分配他们的援助，而不是他们自己购买粮食赈灾。

上海饥荒赈济委员会（Famine relief committee de Shanghai）的赠送不如政府多，但至少它全面地对饥民提供支持。委员会的领导们不容许滥用委托给他们的基金，这明确地反映在他们的通报以及他们认为围绕分配所必需的大量预防措施中。

① 《1907 年徐州年度纪事》（*Rel. ann. Süchow*，1907，AZ）。

② 1906 年，一两银（tael）约值零点八美元（四金法郎）。

我们的目的不是讲述这个拯救无数中国人生命的委员会的工作,也不是评论它强加的规则。我们现在要十分简要地转述天主教传教士的观点,他们在执行所提出的计划时发现的办不到的事,他们和基督教新教之间的不和。因此,这里不要寻求全部真相,而是徐州的神父们当时认为是真相并引导他们行动的情况。

当时误解是不可避免的。那是神父们第一次同这种英国人和美国人占多数的组织合作。神父们既不了解该组织的工作方法,也不了解其思想观念,他们缺乏经验。电报大部分用的是传教士们难懂的语言:英文。电文经常翻译错误,有时未送到他们的手里,且不说中心委员会在一切要求迅速而独立的行动时,似乎存心在增加障碍。

上海饥荒赈济委员会设想了一套分配方案,领导们想将徇私舞弊和侵吞挪用的可能性减少到最低程度,同时挽回所有有关人员的面子。中心委员会不同个人打交道,但它邀请天主教和基督教新教的传教士与中国官府和士绅们的几位代表合作,组成负责任的分委员会。这第一个条件限制了分委员会的数量,从而限制了委员的人数,因为基督教新教只在徐州和宿迁有两个机构。

艾赉沃神父和汤执中神父及其堂区传教士的上司,因其本身地位被指定代表天主教。然而,想到要同基督新教教徒一起工作就感到厌恶,理由我们说过:他们担心势弱者的吵闹。此外,宿迁的基督教新教徒同样有这种感觉,他们忍受不了与在徐州以贪婪和舞弊而闻名的中国士绅阶层合作,进行慈善事业。

分委员会成员必须亲自拟订缺吃少穿的家庭清单,并将票证交给每个家庭,让他们在固定地方领取。中心委员会事实上宣布了下次发送的大宗款项和食物,特别是成千上万袋的面粉。

于是委员会首先发出它的指示。分委员会要在同地方当局达成谅解后,并在传教士的监督下,把钱用在公共工程,道路、建筑物的修复等等。还禁止发放面粉,委员会每天以低价出售,成年人一磅,儿童半磅。

这时神父们从情理上提出异议。他们不是商贩,也不是承包商。圣职把他们一天的大部分时间拴在办公室里,不可能让农村的任何一位神父甩开挤满他们住所的数百个渴望救助者,而且为了最终完成所有琐事,必须将世俗人员增加两倍。最后,难以解决的异议是真正的穷人不再有一个铜子。但是出于怜悯,传教士们接受了所有的条件。

当分委员会组成时,又产生新的困惑。谁来领导行动?牧师们与中心委员会关系更密切,更了解情况,不打算听命于神父们。而神父们认为,他们的状况,他们的皈化者人数使他们拥有一定的优先权。但这一切只是在潜意识中。在会议上,人们只限于意见的不相同。

为了不让牧师们进窑湾,镇上的唯一外国人汤执中神父,急忙召集几位值得推荐的中国人,请他们同意他的小组作为宿迁分委员会的一个分部。作为交换,朗本仁神父将宿迁的主动权让给基督教新教徒。朗本仁神父的教友不会因此有任何损失。救援工作对所有人,不分教会,公平地开展起来。

尽管划分了权限,一开始还是在某方面产生了一些摩擦。1907 年末,汤执中神父从中心委员会的一份电报获悉,给宿迁和窑湾的三千五百袋面粉已到。他立即赶去领取。基督教新教徒却断然拒绝。他们的电报只提到宿迁,面粉因此被扣留在那里。汤执中神父又是恳求，又是发电报，又是写信，最终是以收到从上海运来的一千袋了结。他有了人们翘首以盼的面粉。卖面粉是荒唐的，因为亟需面粉的人原本就身无分文。因此汤执中神父漠视中心委员会的指令，将面粉无偿分发给窑湾和周边的饥民，每户每月一袋。中心委员会也比其通函要合乎人情些，未因此而生气，因为面粉继续发送，甚至有所增加。因此，开始汤执中神父只能救济两千家，不久就达到两万五千家，包括窑湾和他所辖堂区的其他区。

艾赉沃神父的处境大不一样，尤其是他一开始便感到一种苦涩的失望。他老想着传教工作和一次出色的突击行动的远景，因此，只要由于缺乏食物需要将每个区所教的数百名学生和墓道者遣散，他就没有什么要担心的。在获悉有一个救援委员会成立的消息后，他曾以为人们会因为他的事业给予他一份。通过姚宗李主教试探，这个国际的和中立的委员会答复，它不照顾任何教派。这令艾赉沃神父沮丧。

再者，艾赉沃神父对牧师们的保护者的态度有点感到不安，他宁可退出，也不愿忍受对他伤害至深的监护。特别是格雷夫顿牧师(Rév. Grafton)，最让艾赉沃神父发脾气。格雷夫顿牧师是第一个——有时是唯一的——得悉上海的委员会所作的决定的人，他以自己的方式解释这些决定。因此，他决定将救济物资一律留给徐州城，尽管中心委员会不曾做出任何具体规定，而农村的灾难更严重。由此艾赉沃神父觉得，这位牧师意在排挤神父们，独揽捐助的处置权，目的是让基督教新教成为徐州的大慈善家。

因此艾赉沃神父不愿跟格雷夫顿牧师合作。最后，他认为这事是牧师们要的一个花招，为他们的教会争面子，而他们的信徒人数没有给这个面子，并且甚至事实上羞辱了最古老且最广泛的天主教。艾赉沃神父担心这是一种炫耀，基督教新教会从中捞到好处，而让牧师牵着鼻子跑遍全城，并且为得到救助而把异教徒和基督徒带到牧师那里，从而让这种基督教异端出足风头，这成为一种两难抉择。抱着这样的成见，在艾赉沃神父的思想里，牧师的一点点小举动带有它本来也许没有的意义，他只预感到这种冒险的事会给教会丢脸，也许更糟糕，因此他越来越想退出。

基督教新教徒未向我们透露他们当时可能怀有的最终目的。但是，头脑冷静的神父，如吕神父，认为艾赉沃神父看事情太悲观，过于小题大做。因为艾赉沃神父总被各种麻烦事弄得习惯性神经紧张，精疲力竭。下面简要列举他在1906～1907传教年最初五个月期间处理的棘手的事情。

8月份从上海回来时，艾赉沃神父看到被水毁坏的堂区和受着饥饿折磨的居民。到9月末，他一直在清点坍塌建筑，有待修缮的教堂和有待重建的学校。随后，学生和慕道者蜂拥而来，必须从中挑出符合条件的人，安顿和赡养他们。艾赉沃神父看到外出逃难的、衰弱的和不久死亡的教友，更为不能接纳所有难民的而难过。10月，砀山爆发骚动，传教士受到死亡威胁。艾赉沃神父不安地观察事态，度过了无音信的数日，然后匆忙去支援环神父。正如上文所述[①]，事件得到很好的解决，但人也被弄得疲惫不堪。刚回到徐州，艾赉沃神父又获悉鲍神父出走。他受到不小的打击，然后前往戴套楼，将谷生春神父安顿好。鲍神父在徐州逗留到12月17日返回，给艾赉沃神父带来的麻烦比所有区加起来的

① 见本卷第171～172页。——编者注

麻烦还多。11月,武湾传教区的创建者、献堂会王修女去世,艾赉沃神父曾指望她的影响能阻止武湾衰落。艾赉沃神父同武湾的本堂神父的关系紧张,此人管理传教点有点过于随心所欲。他也同段神父一样变得乖戾,指责艾赉沃神父在他跟官员的争执中不支持他。艾赉沃神父到处碰到官府的敌意。县令们私下调查教会、学校和基督徒们的产权。当艾赉沃神父查问这些调查的意图时,官员们矢口否认曾吩咐此事。1月,在徐州监狱,六名被指控做了各种坏事的天主教徒等待判决。其中一人被认为是清白的,但未被释放,却挨了两千藤条,死于严刑。艾赉沃神父被激怒了。县令、知府都拒绝听他诉说。他向道台上诉,经过多次磋商,道台承认刑罚过度,同意由衙门承担受害者的安葬费。抢劫的谣言在饥饿的城里流传。有人企图袭击座堂,攫取人们谣传囤积在那里的粮食。接着,缠人的难民问题如影随形般悄悄地伴随着这些苦恼,不久在一个月后,艾赉沃神父就不能再供养这些难民了。与基督教新教徒的争端加深了这些艰难困苦。艾赉沃神父在1月19日给姚宗李主教写道:"如果仁慈的主不来救助我,我怕我会发疯的。"这不是没有理由的。

艾赉沃神父病倒了,他得了伤寒。2月10日,他在忏悔时昏倒。正在退省的雷伯雍神父立即召来吕神父,次日吕神父到达。艾赉沃神父三天未进食。他不能入睡,遭受持续的剧烈头痛。人们请来基督教新教传教区的麦克法汀医生(音译,McFadyen)救治,艾赉沃神父体温为华氏一百零四度。13日达一百零五度。14日开始神智不清。

吕神父致信长上们说:"很难说出,有多少想法在我们亲爱的病人头脑里通过并打转啊,几乎都和堂区的管理有关,这说明一些时候以来操心和忧虑已损害了他的体力,使他平时十分开朗的性格变得忧郁,最后发作了,使他垮下来。在这点上,有许多有意义的能感化人的事要告诉您,尤其是关于他在不连贯的话语中表现出的对长上们绝对服从的精神。"①

艾赉沃神父在死亡线上挣扎了半个月。伤寒导致胸膜炎开始发作,接着在耳部附近出现令医生不安的肿胀。3月1日,虽然高烧没有退很多,但是人们相信,艾赉沃神父将脱离危险。况且他由上海的护士夏修士(F. Arvier)照料,13日这护士写信让长上们放心:"病人几天后就会痊愈,我现在相信,任何危险都排除了,起码排除了新并发症发作的可能。最令人欣慰的是,他看上去在一天天强壮。可能拖延痊愈的是从面颊上开的口子流出的大量脓液,但是必须这样才能排净并彻底清洗,因此目前一切都很好。"②

艾赉沃神父在4月初才起床。当时在海州沭阳的传教士董师中神父受命为堂区代理主管。从2月22日到4月末,他领导抵抗饥荒的后期工作。

1月29日,中心委员会通过一份电报向艾赉沃神父承诺,在四个月内每月拨给一千美元。艾赉沃神父在农村的各区分配了第一笔款。至于徐州分委员会,由于董师中神父拒绝加入,因此分文未得。基督教新教徒因而行动完全自由,根据自己的想法来分配,但也非常尽责地完成这项徒劳无益的工作。由于神父们在上海和法国募集捐助,艾赉沃神父为之辛苦奔波的学校和慕道班得以幸存下来。传教士艰苦工作和天主教的仁慈产生了独特的结果,许多洗礼在准备和施行。

---

① 吕神父致尊敬的丁神父的信,1907年2月16日(AZ)。

② 夏修士致尊敬的丁神父的信,1907年3月13日(AZ)。

经过九个月的衣食匮乏和疾病流行，这个地区的恢复需要很长时间。1908～1909年平安无事。好收成带来了一定的兴旺景象，农民重建或翻修房屋，恢复了对买卖和社会生活的兴致，恢复了愉快心情。教会在安宁中继续它的工作。神父们重新开始了学校、慕道班、探望教友村等正常工作。他们发现民众中有许多同情者，他们在履行圣职时感受到巨大安慰，但是他们发现，生活富足也造成困难：人的虔诚心减弱了，慕道者少了，热情小了，去学校的人少了……

天主教仍然牢牢掌握着它所拥有的一切。1908年，徐州教堂建成，次年，窑湾教堂建成。同样在1909年，姚宗李主教为行坚振礼，进行了北方之旅，这是他祝圣以来的第二次巡行。

当时主教出访的间隔时间是较长的，平均每五年一次。这反而更加激动民众。人们记得1897年倪怀纶主教受到的古老的凯旋仪式。1903年姚宗李主教有过一次，但已经略少自发性，也不那么光彩夺目了。

对姚宗李主教的个人习性来说，这已经过分了。他一点也不喜欢喧闹的盛大活动。他也不喜欢满是灰尘或泥泞的徐州。坐着轿子无休止的出行使他疲惫不堪。在徐州，在一个热闹节日中，人群不可避免地太密集、太嘈杂，还有火枪、鞭炮声，这些都使他不舒服。对倪怀纶主教来说是其传教生涯的一次慰藉，而对姚宗李主教来说则是一个沉重的负担。当信徒们和出于好奇跑来的异教徒一起，无法形容的拥挤，突然围拢上来，推推搡搡地出神地看着他，他的身体就发抖。在教堂里，人群拥挤，秩序混乱，看起来宗教仪式像公共广场上的戏剧表演。姚宗李主教希望看到天主教徒内心的更深处，希望他们对他所讲解圣事的神圣、对耶稣基督的存在更加沉思冥想，更能意识到。这帮人缺乏谨慎自制，举止也不文雅，使他精神上受到刺激，怀疑他们的真诚。加上自从他来到这个北方的府，一种霉运似乎一直跟着他。1903年，他在三官庙和侯家庄住得很不舒服，寒冷使他发烧，使他不能像在已走过的各区那样进行布道，余下的巡访就没了劲头。

1909年这一次更严重。9月14日，姚宗李主教在宿迁上岸，迟到两天，接着，在窑湾迟到四天，以便给神父们留出时间进行准备。19日，他隆重地为窑湾新教堂祝圣，翌日上路。糟糕的天气历时约十天，雨水和泥泞将一千多名接受坚振礼者拦在他们村里。幸好在10月6日，姚宗李主教离开窑湾前往徐州和西堂区时，天空放晴。前来迎接的艾赉沃神父陪伴他。10月11日，艾赉沃神父写道："一切进展顺利。大家的身体都很好……我们轻而易举地用一天半跑完了窑湾和徐州之间的一百八十里地。有好几次，在旷野，主教大人下轿，兴高采烈地步行几公里，穿过一望无际正在吐穗的荞麦田。到达徐州府的第二天，即10月8日，主教大人在老礼拜堂举行了四百多人庄重的坚振礼仪式，同时有讲道和全体领圣体。9日，礼拜六，在做弥撒之前，主教大人还做了三十来人的坚振礼，早餐后于9点钟上轿（到武湾）。主教大人的陪同者乔修士（F. Kio）和我带着行李乘车跟着他。糟糕的路况迫使我们延长了路程，而大人不得不连坐八个钟头的轿。"

"当5点钟我们到达（武湾）时，教堂满满的，为了隆重地入场，富守和神父、陈神父、张神父带领传道员和侍童在门口等候着我们。可是，主教大人正在轿子里发高烧，直哆嗦，僵硬的下肢根本不听使唤。需要三个人一起帮助他下轿，上台阶，去他的房间。他很快上了床，喝了热茶，吃了奎宁，等等。当夜辗转反侧不能入睡，高烧，尤其头痛，下肢从腿肚直到腹股沟阵阵剧痛。”[①]小腿乌紫。膝盖上的一个小伤口表面看不严重，主教大人一直忍着，没在意，现已开始化脓。主教不能站立，委托艾赉沃神父给从该区四面八方来的基督徒施坚振礼，然后决定回上海治疗。12日一天艾赉沃神父写电报和信，将这一日程变化通知传教士们。13日，又有新指示。主教大人病情好转，说只要在徐州治疗即可，19日乘车去徐州。

11月3日开始回程，如无其他意外困难，将在圣母无原罪瞻礼节时结束。姚宗李主教对这次巡访的总印象可能稍受形势影响。另外，他的意见似乎已形成，而且因从一个传教点到另一传教点汇集起来的看法得到加强。他留给艾赉沃神父的巡访记事本里有他的意见，我们从中读到：“总的来看，教友们没有受到过充足的教育。最好不要再考虑多培养新教友，我们应该巩固阵地。人们可能还过多考虑创建新的区中心。重要的是每位神父不是在小村庄，而在镇上或镇附近创建新的教徒村，他可以去那里布道，不时地去做弥撒。教友告解多，他们告解得好吗？我请神父们注意这点，特别要警惕，对基督徒而言，领圣体、告解，不是像划十字、念玫瑰经等等那样简单的仪式。”[②]

姚宗李主教在记事本中没有描绘徐州基督教的景象，因为很明显，四分之一世纪(1884～1909)的紧张工作已经产生一些积极成果。精心建筑的宽敞的精神大厦屹立着，但还太新，缺少装饰。传教士们办最紧急的事，姚宗李主教不是不知道这一点，必要时，他本人鼓励了他们。这一次，他提醒人们注意不仅会损害事业，而且还可能迅速毁掉事业的问题。对传教士们来说，现在不该再用进一步扩大信仰的方式，而是应该采用另一种活动方式，使信仰在灵魂中更牢固地扎根，发扬尚在萌芽中的基督信仰道德。今后不再着眼于数量，而是质量。

这些意见如同敲响的警钟，因为大灾难正在酝酿之中，它甚至将深层次地考验皈化者的可靠性。几年来，传教士们注意到中国人好像未留心普遍不安的征兆：秘密社团的发展，政府的软弱无力，来自新思想的骚动，苦难，反复发生的洪水……艾赉沃神父写道：“有种东西在酝酿，有人说，一种让人摸不清方向的思想控制了几乎各地的中国人。”[③]没有其他迹象，官员们的态度就预示动乱将至。

官员们从未承认过1900年的失败。十年之后他们没学到什么，没懂得什么。他们仍然伺机激起敌对行为。事实上，他们彻底制止过吗？冲突次数减少了，激烈程度减弱了。但每年不是这儿，就是那儿，有人曾提醒传教士不要呆在自己家里，人们的处境一旦不再有危险，就会把传教士赶走。传教士们不是害怕这些隐隐约约的闷雷，这些远处的闪电，但每日的紧张工作使他们不得分心。可是暴风雨已来临。艾赉沃神父告知姚宗李主教。

他写道：“为了指出在我们这方面类似的纠正不够，必须追溯到二十年前……尽管民众已很快觉察到在我们关系中的这种冷淡，但我们至今已取得的地位足以使我们维持安宁和相对自由。正如阁下所见，您最近在我们中间所度过的两个月期间，没人阻挡我们旅

① 艾赉沃神父致尊敬的吉洛神父的信，1909年10月11日(AZ)。

② 保存在徐州档案中的手稿。

③ 艾赉沃神父致尊敬的吉洛神父的信，1910年5月6日(AZ)。

行和讲道。但是，同前两次主教巡访时官员们表现出的热忱和风光相反，这次这里的大小官员没有一位急忙撂下手边事务向阁下主动表示一下客套……

“不幸的是，官员们不满足于这种消极的中立。几个月来，任何一桩官司把基督徒带到县令面前，只要异教徒说对方选择了欧洲人的宗教，就足以使判官丧失任何法律和公正的基本概念。专断通常是执行或解释中国法典的唯一标准，根据该法典，县令们决断其下属的争论，我们只能劝慰新教友要耐心，接受罚款、杖击、牢狱，并让他们知道，我们出面活动只会使他们的处境更严重……

“确实，如果官员们想逼迫如他们所说的始终愚笨的民众杀人和放火，他们非如此做不可……丰县和砀山县的判官们在公堂上，只用骂人的，甚至不能翻译成法文的话，谈论我们和我们的宗教。砀山县的判官郑重其事地将我的名字作为扰乱公共秩序的分子张贴在公堂大门上……支持无理纠集起来的文人反对我们。”①

艾赉沃神父报告了一件不公正对待皈化者的典型事例：砀山有一位富有的慕道者作为鸦片种植者被告到县令。这项指控没有任何依据，但公堂把它看成一项意外的收获。环神父一得到消息便为被告担保。艾赉沃神父说，县令“很恼火，他下令逮捕（那位慕道者），打七百大板，宣判巨额罚款、上枷、戴上手铐脚镣入狱。经过此地时，我见到这位官员，由于我的坚决要求，他免除罚款，卸掉镣铐，取消没收，同意在士绅的公署看管这位慕道者。这位慕道者在公署病倒，临死时才被放出来。这件事在当地引起轰动”②。

人们重新提出传教士获得土地的权利的问题。1909年，艾赉沃神父购买一位寡妇的地产，有人再次耍弄在义和团运动之前的各种小诡计。首先拒绝登记注册。接着，一位得到商会和官府支持的姓张的文人在那所住宅定居下来。张某及其同伙同时向该省巡抚控告艾赉沃神父欺骗了女房东。张某是一个十足的恶棍，筹划并准备在艾赉沃神父试图拿到地产权那天闹事。经过两年的谣传、骚动、小冲突、谎言、衙门门上的侮辱性揭帖，事情得以解决。由南京的总督代表调查过后，徐州县令向艾赉沃神父道歉，并向他提供另一处正对面、更大、位置更好的地产，代替有争议的地产。

艾赉沃神父写道：“官员在众人的极大惊奇中，郑重地带领我去看那地产，看我是否满意，他将我第一次购买支付的钱退给我，我为这次新购的、任何方面都比另一处更好的房产，添加了约四百块大洋。一切照章行事：邻居们同官府的丈量员来划分我们的地产界标，我请他们吃了晚饭。最后，县令于昨天将已注册登记的盖有各种官印的契约交给我。归根结底，在一般人看来，这是一次伟大的胜利。”③

官员们最好还是救济他们治下的子民，而不是满足他们愚蠢的怨恨。老百姓成千上万地饿死。尤其在东堂区，灾难超过了1907年。1909年的几场秋雨几乎使收成化为乌有。小麦播种得太晚。到1910年春天，大部分村庄既没得到麦秸，也没得到柴火、麦粒。大多数家庭去南方逃荒，可是，在清江浦，地方官府又将他们赶回老家。大业主们都乞讨，神父们打发走一大部分学生，因为他们自己也没有什么了。对民众而言，只有死或偷，别

---

① 《西堂区年度纪事，1910年》(*Rel. ann. de la section occidentale*，AZ)。

② 艾赉沃神父致尊敬的吉洛神父的信，1910年5月6日(AZ)。

③ 艾赉沃神父致姚宗李主教的信，1911年5月31日(AZ)。

无他路。其实,人们到处偷盗,在光天化日之下掠夺大运河上的船只。在大路上,运输任何东西都不可能不被抢劫。财主们躲避起来,或逃到城里。

然而,海州、宿迁、清江浦的面粉厂将多出的小麦和面粉用于出口。1910 年建成的宿迁面粉厂囤积了几千斗小麦,由于他们的大量购买,价格已冲破任何界限。结局是容易预料得到的:民众得到县令的默许,首先抢劫海州囤积的小麦。然后在 4 月末,宿迁也发生了。被激怒的饥民自己动手大量装运,带不走的就烧掉。他们还将邻近住宅里的物品搬空,位于几步之遥的天主教设施面临同样的命运,掠夺者们不再自我控制。当本堂的张神父遇上保证保护教堂的县令的一队官兵时,学校的女孩子已被遣散。清江浦的部队立即行动起来恢复秩序,由于将当场拿获的所有盗贼关进监牢,情绪才略有平静。

6 月的收获在望,但迟了,因此也有可能遭受大雨和洪水。只有邳县的人来得及收割小麦。7 月末,一场飓风穿过徐州,带来三天三夜的倾盆大雨。大水通过山东的运河从东部和西部灌入徐州。最后,第二场飓风和又一场大雨在 9 月 23 日和 24 日袭来。最重要的秋收毁掉了。在两个堂区,洪水还滞留到 10 月末。这场灾难超过 1906 年的灾难。

根据 1911 年 2 月 10 日《中法新汇报》(*l'Écho de Chine*):"人们可以有把握地做出最低的估计是,目前发现的无饭吃和饿死的人数上升到近百万人,这个数字可能将超过……每天可能需要四千美元。"

只有政府可以解救类似的困境。官员们承诺近期的分配。红十字会和慈善家们已从美国发出五千吨面粉。饥荒赈济委员会最终在上海重新组成。人们再次请传教士们像先前那样组织起来,但建议他们将主导权交给地方官府和士绅们,因为捐献主要来自中国的慈善家。

中心委员会首先批准一笔两万五千两白银的双份拨款给最受影响的邳县和睢宁两个委员会。然而,根据宿迁的牧师容金先生(M. Junkin)的表述,委员会修改了它的最初决定,将邳县和睢宁部分减少到四万两,将减下来的差额拨给宿迁,因为宿迁的基督教新教教徒与人口相比,增长得有点过快。监管分委员会包括汤执中神父和容金先生。钱到了,但通过存钱的地方银行中介,等待着更优惠的兑换率支付给分发者。为了把这笔钱从这些银行取出来,汤执中神父不得不发几次大脾气,并进行了近一个月的磋商。

可是官员们控制这笔钱,只给汤执中神父支票,而支票看上去完全是另一码事。因为对尚未从政府那里收到承诺的款项的官员们来说,存在面子问题。怎能容忍洋人表现得比他们本人更急于救助百姓呢?他们是百姓的父母官啊!因此他们要控制资金,分发这笔资金时,要让人觉得是出于他们的善心。这种操纵立即造成浪费。1 月 25 日,在一次有汤执中神父和宿迁的史蒂文斯先生(M. Stevens)参加的地方委员会会议中,邳县县令"要求,在我们可能发钱的地方"——我们援引汤执中神父的话——"要有一个五六位中国人的常设委员会,每位各带一两名佣人,一个永久性厨房,一名厨师,一名采购员,一名监督员,两三位账房先生,看门人,信差,陪带烟袋的佣人,所有这一切的花费都从(给邳县的)两万两中支付。我强烈地反对这套,直截了当地拒绝。于是我们分道扬镳"。

1 月 27 日,县官亲自将息票交给最穷苦的人,让他们自己去取钱。持有支票簿的汤执中神父前往分委员会。汤执中神父讲道:"我发现那儿常设了五六位士绅、司书、仆人,他们自称奉官员命令在那儿,并要求吃喝。他们已经派人向银行提取了十万铜钱,未通知任何人……发给穷人们期待的银票是由官员给的，根本不像约定的那样。面对这样的情况和这种食客和酒徒的侵蚀，面对我无力反对的浪费，和在上海委员会的思想中根本不存在的这种浪费，我把银行支票又还给了带给我的那位人士，而……"汤执中神父向上海发电报辞去监管一职。[①] 他愿意付出时间和辛劳，但他不愿在这场戏中扮演让人们愚弄并承担各种恶习的角色。

西堂区的人在遭受苦难，和东堂区的人一样死亡。饥荒委员会要求各位传教士提供他们区的状况，该委员会收到了令人痛心的答复。我们引述其中几件。[②]

1月3日谷生春神父写道："饥饿和寒冷在这一带（戴套楼）造成许多人死亡。只说领洗者吧，我已登记了五六名死者。西北风对已经被苦难耗尽精力、衣不遮体的老人们来说，是致命的。每次西北风刮起来，我都被叫去看许多病人，有一回一个下午五次。有人给我送来几个婴儿：此地的母亲们不遗弃孩子，千方百计把孩子送给可以喂养的人家。我不能接受。我不得不解散女校，只收留下十五个最穷的。另外九十个能活下去吗？怎么活？"

1月5日富守和神父写道："人们已经在饥不择食。人们在夜里抢树皮，做一种令人作呕、非常难吃的粥，吃下去会生各种病。"（棉花被洪水冲毁，人们仍然穿着夏天的衣服）

1月6日环神父写道："在我的程寨中心周围，几百个村庄秋天都绝收。曾分三次播种豌豆和四季豆，总是被大雨全部毁掉。"结果，"灾难是可怕的。处处是废墟。在某些遭灾更重的村庄，几乎没有留下完好的房屋。许多家庭只靠着榆树皮和在田野里采集的野菜维持生存，他们很久没有弄到一点面粉……为数寥寥的殷实之家现在也不敢施舍，怕随后遭到抢劫。"

"昨天，我的同伴告诉我，在我们经过的十多个地方，人们在埋葬死人。一个孩子跑来告诉我他奶奶死了，并告诉我，他的村庄里没有健康人了，他要去邻村找人帮助埋葬他的奶奶。尤其是孩子大量死亡，母亲的奶水被吸干，听到她们在小路上、房屋里哭叫，令人可怜。有许多次，我在大路上看到一些人头发晕，一只脚自身原地旋转倒下，几分钟后才爬起来。"[③]

最后是4月11日艾赍沃神父描绘的景象："六个月来，（江北的至少一千万居民）遭受饥饿。据估计，想必有成千上万的人因饥饿、寒冷、灾难以及由此引起的疾病死亡。

"上海饥荒赈济委员会已陆陆续续派发了无数银两，长期以来已经分配和花费了。地方官府也分发了大量救济。士绅们也减价出售大米、小麦、高粱、小米、豆饼等等。

"委员会已用光他们的现金，地方官府已结束救济的发放，士绅们的粮仓里也空空如也……

"而我们遇到的是最严重的危机。此后，就是在最有利的气候条件下，也必须再过五十天才能赶上本身就非常微薄的收获。

① 汤执中神父致包尔南神父的信（音译，P. Bornand），1911年1月27日（AZ）。

② 见《哲尔济书简集》1911年6月，第35～53页（AZ）。

③ 环神父致姚宗李主教的信，1911年5月3日（AZ）。

“地方的储备已枯竭：不再有粮，不再有钱。甚至有百亩土地的人家就是以极低的价格也找不到机会出售。人们早已卖掉了牲畜、家具、衣服。有多少妇女，多少女孩子不见了啊？

“街角，城楼和佛塔门下，大路上，田野边，无处不见到尸体或无人照顾的垂死者，直到城区的长官令人把他们卷在凉席里搬走，草草地埋掉。

“未来！呵！对能看到未来的人来说，那不是令人高兴的未来！最好不要同凶杀、偷盗、掠夺，以及最终可能还有瘟疫一起思考未来。”①

神父个人的施舍救助了百分之十五至二十的领洗者。但是神父们缺乏药物和必需的医疗知识，不能对付到处肆虐的疾病。他们本人每天置身于染上伤寒的病人床旁，最近几个月内，伤寒已造成大量饥饿者死亡。好几位神父受到感染。

睢宁的本堂神父毕神父第一个倒下。他曾说他只是疲劳过度。12 月 30 日，汤执中神父去他家，发现他完全神智不清。他立即把学生和慕道者打发走，送走宿迁的献堂会修女，并将病人运送到窑湾。1 月 2 日夜间，利用毕神父又恢复理智期间的一时平静，汤执中神父为他进行了临终涂油礼。发电报请来的夏修士于 6 日到达，从那天起，毕神父恢复得相当快，于 2 月 15 日返回其传教点。

在窑湾，献堂会金（音译，King）修女因为接触学校的病孩子，也染上伤寒，于 5 月 11 日去世。5 月 27 日，轮到汤执中神父卧床不起。伤寒，但不严重，因为他被送到上海，自 6 月 27 日起，能够正常做弥撒了。

过度劳累，天天恐慌焦虑，多次奔走回应病人的召唤，拖垮了西堂区的神父们的抵抗力。

谷生春神父疲惫不堪。为了减轻他在圣周期间的负担，人们给他增派了曹神父（音译，P. Ts'ao）。圣礼拜二，4 月 11 日，他筋疲力尽了。曹神父主持复活节的主日，先于次日到达戴套楼的艾赉沃神父。谷生春神父极其虚弱，但神志还保持清醒。艾赉沃神父叫人用一副担架把他一直抬到徐州，并叫来麦克法汀大夫。随后几天，谷生春神父的病情略有好转。虚弱依旧，当人们获悉伤寒又击倒曹神父时，寻思这病何时能了啊。

幸好郭中傅神父（P. de Geloes）在徐州等待已有几天了，他是第三年被派来为驻外的传教士提供协助。艾赉沃神父把他紧急派到戴套楼。曹神父不相信自己病重。一开始郭中傅神父的药剂明显减轻了他的症状，但未能救活他。5 月 18 日，曹神父在接受了临终圣事后，慢慢死去。死亡时，他还保持着平静的面容和非常温和的微笑。

> 关于曹神父，我们在富守和神父的 1911 年 5 月 19 日日志中看到：“他不张扬，他说的少，但他非常清楚地知道坚守他的岗位，而成人学校的学生们信任他，许多人找他说知心话……只身一人留在戴套楼的曹神父（如同谷生春神父）也受到临终涂油礼。他抵挡不住疲劳，可能还抵挡不住在垂死者身旁沾染上的疾病。他时年三十二岁，他任神父一职尚不足一年。”②

许多教友络绎不绝地来到曹神父的灵柩前。5 月 22 日举行葬礼，教堂挤满了人。武

① 艾赉沃神父关于江北饥荒的书信，1911 年 4 月 11 日（AZ）。

② 参见《马井日志》第 3 卷（*Diaire de Matsing*，Ⅲ，AS）。

湾的传教士陈神父(P. Jacques Tch'en)举行弥撒，致悼词。在祭坛上的有：和神父、富守和神父、雷伯雍神父和郭中傅神父。张神父、环神父和顾蒂里耶神父为其同道祈祷后，于两天前被许多病人召回家。最后，沛县的传教士宣神父(音译，P. Vincent Suen)于21日赶到戴套楼，安葬曹神父。但是，由于旅途疲劳，引起发烧，次日他呆在房间。24日，高烧升高，苏继东神父认为将病人送到徐州可能有危险，便将他留下。28日，宣神父发高烧，还并发了非常痛苦的打嗝。舌头变厚，人们几乎听不懂他说话。接着又出现一阵病情好转的假象。31日，宣神父领受临终圣体，尽管他打嗝不止。随后，6月2日，整个夜里他呼吸困难。这就是末日。将近下午2点30分钟，他在苏继东神父怀中慢慢死去。[①]

十天后，轮到环神父，他的教友用一张床板将他从程寨抬到徐州。路程长，治疗不对路。21日，环神父领受了临终涂油礼和临终圣体。

为了阻止连续发生，苏继东神父成了传教士们的坚强而体贴的护理人。他于6月22日前往徐州，在那里庆祝主保瞻礼日。他缺少精气神儿，忍受着扭伤之痛，又感冒了。24日，出现高烧。这一次是胸膜炎。30日，苏继东神父接受治疗，在诊疗所替代了谷生春神父和环神父，他们四天前去了上海，脱离了危险。基督教新教传教区的医生格埃女士被请到苏继东神父的床边来，她指出，胸膜炎已消退，但在身上发现红斑，她担心是患了斑疹伤寒。从此以后，她每天同丈夫一起来，牺牲了十五天在桂林的休假，终使其病人重新站起来。

我们枯燥乏味地汇报了1910～1911年这次最值得注意的可怕事件。还需要补充说，幸免得病的神父们几乎不比病人好一点吗？大多数有经验的传教士们，在苦难方面，他们几乎全经历过。1911年春季出现了他们没见过的可怕景象。三十年后谷生春神父和苏继东神父提及此事，认为是他们的传教生涯中最痛苦的经历。

最沉重的负担理所当然地落到堂区主管艾赉沃神父的肩上。从其书信中能隐约看到精神压力、苦楚、对现时和未来的担心，还有基督徒的苦难所带来的烦恼。但是他在密切注意生病的同事高烧的发展时，在病人身旁值夜班和不安的白天里所表现出的爱德，这些书信一点没有提到。这些书信也没有流露出在这漫长的几个月里艾赉沃神父默默忍受的痛苦。

除长上们和艾赉沃神父外，现在尚无人知情。艾赉沃神父的调动已定。在即将到来的8月末，他另有任用。他不会再回徐州了。徐州，他的事业啊！他最美好的二十四年的工作。他已六十岁，在这个年龄，人们要改变习惯和眼界非常艰难，都想把成熟的事业进行到底。

他的健康已受到损害。1908年的伤寒，最近一年的劳顿，最后是口炎性腹泻[②]逐渐使他衰弱。而他离任的原因并不是丧失工作能力，也不是缺乏热情。姚宗李主教深信，艾赉

---

① 据1911年8月24日印刷的《南京的传教状况》(*Le Status Missionis Nankinensis*)记载，是在6月3日死亡。6月2日的日期出现在苏继东神父于5月24日开始写的一份健康通报上，终止于6月2日临终时刻的记述。同样，在姚宗李主教6月8日的一封书信中，在雷伯雍神父(当时在戴套楼)以及富守和神父的日志中，亦然。

② 口炎性腹泻，即印度支那腹泻，是远东特有的疾病，影响整个营养和消化系统。如果病人不送回国，几乎不可医治。

沃神父的策略在开创阶段是极好的，但不能满足堂区全面发展的需要。他认为需要一位新领导，在1909年巡访日记中，可能已相当明确地提到这一点。只是想到他的决定会使艾赉沃神父悲伤，姚宗李主教才没有早点派人替换艾赉沃神父，但如果再推迟下去就是意志薄弱了。

7月份，在护理苏继东神父康复的同时，艾赉沃神父安排堂区事务。自他1882年探察之行以来，思想和事物都已发生相当大的变化。1911年5月10日，他目睹了徐州火车站的奠基。不久，铁路将把这个古老的府与南京和北京连接起来，此前人们还只能在大运河上乘船旅行，缓慢航行一个月后方可到达。现在城里的一些商店已经开始销售外国货，某些学校甚至讲授英语。尤其宗教事务方面的变迁更明显。当时倪怀纶主教将艾赉沃神父派往徐州，委托他“在北方筹建一个宗座代牧区”[①]。现在代牧区已准备就绪。两个堂区在1911年有三万二千名领洗者，三万六千名慕道者，十七位传教士，现在只缺一位主教了。

艾赉沃神父完成使命，最终于1911年8月3日离开徐州。[②]

第十三章　1911年

自从1895年中国被日本打败，蒙受耻辱以来，一些较有远见的中国人预感到彻底变革的必要。已跨出国界的人，如外交官、留学生、侨民，发现世界与自己在国内形成的概念完全不同。他们对从被看作野蛮国家的制度中看到并认为理解了的事物十分钦佩。通过比较，他们觉得中央帝国已被虫蛀蚀，它的官府腐化不堪，它的文明充满无知与落后。他们大多数人直言不讳，都建议进行彻底的改革，让衰老的中国重新焕发青春，获得强盛而光荣的新生。

一些人——进步分子——试图通过著书立说来启发同胞，并力图通过上书朝廷敦促皇帝走上现代化之路。另一些人，如孙逸仙，更加激进，他们看出实现所梦想的改革的最大障碍在于皇权本身。他们在其纲领的开头，即声明要推翻在中国阻挡民众按其民族特性进行自治的外族满清王朝。他们不满足于说教，而是组织秘密团体，负责招募战士，积极准备革命。

1898年，人们以为进步政党占了上风。在日本的老学子广东人康有为已发表多部著作，其中《日本的维新》(*la Rénovation du Japon*)给许多人留下深刻印象。这些作品越过了紫禁城的围墙，光绪皇帝本人也被说服，他决定提供机会，让作者进行实践。光绪帝召

① 艾赉沃神父的书信，1888年11月10日(AZ)。

② 我们不能叙述艾赉沃神父在新职务上的成就了，尽管我们希望。艾赉沃神父后来还活了十九年。他在南京工作一年(1911～1912年)，接下来的一年，部分时间在上海诊所，部分时间在淞江座堂。最后，从1913年到去世(1930年)，担任上海圣约瑟收容所的指导神父。我们在等待与这位如人们所称的“传教团的伟人”的事业相符的《艾赉沃神父传》(*Vie du P. Gain*)时，向读者推荐董师中神父的小册子《耶稣会士艾赉沃神父》，我们同董师中神父一样还希望“这位创立者——因为他曾是一位真正的创立者——将会遇到一位十分果敢的赞赏者，竖起一座壮丽的纪念碑来纪念他”(前言Ⅰ)。

康有为进宫，不久后，他批准有望挽救帝国的一系列非常正确的措施。于是，古老的中国苏醒了。

颁布的各项改良措施猛烈撼动了数百年的常规和贵族的利益！这些措施防止官员们滥用职权，通过引进欧洲科学开始降低文人的作用，取消满族人仰赖国家费用生活的特权，甚至减少宫廷的特权。最后，这些措施效法于外国，而对几乎中国知识分子整体来说，这一失策足以使这些措施失败。

享有了亡夫遗产的慈禧太后，已经两次摄政，自从其外甥光绪亲政(1889 年)以来，过着退隐生活，但仍然保持着广泛的影响，因为朝廷的主要职位都由她的亲信把持着。她只想重掌大权。这个阴谋家首先调动她的力量。一支部队奉其命令占领天津；另一支部队进军直到距北京二十法里。然后老太后要求罢免康有为。皇帝丧失了任何支持者。曾经受到皇帝信赖的袁世凯也背叛了。1898 年 9 月 20 日，慈禧如此巧妙设计的圈套获得成功。她将其侄儿幽禁起来，让他在废黜他的谕旨上签字，并将六位进步人士斩首，她开始了第三次摄政，再次使中国陷于光绪试图摆脱的困境。皇帝才摆脱束缚一百天。

政府本性难改，因此必须打倒它。从此进步人士和革命者在这一点上取得一致。康有为及其合作者梁启超，从他们避难的日本大量发表宣言，对皇太后和满族帮派进行抨击。梁启超通过他的报纸及其人们最喜欢阅读的其他出版物，向在日本的中国学生灌输他的思想观点。他启发他们的爱国心，他以要让中国重获东方大国地位的强烈愿望激励他们。梁启超是一位理论家，而且一直是。

孙逸仙采取行动。他的方案是“推翻满清，建立民国”。他依靠秘密会社，人们承认他是最强大的组织之一三合会的首领，他在中国和在外国的中国移民地建立革命支部，宣传其口号，扩大会员。他跑遍世界各地，寻求对事业的同情和购买武器的资助，进行宣传等。从 1895 年到 1907 年，他发动了四次民众起义来反对当局。他失败了四次，但并未气馁。他继续向留学生宣传，在夏威夷、美国、新加坡的华人中心奔波，争取赞助。

1904 年，孙逸仙创建的组织兴中会在广东北部地区成立了四十个分会，每个分会有上千名决心行动的会员。随后几年，这股力量显著增强。在租界城市上海、天津、汉口，许多年轻人的俱乐部狂热崇拜梁启超和孙逸仙的思想。最后，甚至慈禧的许多亲信也从心里赞同革命纲领，但是要等革命成功时再表态。1908 年 11 月，光绪和慈禧死后，观察家们不再怀疑，满清王朝的日子已屈指可数。

事实上，新皇帝宣统仅有三岁。他的父亲被指定为摄政大臣，以宣统的名义实行统治。他继续执行慈禧的政策，1901 年后慈禧曾承诺某些改良，但从未实施。摄政大臣还承诺，不久将成立一个勉强算得上的立宪政府。贫困状况更加恶化。秘密社团迅速增加。摄政大臣为了国家利益，剥夺大得令人生畏的公用事业公司的财产，使它们感到不满，民众最终被饥饿、抢劫、官员的不作为和敲诈勒索推上了绝路。中国渴望的，并不是像孙逸仙及其拥护者所梦想的那样，宣布共和，而是砸烂这种只给他们带来痛苦和灾难的现状。

1911 年 10 月 10 日，突然一声炮响，湖北武昌的军队发动起义，烧毁了总督府，杀死在当地找到的所有满人，无论男女老幼。第三天，他们进军汉阳，占领兵工厂，13 日，占领汉口。孙逸仙的一位拥护者黎元洪上校同意领导这场运动，此人后来曾担任中华民国总统。

10月19日，清军与起义军交火，将起义军逐出汉口，准备击溃起义军，其时袁世凯再次背叛，中止斗争，进行谈判。于是分散在长江沿岸和在南方各省的革命策源地，接二连三爆发起义。11月3日，上海竖起共和旗，广州于9日同样竖起共和旗。12月初，11省摆脱满清统治。孙逸仙被选为临时总统，准备于1912年1月1日在南京宣誓。中华民国诞生了。

这些构建共和国的人当然只为着国家的利益，没有其他利益。孙逸仙将他的一生奉献给这一使命，他清贫地去世，这是其真诚性无容置疑的证明。他的许多同志奉献出家产，还有人献出了生命，其爱国精神日月可鉴。

不幸的是，为了达到目的，他们煽动激情，而在中国，从未有煽动情绪而不受到惩罚。他们终于将人民发动起来了。现在他们能使他们冷静下来吗？对孙逸仙及其政党的理论家们来说，推翻满人，建立由民众管理的社会，这个纲领意味着神圣而伟大的事业。对从底层立即泛起的成千上万的冒险家、穷苦人、流氓恶棍和野心家来说，这个纲领是否具有同样的意义呢？

因此，1911年的中国革命具有双重历史。一个是建立在宣传品、报纸文章、正式声明和官方电讯上的历史……而另一个历史，对实际发生的事件的记述远不是那么感化人……

我们不会长篇累牍地讲述革命发起人的理想。我们还是来看看徐州，这里既不会看到复杂的政治思想，也不会看到演讲，甚至不会看到革命，但是，相反，看到了许多工作，和许多干工作的人。

在1911年这个8月末，休假回来的徐州传教士们并未预料到革命，可是未来好像并不因此更令人高兴。农民们不再饿死，小麦的收成令人满意，但伤寒依然肆虐，河水弥漫在整个地区，已淹没各区的秋收。未来将再次爆发饥荒，居民们再次向南逃，再次发生流行病和抢劫。此外，西堂区失去了它的创建者，失去了此前一直靠经验和影响克服种种困难的领导者。接替艾赉沃神父的荣福咸神父(P. Noury)从未在徐州工作过。人们认为他对其前任抱有成见，带着指示，旨在……旨在什么？人们不确切了解。而这种不确切使艾赉沃神父的老同事、学生和崇拜者不安，产生一种看事物比较悲观的倾向。在他们周围，在天主教徒和异教徒中有许多痛苦，一种普遍的、难以言状但却深沉的不安。而神父们并未觉察出任何反对王朝的情绪，支持共和的情绪更少。武昌事件在当地没有产生任何反响。汤执中神父写道，“关于起义有许多谣言，因为像在其他地方一样，报纸也能进到这里，乡勇增加了。但是由于发生多次抢劫，此地尤其混乱”[①]。汤执中神父担心缺粮，也担心可能出现兵荒马乱的局势，便利用多次运粮的机会，装满他的粮仓。

在西堂区，荣福咸神父于11月4日结束了对辖区的巡访。夏季的雨水造成巨大的灾害。武湾和沛县将发生饥荒；其他地方都有一场或多或少严重的灾难。荣福咸神父接着写道，在徐州城，“我们招募一些为皇帝效力的官兵。两位驻守城里的总兵率领至少二千名新兵去南方了。当地谣言四起，财主们都背井离乡逃往城里，这造成粮食价格上涨：他

① 汤执中神父致姚宗李主教的信，1911年10月30日(AZ)。

们本应该呆在家乡。总的来看,我们的生活还平静”①。

谣言绘声绘色地详细描述共和派出奇地快速推进。人们议论谣传,夸大谣传,但并不表示一丝抛弃帝国制度的意愿。官员们也几乎没有焦虑不安,因为他们未采取任何措施来应付起义。表面上看,事件既未引起民众,也未引起当局的关注。

事实上,在所有人看来,征兆是明显的:权力在转移。运道在转换。各方都在暗自下赌注。

骚乱始于一次兵变。在清江浦附近,一个时期以来,有三千名几乎全都出生在徐州和山东的清军士兵不曾领到军饷。长官的这种疏漏太经常了,激怒了士卒。清江浦的步兵、马兵和炮兵怒火冲天,11月初,他们借助于起义造成的精神紧张,带着武器和行囊开了小差。没有任何支持共和的计划,只是一时的冲动,只是想家了。但是大量带了武器的徐州人空手回来:这可是一件不能容忍的丢面子的事!居然有人尅扣他们的军饷……

清江浦的大财主都带着最值钱的细软躲藏在泾河。士兵们朝这里扑来。炮兵用几炮轰开大门,乌合之众蜂拥而入,屠杀、放火、掠夺。彻底的洗劫,战利品异乎寻常的丰富。反叛者从泾河猛扑四坝(音译,Sipa),并席卷了漕运署的银锭,接着又扑到重兴(音译,Chunghsing),历时三天把它洗劫一空。财物多得开始令他们犯难。他们征用船只装满,决定各奔东西。海州人向东,其他人上溯大运河,直到洋河再行劫掠。在进入徐州前,这些逃兵又分成两帮:徐州帮和山东帮。

山东帮有一千人,一半骑马,一半挤在二十一只超载的大船上。沿着大运河,他们人未到,名声先到。船队到达去徐州途中的第一站宿迁,在当地引起极大恐慌。城门紧闭。袁神父(音译,P. Mathias Yuen)遣散他的几所学校。逃兵们说到就到,占领了城区之一的关口(音译,Kwangkow),在那里吃晚饭,抢劫了关口区,然后又上船,以便利用顺风起航。11月8日,他们到达距窑湾十二法里的皂河。

汤执中神父写道:“当窑湾人得知船只到达皂河时,那是我还从未见过的一种惊恐万状。在此地(窑湾),马兵约有一百名,加上有粗劣枪支装备的人二百五十名。人们失去理智,决定阻挡船只通过。在从8日到9日的夜间,风顺,船只离开皂河,但抵达距此地六法里时,获悉此地人决定阻挡他们通过,于是抛锚,等待天亮。将近晚上11点钟,此地的士兵壮着胆子去会逃兵们,瞥见两艘正在向上航行的船。看到逃兵们拒绝停船,我们的勇敢的军人向两只船猛烈开火,惊醒了窑湾的全体居民。我的邻居吴(音译,Ou)县令已带领全家人逃到一只船上。炮火渐渐平息下来。两只船掉头了,他们的一个船夫被打死。凌晨3点钟,再次射击时,我已睡下。人们对已经无法测量距离的两船逃兵进行猛烈射击,他们终于下决心分手,穿过农村,从陆路回家。我以为危险已经过去,早晨便出去施临终涂油礼,碰上了一帮十来名武装士兵,他们用几辆两轮车推着战利品,经过时还向我打招呼。

“9日早晨,将近10点钟,有人报告船队靠近了。这次人们变得有理智了。此地的士兵前往迎接他们,大家交谈起来。人们约定好船只不在窑湾靠岸,让船只自由通过,但在运河对岸萧家泽(音译,Siaokiatse)慰劳他们一顿饭。一言为定。人们让卖面食和菜(蔬

---

① 荣福咸神父致姚宗李主教的信,1911年11月4日(AZ)。

菜、肉……)的商贩渡过河,(二十一艘)船只鱼贯而行,浩浩荡荡,没有一点混乱。每个士兵都拿了一些东西,实际上是作为路上的给养,人们只是受到一些惊吓。他们只是对我们说,后面还有炮兵,带着火炮。这往人们头上泼了一盆冷水。船队一通过窑湾,逃兵觉得摆脱了诺言的约束,尽情享受起来。运河边的马集、苗儿屋(音译,Miaoerwo)、庄楼(音译,Chwanglou)、谭上(音译,Tanshang)的财物先后被他们装入囊中,船只继续航行,前往山东和江苏交界的大镇台儿庄。"

汤执中神父继续写道:"不义之财难安享。人们已从宿迁和窑湾打电报给山东,告诉船队即将到达,当船队到达那边时,面临着一大群士兵,他们对船上的战利品垂涎欲滴。我今晚刚获悉,发生了一场相当规模的屠杀。幸存者四下逃窜,而装载货箱、银器的船只被获胜队伍占领。货物被卸光,运载逃兵的船被凿沉,以示惩罚。

"炮兵嘛,根本没有火炮,而是三五成群地呆在小船上,像普通旅客一样,相继路过此地。当地的士兵听到消息,小船一到,立即扣押。扣下战利品,和和气气地释放了这些可怜的逃兵,他们因此也舒了一口气,这些可怜的逃兵,辛辛苦苦地把战利品一直带到此地,其中有金表、手镯、绸缎、鸦片等……"①

我们再来看留在洋河的那帮人。这个团伙由马兵和步兵组成,选择了更直接的陆路。他们征用了搬运工和独轮车夫运输战利品,直奔徐州。如此轻易获得的丰厚掠夺物并未满足他们的胃口。他们蹂躏了想抵抗他们的浦泽(音译,Putse),随后,马兵进军睢宁,不久与正在恣意洗劫高作的步兵会合。

逃兵们在睢宁碰到一位姓程(音译,Tcheng)的赞同革命的人,是城里一位士绅的儿子,曾在日本留学过,可能受到革命者的影响。他热情欢迎这些掠夺者,让他们驻扎在他的村里,并甘愿当头领。他随即封锁了睢宁。县令无力脱身,只得慷慨地奉上礼物和食物,同时尽量用讨好的手段来远离这帮豺狼。几天后,他交出县城。程某立即打开监狱,招募无业文人、署衙和街头的所有地痞流氓,用上千名坏蛋扩充他的队伍,并派他们杀到宿迁。人们严阵以待。战斗打了两天三夜。最后,弹药用尽,程某撤退到康池和睢宁之间。士兵们在这几次征战中一无所获。他们撇开支持者,继续进军徐州,在徐州,道台答应让他们重返军队。

兵变虽然短暂,但损害已无法估量。汤执中神父写道,"清江浦的这帮兵匪煽动起整个地区。从清江浦直到山东,民间的全部渣滓败类同所有饥民一起,团结得像一个人,跟着这些士兵,杀人放火的暴行达到登峰造极的地步……这些匪帮麇集在所谓的国民党(共和)的大旗下,勒索地方。妇女参与其中,人们看到有几百个(凶狠的妇女)同男人们一起抢劫粮食。邳县、宿迁县和睢宁县就有……奇怪的是,没人说我们的坏话,相反,对于我们大家都说没什么可担心的。然而战火一旦点燃,谁能说它到何时终止?我们在仁慈的主手中,实际上,只有主能保护我们。我们继续办我们的学校,好像什么都没有发生,同时pro pace(拉丁文:为了太平)祈祷,为得到圣天使的保护而祈祷"②。

在此期间,民国在清江浦的代表将新官印交给宿迁、睢宁和邳县的三位县令,命令他

① 汤执中神父致尊敬的吉洛神父的信,1911年11月12日(AZ)。

② 汤执中神父致尊敬的吉洛神父的信,1911年11月20日(AZ)。

们像往日一样履行职责。徐州道台事先已吩咐下属服从完全满足县令愿望的指示。大清帝国垮台了。一位从北京来寻亲的官员，沿着运河到处散布朝廷已携带珍宝逃到奉天的谣言。另一方面，共和派人士已控制多数省份。官员们的个人利益与其政治同情结合在一起了。

县令们一旦巩固了自身的地位，即施展其全部热情来平定地方。一些士兵非常及时地到达，驱散匪帮，对秩序的拥护者给以盼望已久的支持。镇压立刻开始。镇压是恐怖的。汤执中神父写道，“我一生从未见过这样的报复。所有官员开始争先恐后地斩首和绞杀匪徒。千方百计地在农村搜捕。士绅们带着家丁，无情地烧毁他们认为可疑的人的房屋，并杀死他们。为了官员的面子，他们将其中几人押到署衙，翌日，他们就在梭标头上挂着前一天押去的那些人的脑袋，得意扬扬地返回。在此地(窑湾)，我的海关邻居不让(关犯人的)‘站笼’闲着，这是什么地方啊!!! 因此似乎恢复了一些安宁”[①]。

《哲尔济书简集(1912 年)》第 252～256 页发表的张神父的一封信，提供了一个“无政府状态”的概念，无政府状态不仅在当时张神父所主持的土山一地，而且在整个东堂区盛行。在此有几段文字：

“最近这两个月来，人们尽想着大肆抢劫。几乎每天到处都有小的抢劫发生。而且，两周前从清江逃跑路过此地的士兵成了极恶劣的榜样，同时人们也听说了国民党人(共和派)的革命。当时，此地的居民已变得越来越卤莽放肆。有好几位文人或士绅，地方的无赖，给那么多饥民出坏主意。他们收留饥民，强迫相当富有的邻居赡养他们。若是拒绝，他们便带领饥民去抢劫。当他们聚集了相当多的这类人，如几十人或数百人，便带领饥民明火执仗地去掠夺，今天到这个村庄或乡镇，明天去那个村庄或乡镇。

“本月(11 月)24 日下午，有人报告说，有许多饥民跟随一百来个土匪，先后打劫了位于东南方、距此仅五六里地的两三个村庄。于是我们的部分警卫人员(总数一百五十名)，由本镇的一队马兵和许多往日大刀会的年轻人伙同，大家或多或少持有武器，有些手执长矛或大刀，有些扛着火枪或其他铁器，勇敢地出发去战斗。他们取得了巨大胜利，敌人被击溃，退回他们在土山西南仅四里地、名叫刘井村的土匪窝，我们的士兵继续追杀，杀死三十来人，抓住了十三个俘虏，最后烧毁他们的房屋。这些俘虏被关在我隔壁的马兵营房里。8 点钟，两个俘虏趁着夜色逃跑，被人发觉，便翻墙跳进我的院内。于是几个士兵提着灯过来，搜遍各个角落，竟毫无踪影。也许他们(逃跑者)吉星高照，趁黑从大门溜出，或者跳墙而逃了。我的土墙不太高。

“由于这场战斗，(土山的)居民更加害怕：据说战败者正在召集强盗来报复，同时还有那么多其他的抢劫者(几千人)正在准备攻击我们。善良的天使还会干预。就在这天早晨，约七十名徐州的马兵到达这里，随后，邳县县令率领约六十名马兵和五十名步兵也到达了。县令在路过时，搜查了几处土匪经常聚集的地方，并让士兵烧掉土匪的房屋，抓住土匪的头领。此番这位官员身着军装。他们贴出措辞严厉的布告：‘胆敢抢劫者，格杀勿论。’据说，这种治理方式来自新政府，新政府已委任一位姓蒋

① 汤执中神父致尊敬的吉洛神父的信，1911 年 12 月 3 日(AZ)。

（音译，Tsiang）的驻清江浦，管理徐州这地区。当晚，知县提审俘虏，明天我们就将看到他要做的事情。

“28日，这天早晨，弥撒后正在祈祷时，我听到一两声炮响，后来我得知，这是将五个认罪俘虏砍头的庄严时刻，其他被认为是普通饥民的人被释放。在观看这场极刑后，县令率领全体军队及随行人员，先去了上面提到的刘井村，下令又烧掉强盗的五六间房屋，接着直扑土山以北，在一个名叫‘乍浦’（音译，Chapou）的村庄，下令烧掉几间土匪房屋，然后又挥师土山东南，直奔邳州老城。他到处摧毁土匪的巢穴。从此我们终于有了真正的安宁，我们感到轻松了，今晚能睡个安稳觉了。本镇的所有城门都开着，人们敢于出门和旅行了，过去无人敢出门旅行，有土匪埋伏在路边打劫行人……”（1911年11月27日）

如此这般就结束了在东堂区发生的第一阶段革命。这段插曲大体上没有什么重要影响。我们介绍这段插曲的几个细节，是因为它展示了无论国民的还是当局的情感和反应的质朴。我们在徐州其他地方将要看到的情况没有增加什么实质性的补充。只是同样的现象更复杂，更持久，更残酷，导致更加恐怖的报复而已。

这一次东堂区走在了其西部姐妹堂区的前面。11月29日，荣福咸神父给他的长上们寄去一份更让人放心的简报。火车不通已有半个月。蚌埠在革命党人手中，但在徐州西部，还没有发生什么严重情况。神父们在农村继续他们的工作。城里的人不知道是要拥护君主主义者，还是要拥护共和主义者，官府也无意坚持其主张。为了同第一批到来的军队进行谈判，他们已准备好白旗。道台善意地接待了两千名清江浦的逃兵。这些逃兵趾高气扬，背着枪，腰上挂着刺刀，推销在泾河和其他地方抢到的战利品。他们已经夺取了3家银行，还经常去农村向人“借”钱。但是他们总体上还表现得足够理智。

除了帝国政府，还成立了一个临时政府，帝国政府也无可奈何。但是城里并未宣布民国。民国畏惧张勋。因为和许多一遇上革命军就易帜的将领相反，他仍然效忠皇帝。11月9日南京被围时，他就顶住了包围。

此刻南京的陷落迫在眉睫，张勋只有浦口——徐州铁路，没有其他退路。如果因为战败而狂怒的张勋发现徐州已落入国民党（共和派）手中，这座城市会怎么样？不太聪明的蚌埠不久就看到按照南京战败者吩咐堆在车站上的几百个人头。12月1日，张勋终于投降，向北方撤退。12月4日拂晓，张勋率领他的军队在徐州市郊扎营。无人抵抗，徐州城向他开放，但是在农村，抢劫空前肆虐。

从1909年以来，骚乱主要是因饥荒引起的。在1911年这个冬天，极端的苦难必将把许多饥民推向抢劫。无论如何他们有借口，但是他们的过分行为对全局并没有太大的影响。有组织、有装备、多半是土匪的士兵更加危险。在他们背后，还有一支长长的队伍，由不满分子、遇到过挫折的人、有嫉妒心的人、打算仰赖无政府状态和他们的运气的野心家组成，就像那么多的历史英雄，为了出人头地，说不定还能攫取一个王国！

就像听到地狱的一声令下，各种邪恶势力同时挣脱了锁链。士兵离开营盘，在村庄传播恐惧，制造破坏。装备了现代武器的数千名土匪占领城市，残杀，掠夺，绑架男人换赎金，贩卖妇女和儿童。一个个村庄被毁灭，家庭相互告发，互相掠夺，自相残杀。不再有法律，不再有尊重，也不再有亲友。

传教士的处境也不太让人放心。他们的城堡不再像1900年那样能保护他们。匪徒已经拥有速射步枪，往往还有机枪和火炮。官府失去一切控制，它派来保护神父的官兵首先就袭击神父。

1911年11月30日在马井就是如此。县令委任保卫神父座堂的五十人反叛。他们与两百名士兵和土匪合并成一伙。这个团伙发出不怀好意的吼叫和枪声来庆祝它的诞生。献堂会修女立即带领学生离开她们的场所，躲到教友家里。大本营在邻村曲里铺磋商。将近晚上9点钟，当地的受洗者告知富守和神父，土匪们已决定把他的车子和几头骡子送给他们的还没有车子和骡子的头目。他们还企图砸毁家具，但几位天主教徒让他们平静下来：他们劝告说，“我们慢慢来吧，让两三个人去请求神父把他的车子和牲口‘借’给我们。如果神父不想给，我们以后会抢走”[①]。

午夜时分，土匪代表来了。富守和神父交出车子和牲口套子。凌晨两点，警报又起。十来个土匪这次为自己的利益动手了。他们在其支持者士兵们留在营房的日常用品中乱翻，带走适用的东西，但未损坏属于传教团的物品。次日，又来了一个最后通牒。因为土匪们获悉，神父藏有银锭，他们要这些银锭。这些狂徒是什么事情都会做出的。因此在举行了弥撒后，富守和神父遣散中心学校的学生，让一位天主教圣母会会士护送去徐州。另一位圣母会会士程修士（音译，le F. Tcheng）留下来，尽可能减少损失。10点钟，土匪们在马井的几个天主教徒的帮助下，搬走女校的设备，然后进入座堂，翻个底朝天。幸好他们得到相当微薄的战利品就知足了。

整整十天，马井处于骚乱之中。匪帮每天都增加一些新成员，队伍不断壮大。他们拟订了许多方案，但他们实际上不知道上何处去抢劫。有时他们打算在传教团的大院内建立基地。而当徐州当局根据荣福咸神父要求派来了士兵，他们就改变了主意。于是他们转向南方，据说总共有四千人。途中他们进攻了萧县，被防守的军队杀死了三十来人。投机冒险到此结束。职业土匪溜之大吉，军队的逃兵返回营地，惊恐的马井村民自己也交出一大部分他们偷的献堂会修女的东西。11日，富守和神父回来，领回好几头牲口，有人向他承诺，其余的马上就送回。

马井事件总体上无关大局，它是使荣福咸神父相当不安的一系列事件中的第一件。有人向他报告有关某个座堂、某位传教士的命运最令人不安的传闻。不过，荣福咸神父所求助的官员自己承认——实际上也是——在徐州城以外，他们完全无能为力。谣传渐渐地清晰起来，有几封书信终于说明可能不稳定的局势，但不像人们担忧的那样可怕。将近12月中时，荣福咸神父做了总结。

传教士不常驻的杨庄集几乎与马井同时被抢。数日后，戴套楼击退一次进攻。12月5日，在程寨，程华利（音译，Tcheng Hwali）村长雇佣的几个土匪突然闯进座堂时，环神父正在给泥瓦工分发工钱。骚乱的唆使者特别想要排挤走神父。这群土匪抢光银两、枪支、骡子和粮食，但是环神父依然留在传教点。土匪又返回来，人数达到六百人，环神父记述道，他们“到处找我，疯狂叫嚣。子弹在我耳边呼啸，火把在我身边舞动，用各种恐吓方式贴近我的脸，有好几次，几支子弹上了膛的枪顶着我的胸膛。善良的天使保护了我们，男

① 富守和神父致尊敬的吉洛神父的信，1911年12月23日（AZ）。

校只关了几天,祈祷、宣讲教理不曾中断,我每天还能做弥撒"①。

从 12 月 5 日到 10 日,环神父又遇到四次这样的造访。有人为了使神父无法住在程寨,花钱让土匪这么干,他们出手也狠:除了一个圣爵杯和一块祭台石板,他们拿走或者砸碎所有动产,并对学校的女孩子动粗,毁掉堂区信友登记簿。神父的唯一感到欣慰的是他跟教友一样贫穷。

也是在 12 月 5 日,姜楼的张神父损失了几支枪、金钱和一部分衣服。

相反,侯家庄和三官庙这两个最易遭袭的区却丝毫无损。庞三控制着砀山北部。侯家庄的和神父的人探听到,庞三承诺过不动教会的房屋,甚至把神父被抢的物品送还回来。开始神父对这种承诺很怀疑,可是事实却摆在那里:没有土匪来打扰"岩石"的平静。仅仅几位工友和武装起来的教友就能保护座堂。野心勃勃的庞三另有更大的企图。12 月 10 日,他带领二千人突袭砀山。他被击退,只能退到背弃信义为他开放的丰县,这次举事给他带来一大批小团伙。许多人从山东下来,路过侯家庄附近,顾蒂里耶神父在侯家庄日夜警戒。他的工友、教师及村里大部分教友在塔楼上轮流值更,使心怀鬼胎在附近游荡的人不敢轻举妄动。

跟随张勋从南京逃出来的四五千人离开铁路跑到徐州市郊。当局马上将城市交给他们。其实张勋没有妥协的意思。他一心想挽回在南京失掉的面子,把共和派驱逐到扬子江那边。

可是,在反攻之前,张勋必须加强他的部队,尤其要弄到他缺少的重型武器。因此,张勋吸收清江浦的逃兵并重新装备他们,因为他们大部分已"丢掉"枪支弹药。为了使他们具有战斗力,他派遣他们夺回丰县,12 月 17 日,他以清朝的名义占领。庞三装载着大量战利品,已在同一天早晨带着他的人马撤到河南。和神父在侯家庄的塔楼上看着匪帮络绎不绝地走过,不进入传教团。

这次出征,庞三的出走和张勋严厉的名声在土匪中造成有益的恐惧。土匪们躲藏了一段时间。要是这位令人恐怖的将军表现出一丝继续扫荡的意图,他们就可能自行溃散了。然而在这时,这位将军在徐州集结火车车皮和机车,从北京接受火炮和炮手,安置野战医院。1912 年 1 月初,他召回分散在农村的小分队南下,进驻徐州城南。几天没有任何消息。谣传进行了两场战斗,因为到了一些伤员。接着,1 月 31 日,张勋的先遣部队回到城里。不久,主力部队到了。神父们猜测,徐州马上将发生战斗。

2 月 7 日,接近下午 2 点 30 分,东郊响起相当激烈的枪炮声。人们先以为共和派到了,但后来得知,是张勋的士兵发生哗变,正在搜索民宅。整个夜晚,他们掠夺并焚烧了东郊和西郊。只有衙门、基督教新教徒的地盘和几家特殊的宅院幸免。叛军走后,这些城区的正经人和警察也抢劫了士兵们看不上眼的东西。

张勋滞留在城南。他一得到电报告知,即率三十来名马兵赶来。可是他的威风不再,只召集到几百名拥护者,他靠他们占据了火车站。其余数千士兵一心掠夺,或到农村与他们的同伙会合,这些同伙不再缩手缩脚,他们的活动也更肆无忌惮。

人们在寻思所有这些匪帮来自何处。他们骚扰了八个县。在萧县,一大批小团伙互

---

① 《1912 年程寨年度纪事》(*Rel. ann. Chengchai*,1912)(AZ)。

相争斗，后来由于主要头目们存有资金的两家银行倒闭，为了补偿损失，他们串通一气洗劫了县府。庞三及其二千名追随者蛰伏在马井附近。庞三自称是张勋的拥护者，已在涡阳归顺张勋。现在他没有作恶，但无人相信他会弃恶从善。

> 庞三从丰县出发，绕道河南，1912 年 1 月 8 日到达安徽涡阳，一枪不发占领该县。当地的传教士聂思聪神父丝毫没遭到土匪的伤害，土匪主宰县城达一个月。庞三的同伙王某最初发过一条声明："粗暴对待洋人者斩，保护洋人者赏。"这位王某和庞三到座堂拜访过神父，对神父极为尊重。[①]

在邳县的微山湖畔有一个庞大的匪巢。2 月 9 日，一个团伙突袭邳县，紧邻的天主教传教区遭受了同县城一样的命运。方神父(P. Frenken)被打，躲藏在他的一个教徒村里。他的车夫带着他的钱、两轮车和几头骡子溜之大吉。

驻防戴套楼的军队撤回到丰县。失去保护的谷生春神父匆忙将献堂会修女打发到侯家庄，他本人想躲藏在他的皈化者中间。

庞三的人蹂躏了砀山县。和神父叙述道，庞三公开宣称，"人们不会骚扰我，他将严厉惩罚想攻击我的任何人。我的一位教友，下士巴比什(Barbiche)同我的工友和传道员一起组织防御。他们日夜守在有雉堞的塔楼上，按中世纪的方式警戒着。武装团伙擦着塔楼走过，有时想强占村庄。我的几支枪可以抗击小股土匪。如果大批出现，我们就交涉，提请他们注意庞三的声明，于是大批土匪就走他们的路。就这样，我度过了六个月，没有外出。为了不使自己闲着，我照料两所开放的学校，在校学生跟平时同样多。总体上看，这些男孩和女孩在我这里比在自己家里条件要好得多。他们的父母赤手空拳，许多人要忍受抢劫和饥饿"[②]。

张勋的溃退鼓励了胆大妄为的人，他们认为自己能攻克徐州。匪帮们聚拢在这块肥肉周围，他们不敢正面进攻，但打算在张勋退走之后、共和派到来之前的间隙采取行动。恐怖气氛笼罩整座城市。叛乱的士兵已经在掠夺焚烧市郊。在城里，人人都怕的城市保安队也开始抢劫，引起动荡。

警察以警戒、搜查、寻找可疑分子为借口，搜索大部分民宅。几乎每天夜晚座堂附近都有枪声。好多邻居都被抢劫过。如果土匪进入大院会是怎样呢？2 月 14 日，荣福咸神父的一位统领二百人的租户建议让他的部队进驻传教团的大院，以便在无政府状态盛行的情况下，需要时就在大院内保卫传教团。

幸好这种防范措施显得多余。14 日到 15 日夜间，共和派进了城。为了防止匪帮劫掠城市，张勋直到最后时刻才率领残部出城。他前往山东边境，在他拒绝交还铁路管理部门的火车车厢里扎营。他在窥探未来局势。

"民国，即天下太平！"在徐州的广东籍新军士兵反复重复这句话，令人生厌。墙上贴了无数的通告宣示这句话。交战的理由不复存在。事实上，被摄政王召去帮助王朝的袁世凯，先同叛乱分子达成停战协议，然后，通过谈判让摄政王辞职，并抛弃清王朝。最后，在 2 月 12 日，袁世凯同民族主义者几次商讨后，宣布建立民国。翌日，袁世凯辞职。14

---

① 参见艾赉沃耶稣会士《在新中国》，载《研究》1916 年 2 月 20 日，第 502 及页随后各页。

② 《研究》1916 年 2 月 20 日，"城市"条，第 501 页及随后各页。

日,孙逸仙被选为总统。南北重新统一。

在徐州,荣福咸神父写道:“礼拜日(2 月 25 日)张贴的一份告示宣布,甚至同张勋和解。(此人不满,但)他还是竖起了共和旗。”①

赦免政策惠及土匪。他们曾有功于新时代的来临。曾发动他们造反的革命者不愿现在不经审判就斩杀他们。于是,他们请土匪头目们加入正规军,根据他们所指挥的人数授予相应的官阶。中国人习惯于胜者吞并败者,而在这个时代,兵匪之间的差别很小,让他们融入对军队不会有任何害处。

对土匪头目们而言,归顺比自由自在的抢劫更有好处吗?这是个问题。大多数头目迅速下定决心。在徐州,哪个村庄没被抢劫过两三次?镇压在即,必须善于及时抽身而退,并赶快使到手之物合法化,同时站在法律一边。土匪们因而从东部,从萧县,从安徽,或步行,或骑马,大批涌入徐州。他们从整列整列的火车里涌出。然而,自己携带枪支的人很少见。以后的事谁能料定?城市当局伸出双臂欢迎这些归顺者,给他们穿上民国的新军装,发给他们先进的枪支和弹药。政府的代表跑遍主要战场,对所有完全同意归顺的人当场进行改编。

这项善举在整个 2 月份继续进行。共和派确实宽容,自信可以经受住任何挫折考验。徐州城充满凶神恶煞。殷实人家逃往南京和上海。每天夜晚都发生许多起偷盗。不久,一些装备精良、改头换面的土匪先在萧县,然后在其他地方替换革命军,从此保护好人和富人不再受他们昔日的同伙祸害。

其实太平几乎没有临近,因为大头目不如小喽啰热心。这种招募入伍可能只是一种圈套。目前,他们的地位是牢固的,他们知道这一点,他们要求在更换另一种不稳定的地位之前得到保障。其中许多人认为政府出的价不够,于是拖延,无疑是想增加在政府眼里的价值。从 1912 年 2 月末到 3 月末,当地再次遭到烧杀抢掠。

传教士们没有幸免这些灾祸和不安,因为土匪对他们并不比对其他房产主好。马井村险些没逃脱三四百名土匪的攻击,他们还曾客气地自报家门。富守和神父处在两帮最近归顺共和派的年轻人的正式保护下,他们白旗当头,维护本地的“平安”。

2 月 22 日,程寨遭到袭击,几乎被夷为平地。这致命一击是一个名字叫平(音译,Ping)的土匪干的,环神父的仇敌程华利曾多次利用他反对天主教传教团。这次,平反过来攻击他的雇主。程华利的整个庄子化为灰烬,他的儿子受伤。平就驻扎神父的座堂里,座堂一直完好无损。幸亏环神父当时在砀山。

庞三躲到武湾,陈神父的座堂成了他的大本营。大院里的场地挤满了他的牲口和在附近抢劫来的物品。他在此地出售在专卖局盗窃来的食盐……荣福咸神父在徐州到处奔走,要求当局赶走这个无赖。然而徒劳无功,军队拒绝行动。

戴套楼自 2 月 18 日撤走驻军以来,依然相当平静。但是在 3 月初,土匪穿过村子,侵入神父的座堂,抢走一些旧枪支和其他不值钱的财产。谷生春神父正在去徐州的路上。一名信差追上他,报告了情况,谷生春神父立即折回,途中不期遇上第二股匪徒,抢走了他的部分衣服。

---

① 荣福咸神父致姚中李主教的信,1912 年 2 月 27 日(AZ)。

稍后不久,3 月 19 日,几乎还还只感到恐惧的三官庙,突然被三百名土匪占领。那天土匪四次搜查顾蒂里耶神父,抢走一些武器和牲畜。次日再次搜查,抢走神父的衣服和他的圣物。但是顾蒂里耶神父记述道:“上午,土匪在三官庙抢劫正起劲呢,我的主要传道员(在丰县)发现前一天开来的民国军队,他和闵镇长(音译,Ming tchen tchang,民国的县令头衔)商议让军队到三官庙来。实际上,21 日早晨,军队派了三百五十人,其中马兵五十名,火炮两门,机枪手两名,开进三官庙,在我的座堂北面四里地,有八名土匪被杀。

“这次军事行动对地方有好处,便于农民耕地,播种高粱。至少有几天,同事们(士绅们)庆幸顾蒂里耶神父请来了民国军队。”①

最后,土匪在东堂区又抬起头来。汤执中神父想必会长期记住近三月进行的徐州——窑湾之行。下面是他给姚宗李主教所写的内容:“我从徐州出发那天,得穿过五个土匪团伙。距徐州四十里地的第一个团伙跟踪我一些时候,多亏我们跑得快才摆脱。幸好我们有几头好牲口,六小时内把我们从徐州送到三十七法里外的白集(音译,Paitsi)。另外两个团伙显然准备攻击我们。我们利用他们正在犹豫不定之时,纵马而过。最后两个团伙离白集不远,当我们接近时就散开了。

“在白集,我在一个客栈落脚,同一百二十名马兵一起,他们是溃散过来的,尽管如此,他们待我很好,向我保证,我和其他神父可以往来于各处,不用担心。这并不可靠。他们提出愿意带我到土山,被我谢绝……再说在白集和土山之间,我未发现丝毫异常情况。到达窑湾后,我想过两天把牲口还给荣福咸神父。这些牲口未能送去,又回到我这里。”

关于当地的一些详细情况如下:

“这一带几乎和西部一样。众多的土匪团伙跑遍各个村庄,掠夺、敲诈或焚烧。此地和宿迁的(民国)军队几乎毫无作为。他们的总司令米昌源(音译,Mi Tchanyuen)昨天对我说,他们受命驻防是为了打击可能存在的保皇派,没有任何维持地方治安的任务。我们确实生活在自由制度之下,而土匪只是称霸一时。其实,他们似乎不了解我们,而且似乎不愿向我们开战。”②

我们已经看到,西堂区的这些人不太拘泥于形式。神父们,更确切地说,他们的人员也找到稍稍改变一下状况的办法。他们在当地土匪跟前赞扬教会行的善事,而且恳请他们别再打扰教会及其代表。他们的呼吁被接受了。因此,3 月 16 日,侯家庄、戴套楼和三官庙的献堂会修女们来到徐州,路过危险地带时,还有两股真正的土匪护送。不久,几位传教士有时就瞒着他们的十分谨慎的传道员,在这些新型骑士的保护下,回到他们的传教区。

只是将近 4 月份,神父们才注意到一些好转。由于主要的匪帮在山东和丰县遭到双重失败,应征入伍的人增加了。庞三最后一个埋藏了他的枪支。他首次来到徐州,但是他认为自己的功劳超过政府授予他的军阶,他拂袖而去,重操旧业。现在他被团团包围了。4 月 21 日,他宣布带领他的团伙到徐州。然而地方当局更慎重,拒绝他进城,但允许他带八十名马兵到南京去。其他人分散安排在他们的家乡砀山一带。

① 《1912 年三官庙年度纪事》(*Rel. ann. Sankwanmiao*,1912)(AZ)。

② 汤执中神父致姚宗李主教的信,1912 年 3 月 21 日(AZ)。

庞三离开徐州,一去不返。在南京,艾赉沃神父曾帮助他藏匿。直到1915年8月,艾赉沃神父与这位"被保护者"失去了联系,后来,庞三的一封信使这位神父获悉,他在狱中,落在上海的法租界当局的手里,因为他犯有多种重罪,不久租界当局将不得不把他交给中国当局。这一移交等于宣判死刑,因为拥护清朝的张勋枪毙所有革命者,他悬赏五千块大洋擒获庞三。艾赉沃神父看望了这位罪犯,但没有试图阻止司法正常办案。

8月26日,庞三被送交张勋的官吏,并在9月4日执行死刑。在庞三死前,洛·佩洪先生(音译,Loh Pahong)和一位中国神父得到艾赉沃神父的通知。他们前去监禁庞三的上海制造局,并得到允许对他进行劝戒。

艾赉沃神父叙述道:"我的人员虔诚地祈祷圣母、圣若瑟和善良的天使,在小客厅等了一个多小时。终于3点钟敲响了,一个人拿着一张红纸从里厢出来。那红纸就是处决令。红纸上只有一个名字:庞三杰。官吏们立即向牢房走去,我们的人紧随其后。十分钟后,在站满士兵的大通道上,有一个人走来,他低着头,但挺着高大的身躯,充满他那五十岁年纪的人的活力,尽管脚上的镣铐妨碍行走。洛·佩洪第一个向他走去,并对他说:

——您不是庞三杰吗?

——我是。

——您知道您要去哪里吗?

——知道,去死。

——您看,这里来了两位教友和一位神父。我们得到艾赉沃神父的通知,来帮助您……

——哦!……

——不是来救您的命,那做不到。但要拯救您的灵魂:您愿意吗?

——愿意。

——为此必须相信天主……

——我信主。

——相信主已启示的和圣教会教导我们的所有真道。

——我承认它们,我相信它们。

——神父将提请您注意六条主要的经文,而您重复您的信德经。

——是的,是的,我知道,我相信。

"就在那儿,在兵营的院落里,在官吏和士兵围起的圈子里,这位即将赴死的人十分恭敬地倾听神父,明确有力地回答他相信这六条中的每一条。

——这很好,神父说道,但是为了得到拯救,必须受洗。

——神父,请您给我施洗吧!罪犯说着就跪下去。

——你还必须先忏悔。

——我懊悔。

——你从心里后悔你一生犯过的所有错误和罪行吗?

——是的,是的,我后悔。仁慈的主怜悯我吧,我是大罪人啊。(接着他捶打起自

己的胸口）

——瞧，这就是显示圣迹的圣牌，同样，请求圣母帮助你得到宽恕吧。

——耶稣宽恕我吧！玛利亚保护我吧！

——那么，你真要领洗啦？

——是的，是的，我请您给我施洗。

“一位教友将圣牌挂在他的脖子上，另一位教友给他送上一个带耶稣像的十字架，他虔敬地吻了一下，神父将圣水洒在他的前额上，说道：‘若瑟，我以圣父、圣子和圣神的名义给洗你施洗。’

“新教友划一个十字，站立起来，满脸泪水，充满慰藉。停留片刻后，一行人员开始走向刑场。教友们的工作结束，他们要离开了。这时，洛·佩洪按捺不住强烈愿望要继续陪伴他的教子，这人是他陪伴的所有临终的人中，给予他最大喜悦的人，而且在几百米的路途中，洛·佩洪在他身旁走着，让他不停地说：‘耶稣、玛利亚、若瑟，请拯救我吧！’

“五分钟后，仅仅一颗用枪口顶着前额射出的毛瑟枪子弹，将生于砀山县的庞三杰的灵魂从上海制造局送上天堂。二十五年前，在徐州，通过神秘的渠道，通过书写‘天主的仁慈，谁能讲述？’这几行文字的人，将拯救的福音带给他。”[①]

A peste, fame et bello（拉丁文：对瘟疫、饥饿、战争）……我们现在还只谈到了匪患。在整个这一时期，更致命的饥荒和伤寒使地方荒芜。局势迫使传教士们闭门躲在座堂里，但是，他们并不因此能躲掉疾病的传染。在他们身边，教师、工友，尤其是数十学生，受到传染病的侵袭。

就是在照料病人时，蓝神父和十二年来一直担任邳县学校校长的献堂会金氏修女染上了伤寒，在1911年12月间隔数日夺走了他们二人的生命。已经染病的蓝神父继续在农村为临终涂油礼而奔走。不久他就卧床不起。12月22日，夏之时神父用船将他送到窑湾。31日，蓝神父去世。

汤执中神父写道，“直到放进棺材，蓝神父的脸上始终保持着往日支配其灵魂的沉着和平静，甚至呈现出让人欣慰的笑容。两天里，学校的学生和信友轮流在遗体前祈祷……我已让人通知邳县的教友，昨天有很多人过来，向他们的好神父表示感谢。今天上午，我们为我们亲爱的蓝神父隆重举行追思祭礼。就在今天，大约有三百人为他领圣体，不包括这些天学校学生为三四百其他的人领圣体。Beati mortui qui in Domino moriuntur（拉丁文：安息于主的怀里是有福的亡者）”[②]。

西堂区的几位神父死里逃生。1912年3月初，雷伯雍神父感染上斑疹伤寒。3月5日，尊敬的传教区的长上神父为他行圣事。传教区的长上神父前两天到达，进行教规的年度巡访，他感到，当时不可能在各传教点巡视一圈，便专心照看病人。在5月份的一段时间内，和神父在中心休息。5月20日，谷生春神父将前一天行过圣事的顾蒂里耶神父护送到徐州，他发高烧达摄氏四十一度。环神父和富守和神父也忍受着说不清楚的疼痛。

---

① 艾赉沃耶稣会士：《在新中国》，载《研究》1916年2月20日，第514～515页。

② 《哲尔济书简集》，1912年6月，第197页。

其实，所有传教士都被夜间警惕外面的动静、白天的忙乱、频繁的外出、持续的焦虑……弄得疲惫不堪。幸好假期来临，有望稍微放松一下，期望的好日子随之而来。确实，小麦有了丰收景象，徐州政府正全力镇压抢劫。

在徐州扎营的民国军队中大部分为广东人，他们既瞧不起满族人，也瞧不起当选总统袁世凯。王朝的废除如此轻易地被皇帝和朝廷接受，袁世凯的一百八十度大转弯以及他当选总统欺骗了共和派。共和派曾梦想夺取北京。自从签订和约，共和派在徐州的存在失去作用。因此，他们被大批地遣送回家，最后一批于1912年4月4日离开城里。替换他们的本省部队是苏军，由冷(御秋)司令指挥，他们不像南方的共和派那样心慈手软。司令一到徐州，便毫不迟疑地感情用事，采取独一无二的措施，恢复“骚乱分子一律处斩”的命令。

自4月底以来，处决在徐州周围大肆进行。不久扩展到砀山、萧县和共和派控制的其他城镇。被首领抛弃、归顺或移居的土匪们隐藏在微山湖西岸的各城镇，以及庞三的家乡砀山县，当地人不会出卖他们。夏天，他们几乎不敢从这两个藏匿处出来。丰县、沛县西部、萧县和砀山县的农民平静地收割麦子，翻修房屋，这些地方的人在像在骚乱之前那样随意出行。

只要地里还长满高粱，土匪们就不太担心。高粱秆高八九法尺，非常茂密，像小树林一样，他们隐藏在其中，随心所欲地逃避警察的相当稀疏的大网。况且徐州当局也没有尝试进行任何征伐，但他们在做准备。在夏季，当局的军队得到扩充，吸收了归顺的土匪，占领了有待摧毁的匪巢附近的战略地点。一支部队在与山东的交界处展开行动，切断逃跑者的退路，9月初，士兵们进入农村，同时还有湖畔的村庄和砀山地区。

环神父的继任者朗本仁神父有一份长篇纪事详细记述了在砀山县的报复过程。以下就是其中的几段摘要：

“昨天(1912年10月11日)，四省一致行动的士兵们开始在村庄里搜捕……他们包围村庄，让所有人都出来，问他们的姓名，如果有人列在官吏的名单上，即被投入监牢，或立即处决。昨天，在某些村庄大开杀戒。如果士绅们不窝藏罪大恶极者，这种方式并不坏，因为是他们最担惊受怕。

“不管怎样，三四天来，起码在城西一片深沉的平静……就在此刻，一个大土匪刚被带回城里……这人一到城门前，就对士兵们说，他再也走不动了，要骑马进城，于是有人将他扶上马，他就像胜利者进城一样，吹着长官的哨子，像是对士兵们下命令。他只有二十二岁。他对众人说，二十二年后你们会再看见我，我还将带着一支速射枪。他将在今晚或明晨被处决。城里几乎每天都处决十到二十人，在农村更多。以至于西门的狗都养成习惯了，一听到执行处决的枪声，就奔过去舔血，人们费很大劲儿才把狗轰走。我们也费很大劲儿才把我们的人拦住，大家都想去看。

“庞三这个无耻之徒的处死造成巨大的恶劣影响。我们将长期受到由他引起的逆反效应的损害。它让所有年轻人无所适从；受连累的人多得难以置信，而他们对我们无力挽救他们感到惊讶。看到他们对大土匪的同情和对民国军队的藐视，让人感到痛心。确实，总的来说，民国没有做出什么能让人尊重它的事情。”[①]

人们当场决定无数嫌犯的命运，无论他们是真正的罪犯，还是或被当作罪犯检举出来的。在铜山县和沛县，这种快得不能再快的判决就和一些纯粹的野蛮行为结合起来。

要清剿的村庄尤其包括“团”，“圈子”，即从山东迁来定居在微山湖西岸的移民点。土匪对这些民风粗犷、好闹事、每年多少都闹饥荒的居民“圈子”始终抱有好感，他们除了向土匪提供窝藏点防止警察搜捕外，还提供为数众多的可靠的新成员。民国初年，武湾已成为土匪最喜爱的一个巢穴，当地的本堂神父陈神父无法阻挡他们多次占领其围墙内的房屋。

徐州方面详细了解了所有情况，以及许多其他细节，因为清剿土匪的组织者在整个夏天调查到有关地方和人员非常具体的情况。这项行动被交给一支大部分由军事化的土匪组成的队伍。三个月来，他们未得到军饷；人们可能在寻思，他们的首领冷将军是不是派他们去掠夺或平定各“团”。无论怎样，命令已经下达，因为 1912 年 9 月 10 日，士兵们一进入“圈”子地区，立即采取了摧毁一切的手段，可能一直持续到返回徐州：掠夺，焚烧，处死土匪、疑犯以及与土匪有关系的任何人。

与土匪团伙杂处了一年后，整个居民多少受到连累，这些有审判权的人有意缩短调查，尤其是如果他们觉察到能实施有利的抢劫的话。居民们预见到他们所面临的命运，于是纷纷拽着牲口，带着家具、衣服和粮食逃难。许多人到武湾避难，陈神父向他们开放座堂的场地，五六百人挤在那里——献堂会的修女那里也几乎挤满了同样多的妇女和儿童——其中就有一些公认的土匪。这群人所带的牲口和物品，许多已被偷走。陈神父的当然无意要让真正的罪犯逍遥法外，但是他们已混入茫茫人海之中。

以前当土匪在陈神父这里扎下时，陈神父受荣福咸神父支持，经常要求士兵替传教团赶走这些不受欢迎的人。这次，陈神父相当担心司法代理人在其中干预。因为如果他的座堂里有土匪，那就是例外了。鉴于这些受命镇压土匪的人的性格和最近的行为，怎样既交出罪犯，又不使数百名无辜者的生命财产受到威胁呢？

陈神父因此很不安。因而根据士绅们的启发，他写信给指挥讨伐的官员，说土匪已溜到沛县（确实是这样，除某些人外），所以在武湾搜寻他们是徒劳的。这位官员没有上当。他把送信人作为人质扣押起来，9 月 14 日下午，他的部队将村子包围。没有交涉，也没有调查。士兵们一边肆意掠夺和屠杀，一边开始从四角放火。此后，这些士兵猛扑座堂，在人群中抓出逃亡土匪，杀死七人。陈神父被当作窝主，遭到殴打，然后同院内的所有人一起遭到抢劫。次日是主日，陈神父本来要做弥撒，但是由于士兵还在抢劫座堂，他就同手下一起渡过微山湖，去了徐州。

两天后，17 日，被任命为西堂区主管、替换荣福咸神父的汤执中神父也到达徐州。叙述这一事件成了欢迎辞。汤执中神父未耽误片刻，18 日下午到县令府，县令不在，他随即去冷将军府，受到一位秘书接待，此人一开始矢口否认，直到听到更多的情况才承认。况且士兵们也正在向这位秘书提供更多的情况。

士兵们离开武湾时，已完成他们的杰作，举着火把穿过各村，进入沛县。各“团”的几

① 朗本仁神父致姚宗李主教的信，1912 年 10 月 12 日（AZ）。

千居民在大屯(音译,Tatün)同他们的财产在一起,闭门不出。大屯是沛县北部七八里以外一个有围墙的小镇。居民们不都是土匪,相反,大部分是善良农民(其中有一千名天主教徒),正规军队的疯狂举动令他们感到恐怖。这批正规部队受到战利品的丰收前景的激励,并且把大屯当作土匪巢穴,于是着手包围这个变成了堡垒的地方。因为土匪、异教徒和天主教徒已决心保卫他们的生命财产。

沛县的传教士方神父一获悉准备杀戮的消息,就抱着至少要拯救无辜者的希望,向县令毛遂自荐,要在围攻者和被围攻者之间进行斡旋。县令不隐瞒这种尝试的难度,而且,实际上由于双方言辞有点激烈,激怒了与神父交涉的军官,断然回绝了他。于是方神父打算进入大屯,鼓舞他的教徒,使他们复归天主。

9月18日夜里,方神父徒步出发,径直潜行到围墙根。士兵一瞧见他,就朝他射击,但没有击中。在壕沟边土堤的掩护下,方神父绕过围墙,终于被村民认出,村民们扔下一根绳子,将他拉进庄子。他在庄子里逗留了大约两个钟头,然后从原路返回。19日早晨,方神父发现县令和军官的大门紧闭,便出发去戴套楼。他刚离开沛县,一队士兵就到了座堂。士兵们因为前一天的谈话怒气未消,再加上昨夜之事,便洗劫了女校,然后洗劫了堂里和教堂,还到处寻找方神父,要杀他。

次月,汤执中神父访问了沛县,他写信给方神父:"段神父花那么多的心血兴建起来的漂亮的沛县座堂,和沛县教堂一样,虽然没有被烧毁,但也被完全破坏了,超过了任何想象。绝大部分门窗玻璃,连同您保留起来的玻璃箱子,都被砸碎了。

"我们在客厅找到一个避风的地方,并用席子堵住门窗。我们就是这样在您的废墟堆里度过了一个不算太冷的安稳的夜晚。走廊上堆满被打碎、被脚踩碎的物品:箱子、烛台、椅子、聚光灯、圣水瓶底……等等。破门窗随风摇晃,发出哀鸣……

"教堂的状况更惨。一切都被弄得乱七八糟,祭坛被推倒,砸得粉碎,圣体龛被打破,耶稣受难图被撕碎,散落在各个角落,绘画和圣像被撕碎,上面有弹孔,卢尔德圣母塑像遭到极恶劣的亵渎,被抛到一片水洼里,后来被一个异教徒拿走,您的圣心像无疑成了这些魔鬼射击的靶子。只有仁慈的圣若瑟像安然无恙。

"您为学校储备的粮食以二百铜钱一百磅一袋卖出。现在一点也没有剩下……在女校,他们在砖下挖掘,拿走铜钱。那里也是无法描述的一堆箱子碎片、车轮、篓筐、板凳、桌子、布、棉花等等,真令人痛心。"①

沛县座堂遭劫后的第二天,大屯陷落。村民们不指望任何宽恕,他们疯狂地进行战斗。弹药用尽,就用砖头,接着,伤亡近两百人后,士兵攻进了围墙,妇女们用钉耙和长把叉打击士兵,杀死五十来人。很多妇女为了避免受到侮辱,跳井自杀,有几个井被尸体填满。随即发生骇人听闻的大屠杀。士兵们缴获一千五百多头牲口,许多四轮马车装满粮食、衣服,最后是五车妇女,其中有两位汤执中神父不能忆及的教友。士兵们将村庄夷为平地。

这里不再是镇压。人们向南京和北京告状。汤执中神父直接找冷将军交涉。9月20日,他将沛县遭劫之事告知冷将军。21日,他见到冷将军,花了两个小时向他说明各个座

① 汤执中神父致方神父的信,1912年10月28日(AZ)。

堂,甚至神父们正在遇到的危险。对所有要求,将军以拒绝接受回答了之。汤执中神父写道,“他不对保护作出任何保证,说他不能为士兵担保。不管怎样,如果他们是有罪(他不承认他们有罪),惩处和赔偿都是不可能的。对他来说,这是一件完全不可能的事”[①]。两天后,汤执中神父补充说:“此外,我认为这位冷将军困境尴尬。此地有两位将军。另一位将军掌管数千人,未参加作战,但是他约有一千名士兵是“团”的小伙子。然而他们的家庭遭受了部队过境之苦,甚至有一些家庭成员被杀。已经有人扬言要报仇。两位将军的部队之间有可能发生一场可怕的火并。”[②]

徐州和沛县的县令也不再是不起作用。他们对在其辖区内大肆破坏的军人无权干预,但可以随意会见政府的长官。徐州县令一次南京之行之后,冷将军就接到召回其士兵的命令。此外,“团”里的残余匪帮溃散到河南。于是,正规部队重新占领徐州公路,继续其掠夺。9 月 28 日,他们路经第一次搜查时忽略的“团”,并洗劫之。他们又来到武湾的座堂,结束 15 日在武湾开始的勾当。他们以破坏为乐,打碎一切:家具、祭坛、圣体龛,耶稣受难图……汤执中神父报告说,“军官们表面上也阻止士兵干这样的勾当,公开场合说,他们奉命不得碰天主堂。但是却无法让这些野蛮人服从命令”[③]。

这是这场恶魔般疯狂的最后一次爆发。地方对抢劫和大兵感到厌倦。地方当局通过种种办法谋求恢复安宁。由于担心新的叛乱,当局不敢惩处士兵,但是,在 12 月份,当局解雇了三四千屠杀“团”民的刽子手。他们的长官,一位老土匪头子,被撤职。

汤执中神父关于座堂被掠夺的赔偿要求被接受了。沛县县令亲自请汤执中神父来商讨。两三次非常热忱的会晤之后,汤执中神父得到一千六百块大洋,赔偿在沛县遭受到的损失,另外官员和士绅们还在圣诞节举行了盛大宴会来表示道歉。

官方还补偿了革命初始造成的损坏。在马井,主要的罪犯已受洗。他们承认自己的罪孽,并答应富守和神父归还四百吊钱(约六百美元,三千金法郎),一年后才只还了四五吊。1912 年 11 月末,掠夺的煽动者马龙泽(音译,Ma Longtse)想利用汤执中神父的路过从他那里获得免罚,被接受了。那天,汤执中神父情绪不好,确切地说,斩首差不多在各处进行。汤执中神父处于他所称的圣怒当中,他召请村子里作过担保的首领们,以及其他一些人。汤执中神父狠狠地斥责了大家,使这些作恶的天主教徒产生如此强烈的恐惧,以至于不到一天,所有的钱都交到他手上了……汤执中神父为这次成功颇感自豪。

汤执中神父在程寨不太走运。砀山县令向公认的教会仇敌程华利征收过他曾得到的五百吊罚款。官员认为事情已解决,不愿再理会赔偿要求,汤执中神父一无所获,甚至在徐州官员那里也碰了壁,官员坚持要把武湾遭掠夺的责任推到陈神父身上。最后,在三官庙,顾蒂里耶神父在 1912 年春天,从与土匪勾结洗劫座堂的村子得到六百吊钱,并恢复名誉。这笔赔偿不足以弥补损失,但原则得到维护。异教徒们称赞神父们的稳重,神父们满足于没失去一切。

---

① 汤执中神父致尊敬的吉洛神父的信,1912 年 9 月 21 日(AZ)。

② 汤执中神父致尊敬的吉洛神父的信,1912 年 9 月 23 日(AZ)。

③ 汤执中神父致尊敬的吉洛神父的信,1912 年 9 月 29 日(AZ)。

1913 年 2 月,徐州的革命事业结束。老百姓在地里耕作,买卖重新活跃起来,神父们专心于他们的圣职。同年 7 月却上演了一出闹剧。捣蛋分子张勋同他的士兵一起,留着辫子,穿着清朝军服再次出现。他不发一枪就将南京的军队驱赶到南方,占领徐州,并驻扎下来。张勋是从山东边境到蚌埠广大地区的军阀。他在徐州一直待到 1917 年,他维持了秩序,当地人应该感谢他,尽管也遭受了他的独裁专制。

第十四章 灾难之后(1912～1919)

在无政府状态的那几个月,传教士们有点为自己担心,也非常为他们的皈化者担心。他们担心这次狂热会激发人们身上更野蛮的东西,直到疯狂,进而更加冷漠,必然的后果是放弃宗教活动。到 1912 年末,神父们能够估计出革命造成的破坏程度。

抢劫的诱惑让各地的人们极度兴奋。许多天主教徒靠抢劫生活,或者还没到这种地步,只是帮助土匪,为他们通风报信,窝藏嫌犯,贩卖赃物,无所顾忌地接受他们的那一份赃物。一些传道员开始担任所谓拥护共和的强盗的头目。一些教徒村的村长带坏他们的村子,带领在教会干事的人去掠夺其他村庄。掠夺马井、三官庙、沛县、姜楼、程寨和武湾的传教士的人中就有天主教徒,他们有时会让同伙收敛一些,但他们参与抢劫,亵渎圣物,不感到羞耻。

这些天主教徒中许多人在突击搜查或遭遇士兵时,手持武器而死。更多的人被官员斩首。在程寨和姜楼区,官员处决了二百多受洗过的土匪。在其他地方,或许那里的法庭不太严格,或许因为最受牵连的人已经逃跑,人数要少些。被抢走、被出卖到外省的女孩子和婴儿的命运如何,不得而知。

初步调查向传教士们表明可悲的宗教信仰状况。西堂口的大部分施洗者有一半两年来日常生活中不参与圣事、弥撒,也不祈祷。无效婚姻比比皆是,许多新生儿未受洗。无数的孩子在到达和超过领圣体的年龄时,不会一句教义。从 1911 年 5 月以来,慕道班就停止了活动。中心学校勉强开课,但经常被军队或饥饿驱散,乡村教师开了小差,或者校舍被人烧毁。信仰方面的混乱、冷淡、漠然,以及迅速回归自然和古老的异教习俗的危险令人震惊。

宗教信仰似乎未变,但在这漫长的几个月里,人们受到这么大的痛苦,感到如此的恐慌,如此的焦虑不安,同饥荒、同火灾、同人进行了这么多的斗争,每天都发生一连串新的灾难,以至于精神似乎已融化于物质之中。神父们在吃惊之余更感到悲伤。尽管皈化是真诚的,而且尽力遵循教会的教导,但这些教徒终归是新教友,神父必须劝告、鼓励、亲自指导并在生命的每时每刻支持他们。苦难使他们惊慌失措;现在该由传教士来重新构建他们不善于保持的小小精神财富了。

两个堂口都没有堕落。在东堂口,土匪称霸比较短暂。所有座堂都得到尊重,而且不止一个区的基督徒住宅免遭劫难。传教士们被堵在家里时间较短,也就是说,他们没有跟教徒村失去联系,因此,在虽然无疑遭到过重创,但不像西堂口那样衰弱和冷漠的居民中,传教活动能自行恢复。

这个在艾赉沃神父时期十分活跃的最新创立的堂口，刚刚受到察访。该堂口由九个传教点组成，不久前姚宗李主教撤销了其中两个，另外两个传教点十分混乱，两个达到非常冷淡，只有三个还几乎处在安享太平的状态。

幸亏从1912年底以来，吴神父担任该堂口的主管，他具有振兴的经验，因为他已经进行并实现了东堂口的振兴。

吴神父在充分了解了其辖区的精神需要后，于1912年秋季着手为委托给他的二万二千名天主教徒重行领圣体。他的计划很简单。成年人进行三天闭门隐修。让他们复习天主教的主要真道，同时要他们祈祷，准备彻底告解和领圣体。总之，第二次慕道班时间不长，但内容相当紧凑，足以使意志薄弱但不怀恶意的宗教情感淡漠的人恢复对宗教的笃信。

计划的第二点是针对千百个已到初领圣体年龄的儿童。吴神父作为艾赉沃神父的优秀门徒，自然依靠祈祷学校来教这些落后的孩子学习初级教理，向他们传授领洗者的本分。不过我们将会看到，从1911年以来，条件发生了变化。变革的时代已经开始，对传教士来说，最严重的困难就是由新学制产生的。

戴套楼将举办一系列隐修班。戴套楼遭受辛亥革命的苦难少于其他地方，接纳信徒较早。吴神父在11月初到戴套楼，为一百八十名教友做神工，其中有五十名传道员。在三个整天，隐修者参加弥撒、训导（一天四次）、在耶稣受难图前默祷，一起背诵晨祷和晚祷经文、玫瑰经，此外，接受指导神父的个别劝告。经过如此一番准备，告解是真诚的，第四天早晨，最虔诚的人全体领圣体，而传教士们指出圣宠在这沉思期产生的深刻变化。

其他隐修随之而来：男人十二次，女人十一次，总计九百多名隐修者。关于这些神工，谷生春神父这样写道："所有隐修都是在戴套楼闭门进行的。秋季期间，教友们按类别或按村庄召集到戴套楼。如果隐修人数更多，听众更热忱，便进行布道，同时举行宗教活动，如在耶稣受难图前默祷。我努力模仿尊敬的主管神父在第一次隐修中作出的榜样。

"春季期间，后进的人接到号召，三五成群地从四面八方来。他们差不多被当作慕道者对待：他们询问多，而且根本没有表达能力。

"许多移民我几年来没见过，我从未见过的这些人正好趁隐修的机会及时到来。我高兴地看到，他们没有忘记他们的宗教；仁慈的主的圣宠令人赞美地支持了他们的信仰。每次隐修历时三整天。

"长期以来，我一直希望开展隐修活动，但从未奢望过做得这么好。参加弥撒，更经常地领圣体，在家祈祷是这个'永福'持之以恒的明证。重建业已完成。"[①]

在三官庙和侯家庄，采取了同样的方式，获得同样明显的成果。吴神父写道："两年来，一些家庭发生了不少变化：有新生儿，死者，失踪者，不合法的订婚，非法结婚，必须对每家每户逐项检查，争取全部恢复正常。这是一项艰巨的任务，但也十分令人快慰。神父们在各处满意地看到，尽管有饥荒和革命引起的种种灾难，教友们的信仰仍然是坚定的。所有神父观察到的一件事，就是大家想做一次认真的告解，因此大家在准备……"[②]

---

① 《1913年戴套楼年度纪事》(*Rel. ann. Taitaolow*,1913)(AZ)。

② 《1913年西堂口年度纪事》(*Rel. ann. de la section occidentale*,1913)(AZ)。

在马井和砀山县南部显示出更多诚意。异常的暴乱一直延续到1913年2月。富守和神父待在他的一半财物被抢走的马井座堂大院里，因焦躁而憔悴不堪。他多次想去看望他的教友，每次都不得不折回，土匪和追捕土匪的部队使他无法出行。后来大路终于畅通了，但组织隐修已为时太晚：农民们都或重或轻地破产，不敢在收获前离开他们的田地。因此，富守和神父只得在他的各教徒村和学校巡察一番。

富守和神父穿过许多仍然荒芜的村庄，居民们不敢走出封闭的城镇。大部分礼拜堂和学校被毁，有些是被士兵拆毁或焚烧的。在其他勉强能居住的城镇，神父发现了几户天主教徒或异教徒家庭，或者仍在那里居住的乞丐帮。到处除了荒芜就是对宗教的冷漠。

第二次巡访留下的印象较少缺憾。在四五月间，富守和神父跑遍各基督教中心，作弥撒，听告解，分圣餐，做每日记事，找到许多失踪者，补办结婚手续，甚至重新开放了一两所学校。富守和神父弥补不了灾难和动荡的年代产生的所有痛苦，但天主教徒们对神父以诚相待，一半人能遵守教规，富守和神父希望另一半缺席或不服从者能在秋季开始真正追上来。

砀山县的障碍难以克服。土匪们仍然控制着县，教徒村一位管理者不得不与七个大匪帮的头目们接洽，以使郎本仁神父从马井到砀山去不发生意外。姚宗李主教撤销程寨和姜楼的两个传教点，并把这两个点的创办者环神父召回徐家汇。接替环神父的郎本仁神父得到指示，在砀山修建一座教堂和一个堂里，并将被撤销的中心的建筑物搬到砀山。

搬迁钟楼一直是桩棘手的事。郎本仁神父明白这一点，因为长期遭到埝头和嶂山的天主教徒的反对。但是，郎本仁神父如果担心砀山也有同样的反应，那他就错了。11月份，郎本仁神父得到一块十来亩土地，建造女子学校，以及献堂会修女的住房。同时，他拆掉姜楼的建筑，用大车将所有材料运到城里。将近4月底，他安顿好妇女，便考虑他的教堂和本堂神父住宅。

头几个月，郎本仁神父孤独地生活。他不知道怎样把基督徒们再发动起来，因为堂区记事簿已毁，又没有人来看望他。他不再认得他的往日的徐州了，“这些人，肯定是未开化的，但他们见到神父，跟神父交谈却那么高兴”[①]。当时正在镇压的风头上。每天士兵们都在枪毙或斩首传道员、教徒村村长、与土匪有牵连的天主教徒。人人都躲在家里，闭门不出。

1913年2月份之后，突然完全变了样。军队已击溃匪帮。大路不再路断人稀，天主教徒大批涌向砀山。遵守复活节礼仪的二千六百七十五名领洗者中，有二千零三十五人告解并领圣体，其他人(不到六十位)缺席。六百多名妇女在献堂修女那里闭门隐修。这一年曾经看上去很冷清，但富守和神父还安排了七千五百人日常领圣体。

要强调指出，淳朴的动机对这次恢复影响不大。郎本仁神父写道：“我敢担保，所有的教友已经回归或将要回归。他们这次回归值得称赞，因为这次不再像义和拳暴乱之后的1900年。那时候大家都希望或多或少得到一些赔偿。这次他们很理解，他们不期待从神父这里得到什么保护，他们不再打扰我，甚至太让我安静了，因为我本可以为他们提供一些帮助。我没有向县令提出什么要求，可是他却对我说：神父，如果您认为可以担保受指

① 1912年10月12日的书信(AZ)。

控的教徒无辜,那就请您说出来——我按照您的话,免予起诉他。教友们知道这句话,因为县令已公开表态。”

另一个明证:富守和神父甚至取消了给妇女的主日免费餐。富守和神父写道:“最初几次有两三个老太太反对,其他人接受了,家境比较宽裕的老太太还满意,庆幸不再跟女乞丐们混在一起了。现在习惯变成风俗,出席节日的人一直很多。”[①]

沛县和铜山县的情况不同。传教中心的人中意志动摇者和罪犯不比西部的天主教徒少,他们返回教会要迟缓很多。说实话,他们是可以原谅的。士兵和土匪长期盘踞在微山湖和徐州城一带,怎么能冒着失去一切的风险,离开村子两三天去做隐修呢?雷伯雍神父于是主动去找堂区教民。他在那些已变成农场或牲口棚的老礼拜堂里举行弥撒,有二十到三十位教友参加。其他堂区的几百名基督徒住在附近,他们同样需要神父的救助。通知过他们,但是没有回应邀请。1913 年 6 月,刚刚三分之一的领洗者在复活节领圣体。孩子们不上学,吴神父为使这个大县灵修生活停滞的淡漠感到不安。

因为武湾更低落。我们说过,武湾这个区曾经发生过多少野蛮行径啊。1912 年 9 月,陈神父不得不放弃座堂,军队在附近地区的出现阻止了陈神父返回传教点。近三个月,陈神父在徐州先是等待结束对“团”的清剿,接着等待解决吴神父所要求的赔偿,保护的担保。在交涉期间,张神父获悉任命他去武湾,接替陈神父,于 11 月 9 日前往武湾。

张神父在武湾度过相当愁闷的一年。许多教徒要不被杀,要不逃往山东。剩下的人则在恐惧中度日。极少有人上教堂。张神父修缮了处所,还为男孩子们开办了一所极好的学校,令主管非常满意的就是这所学校。在武湾恢复稳定状态还需一两年时间。

对沛县而言,需要同样的时间。1912 年 10 月初,县令请方神父返回。但是吴神父曾经要求的保证安全,赔偿军人造成的损失,于 1912 年 12 月 25 日才得到。方神父来徐州一周,正要前往北方时,疝气发作迫使他再去上海。1913 年 2 月,杜古神父接替了方神父。

沛县的座堂不仅仅是毁坏:家具成碎片,堂区记事簿被毁,教堂快要坍塌。约六百名最虔诚的教徒主动前来,但是杜古神父没露面,实际上他把绝大部分时间都用在购买建筑材料上。1913 年秋天,他几乎完全拆除段神父在非常潮湿的地面上建起的教堂,另外竖起一座同样规模的教堂,于 12 月 21 日竣工。因此神工被推迟到 1914 年 1 月。

不过在其他所有区,重新振作天主教徒的计划第一部分已经实现。1914 年 6 月,三万三千名领洗者中有一万五千二百人在复活节领圣体,九百二十五人仍不服从,七千二百名缺席。大约九千名儿童不到年龄,或缺乏领圣体所要求的知识。

传教士在继续致力于成年人回归的同时,也力图解决儿童接受基督教教育的问题。家庭不适合对他们施行基督教教育。在革命前,教会维持了几百所祈祷学校,现在只有六十一所留下来:西堂口有十四所男校和七所女校;东堂口有三十四所男校和六所女校。学生人数从六千零六十下降到三千九百三十三名,就是说,约百分之四十的适龄领洗者不上传教区的学校,结果长大后对天主教几乎完全无知。

对徐州教会的前途来说,这种情况是最严重的。这实际上意味着,天主教每年失去同

---

① 《1913 年砀山年度纪事》(*Rel. ann. Tangshan*,1913)(AZ)。

样或多于它使之皈化的入教者。因为这些错过学习时代的孩子，除非例外，从未学习过信仰的原则和义务。他们在整个人生中，将永远是现在这个样子：没有受过宗教教育的领洗者，是半个异教徒，除非稍后有完全特殊的天意将他们带到慕道班，如同过去天意曾将他们的父母引领到慕道班那样。如果人们不想每隔二十年重建一次教会，祈祷学校是不可或缺的。不幸的是，一些村庄现在根本不考虑在他们那里兴办祈祷学校。

过去人们同意：因为天主教学校是一种保障。拥有祈祷学校的村庄，就以某种方式进入教会地盘，遇到一点危险就能够向传教士求援。这种美好时代已成过去。传教士与民国的衙门只维持礼节性关系。传教士不再为受官司牵连的教徒说情，也很不愿意再去管教徒的俗权。他们甚至婉言谢绝许多过于关心打官司的传道员。农民们想，如果教会坚持这种策略，要学校还有什么用？

这是第一个困难。第二个困难更严重，使传教士们考虑彻底改变艾赉沃神父所设计的那种小学校。因为民国政府打算教育民众，决定普遍建立小学和中学，以那么多革命者在欧洲或在美国学习的大学为榜样来规划大学。神父们称赞政府的合理的雄心，但是实现这个国民教育计划，将使教会推行了近四分之一世纪的学校事业复杂化，而且是在许多祈祷学校停顿的情况下。

于是，政府向所有家庭征税，用于兴办小学，小学不再教“四书”，而是按照其他国家的方式讲授所谓的新学，即阅读、书写、计算、地理、历史、文学等。天主教徒必须像异教徒一样交税，因此他们就拒绝交给祈祷学校的份额。他们当然要把子女送到用自己的钱兴办的公立学校。这样，比较富有的教徒就回避神父了，因为他们可以让孩子接受基础知识以上的教育。

政府向人民承诺新学。政府的学校还远未完善，教师有时不如学生知道得多，可是计划是诱人的，时髦掺和在其中。因此传教士也必须适应现代式的教学，寻找合格的老师。天主教老师不用说，因为传教士首先以讲授宗教为目的。然而在这个时代，为初级教育培养的传道员极其稀少，而且政府给的薪酬高于传教团给的薪酬，十分诱人：神父艰难地维持这种必要的扶助，但是花费越来越大。

神父们对这些情况进行了思考。从中得出的结论在他们看来还不是绝对肯定，因为民国提倡的教育计划才开始实施，而且连连战乱干扰了计划的实施，但是很明显，中国正在奔向未来，新思想迟早将占上风，届时教会必须保持其教育地位。

吴神父和东堂口的主管博神父(P. Bonay)二人向姚宗李主教禀报他们所辖各区出现的趋势，并逐渐向他禀告改革的事宜。

在博神父那里，1912～1913 年几乎是正常的，雎宁没发生任何意外。当地教育局颁布一项规定，要求天主教徒或慕道班学生必须在中性的男女同校的公立小学学习四年，才可以报名上传教士的学校。毕神父不以为然，而且说服别人同意自己的观点。可是，这次本身微不足道的摩擦预示了日后的斗争。传教士们知道这一点。也是在那一年，在东堂口的几乎所有的区，神父们为他们的总堂祈祷学校增添一所小学，使之完善，一开始免学费，自 1913～1914 年起收学费。

向一贯落后的学生和一些很少相信教育好处的家长收取学费，在许多人看来，这个主意不可能实施。在小范围实验之后，结果证明了人们的担心。

博神父写道，“所有的神父，为教友的孩子们开设书本小学（小学）。我们确定作为一般规定，必须要求父母付一定的费用。这点钱微不足道，但也难以收到。在乡下，几乎所有的区，同样亦开设几所学校：老师缺乏职业自尊心，家长们完全不在乎，使得这些学校在许多地方几乎无用，加上在这个新教徒的地区，没有什么能够替代神父的监督。要向孩子们灌输基督教思想，神父的活动胜过靠优秀传道员灌输最好的教理。神父的这种不断监督非常必要，以至于甚至在他的传教中心，他认为他离开职守履行其他职责几乎是浪费时间，或者至少对教育学生不太有用。”

在神父们建立的中心里，基督教新教的攻势使博神父挂虑。博神父接着写道：“基督教新教徒几乎在整个堂口四处奔波，在各地建学校。这看来在他们那里是个口令。只说较大的中心，除了宿迁大型学校在招收大量士绅子弟，并且不断扩大外，他们在窑湾也建起了一所学校，在邳县，在睢宁等地也在兴建。在埝头，他们刚签订了买地合同。”这些学校招收的学生是士绅和商贾子弟。这些学校让人们了解基督教新教徒，并作为他们的宿迁最重要的学校的招牌。在这些学校，学生至少学会了嘲弄洋人，并学会了把天主教看作一种非常渴望政治统治的低级的佛教。他们聘请几个会点英文的上海学生当教师……付给这些学生报酬。对我们来说，和他们争学校数量可能很困难；但是我们的力量不分散，可能比他们有优势，例如为整个堂口办一所学校，略超过基督新教教徒所办的和政府目前可能办的学校。这所学校会有学生，而且我相信，不久会招到更好的家庭的子弟。起码在徐州城东目前的状态下，这些家庭与其选基督教新教的学校，甚至政府的学校，不如选我们。基督教新教和异教的教育使许多家长害怕。他们的教育向孩子灌输太多的自由和平等，对权威不够尊重。如一位士绅对我所言：“神父，您那里起码在教尊重。”这样的学校除了有利于在堂口传播福音外，还有可能让人们了解我们，而且可能成为为我们的上海学校招生的最佳途径。”①

这就是东堂口付费学校的初步经验和传教士们在议事中讨论的计划。神父们具有教育者的素质和学识，他们热切希望利用他们的素质和学识培养中国青年。然而由于居民对小学和对祈祷学校一样几乎完全冷淡，他们的想法落了空。设在窑湾的高级小学方案没有下文。至于乡下的学校，每年都要关闭几所。1914 年有五十一所，到 1925 年只剩下十九所。

相反，西堂口有了进步。吴神父来时，该堂口各区一直只有两所学校，男校和女校，附属于各自的座堂。这两所学校也处于可悲的境地。吴神父写道：“场地很小，通风差，孩子们衣衫褴褛，像乞丐；令人恶心的肮脏，流行病在蔓延；饭食粗糙，不卫生，由于环境原因，训练很不充分，所有这一切使得原本有点乐意的家长们也不愿将孩子送到我们的学校。”②

其他障碍来自这些学校的制度本身。神父们要赡养学生。因此学习期限根据他们的小麦储备而定。一般在五六个月后，他们就得把所有这些白吃饭的学生遣送回家。在某些区，学生人数太多，两个月轮流一期。学生们学习主要的祷经、基督教教理要点，此后他

---

① 《1914 年东堂口年度纪事》(*Rel. ann. de la section orientale*，1914)（AZ）。

② 《1913 年西堂口圣婴善会纪事》(*Rel. de la Sainte-Enfance*，*section occidentale*，1913)（AZ）。

们有十个月的假期。

人们意识到操心子女教育的家长们不再情愿支持天主教学校。多数家长把他们的子女送到异教学校一年,然后就把他们留在那里。为了阻止这种脱离,传教士们在免费的祈祷学校旁,建立一所收费的小学,开办十个月的学期,而且照料得很好。许多传教士因循守旧,事先都怀疑能否成功。在1913年9月,大家都在实验新制度。如同在东堂口,这些"士绅的学校"产生的好处尚未充分显露出来,但一切都有开始。吴神父想,我们先修缮教室,在徐州建一所高级小学,聘任能胜任的教师,慢慢让这个计划成熟,不会没有学生的。不久,吴神父就在传教区的中心开始实行这项计划。

可事情十分令人吃惊,艾赉沃神父从不关心在徐州办一所与城市的大小相符的学校。他甚至不赞成把1897年建在马井的一所师范学校迁到徐州,不知什么原因,他坚持要留在那偏离城市的村庄。然而,当时正在进行1909年巡访的姚宗李主教决定搬迁。荣福咸神父接到的最初的指示之一,就是要将这所学校安置到堂口的中心,然而辛亥革命突然爆发,必须耐心等待。1912年9月23日,"中心的学生"最终离开马井去徐州,住在祈祷学校,直到1913年9月吴神父为他们兴建的建筑竣工。

1913年7月,吴神父为徐州的男孩子建了五间教室,接着在1914年5月,在献堂修女会的大院内建起一所女校(五间平房)。为了延长学期,以便能跟上上海耶稣会办的震旦大学的课程,1917年3月,吴神父开办了一所黎明(l'Aube)法语学校,有十几名青年报名。1916年5月初,当时的震旦大学的教师、尊敬的惠济良神父在城里张贴巨幅广告,并大量分发的简介,向徐州的知识人士介绍震旦大学及其纲要。稍后,震旦大学校长,尊敬的亨利神父(音译,le R. P. Henry)多次主持年终考试,但是必须承认,这种要求使得黎明学校的即将毕业的学生能够去上海的很少。说实话,学生只在陇海铁路上找差事,比利时人占多数的陇海铁路领导要求站长和主要官员会讲法语。①

在几年内,学生超过二十来人,但归根到底,黎明学校未达到吴神父所希望的兴旺发达。由于缺乏应试者,学校于1927年关闭。

法语课毕竟只是一门副课。重要的是,这是一个坚实的基础,天主教学校网就在这个基础上建立并发展起来。因为继吴神父之后,并且在他的推动下,各区的神父改善教室,或者建新校,尤其是女校。他们共同加强对家长做工作。因而在1917年6月,徐州的两个堂口集中建了一百零四所学校,讲授教理并逐渐增加世俗教材。这些学校接纳的学生人数令人满意,约五千名,但是随后下降了。直到1926年,学校和学生数目仍然受到国内动荡局势的影响,还可能受到家长们没有诚意送孩子上学的影响。

农民看不到这些学校从物质上带来好处。对他们来说,关键是他的子女会读书。子女的知识不增加收成,在孩子受教育期间,农民就缺少干活的人手。

类似的理由也中断了慕道者的活动。在艾赉沃神父时期,民众想获得教会的保护。

---

① 陇海铁路,连接滨海并在纵贯徐州之后,与河南、陕西和甘肃三省连接的铁路名称。建设始于1913年,因1914年欧洲战争中断一时,重新开工又因中国政治动荡被耽搁。徐州—开封段约在1918年完工。徐州至滨海段,1921年修建,1924年达到海州。参阅格雷泽(音译,L. Grezes)《陇海铁路》(*Le Chemin de Fer de Lunghai*),《震旦通报》(*le Bull. de l'Aurore*)1944年第3系列第5卷第1期,第37～60页。

环境迫使传教士在传播福音之初介入皈化者的官司，毫无疑问，教会从这一影响中在衙门里惹上一点小麻烦。这种援助的弊病始终令长上们担惊受怕。在叮嘱进行最大限度的克制之后，长上们现在禁止传教士对官司进行任何干预。当然，这个方针使天主教徒不高兴，他们失去了特权地位；也使慕道者失望，他们打算通过施洗不仅得到可能永恒的生命，还要得到俗世的某些好处。指望不到这种好处，他们对上天的愿望就逐渐减弱了。

另外，神父们也不急于开设慕道班。教徒们更新和修缮房屋需要全部精力，这是一方面，另一方面，许多受犯罪牵连的人巴不得以学习宗教为借口在慕道班躲避一两个月。神父们有充分理由相信，只有这些不受欢迎的人会上慕道班。其他人不放弃皈化，但在目前情况下，日常的操心事：士兵、土匪、破损房屋有待维修等使他们无法分身。圣职簿上仍把他们登记为真正的慕道者，不过说他们是“同情者”可能更确切。

圣宠的特殊冲动已经中止。整个一村人，或者甚至一家三十来口人集体入教的情况已极少发生。仁慈的主不拒绝给正直的人一般的救助，在这种情况下，教会有所发展，但是缓慢：每年约有一千名成人领洗。少于从前每年的二千五百到三千人施洗。神父们遗憾地发现教会的吸引力在减弱，但也不太担心。一位负担二千名教徒（这是1913～1920年的平均数）的神父，除教友的孩子们外，每年教育并施洗六十到七十位异教徒，便可以自认为受到天主偏爱了。皈化运动的暂时平静并不意味着停止。相反，有可靠的迹象表明皈化即将复苏。在邳县、埝头、土山，在东堂口，下降几乎不明显。在西堂口，大约在1914年和1915年，宗教兴趣又在往年的慕道者中间唤醒。在砀山、武湾、戴套楼，许多教徒村保存留了他们最初的热情，组成教徒村的模范天主教徒的榜样说服善良的异教徒家庭接近教会。甚至在1916年还创建了丰县的传教点，以使三官庙区和戴套楼区缓解。

顾蒂里耶神父写道，他建立新中心后一年，这里的“慕道者的活动未停止；每年都通过家庭申明坚持信仰不变，几位新的家长入教证明活动未停止，但是速度减慢。再也没有任何强大的人力手段——如过去官员们非常炫耀、非常殷勤地保护——以其方式协助自然和圣宠的结合。神圣事业似乎必须特别依靠纯粹使徒般的和超自然的手段来完成，因此我们需要许多祈祷。有机会的时候，大小地方当局依然会表示善意：不过他们不像过去那样做了。我们也一样，尤其是自动乱接连发生以来，更有必要审慎，从1911年以来，我们就是这些动乱的见证人，有时还是受害者……”①

因此，目前传教受到限制，基本上是因为两个堂口的推卸不了的世俗援助少了。传道员职业已过时。真正了解其职能的重要性的小学教师几乎找不到，甚至在徐州中心学校，吴神父历尽种种艰辛才找到够格的老师。管理学校的中国修士已在1913年初离开传教区，他们的修会已解散。吴神父用他一开始还满意的几位传道员替代他们，但随后又不得不非常频繁地更换，有些人是因为能力不够，有些人则是因为吴神父无法满足他们所要求的薪酬。

没有纯粹超自然的因素和缺乏助手，是阻碍福音扩大传播的两个主要原因，除此之外，还有无政府状态和蹂躏该地区的掠夺。

从1913年7月末以来，前南京保卫者张勋完全成为徐州的主宰。从宗教角度上看，

---

① 《1917年，丰县年度纪事》(*Rel. ann. Fenghsien*，1917)(AZ)。

神父们一点不指责这位大人物。1914 年 1 月 11 日,张勋礼节性拜访吴神父,当晚吴神父进行了回访。稍晚一些时候,张勋派人为他的一个孩子要了一瓶圣水,这三个月大的婴儿正在忍受恶魔病痛。这是吴神父的日记和书信中提到的仅有的两次私人接触。张勋属下的军官和官员,之所以在任何场合都表现出热心效劳和礼节,这可能是因为传教士们只与新制度维持基本的关系。神父们因此相当平静地行使他们的圣职,往来出行自如,但是民众在兵痞和土匪的双重枷锁下呻吟。

张勋对土匪没有任何好感,但是他的士兵却十分热中于抢劫,以至于把土匪当作同伴对待,尽管有追捕土匪的严格命令。兵匪兄弟般地分享武器和军需品,如果士兵表面上不阻止,土匪甚至就会在士兵的眼皮底下干;士兵自己也向村庄敲诈勒索,并试图靠小规模的袭击弄点外快,也干得非常从容。这位督军的崛起和他要手下人遵守的铁的纪律,明显限制了混乱。农民虽然被张勋及其军队以各种方式征税和骚扰,但是如果想到在其他许多省份情况更糟糕,他们至少会感到安慰。

不过,张勋未将其野心局限于在徐州实施暴政。张勋归附民国,但内心是君主派,他保留已消亡的旧制度的礼仪:他的士兵留辫子,穿清朝军服。其他人,甚至更高层的人也暗藏野心。1915 年底,民国总统袁世凯撕掉假面具,爬上皇帝的宝座。张勋支持新贵的奢望。几天后袁世凯死亡,死得非常及时,致使原先的企图破灭。张勋当时曾考虑发动政变,恢复已丧失权力的王朝。1917 年 6 月 14 日,奉黎元洪总统之召,张勋率领一支部队进入北京,占领了京城,7 月 1 日以宣统皇帝名义宣布恢复帝制。

反应是一致的:各行省,统领们——巡抚们,首先是宣传反对王朝思想的知识分子,大家群起反对满族人及其捍卫者。张勋逃进使馆区,从政治舞台上消失,皇家也最终被人赶出北京。7 月 12 日,这出小闹剧结束。

驻扎在徐州的张勋部队还有待消灭。事发之初,首领的一时冲动好像对人们所称的这些“辫子兵”没有多大影响,他们是兵,更是匪。可是他们知道失败对他们意味着什么。自 7 月 8 日起,民国军队从河南赶来包围徐州。不过未开火,共和军等待这支地方军队明白必须撤出阵地。7 月 13 日到 14 日夜里,驻扎在市郊的张勋部队爆发叛乱,开始掠夺。

在内城,有三四百名士兵把守着提督府,张勋的三个老婆和他的财宝还藏在里头(其他人已带着行装逃跑)。士兵们已得到高酬,拒绝他们同伙的劝诱。这时民国军队露面,轻而易举地击溃反叛者。他们随后建议张勋的拥护者去救援正在受一伙土匪威胁的丰县,他们走后,民国军队占领徐州。

被驱散的军队如同一群豺狼涌到乡村。在西堂口,敬畏张勋但未被制服的职业土匪与他们的士兵同伙狼狈为奸,任意主宰整个徐州几天。砀山受到另一伙河南匪帮的袭击,后来也被解救。丰县经受几天的包围,但也赶跑了围城的匪帮。只有萧县和砀山县南部还有点太平。

东堂口没有幸免,再次陷入使百姓发抖的疯狂。叛军伙同地痞流氓,把富有的窑湾掠夺一空。

7 月 18 日,事件发生时,夏之时神父正在窑湾。事发后第三天,他致信姚宗李主教:“当铺的墙壁被炮火打穿,他们就是通过那个窟窿进去掠夺的。我过去不知道,昨天我得知的情况是,那些人带着火炮冲到我们的大门前,要炸破大门。幸亏有人对他们说：'里面没有什么东西。'就这样劝阻了他们，他们去了当铺。当时我很想给士兵开门，如果他们非要进来的话，就把他们想要的东西送给他们。这是防止被窑湾的流氓无赖掠夺的唯一办法。然而我没想到他们会用火炮来炸门！在这段时间内，我念玫瑰经，我寻思是谁开的炮，如果是炸当铺，那就是士兵了。"①

在掠夺数日后，堂口主管博神父回到窑湾，他详细说明了有关情况："在镇上，一片寂静，死一般的寂静……商店全都关闭，里面绝对空空如也。只有几个卖馒头和蔬菜的小贩。这个时期正好在打麦子，没有一点粮食买卖……

"在县令们做的一项调查中，窑湾的商人们声称损失六十五万吊（三十至四十万美元）。这太惨重了。这场掠夺最悲哀的，是士兵（目前领头'保卫'我们的那帮人）组织的掠夺，抢得最多的是窑湾的流氓无赖，他们毁掉带不走的任何东西。而且不光有穷人被牵连进去，家境很殷实的人，在当地算是富人，也参与了掠夺，其中一个抢劫了二千美元财物的人被枪毙，他竟是拥有二百多亩地的地主！……

"在掠夺后的日子里，许多人被士绅们枪毙。一百五十多个罪大恶极的恶棍逃命。如果要枪毙罪有应得者，窑湾也许剩下不到四百人。雇工帮助抢劫他们的老板，'忠实'保卫我们的辫子兵的营房里堆满了掠夺来的物品。掠夺本镇后的一两天，士绅们命令卫队的士兵们，在'保卫我们的'三百名张勋士兵帮助下，搜查所有住户，尽可能收回被抢物品。最受嫌疑的物品立即被占有者乘机扔到街上或运河里。嫌犯中有一名基督徒，他想把他的赃物藏在女子学校，让学校把他的赃物当作学校的，想逃脱士绅们以搜查名义把它们夺走。幸好献堂会修女们拒绝了。眼下我有一张桌子放在门房，它原来在我们的一间腾空的出租房里，现在在门房等待他的主人。

"在可疑的住户进行两次搜查，相当有成果。士兵和警察一发现有点新的或比较贵重的东西，就认为是抢来的，立即拿走。许多强盗因此被抢劫，许多人自己的财产也被抢。人们甚至发现了张勋的士兵在南京掠城时抢来的物品。有点价值的物品会同时有几个人申明是其主人。为了化解纠纷，士兵们就把适用的留给自己，其余的出售偿付他们的开支。"②

幸好河南军队的司令是一位精明干练的人。他牢固地建立了几个战略要点，随着他击败张勋的士兵而逐步控制。另外，这些士兵在掠夺完后，很快就让出地盘。不久，大的匪帮分成一堆非常活跃的小团伙，很难抓到，到 1919 年才把它们成功地包围住。

无须再详述处于无政府状态的这几个月。当时的中国时局在动荡。南方攻打北方，西方攻打东方，军阀混战。要使激情消退，需要时间。值得注意的是，土匪的出现似乎没太妨害圣职。没有一个座堂遭到彻底洗劫。

某些地方经常有土匪光顾，丢失一些小物件。神父比其他人更感到烦扰。他写道："2 月底……土匪团伙开始到侯家庄来，每次要在村里住上一两天。他们不住在我们宅院，但必须供他们吃喝。每天早上 8 点到 9 点，直到夜晚，他们闯进所有场所：教堂、学校和慕道班，不过既不拿东西，也不搞破坏。开始我拒绝开门，但他们爬花园围墙进来，他们的胆子

① 夏之时神父致姚宗李主教的信，1917 年 7 月 20 日（AZ）。

② 博神父致姚宗李主教的信，1917 年 8 月 3 日（AZ）。

越来越大,要求越来越高。多亏教友们干预,多次挡住几个最年轻的人爬墙,使修女的住所得到尊重。这些令人烦恼的造访次数多了之后,我明白必须让修女们赶快躲进城里;我也不能在侯家庄多待了。不过我希望坚持到5月中旬,这是平常遣散学生和慕道者的日期。

"4月18日,将近晚上11点钟,一位教友从花园墙头过来告诉我,一股约三百人的匪帮在砀山城西刚刚劫持了一列旅客火车,带走四十来名人质,他们已经到村里。我当时决定凌晨2点钟做弥撒,然后撤到庞新楼教徒村,等待他们离去……(和神父从那里抵达砀山,他在砀山结束传教年)"①

与农民所遭受的苦难相比,传教士们毕竟是幸运的。因为在其他传教点,学校和慕道班都坐满了学生。告解和领圣体的数量几乎正常。许多神父在乡下兴建礼拜堂,在丰县、砀山和其他地方开始的土建已完成。

一切,乃至混乱终告结束。我们在吴神父的日志中读到:"约从(1918年)12月中旬以来,社会安定渐渐恢复。士兵们在到处剿匪。然后,各地又建起了保安团,土匪终于销声匿迹。

"在砀山,郎本仁神父为献堂会修女建起一个座堂。在丰县,顾蒂里耶神父为学校建起十几个教室。在三官庙,女校和男校同样人数众多,主日,甚至平时,教友们都会来。"②

吴神父描述了安宁和基督教生活恢复的景象,以此结束他的日志,结束他在徐州的生涯。1919年8月,吴神父到南京赴任,次年6月3日在徐家汇去世。

在献身东、西两堂口传教使命的二十七年期间,吴神父完成一项重大的事业。他忍受苦难,奋斗、创立和兴建,尤其是振兴,他同艾赉沃神父一样,但时间更长。他从物质和精神两方面振兴。他在西堂口担任圣职七年,只有一个想法:要把堂口重建起来。他在离开时,可以问心无愧,他没有忽视任何方法,他已达到目标。有诚意的基督徒重新走上教会之路,建设和维修计划的实现,使教会可以接受越来越多的慕道者。吴神父至少基本上解决了现代学校的棘手问题,并奠定了基础,必定能适应与1911年以前如此迥异的形势。

---

① 参阅《1918年侯家庄年度纪事》(*Rel. ann. Howkiachwang*, 1918)(AZ)。1918年8月,和神父最终离开徐州。只是到1919年3月,继任者蒙念恬神父(*P. Hamon*)才能入驻侯家庄。

② 《徐州日记》(*Diaire de Xüchow*),第65页(AS)。

附　录

一、《徐州教区》中述及的外国主教、神父、耶稣会士、修士、嬷嬷汉语名

Le P. Acher-Dubois, Paulus	常神父
Andrien Greslon, S. J.	聂仲迁
Le P. Antoine Thomas	安多
Mgr. Anzer	安治泰主教
Le F. Arvier, Henricus	夏修士
Mother St. Austin	圣奥斯坦嬷嬷
Le P. Bastard, Josephus	吕神父
Le P. Bataille	巴鸿勋
Le P. Beaugendre, Radulphus	江神父
Le P. Bedon, Jean	德怀璋
Mgr. de Bési	罗类思主教
Le P. Bonay	博神父
Le P. Bondon, Charles, S. J.	环神父
Le P. Boucher	董师中
Le P. Bouvet, Joachim	白晋
Le P. Bruyère, Benjaminus	李秀芳
Le P. Che, Simon Sec	施神父
Le P. Chevallier-Chantepie	毕神父
Le P. Chevalier, Stanislas	蔡尚质
Le P. Colombel, S. J.	高龙鞶
Le P. Couplet, Philippus	柏应理
Le P. Crochet, Julius	明神父
Le R. P. Daniel	德耀章
Le R. P. Dannic	聂思聪
Le P. Dantes, Antoine	恩中
Le P. Debesse, Augustus	毕克诚，毕神父
Le P. de Bodman, Couradus	庄卞成，庄神父
Le P. de Geloes, Paul	苏继东
Le P. de Gollet, Jean-Alexis	郭中傳
Mgr de Laimbeckhoven, S. J.	南怀仁主教
De La Servière, S. J.	史式徽
Le P. Desportes, Gustavius	鲍神父

Le P. Dezaire,Joseph	沙神父
Le P. Dorè,Henri	禄是遒
Le P. Dosselaere, Juliannus Van	段神父
Du Halde,S. J.	杜赫德
Le P. Dunin-Szpot,S. J.	杜宁一斯波
Le P. Durandière,Oliverius S. J.	陶咏斯
Le P. Estève	艾方济
Mgr. Favier	樊国梁主教
Le P. Félicien,Pacheco	成际理
Le P. Ferrand, Emil	富守和
Le R. P. Freinademetz, Joseph	福若瑟
Le P. Frenken, Henricus	方神父
Le P. Gabiani,S. J. ,Jean	毕嘉
Le P. Gain,Charles-Léopoldus	艾赉沃
Gandar,S. J.	康治泰
Mgr Garnier,Valentin	倪怀纶主教
Le P. Genini	翟龙文
Le P. Gustave Gibert	寿神父
Le P. Gollet	郭中传
Le P. Gotteland,Claudius	南格禄
Le P. Hamon	蒙念恬
Mgr. Haouisée,Bishop Auguste,S. J.	惠济良代牧
Le R. P. Havret,Hanri	夏雷鸣(后为主教)
Le P. Henle	韩理神父(德国传教士,两德传教士被杀者之一)
Le P. Henninghaus,Augustin, S. V. D.	韩宁镐(后为主教)
Le R. P. Henricus Gilot	倪神父
Le P. Hirgair	郁文彬
Le P. Hoang Jouyi	黄如意
Le P. Japiot	毕如春
Mgr. Jean-Baptiste Simon	苏继章主教
Le P. Jean de Saa	杨若翰
Le P. Jean Joseph Amiot	钱德明
Le P. Jean Noury	荣福咸
Le P. Joret	荣云锦
Le P. Jorge	张玛诺
Le P. Joseph Thomas	汤执中
Mgr. Languillat	郎怀仁主教
Le P. La Riviere	尤岫高

Le P. Le Bayon	雷伯雍，雷神父
Le P. Le Biboul	郎本仁
Le P. Le Blond	郎绍德
Le P. Leboucq, S. J.	徐听波
Le P. Lecointre, Renatus	谷生春
Le P. Longobardi	龙华民
Le R. P. Louail, Jean-Maria	丁神父
Mangin, S. J.	任德芬
Mgr. Maresca, François	赵方济主教
Le P. Marivint, Fortunatus	和神父
Le P. Mathieu Ricci	利玛窦
Le P. Maynier	蓝神父
Mgr. Mezzabarba	嘉乐主教
Le P. Morabito	林安多
Le P. Ni, Simon Sec	倪神父
Le P. Nies	能方济(德国传教士，两德传教士被杀者之一)
Le P. Noël, François	卫方济
Le R. P. Paris, Prospero	姚宗李主教
Le P. Peixoto	何天章
Le P. Perrin, Félix	南从周(南京代牧)
Le P. Pfister, Louis, S. J.	费赖之
Le P. Prévôt	裴省三
Le P. Radulplus	江神父
Le P. Richard, S. J.	夏之时
Le P. Richard Aloysius	夏神父
Rosario Renaud, S. J.	兰文田
Le P. Salmon, Henricus	锡神父
Le P. Sambiasi	毕方济
Le P. Scherer	佘神父
Le P. Seckinger	金式
Le R. P. Sédille	帅维则
Le P. Storr	尚全斌
Le P. Tacchi-Venturi, S. J.	芬屠立
Le P. Trigault	金尼阁
Le P. Valat, Jean	汪儒望
Le P. Van der Beken, Guillaume	万惟一
Le P. Van Hamme	王石汗
Le P. Verbiest, Ferdinand	南怀仁

Wieger, S. J.	戴遂良

二、《徐州教区》中述及的外国神父音译名

Le P. Ancel	安塞尔
Fr. Antonio de Santa Maria	安东尼奥·圣玛利亚修士
Le F. Beck, S. J. , Joseph	贝科修士
Le P. Bornand	包尔南
Le P. Couturier	顾蒂里耶
Le P. Dugout	杜古
Mgr. Episcopo Silandensi	西朗当西
Gherzi, S. J.	格尔吉
Le R. P. Gilot	吉洛神父
Le P. Jersey	哲尔济
Le F. Joseph	若瑟
Lafortune, S. J.	拉富杜诺

第二部分

义和拳案

德国占领胶州的后果①

苗履实神父的书信

天津，1898 年 5 月 16 日

今天早晨，我将葛光被神父（P. Becker）送上路，前往北京。他去北京找法国的新任代表，请他在我们传教区南部的动乱发生之后给予救助。最近，有四十来个异教匪徒在夜里来到一个有几户教友家的村庄，万其偈神父（P. Wetterwald）打算开始在该村建造一座礼拜堂。匪徒们涌进村，叫喊着他们只跟基督徒过不去，要阻挡他们兴建新教堂，并要处死他们。

教友们逃跑了。只有一个教友在睡梦中被抓住，匪徒们勒令他交出为修建教堂而筹集的资金。由于他拒绝交出，有人猛砍他一刀，砍掉了他的辫子，在他的肩膀上留下一个大刀口。他们用刀乱戳他，殴打他的老婆，掠夺他的财产，并拿走相当于六百法郎的银子；然后纵火焚烧房屋，十五间住房被付之一炬。匪徒们离去时，还扬言要再回来。

此外，在中国到处都是叛乱。德国人事件在某些区给传教士们造成很大的损害。有人会赞扬这种武力行动，不过这么做必须对中国的事务有非常粗略的了解。占领胶州，除侵犯人的权利之外，不仅对中国，而且对生活在中国内地的外国侨民造成非常严重的后果。

就在今天，我们获悉，山东省在全面暴动，在南方，在靠近芜湖我们的江南省的神父那里，有人烧了海关、英国领事馆和两个英国商行。请你们为我们祈祷一下吧，各传教区定能渡过艰难时刻。

苗履实神父（P. du Cray）

---

① 本文原载于法文《支那和锡兰，耶稣会传教士的书信》（*Chine & Ceylan*，*Lettres des missionnaires de la Compagnie de Jésus*）第 1 卷，1898 年，第 49 页。—— 译者注

马泽轩神父的信

1898年5月26日

最阴险的谣言继续在我们所在的地区流传。异教的帮会分子们甚至要确定日期屠杀所有传教士和基督徒,帮会分子把他们看作德国人占领胶州的根源。他们到处张贴煽动性极强的布告,一直贴到大名府的城门上。已经发生过两场灾难,我们不得不向北京求援。前天,赵家庄教徒村遭到夜袭,幸好守夜人及时发觉,敲响了警钟。两分钟后,勇敢的人们已经起床集合,土匪们听到警钟声和枪声逃之夭夭。我们可怜的教友们无法活下去,我不知道,如果我们离开他们,他们会变成什么样。昨天,万其偈神父离开他的威县教区,来这里歇息几天。他的教友们因此不能入睡,恳求他马上就回去。

过几天就要收割小麦了,我希望麦收能使人们的情绪平静一些,让我们自己喘口气。祈盼主和善良的天使保佑!

马泽轩耶稣会士(H. Maquet,S. J.)

鄂铎宣神父的信[①]

献县,1898年6月15日

三个月来,我们的中央帝国很动荡,或更确切地说,已预示着要动荡起来。

中国人,除某些思想比较开放者外,都不以赞许的眼光看待俄国、德国、英国和法国的侵占,各处的某些秘密社团(一帮土匪强盗和流氓无赖)还尽力唆使动乱。

直到现在,我们的直隶,包括京城北京、直接由皇帝掌管的行省还一点没被扰乱。但是,在最近几个月,骚乱的煽动者们在许多地方培养了他们的人员。现在我要说一说只是有关大名府的事件,在大名府驻有一位统领(镇台)和一位负责几个府的道台。

将近4月末,有一名信差从大名府,从万其偈神父那里来我们这儿,万其偈神父居住在北面一百八十里(二十八法国古里)的魏村。

在夜间,一帮土匪冲进距魏村数里的一个教徒村。这帮家伙很可能是过去叫做"白莲教",现在在"十八魁"名下,或者也可能是大刀会的组成部分。我说,这帮家伙在夜间来,像魔鬼般地叫嚣,高喊他们只跟基督徒过不去。我们那些可怜的教友惊恐万状,四散逃命!歹徒们攻打那户最富有的村民住宅。他们用刀乱戳房产主的后背,用木棍殴打房产主的老婆,纵火焚烧住房,抢走他们所能带走的物品,约五百吊钱,他们一边撤退,一边扬言要再回来。有一位老年教友想从火中找回藏在他屋里的银子,脸部被烧,他因烧伤和惊吓几天后死掉了。

万其偈神父从早晨起就四处奔波,察看掠夺情况,并送一份纪事给负责与官员们交涉的大名府神父。大名府当局允诺将尽快行动……但是,现在我们是在中国,在我写信的时候,还没有动静。官员们自己就害怕打击这些秘密社团。他们的兵丁、衙役本身就是一群盗贼,常常就是秘密社团的一部分。依我看,中国人民想必是非常温顺的,当局还能够受到尊重。

---

① 本文节录于《研究》(*Études*)1898年10月5日。——译者注

这件事刚刚结束，万其偈神父的另一名信差就来报，说土匪在夜间攻击了另一村庄……在那个村子，土匪们受到已有较好准备的村民们的接待，造成一场虚惊。他们仅窃走一些物品。但是，在这两次袭击之后，在距大名府一百八十里（二十八法国古里）的整个地区，人们惊恐不安：异教徒和基督教徒不敢再安稳地熟睡了，每天夜晚都严防死守。由于不能指望军事当局有力的救助，每个村庄都尽力储备枪支、生锈的老式火炮……修补土墙，在房屋的平顶上堆积砖块……这就是在4月末发生的事情。

下面是叛乱者们[①]极力煽动行动的另一些片段。

阴历三月初七（1898年4月27日），在一贯相当混乱的童试期间，几千名应试者汇聚在州府，有一揭帖张贴在大名府的各个角落。

我们的人员将这一情况告诉我们，我们派出传道员去撕下这种揭帖，并通知了主管当局。

以下就是这份中文揭帖的内容，它起码有个非常明白易懂的大优点（这在中文是罕见的）：

> 告示。——鉴于洋人（欧洲人）无法无天（逐字译为：超过了天）之行为，各省（中国十八省的）爱国志士已决于四月十五日（阳历6月3日）集合，屠戮洋人，焚毁其居。其不与我同心一致者，男盗女娼。[②] 阅此告示而不为传播者，亦如之……足矣！无庸多言。

知府采取措施，作出控制治安的决定。但是这些揭帖的谣言已传到四方，许多中国人真的相信十五日将要发生大屠杀。因此，人们采取了相应的预防措施。我们大名府的总兵在不少地方派遣了官兵。县令们亲自去探察有基督徒的村庄，勉励所有居民和谐相处。

5月3日，负责我们学校磨坊的中国工友像往常一样拉着水车去解决我们的每日之需，他在距东城门二里（一千二百米）的一口井旁，发现一个绒布钱袋，里面有一封信和几枚铜钱。

回到家，他把信出示给一个识字的中国人看，这个中国人把信交给我说："神父，这里面包藏祸心。"

事实上这是一封用语可疑、以密谋者的笔法写的信。信上大体说道："高贵的兄弟，前天下定的决心，必须予以执行。我可去贵府，共商大计……如鄙人不能前往，起码在阴历四月十五日之前，您们，高贵的兄弟们，光临寒舍，特别要缄默！某村和某村已经有了一支令人满意的队伍。——您的愚弟……"

由于这封信与揭帖有关，我将这封信告知负责与官员联系的神父。几天之后，信送交给知府，知府很满意得知这些情况，并说实际上某村和某村已成为坏蛋们的巢穴。

我不知道事情会导致什么结果，但是如果这份材料确实能使当局追查罪犯们，那这封信刚巧一掉在大路上即被一位教友捡到并交到我们手里，那可真是天意啊。

---

① 有一大批结社是1860～1862年造反的残余。他们的目的是推翻自1644年以来统治中国的鞑靼王朝。"还我中华"，这就是他们所想要的。

② 常用的中文诅咒语，到处可见，甚至在火柴盒上亦然，例如："赝制者：男的是强盗，女的是娼妇。"

阴历四月初九，我前往距大名府北一东北七十里(四十二公里)地的一个大教徒村刘迷糊村(音译，Liou-mi-hou)主持圣灵降临节。

一切都正常进行。但是，我们的中国教友容易激动的头脑受谣传影响，有点不着边际了。有一天晚上，当地的传道员来对我神秘地说："神父，当您和那位神父一起在邻村时，有一个家伙穿着乞丐衣服，但仪态非凡，他来教堂周围游荡……我问他是从哪儿来的？从山东[①]。问他想干什么？我想见神父，毛遂自荐教书(谋个学校老师的差事)。根据这几句回答，传道员继续说道，我想，这家伙是个密探，来察看是否有空子可钻。我对他说，此地没有神父，你可以走了……但我怕夜里有人来攻打教堂，我便去让教友们夜间值班，他们将睡在神父卧室周围的院落里。"

我回答说："你怎么想就怎么干吧，但是我认为不太可能有人来攻打我们的这个大教徒村！"夜晚非常平静，实际上，随后的几个夜晚，我听到他们在窗下叽里呱啦地调侃到深夜，我请这些勇敢的人不要再睡在我的纸窗户下面了。可是，睡在屋外对他们而言没什么特别的，尤其在这个季节，他们睡在他们住房的屋顶上，或者在野外露天处守护即将收割的庄稼。

圣灵降临节过后，阴历十五被定为大屠杀的日子，我离开大名府，前往献县。"在乡下同样要遭屠杀"，我笑着对责备我离开城市的人们说。实际上，我历时八天的出行是很平静的，在我经过的城市或村庄，既没有任何辱骂，也没有任何恶意的表示。

我这次更改了我的行程，以便探访几个新教友村。第一天，我在葫芦营(音译，Hou-louyang)吃晚饭。以前这是一个参加"白莲教"的村子，以其不听话而出名。村里人口大量被杀，部分房屋夷为平地。现在这是一个虔诚的教友之村。

晚上，我在距大名府西北一百里(十五法国古里)的南李窑(音译，Nan-li-yao)过夜。翌日，凌晨3点钟，我做完弥撒即上路，以便在威县县城用餐。

我们在威县县城里有一处住宅，但看门人不在，我不得不在小客栈用餐。中国在明显地欧化：有人将我领进卧室，在卧室里，我发现欧式的菱形图案中有玫瑰花的糊墙纸，不再是布满烟灰和用各种涂鸦弄脏的泥土墙。这是何等的进步啊！

晚上我赶到魏村，在那里我遇到了亲爱的万其偈神父。

万其偈神父给我讲述了新的插曲。匪徒们把新的进攻指向距魏村四五里(十三公里)[②]的潘村，但是由于当地一位秀才教友组织守夜者们值勤，并弄到枪支发给可靠的人，土匪们的企图破产了。在警钟第一声敲响时，整个村庄已处于临战状态……另一次警报发生在距魏村二里、有两三位神父常驻的大基督徒村赵家庄。约有八十个土匪在田野里游荡，两位守夜人发出警报，全速跑到堂里报告，其中一人到达时激动得跌倒在门前，因为有人向他开枪击中了腿部。顷刻间，全村处于临战状态，由于该村有六七百名教友，强盗们并不想跟他们较量。

次日，我去赵家庄过主日，我发现神父们因人们迫使他们通宵不眠而相当疲惫不堪。

村里人找出三门老式火炮，把它们架在炮架上，这几门无杀伤能力的火炮使村里人放

---

① 受强盗骚扰的邻省。

② 原文如此。——译者注

心很多。因为在此地，在中国，谁叫得最凶，谁最厉害。

我总算回到了献县……

今天我并没有给您提供关于我们今年宣教工作成果的具体情况……尤其在本省南部，皈化活动一直在加强。但愿一心从事贸易的欧洲人不要伤害我们的事业。占领几个港口很好，但这使传教士们付出了生命代价，而且更糟糕的是，这可能阻挡住这些可怜的、然而是值得关怀的异教徒，尤其是乡巴佬们的皈化。

鄂铎宣耶稣会士

（J. Gouverner，S. J.）

补充新闻①

概 况

1月15日,尊敬的马泽轩神父写道:“我们有四十五个基督徒村遭到破坏,我们目前不能进行任何宗教活动。如果在海滨或北京发生任何事件,把派给我们的兵勇召唤过去,我们便会处于任由这些不计其数、在内心里无比仇恨欧洲人和基督教的帮会分子摆布的境地。”

同时,在南方又开始爆发动乱了。人们在冯广济神父(P. Liefooghe)家谈到三个被蹂躏的基督徒村。范迪吉神父(P. Finck)发现在我们大名府的城门上张贴着这样的告示:“阴历腊月十三(阳历1月13日)或随后的日子,我们决定从东门进城,烧毁洋教堂,杀死发现的洋鬼子。”落款:“山东大刀会”。

这个穷凶极恶的帮会首先要求我们教友的就是背教。我们的教友们可以用背教为代价得到被掠夺或被焚烧的补偿。然而,直到今天,没有一个基督徒村屈服。我们在尚未受到粗暴对待的基督徒村观察到,只有来自上天的虔诚在倍增:大家要在担忧被帮会分子抓住的心情中告解。被驱散的教友们勇敢地经受着他们的不幸和异常严峻的冬季严寒,耐心地等待着当局还他们以公道。

大多数人宁愿损失他们的所有财产,也不愿背教,这对我们是个莫大的安慰。现有一些好榜样。

在赵席珍神父(P. Isoré)那里,有一位不算是最虔诚的教友,甚至因为这一点,义和拳以为容易拉拢他,然而他抵制他们的要求和警告。他先是耳朵被割掉,然后在欺凌四天之后,被土匪们折磨致死。

甚至在我们的苦难中,我们不应该感谢圣心吗?因为归根到底,一切都要转变为主的最大荣耀和心灵的善良。

我们还应该特别感谢法国驻天津领事杜士兰伯爵先生(M. le comte du Chaylard),他积极的活动使我们从中国政府得到一项平时如此缓慢而现在如此迅速的救助。他在任何情况下都表现出,他心里多么尊重在天主教传教区上空的法兰西保护国旗帜。

① 原载于《支那和锡兰》第2卷,1900年。—— 译者注

*　*　*

3 月 17 日，尊敬的马泽轩神父用这几句话向尊敬的会省神父(R. P. Provincial)报告处境

目前，相邻的献县和张家庄相对平静，但是在座堂北面，在杜汝梅神父(P. Baudoux)那里，在任丘葛光被神父的堂区，冲突再起，这使得我们在受到南方威胁之后，现在又受到北方的威胁，这可能比 12 月份更危险，因为土匪人数更多，不再那么依赖刀枪不入了，而且装备更好。

我没有一天不收到报警的信件。此外，我们有几位病人，他们是鲍体乾神父(P. Wibaux)、万其俊神父(P. Paul Wetterwald)、雷纯藻神父(P. Heitzler)和魏执中神父(P. Winsbach)。主教曾一时使我们忧虑不安，但是他现在恢复了健康。

3 月 25 日，同上

我们始终保持着警惕，我们的神父们继续处于狂热的匪帮们的威胁之下，教友们始终武装着，官府在派兵保护我们的同时，似乎又与土匪们串通在一起，因为下达给军事长官的口令是：只有与基督徒们开火，方可动刀动枪。我们对圣心充满信心，我们高兴地看到，我们的教友们，乃至新入教的信友们在各地顽强地坚持着，表现出准备宁愿付出他们的鲜血，也不愿放弃他们的信仰。

同一堂区的中国耶稣会士萧神父(P. Siao)4 月 2 日致信葛光被神父

在卧佛堂(音译，Wo-fou-tang)及其周围，消息越来越不好。根据总的迹象，一场恶战即将爆发。我已写信给我的教友们，让他们尽快来保卫卧佛堂周围的堂区。看来毫无遮掩的教堂难以保卫。万一这个堂里被毁掉，这对北方将是一个非常大的打击。

同日，仍是马泽轩神父的书信

这些日子我收到从巴鸿勋神父(P. Bataille)的县东部和东北部来的信件，让我注意那个帮会的行径及其威胁。现在对我们的危险就来自那里，我们的堂里始终是目标。六个月以来，这是怎样的生活啊！然而，日夜感受到如同在圣主的怀抱中，这是多么大的喜悦啊！我们从来不能在整个现实中把握明天。喜悦依然洋溢着。我们所有的神父在威胁中如同在和平时期一样工作，这就是我的欣慰和喜悦。请热心关照传教区的人们为我们祈祷吧。

在北方/3 月 21 日的战斗

万其俊神父因病离开北方，请人照料座堂，于 4 月 6 日向其母报告已痊愈

仁慈的上帝让我得了一种轻微的胸部炎症，但是现在已痊愈。因此，我要返回我的岗位。我发现，由于“义和拳”这些坏蛋的缘故，这里全都乱套了。

2 月份以来，我们传教区和天主教遣使会(直隶北部)传教区的北部是上下颠倒，乱七八糟。兵勇们本可以使秩序迅速恢复，但是太热心的官员们被官府惩处。官府想方设法瓦解基督教，而不招致麻烦。它的平衡政策由此而来。官府一手或多或少地保护传教士和设施，另一手则煽动，起码鼓励人们仇恨基督教和基督教徒。它指责基督徒同情洋人。它想使我们无能为力。

当然，正在皈化着的慕道者们会退却，正派的、受到惊吓的异教徒们会中断与我们的关系，坏人会与拳民纠合在一起。每一个中国人对外国人都有一种仇恨，一种不可思议的鄙视。对义和拳来说，他们在叫喊“追击洋人”时，得到大家的同情。唯有这一点表明他们的成功。

成功的另一原因是中国人的轻信，以及他们天生需要结合起来保护自己，防御欺压。义和拳佯装具有过人的能力，一句话，他们说，他们可远距离地杀死人和牲畜，而刀枪没有任何能力攻击他们。头脑简单的人相信所有这一切。

下面是我们北部的义和拳在最近的一些愚蠢行为。这发生在距卧佛堂十五公里的杜汝梅神父那里。自2月份起，义和拳向北去，郎州（音译，Lang-tcheou）成为他们的中心。郎州是一个大集市，距任丘和卧佛堂二十三公里。很近处有一个二百户的大村，其中只有三四户是教友家庭。您理解，这些可怜的人感到如此靠近火的恐惧。

人们告知任丘县令，他装聋作哑。人们告知河间知府，这位新近被任命的知府用中国政策方面的一计绝招开头。他抛出一纸公告，同样冷酷无情地攻击基督徒和义和拳，劝说所有人都要保持安宁。他警告义和拳要安分地呆在他们自己的地盘，他以高官的身份前往接纳义和拳的村庄，直奔选定的住宅，他用手推倒敬神烧香的祭器，下令解散。人们当即顺从了他。

为其成功而自豪的知府返回任丘，对知县说：“没有比这更困难的了。明天，我们去郎州，用同样的方式解散义和拳。”说到做到。两辆车将几名官兵护送的大人物带到郎州，上次的场面重演。然而，义和拳很不客气地接纳知府，对解散的命令，他们用刀砍回敬之。知府只得将他的得救归功于一位官员的献身精神，因为在知府爬上车的时候，那位官员用自己的身体掩护知府，因此他被长矛刺杀七次，严重受伤。两位大官好不容易才重新奔回任丘。匪帮在任丘继续纠缠他们，包围官府，索要当时被监禁在任丘的两个人，这两人后来被有条件地交还他们。

当时杜汝梅神父在城里，而全神贯注跟当局纠缠的匪帮没顾上神父，次日杜汝梅神父撤到邻近的一个基督徒村。

您想象得出知府的愤怒吧！曾认为叫官兵来也无济于事的他立即给总督写信，请求派兵来。在等待总督答复时，知府为了取悦造反者，接受罪犯们赔不是、允诺适当赔偿的恳求。磋商拖延得很久。造反者因其人数之众（约两千人），迅速吃光了口粮。他们饥饿了，由于饥不择食，他们决定掠夺邻近的一个基督徒村程楼。幸好教友们早已被告知，他们已请我县的邻人们去救助他们。邻人们约有六十人前往，由一位中国剑术相当有功夫的武秀才领头。中国剑术是刀、矛、拳、搏斗、射箭、棍棒各种运动项目的总和，全部包括在其中。除去他们的武器，教友们弄到了足够的圣水。

3月21日，中午稍过，义和拳涌向程楼，帮会的旗帜迎风飘扬。他们先是按照他们的神灵整理队伍，因为每人都有各自的神灵，身上带着名称：蛇兄、狐兄、龟兄等等。他们向西南方向拜倒，当他们得到不会受到伤害的保证时，便向前冲，同时，喊叫着：“杀！杀！杀！”做出与某个看不见的人用剑拼搏的样子。看来他们似乎疯了，或着魔了。

被围困的人们向匪帮射出第一发子弹，但没有大作用。管枪（les fusils *à* capsules）装上了铁砂。这些铁砂不能穿透棉袄，造成的伤害微不足道。于是人们诉诸毛瑟枪。毛瑟枪在人群中打开一个不小的突破口，造成对方全面后退。人们借此机会重新给枪装上子弹。如此反复攻击，直到午夜。义和拳在他们最初的失利后，看到子弹确确实实能穿破皮肉，他们的喊叫声没有吓倒基督徒们，于是他们也开始打起枪来，幸好未伤及任何人。

在午夜，人们终于迫使县令给部队下达进军令。这支部队于拂晓时刻到达并驱散了进攻者。进攻者在现场留下约七十具尸体。基督徒方面只有两三名受伤者，且是轻微受伤。此外，他们得到知府报仇自卫的祝贺。

官兵们占领曾令知府受到羞辱的郎州，人们把村庄留给官兵，因为郎州曾窝藏过造反者。所有的住房均被掠夺，在伴随着这场掠夺的殴斗中，义和拳还有百十人被杀。人们捉拿了一些俘虏，拷问他们，让他们说出他们出生的村庄名称及其共犯。有一些人人头被砍。

于是就此结束。教友们并未因此而更安心。官员们力图把错误推卸到基督徒们身上。这是上面下达的命令。人们想摆脱基督徒和我们，同时也必须承认，有些欧洲人通过他们在中国出版的报纸极力伤害我们，继续在报纸上谈论瓜分中国，这不讨当地人的欢喜。您看得出来，这些事件将我们传教区置于何等悲惨的境地。

4 月 9 日，到达卧佛堂的同一位万其俊神父写信给尊敬的马泽轩神父

此地一片混乱。他们不是在我的住房上架起了几门火炮，其中一门火炮要用一辆大四轮车作炮架吗？有多少修补工作要做啊！然而，这正平静起来。在刘家堡（音译，Liou-kia-pao）还有一处操练场，今天有人看到一些人穿着红袄，手握大刀，在整条路上演练。人们悬赏捉拿四名不易逮捕的头领。萧神父的人来了许多，在我的院内射击，他们穿着漂亮的制服，蓝色包头软帽，束腰带，绣着教会标志的子弹袋。没有这种装扮，人们可能相互打起来，在整个地区，兵勇们不总是好斗的吗？

大筒子枪①(le tai-tsiang *à* cartouche)在我看来是个顶事的家伙。大筒子枪发射十四毫米子弹达一千二百米远，或更远。我们可能需要十来支，在隐蔽处射击，对付中国的所有造反者不在话下。

结论/支付赔偿

4 月 21 日，马泽轩神父的书信

您已得知，我们和我们的教友已成为义和拳纵火和掠夺的受害者。自从官兵到来，我们生活得比较安宁了。不过您知道，继危险时期之后就是外交时期啊，跟中国当局打交道，为了不让自己陷入他们每句话隐藏的圈套，人们有许多事情要做。至于我，我不觉得自己适合外交职业。不管怎样，目前，一切已结束，或几乎结束。我们和教友们已得到我们物质损失的足够赔偿，但精神后果并不相同。在我们再回到我们过去所处的状态，或者任您怎么说，我们认为我们过去所处的状态之前，必将要用很多时间。

人们可能会说，这些事件对我们来说是一次教训，同时向我们明确地表明，我们在中国尚未获得公民权，外国传教士和他们布讲的宗教未引起民众的好感。

三十年来，我们的传教区安享持续的安宁；我们在国内随意旅行；建造令人关注天主

---

① 近三米长的大枪，用枪栓装弹药，在很远处扛着。就是用这种枪有人去年秋天在广州湾枪杀了我们的水兵。每个步兵连……十人有一支，由俩人扛着。

教的大教堂;我们似乎最终获得了在中国的公民权;我们的教友已习惯于这种充分的自由,自以为在我们的保护之下,不受异教徒方面的任何欺压;啊,突然喊杀死西洋鬼子及其奴才的声音在各处受到欢迎;我们的财产和我们的教友们的财产被视为战利品,人人都可以不受处罚地攫取一部分;我们的教友不得不逃往他们的异教徒亲戚家,亲戚们往往不敢或不愿意给他们提供庇护;传教士们被迫在城里躲避,请官员们保护自己。这就是已经发生的事情,明天还可能发生,如果义和拳重演去年野蛮暴行的欲望再次来潮的话。这确实是件怪事,我们没有一人料想到它,看着帮会迅速扩展开来,那么一致地迅速宣称以基督徒为公敌,必须从当地消灭掉。自从义和拳的一个聚点在一个村子里建立以来,头领们就声称,其目的就是攻击周围的基督徒,没有一个地方有正直的异教徒放声告诉这些狂热分子:"基督徒惹了你们什么?既然他们没惹你们,你们就让他们安宁吧!"相反,义和拳的主张处处遇到乐于完全倾听他们的心,处处遇到贪图战利品的手。

人们由此可以得出结论,一切都是按照预先制定的计划进行的,由谁制定的呢?直到现在,无人知晓运动从何处起始,口令从何处而来,从山东或从北京?但似乎可以肯定,运动有上层人物的筹备和支持。另有在我看来可以肯定的事,就是运动反洋人甚于反教徒。我认为,我们的教友们只因为我们而受苦受难;他们被当作洋人,当作欧洲人的奴才对待;人们责怪基督教新教徒同样甚于天主教徒。运动的起因大概源于德国占领胶州吧。

赔偿由义和拳支付给我们。为此,官员们让人按村列出参加帮会的家庭名单,按传教区和按基督徒人数估算遭受的损失,规定每亩土地收费若干。另外宣布,过去按此方式付过钱的人们可以不再交纳。同样,主要的义和拳头领不必提供他们的份额部分,因为地方当局有命令逮捕他们,并根据他们过失的严重程度惩处他们。某些主要头目已经被捕,可是,最危险者在逃,人们将难以逮捕他们。尽管如此,他们中的一个景州人,刚在山东被发现,被带到他自己的县,以便在该县受审,并很可能被判处决。他作为私塾教师,自荐住在一户私人家,在这家他多次称赞义和拳,这不讨人家喜欢,不过家长克制住了不悦。然而有一天,这位帮会分子更激烈地谈论反对西洋人及其信徒,宣称必须杀死他们直到最后一人,他甚至吐露他是一个聚点的头目,他烧过教堂和他的村子邹套口(音译,Tcho-taokeou)。对做坏事而言,这太过分了。那位家长让人禀报县令,县令命人逮捕了这位庸才。

最令人快慰的事情之一就是我们教友的耐性,背教的人数非常少。还必须补充说,他们的背教只是外表的,几乎所有的背教者都有懊悔的表示,公开悔罪后被重新祝圣。一般地说,他们因担心家产被掠夺或住房被烧毁,以及受家庭中异教徒成员的劝告而让步,家中异教徒成员劝他们说:"您就说,您不再是基督徒了,您停一阵祈祷吧,烧一些香,到庙里拜一拜吧,我们会说,您已经放弃基督教了。待治安得以恢复,任您重新宣称自己是基督徒!"

总之,尽管我们必须始终保持着警惕,局势在我们这里没有严重下去。我们的总堂仍是匪帮们袭击的目标,我们不得不将座堂几乎改造成堡垒。但是,我们仰赖圣心更甚于这座军事设施。

至于义和拳,他们已向北去,侵入樊国梁主教(Mgr. Favier)的宗座代牧区。在北京和天津,人们不无不安。各使馆可能已限定中国政府两个月内消灭这些造反者,逾越这一段时间之后,欧洲军队将来确保中国显然无力保护的外国人的安全。天主啊,保护我们摆脱各种内部和外部的纠纷吧!

太平时期

4 月 27 日，尊敬的马泽轩神父致信张家庄的德马尔盖斯特神父(P. Desmarquest)

目前，我们处处享受着安宁。自从帝国部队保护我们以来，未有新的暴力。而自任丘战斗(3 月 21 日)以来，帮会分子扑到邻近的樊国梁主教的宗座代牧区。在那里，保定府的官兵有不得行动的命令，帮会分子们在官兵的眼皮底下进行各种各样的破坏。

今天我们获悉，在我们的邻区一场激烈的战斗之后，有两个基督徒村被烧毁。有一些人断言，教友们击退敌人，使敌人遭受到巨大损失；另一些人则肯定义和拳已取得胜利，杀害了许多教友，烧毁了几座教堂。

上海的几家英文报纸报道说，义和拳在蒙古重新聚集，无疑这是为了重新开始他们的越轨活动。

赔偿问题几乎在各地都得到解决，我们的损失在物质上得到充分赔偿，但暗中的仇恨还会长时间地继续加深基督徒和异教徒之间现已存在的鸿沟啊！我们非常需要主的保护！

5 月 11 日，林道昌神父(P. Séneschal)致信马纯嘏神父(P. Damerval)

义和拳在教堂东北部五十来公里处重新开始动起来。官府实际上支持这个既反洋人又反教徒的运动。官府担心引起外国列强的干预，因此，它派兵阻止过分重大的事件，但是，在另一方面，官府又责备军事或民政官员对这些匪徒，更确切地说，对这些狂热分子采取过激行动，因为他们大多数似乎确实在极其冲动之下采取行动。对我们的教友和传教士来说，最大的危险可能尤其来自有一天中国和某个欧洲列强之间开战。从上层来的一句反洋人的话将会引发大规模的暴动，因为民众，就最大多数来说，站在义和拳一边。整个华北全是义和拳的，北京当地隐藏有许多这个名称新、政治目标依旧的帮会的信徒。这些狂热分子的最狂热拥护者是王储之父端郡王，他被长期冷落在一边，现在在皇太后身旁，对朝廷具有决定性的影响。因此，请为我们祈祷吧，请让人们祈祷吧，以便我们的主尽早远离这些妨碍传播基督教信仰的绊脚石。

义和拳在直隶东南(一)[①]

(1899年7月～1900年4月)

——任德芬神父纪事

一、义和拳的由来和宗旨

我们在开始叙述英国人称之为“拳击者”(Boxers)的义和拳[②]在我们传教区制造骚乱之前,应该讲一讲与其由来及其宗旨有关的几个问题。

义和拳的由来:义和拳起源很久远,因为它在嘉庆十三年(1809年)曾被谕令查禁。它的宗旨概括在这句口号中:“扶清灭洋”。即稳固清朝,消灭洋人。后半句才是真实的。

吴桥县令劳乃宣在关于义和拳这个帮会的小册子里说过这样的话:“按义和拳一门乃白莲教之支流。其教以练习拳棒为由,托言神灵附体,讲道教拳,诡称念诵咒语能御枪炮。其为邪教,行迹显然。”“其党自嘉庆年间惩办以后,根株迄未尽绝,直、东两省各州县所在多有,初犹敛迹,近渐明目张胆,无所忌惮。”“上年(1898)彼党扬言专仇教民,良民遂多为所惑,因而忘其降神诵咒为邪术。其实此项教门名目于嘉庆年间已见章奏,是时天主、耶稣教犹未通行,其非因仇教而始起”,“若其本意,则实有谋为不轨之心。愚民无知,误被诱惑”。

《字林西报》(*North China Daily News*)在1899年12月份一篇综述最新事件的文章写道:“在5月期间,直隶已出现造反事,它立即严重威胁到有一个伦敦布道会(la Société des Missions de Londre)堂口的肖张村。该村被围困六个礼拜,该村周围的整个地区都处于心神不安之中。事情发生在麦收期间,情况证明那不是一场地方性的小骚动(当时农民们非常忙碌)。在9月份,散播谣言说义和拳的总起义即将发生。人们如此频繁地听到相同的威胁,以至于他们不再相信谣传,然而人们终于获悉,阴历八月十五日(阳历9月11日)确实要攻击欧洲人的财产了。向英国驻天津领事发出的呼吁终于从山东巡抚得到了结果,山东巡抚要集结他的部队了。这些措施足以制止没有任何非常固定的目标、不是专门煽动闹事的人。然而,如果说欧洲人的财产得以幸免保全的话,距平原东三十五公里一个有许多基督教新教徒家庭的村庄则是另外一回事了。在既定日期,没有事先警告,所有的教友家庭都被掠夺。曾多次受到提醒的地方官员狼狈不堪,他派遣他的人员去捉拿掠

---

① “义和拳在直隶东南”因资料选自不同期刊,同一期刊亦不同卷,故加编号,以资区别,下同。本文原载于《支那和锡兰》1900年第2卷,是时为河间府传教士的任德芬神父于1900年3月25日在献县张家庄撰写的纪事。——译者注

② 义和拳(I-ho-kieun),按照中文逐字译为:为公正与和谐而奋斗的斗士。人们把后一个字“kiuen”(拳)译为英文的“Boxer”(拳击者),这个词在所有的报刊上已占主导地位,从此成为历史的记载。

夺者们,但一无所获。于是他派遣马队恢复秩序,随之发生战斗。义和拳招引它的成员,特别使他们相信他们有神保佑是可以刀枪不入的。但是,在这次战斗中,有一百来个拳民被杀,更多的人受伤,这个匪帮完全被击溃。不幸的是,山东巡抚明显地偏向义和拳,仇视打击义和拳的人。中国当局不是不能,就是不想控制山东省。如果某个外国政府能够发现该省属于它的势力范围,这个发现会在大多数当地人和全体外国人中间会受到一致欢迎。"

在同一篇文章中说道,人数比基督教新教多的天主教受到更大的灾难。实际上,自12月以来,仅一个意大利方济各会宗座代牧区就有五千多名教友无处躲避,没有吃喝。

12月20日,上海的法文日报《中法新汇报》报导,秉承法国公使的旨意,中国政府刚刚正式命令山东巡抚毓贤进京述职。"他被袁世凯取代,人们说袁世凯正派(完全是相对的)、有活力,而且宽容。"同一报纸这样评价义和拳:

他们"同时是阴谋家、叛乱者和土匪,一切都成为他们新罪行的借口,他们是中国的无政府主义者。从近几年的政治事件以来,尤其是德国占领胶州之后,他们将强盗习气赋予虚伪的政治动因,猛烈地追击基督徒,指控基督徒犯下了帝国的所有罪恶……"

对我们传教区发生的事情的报道将非常充分地证明,这些严肃的判断才是非常真实的。在地方当局方面,不是同样的软弱,就是同样的串通;在造反者方面,是同样的盗匪。我们可以而且应该补充说,在教徒方面,是同样的忍耐,同样的顺从神意。在如此艰难的考验中,这对传教士来说不是一个小小的安慰。

二、开　端

在1898年蹂躏过威县的义和拳,于1899年春第一次在河间府出现,发出招兵买马的文告,张贴反对洋人及其追随者的揭帖。

河间府堂区的司铎任德芬神父(P. Mangin)将此事禀报吴桥县令,并递交给他一份义和拳主要头目的名单和他们聚会的中心点名称清单,请他采取措施阻止这个帮会的扩展。在6月份的最后日子里,帮会分子声称下次毁掉张敖桥村的礼拜堂。在约定的那天,帮会分子大量出现在该村的集市上。但是邻村的教友们同样前去赶集,县令派十来名武装衙役到集市,帮会分子未敢冒险动武而散去。因此吴桥县在几个月内不必担心,尽管在南部,在山东边界仍有几个聚会中心继续存在着。

葛光被神父实际上在8月份就已经写道:"蹂躏山东并驱散安治泰主教的基督徒村的义和拳,刚刚到我们这里来。在开州的毕如春神父(P. Japiot)那里有五个教友村被掠夺。这些帮会分子要根除基督教。躲避在港口的欧洲人,很少能在内地保护我们,至于中国官府,他们越发地软弱无能,在民众眼中大失其威望。"

稍后,裴省三神父(P. Prévôt)在给马纯嘏神父的信中写道:"我们的直隶在过去一两周内受到义和拳的侵扰。义和拳从山东来到我们这里,像一条导火线迅速传播开来。为什么会这样呢?德国侵占胶州对我们就是没有好处。您理解,中国人心里又爆发了多么炽烈的仇恨,反对为外国人铺平道路并把他们招引来的教会。[①] 在此地,人人皆知欧洲人要瓜分中国,并已经从各方面挤压中国。最近与法国交战进一步激化了这一局势。太后在11月末已向其所有的总督和总兵下达两道极其强烈的懿旨,命令他们在一个月内要回避不见欧洲人。太后命令他们拿起武器对抗想在中国站稳脚跟的所有欧洲列强,无须事先报请北京批准:'在战斗中无论胜败,必须战斗',太后如是说。"

"我们的教友长期以来,甚至在眼下,自认为在对待异教徒方面确实有些小过失,有时有非常严重的轻率行为,而异教徒则抓住机会让我们的教友整体地抵偿全部。至于官府,它的说法按其习惯是相当不明确的。人们可能宁愿相信政府对发生的事情不会不高兴,而且它不会不在暗中支持目前的运动,尽管归根到底,如人们所言,是它不得不赔偿损失,承担后果。帮会分子们公开说,他们要去天津,然后去北京与董福祥的部队会合。董福祥是我们的不共戴天之敌,原陕西军队的统帅,两年来他的部队为了'把欧洲人抛进海湾(原文如此)',驻扎在京城之北。"

三、首次进攻景州

在7月份里,义和拳在景州西南部的出现令人瞩目。他们约定在有一座基督新教礼拜堂的重镇河渠碰头。

那天是个集日,周围的基督徒们像往常一样去赶集,并不知道义和拳分子必定到集市上来。有一个基督教新教徒在路上受到辱骂,遭到殴打;有一个天主教徒走进一家客栈,发现客栈里有一群人,其中大部分是他不认识的。他们中的一人说道,"这是个教民"。我们的人来不及辨认,即被围拢起来,被推搡殴打,当他能逃跑时,他把他的不幸遭遇述说给姜木村(音译,Jang-Mou)的教友们。

获悉情况的县令赶来跟主管神父沟通他已做的事情。我们可以肯定,从这天起,我们没有任何,或有很少的事情可以期待地方当局了。主事神父申明,他觉得有必要逮捕带头闹事者。县令立即反驳道:"当然,但他们人数众多,而我只有几个忠实程度有问题的衙役。明天,我去河渠镇,我尽力使外国人离去。对景州的那些人,我会吓唬他们,然后我禀告给总督,请他派兵来。"事情果然如此:王大人前往河渠镇,请来士绅们,劝说他们反对帮会分子、扰乱公共秩序的人的聚会。

在这期间,军事官员前往义和拳的聚点,请他们来见县令,义和拳予以拒绝。可是主要头领王庆一假惺惺地答应赔偿被打的基督徒,他带着二十名帮会分子的护卫队拜访一位士绅,他们彼此点头哈腰致意,这就是一切。

四、火烧大月庄的礼拜堂

为了给士绅们和县令留个面子,义和拳的头领们决定将他们的操练中心搬出景州。

① 安治泰主教写道:"迫害的首要和最重要的理由是占领胶州、'山东巡抚毓贤对我说,你招来了德国人,如果不曾有德国传教士,也不曾有他们在山东控制的基督教徒,胶州,旅顺港等就不可能落到洋人手里。你们是所有一切的罪魁祸首。'李鸿章跟我谈了同样的意思。动乱的第二个理由是在北京的政变。从山东发动的暴乱进入直隶,但是,在法国当局推动下,中国当局立即有力地发挥作用,恢复了平静。"见1900年1月26日《科隆民报》(*Koln. Volkszeitung*)。

他们让人邀请去故城大月庄。两户财主为他们提供了地方。四五年以来，已有基督教新教徒在那里定居，我们在那里也有十来户领洗家庭。

在最初的日子里，只有一些言语上的挑衅。与一名基督新教徒对骂动手之后，帮会分子们声言将摧毁两座礼拜堂。实际上，在 8 月 31 日夜间，我们的礼拜堂已被包围、侵入、摧毁。县官赶到灾难现场，察看损失情况，询问声称听到枪声和喊叫声的邻居们，但是他们无人敢出门观看发生的事情。叫来村长，县官问他村里是否有义和拳，根据村长的肯定答复，县官命村长去召唤义和拳的头目来见。村长很快返回来说，没有一个头目愿意出面。县官未再坚持，即返回城里。人们曾希望县官将采取强有力的行动，以便恢复他的被人藐视的权威，但是人们的愿望落空了。义和拳分子仰赖着他们不会受到处罚之势，每天都有更多的人聚会，在各方面积极的宣传给他们带来了新的门徒。

这些匪帮的首领王庆一是一个默默无闻的瓜贩子，原籍枣强人，他只有二十八岁，他的胆大妄为盖过了他的其他价值，众人像顺从具有超人性的人那样顺从他。他就是师傅，众人以卑恭地自称弟子自豪。县令终于决定传讯王庆一及其多名入伙者。王庆一让人回复说，阴历九月十三日(阳历 9 月 17 日)他将到堂。他们确实来了，但是当时他们有几百人，他们公然携带武器，想把这些武器放置在一家客栈备用，如果事情不按照他们的意愿进行的话。他们人数那么多，又如此威风凛凛，以至于县官认为，为更谨慎起见，这天不开堂为好。获悉公堂不开，他们便让人提出一纸反诉状，下面就是其中的几个片段：

“嫉妒我们才华的洋传教士们，扰乱我们的法则；他们自己纵火，却指控我们，以便更加损害我们。如果我们遭受到干旱，如果天理紊乱，原因在西洋人身上……我们请求大人严厉惩罚他们。”

县官回答说，西洋人根据诏书被允许传教，至于纵火，他将竭力察明真相。他派遣一名衙役问他们是否要出堂。王庆一让人答复，他另有事情，只能晚些时候来。

9 月 27 日，三名帮会分子出堂，审问更加无关痛痒。县令问他们：“你们烧了一间房子？而他们答道：谁看到我们烧了？”几番劝导不要追随诏书宣布为作恶的帮会之后，这几个帮会分子被撵走。这时，县官试图加以调解。县官急忙派遣他的两名下属向传教士说明他的提议：公堂出钱重建礼拜堂，要求官兵保障安宁。传教士答复县官说，无一名罪犯被擒获，开始谈判的时间就没到来。

每天都更放心不会受到惩处的义和拳人数日益多起来，胆量则随着他们的人数激增，各武装团伙跑遍本地区，在各处进行恫吓。

这一局势使教区的长上们下定决心将问题提到更上层。尊敬的葛光被神父将亲自呈递的一份非常充实的文件送达河间知府。知府既表现出惊讶又表现出不安，说道：“如果您不给我提供这份文件，我对故城的严重事件还一无所知呢！明天一早，我就把您的申诉送给总督，请他谕示。”

就是这样，整个一个知府拱手交给了一帮土匪，而地方官员甚至不认为要适时地将此事告知他的顶头上司！是与帮会分子串通了吗？人们可以相信这点。是希望就地解决，给他颁发资格证书吗？这很难确切地说出来，况且我们还不是在这位不可思议的县令玩弄的中国把戏的终点。

总督通过派遣一位代表陶(式鋆)大人给以答复，陶大人由穆(音译，Mou)大人率领的二十名马兵护送。陶代表在县令及其随从陪同下前往火场。在首次调查时已肯定有帮会分子存在的村长，现在厚颜无耻地否认，而且肯定在起诉登记的名字中间，有许多人在起火时并不在现场，其他一些人已死亡五十来年！大人们极其茫然地返回城里。

11月2日，几位基督徒和几名帮会分子出堂应审。陶代表问他们："起火时你们在哪儿？——在田地里。——谁放的火？——我们什么都不知道。你们对基督徒们有敌意恶感吗？——丝毫没有哇，我们也不知道为什么他们要控告我们，另外，在欧洲人开列的名单中，有许多人是不属于帮会的。——你们的首领是谁？——王庆一。谁付你们的操练费？——我们大伙自己筹的。——你们为什么要学这些行当？——为了消遣，必要时自卫。——你们在什么时候操练？——夜里。——你们有多少人？——数不清。"县令也提了几个不再属于当天话题的问题。被如此费劲的审问弄得疲惫不堪的两位大人打发了双方人员，未加追究。

陶代表想了断此事。他让人请任德芬神父到他那里去。为了不被指责没有诚意，任德芬神父决定前往。11月8日，他会见陶大人。陶大人从未从政，但长期以来在北京受聘于某阁部，两年前，他被选中在柏林陪同胶州被占领后被派驻德国的全权公使。他在柏林驻留一年，跟随中国购买的两艘军舰回国。直隶总督留陶大人为他自己效力，对陶大人来说，他曾在欧洲待过，更适合跟欧洲人打交道。

显然人们不能从会谈一开始就期望有力的措施，因为陶代表在出示其委任书时，向任德芬神父炫耀总督用红笔批示的两个字"解散"，并说道："我的使命仅限于重修被烧毁的礼拜堂，并阻止义和拳与基督徒发生冲突。不过我知道王庆一是主要头目，已命人逮捕了他，并将他解往天津，不再允许他返回此地，至于其他人员，我对他们无能为力。任德芬神父提出，您把他送到天津，是为了惩处他，还是为了奖赏他？"陶代表立即笑着反驳道："噢！不，他不会受到奖赏，他不会再返回来了，您将得到安宁。隔离开王庆一，主要目的是在基督徒和拳民们中间恢复和谐。为此，您必须表现得宽容大度，被控告的人们会知道，我们会告诉他们，我们的宽容归功于您宽大为怀的调解。他们会感谢您的。"

陶代表逮捕王庆一的意愿是真诚的吗？我们能够猜想得到。但是没几天之后，陶代表让人告知尊敬的葛光被神父，他处在不可能实践诺言的境地，他让官兵们逮捕王庆一，官兵们拒绝受理这项公差。陶代表从可靠来源获悉，义和拳已决定解救他们的师傅，这必定求助于暴力。我们只得接受陶代表同意的微不足道的修缮。

于是为了结束已拖拉四个月的一件事，任德芬神父回到故城，用些许气力在四天内处理完毕。11月25日，王庆一得到不处罚他的担保，但只予以一般的告诫之后，接受陶代表之约出庭。审讯在县令的私人客厅进行。从大头领出现之前，一百来名帮会分子已拥进公堂，其他更多的人群遍布全城，公然带着大刀和长矛，准备拯救师傅——如果事情进展不妙的话。穆大人站在门洞前，两臂下垂，艰难地阻挡着帮会分子们直入厅堂。陶大人讲，当他跟跪在他面前的王庆一对话时，他看到王庆一的手枪柄从他的衣服底下露出来。陶代表所处的不适当的地位影响到审讯，他仅三言两语劝说几句，便请他回家，与基督徒们和睦相处。

翌日，陶代表拟就送交义和拳和基督徒们的公告文本，然后，结束他的使命，经张家庄总堂前往天津，他承诺在天津向总督说明局势的严重性。在河间府，陶代表这样讲述他的所见所闻，以至于知府一听也匆匆忙忙地动身去乞求总督援助。

过去发生的其他事件比故城事件更严重。我们必须重新讲一讲稍早一点的事。

五、宋门，刀枪不入

将近5月中旬，在隶属冀州的枣强县，义和拳企图掠夺基督教新教徒的座堂，但是他们失败了。两个月后，人们得知，他们在距枣强县不远处建立了两个中心。任德芬神父通知武邑县令，县令得意地回复说，受他管辖的人有好斗的习性，喜欢练拳；此外，保护推销人员的行会在此地为数众多，练拳为这些行会成员所必需。

10月2日是距景州西十七公里的宋门镇的赶集日，帮会分子们要隆重地设“场子”，并宣布下个集日，25日，演练刀枪不入。

25日那天，无数的好奇者聚集在宋门镇，想看一看帮会分子们承诺的表演。然而，好奇者们被骗了，操练改在30日。在30日那天，场上的民众人数更多，观看的愿望更强烈了。事前指定的头目和两个弟子跪在本会保护神牌位前。他们一再叩头，多次上香，做过许多次祈祷念咒，大神仍不下来。最后，将近下午4点钟，那位头目突然抬起头，容貌大变，像一个有无敌天神附身的人。两个弟子也起身，给枪上膛。师傅脱下他的上衣，袒露胸膛。一声枪响，四方回荡。人们看到那不幸的人跪倒在地，随后身子完全伸直躺平，用枪口顶着的射击造成一个大而深的伤口。那个头目的同伙们赶紧将他包在一床被子里，将通体血红的他带走。他没一会儿工夫就断气了。对操练伊始来说，这是一次重大的惨败，他们必定不惜任何代价换取胜利。

从次日起，帮会的密探们跑遍他们的中心，散布基督徒阴险地谋杀了他们的一位头领，因此，要所有的义和拳分子于11月1日到宋门镇，用基督徒的鲜血为死者报仇雪恨。

在31日这一天，人们看到，众多成群结队的武装男子汉奔向宋门镇，最凶险的谣言在镇上流传。主事神父前往一无所知的县令的公署了解情况后，县令命令军事长官去宋门镇，会晤士绅们，试图以各种办法同义和拳的头领们取得和解。

当军事长官到达宋门镇时，他获悉，几位士绅因为害怕一千多名帮会分子的到来，害怕他们谋划的报仇可能给他们村子造成的后果，已经成功地使帮会分子们平静下来，并使他们暂时散开。此番磋商历时数日。最终，人们告诉我们，县官已经同意磋商达成的条件：帮会的头领们于11月13日去宋门镇，县令出钱摆宴款待他们；县令出三百串钱唱一台戏；军事长官将去叩拜神仙牌位获得补救；镇上的一位异教徒被控与基督徒串通，他将被带上枷锁。

任德芬神父断然拒绝了这些奇特但非常中国式的提议，同时声明，如果县令没有其他办法保护，他从明天起就去献县，将他的设施交给县官照管，要他负全责。

第二天，县令未让人通报就到了，他对任德芬神父说：“我是来恳求您的，请允许我像过去约定的那样做吧，不然谁也不知道会发生什么事。我去禀报总督。在您这方面，我请求您，请您禀报您的领事。我们其他的地方官员是没有制止办法的。”最后，决定戏不唱了，那个如此被不公正起诉的异教徒一点也不用担心了。神父说：“为了这一点，为了您摆脱困境，我甘愿丢面子。”王大人，传教区十五年以来同他不间断地保持着良好的关系，他完全了解，用这些方法对付胆子越来越大的帮会分子们无济于事，甚至危险，但是，像他多次对神父申明的那样，总督的命令是明确的，即：只制止激烈的争斗，不得扣押任何人，不得使用暴力。这种来自于上面的软弱是众多不幸的根由。

自此时起，朱家河的基督徒们决心保卫他们的教堂和财产，哪怕以他们的生命为代价。他们购买了枪支，一支由五十名十分坚定的年轻人组成的队伍操练军械。让我们补充一句，义和拳试图再一次通过重新操练挽回面子，其结果不比第一次幸运：其中两人受伤致死。头领们确定宋门的寺庙是“不洁的”，他们要迁到另一处去。

从此以后，发生的事情迅速接踵而至。帮会分子们晓得自己的实力，他们不受惩罚使他们得以向前进展了。此前他们只是尝试，现在到了烧杀抢掠的时刻了。

六、掠夺和纵火

当有人来告知任德芬神父在阜城县临阵礼拜堂和三户人家被掠夺时，他仍在故城了断大月庄事宜。早在半个月之前，任德芬神父就提醒过县令说，临阵村的一个秀才请义和拳在该村设中心。他们的聚会就在非常靠近我们房产的一个寺庙里进行。11 月 24 日，太阳下山时，一队帮会分子猛然冲进我们的堂里，卸下门窗，撕碎圣像，打碎部分家具，将剩余物搬到寺庙，又从寺庙搬到最殷实的三户人家。人可以逃跑，但全部家具，储备的食粮，乃至衣服、被褥和用具变成了进攻者们的战利品，他们为轻易取得的胜利而自豪，他们撤到寺庙里，在庙里分赃。

几天之后，另外五家遭受到同样的命运。11 月 27 日，轮到了景州的两家；28 日，阜城的徐家铺礼拜堂遭到同样的命运；30 日，一批帮会分子涌到东光县的张庄（音译，Tchang-tchuang），掠夺了礼拜堂。12 月 4 日，不久我们将会看到重新露面的瑞章和成章两个和尚带领拳民们去掠夺阜城县耿家庄（音译，Keng-kia-tchoang）的礼拜堂和三户人家。8 日，景州的苏古庄遭到掠夺。10 日，阜城的八里庄礼拜堂被帮会分子光顾，他们不满足于破坏和掠夺，而是拆毁礼拜堂，运走木料和门窗。11 日，帮会分子再来已被掠夺的苏古庄，纵火焚烧礼拜堂和教友们的住房。次日，他们抢劫完一家之后，放火烧了这家，然后，转到另一家，一切化为灰烬时他们才住手。他们在我们的房子内住下来。一位要反抗这种强暴的教友被砍了致命的三刀，帮会分子野蛮至极，在这位垂死者身上堆放薪柴，并点燃。当县官赶来检查时，他只能看到破坏的情况了。当时深州幸免于难。

当西河头村（音译，Si-ho-teou）的教友们去参加在毗邻的基督徒村举行的弥撒时，帮会分子们涌进教堂，打碎并拿走落到他们手中的一切。次日，他们前往王老四村（音译，W'ang-lao-seu）洗劫教堂，掠夺八户教友家，车子、牲畜、粮食、衣服全被拿走。其他大部分教友以大量赎金买回自身安全。

非常不安的知府请鲍体乾神父在城里避一避，同时许诺保护他。他派遣他掌握的官兵保护将台（音译，Jang-tai）的孤儿院，并向保定府紧急请兵。知府在给葛光被神父的信中写道，有七百名帮会分子出现在他面前，对他没有任何尊敬之意，放肆地质问知府想要他们做什么。知府请他们散开，不要勒索他管辖的村庄。

12 月 10 日，当步天衢主教（Mgr. Bulté）在南方坚振巡行返回到武邑时，小李村的教友们来报告说，义和拳掠夺了他们的礼拜堂和一户人家。同时有人来通知，当天夜晚城里和城外的帮会分子必将闯进我们的房里，进行掠夺。主教将事情告知县令，县令派人在我们的住宅周围警戒。第二天，主教大人安然无恙地回到献县。

武邑的石海坡，阜城的小营以及其他地方也遭到同样的命运。12 月 14 日，景州的岔道口(Tcha-tao-keou)教堂被烧，教友们被掠夺，然而在距那里两公里的地方就驻扎着负责保护教友村和教友的官兵。

七、法国领事和总督的干预

长上们直到这一时期，不曾想过尽力制止预示着吞没大部分传教区的潮流。自 11 月 17 日起，尊敬的葛光被神父曾请示法国驻天津领事杜士兰伯爵先生。在说明事实之后，葛光被神父断定，"如果没有下达阻止义和拳的命令，如果官兵只为了作为义和拳的见证者而派遣的话，义和拳终有一天会得逞，国家本身将遭受到最大的危难"。有远见的官员认可这后一句话，它似乎至今还没有被上层当局领悟。

11 月 24 日，直隶总督裕禄阁下答复领事先生说："我现在紧急派出带着保护传教区、平息叛乱命令的官兵。"

领事再次致信总督，总督于 12 月 1 日回复："我荣幸地告知您，大函收悉，得知河间府临阵村发生掠夺案。为此我已派梅统领和三个连队前去查看此事。确实打扰百姓的匪帮将被逮捕并受到惩处。在有教堂的各地，我亦派遣部队驻扎，进行切实的保护并恢复秩序。"

三天后，领事再次坚决要求，总督重新承诺："我已命令梅统领派兵到有教堂的各地，认真保护教堂。您告诉我，官员们自己的公署被武装的义和拳队伍进犯，要求当着他们的面审判，我尚未听说此事。如系属实，人们能如此容忍蔑视法纪吗？我已下令给地方当局向我禀报此事。"

梅统领命令官兵迅速行动，一部分奔赴景州，另一部分奔赴献县，他以值得称道的速度赶到部队之前，数日内，在受到威胁的各县转了一圈。12 月 12 日，他到达献县，让人通报我们他要造访。对我们来说，他不是一位陌生人。四年前，他负责防护筑坝，在我们的范家疙瘩教友村曾驻留相当长时间，可以说，他在那个时期已表现出鲜为人知的才干和毅力。他的来访是比较友善的。自第二天起，他又出发去沧州紧急派兵，并去天津向总督报告这首次巡视。

八、总堂处在危难之中

局势迅速恶化，正如尊敬的马泽轩神父(12 月 15 日)这段文字所证实的：

一场大乱迫在眉睫。

任德芬神父、周神父(P. Tcheou)和路懋德神父(P. Andlauer)已回到总堂。他们不可能住在他们的区里了。

南部尚未波及，虽然五个月之前，在毕如春神父那里曾有过警报。我们解散了我们的学校，只留下遭受最大不幸的堂区的三十来个孩子。人们同样对待贞女们。

义和拳在距我们总堂两里处建起一个营地，总堂是他们的目标。他们武装起来进行操练。他们知道我们有一些武器，他们非常想来拿走。

抱有成见的官员们佯作有所行动，且答复说他们无能为力。如果我们向上面请求救助的话，必将一如既往，即在攻击发生之后，他们来查看查看损害而已。

我们大家托主保佑，心里平静。

在这一时期，义和拳公开宣称，阴历十五(阳历 12 月 17 日)，他们将要掠夺总堂。有那么多其他教友所受遭遇使我们毫不怀疑这种威胁的严重性。然而，梅统领通知我们，官兵最早在 15 日才能到达。因此，没有时间可耽搁了，因为总堂被掠夺就是传教事业的长期毁灭，可能是大屠杀的信号。于是，人们决定尽可能多地武装起来。传道员和工友们每天在助理修士们带领下操练枪法。叛乱时期的老火炮被搬出来，放置在炮台和屋顶上。随后，任德芬神父紧急赶往天津，向法国领事报告正在发生之事，并购买枪支、子弹、火药和其他作战物资。[①] 此外，坐卧不安的献县县令本人接二连三地派报信人催促官兵速来。

让我们先说一说领事对总督的活动吧。会面是在 12 月 18 日进行的。杜士兰伯爵先生申明局势，请总督采取迅速有力的措施，制止罪恶。裕禄阁下答道："最初的报告到我这里时，我以为言过其实，如同农民的无稽之谈，但是今天，我了解到了局势。已有八个营动员起来，部队已出发去河间府、冀州和深州。我已用电报给地方和军事当局下达了明确的命令。帮会分子们是名副其实的强盗，应该按强盗处置。"总督最后说，他刚收到一份电报向他禀告，在 16 日夜间，帮会分子们和基督徒们在献县西部发生了激烈的战斗。这就是发生在总堂西部十二公里的东大过之战。

我们说过，献县的局势是严重的，义和拳聚集起来，公开声称要去张家庄总堂，他们希望在那里获得丰厚的战利品。为此目的，在张家庄南部形成了三个大中心，即：武邑县的圈头、武强县的小范和阜城的临阵。小范的义和拳决心从进攻张家庄下手，因为张家庄新建的教堂激起了他们的愤怒。

九、东大过之战

12 月 15 日，义和拳已靠近村庄，但是当时席鸿勋神父(P. Simonel)正在听教友们忏悔(因为大家在投入战斗之前要做忏悔)，教友们带着武器冲出去击退义和拳。黄昏时分，帮会分子们又来突击，人数更多(他们的队伍绵延六百多米)，吼叫着行进。

约五十名教友带着三十来支各种口径的老枪，用带刺的枣树枝围拢起来自卫，他们在平房屋顶上等待着义和拳，同时背诵着玫瑰经，他们脖子上挂着念珠，手里握着枪。这时有一个孩童举着木制十字架，站在大家眼前。他们开枪了，但他们的射击不准，子弹从帮会进攻者的头上飞过。教友们再次射击时有较多的命中，三十来个死伤者横卧大路，幸存者立即将他们运走。在这段时间里，妇女们正在教堂里祈祷。

三刻钟的战斗之后，进攻者逃窜，在战场上遗弃四具尸体，但是由于怕惹是生非，无人愿意收回或认领。县官让人把他们作为盗匪几乎赤身裸体地掩埋了事，这是给其他人的心火泼冷水的好办法。

---

① 不应该忘记，教友们利用这些武器不是对抗正规军，相反是为了支持他们，抗击匪帮和叛乱者。"天主教遣使会的传教士为了维护他们的事业和他们的教友，不得不购买枪支和弹药。这是不正常的，然而是最明智的。他们帮助同样受到威胁的异教徒们，迫使官府采取行动，摆脱无动于衷的状态。他们还迫使列强们及时干预，避免无法挽回的灾难。"(加亚尔神父[Louis Gaillard]《研究》，7 月 5 日，第 17 页)

获胜的教友们无一人受伤，他们齐聚在教堂里感谢天主。

当号声在营地造成混乱并使敌人逃窜时，义和拳正在邻村用震天的锣鼓声重新集合，准备再去冲杀。葛光被神父致本城县官的一封紧急信件要求派一支正规马队来。马兵们飞速出发了。尽管他们在胜利之后才到达，他们起码可以驱散试图重新集合的敌人，实际上他们制止了一场可能使教友们遭受重大损失的战斗再次爆发。

翌日，帝国步兵到达。人们立即在东大过建起百人哨所，另一个建在邻近的镇上，在总堂周围有四个。我们起码在目前是得救了。但愿圣心继续保佑我们吧。

异教徒们述说，在东大过战斗和进攻期间，人们看到有一位美貌女子，身着白纱，由同样穿着白衣的随从陪伴着，在教堂上空俯览，好像在保护教堂。然而没有一个教友看到她。一个确凿的事实是，应该从廖台镇（音译，Liao-tai）来救援义和拳的匪徒们两次迷路，官兵们已经到达那里时，他们才到。因此，他们未提供任何救助，不得不返回。

我们唯有感谢吾主及其圣母。我确实从未如此深刻地理解这句话"Millo vos sicut agnos inter lupos"（拉丁文：我把你们这些羔羊派到羊群中去）以及基督教在中国连续不断出现的奇迹。

关于在此谈到的圣迹以及我们将要报告的其他事情，允许我们说，我们不把这些事情视作确凿无疑的，只作为异教徒向我们的教友们讲述的事情，他们无意杜撰。另外，我们的教友在战斗，不仅是为了他们的生命财产，而且也是为了保卫他们的教堂和信仰，人们为什么不承认为了基督徒的家庭，天主及其诸圣不予以特别干预呢？在献县，如同在景州以及在其他地方，在传教士和基督徒只能目睹教堂被毁坏和住宅被掠夺时，官兵们如此适时地赶到，这不是上天特意保护的明显标志吗？人们可以不夸张地断言，如果官兵们晚到几天，许多基督徒村早已遭殃了。

几天之后，义和拳再次在距东大过十一公里的小范集合，谣言四起，声称他们打算再次进攻。周围的基督徒们迅速赶来帮助他们受到威胁的弟兄们。

一段时间以来，教友们按照欧洲方式进行训练，例如，（法语）口令在他们的中国人嘴里流利地传诵：

> 抱勒逮（拿起武器）。布雷张逮（举起武器）。沙赛（记住）。布拉塞 比树勒 卡泼树勒（放好枪管）。得基雷 奥 斯（开枪）。

这些正直的人只有几支老型号的枪支，但是他们表现出来的勇敢超过了人们对善良的中国农民的期待。在许多村庄，我们的神父正如鄂铎宣神父所言，已成为这一场景的见证人：

> 有一天夜晚，东大过的信差来了。传说义和拳必定再次进攻东大过，人们请求援助。经商议，我的正直的教友们决定，三十一名枪手中，十九人当晚冒着严寒出发，以便赶到敌人前面。晚上8点钟，有人来找我给战斗人员祈福赦罪。我去教堂，我们的带武器的人员正真心地背诵忏悔经，然后，他们出发了。我向您承认，当时，尤其当我听到教堂深处的抽泣声时，我被感动了。最初，我以为是妇女，可是没有一个女人在那儿呀，这抽泣声只是一种深深忏悔的外在信号。这一次仍是东大过被保下来了，义和拳不敢同近二百个硬汉进行较量。

人们说，帮会分子整个夜晚都在行进，天亮时，他们惊诧地发现他们仍在出发地点。

不管如何,东大过人及其保卫者们只受到一些惊吓,义和拳不见了。从那时起,义和拳这帮团伙溃散了。马队和步兵支队分散在最重要的乡镇,总堂所在地张家庄在军事上被占领,我们的教友们恢复了信心。但是他们继续自己准备武器弹药,因为他们晓得,官兵一走,帮会分子们的仇恨会更加强烈、更加野蛮地发作出来。

十、新的暴力和镇压

我们说过,义和拳曾多次威胁枣强县肖张的基督教新教的座堂,官兵来此地驻防帮了他们一把。流常的帮会分子们当时盯上这个县的两个小教徒村。12 月 13 日,他们涌到邹街村(音译,Tseu-kiai),掠夺礼拜堂和三户人家。15 日,轮到了三岔村,唯有礼拜堂遭掠夺,教徒们幸免于难。

在同一时间,景州继续生活在恐怖状态下。岔道口村的教友们相信帮会头领在他们村做的承诺,当 12 月 11 日夜晚,他们突然被入侵者的叫喊声吵醒时,他们不认为有躲避的必要。转眼间,礼拜堂被侵占,所有适合帮会分子们的东西都被拿走,剩余的被砸碎,此后,可以燃烧的东西被堆放在礼拜堂,不久礼拜堂只剩下被烧成石灰的四壁。在令人悲伤的火光中,强盗们蜂拥到教友家,教友们已逃跑,将其所有财产留给了众多贪婪的掠夺者,掠夺者们如同追寻猎物的秃鹫,处处追随叛乱者。

只有两个大的基督徒村青草河和朱家河在诸多的废墟中依然屹立着。想不到其他地方的厄运不久会降临到它们头上。在朱家河,人们准备自卫,每个夜晚,侦察人员走遍田野,以防突袭。这些预防措施不是白费的。有些诚实的异教徒讲道,一天夜晚,许多从宋门来的匪徒奔向朱家河,他们碰上一位老人,老人问他们到哪儿去?——“去朱家河,拆毁教堂。——哦!你们别去了吧,朱家河基督徒很多,而且装备得很好。相信我吧,如果你们去那儿冒险,没一个能活着回来。”他们相信了老人的话,撤退了。这天晚上,朱家河得救于异教徒们声称不相识的这位老者,但是,教友们说,他就是他们的本堂主保圣若瑟。

岔道口村被烧之后,恐惧不安依然很强烈,显然这只是一个日期问题。17 日,传闻说第二天是确定掠夺我们的陆家庄(音译,Lou-kia-tchoang)住宅和朱家河基督徒村的日期,而这天夜里,梅统领的兵勇来到景州城里,百余名步兵、马兵和两门火炮调到陆家庄。18 日晨,基督徒侦察人员报告,从西部来了大批义和拳。妇女、儿童、孤寡人员躲进教堂,在教堂里背诵玫瑰经,背诵常常被抽泣打断。朱家河的小伙子们拿起武器,自告奋勇地协助官兵。参将劝告他们留下来守城,如果马兵处于劣势,他就召唤他们。此外,景州的步兵已接到开来的命令,而且不能延误。

范(天贵)参将率领他的马兵奔向两股进攻者刚在此会合的北方,匪帮们“像乌云一般黑压压的”,正涌向教友村。两股武装靠近时,停止了前进。参将下马,几名人员伴随着,其中一人举着旗帜。参将向晤修和尚走去,晤修由几名帮会分子护送走过来。参将拱手致意,和尚跪拜。参将问道:“您在此有何贵干?意下如何?——推倒教堂,保护皇帝,消灭洋奴才!——皇帝派我到此保护教堂和基督徒,今天请您给我这个面子,打消您的念头,请您撤吧。——不可能!——那好,这是您要丢脸面了。”于是,按照参将的暗号,这位和尚被官兵抓住,捆绑,带走。叛乱者见此情景,开了火,但是帝国军人冲上前,射出一梭子弹,将许多帮会分子打倒在地。官兵们似乎当时有点相信所谓义和拳的刀枪不入之说,不敢太猛烈地射击。然而，当他们看到第一次射击成功，犹豫一扫而光，他们对人群射击起来。射击引起普遍惊慌，所有这些异教徒都趴在地上，或乞求宽恕，或躲避枪子。

参将命令停止射击。几十个拳民已经被杀，八十多个成了俘虏。有一些逃到邻近的一个小村，向追来的步兵射击。结果对他们更糟糕，因为参将为了给他的一名(仅此一名)伤兵报仇，命令隔着窗户射击，因此，许多拳民在屋内被打死。官兵满载战利品返回来。他们拣到一面旗帜，上面写着："扶清灭洋！"

范参将回到朱家河，命人带来晤修和尚，进行了一次简短的审问。这位大头目已失去傲慢，声称屈从于其弟子们的纠缠，才无可奈何地行使指挥权。晤修和其他俘虏在严密看守下被押解到景州监禁。

在此期间，故城教友村继续受着威胁。陶代表走后，王庆一和他的叔父王新堂(音译，Wang-sin-tang)没有回家，而是继续在当地游荡，建立新的中心。另外，王庆一决心就在城里演一场关于天津大屠杀(1870 年)的反洋人戏，县令没能阻止如此明显的复仇表现。12 月 18 日，戏台在西关搭建起来。正是这天，朱家河胜利的消息传来。第二天一清早，戏台神奇般地消失了。20 日，四百名官兵奉袁(音译，Juen)和穆(音译，Mou)等长官之命赶来，可怜的、束手无策的县令，还有我们的教友终于松了一口气。一些官兵被安排在基督徒村，帮会分子们再不敢轻举妄动了。

几乎同一时间，故城的官兵抓获一个名叫大贵的和尚，他是故城东郊几处义和拳中心的主要组织者。他被带到公署，县令和袁长官审讯他，在审讯中，给他八百竹鞭。袁大人要像对待帮会头领那样将他立即斩首，但温厚的县令以要从和尚那里获得新的供词为由反对之。

在第二次审讯中，大贵和尚跪在链条上，筋疲力尽，承认是东郊的一个团伙的头目，同大头领王庆一在一起的一个头领，另外还供出几个同伙的名字。县官命他背诵帮会的咒文。咒文准确的表述如下，但我们不想再解释它："日出东方一滴油，惊动弟兄天下行。弟兄惊动李君王，李君王惊动杨二郎，杨二朗惊动封炮王，封炮王惊动老君来显灵。"县令问大贵和尚，"那好，你觉得老君会下界救你吗？""哎呀，老君(道教创始者)不来！"人们给和尚套上了脚手链，放在牢狱看管，等梅统领决定他的命运。判决结果出乎意料："大贵和尚要就地正法，以警示百姓。"县令为罪犯说情，直到现在尚未执行。

在景州，吴参将不那么幸运。他奉命捉拿掠夺和纵火刘八庄教徒村的煽动者魏书田。当马兵到达时，魏书田已不见踪影。为了不空手返回，官兵们逮捕了一个没有名气的帮会分子，并将他带到城里。统领不悦，责怪参将玩忽职守，暂时摘掉他的红顶戴。然而，吴参将是梅统领的舅父，由此人们可以得出结论，在中国军队中，私情与纪律是完全不相容的。其他大部分帮会头领都在逃。

我们说过的梅统领在第一次巡视遭义和拳蹂躏的各县之后，去天津回禀其使命并领受总督指令。12 月 22 日，他返回来，并到总堂安慰传教士们，向他们承诺惩处罪犯，镇压盗匪。12 月 24 日，一纸告示张贴在四面八方，译文如下：

钦奉上谕，擢梅东益为贵州提督，着其率右翼兵力全部布防乡村……兹奉宪谕，莅临河间、深、冀各属镇压拳匪，无知愚民被拳匪愚弄，切不可信其诡咒，陷入邪途，谕尔自新，纳入正途。义和拳头目晤修和尚不想理解我们，于阴历十一月十六日竟敢纠集千余拳匪攻打天主堂。我官兵前去阻止。这帮坏蛋拦截官兵去路，并开枪伤害官兵。我官兵反击，在战场打死拳匪三十余人，活捉八十余人，包括晤修和尚。余者逃散，如鸟兽散。你们信以为真的枪弹刀枪不入的法术已经不攻自破，你们已看到，这些法术对你们无济于事。你们应该追悔。自兹谕示公布之日始，尔众坚不知晓，自处绝境，情甘冲犯法纪，决不宽恕。

光绪二十五年阴历十一月二十二日(1899 年 12 月 24 日)

梅统领回到景州，建起司令部，审讯在朱家河一战中的俘虏。两个和尚中的一个死在狱中，未来得及同大头目晤修同时问斩。1 月 2 日，晤修走出监牢，唱着歌赴死。几个官兵抬着另一个和尚的尸体，两个和尚被斩首，他们的首级接连数日挂在城墙上示众，随后，遵照统领之命，转到刘八庄示众。

统领之意在于以血淋淋的头颅警戒义和拳，另外，粉碎对晤修的愚蠢预言的信任，晤修曾宣称，人们砍他的头必将枉然，他不久就会重新出现在其弟子们的面前。

十一、吴　桥

在这篇记述的开头，我们说过，由于吴桥县令劳乃宣的坚强有力，义和拳谨慎从事，未全面铺开。12 月 11 日，雷纯藻神父写道："他们经常在东南部操练。自从他们知道掠夺景州不受惩罚以来，掠夺在帮会分子中成为十足的狂热，我们的教友则惊吓不已。如果无原罪的圣母不砸碎这个龙头，我们将遭受到残酷的迫害。我们的县官真诚效力，他刚刚出版反对义和拳的小册子，义和拳则猛烈地攻击他。如果他们终能来到他这里，他们将使这位县官付出高昂的代价。"

匿名的揭帖确实处处张贴着，声称义和拳将去署衙剥县官的皮，然后摧毁天主传教区。另一些小册子在四面八方散发，劝诱民众抵抗洋人的侵略，消灭洋人的帮凶基督教徒们，基督徒们的罪行之一是被指控在井里投毒。这种愚蠢的谣言在不几日内便传播开来，人们在各处看到异教徒们在清除水井，以便从中取出基督徒扔在井里的魔袋。吴桥有个卖药的，天生奸诈，他发现一种"解毒药"，在几天内卖了百余吊钱。

12 月 31 日，城东南十公里一座寺庙的住持和尚(他还算正直)，暗地里来通知县官，许多帮会分子正准备向城里进发，捉拿县令。县令立即命令关闭城门，在城墙上安置岗哨，武装他的所有人员，通宵严密警戒。帮会分子未涌到城里，而是整夜踏雪行进，并在拂晓前一些到达在县城西南七公里的当地最大的基督徒村庞家桥。

当野蛮的喊叫声和枪声宣告进犯者到来时，通宵警戒的教友们刚刚回到自己的家。教友们措手不及，尽其可能地自卫。一位老人被斧头砍死，一个十五岁的小伙子脚部受轻伤，一名教徒工友挨了一刀，帮会分子方面，多人死亡，大批受伤。教友们未能挽救礼拜堂，以及几间住房。有人讲，当时有两位老人站在教堂的屋顶上，他们的目光一再使土匪们惊骇，感觉到被一股神秘的力量向后推。然而，教友们肯定地说，当时没有人在屋顶上。在这次不合时宜的行动之后，土匪们撤退到山东边境。同一天，1 月 1 日，范参将带着几名马兵和一百名步兵来到吴桥，他立即前往曾当作义和拳中心的那座寺庙。他在庙里只发现一名帮会分子，这名帮会分子指出有其他帮会分子坚守的村庄。官兵们在那个村庄捉拿到十七个人。县令通过他们获得到许多其他人的姓名。传票立即发出，吴桥监狱迅速人满为患。

1月5日，衙役们带着官方传票前往距吴桥十五公里的大镇辛集，他们得在辛集儿找出被控参与庞家桥事件的两个帮会分子。许多拳民在辛集会面，挤满一家客栈，他们不欢迎司法部门的执行者们，他们面对威胁只得赶快逃跑。县令发怒，发誓要为他那被小看的权威雪耻。十名马兵和一大支步兵队奉命秘密地前往距辛集只有两公里远的大齐家。他们在大齐家过夜，第二天清早，他们未引起帮会分子们的注意便从城东潜入，步兵绕过村庄，按既定的信号从西边进入。一些拳民发现马兵，发出警报，所有的匪帮出动，发现官兵人少，立即投入抵抗，马兵佯装逃跑，在其后引着已经高喊胜利的帮会分子们。突然，一名马兵放枪，这是约定的信号。步兵进村，马兵杀个回马枪，帮会分子们被包围了。在采取最终的严厉手段之前，官兵放了第一个空枪，激起匪帮们的强烈欲望，他们自以为刀枪不入，就冲向官兵。然而，这时确确实实真上膛的枪开火了，死伤者无数，这次胜利仍属于皇家部队。人们计算，帮会分子死十三人，二十四人被俘。

县令得知获胜者凯旋，直到城门口迎接他们。他在结束时说："你们对我说，杀死了许多拳民，那么去给我拿几个人头来，证明你们说的话是真实的，我将犒赏你们。"几个马兵奔跑而去，不久即带回五个人头，其中一个是十四岁少年的。这几个头颅清洗后被放在笼内，衙役们带着游遍全城和主要的城镇，同时一个传令官喊着："来看看叛乱分子是怎样的下场吧！"

我们提到过拘留大头目王庆一的叔父王新堂一事。县令审问王新堂时，王新堂一开始就否认参与组建义和拳中心，声称他的角色仅限于在他的侄子由于一些紧急事务离开故城时替代他而已。经紧逼硬压，他终于承认，有四个中心由他建立。这就是自己承认为帮会分子的头目，他被判处死刑，判决于3月初执行。

另外两个罪犯陪王新堂一直到刑场，他们是大贵和尚和被教友们称为敌人的王大贵，但是，他们二人这次仅受到惊吓。当王新堂的脑袋落地时，人们把他们二人带回牢狱，却不确知他们的刑罚是什么——流放？还是终身监禁？[①]

在吴桥，县官在继续积极进行侦察的同时，发现死在狱中的李德海和程奉良（音译，Tcheng-fong-leang）二人是匪帮头目，根据他的判决，定为极刑。在3月间，县令令人把他们从棺材里取出来，像是活人那样将他们斩首。这样处决意味着"教育民众"！

至于其他的头目，都在逃，他们大概会知道自己不在所有已获赦免、分担赔偿基督徒的人之列，他们将很长时间不能返回自己的村庄。人们说，他们中的一些人去了帮会分子

① 这在中国称之为给民众一个教训：人们从狱中拉出三个囚犯，将他们带到刑场，让他们三人跪在同一条线上，一刀将县官指定的那人的头砍下，当那人头落地滚动时，人们拉起另外两个犯人，再一次带回监牢……这样的囚犯一般被减刑，判为流放或终身监禁。

一直在躁动的山东，另一些人则去了已组织了许多中心的北京。[①]

未来将表明，受到正义的惩处打击，义和拳是否变得聪明了？教友们是否懂得感激天主只为他们灵魂的善良而考验他们。

Diligentibus Deum，omnia cooperantur in bonum！（拉丁文：热爱天主的人，定会一切顺利！）

耶稣会士任德芬神父

1900 年 3 月 25 日于张家庄

① 昨天，3 月 31 日，这些在逃的家伙中间有一人在任丘钟楼（音译，Tchong-lao）打群架中被抓住，并被判处死刑，在再次经过献县时，人们把他的头带到他的家乡，以教育他的同乡。（尊敬的神父任德芬注）

义和拳在直隶东南(二)[①]

——传教士们的书信[②]

一、任德芬神父的书信[③]

朱家河,1900 年 6 月 10 日

我们珍爱的传教区的局势没有好转,只有逐日严重,目前既不能对将要发生之事,也不能对造反的结局作任何预料。去年,在民众眼里,义和拳可能被看作普通的宗教狂,不满于欧洲人日益侵犯其国家,另外,他们装备差。目前,事情不再如此:他们是名副其实的造反者,他们始终以维护王朝、消灭欧洲人和基督徒"奴才"为正式纲领,他们的真实目的逐渐表露出来。他们要推翻一切,摧毁一切。此外,他们拥有并使用大量武器。最可悲的就是,大员们和太后视而不见,宽容他们,再没有别的什么可言了。

2 月份,曾有片刻喘息和平静。随后,在 3 月里,人们获悉,义和拳在保定府、顺天府(北京)和天津大量集结。我想已给你们写过,河间府[④]的新任知府曾被义和拳粗鲁地辱骂和殴打过,他的一条命应归功于一名官吏的献身之举,这位官吏以其身躯掩护他,并遭到针对那位大官员的打击。然而,这种侵犯者逍遥法外,这使我们更进一步了解到上层的软弱,乃至串通一气。3 月 22 日,基督徒和义和拳在任丘发生一场战斗。战斗将近结束时,朱家河的战胜者范大人指挥的官府兵勇们参加了战斗。有人说,几百名造反者被杀。于是义和拳北上,像他们去年蹂躏我们的教区那样蹂躏了樊国梁主教的教区。十天前,在任丘东北的大教区东八方(一百七十名基督徒),又一次相遇,三名教友被杀,不少人受伤。战斗结束时,兵勇们到达,在他们看来,义和拳暂时分散了。从那时起,不曾有过战斗。但是,在各地,在北方,

---

① 原载《研究》第 84 卷,1900 年,第 690～698 页。—— 译者注

② 我们继续发表我们的同道们的最新书信,他们在直隶东南传教区经历了如此的考验。我们打破惯例转载其中一篇,尽管该信在《天主教传教区》(Missions Catholique)已经发表过。这些书信,从 6 月 10 日到 7 月 2 日,提供了有关悲惨事件的初步的真实情况,其中至少有四位耶稣会士已经丧生。我们借此机会中肯地告诉读者,通讯社不知在何处非常轻率地搜集到,又非常冒失地在全世界电报发出的虚假新闻中声称,还有另外六位耶稣会士遭屠杀的消息。

③ 根据一封电报不幸确认,本信的撰写者—— 我们于 8 月 5 日已经发表过他的一篇引人注目的纪事—— 同汤爱玲神父(P. Paul Denn)一起成为义和拳的受害者。任德芬神父 1857 年 7 月 30 日生于南锡教区,1875 年 11 月 5 日入耶稣会,自 1882 年 11 月 22 日以来在中国。汤爱玲神父于 1847 年 4 月 1 日生于冈布莱(音译,Cambrai)教区,1872 年 7 月 6 日成为耶稣会士,自 1872 年 10 月 31 日以来在中国。这两位传教士,以及在下文将提及的路懋德神父(P. Andlauer)和赵席珍神父(P. Isoré)在耶稣会中隶属于"香槟省"。耶稣会自 1857 年以来负责直隶东南,在 1900 年之初,耶稣会在直隶东南保持五十九名传教士,神父中有一位主教,四十七名神父,其中有六位中国人。1857 年不到一万名的教徒人数,今天为四万多。

④ 一个府的首府,位于直隶东南最北部,天津东南约九十公里。

人们预料要有新的暴乱发生。巴鸿勋神父、万其俊神父和萧神父(音译,P. Siao)已在疙瘩会合,在疙瘩周围的教友们已去寻求避难之地,人们认真地准备防御。

可是,造反者的主要目标是张家庄[①]总座堂。长期以来,中国人的创造性想象使他们认为,在张家庄有多年来积累的各种财宝,这些财宝将成为侵犯者的猎物。

有人套用谚语说我们富得用银锭垫桌子。自座堂经受最近的任丘之战起,人们便解散了学生。因谨慎而采取的措施却在各处引起惊慌,因为我们正直的教友们以为座堂已经不复存在了。看来许多教友已去座堂,并在座堂用老枪操练,他们还十二小时值勤。实际上,绝大部分传教区是保存下来,还是被毁灭掉,似乎取决于正在张家庄发生的事情,从人力的观点来说,义和拳在张家庄不可能尝试最后的努力。有许多中国兵勇,任务就是保卫座堂,座堂里还有三十位欧洲人,但在危险时刻,这些兵勇更可能是第一批逃命者。他们的长官即便有诚意,也不可能控制他们。还可能有法国士兵的力量,天津好像有法国士兵,但外交方面允许法国士兵来到内地保护他们的同胞吗?

至于景州,它是平静的。显然,此地如同各处,有许多非常荒唐的传闻,但没有任何明显的行动。我觉得,只要座堂不被毁掉,就没有任何值得害怕的。可是如果发生此事,我们可能就完了,quod avertat Deus(拉丁文:但愿上主保佑我们不遭受这个灾难),不过我的朱家河的小伙子们决心开火。

亲爱的神父,这就是为满足您想得到我们的音信,我今天所能告诉您的。如您看到的,情况并不乐观,从人的能力来说,我们有许多值得担心的事。在看来没有希望的情况下,让我们指望圣心的无限仁慈吧。请您继续为我们,为我们的教友祈祷吧。对大家而言,这是多么艰苦的考验啊!您还要考虑到逐日加重的干旱,天空依然久旱无雨,4月份的播种尚未完成。

任德芬耶稣会士

二、鄂铎宣神父的书信

陵上寺[②],1900年6月10日

此地的处境日益危急,义和拳在北方继续进行他们的愚蠢行为。毫无疑问,您一定会从报纸上获得关于义和拳对铁路上的欧洲工程师或雇员们作恶的消息。恐慌比比皆是。七天以来,我已恢复传教士生活,我从早到晚听告解。目前,我在距献县十九里的大村陵上寺。大家全都在准备防御:人们捣碎弹药,在房屋的平顶上筑起雉堞,尤其热情洋溢——人们在告解,人们在领圣体,人们在祈祷。由于他们都是老教徒,他们坚挺着,宁可被杀,决不否认自己的信仰。唉,不是处处如此啊,有人已经为背教而惋惜了。此刻,有一些坏消息和满载妇女和儿童的几辆大车从巴鸿勋神父那里到来。这些可怜的人因此而放弃他们的家,交给主照管,尽管如此,他们显得非常顺从。

鄂铎宣耶稣会士

① 位于献县附近,天津东南约一百一十公里。该传教区包括一座修道院、一处有百名学生的学校、几所传道员和修女教师的预备学校、一个印刷厂等。

② 距献县十九里。

三、张家庄总堂长上、尊敬的林道昌神父的书信

张家庄，1900 年 6 月 13 日

从 6 月 3 日我的最后一封书信以来，我们的处境每况愈下。杜汝梅神父幸亏离开了任丘的住宅，并于 6 月 10 日，礼拜日晚上到达我们这里。次日，任丘的住宅，在住同一城里的县官眼皮底下被掠夺。我们在该县的所有教徒村，要么遭到掠夺并焚烧，要么面临抢劫。不幸的教友们四处逃跑，寻求避难之地。许多人到我们这里来，要求一个极难予以保障的避难处，以及防止使他们饿死的食物。

人们担心的是，不久之后，河间府的府邸也会遭到掠夺。指望县官制止是无济于事的。有人向我们保证说，河间的县令为了使义和拳的威胁危险远离他本人，已经给义和拳一千吊钱。

巴鸿勋神父和萧神父的几个教徒村或被焚烧毁，或被掠夺。许多新入教者要逃往范家疙瘩避难，这个群体太大，在范家疙瘩将造成粮荒。巴鸿勋神父、萧神父和万其俊神父在范家疙瘩会合，以支持其教友们的勇气。看来范家疙瘩不得不忍受义和拳的进击，除非我们最终得到派遣来的(中国)军队，考虑到有三位欧洲人的存在，它可以暂时摆脱危险。

破坏一切的人群越来越接近我们。座堂南面的居民逐渐向义和拳提供包围我们所需要的人员，如果情况有利的话，以便攻打我们，或使我们挨饿，他们同时专心掠夺周围的教徒村。正是为了防止这种可能性，我们极力劝说避难者不要在范家疙瘩搭建帐篷。可是，哎呀！他们装作耳聋。而实际上，在他们可能去的地方，如果他们在路上被视为基督徒，就有生命危险。

另一个担心的原因就是，被认为应该保护我们的中国兵勇们缺乏忠心。他们在危险时刻抛弃我们，甚至投奔义和拳，这不是不可能的。另外，所谓负责保护基督徒的兵勇们只观望纵火和掠夺，并不驱赶义和拳。有人对我们说，这些兵勇在任丘的堂里遭掠夺的过程中，抢劫起来并不落在他人后面。这些保卫我们的人会做什么呢？……我想，他们的长官对我们是有好意的。他们告诉我们已接到保卫我们座堂的正式命令，因而他们本人向我们承认，他们对当地人没有一点行动权责，但有责任待在这里，并等待命令……而命令从未下达过。实际上，截至目前，他们只是出于自卫才对义和拳开过枪。人们告诉我们新的部队和统领近期到来。因此，如果兵勇们不拒绝开拔，座堂就会得救，然而我们可怜的教友们呢？……

此刻，我接到苗履实神父从天津来的便笺，他向我证实教友们在遣使会神父们的住处多次遭杀害的消息。开始轮到我们的教友了。就在今天早晨，义和拳已攻击萧神父的一个大的教徒村。结果会是怎样的呢？我怕听到一场灾难。让主的神圣意愿实现吧！

6 月 21 日，我重新续写因不能托人带到天津，而我未继续写完的那封信。迫害如同一场真正的大火蔓延开来，已毁掉我们座堂北部的所有教徒村。许多教友在寻找避难处时，尤其在大路上被杀。没有一个异教徒愿意收留他们，而义和拳是不会饶恕他们的。

我试图寻找另一条路使这封完全可能成为绝书的书信到达欧洲，因为我们正处在被几千个拳民攻击的关头，除非明天圣心给我们意外的救助。如果这封信到达目的地，而且我们全都被杀害，人们起码会知道我们大家一定无所畏惧地面对死亡。如果我们的座堂

被强行夺取,大屠杀将是普遍的,不可避免的。单在张家庄一地,起码会有两千名教友,甚至更多,将同我们一起丧生。

6 月 19 日,礼拜二,下午 5 点钟至 6 点钟之间,在我们的武邑住宅里,耶稣会的殉教者队伍增加了两位新的"上帝的选民"。他们是赵席珍神父和路懋德神父。致使赵席珍神父前来武邑的情况是如此特殊,以至于我不禁相信在武邑看到了天意的特别安排。尊敬的传教区长上神父对此地,对北方局势的严重性尚未具体了解,就把赵席珍神父和李神父(P. Simon Li)派给我们,以便在张家庄稍作休整。16 日,礼拜六中午,两位神父抵达座堂。由于义和拳又开始向直隶南方蔓延,显而易见,不久大路将被截断,传教团的意见是建议赵席珍神父立即上路返回其堂口,以便领导他的即将面临义和拳袭击的教友村。赵席珍神父本人自己提出要动身,如果我认为他做得合适的话。

礼拜天午休后,我向赵席珍神父表示,希望看到他立即返回其岗位,然而同时由于路上已有危险,又完全任他驻留。一开始,这位一心为公的神父马上对我说:"您的希望对我而言就是命令,今晚我就动身。"考虑到旅行的风险,我绝没有下命令要他走,根据我的意见,赵席珍神父出于服从坚持要行动。李神父接受了同样的建议,我让他远离我们在此地正经历的危难,同时也让他去保护他的教友。

赵席珍神父想经过路比较近但不太安全的武邑。一开始,由于李神父也提出要走,他便放弃了这个念头。但是鉴于有危险,又只找到一辆车,赵席珍神父便独自出发。这时他又提起最初的念头,要路过武邑。我容易相信的是,使赵席珍神父决定走这条路的原因,是对他路懋德神父的仁爱。对路懋德神父来说,赵席珍神父的看望必定是巨大的慰藉。天意要他在殉教日之前到那里。

赵席珍神父约在凌晨一点钟出发,早晨 9 点钟前后安全到达武邑。他刚进我们的家门时,一个叫圈头的大镇的义和拳正入侵武邑,索要义和拳囚犯。县官让人马上关闭城门,阻挡进入,但为时过晚。义和拳得到了他们所要的。赵席珍神父马上写信给我,由陪伴他的信差带回,他向我表露,他自以为成了囚犯,几乎落在义和拳手中。两位神父的担心受怕可想而知,度过了 18 日,礼拜一,以及 19 日,直至下午 5 点钟。这时有人在住宅周围游来逛去,不时地从墙头上抛砖头。在 5、6 点钟之间,人群扩大。义和拳得知,有两位欧洲神父在院内,便从四面八方跑来。当时有六人同两位神父一起在院内,现在我已见到他们中的三人,以下是我觉得最真实的说法。

约在下午 5 点钟,看门人得知,大批涌来的拳民要闯走马车的大门;他提请正在从侧门向外观看的路懋德神父注意。路懋德神父回到院内,关上这扇侧门,除此之外,他想必不能作出任何抵抗。在这段时间里,看门人和路懋德神父的传道员爬上邻居家的墙,去一个小衙役头目家躲避。义和拳冲破大门,涌进院内。两位神父正回到小圣堂,跪下来,等待刽子手到来。人们发现他们先后被长矛捅死。我们的任何人都没见到过他们,但马车夫在晚上去询问本院的好友,两位异教徒邻居,他们说目睹了两位神父被杀的状况。他们声称,路懋德神父还显出有一些生命迹象:考虑到长矛必定是刺了许多次,看上去很痛苦。

就我们所知①，他们是我们中两位最早殉教的神父。

总长上、尊敬的马泽轩神父应该在那同一天或稍后一天到达武邑，尽管他尚未痊愈，未到达这里。我的希望是，他在冀州必定已获悉这一消息，而且不再继续其行程。

我们的座堂处于极端危难之中。我们长期以来担心的事发生了，此刻刚刚接到官方通知：所谓在这里保护我们的中国兵勇，就在我们将要受到攻击的时刻离开我们。我们只能把希望寄托于圣心了，圣心将给我们未预料到的，但并非无望的救助。而且如果仁慈的主为了最终使中国改宗，要求我们每个人做出牺牲，我相信，圣心一定会把慷慨向他奉献牺牲的圣宠给我们大家。其他人会来接替我们，并收获用我们的鲜血浇灌的种子。

林道昌耶稣会士

四、苗履实神父的书信摘要

天津，1900 年 7 月 2 日

前天，6 月 30 日，我收到尊敬的葛光被神父的一纸短笺，短笺注明日期为 6 月 22 日，由抓获信差的军事当局送来的，短笺给我提供了下述消息：

1. 赵席珍神父和路懋德神父于 6 月 19 日被义和拳杀害；

2. 巴鸿勋神父、万其俊神父和萧神父在巴鸿勋神父座堂受到义和拳的攻击，约有千余名教友在巴鸿勋神父的座堂避难。在我给您写信时，要不是完全是主的干预，他们一定也同其教友们一起被杀害了；

3. 整个北部传教区都被毁坏，被掠夺，只有三四个大的教徒村依然幸存；

4. 张家庄的座堂险些彻底毁掉，如果被毁可能会造成三十来位传教士丧生。②

在天津这里，由于俄国的一个军团在敌对行动开始前两天出现，欧洲人才逃脱一场大屠杀，但是我们遭到炮轰，被焚烧。对我们来说，我们在天津内部的损失是非常巨大的。如果我们的传教士得救，这些损失可能不算什么，然而有多少传教士得以逃脱呢？教友方面会剩下什么呢？

苗履实耶稣会士

① 路懋德神父于 1847 年 5 月 22 日生于阿尔萨斯的罗森(Rosheim，Alsace)，1872 年 10 月 8 日入耶稣会，1882 年 11 月 22 日到达中国传教区。赵席珍神父于 1852 年 1 月 22 日生于冈布莱(Cambrai)教区，1875 年 11 月 20 日成为耶稣会士，从 1882 年 4 月 27 日以来在中国。

② 联军占领北京后的一封电报有可能希望张家庄的座堂和最后任命的三位传教士安然脱险。

义和拳在直隶东南(三)

——直隶的最新消息[①]

中国邮差在我们结束本期印刷时到达。我们还从他那里获得了一些可以使我们的读者感兴趣的新闻。下面首先是鄂铎宣神父的一封书信,它同时提供了9月5日的《研究》已经提及的有关任德芬神父和汤爱玲神父死亡的最初情节。随之,我们发表任德芬神父在结束其光荣一生之前不久写的、人们读之不会不动情的两封书信。

一、鄂铎宣耶稣会士的书信

陵上寺,1900年7月24日

差不多六个礼拜以来,我同三十来个相邻村庄的大约一千五百名教友们一起,被困在陵上寺。

贺乐耽神父(P. Hœffel)和吴神父(音译,P. Ou)隐藏在山东梁山。在冯家庄受到攻击的雍居敬神父(P. Jung)同其教友们成功地逃脱(四人被杀,三人受伤)。现在他在有三个主教区的教友们躲藏的塘沽。

最近这些日子(7月22日或23日),攻打朱家河的义和拳请过路的官兵来帮助他们。两千五百名兵勇和两千名拳民已夺取地盘。任德芬神父被砍一刀,他的半边脸掉在祭坛的阶梯上。汤爱玲神父在他房间的跪凳上被杀。两千多名教友,男人、女人和儿童被杀或被烧死。

昨天,7月23日,这些可耻的豪杰从朱家河杀到献县。[②] 义和拳央求(官兵的长官)大人帮助他们让席鸿勋神父所在的郭家庄(Kouo-kia-tchoang)以及总堂遭受与朱家河同样的命运。长官大人予以拒绝。他似乎为在朱家河干的恐怖行径而羞耻。他声称没有弹药了,兵勇们要去北京。

截至目前,我们的教友们在疙瘩、陶家屋(音译,Toan-kia-ou)、郭家庄和总堂坚持着。在其他地方,到处都是掠夺和纵火。

但愿我们的殉教者和千百名被屠杀的教友,从他们已得到报偿的天上帮助我们吧!

鄂铎宣耶稣会士

又及:这封信被委托给交河的一位异教徒商人郝昆(音译,Hao-k'ounn),他好像与天

---

① 原载于《研究》第84卷,1900年,第836~840页。——译者注

② 传教区的中心总堂张家庄靠近献县。

津有关系，他可能会将此信送达于您。愿主保佑！

二、任德芬神父给其兄弟的书信

朱家河（景州），1900 年 6 月 28 日

您对我们的命运一定感到非常不安。在此发生的事件肯定为您敲响了警钟，我不想对您隐瞒。电报必定向你宣布了我们的两位神父在距此六法里的武邑被屠杀。直隶的整个北部处在火与血之中。每天都有一些不幸的逃亡者到我这里，有人纵火烧毁了他们的房屋，许多死者，而失踪者何其多啊！总堂尚未受到攻击，但它处在巨大的危险之中。同样在该村，除三百名教友外，至少有三百个逃难者。我们筑起一道防御工事。为了防备攻击——从人的角度来说，这种攻击是不会不发生的。我们购买了很多食粮、炸药和其他弹药。我们尽可能地自卫。如果上主不予以我们胜利，我们终将被屠杀或被焚烧，直至最后一人。愿主的意愿完成！

我奉献我的生命拯救我们全家的灵魂和财产。如果你们获悉我的死讯，请你们为我祈祷，并感谢主垂顾，请求他选择我们家作这一奉献。从人的能力来说，我们不抱任何希望逃脱这些野蛮的乌合之众，不过他们尚未闯进景州。上主保佑！……我向你们说永别了……同时以圣父、圣子和圣灵的名义祝福你们大家！Fiat！（拉丁文：愿它发生！）

三、任德芬神父致上海传教区代理翁继伟(P. Rouxel)神父的书信摘要

朱家河，6 月 28 日

一位异教徒信差能去武邑，并在武邑看了一眼：路懋德神父和赵席珍神父的遗体（始终在两位神父被杀的小圣堂里）身上的衣服只剩下短衬裤，伤口被尘土覆盖，不能辨认。在东门，我们的一位殉教者的（被示众的）头颅掉在地上，绝对不可能辨认出来。

武邑的各教徒村没再留下什么。阜城的好几个教徒村被毁……在吴桥和此地，县令们显得非常精干，但是他们不能制止这一洪流。在当地，我们每天都可以说：Sume et suscipe！（拉丁文：接受并承受吧！）……我感谢耶稣会已为我做的一切，我请求原谅我忘恩负义，我只求陪伴耶稣而死。Amorem cum gratia！（拉丁语：爱心和感恩！）感谢上海和法国的神父和修士们为我们祈祷。完成天主的圣意吧！

四、葛光被耶稣会士致法国驻天津领事的信函

献县，1900 年 7 月 21 日

法国领事先生：

昨天，礼拜五，9 点钟，经景州去北京的南方官兵占领了朱家河村，杀死任德芬神父和汤爱玲神父，将他们的首级带到景州城，并屠杀近三千名教友，无一人逃脱。军事长官写信给青草河，劝告基督徒们在看到朱家河的下场后脱离欧洲人并且改宗。他说他应县官和当地的士绅们要求已去过朱家河村。

我们等待着官兵经过此地时将要做的事情。我已准备好县令以知府名义和军事长官范大人写给我的两封信函，他们要求我们自卫，并开挖防御工事。我们就是按照官员的正式命令，使总堂成为这个样子，他们却想让人把它看成反叛的信号。

昨天，我给您分别写了两封信，以确保直到您的手上。所有的教徒村均已被毁，逃跑的教友们聚集在五六个中心，由于有土墙，他们在进行抵抗。范家疙瘩一直在坚持，但是各处局势不确定，尤其在此地，我们有三十位欧洲人和四五千名教友。

我由衷地向您致意：请将这些情况告知苗履实神父。我没有十分把握将（宣称6位传教士被杀的）名字和大名府的情况发电报告诉法国。我宁愿给您写信，以便法国前哨能顺利收到。

葛光被耶稣会士

五、直隶东南传教区代理苗履实耶稣会士一封书信的摘要

天津，1900年7月26日

整个传教区受到破坏，我毫不奇怪，在我们六十人中只有四五人幸存。仁慈的主选择了他的选民，这些人是幸福的人。

从7月14日以来，我们处于平静之中，但是在法国人中间有许多病人，他们痢疾缠身，发烧。没有人愿意同英国人和美国人一起走，英国人和美国人只知道逃命脱身。因此您有一封7月9日的电报，内容如下："中国人进攻北部和西北部。他们被击退。英国人损失轻微，法国人损失重大。"解释如下：英国人发现有危险时，宣称阵地不能坚守，并向后转；法国人和日本人则坚持，上刺刀拼刺。中国人撤退了，而日本人和法国人损失了许多人。13日，在投入的两个连中，美国人损失一人，但当他们逃脱时，受到打击。至于德国人，别提他们了，他们向中国人出售军火后，就不肯在他们自己人身上检验其子弹和炸弹的质量了。

总之，至此只剩下法国人、日本人和俄国人。法国人在他人之间充当中间人，不幸的是，他们互相嫉妒，将难以协调一致地行动。

弗雷（Frey）将军于昨天到达，人们日复一日地等待着从法国来的第一批部队。

为配合朱家河的大屠杀，两天前遣使会有六位传教士，其中有一位欧洲人维胡斯（Vehus）先生和大约七千名教友被放弃天津去北京的中国官兵屠杀。一个月以来，朱家河村一直在抵抗义和拳。

进军北京的日期尚未确定，人们说在8月1日至15日。英国人自吹自擂能独自交战，然而人们嘲笑他们只知道首先跟好友一起在中国城市抢夺金条。如果他们果真如此交战，肯定重返可悲的处境。

根据快报和博斯科神父（P. Bosch）向我提供的情况，山东可能已不再有传教士，可能有两三人例外。方济各会会士几乎全部离去，马天恩主教则在胶州处于德国的保护之下。

苗履实耶稣会士

义和拳在直隶东南(四)[①]

一、尊敬的马泽轩神父的书信[②]

赵家庄,1900 年 9 月 8 日

在这里,在中国内地,我们与文明世界完全隔开。从 6 月初以来,我们未能同天津联系,而且在遭遇重重困难和屡屡尝试无效之后,才最终将我们的消息提供给献县座堂,并从献县收到消息。义和拳骚扰各条道路,盘问被他们怀疑为基督徒的行人,如果基督徒不肯背教,他们就无情地杀害他。从 5 月份到现在,我们一直未收到欧洲的任何书信。

然而我十分肯定,我尊敬的神父,尽管您并未收到我们的信件,您还是同样地为我们可怜的几乎完全夷为平地的传教区,为如此经受考验的传教区的传教士们祈求上主吧,祈求上主是我们在苦难中的慰藉,而且三个多月来面对危险和死亡,是慰藉给了我们勇气。

这第二场暴风雨比去年冬天的更为猛烈,暴风雨开始时,我刚结束对南部各堂口的探访,且因严重的支气管炎而滞留在大名府,罗泽溥神父(P. Lomüller)照料我。我在那里获悉北方第一次灾难的消息。

许多教友已死亡。献县的座堂受到威胁,请我尽快返回。我刚能经得住车子的颠簸,即同罗泽溥神父一起上路。我打算 6 月 18 日到冀州,19 日到武邑,20 日到座堂。

但是,18 日早晨,罗泽溥神父发现我太疲劳,不能继续上路,让我休息半天。

就是这不凑巧的延误,使我错过了同路懋德神父和赵席珍神父一起获得殉教荣誉的机会,19 日下午 5 点钟左右,约在我应该到达的时间之后两小时,他们在武邑被杀。

仁慈的主的用意多么让人猜不透啊！我曾派赵席珍神父在堂里做年度隐修,只有一天。人们认为,他最好从那里回到他的岗位,大概担心他不能再做隐修了,就在他又经过武邑,19 日在武邑等我的时候,他就同他的东道主路懋德神父一起罹难了。

6 月 18 日,我正要动身从冀州去武邑,这时陪送赵席珍神父的传道员和车夫到达我这里,他们因通宵奔跑已疲惫至极。他们只能告诉我一件事,这就是,他们看到义和拳从各方向侵入堂里,他们只有跳墙逃跑的时间,根本没看到神父们怎么样了。但是,根据各种迹象判断,神父们已被帮会分子杀害。

我即刻前往武邑所隶属的冀州知府官邸,要求知府派一支护送队。他告诉我,他刚获悉在武邑发生了一场殴斗,已派一名马兵去了解情况。我很想等到他的差使回来,看一看北上是否有危险。晚上,知府让人告诉我,由于有大批的义和拳骚扰道路并包围武邑城,

---

① 本文原载于《研究》第 85 卷,1900 年,第 544～566 页。—— 译者注

② 11 月 7 日到达法国。

不可能北上，并说他可让人第二天派一支护卫队送我去南宫，从那里去我想去的南部地方。我被迫折回，又回到赵家庄。从6月末以来，我被帮会分子们从四面八方封锁住。我过去留在冯家庄的雍居敬神父在我离开后，不得不同他的教友们一起逃跑到塘沽周围有防御工事的大教友村，即遣使会会士包主教(Mgr. Bruguière)那里。在那里，他三个月以来同他那县和深州的七八百名教友等待安定下来。

我已将罗泽溥神父留在他的教友村张家庄(南部)，同他的一部分教友一起在壕沟和土工事中坚持。在那里，有几门匆匆忙忙购买到的火炮，四十来支远程大口径防御枪，许多普通枪支和长矛，以对抗周边所有的拳民。事实是义和拳从来不敢攻击这里，而且有一天他的同伴们胜利地突围，解救了抵挡不住进攻的鱼台教友村。他们只有一人被杀，几名受伤，而敌人损失许多人，在战场上丢下三门火炮和几支大口径枪。三个月以来，罗泽溥神父独自一人在那里，但是他能不时地给我们写信。他只剩下三个教徒村了，其他的都被摧毁了。

我带到赵家庄的冯广济神父没有一个教徒村。他刚从范家寨出来，强盗们就进村掠夺、焚烧座堂和学校。几天后，他的整个区被毁，有许多教友被屠杀。冯广济神父目前是我们的神师。他现在仅剩下他带到车上和背上的东西，就是说，一床被，他的单衣和日课经及做临终敷油礼必需的物品。

赵家庄学校的校长芮卿云神父(P. Monget)丝毫未受到义和拳的迫害，否则会像我们大家一样遭受封锁，为日夜警惕而烦恼。学校不能复课，他受托照管堂区，给一位修道院修士上拉丁文课，同时继续写作他的中文—拉丁文和拉丁文—中文语法和练习著作。

万其偈神父已失掉他的所有小教徒村，这些教徒村被强盗们毁坏，人员被驱散。两座刚建成的教堂在7月间被焚烧。给他还留下潘村和魏村两个大教徒村，两者相距半个小时的路程。

既没有壕沟也没有防御工事的魏村进行了三场抵抗义和拳的战斗。义和拳为了攻打魏村来了大批人员，并带着火炮和枪支。义和拳每次都被联合起来的四个村庄打得落花流水，四个村庄总共有五百人的小队伍，他们决心为保卫家园、教堂和传教士献出宝贵的生命。

义和拳在7月20日的第二次战斗中投入了六千多人，对他们来说具有种种优势。但我们的教友戴着有红十字和圣心的无边软帽，他们祈祷，对他们来说，他们有仁慈的主。老弱病残者和女人在教堂里或在村边祈祷。

22日，敌人再次返回，这次他们下决心要彻底消灭我们。他们已经掠夺了张官营小教徒村，并放火烧了教堂。我们的教友一看到烟雾，不再忍受了。第三门火炮从赵家庄出发，冲向敌人，使敌人一直退却到给他们当作战基地的异教徒村，夺得敌人进攻的村庄，从强盗手里夺回被掠走的全部物品，还有所有军粮和军需品，如小麦、牛肉、火炮和枪支。

从这时候起，我们就安定下来了。四邻的民团要求与基督徒们结盟，而义和拳残部已溃散。他们可能永不再回来了！然而，在这个贫穷的地区，目前盛行最完全彻底的无政府主义，人们对明天从来没有信心。

范迪吉神父的堂口什么也没留下来。范迪吉神父、金道宣神父(P. Gaudissart)、齐广照神父(P. Cézard)、孙汝舟神父(P. Neveux)、吴神父、明神父(音译，P. Ming)、杨神父(音译,P. Yang)和冀炳业修士(F. Kieffer)于7月6日被逐出大名府,由一支不值一提的护卫人员送到黄河以南。他们在靠近南乐、距大名府南几法国古里处被劫掠得一干二净,只得依靠圣心显而易见的救命之恩。他们不得不穿过农田逃跑,像野兽一样被追捕,东躲西藏,在洞里,在树林,有时正直的异教徒和他们所能找到的几个教友家在简陋的小屋里安顿他们。他们靠人们提供的东西度日。历时一个月,他们,齐广照神父和杨神父除外,于8月3日终于到达这里,那是什么处境啊!人们抢走了一切,他们身上只剩下一件衬裤和一件短小到腰部的衬衫。不过强盗不能夺去他们的快乐,大家为一无所有而愉快,而高兴。就是金道宣神父最为狼狈,因为他的东西乃至眼镜都被人抢走,他几乎看不到路。

齐广照神父仍躲藏在他的县里,尚不能与我们会合。杨神父逃到南方,我未得到他的消息。开州的毕如春神父历经千难万险,逃亡到胶州,住在德国传教士那里。贺乐耽神父同他在一起。

目前,我们十一人在赵家庄,还有四位不在修会的中国神父。我们既得不到献县,也得不到天津的任何救助。我们尽可能靠我们的微薄积蓄和教友的施舍度日,不过教友们也很穷,因为在这一带,上个收成季节颗粒无收。

鲁南的代理主教福若瑟先生(M. Freinademetz)得知我们经济拮据,给我送来一百两银子,并附一封慰问信。

今年,我们未能找到葡萄酿一点葡萄酒,如果需要做弥撒是很困难的。我担心这种欠缺会影响一点健康。

现在我们不再没事干了,每个礼拜天,我们分担周围的很高兴借机更经常领受圣事的教徒村。潘村教徒愿意独自赡养三位神父。

我尊敬的神父,以上足以向您提供一个了解我们南部局面的概念。

北方必定比我们这里更艰难。

我们大家都请求您的祈祷和弥撒圣祭。

马泽轩耶稣会士

又及:我们对战事丝毫不了解。听说太后带着让她陷入目前混乱局面的宠臣们逃到西安府。生活在这样的不确定之中,而且丝毫不了解我们如此高度关注的事件,这是名副其实的折磨。您肯定比我们消息灵通。

二、贺乐耽神父的书信

上海,1900年8月17日

我尊敬的神父:

我想用两句话向您讲述在肥乡县和广平县发生的事情,并向您提供关于我这次从西到东穿过山东直至胶州旅行的一些情况。

我不向您提及一些谣言,那些谣言是在一段时间以来在全中国上演的悲剧之前就流传的。在我这里,谣言开始于把金道宣神父像押送坏人那样,从公署送到公署,从广平府送到大名府。

6月26日,我到广平府去。翌日,大约在3点钟,我突然听到有一辆车子在铺石路面上滚动。声音中断了。紧接着就有人捶打我的门。门打开,金道宣神父的传道员进到我的房间,悄悄说道:“神父,金道宣神父正在衙门门前了,人们用车把他带到大名府。赵席珍神父和路懋德神父在武邑被害了。”说完,他就走了。出什么事了?前天夜里,义和拳带领无数的乞丐撞开广平府大门,掠夺了各种储备物资、砸碎所有家具,威吓要杀金道宣神父本人。但金道宣神父得以脱身,匆匆忙忙躲藏在知府或县令署衙,我不知道是两者中哪位的公署。夜间,人们把金道宣神父安置在一辆车上,神父就这样逃脱出来。他两手空空,甚至没带日课经。他被送走,从广平府到大名府。一路上,衙役们放出风声说,有人把神父带到大名府,在那里处决。

金道宣神父到达大名府时,人们首先将他带到公署。传言立即散布到全城,人们在城里寻找神父们,要把他们处死。此时此刻,一大群人冲到我们的堂里,并围困整整一个时辰,幸亏大门和围墙是牢固的。最后,一位传道员终于越过花园墙头,跑去通知军队指挥官正在发生的事情。指挥官派出他现有的人员,最终驱散闹事者。

在广平府和大名府发生这些事情时,我已到达张屯(音译,Tchang-toung),张屯是我的主要教徒村,位于东部,在靠近山东的边界上。我派一名信差到范迪吉神父那里,了解我是否应该到大名府与他会合,或者留在我所在的地方不动。从张屯到大名府只有三十五公里。然而在三天之后,我没得到答复。我仍等待着答复,当6月29日信差们一个接一个地到我这里时,他们告诉我肥乡、广平县、东张寨(音译,Toung-Tchang-tchai)、陈子营(音译,Chenn-tzeu-ing)、东营(音译,Toung-ing)、成谷(音译,Tch'eng kou)、张家庄、王家庄、葫芦营(音译,Hou-lou-ing)等地的掠夺和焚烧情况。我的几个主要教徒村在一天之内被毁。在成谷,义和拳把教堂连地基一起拆毁之后,将他们的旗子插在废墟上。在该村教学的修女带着大龄学生逃到南韩庄的一教友家,以为在南韩村安全。将近晚上,匪帮们来掠夺并烧毁了这家,并绑走修女和她的学生,其中有几个十八到二十岁的。从那以后就没有她们的消息。

当我的教友们受他们几个异教徒朋友的委托来报告我,我的住宅可能在第二天破晓被掠夺时,我正在张屯反思这些事件。从赵席珍神父和路懋德神父死亡以来,大家知道,根据来自北京的一道谕旨,有人特别想要传教士的命。我的教友们催我要置身于安全之地。然而何处安全?大名府,在我看来如同一个捕鼠器,能进必定不能出。另一方面,我那些主要教徒村的住房已倒塌。我决定到一个小教徒村去静观事态发展,这个小教徒村名叫郭庄(Kouo-tchouang),在山东马天恩主教宗座代牧区。我在天亮前,凌晨3点钟之前动身。我一到郭庄,我的传道员们就跑来跟我讲主要的教友已被掠夺,并洗劫了我刚离开的那处住宅。

馆陶的马块(音译,Ma-kouai)人准备次日去帮助拆毁并焚烧教堂和住房。

由于郭庄和周边满是义和拳,我根据教友们的要求,决定去德国传教士的教区坡里。在动身前,我寄一封信给我的长上,尊敬的马泽轩神父,给他勾画出我可能隐修的地方。当晚9时,我已在坡里。

我在坡里遇见吴神父,他带着他的传道员骑驴来到这里,奉范迪吉神父之命等候几天,看一看可能发生的事情。他告诉我,范迪吉神父要在两三天内同留在大名府的其他几位神父一起,前往我们江苏的神父们在徐州府的家。这是因为当天夜间,道台本人来向范迪吉神父宣告，他的兵勇太少，不能保护他们，而且城里到处都有“大刀会”的人。

得知这一消息，我考虑只有一件事要做：在济宁州的大运河上船，以便从济宁抵达徐州府。于是我们就动身去济宁州，吴神父在前面，在传道员的位置，我在车子的紧里面好不被人家发现。

我们沿着运河航行，从当地的义和拳总部前经过，我们看到他们的旗帜随风飘扬。我们第一次冒着被认出来的危险乘船穿过黄河和大运河。由于我躲在车厢深处默不作声，他们以为车里有一女人，船夫们相互提醒，调遣我的车子，以便把车子摆在渡船上，他们谨慎行事，因为“里头有人”，确切地说，有一个女人。我们避免进客栈，而且我们在荒郊野地喂牲口，我们自己在树阴处吃点东西。

对我们最困难的想必是进济宁州城门不让人认出我们。我们尽量做到在完全日落之后到达济宁州城门。当我们离城不远时，我派吴神父的传道员骑他的驴子去，看一看城门是否还开着。不久他回来说，可以过去。我们果断地进了城。

但是，我们刚在街上走几步，便看到有二十来个公署的人把我们的车子围住，问马车夫拉的是何许人士。他们问我们是从哪儿来的，去何处。最后认真地说，城里有一个“洋人”。我相信我的最后机会到了。他们这些人要把我们带到公署，终于问我是否有函件。我说，在车里有，我确实有，但此时难以从我的箱子里抽出来。接着，衙役们让我们从我们刚穿过的城门出去，我们在黑暗中围城转了一圈儿，进南门。我的车子终于停靠在有圆柱的彩色的宏伟建筑物前。我真以为进入了地道或牢狱里。当我看到有几个衣服整洁的中国人和一些年轻人画着十字向我跪拜，以德国基督徒方式向我致意时，我放心了。

我辨认出我已到达传教士神父们的住所。过去我在因斯布鲁克认识的代理主教福若瑟先生热情接待我。他立即告诉我，所有的德国传教士第二天早晨将一起随军人护送队出发，他请我同他们一起到胶州。衙役们把我当作后到的德国人。我当场将我的函件交给他们，并决定次日同这些传教士一起走。至于吴神父，我把他派到赵家庄尊敬的马泽轩神父处。

我们于7月4日早晨3点钟从济宁州出发。八位德国神父和一名辅理修士，我成了第九位神父。我们有两辆大车装储备品。队长皮珀(M. Pieper)先生同我一样乘坐小车。其他传教士全都骑马，身着军便装、靴子，戴帽，左轮手枪斜挂在肩上。二十名佩带毛瑟枪的中国马兵在我们的队前和队后护卫。在济宁州东北十二公里处，我们向东拐一大弯，避开兖州府，过去几天，义和拳在兖州府纵火烧了传教区中国人住房。一次轻率冒失即可导致他们摧毁新近竣工的大教堂，据说是一座典型的名副其实的哥特式建筑。

那天，我们应该去著名的孔子故乡曲阜吃晚饭，但是到达距该城南部半法国古里的地方，我们受到狂风暴雨的威胁。我们一阵奔跑，想跑到位于北郊的一家客栈。当我们到达北门时，正是大雨如注。一辆倒霉的中国式两轮车翻倒在那里，阻挡着我们前进。我们不得不在大路上淋了半小时的滂沱大雨，让中国人嘲笑。最后，雨停了，那辆车子被抬起来，我们力图住进不太差的客栈。午后，我们沿着孔子陵园走，几位德国神父下车去参观，我留在车里，因为在田野里，人们陷入淤泥几乎到膝部。

我忘记说了，早晨同我们一起出发的福若瑟先生托病，同一名辅理修士返回济宁州。他向后走几里地之后，转向北，去坡里照看孤儿们，维护传教区的其他利益。在这段时间里,有人告诉我们,大家视为圣人的这位传教士同几位传教士一起被义和拳活活烧死,坡里本身被焚烧掠夺。

第二天,7 月 5 日,我们的十名兵勇返回济宁州,因为人们认为今后有十名保护我们已足够。晚上,我们在一个名叫泉林寺的大镇休息。在那里我们看到一股泉水从岩石下的一个大洞流出来,好像水来自地下一个庞大的蓄水池。在岩洞出口,水流入石砌的运河,运河起码有八法尺宽,深度起码有两法尺,水清澈胜过水晶。此地最为惬意。康熙皇帝曾在此地建行宫,现在人们还能看到行宫的残垣断壁,为乘车到达此地,沿着蒙沂山脚,在距济南府南二百公里处平整出一条道路。我们必须顺着这条路走三天,我觉得这是我一生中最长的三天。这路只是石块和岩石。由于车子颠簸,不可能待在车里。步行吗?一刻钟走下来,累断了腿,而且烈日当头。行路的第二天,德国神父的长上弄断他的车轴。此事使我们浪费半天。

7 月 7 日,我们终于到达全部由石头砌成的费县城。传教士们在费县有一处漂亮而非常舒适的座堂。这使我们得以在第二天礼拜天聆听弥撒圣祭并在那里领圣体。一位荷兰传教士巴义思(M. Buis)先生,以其良好的心情及其他美德,善于赢得城里的所有士绅,以至于士绅们共同赠送给他的小圣堂一座铸铁大钟。大钟重约一千法国古斤,必须加宽宅院的几处大门方使这口大钟通过。在这位传教士的花园里,我看到一片挂满串串葡萄的葡萄架,可以说我一生中从未见过。

7 月 8 日晨,我们离开费县。出县城,涉水渡过前一天我们看到的那条河的源头。我们向东走约二十四公里后,收到居住在沂州府的传教士布恩溥先生(M. Bücker)的书信,他告诉我们,不要冒险去胶州,因为有中国兵把守胶州的通道,但是要我们在东南方向去江苏名叫清库(音译,Tsinn-keou)的港埠,从该港埠乘坐将在那里等候我们的德国汽船,走海路抵达胶州。因此我们出发向东南方向去。我们必须过好几条河流,时而乘渡船,时而涉水。有两次,我们当真处在被义和拳攻击的危险之中,没有我们的马兵,我们可能摆脱不掉,尤其在某个李家庄,我们的马兵不得不手持武器通宵警戒。

所过之处,我们的神经都紧张,因为不断有兵勇路过,前往北方与"洋鬼子"作战。此外,由于最近的几场雨水大路坑坑洼洼,结果我们走了五天方才到达清库港。

我们避免经过基督新教传教士们几天前刚被赶出来的沂州府。同样,我们不敢进清库城上船。7 月 13 日中午,我们在位于城北六公里的某镇一家客栈住脚。我们在该镇度过漫长的五个时辰,要办理一大堆手续,出示我们的护照。在院子里,可能有上千个好奇的大人和小孩。我们是三个人,沃尔拜尔(M. Volpert)先生、巴义思先生和我,我们总是把着门,不让人群涌入。在这种情况下,不耐心,粗鲁话只能把事情弄糟。我转身对着一个相当面善的年轻人,笑着对他说:"那么你好好瞧一瞧我吧,我的胡子最长。你看了我,你就看到了所有的'洋鬼子'。"这使他们大笑。因为再没有比听洋人叫自己"洋鬼子"更能使中国人开心的了。

然而,在我们出发时,你再看看民众吧,在街道上,沿着大路,在小河岸边足足有五六千人,船就在沙滩上等待着我们。我们的马兵赶紧出发,车子亦然。转过一条街道,我车子的一头驴折断了一个套,必须彻底停下来重新修理。我觉得时间多么漫长啊!

由于护送我们的好心队长的帮助,海滨的知府给我们派定一条帆船,在第二天,7 月 14 日,将我们送到汽船停靠的岸旁。破晓时分，潮水将我们的帆船漂浮起来。我们在海上行驶十公里，询问侧旁的各条渔船是否看到一艘德国汽船。大家异口同声地说，有艘汽船在那里停泊了两天，但是前夜已开往胶州。我们被迫返回海岸。我们不敢去我们出发的地方。我们待在沙滩上，暴露在阳光照射之下以及渔民和赶来观看我们的群氓的辱骂声中。我们终于用一百吊钱找到一条能够航海的帆船，将我们送到胶州港的青岛。

第一天，7 月 15 日，将近下午 4 点钟，我们受到狂风暴雨的袭击，把我们淋湿透到骨髓。第二天，几乎同一时刻，另一场狂风暴雨突袭我们。6 点钟，雨停。这时，不超过十分钟，我们被三四十只中国人称之为“舢板”的小船团团围住，每条船搭乘两人。我们确信这是海盗，因为我们正处在海盗湾，据说几天前一只经商的帆船在这片海域被劫掠。我们的船夫捉弄他们，问是否有鱼卖，或者鸡蛋、面粉，德国神父从匣子里抽出几把左轮手枪。这产生了神效，不超过五分钟，所有这些舢板都消失在四面八方。

然而，这天的考验尚未结束。晚 8 时左右，西北风大作，猛烈得使我们大家以为末日已到。我们每时每刻都在想，可怜的帆船将要沉没了。这种情况持续到午夜，风转为北风，我们得以休息片刻。这种北风足以使我们走出海盗湾，但随后突然平息下来，并持续一小时，这足可以告诉我们这样的平静有可能持续整整几周。7 月 19 日，早晨 10 点钟，刮起一阵西南风，让我们的乘船迅速航行了八十公里。晚 7 时，我们距港口只有半法国古里，突然一阵逆风从西北吹来，与落潮产生的潮流会合，几乎彻底阻挡住我们前行。10 点半我们才到达码头，11 点半到达德国神父的财务管理处。在海上度过的最后两天，我们的全部膳食每天只有船夫提供的两三碗米饭。

我在青岛一直等到路过的一艘德国帆船，待天气好转，将一队共济会的传教士从山东运送到圣地。我就是这样到达上海，从上海给您写信的。

贺乐耽耶稣会士

中国的圣徒传[①]

——一个小基督徒村[②]的围困和殉难

（为“义和拳”二十五周年而作）

北京的使团与欧洲的任何联系被切断了整整两个月，联军占领大沽和天津，北堂被围困并忍饥挨饿，掌旗官保罗·亨利（Paul Henry）英勇牺牲，宫廷逃到西安，欧洲人在圣母升天节胜利地进入北京并于8月16日撤出，这就是义和拳二十五周年要特别重新唤起的回忆。

然而丝毫不应该忘记，这个反基督教和反欧洲的运动也肆虐横行于京城之外，它比在京城更残酷，并造成更多的受害者，而且义和拳在行省的历史是具有重大意义的插曲。

直隶东南一个小基督徒村遭悲惨围困，一千八百名教友被屠杀，两位法国耶稣会士任德芬和汤爱玲的殉难，将给《研究》的读者们提供一点概念。

我们选择其中的这件事，是因为它是典型的，它实际上几乎全面地表现出义和拳在外省进行的战斗，并在几天之内将这些“小特洛伊围困”（petits sièges de Troie）各不相同的插曲集中起来。

此外，在当今情况下，第一手证据丰富充实。我们眼下就有这两位被围困的神父的书信和短笺，几位直接见证人的纪事，最后是与事件同时代而且尚健在的几位传教士[③]的回忆。

* * *

在北京—南京的官道上，在京城南二百公里，距献县南五十公里处，人们看到本地区的佛教和道教之都——景州古城，它以其精美的十三层宝塔驰名，信徒们在塔中敬奉着一颗佛牙舍利。

然而，在很多世纪以前，引人注目的朱姓家族在景州西六公里处定居下来。新村因当时有一条水道与它并行流过，便取名“朱家河”。其他的家族，范家，齐家，融入朱家，这一混杂产生了一个强大的农民血统。我们将要从中认识到，这里的农民喜欢冒险和勇敢无

① 本文原载于《研究》第183卷，1925年，第546～565页。——译者注

② 本文作者声明，他将1900年7月20日在朱家河被义和拳屠杀的两位神父和一千八百名教友称为“殉教者”，丝毫不想抢先教会的评价，并完全听从乌尔班八世（Urbain Ⅷ）的教谕。

③ 遣使会传教士普朗什（M. J. Planchet）在其非常成功的著作《义和拳迫害期间的北京殉教者们》（1922年）（*les Martyrs de Pékin pendant la persécution des Boxers*）中有意义的材料表明，本文讲述的围困不是孤立的事件，但是，在北京传教区如同在献县传教区，义和拳进攻，基督徒们以同样的方式自卫。特别请见第2卷，第321～448页：《宣化府》（*le District de Suan-hoa-fou*）。

畏，好闹事和鲁莽放肆。此外，他们心地善良，有好奇心，对宗教的启示态度开放，立即享受到教会向善良人们所作的承诺。

在 18 世纪，他们听说过，北京的耶稣会士们在直隶布道讲基督教。通过联姻，他们有了基督徒亲属；他们互相通气，学习祈祷，并得到一位传道员，便要求施洗。他们处在乾隆（1736～1795 年）的迫害高潮时期，但是这些黑暗的背景丝毫未阻挡住我们勇敢的慕道者。大约在 18 世纪中叶时，半数朱家河人已领洗。

这个教徒村甚至在不久后为教会提供了一位神父。

将近 1778 年，一位姓范的朱家河青年人上船前往意大利。他有十七岁。他进入传信部不久前为征召近东和远东传教士而创建的那不勒斯修道院，他在修道院生活十年，学习崇高的哲学和神学，接受圣职，并作为神父返回中国。他在四川、陕西、山东宣传福音，在嘉庆（1795～1820 年）迫害期间，他在他的祖国是一根信仰的支柱。

在 19 世纪，朱家河的基督徒倍增，直至构成居民的四分之三：四百人中有三百人。他们终于建起自己的教堂。

朱家河教堂是长方形建筑物，稍许装饰，轻便工字梁和高粱秆盖顶。在欧洲人眼里可能是粗俗无奇，但是对当地和那个时代来说，朱家河教堂是一座值得自豪的建筑物。

在一望无际灰暗的平原，低矮的土房屋中间，教堂当然以其高耸的、有大量雉堞的砖墙和高雅的、在整个地区耸起十字架的三角楣显露头角。另外，在我们这篇报道开始的时候，朱家河已成为该堂口司铎任德芬神父的中心座堂，因而实际上成为整个地区传教士和教友们的重新聚合点。

*　　*　　*

在 1899 年 9 月，著名的北京主教樊国梁由几位遣使会传教士陪同，来到献县，看望直隶东南部的耶稣会士们。我们后来殉教的几位神父，武邑的路懋德神父和赵席珍神父，还有朱家河的任德芬神父和汤爱玲神父，是这次家庭聚会的参加者。突然间，一名信差从北京赶来，紧急召唤樊国梁主教回京。一场暴风雨正在北京酝酿。端郡王在慈禧太后面前吹嘘要把“西洋鬼子”抛到东海里去，而为了干这一件事，他把“义和拳”分子招募进帝国部队。① 因此，对基督教的这些不共戴天的仇敌，政府根本不反对他们，反而支持他们。显然，基督徒们受到威胁。樊国梁主教及时赶回京城，所有的神父赶回他们的县。

不过 1900 年的前五个月，火焰隐藏在烟灰里。有把握今后不受惩罚的义和拳从山东窜到直隶，到处建立他们的传授馆。这些传授馆是奇特的聚会，很少有人描述过，至少外省和乡村形式的传授馆如此。日落时，他们在某个农家院落，或在某处宽阔的粮仓聚会。由一位神秘的教头，来自山东的一位“大兄弟”主持。首先，必恭必敬地向东北方向叩头，上香，求得神灵在门徒中间现身，并将刀枪不入术传授给门徒们。接着，在“大兄弟”的指

① “义和拳”，这是英国报纸称之为“拳（击者们）”的那些人的中国名称，义，公正；和，协和；拳，拳头。它们的发音差不多是“义—罗—古—安”。人们猜想，我们的神父们很快就把他们叫做“义和拳人”。我们联想起另一次迫害和其他的殉教者。由于加拿大的伊罗瓜人（les Iroquois）有八位耶稣会士在不久将得到列真福品之荣誉，上主会高兴，中国义和拳人的受害者将有一天得到同样的光荣！（译者注：中文的“义和拳”和英文的“伊罗瓜人”发音相似，故有此说法）“义和”团实质上只是多次被（大清）满族王朝判决并始终存活着的白莲教这个古老而神秘的革命组织的替代组织。我们将会看到，义和拳帮会分子们所热衷的拳术只是一种灵活而优美的体育运动。

导下,人们疯狂地操练古老的中国武术,这叫“耍拳”。这是一种拳术,如果想这么说的话,但它是一种纯粹为了炫耀的拳术。这种拳术操练截然不同于在异教徒中间伴随操练的迷信行为,它是绝对不伤害人的。有些得到传授的基督徒曾不止一次地给我们表演。表演是优美、吸引人的,因为动作敏捷,难以置信的变化多端。两个年轻人脱去碍事的衣服,拉开他们的距离,互相打量一番,接着,突如其来迅猛击掌,一人狂暴地冲向另一人,但是他们刚一靠近,即回转身,闪避开,画个四分之一圈,随即,一人再次扑向另一人,仍然退缩,踢脚到头顶高度,大声吼叫着转身,手背打脚,所有这些动作再次无可挑剔,甚至没有一只眼睛受伤青肿。

然而,在1900年,它完全变了样。经常在我们乡下到处都有的巫师中间选出来的“大兄弟”,增加了对东北方向守护神的迷信行为和念咒语。在两场拳击之间,在人们歇息一会儿时,“大兄弟”在操练者和观众面前夸夸其谈,同时发出仇外排外的恶毒语言,逐渐使这些年轻人充满对基督徒的极度仇恨。他鼓吹年轻人斗争,向年轻人承诺必胜,使他们相信,在圣战中他们将是刀枪不入的人。

我们的直隶青年从这些夜间聚会出来,被急速变换的“操练”弄得晕头转向,满腔仇恨,好像被“大兄弟”弄得神魂颠倒。“大兄弟”像施催眠术者对其对象那样,在他们身上施加了巨大影响。

这种神秘的激动不能完全自我隐蔽,某种事情必然会从中表露出来。时间越久,神父和教友们就越明白,一场可怕的危机就要爆发了。

在5月份,我们的教友开始处于正当防卫状态。大的教徒村四周筑起防御工事,人们在防御工事中囤积食粮、武器和弹药。靠近这些小型堡垒,聚拢着力量太弱无法防卫的小教徒村逃难者。我们这些可怜的农民套上农家大车,装上他们的小财产:粮袋、衣服包裹、农具。女人和孩子趴在货堆上,随后就辞别自家的小屋、在劫难逃的家乡,逃到大教徒村。人们根本无法想象到,在这危急的几周内,传教士的辛劳、责任、忧虑。由于事态紧急,不管他们愿不愿意,传教士已成为独一无二的、将精神、民事和军事所有权力集于一身的头领,因为他们当时是大家公认的唯一的权威。他安置移居者、分配食粮、防止吵架斗殴、裁判纠纷、安抚惊慌失措的情绪、组织自卫。镇长、判官、统领,以及神父,全部由他一人同时兼任![①]

任德芬神父在其动乱的中心教徒村正尽其可能地履行军事、民事和宗教的各项职责。突然传来距朱家河西北二十公里的武邑发生大屠杀的消息:路懋德神父和赵席珍神父在祭坛桌脚被义和拳砍杀,他们曾那么频繁地在祭坛上奉献耶稣—基督的鲜血啊!

这次砍杀开始了恐怖时期:义和拳在四面八方揭竿而起,开始跑遍全区,掠夺并焚烧基督徒村、屠杀信徒。从这时起,任德芬神父虽然尚未被包围在他那小堡垒里,但是已非常明确认识到如同处在围困状态。

---

① 在传教区的北部,有六处这样的堡垒:范家疙瘩、陶家屋、郭家庄、朱家河、青草河,以及非常靠近献县且在张家庄有防御工事的村子里的中心座堂。主教、传教士们和五千到六千名教友一直被包围了整整三个月。所有这些堡垒都逃脱了大屠杀,只有朱家河例外。青草河小教徒村非常靠近朱家河,终于逃脱一劫,但那是在可怕的反复和长期的围困之后幸免的。自卫的组织者是中国耶稣会士周神父,他尚健在,我们得以向他探询。

眼下我们就有他在这个苦恼焦急之月，写给他的被围困在献县堂里的长上们的书信和短笺。通过这种潦草的笔迹、缩写的文字、断断续续的文笔和如同被压抑的心脏怦怦跳动的不规则句子，人们还是追踪到围困的细节、警报、焦虑、未来殉教者的奉献精神。这批书信充满中国的熟语、不熟悉的名字、当地的情节，为欧洲人所难以阅读。我们在此仅摘录其中的几段：

6月20日，早晨3点半钟，Fiat！（拉丁文：愿它发生！）一位传道员从武邑来，报告两位欧洲神父，显然是路懋德神父和赵席珍神父被杀。昨天，将近下午3点钟，堂里（住所）起火。此处我们该怎么办？

6月24日，两位殉难者的首级始终悬挂着（在武邑的城门上）。县官让人们把有尸体在的小圣堂门砌死，但人们从窗户仍可看得到。

6月26日，我们始终在此地等待。依我看，除非有奇迹，对我们来说只是一个时日问题。我们约有一百五十人，可能有一百支各种型号的枪支……

教友们到目前为止是有勇气和有信心的，可是面对严重的进攻，这种良好的情绪能持久吗？最后，我尊敬的神父，在此地我们可能像在（献县的）总堂一样遭受大屠杀，而且更甚之，但是大屠杀只有主愿意时才会降临到我们头上。

故城的本堂神父汤爱玲神父已逃到这县城，来朱家河避难。不久，他又离开朱家河，去他的堂里，只有在包围更厉害时才再回来，帮助他的司铎，分担对他的考验和他的殉教。

7月7日，早晨，这是全面包围之前的最后一封书信：

任德芬神父写道，殉教者在倍增，让我们期盼殉教者们将平息圣怒吧。在故城，县官让人劝导基督徒们做出他们的“退教”表示，他的目的可能是善意的，但会有背教之嫌。[①]

有人来打断我说话，以便告诉我故城被掠夺并被烧毁。这是开端！…… 永远的Fiat！（拉丁文：愿它发生！）圣心可以轻而易举地救助我们，同样可以轻而易举地任我们丧生，一切都是为了主的荣光！感谢主父亲般的降福；以三位神父的名义感谢修会的祈祷。一致祈祷。Ig.（拉丁文：出处不明.）

*　*　*

其间，义和拳匪帮在掠夺、焚烧周边教徒村，同时人数越聚越多，逃难的人涌向朱家河的救济处，人数空前的多。十天之内，超过约三千人。[②]

任德芬神父以其惯常的善良接待所有这些泪流满面的人，把一些人安顿在教友家，把其他人安顿在异教徒放弃的住宅里；把一个家庭安置在教堂的附属建筑物里，把另一个家庭安置在防御工事的墙角里。但是人流一直源源不断，成群的儿童、家畜、车辆挤满小街小巷，堵塞了通行。有人同官府的人员商量，他们宽厚大度地决定推倒一堵围墙，在较远处修建围墙，不驱赶任何一个教友家庭。工程立即开始，以难以置信的速度进行。7月14

① 感谢主，这些悲观的看法并未成为现实，他的堂口殉教者多于退教者。“退教”，是背教的汉语说法。县官劝告基督徒声明背教这种行为，不是这些丧生的人死于信仰的仇恨的又一迹象吗？

② 我们将看到，在这三千人中大约有一千八百名殉教者。其他的基督徒，或者在防御工事上被杀害，或者在包围的最后两夜里已逃跑，或者，唉，以背教逃脱一死。

日晚，工程告竣。可是，任德芬神父和汤爱玲神父为所有这些外来人告解，教堂容纳不下。每天早晨，在弥撒之前，任德芬神父都说一句话鼓舞士气，然后人们去防御工事，接替夜间的值勤者。

14 日，状况确实令人满意：防御工事和壕沟完工，粮食和火药储备充足，在工事上列队可达千人。大概没有一门火炮，而长枪和手枪多数为老式的，不超过一百五十支，然而，义和拳装备更好吗？这种局面并未影响居民们的战斗性，他们有“胆量”。

1900 年 7 月 15 日是礼拜天，人们正准备在必胜无疑的战斗之前过一个愉快的休息日。

无须等待。从黎明开始，一大群拳民就出现在平原上。村里有人在咚咚敲鼓，男人们跑到防御工事，女人们进教堂。不久，义和拳进攻了。

关于进攻这件事，我们知道的情况不多。我们只知道，进攻是激烈的，人们长时间地交战，进攻险些夺得阵地，许多教友在工事上丧生。

次日，7 月 16 日，礼拜一，义和拳再次进攻，教友们再次胜利。但是，这一次，我们的“中国十字军”不满足于击退异教徒，他们要追击敌人。他们向南挺进，直到陆家庄（Lou-Kia-Tchoang）。

义和拳在南部已筑起一道野外防御工事，组织他们的进攻。他们甚至已在那里安置了一门火炮，没来得及运走。教友们占领防御工事，夺得火炮。人们乐疯了。凯旋而归。获胜者们在他们孩子们的雀跃和老婆的微笑中返回自己的堡垒，

他们的身后拖着战利品，人们将火炮安置在防御工事上。要书写这一场面，必须有荷马之笔！

于是，义和拳因不能制服这一小帮基督徒而怒火冲冲。他们需要支援，尤其需要火炮。

而恰恰在这些天，一支完整的帝国部队在北京—南京大道上行进。他们奉太后之召，从长江赶来截击向北京进军的欧洲和日本纵队。

如果义和拳能获得帝国军人的支援，只要一天，朱家河马上就成为一堆灰烬。这支帝国部队的带兵人确实支持义和拳。他就是著名的统领、前山东巡抚李秉衡。他最先在山东组织义和拳。他一到景州，义和拳的首领们便来向他请安，他们把朱家河描绘成造反者的巢穴，请求他派几个兵团，以便洗劫该地。这位大人显得非常和蔼可亲，但是他要急于赶到北京，于是委派一位副手解决此事，便继续前往京城之路。

留在后面的分遣队长官陈统领掌握着有新枪和几门克虏伯大炮装备的两千人，但是他根本不考虑停下来。17 日早晨，他的队伍重新上路向北去。教友们得救了！

可是，义和拳的首领们尽了最大努力，从景州县官那里得到一封致统领的紧急信函。信函飞速送达统领：“恳请平定朱家河的反叛分子，这些老革命党人不断扰乱的地区。忠厚老实的人成为他们的劫掠目标。请求统领歼灭这个欧洲人指挥的叛乱分子巢穴，他们同天津的欧洲人采取一致的行动。”

统领不能任意不答复县官的信函。他们举行会晤。县官保证，他在衙门有一大摞指

控“西洋鬼子”的卷宗。最后，陈统领终于下决心将其队伍带回朱家河，希望当天了结此事。①

将近中午，正规部队带着两千支在阳光下闪闪发光的步枪，在东面出现。得胜的狂叫声，躲藏在村里、带着大刀和长矛奔跑的拳民的吼叫声从西面与之呼应。不到一小时，包围圈在今后注定要灭亡的小要塞合拢。

得知来了正规部队时，范迪吉神父和汤爱玲神父正在就餐。他们放下饭菜，同教友们一起跑到防御工事。随后，范迪吉神父上到教堂屋顶。人们说，范迪吉神父视察下来时，似乎非常沮丧，从这时起，他坚持不发任何命令，不做任何军事指挥，只限于他的正变得繁重累人的圣职管理。

基督徒们根本不同意他们司铎的悲观看法，后者由于其他原因向他们隐瞒悲观看法。整个下午，他们与敌人交火，打退不论是兵勇们还是义和拳的所有进攻。当夜色降临时，要塞始终坚持着。西侧的义和拳通宵提防，但是，东侧的兵勇们则分散在村里睡觉。

相当多的基督徒预见到必死的后果时，借机逃跑。就在这时，有人向两位神父进言完全能成功拯救的方法：让神父就在当天夜晚动身，有人带着要塞的百十支枪护送他们直到献县，这样他们不就逃脱了死亡吗！“我们会把老人、女人、孩子留在这里，让他们注定一死而得不到任何安慰吗？”两位神父断然拒绝。基督徒们理解并准备为生命付出昂贵的代

① 我们将看到，1900 年 7 月 20 日在朱家河被屠杀的一千八百名基督徒中，大部分是被义和拳屠杀的，义和拳杀人出于憎恨信仰。而其他人呢？兵勇们杀人是出于憎恨信仰，还是憎恨欧洲？陈统领及其部队进行战斗，屠杀朱家河人的意图何在？他们在被杀的朱家河人中见过基督徒，或者说就是叛乱分子与欧洲人联合起来反对他们自己的祖国吗？照口头讲述的传闻，在屠杀之后，有人把祭坛的蜡烛送给陈统领，陈统领愤怒地吼道：“这哪是叛乱分子！这是传教士！”他曾去教堂，在屋顶倒塌处前一点看了一眼，看到教堂满是女人和孩子，只有两位欧洲神父。他对欺骗他的县官发怒，威吓要把阴谋策划军事干预的两个秀才带到北京去。让我们认可这一点吧，这些口头说法与一位殉教者的假设相反，起码对兵勇们只杀害基督徒这一点来说是如此。我们掌握的关于陈统领的唯一的一份书面文献反而明显地有利于殉教者。我们必须指出对我们如此宝贵的这份官方文件的出处并予以翻译。我们说过，在朱家河附近有另一个由周神父指挥的基督徒堡垒青草河。义和拳请求陈统领援助，同样摧毁青草河堡垒。朱家河屠杀的第二天，陈统领便派遣一名信差带着一封书信去青草河，他在信中劝告基督徒村背教。然而，在青草河，几家异教徒，基督教徒们的好友和有姻亲关系的家庭留守在村里。异教徒和基督教徒轮班站岗放哨。天意要在统领的信差露面时，大门由异教徒的岗哨把守。异教徒们回答官差说：“我们，我们不是教徒！”官差留下那封书信，回禀那句答复。这个答复使这位不做坚持的统领感到满意，并立即命令他的兵勇们上路回京。这封公函的重要段落如下：“按命令……请你们从教堂出来，你们将避免一场大屠杀！我，司令，我同情中华的臣民，你们不要再幻想，再犯错误。你们改正错误后，如果某人想要折磨你们，有人会根据法规保护你们。光绪二十六年六月二十六日。”(注)因此，这是陈统领命令他的兵勇们参与朱家河大屠杀时，我们判断其意图的唯一一份官方文件。最后部分：“你们摆脱教会吧，你们将避免一场大屠杀！”这句话与 7 月 20 日朱家河大屠杀第二天书写并申明给青草河基督徒们的书信，具有同样明确的意义。我们觉得，通过联系两件相悖的事情，问题可能得到答案：一方面，青草河的人通过异教徒的嘴，宣称他们不是基督教徒，逃脱大屠杀；另一方面，朱家河所有拒绝背教的基督徒立即被杀，这不是由于对方仇恨他们的信仰而被杀吗？至于两位欧洲传教士，多亏有了 1911 年罗马给方济各会会士、山西义和拳的受害人中列圣品案的提名人、尊敬的理奇神父(R. P. J. Ricci)的回复，问题比对中国基督徒们来说清楚明白。复函称：“…Insuper pro sacerdotibus, omnes censendi sunt martyres, illi missionarii, qui occisi sunt in Sinis, dummodo ipsi non provocaverint mortem, agentes injuste; quod si occisi sunt tulmutuarie etiam soli practextu quod essent Europaci, quoniam missionarii sunt in Sinis solo fine Religionis, morientes occisi sunt veri martyres.”(对司铎们而言，就是那些在华被杀的人，如果他们没有因自己的行为引起人们杀他们或有不适当行动的话，他们都应该被认为是殉道者。因为他们在暴动中被杀的唯一理由是因为他们是欧洲人，因为他们的目标只是在华传教，所以那些亡命者是真正的殉道者。)(因一时无从核对原文，故译者冒昧地自行拟译，谨供参考。——译者注)

价。实际上,他们还有两整天可以胜利击退所有进攻,这是英勇的两天。

* * *

礼拜三,7 月 18 日,从早晨起便开始了轰炸,而兵勇们打炮不准,炮弹越过村庄,落在另一侧,有时落在疯狂的义和拳营地。

军官和义和拳首领整天将他们的队伍投入进攻。伟大的周主事[①]英明地领导教友们面对一切。他们有几个阵亡者,可是当晚异教徒们不像前一夜那样向前推进了。

然而就在这时,令人悲伤的意外决定性地打乱了防卫:周主事他自己要打炮,因为人们已经赶跑义和拳。周主事测量错误,炮弹碎片回落到他的胸口。范迪吉神父赶紧跑到工事,为他临终敷圣油。不久,周主事停止呼吸。随着他的死,镇守丧失最终的取胜机会。

其间,兵勇们终于打炮命中,炮弹开始轰炸防御工事和住房。黄昏时分,我们可怜的中国人的恐怖时刻,开花的炮弹从天而降,在全村爆炸。

范迪吉神父请一位勇士去献县送最后一封信,呼吁急需却得不到的援助,这个呼吁如此审慎,只是说明一下危险。这最后一件短笺到达献县,人们把它作为殉教者的遗物珍藏起来,我们亲眼目睹了这封短笺。这是从记事本上撕下来的一张可怜的小方块黄纸,折叠又折叠。纸上有铅笔写的六行字,署名落款旁有一款附记。

范迪吉神父将他自己的马匹给送信人骑,以便穿过敌人防线。将近 8 点一刻,当基督徒们突然发现一个人骑着传教士的马在灰尘中飞跑时,阴险的谣言突起,并马上传到防御工事:“司铎走了!”为了戳穿谣言,司铎只好露面。夜晚在平静中度过。同前一天夜晚一样,有几十个基督徒逃跑。

7 月 19 日,从黎明起又开始轰炸,而这一回特别准。一枚炮弹炸穿汤爱玲神父的房间,另一枚击中教堂的一面墙,其他几枚炸毁教友们的数间住房。女人和孩子们正躲在教堂里。

19 日晚,兵勇们和义和拳空耗了一些弹药后,发动数次冲锋,损失了许多人,始终在原地未动。我们的防御工事并不高,壕沟也不深,但足以阻挡住他们。他们到达工事,有什么办法越过呢? 他们必须在自卫者的打击下逃跑或死亡。

当时人们看到,日落时他们在准备最终必定占领阵地的手段——“进攻车”(chars d'assaut)。

* * *

义和拳挑选出六辆大型农家车,用门梁和门扇在车上竖起塔式的东西,其高度与防御工事的高度齐平。他们干个通宵,拂晓时,六个转塔准备就绪。

礼拜五,7 月 20 日,自凌晨 4 点钟天刚亮时开始总攻。兵勇们登上转塔,荷枪实弹;义和拳套上车;兵勇护卫队保护着他们,不停地射击。整个炮兵支援他们。

因此六辆车向堡垒的北侧和东侧推进。到达射程内的兵勇们从其转塔的高处将引爆的炸药包扔到防御工事上,驱散并炸死自卫者。

自卫者们勇敢地面对进攻者,历时约三个小时。但是,将近 7 点钟时,战局显然已失

---

① 不要与范迪吉的传道员、范迪吉殉教的重要的直接见证人“周师傅”混淆。

利，死伤者堵塞了防御工事。此外，教友们绝对要留出将他们的枪支砸碎的时间，目的是不能让义和拳利用这些枪支对付青草河。因此，他们全体一致射击，然后突然几乎大家一起从防御工事上下来，跑到村子的中心。

进攻者们被这齐射吓呆，为这出乎意料的逃跑而惊诧。他们迟疑片刻，随即决定攀登：他们把自己的枪管插在土墙上，当做攀登的把手，最终跳到工事上。朱家河被占领了！……

可是多么令胜利者惊奇的意外啊。当他们从外面登上防御工事时，发现一些不一样的兵勇从里面登上防御工事：这些奇特的兵勇身着白色短袖衬衫，头上包有一种包头布，脸上涂抹煤灰，吓人的眼睛不停地打转，挥舞着大刀和镰刀，边喊边挑衅着，勇往直前地冲向敌人。

可是当义和拳靠近，从近处看到相貌，听到古怪的声音时，他们大笑起来，开始轻而易举的屠杀。这些可怕的兵勇就是一些女人！

在我们异教的中国，人们猜想得到，被俘对一个女基督徒来说比死更可怕。然而朱家河躲藏着本区内的所有修女和女传道员。她们担心活着落到义和拳的手里，必定遭受最可耻的侮辱，这些勇敢的女孩子以童贞的誓约奉献于主，同样决心以死亡摆脱耻辱。

从本世纪伊始，她们就在第一任院长，不屈不挠、有头脑和有胸怀的妇女、著名的王保禄（音译，Wang Paula）领导下，共同生活在孤儿院。7 月 20 日早晨，约 6 时许，当面临阵地失守时，她们在孤儿院进行临终梳洗：女扮男装。我们的所有修女祈祷，唱歌，说笑，开始用孤儿们的墨水和笔互相化妆。梳洗完毕，人们分发厨房的刀具、谷仓里的镰刀，边等待，边祈祷，边重复短而虔诚的祷告。

保禄通过女传令兵监视着防御工事的动静。当保卫者们表露他们马上要放弃工事时，修女大军便排成紧密的队列走出孤儿院，去接替保卫者们。因此，就在男人们从防御工事上下来时，妇女们为了接受她们曾那么期待的这致命的一击，正走上防御工事，并且与义和拳迎头碰面。

当得胜者们如此清扫完防御工事时，便小心翼翼地进村，同时杀死他们在街上遇到的，或在住宅里发现的男人、女人和儿童。相当多的不幸女人则被留下来，然后被带走卖掉。

7 月 20 日早晨，两位神父[①]在防御工事上和教堂里劳累一夜之后筋疲力尽，他们疲于奔走，撕心裂肺，口干舌燥。他们勉强在他们的狭窄的圣器室里小睡片刻。清晨，他们和挤满教堂的人群一起早祷，他们还倾听几个人的告解，但是没做弥撒，没领圣体！大家知

---

① 我们有三个可以完全信赖的历史资料讲述他们的死亡：（一）青草河的保卫者和拯救者周神父的一封书信。他在其要塞接待过朱家河的少数几个死里逃生者，是所有这些场景的直接见证人。这封信注明 9 月 16 日，我们已过目。（二）一位仍然健在的直接证人周师傅的讲述，他是范迪吉神父的传道员，范迪吉神父布道行程的通常陪伴者。义和拳赦免他一死，因为他们希望在拷问他时，找出范迪吉神父的“珍宝”。（三）当今我们传教区在献县的档案保理员齐广照神父的回忆。1902 年他曾是朱家河的修复人员。他曾在现场询问幸存者，并且认真搜集依然完全为人鲜知且原始的地方习俗。是他兴建了新教堂，搜集了蒙难者的姓名和遗骨，让人雕刻了十二块浮雕，用金字书就朱家河一千五百位殉教者的姓名。

道,堡垒不久可能失守,在转瞬间就是死亡……解脱。

大家作了最后安排:两位神父要面对他们的教友而死,而基督徒们要面对他们的神父而死。传道员拿来两把他们铺上小坐垫的安乐椅,放在祭坛的最高处。他们让传教士并肩坐在椅子上,面向教友们。汤爱玲神父在祭坛左侧,范迪吉神父在祭坛右方。随后,所有传道员——他们人数众多,来自各堂口——排列在两位神父周围,站满祭坛,跪着面对神父和十字架。跪在殿里的是教友人群,多数为妇女,二百到三百名儿童,总数可能有一千人。大家祈祷等待着。

这时,义和拳已爬上防御工事,战败者和得胜者人群涌向教堂。教堂有带雉堞的高墙,其平顶俯视村庄,院落坚固的砖围墙只有一个大门,它不是战败者临终前的避难处,他们的终极堡垒并作为一座被占领的城市中尚未受到攻击的大本营吗?教堂内满满当当的,人们便挤在院子里。几个勇敢的、手持枪支的年轻人把守着大门,其他人在屋顶上,准备向义和拳开枪。义和拳不敢靠近,他们爬上邻近的住房屋顶,在基督徒和异教徒之间爆发出一阵非常激烈的齐射。这时约8点钟。就在此时,教堂里发生第一阵惊慌。女人们在听到贴近身边的齐射爆裂声时便疯狂起来,她们站起身来,设法夺门而出。范迪吉神父用一句崇高的话恢复了平静:“请你们留在原地!再过一会儿,我们大家都会在天堂!”

艰苦抵抗一小时后,最后的保卫者们几乎人人都脱离了战斗,没有任何希望继续有效挽救局面了。除了死亡没有他路。少数幸存者砸碎自己的枪支,溜进教堂,来和他们的老婆孩子跪在一起,准备殉教。将近9点钟,义和拳冲进院内,终于打开教堂大门。门大开着,在他们跨过尸体时,互相靠拢走近,仔细观察着。在深处,有祭坛及其镀金小圣龛,闪烁发光的十字架和铜制枝型大烛台;在前面,有两位欧洲神父,庄严的大胡须,静静地坐在他们的安乐椅上,面对入侵者;最后就是正在祈祷的全体基督徒,众人跪着,面向十字架!这群野蛮人非常短暂地震惊一下,随即当他们明白一切反抗最终停息时,他们发出狂吼,开始朝人群放枪。受难者倒下,垂死者发出嘶哑的喘气声。这时发生第二次可怕的惊慌。在这些成年人身上,在这些女人身上,在这些修女身上,生命的本能在抗争。接受死亡之后,人们不再想死;当任何逃跑都成为不可能时,人们想逃跑。只有主的力量能够让他们平静下来,让他们有尊严地死。这时,汤爱玲神父站起来,用汉语以其压倒全场喧嚣的强有力的声音诵悔罪经。奇迹发生了!紧随其后,就是所有传道员、全体老战士,接着女人们和孩子们,全体基督徒众人放开嗓音,全身心地开始进行雄伟壮观的祈祷。

悔罪经之后是忏悔。

当声音平息时,范迪吉神父站在齐射的枪声中站立着,重行最终赦罪仪式。

教堂已经充满烟雾,进攻者们不能再瞄准,他们在漫无目标地射击,这可能说明,为什么传教士在很晚才被击中。此外,被领圣体台与范迪吉神父隔开的周主事的妻子站起来,用自己的身体掩护范迪吉神父。差一点到10点钟时,一颗子弹使周的妻子摔倒在领圣体台上。

因此无掩护的司铎不久即被击中。他从安乐椅倒在前面祭坛的地面上。传道员们立即将他扶起来,并按照他的要求,帮助他跪下,更确切地说,匍匐在祭坛的台阶上,面对十字架。稍后,轮到汤爱玲神父被击中,倒在地上。他自己站立起来,走到他的长上身旁跪下。就是在那里,在他们曾如此频繁地奉献耶稣鲜血的祭坛前,两位教士跪着,他们的鲜血流淌着，等到天意为他们确定的实施燔祭的时刻。这就是必须用火让他们死亡。

果然，将近 11 点钟，芦苇做成的天花板起火。不久，教堂里充满使幸存者窒息的浓烟。在缓慢窒息的男人们宁愿被大刀砍死。

当他们清楚地知道将要发生的事情时，他们撞破小圣器室的窗户，一个接一个地跳出去。

帮会分子就在院子里等待着。每见到一个人逃出来，上去就是一刀。[①] 这种悲惨地从死亡之窗跳出持续很长时间，将近 11 点钟，拳民砍累了，他们留下从窗户跳出来的最后那些人，约五十来人。下午，义和拳在村外将他们杀死。

7 月 21 日，大屠杀的第二天，正规的兵勇们重新走上进京之路。被围困在献县附近的总堂神父和教友们从其防御工事上看到他们在大路上行进。怪事：这些异教徒兵勇们在脖子上挂着圣牌、念珠、圣衣。这些兵勇在朱家河的牺牲者身上取下这些物件，以为戴上这些圣物可以将基督徒的某种勇气攫为己有。

至于义和拳，他们把战败的村子洗劫一空，他们特别要寻找“财宝”，外界风传巴黎的传教士们拥有“财宝”。为了寻找财宝，他们竭尽全力。他们拷问范迪吉神父的传道员。他们到处挖掘，在教堂里，在许多地方，推开尸体在石板底下挖掘。呜呼哀哉！就是这样的挖掘使辨认两位殉教的神父成为不可能。

他们什么都没发现，原因不必说了。不久义和拳便散去，朱家河成为停放一千八百具尸体的死亡之镇。白天，饿狗在小镇游荡，争夺几块人肉。夜间，窃贼潜入教堂，扒下殉教者身上的内衣，揪下女人耳朵上先前劫掠漏掉的某件可怜的饰物。

这种情况历时三个月；肯定没有人想到会从尸体堆里复活出一个殉教村。

然而，1900 年 10 月的一个宁静的夜晚，有几个窃贼挖掘教堂的边缘。突然从倒塌的防御工事的一角，砰然发出一阵枪声，挖掘者应声倒地而死。据此信号，四邻异教徒村了解到，死亡的基督徒村仍然有幸存者。次日，放枪者露面，任人将他们送交景州县官，不作抵抗。

这是两个二十到二十五岁的棒小伙子。当县官要宣判谋杀案时，他们泰然自若地走上前。“老爷”，两个小伙子对县官说道，“我们是帝国部队的正规兵勇，我们先是打击蒙古边境的土匪，接着与向北京进军的欧洲部队作战。而现在，我们履行完我们的义务后，回到地方，发现我们的家乡已被您县的义和拳毁灭……”

我们的教友越说，县官越示好意。阿尔拉波斯上校（colonel Arlabosse）的法国小纵队不是刚到达景州以北一百里的献县吗？上校不会使景州县官他本人为默认甚至挑起恐怖屠杀一千八百名基督徒而后悔吗？县官连忙宽恕那两个家伙，并使他们在朱家河的土地和住房方面恢复各种权利。

这件事在本地区引起强烈反响，它给了教友们信心。在年底前，被毁村子的幸存者们

---

① 呜呼！这时有背教者。一些基督徒，在跳窗户时，喊着亵渎神明的两个字“背教”。帮会分子便赦免了他们。他们的下场肯定是悲惨的，但是他们为我们核实了其他基督徒是真正的殉教者。既然背教者被赦免，那牺牲者不就是被由于仇恨真正的教会而被杀害的了吗？

在村里聚会，他们总共十八人，没有女人，没有孩子，没有老人！十八个充满力量的年轻人！这些贫穷人家的子弟，在义和拳之前，为了谋生离乡背井。在几年或几个月期间，这些有胆量的小伙子在天津和北京之间闯荡，现在他们回到家乡，他们继承家破人亡的三十户遗产，一下子富起来了。在中国，实际上，富裕既不靠金钱，也不靠房屋，而是靠土地，朱家河的教友们过去在村郊就有肥沃的土地。

今天，该村有一百七十人，景州地区在义和拳之后只有一千一百人，现在达五千三百人。在二十年内，基督徒居民翻了四番，是我们传教区宣传福音进展得最快的点之一。

现在，一个新的、更美丽、更年轻的教堂从老教堂的废墟中拔地而起。我们的一千八百名殉教者安息在新教堂，在他们牺牲的原地大殿下开挖的一个宽阔的墓穴内。

人们为他们举办了隆重的丧礼，六位身着盛装的官员前来向他们致敬并赔礼道歉。每年7月20日，教区以庄严的弥撒和全体领圣体纪念他们的周年。他们的姓名用金字镌刻在新教堂的十二块装饰板上。这就够了吗？受到尊敬的天主造就他的圣徒们，天主使我们地位低微的中国牺牲者们，同其欧洲弟兄们一样，在热烈隆重的教堂里享有天福，天主不愿意使他们在战斗的教会土地上享有更广泛的天福吗……？

但愿中国的微弱声音，能通过法国一家大期刊的喉舌，促进上主意图的实现！

在华传教士谈天道

(Pierre-Xavier Mertens)

(献县，1925年3月19日)

义和拳包围范家疙瘩[①]

——巴鸿勋神父的纪事

1900年6月～9月

人们知道，在1900年5月间，太后一道懿旨，督促基督徒放弃信教，违者处死，这成为放纵义和拳帮会狂热的信号。一时间，全体民众怀着长期抑制的仇恨，群起攻击基督教徒，更加肆无忌惮了。

在这场风暴中，我们直隶东南的堂区几乎全部毁于一旦。

然而，天主允许在这里和那里有几处有足够数量教友的中心保存下来，不是由于他们匆匆忙忙垒起来的防御工事，而是由于天主的特殊救助能够抵御匪徒们。

范家疙瘩是其中之一。[②]

范家疙瘩不是一个大村庄。它只不过有二百五十多口人，但它是十五年前由贺乐耽神父在子牙河右岸筑堤防洪时，创建的一个清一色的基督徒村。

6月1日，本县神父们接到我们的长上要求他们撤退到范家疙瘩的命令，他们先是由主管神父从各村召唤来的。万其俊神父于3日到达，中国耶稣会士萧神父于4日到达。

同时，我们得知，杜汝梅神父已由一支强大的官兵护卫队从任丘、他的县中心护送到张家庄。这意味着县官不能，更确切地说，不想有所作为。他过去是那么热心为我们效劳，现在，他从保定府回来，突然完全改变了举止，转而粗暴地反对基督教徒。他在保定得到了上司的口谕。

范家疙瘩愿意作为一个完全合情合理的避难所，提供给那些留在他们自己家里有危险的人们，他们跑到范家疙瘩这里来避难。

6月11日，任丘县失陷，所有的教友村丢弃给了义和拳。

鉴于我们不能指望中国官兵提供任何救助，他们的长官经常用他们并不遵守的承诺取悦我们，我们找到俄国人帮助，写信给天津表达这个意思。我们的请求似乎得到认真考虑，他们要进行磋商，然而他们担心远离军事活动中心，去这么远的内地会冒风险。

葛光被神父一边让我们自主决定，一边又似乎认为我们将不得不逃走。在6月16日的一封来信中，他建议我们，如果一定要去他那里，就在夜间带上手枪骑马行动。17日，他表明无力援助我们，并询问我们的教友的情绪。他说："如果他们不想进行殊死斗争，他们必须分散。然而，抵抗不是只会增加残杀的人数吗？但愿圣灵启示你们！"

---

① 本文原载于《支那与锡兰》(*Chine & Ceylan*)第2卷，第381～411页。——译者注

② 范家疙瘩位于东经114°5'，北纬38°35'。

圣灵启示我们与我们的教友同在,支持他们直到最后时刻,如果必要,同他们一起赴死。我们的长上已获悉上述情况,林道昌神父从张家庄写信给我们,他以耶稣会的名义祝福我们。当前是严重的,我们不知道在这一生中是否还能再相见。林道昌神父的信说:"我理解你们做出的决定。善牧献出了他的生命和他的羊群。永别或再见,如仁慈的天主所愿吧。"

* * *

时至今日,我们一直能相当正常地与总堂联系,让我们的夜间信差公出。而从今以后,我们的这种慰藉将被剥夺掉。全体民众同义和拳采取了一致行动。各条道路被严密把守,甚至在夜间,巡逻队也在田间地头巡察。

八百多位教友从四周跑到我们这里躲避。显然,在范家疙瘩这块狭窄的围堤内,没有足够的房屋可安顿所有人。他们用能找到的任何东西搭起窝棚。大部分人只是在踩硬实的地面上铺上一层麦秸,然后搭一些像四轮大车上用的木框,顶上再铺上几领炕席。

现在是热天,这足以避雨了。

每天我们都看到邻村有几处火灾:这是教友的住房在燃烧,这是可怜的礼拜堂一个接一个地在消失。在一段时间内,人们还可以去七公里之外的集市,但必须枪在手,刺刀在枪管上才能去。这并未吓倒我们的年轻人,相反要有车跟随着。但现在变得有车也不行了。到处是敌方的大旗,就是说:"你们被包围了。"

是的,我们明显被包围了,被彻底地与人类的所有其他部分隔开了,几乎任凭义和拳这个狂魔摆布。可是我们相信关心我们的天主,这种信任就是我们的巨大力量。

我们的人靠这种力量武装起来,他们积极努力,在其避难处周围筑起一道夯土防御工事,有壕沟围绕着。壕沟有一米半宽,同样的深,堤坝三四米高,堤上凿了些枪眼。这套防御工事使我们免受夜间突袭,阻止那帮狂热分子的冲击,制止他们在村里放火。夜袭并放火是他们的通常战术。

当挖土人员专心干活时,我们的炮手将十来门火炮安放在现场,这些火炮是我们让人铸造并在联系被切断之前运送到此地的。其他人在做炮药。我们的装备还包括二十六支大型自卫枪(des grands fusils de rempart)、一百零六支击铁枪(des fusils *à* chien)、六支连发式步枪(des fusils *à* tir rapide)、几支左轮手枪、四十五杆长枪和几把大刀。我们的"军火库"中再也没什么了!能带武器者约三百五十人。我们的小堡垒呈方形,东北部有一凹角。村庄由两个居民群体组成,被教堂所在的广场分隔开,一个在北部,一个在东南部。传教士的住宅在西南部,靠近防御工事的一个门洞。

为了避免遭到突袭,我们每天派出四名坚定的马兵在外围侦察,探查义和拳的动静。有一天,6月26日,他们中的俩人答应径直去献县总堂。他们同一位向导在夜里出发,直到前半路抵达累头村(Lei-teou),未遇到他们不能避免的意外。在累头村,他们被人注意到,甚至有人漫不经心地向他们这个方向放了几枪,他们佯装不予理睬。沉着冷静使他们脱了险,对方误认为他们是义和拳或官府密探,他们得以通过而不被逮住。

28日,他们从另一条路安然无恙地回来,给我们带来一点银子和几封书信。这时我们才获悉赵席珍神父和路懋德神父在武邑被杀。步天衢主教在给我们送来他的祝福和鼓励的同时,还写道:"我奉献自己却不能拯救大家啊!天主可能要选择最可贵的牺牲者,他已经这样做了。往往在一切好像已经绝望时，正是天主选择干预之时。振作起来吧，要始终自信啊！”

*　　*　　*

我们的敌人，掠夺焚烧过我们周围的所有基督徒村，现在觉得他们要战胜范家疙瘩并不容易，于是他们跟狂热分子的所有人员商议，试图挑起对我们这个小村的普遍抗议。他们到处活动，用掠夺基督徒的钱财办宴席，请人唱戏。因此，他们打算搜集武器弹药并决定在7月初进攻。

密探告诉我们这些打算，侦察人员通过每天外出向我们报告包围的动态。因此我们得知，火炮在邻村已准备就绪。我们的人员曾想去将火炮搬过来，但是我们有命令，要避免任何主动出击，不能让人家硬说是基督徒先挑起纷争。因此，只得耐心等待敌人攻击。

*　　*　　*

7月2日，聚集在(距我们西南三公里的)许庄(音译，Siu-Tchoang)的义和拳忽发奇想，想深入到我方五六百米侦察防御工事，为此付出了代价。

他们当时是五十来人。我们相同人数的教友出面迎击他们，将他们赶回老巢。

第二天，一位教友在(距我们南—西南四公里的)张口村(音译，Tchang-ko)发现一个重要的拳民，他曾杀害过这位教友的亲属，我们的两三个人跟踪着他。他丢下手中的一头牛和一点粮食逃跑。

总之，第一次进攻在7月4日晚上才发生。义和拳百十来人。刚一瞧见他们，我们就让六十来人向他们挺进。当我们的一个佩带着格拉斯枪(un fusil Gras)的射击能手，走到这支小队前头，向所谓刀枪不入的人开火时，双方已观望一阵子，相互打量，大概在寻思如何出其不意地袭击对方吧。当义和拳逃之夭夭时，我们的射手又击倒他们一人，这给他们的奔跑增添了一股新的冲劲，我们的人则笑着重新夺回村边的大路。他们在短时间内不想再开玩笑了。

事实上，足以使我们惊恐的队伍调动始于5日上午。敌军成群结队地从许庄涌出来，从西南、南、东南部绕过我们，开始包围。在平均一千八百米半径内，冠冕堂皇地插上他们的无数旗帜，形成一条不间断的线。[①] 男人们挥舞大刀威吓，甚至远远看去，这些头戴红帽的丑恶家伙仿佛是从地狱出来的魔鬼。

在我们这方，在这段时间内，指挥防卫的人认真观察敌人的调动，以及他们所占领的阵地，尽力争取猜测到他们的进攻计划，准备给予强有力的回击。不久他们看到另外几批敌人从张口村出发，经过西南部、西部和北部，与其他敌人会合，形成全面包围圈。

要知道，在范家疙瘩的西部有一条河，在河的右岸和我们之间有两条堤坝，南北走向，几乎与我村的围墙并行。这两条堤坝，平时供我们防洪，这次给义和拳提供了完全现成的工事，以便他们固守，并由此轻而易举地攻打我们，这险些成为我们失利的原因。而我们的人员一看到敌人的调动，就决心至少要阻挡他们占领一道堤坝，是离我们村最近处约六

① 这些旗帜大多数为三角形，犬齿边饰。所有的旗帜都有一句口号，一般为非常著名的标语口号——“扶清灭洋”以及村庄名称。

百米远的那道堤坝。我们的人员有理由担心，义和拳会在堤坝上安置火炮，埋伏下来。当义和拳穿过河上的桥梁，溜到第一座堤坝后面，出现在第二座堤坝前面时，他们遭到射击，迫使他们改变了方向。他们仍停留在第一座堤坝上，当他们顺着堤坝走到我们射程之外的地方，在到达第二座堤坝时，与我们的一小批防御者相遇时，立即在其阵地上攻击我们的人员。

我们的人仅有十五名，但勇气之大弥补了人数不足。从我们的工事高处，我们可以看到他们的英勇无畏。义和拳发现他们这么几个人，以为杀尽就算了事，于是他们疯狂地向前冲。但是，他们的前进被一阵全面的射击断然制止住。他们中间几个人停滞在阵地上，另一些人做完他们习惯的迷信活动后，继续前进。

我们的人不能死盯着向前冲的那帮人。那不再是他们的意愿。他们只想在撤退的同时，尽可能多地击毙敌人。因此，他们在撤退中稀稀拉拉地射击，不断正面御敌，因此有些时候，他们只远离三十来米。当他们在距我们的城门最近点时，他们奔跑起来，而我们的具有威慑性的枪支从防御工事的高处制止了试图紧追他们的义和拳。因此，我们的人安然无恙地返回来，当我们称赞他们这次漂亮的防御战时，城门的卫士们正在门内砌上土墙，加固城门。城门在 7 天内不得再打开。在这次战斗中，义和拳损失五十来人。

然而，义和拳被迫放弃追踪我们的勇士小队后，涌向村西北角形成的据点，以为能用武力夺得。他们不得不再行攻击。据点被固守着。他们不但不能进行猛攻，而且在十来具死尸横卧大地之后，不得不迅速地撤退到堤坝后面。

同时，为攻击我们的东南据点，一个魔鬼附身的家伙带领着一帮人，从相反的一侧前进。当一门火炮发射霰弹击毙他们的头领，伤及多人，使更多人后退时，他们距我们的壕沟不到三十步。他们在我们的射程之外安顿下来过夜，如此这般结束了 7 月 5 日这一天。

6 日，没有非常值得注意的事。包围我们的人开始挖战壕和平行壕，以便接近战场，不过分地暴露自己。他们远在我们的武器射程之外进行这项工程。事实上，他们高估了我们的防御能力，他们很畏惧。他们特别相信，在平原上，村子的四周均埋有炸药。我们严格提防着被对方看出破绽。

天气酷热。义和拳在其挖沟工程中，必须让人送来喝的东西。我们的人员接触不到隐藏在对方壕沟里干活的人，便想到把给义和拳送水的人当作靶子。他们“撂倒”了几个送水的人。有时为了躲避射击，被瞄上的可怜的送水人匍匐在地，水桶翻倒，令壕沟里口渴的人绝望。

需要是发明创造之本，需要启发围攻者们必须发觉新的自我保护方法。他们拿着大块木板或门扇当作盾牌挡在身前，向前移动。然而，我们的子弹多次穿过木板，击中他们的送水人，促使进攻者寻求更可靠的躲避方法。

这更可靠的躲避方法就是“掩护车”(des abris roulants)。掩护车由装备了厚厚的木板或成捆的高粱秆的两轮车组成。五六个男人推动在他们前面的这种器械。这个方法不坏，7 月 8 日这天，我们几乎只能使六人丧失战斗力。

鉴于这种包围的器械帮了大忙，义和拳增加了这种器械的数量。自 7 月 9 日起，在我们四周有一百多辆。

敌人正在为总攻占领阵地，这是显而易见的。我们在预防这次决定性的袭击同时，加快了对薄弱点的防御。妇女们自己用长矛、镰刀，或者由于没有更好的，则用粗木棍武装起来，她们做着祈祷，等待战斗时刻的到来。

在这些日子里，敌人几乎不分昼夜向我们射击，不让我们安宁。他们既不节省弹药，也不节省子弹，然而尽管如此，我们还是成功地抗击了他们。我们西部的一门火炮甚至打哑他们的一个小堡垒。他们的火炮爆炸了，不得不放弃哨所。

然而，他们利用夜间将他们的战壕向前推进，并使躲避车更靠近我们。

10 日早晨，我们惊讶地发现，他们有几处非常靠近我们，让我们觉得不太舒服。尤其在东北部近在咫尺，猎物就在猎人的眼前。

同日，他们在北部也试图加强工事，并火烧靠近工事的房屋。还得听着持续不断的子弹和散子的爆炸声和呼啸声。这持续了整个一个早晨。

我们预计午后会有一次总攻，然而什么都没发生。这是暴风雨前的寂静。

从 7 月 11 日凌晨 3 点钟起，我们的号手发出警报，大家都起床了，转瞬间，每个人都已在防御工事的岗位上。天色昏暗使人看不清来犯之敌，只听到所有这些野蛮人发出的巨大的“杀！杀！”叫喊声。

不久，前方二三百米处开始模模糊糊地出现许多人。当他们还犹豫不决是否袭击我方工事的壕沟时，一阵全线射击在他们的队伍中造成死亡和混乱，制止住了这次疯狂的冲动。随着天亮起来，我们的人员可以更清晰地瞄准了。义和拳懂得该阵地是坚守不住的，于是他们拔营，在 6 点钟时，所有人已撤回到防御工事内。

人们趁机略舒一口气。可是，我们的一个年轻人因看到义和拳将掩护车推到非常靠近我方处而气恼，想给他们搞一次恶作剧。他将一块砖、火药和硫磺包在一张厚纸里，把整个纸包浸泡在汽油里，然后点燃纸包并抛到他们的一个隐蔽处。抛射物击中高粱秆起火，无人胆敢从隐蔽处后面出来灭火。

几乎相互贴近的两辆车立即成了一个大火盆。义和拳焦躁不安。我们的人为这样的发现而十分高兴，只想在另一处重复这种袭击。

我们的人决定照样攻击三辆车。如果射击成功，可向前推进一步，如果可能，则从侧面夺取敌方壕沟，届时进行猛攻，以解除对我方阵地的包围。

事情就是这样得到解决的，我方六人越过东南部的防御工事，跳进义和拳的一个小哨所。看守该哨所的哨兵刹那间被杀死，用作躲避车的车辆被付之一炬。壕沟里的拳民面对这次英勇打击，竟不敢动一动。这时，我们已准备就绪的主力人员突围，叫喊着扑向敌方阵地，在侧翼袭击敌人，发动最猛烈的追击。惊慌情绪控制了义和拳队伍，他们整体逃跑，慌乱之中放弃了其包围工事和物资。我们烧掉掩护车和帐篷，为的是让火焰和烟雾将惊骇传向远方，制止义和拳新的进攻。不久，在方圆两公里内的整个平原摆脱了这群匪帮。

现在人们考虑，得胜者以怎样的喜悦开始汇集他们的战利品。敌人丢弃在我们手上的计有：十二门火炮、三十五杆枪、四十四面旗帜、大刀、长矛、火药和四十五辆车。我们没有那么主动地从河边继续推进，因而逃跑之敌尚可拖走三条船：一条船装死亡者，一条装伤者，一条装强健者和军需品。我们刚才击败至少五千拳民，而我们仅一人阵亡。我们当天就收到了邻村人对这次胜利和解围的祝贺。

有人考虑最周到,向我们馈赠实物,因为当时我们正需要补给。补给问题是随后数日的大操心事。幸好口粮和弹药已采购,因为我们刚刚享受到五六天平静日子,就有朋友送来号召再次攻打范家疙瘩的正式告示。为了洗雪他们可耻的失败,战败者请求北部兄弟和朋友的帮助,这些兄弟和朋友不曾攻击过我们,这次他们同意支援。他们正在备战。

在我方,我们也在准备。武器已就位,防御工事已修复。这时非常突然来了几位教友,给我们增加了负担,他们受到义和拳因其败北而疯狂的追逐,他们前来向我们请求避难,我们能拒绝接待他们吗?我们欣然接纳了他们,同时,我们信赖天主拯救我们大家。

对我们来说,就在7月22日开始了历时三十三天的第二次包围。

下午,有人注意到在小王桥村出现了四五面旗帜。人们辨认出旗帜周围有四五十人。无疑他们是义和拳。

号手立即发出警报,在几秒钟之内,我们大家返回,城门关闭。

敌人缓慢走近,隐藏在第二道河堤后面。有一人刚一露面,从我方工事就射出一颗子弹,悄悄告诉他,这里不是被他征服之地。这已足矣,他赶快缩回去,躲藏在堤坝后面。

这第二次进犯的性质,在义和拳方面,是一种恐惧和一种空前绝后的可耻行为。尽管他们的人数和武器超过我们,但他们从不敢突袭我们简陋的土工事。他们的计划,如同我们从一开始就轻易了解到的,是以饥饿征服我们。他们舒舒服服地安顿下来,像是要在那里长期居住。他们搭起帐篷,建起厨房和店铺。他们甚至去砍伐附近地方的树木,架在堤坝上,形成阴凉,防止烈日曝晒。这样已建起的岗哨每天都由全新的队伍接替。不惜一切守住战利品,他们认为,战利品的获得必须付出战争的全部代价。

监视范围如此狭窄,但是并未阻止信差在7月27日从张家庄到达我们这里。他通过一个拳民寻找他的一个兄弟。他在路上了解到许多值得注意的事情。他利用一场倾盆大雨一直潜入范家疙瘩而未被发觉。他给我们带来葛光被神父的一封信,告诉我们朱家河的大屠杀,以及汤爱玲神父和任德芬神父的光荣牺牲。我们通过信差还得知,义和拳在第一次包围时有七八百人被教友们杀死,这个数字当然包括受伤死在家里的那些人。

关于包围范家疙瘩,他们说,他们决心将包围进行到底,以捞回本钱,因为他们认为范家疙瘩这个村子非常富有,巴望着要掠夺它。有人已经向我们喊话:"我们在这儿一直待到你们腐烂!"

起初,我们很少感觉到这种威胁,可是当我们必须承认粮食减少之快,必须压缩已经非常微薄的口粮时,当许多人疲乏不堪的神态明显地表明食物的短缺正在造成影响时,我们不得不思量,如果仁慈的主不亲自拯救我们的话,我们肯定不能脱险。确实,在这场战争中,我们已经如此频繁地体验到主的保佑,如果怀疑就是不可饶恕的。因此,我们依赖主的救助,而教友们为了使自己精神抖擞,在告解思想中情愿接受包围之苦和战斗之险。因此,当义和拳营地持续不断地对着我们喊叫和辱骂时,在我们这里依然静默和祈祷。教友们全天互相换班,轮流在我们献给圣若瑟的教堂祈祷。义和拳多次因从远处听到这些祈祷声而狂怒,将教堂当作他们的射击目标。有些子弹,有些霰弹打碎窗户玻璃或栅栏,从信徒的头上飞过,但从未有人中弹,祈祷从未中断。

见我们不投降,义和拳增加了炮击次数。一般地说,这些火炮口径比我们的大许多,他们发射起码五六磅的炮弹。为了节省弹药,我们不予回敬。射击不露面的敌人有什么用呢?我们宁愿更直截了当地打击,而这些家伙太狡猾了。怎么办呢?尝试突围?强行攻占堤坝?我们在枪支和弹药方面装备太差,达不到不在战场上留下许多阵亡者的目的。

因此,我们的处境变得非常危急,我们向法国的领事和军事当局发出最后的求救呼叫。我们派出的信差成功地直达天津。在我们等待回音时,义和拳的威胁倍增。当他们迅速获悉在朱家河有两千七百名基督徒遭屠杀时,他们向我们喊话:"朱家河教堂坚固于尔,亦已破矣。尔惟有二日粮耳,及今不降,请看如何杀尔。"

约在 8 月 5 日和 6 日,封锁收缩得更紧了。约有两百人离开堤坝营地,在范家疙瘩东北的平原上搭起帐篷。他们躲藏在距我们工事起码一千五百米的高粱地里。

这让我方人员十分不安。我必须解释这种态势也可能对我们有利,使他们安心:"我们突围时,正好从那里攻打他们,高粱地隐蔽了他们,使我们看不到他们,可是,对他们而言,同样也隐蔽了我方人员的行进。"

可是,在打这么一场漂亮仗之前,必须使敌人不耐烦,使敌方哨兵丧失警惕。然而,我们尚未做到这点。

相反,我们听到的是一些嘲笑话,诸如:"你们活该饿得发慌!耐心点吧,我们会给你们送大馒头的。"第二天,两门直径十五厘米的火炮安置在堤坝上,正对着我们的教堂。一门火炮发射几枚重六磅、圆锥型如同中国馒头的空弹。另一门火炮发射十八磅的实弹。第一批炮手肯定不是最灵巧的,他们没有发射这种炮弹所要求的装载概念。正常从火炮发出的炮弹,如同在滚木球游戏场那样在平地上滚动,好不容易才在我们的壕沟边停下来。

不过随着摸索,他们有了少许技巧。他们还得到一位正规部队的炮手帮助,教他们装弹和瞄准。他们这门火炮炸死我们一个人,我们有些怕看到他们的射击落到教堂。我们只受到一些惊吓,他们只有一次射击突然减速落在墙角下。随后这门少见的火炮自爆:装药过多弹出炮闩,伤及副炮手们。从此时起,这方面安静下来了。

可是饥饿在继续,我担心被包围的人泄气。

我们想尽各种办法使受包围的人轻松愉快。范家疙瘩的爱乐社尽最大努力,为我们演奏了最美的乐曲。这使义和拳怒气冲冲。

另一项消遣活动是给一个假人穿上衣服,并使之在防御工事上活动起来。敌人朝假人开枪射击,在我们通道里的哈哈大笑声中,白白挥霍掉那么多的枪弹。

我们就是这样到了 8 月 15 日,围攻仍未解围,我们的储备告罄。

苦难如此巨大,如此普遍,以至于无人敢跟我谈及。这已增添了我的忧虑,且无益处,因为我什么都不能做,况且空空如也的粮仓本身就足以说出真相了。

我们的敌人肯定猜想得到这种情况,而且想利用它使我们陷入绝望,进而让我们不战而降。夜间,他们的惯例是"训斥",向基督徒们喊话:"教民亦华人耳。盍即出垣,何自苦为。将让尔去路,不尔擒也。惟将洋人交出,足以蔽辜矣。"

我们没有自投罗网。当我们这里顺从和自信始终同样强烈时，人们容易看出，义和拳不再像以前那样有耐心了。他们疲于待在那里，暴露于倾盆大雨之中和骄阳之下，且未得到任何结果，他们打算离开，各自回家。

因此，营地有了争执，我们已经很容易在他们的操练中觉察到。当他们临近攻打我们时，他们相互辱骂，无人愿意置身于前几排。他们换岗时，每次到岗的人数都明显减少。

于是，大头目出面调解，试图以恳求和许愿控制他们。他们招来一些新成员，决心打一场决战。

8 月 19 日，义和拳给我们一个假警报，使他们断送了一两个人。

21 日，他们明显地想突击。黎明时，他们在北部高粱地后面集结。这个举动一点没逃脱我们的视线，但是我们等待着。就在这时，我们了解了他们的士气。头目们鼓动他们的人员前进，但无人听从，终于辱骂诅咒起来。辱骂和诅咒似乎在这些勇士身上产生了某些效用，有几批人时而躲藏在高粱秆后面，时而蹲在坑里，才敢小心翼翼地向前移动。

当他们只剩二十来米时，我们开了火。这足以使他们仅有的一点狂热平静下来。他们根本就没料到会受到这样的迎接。过去有人告诉他们，我们既没有火药，也没有枪弹，确实，我们的枪支和火炮是很长时间没有发射了，但是这一天，它们能得到报偿。有人还跟他们说过，我们几乎都饿死了，只剩下四十来个战斗人员了。当他们看到我们的防御工事从头到尾布满了人，我们的喊声，我们的活力，足以让人看到我们这些人的生命气息之外的东西；当我们还能勇敢地自卫时，敌人不该再坚持那些说法了。

进攻者见风使舵，从第一声射击起，他们就立刻退回到他们的高粱地后面和他们从中出来的沟坑。

这时，恰巧有一伙敌人刚蜷缩在一个距工事仅几十步的泥坑里。他们的处境变得危急了。一方面，这个泥坑不连接战壕；另一方面，我们有几个机灵的射手，他们监视着那帮人，准备着向露面的任何人开火。他们中没人敢出来，而为了解救他们，他们的兄弟和朋友只得在隐蔽他们的战壕和这个泥坑之间开挖一个交通沟。这项工作在下午三四点钟方才完成。敌方的勇士们从早晨 4 点就呆在那里。您试想，他们在那里是否自在，而且在后撤时，人们还给他们提供了一段漂亮的枪击通道。这天义和拳在战场上遗弃十八具死尸，义和拳的可耻下场鼓舞了我们的教友。

这一天结束时，我们一致下定决心进行总突围，尽早结束围困。因此，第二天，22 日举行了一次重要的军事会议，下面就是会议为次日安排的事情。

组织三个连队。第一连，八十人，攻击东部之敌；第二连，六十人，攻打西南部；第三连，同样六十人，直奔西部，然后与第二连在小王桥村附近会合。第一连要走的路多些，比其他连提前一刻钟出发。将由第一连发出进攻信号。一百五十人的预备队待在村里，准备好在要进行迂回运动的情况下，扑向敌人，或者支援自己人，如果自己人的行动受到义和拳的阻挠的话。妇女们在防御工事上也有岗位。

这项命令通知到各驻防小队，每个人都在指定给他的战斗方面进行准备。

将近午夜，人们唤醒出征的纵队。由于肯定很劳累，必须就条件所允许做一顿好饭。于是，所有的厨师开始动手，在将近两点钟时，分发份饭。人人都知道，在这顿饭之后，只剩下每人两份口粮了。因此，人们无不感动地吃这最后一批馒头。饭后必须战胜，否则就要饿死。

一次虔诚的祈祷，随后如约所定，三个连队突围。他们悄无声息地前进，一直冲到敌人的帐篷前，敌人竟一点没有觉察到。

不过拳民们并未入睡。他们在闲聊局势，有一人说："真烦人，总在这坟地周围白白地站岗放哨！"(坟地，他们就是这样称呼我们的村子)——唔！另一人接着说："我们吃得好，赚不少钱，还有，如果我们自己还有一份战利品……"他没来得及把话说完，一阵全面射击一下子制止住交谈。一阵巨大的喧哗声爆发出来，村里的人和从另一方面突围的两个连队予以回应。

双方相互射击突然在各处同时发出。一会儿工夫，火光突然表明我们的人成为这个决战场面的主宰，失魂落魄的敌人向四面八方逃窜。

在决战场上有两千个拳民对二百名基督徒，他们既不想回击，也不想集合起来，但只想尽快一跑了之。

我们的三个连队同时到达小王桥。他们在小王桥杀死十来个拳民，其中有一个和尚，是这帮拳民的头目。我们的人员在小王桥还享用了为这帮拳民准备做早点的几锅热汤，然后，不失时机地继续向北追杀。因此，我们的连队追赶到距范家疙瘩两法国古里的沈家房子(音译，Chenn-kia-fang-tze)。义和拳在沈家房子躲藏在一处属于一个太监的宽敞牢固的宅院内，他们已将此处变成他们的粮仓。我们的人非常准确的几阵射击，就将义和拳从他们占有的地方赶跑，又向北狂奔，直到黄河，他们一部分人乘船，一部分人过刘古庄(音译，Liou-kou-tchoang)桥(距我们这里有四法国古里)，又过黄河，过河后，毁掉两个桥拱。

我们的人已到达沈家房子，以便控制他们在那里刚刚夺得的粮食，运到范家疙瘩，供应范家疙瘩。仓库一倒空，即付之一炬。在匪帮中造成恐怖是驱散匪帮的唯一方法。这片宽阔的建筑烧了两天一夜。

然而，正当我们的队伍这样清除北部的平原时，已逃到西南部的义和拳队伍未感到自己被追踪，以为范家疙瘩缺乏守卫者，试图发动反攻。约七十名最胆大的返回来，在大堤上炫耀自己。他们未算计到我们有预备队留守。我方六十来名人员突然突围，追击他们，他们快速折回到老巢，在逃过河把我们甩在河的这边后，也注意将桥切断，而我们也因此更好地摆脱了他们。

就这样，我们这些前一天还注定要死的受害者，在几小时内却成了匪帮的阎王和当地的主宰。义和拳曾经觉得在同不会任人欺压而不反抗的硬汉子们打交道，现在意识到，由于他们曾用非正义的暴力对付我们而处于受惩罚的地位，而且按照异教习俗料想会遭到同等的报复。那应该是正当的报应，几乎人人都算计着，报应即将开始。但是，作为基督徒，我们决定武器只用于保卫我们的生命和自由。

因此，我们停止对义和拳的追击。8 月 24 日人力用在搬运敌营的粮食。粮仓满满的，我们这些挨饿的人得以储备充足的食粮。

不过他们疏忽大意，未让人护送所有的运粮车，义和拳发觉到，并设下埋伏，截住了一辆车，他们捉住并带走了套车的牲口。

虽说摆脱了北部的敌人，但我们的任务尚未就此而完成。在中部，更确切地说，在西南部，道路被许庄截断，溃逃的义和拳总计约有四百人，他们到许庄避难，并在许庄筑垒固守。许庄距我们四公里，靠近堤坝，三面环水，这使之成为易于防守的阵地。我们必须将他们从那里赶走，为此义和拳预料到我们将进行进攻，于是准备顽强抵抗。

然而，我们如果等待，只会输，于是决定在第二天，即 8 月 25 日攻占许庄。

拂晓时，约有一百五十人上路，溜到堤坝后面，到达敌村的对面唯一可进村的西侧。这小股队伍迅速展开成散兵线，尽管敌人火力非常密集，进攻受挫造成一死两伤，他们仍以奔跑的步伐包围了阵地。半小时后，村子的四面八方起火，被这种英勇无畏吓破胆的义和拳全面溃逃。他们有十来人被打死。

我们作为战场的主宰，立即取得敌人在这个大本营屯积的储备。粮食的运输历时两天，在这期间，没人担忧不安。由于他们的勇敢无畏，我们亲爱的范家疙瘩村民终于能够补偿其长期的穷困了。从今以后，我们自由了，平原属于我们了。

范家疙瘩是战胜者，目前，在一定的范围内，它无所畏惧，但在远处，这地方未降服，而欧洲部队尚不能很快出现。这就使得邻村的村民谨慎处事，做到对双方都不得罪。他们祝贺我们，说一些友好的话，送一些小礼物；他们对义和拳也不显露出任何敌意。他们担心义和拳反攻回来。

他们没有失算。有几个声誉极坏的头目去请求新的同谋者的支持。他们在一个较远的地区找到同谋者，任凭他们招兵买马。这几个头目人以神灵的名义向他们保证，不用冲锋，一下子就可夺得范家疙瘩阵地。他们尚不了解范家疙瘩的守卫者，因此来了约六百人，认为毫无疑问胜利非他们莫属。好像为了确保胜利，他们带着一个活菩萨。这成了一次宗教狂的大发作。

义和拳的同谋者路经之地更加民不聊生，可是，当他们到达我们的近郊时，畏惧他们的村庄已经同我们结盟，拒绝在那里为他们建立粮栈。这种拒绝使得他们不可能在当地长期逗留，可是这对他们有什么关系呢？因为他们应该是不战而胜的。

9 月 2 日，他们在离我们七公里的刘宁家村（音译，Liu-ning-kia），焚烧了基督徒甚至背教者的房屋。4 日，他们占领了我们的西部堤坝，不久他们在堤坝得到本地的兄弟和朋友的增援。

战斗之前，他们进行各种迷信的表演。这相当好玩，且较少危险。大家都涌到防御工事上观看这种滑稽的闹剧表演。义和拳民像猴子一样乱蹦乱跳之后，吼叫着向我们猛扑过来。我们早已下达命令，要让他们尽可能靠近，也就是说，用枪口顶着才射击。然而，最初的冲劲几乎即刻就冷却下来，只有几个人敢于进入射程之内。我们射出几发子弹，击毙了他们十来人，其中有三个和尚，剩下的便全部溜之大吉。

活菩萨不敢试验他的刀枪不入，小心翼翼地躲在后面。几个月之后，活菩萨那地方的县官抓住活菩萨，给他签发普通死亡证，将他斩首。

这一次确确实实结束了。范家疙瘩完全解除封锁，恢复了活力。义和拳袭击这个可怜小村庄的疯狂行径被粉碎。范家疙瘩这个可怜的小村庄善于组织，坚持整整两个月，抗击各种进攻,杀死四百多义和拳狂热分子,而这个村子仅损失七名保卫者。

我们的胜利不仅仅是解除包围,它还给了我们坚定地大声说话的权利。我们将利用这个权利在当地建立秩序和安全。不要为此指望官员们。自动乱开始以来,官员们就丧失方向,束手无策,而且不能敢作敢为,在联军成为北京和天津主宰的今天,他们仍作为旁观者,对发生的一切保持沉默。

民众本能地懂得,他们可以更加仰赖于我们。鉴于我们没有对我们遭受的损失进行任何报复,附近整个地区自发地服从我们,提出向我们支付战事赔偿。为了结算赔偿总额,我们同意一位正直、有才智的异教徒,受大家尊重的人做仲裁人。他过去带头反对义和拳,从不曾犹豫过。就是这位仲裁人根据各村犯罪程度,确定了应付的罚金,非常低于抵偿罪行和补偿不公正行为可能需要的罚金。中国人也急忙利用了这么温和条件提供的和解。我们将这些罚金开玩笑地称之为"贡品",并赠送给他们一面漂亮的、用中文和法文书写的"庇护旗",在联军来清算义和拳及其支持者之日,这面旗帜对他们定有莫大的裨益。

这些不同的和约使我们周围二十公里范围内恢复了安宁。

这场异乎寻常的动乱一直持续到10月初之后才逐渐缓和下来。某些村庄受到更强有力的人物操纵,有意以不同于大家的方式行事以表现虚荣。另一些村庄自以为受牵连太深,得不到他们的宽恕,便迁居外地,摆脱他们畏惧的欧洲军队的处罚。

实际上,10月7日,援助献县的法国特遣队离开天津。法国军队要来的风声刚传开,大部分顽固者便放下架子,前来请求我们的宽恕和友好。我们突然被一大群恳求者包围。在几天内答复所有这些请求,是不折不扣的过度工作。但是,我们很高兴地显示出,我们这些被如此恶意中伤的基督徒是多么宽厚。然而,不仅仅有农民来请我们保护,官员们本人也表示喜欢我们的旗帜,他们善于发现这是一种保障,避免别人对他们产生令人不快的误解。

法国特遣队终于应我们意愿之呼吁,如此迟缓地于10月14日才进入我们的围墙。对我们来说,多么高兴地看到我们的一小股勇敢的海军陆战队士兵,并结识他们的军官啊!他们只停留了两整天,但是,这足以欣赏他们和蔼可亲的友善和高雅,以及我们军队令人赞赏的活力。

士兵们在两天内从范家疙瘩到达献县,在献县他们负有保护我们张家庄总堂的使命,并在张家庄驻扎下来。义和拳看到这种情况,首先以为一切都已结束,人们不会对尚未制服的人提出什么要求。不久他们想必醒悟了。特遣队未守在献县不走,为减少一些顽固的村庄而进行的一些军事操练,使所有人懂得,必须忠实地执法,让教友们回到他们被偷盗的住房和田地。[①] 总督已向县官们宣告,他们应该让人公平地对待受到掠夺的基督徒们。但是在中国,人们擅长于逃避不中意的命令。然而,看到欧洲士兵来了,所有的文武官员都争先恐后地急急忙忙解决基督徒和义和拳之间悬而未决的纠纷。

这就是他们此刻(1900年12月)所做的事,而我们则比任何时候都忙于接纳从四面

① 特遣队在其行军过程中,未征收任何捐税或捐助,对中国人向军队供应的食物始终以现金支付给中国人。

八方来我们这里的和解要求。过去，我们简朴的村庄范家疙瘩被只想要我们脑袋的敌人包围，今天变成了真正的和解中心。有名的老义和拳分子争先恐后地到中心承认并改正其过错，请求忘却过去。我们乐意接受，我们没有不可告人的想法，深知我们为教会的荣誉和地区的最大福利而努力，把全部精力用于在异教徒和基督徒之间恢复普遍的和睦和充分的理解。

范家疙瘩，1900 年 12 月 31 日

附言(1901 年 2 月 8 日)：官员们逐渐恢复其权力，事情可能因此会比较正常起来，但肯定比较缓慢。起码人们不会指责传教士想纠缠当局了(内心依然完全向着义和拳的某些官员到处传播污蔑之辞，诽谤之言)。

为了向不能返回家园的教友提供避难处，我们用战争赔款在西部，河的左岸购得一块地，这大概将成为一个教徒新村的核心。

大城的民众和士绅们前来赠送给我们一把“荣誉伞”。我们在范家疙瘩解决了一千多名村民的纠葛。

巴鸿勋耶稣会士

逐出大名府[①]

——六位传教士的磨难和漂泊生活

（金道宣神父的书信）

大名府传教区过去是兴旺发达的。尽管困难重重，我们已有九百四十名成年领洗者。我们在城市的学堂经常有六十多名学生就读，由于缺乏座位，我们不得不婉拒他人。许多人自费接受教育。他们中间洋溢着非常美好的精神和真实的虔诚。

当地似乎平静，但这只是表面的，暗地里却在传播着流言蜚语。自6月份起，在城市和农村，侮辱诽谤基督徒和欧洲人的揭帖已铺天盖地，四处散发张贴。

官员们亲自或派人前往有基督徒的地方，搜集有关我们在当地现有的机构、传教士和他们的来源地、人数的情况。这一切均在要对我们采取有效保护措施的借口下所为，但是人们很明确地认为已察觉到在此名义下隐藏的企图。据说，某些高层官员认为消灭基督教与保存现政府紧密连在一起。

由于三十多年以来我们依然安居在大名府，始终与民事和军事当局及老百姓保持良好关系，我们以为，这是在我们能指望得到最大安全的传教区所在地。

范迪吉耶稣会士

第一位受骚扰者是金道宣神父。他的讲述[②]如下：

6月26日，当我在我们的广平府小住宅里的时候，一大群人突然围住大门。不久，这帮人涌入院内，一开始未做任何破坏，他们在打量，观察，似乎在开始行动之前等待信号。

我的传道员终于趟出一条路直奔县令公署，请求救助。几个衙役赶来，好一番交涉之后，群氓这才撤退到街上。县官本人过来对我说，他没有兵勇，不能有效地保护我，因此，我最好立即动身去更安全的大名府。约定我次日离开，在此之前，他让人把守我们的大门。然而，他刚走，大门就在人流的压力下被撞坏，群氓开始用砖块打碎小圣堂的窗户，幸好圣体不在那里。当我听到喊叫“县官和衙役就在这儿”时，我正在隔壁房间祈祷，等待着落到他们手里的时刻。砖块不再雨点般落下来，民众再次被推出去。可是，他们越来越吵吵嚷嚷，根本不像准备散去的样子。

县官让人告诉我，如果我愿意马上离开，他便安排一辆车子，并派一支护卫队陪我直到大名府。不容踌躇，几分钟之后我就上了车，由八名或十名配备枪支和长矛的兵勇护送。最关键的时刻是出来。当车子来到街上的时候，人群发出怒吼，如同猛兽看到猎物离它而去。我认为我要度过艰难的一刻，因为人群那么拥挤，几个坏蛋足以挡住车子的前

① 本文原载于《支那和锡兰》(*Chine et Ceylan*)第2卷(1901年3月)，pp. 239－274. ——译者注

② 我们借用冀炳业修士(F. Kieffer)的纪事，在注释中加一些细枝末节。这些注释标有法文字母“F. K.”。

进。幸好兵勇们履行职责，我得以穿过大街，尽管我还三番五次受到这种吼叫声的对待。城外一片平静，余下的夜间行程平安无事。

然而，我的经历使谣言四起：广平府被抢了；传教士在广平府被抓，作为窃贼被带到大名府了。这成为我们广平府和肥乡住宅及周边教徒村遭毁灭的信号。

翌日，27日，我们在中午之前已到大名府。但不是像我想的那样，直接去我们的住宅，而是车子和护送队停靠在县令府衙前，以便办理某些手续。这一耽搁险些让我完蛋。好奇的人和游手好闲者看到衙役护送的车子，必会过来看个究竟。几分钟之内，已有一群人，到中午时，整个城里都知道，一个欧洲人由一支像样的护送队从广平府带到大名府。尽管如此，我已毫无困难地到达我们的家。七八位神父已经在家里，我以为我的逃难生活可能在这里止步，而这只是序幕而已！

下午，街道挤满人群，这帮人的态度变得令人不安起来：这种情况是从我们到大名府以来从未见过的。人们拱门，要把门撞开。这是重演前夜在广平府发生的事。鉴于危险越来越严重，范迪吉神父的传道员翻过花园围墙，跑去通知道台和统领。他们派来一支巡逻队，民众暂时被驱散。

在此必须说明，大名府可能是我们在整个传教区始终与当局关系良好的城市，我们与当局从未有过一点麻烦。由于当局安排了足够数量的兵勇，我们以为在大名府会是安全的，比其他任何地方都安全。

就在当天晚间，第一次警报后，统领来看望范迪吉神父，向范迪吉神父保证，没有任何值得担心的，因为他已下达命令。他甚至想见一见我们所有人员。由于我们在院内晚间休息，他未通知即光临，并亲切地坐在我们中间。

应该向您介绍一下这位总之出卖了我们的人物。由于他，我们的堂里只剩下一堆废墟。这是一个有发表演说的习惯和怪癖、说得多做得少的巨人。他说话有许多大手势，眼睛转圈，尤其在吹嘘其战略天才及其假想的战绩时，他伸出手，时而指着天，证明他的意愿爽直；时而捶胸，他善于使胸口如同击鼓发出声响，证明他的心和天始终是完美和谐一致的。然后，他向民众伸出粗壮的胳膊，表明要保护他们，如此不一。这是彻头彻尾的滑稽。

于是他对我们说，对在天津和北京发生的事件，老百姓的这种激愤更甚。在天津，租界被毁，欧洲人被打；在整个直隶，不再有教堂，幸亏有他王某给我们强有力的保护，才有大名府的教堂依然屹立着，由于他姓王，他无所畏惧！

在说话之时，他已召来他的参谋部，下达命令：自今晚起，必须在街道上设立两个岗哨，保卫我们的住宅，阻止聚众，驱散人群，但不要强制善良的百姓，仅限于劝告他们走他们的路，忙他们的事而已……就是由于他姓王，他无所畏惧！①

接着，他离去。天黑比命令更管事，民众散去。②

---

① 在聆听这些训令时，官员们示意赞同，然后说道："大人说得对，我们将奉命行事。"于是他们退下。这时，大人要私下交谈，做手势让他的三十来个随行人员走开。(F. K.)

② 整个夜晚，在住宅的各个通道点燃巨大的球状灯笼。(F. F.)

28 日早晨是平静的，但从中午开始，民众又开始涌进我们的街道，比昨夜更多，尤其更激动。两个岗哨，一个在我们的门口，另一个在稍远一些的地方，只起着招引民众的作用，而作为统领下达的命令，他们仅限于劝告善良的百姓走他们的路，流氓恶棍们则非常嘲笑统领的命令，仍然来看要发生的事情，并想乘机突然袭击。

我们得知，统领和两位县令要亲自来驱散人群，可是骚乱在扩大，人们既没看到统领，也没看到县令们来。我们不久获悉，统领和县令们是在道台府商谈，在商谈中他们沟通了来自北京的重大消息。实际上，他们自己此前已获得有重要通知的密折。这就是撤销此前同意给予传教士和基督徒的保护，正式承认义和拳为国家忠实保卫者的谕旨。

没有可幻想的了，这是一道处死令，一道符合常规的迫害谕旨。用晚餐的时刻已到，我们去进餐，以为是最后晚餐，没有一点伤感：这是圣皮埃尔日和圣保禄日前夕，我们有非常充分的理由希望与他们在同一天抛洒我们的鲜血：Ibant gaudentes（拉丁文：他们很高兴地走了）。

因为炎热，我们在院子里就餐。我们在院子里听到人群的吼叫声和他们砸门声：这是斗兽场的野兽在索求它的猎物："弟兄们，永别了，人群失去耐心，云云……"①

不过当局希望，即使不拯救我们，起码不要任人在他们的属地杀害我们。官员们预料局势可能逆转，他们想自行推卸全部责任。将近午夜，两位县令光临范迪吉神父家，磋商有关待做事宜。他们不能再在大名府保护我们了，因为谕旨刚刚颁发，但是他们还可以让人将我们送到安全地方，比如徐州府。那里看起来尚未发生动荡，从那里我们可以便捷地直达上海。

这个计划被采纳了。各项准备必须在当晚完成，但是当晚和 29 日全天我们都未动身。道台和统领未能够商妥，为人诚实的道台想派一支令人满意的护送队把我们送到徐州府；而统领只想提供几名兵勇，以再远不是他的辖区为借口，不去东明（音译，Tongming）那边。这一耽搁挽救了我们，因为如果我们在那天出城，我们肯定已被杀害。人们在街上公开谈论此事。民众如同对猎物有把握的猛兽那样心情平静。

礼拜六，30 日早晨，依然什么都没解决。我们的中国神父，吴神父、明神父、杨神父和赵神父（P. Tchao）利用这一迟延乔装改扮出城。②

中国神父们离去，我们留下六人：范迪吉神父、孙汝舟神父、齐广照（P. Cézard）、安进德神父（P. Gissinger）、冀炳业修士（F. Kieffer）和我。

那天晚上，官员们再次光临，提出一项出乎意料的解决办法：在我们的住宅贴上被认为是公产的封条，我们在住宅里由占用一部分住宅的兵勇照管，他们负责我们的安全。稍后我们知道了，这一变化的原因是任命李鸿章为直隶总督，而且颁布比第一道谕旨缓和的

① 由于民众越聚越多，金道宣神父来对我说："我的兄弟，事情变糟了，我们去领圣体吧！"于是我们领了临终圣体。（F. K.）

② 表现出非常刚毅和勇气的中国神父们，装扮成商贩或农民，在一清早先后离开总堂。他们每人都争取到他们经常去宣讲福音的地方，以便能更容易地在教友家找到庇护处。（F. K.）

第二道谕旨。

上述解决办法被采纳，公署的人不再耽搁时间，跑遍院落，在各个门上张贴盖有知府大印的黄纸条。我们成了囚犯，他们把我们当作人质看管起来。经常在无事时现身的统领这时来看望我们。如同第一次坐在我们中间，他向我们发表了三点讲话。他说，他保护我们是因为三个理由：(一)上天要保护你们；(二)皇帝要保护你们；(三)百姓要保护你们。[①]

我不跟您谈细节了。结论和结束语是：如果发生某种事，我就不再姓王！

然而，在统领高谈阔论时，人群不是无动于衷的。他们注意到这处建筑的薄弱点在花园的背面围墙，便跑去在墙上打开一个洞口。所向无敌的王尚未从南大门出去，民众已在北面从突破口进来。

当听到有人喊："他们进来了！他们进来了！"人们曾有片刻情绪不安。幸好进来的人数不多，主要是调皮的孩子和偷农作物的人，他们很快被撵出去，破洞好歹被堵上。夜间突降毛毛细雨，所有人，甚至尤其是先前安排把守墙洞的兵勇们都撤走了。

7 月 1 日，早晨，我发现，花园里有些女人……我们受到侵犯了！掠夺者们悄悄地重操起昨夜的活计，并且已经盗走能带走的所有物品。几个持砖的无赖冲到建筑物，砸碎玻璃，撞开大门，其他人则抢劫家禽棚……请您猜猜看，这是为什么？……为那棚子！他们搬走那棚子的门、窗，以及……顶棚！

兵勇们赶来撵走入侵者。但是稍后墙上又打开[②]第二个突破口，群氓们又进来，抛砖块，如同冰雹般砸在窗户上。尽管有禁令，指挥官仍让开几枪，于是人群后退。然而无赖们得到地盘。这时，在墙外设置一个岗哨，一位县令在花园带着他的衙役们坐阵，直到突破口修补好。秩序又得以恢复，一切似乎趋于好转。

可是您不要忘记，官员们的随从人员，衙役和兵勇是最恶劣一类的窃贼[③]，住宅里就充满衙役和兵勇。甚至有一些坏家伙穿戴上大袍和帽子，自称衙役。这帮人在保卫我们的借口下来来往往，在监视行人的同时，打开各处的门，到处搜查。

晚饭之后，我们听到一阵难以描述的嘈杂声，院落里充满兵勇和衙役，中间有几位士官东奔西跑，喊叫着："抓住他们！把他们捆起来！"出什么事了？……三个或四个衙役被逮住，同时被夺下几个包裹。兵勇和衙役相互怨恨，一有机会他们便撕打起来，如同狗为了一根骨头。他们一旦犯了轻罪，便被抓住，用辫子捆绑在院内的树上。受到骚动惊扰的两位县令赶来，他们当场下令狠狠地棒打窃贼，并命人将他们带走。[④]

7 月 4 日晚，县官们让人通知范迪吉神父，兵勇们被召去正在继续进行战事的北方，他们一走，县官们不能再担保秩序。如果我们离去，他们担保一切；而如果我们留下来不

① 他最好也说一说，他要保护你们，特别想认真保护你们。

② 某人一钻进来，人们便抓住他的辫子，拉着他穿过总堂，让他从南门出去，在南门放了他，以便他能再返回来，大概又开始钻进来。(F. K.)

③ 要把道台私人警卫的兵勇们排除在外，他们组成一支精锐队伍，一般来说他们较为正直一些。但是，他们只有三四个人在住宅内。

④ 人们将盗贼带到公署，在公署又责打他五百棍。这个儆戒是有益的。它使我们较为平静一些。(F. K.)

走，他们丝毫不予以保证。不管愿意不愿意，必须同意他们所提出的方法。我们决定礼拜五，6日早晨，天亮之前出发，有人将护送我们到山东的曹州府。他们说，毕如春神父在曹州府受到镇台非常友好的款待，并能从曹州府再出发去上海。[①]

在礼拜四到礼拜五的夜间，几小时睡眠之后，我们做最后的准备。[②] 7月6日，本月的第一个礼拜五，凌晨3点钟，我们走出我们亲爱的大名府住宅。在这个圣心日，我们没有得到在大名府举行大弥撒的慰藉。天主要这样的牺牲伴随着其他牺牲。尽管发生这一切，Ipso duce et auspice（拉丁文：在他的领导和监督下），我们离开了大名府，这种想法充分地给我们力量和喜悦。由于天意无微不至的关怀，在这次出走后，我们举行的第一个弥撒是8月份第一个礼拜五的弥撒。

兵勇们从我们的住宅到城门组成一道人墙。但是自天亮起，我们可以观察到，我们的护送队远不是他们向我们承诺的那样。我们的车队一行包括六辆车，四辆座堂的，两辆由县官租赁提供的。然而，护送这六辆车的不到二十人。此外，将近6点钟，我们正在穿过大运河时，护送队的一部分人员接到返回大名府的命令，因此，给我们留下总共不多于十二人，其中只有几人配了枪。

约一个小时后，当我们发现在我们的右侧有一长队人群吼叫着与我们并行走动时，我们已走过了运河。他们配带着棍棒、长柄叉、镰刀，逐渐争得地盘。几个马兵去规劝他们散去，别惹事。他们看到没什么可怕的，变得更加胆大妄为，他们的吼叫更加凶猛，如同一群饿狼嗅出猎物的气味。一会儿工夫，他们追上我们，并开始动手。

我不知道将要发生的事情，我便念诵起忏悔经，将我的灵魂托付给主。我刚一念诵完，我的脚和头发突然被抓住，翻身落在车辕之间的地上。抓着我的那个坏蛋猛烈地摇晃我，粗暴地掠去我的手表和眼镜，接着，好像他大概以为我身上还有其他值钱物品，便继续摇晃我，揪我的辫子。我的车夫，一直忠于我们的正直的工友，和护送队的一名兵勇最终让那坏蛋松了手。我骑着那名兵勇的马，追上范迪吉神父和齐广照神父，他们像我一样被整，他们走在前面，逃到最近的村子。

孙汝舟神父、安进德神父和冀炳业修士在后面。他们的遭遇和我一样。[③] 我们的生命得救了，但是留给我们的几乎只是我们肩膀上的脑袋，其他的，如我们的骡子、我们的车辆和我们的行李，一切都落在劫匪手里。

那些兵勇呢？您想一想。他们看到事情发展的趋势，先保住他们自己的那部分战利品，然后，发出威胁。他们终于收回四辆车子，两辆我们的，两辆租赁的，所有车子都部分

① 相反，另一种也完全可能的讲法说，毕如春神父在距开州不远处被杀。

② 将近凌晨两点钟，人们在食堂吃一点食物。我们预感到，我们留下的所有物品对我们来说已丢失得一干二净，预感到必定发生的事情远多于我们想象的。有人已经在我们眼皮底下掠夺：一位士官看到一个闹钟在我的桌上，他拿起闹钟，将它隐藏在他的衣袖里；一个兵勇端着灯，好像给我照路，然后他带着灯不见了。（F. K.）

③ 孙汝舟神父的车在前三辆之后到来，然后是人们未曾触动过的安进德神父的车。何以未曾触动？我毫无所知，甚至不知道我的车是最后一辆。当时我的车子被马兵团团围住。一个壮汉先从车窗伸进他的手，掠去我的折扇。人们立即冲到我的车子周围，抓走车里有的一切，我跳到地上。马兵们放了几枪，当然是空枪。强盗们一个个扑过去争夺东西，封口的箱子当场被打散。最后，当我的车子空荡荡时，我又爬上车子，我向您保证，在车里并不舒服。（F. K.）

被砸,处于破损状态。

一进村,我们在一家客栈与等待我们的同伴会合[①],然后我们继续上路,同时,我们越发地依赖天意,感激主让我们终于到达。

我们的第一站应该是在南乐(在大名府之南的县)。曾经谈妥,凡我们要经过的各城官员将被告知要很好地接待我们,并为我们旅行提供方便,但事情并未照办。我们到达这个县城自然造成一定的骚动。瞬间,我们的车辆被围住,当范迪吉神父在县令府上出现时,县令害怕闹事,不愿接见。县令当着大家的面嚷道:"您来干什么给我惹事?请您尽快走开!"范迪吉神父请县令注意,我们是在当局的保护之下,持有道台的公函,因此他应该保证我们在其辖区内的安全。他提供几名兵勇护送我们,但是必须立刻出发,而且无一家客栈乐意给我们开门。

进行这些交涉时,县城所有的痞子无赖都来了,人群因而扩大,他们叫喊:"鬼头!杀死他们!杀死他们!杀!杀!……"以及其他难以翻译的脏话。我们不得不在这些嘲骂声中穿过全城。[②]

在南郊混乱达到顶点,但我还是相信,我们会通过。我同金进德神父在第一辆车(一辆租赁的车子,由几头不能再干瘦的骡子拖拉),在我看起来,这个马车夫与这些乞丐穷汉有串通。群氓,尤其是十五到二十岁的流浪儿向我们抛砖块和土疙瘩,或者甚至于通过砸断的车子横挡伸进拳头捶我们,捅进棍棒打我们。混乱之极者莫过于车夫宣称,骡子不能再前走了,他示意要停车。由于骑马在前面的兵勇坚持,马车夫又走了几步。然而这时一个魔鬼附身的家伙对车夫喊道:"跟你说过别再往前走了。"我对金进德神父说:"来吧,我们同主一起去受难吧。Deo gratias!(拉丁文:感谢天主!)我们相互最终赦罪吧。"

在此关键时刻,我们的小护送队队长看到危险在即,扑到我们的车夫身前,在他脸上狠抽了几鞭,同时冲他喊道:"出了事你赔偿!"接着,夺过他的鞭子,挥鞭赶骡启程。

我们终于走出南郊,这帮匪徒始终跟随着,他们的企图不容置疑。

我们想,我们可以在路上距南乐县不远的一家客栈逗留,让我们的骡子喘息一下,我们自己吃点食物。[③] 这是不可能的。我们的车子一停下来,就再次被一群人包围起来,这群人完全像南乐的那群人一样。我们只有喝几口凉水的时间,立即出发。

当我们到南乐县边界时,七八个仍在陪送我们的兵勇躲避起来,一直未离开我们的匪

---

① 在院子里,有一人把手伸向我的表,要掠表。这种亲热劲儿我不喜欢。他抓着表链拽,我从我这边拽,因而表仍在我手里。(F. K.)

② 这还没完,几个流浪儿手持小棍儿通过车子捅我们的肩膀。范迪吉神父和我狠挨了几捅,他挨得更厉害,因为他的车子底部有一个相当大的洞,流浪的孩子们可以更容易地用砖或棍棒捅打。

③ 自凌晨两点钟,无论是人,还是牲畜滴水未进。(F. K.)

徒们开始动手。这是早晨场面如实的重演。[①] 当时在我们身边的一点点东西都被抢走，留下我们和两辆完全空荡荡的车子。在我们的同伴中，只有齐广照神父的车夫、范迪吉神父的传道员和一个小工友。

怎么办？……何去何从？……“如果仁慈的主不行圣迹，我们就不会离开此地！”传道员忧郁地说道。好吧！仁慈的主定会行这圣迹，但是他希望独自拯救我们，不要人的帮助，而且我们尚未被掠光和扒光。

我们尽可能三个三个地挤在留给我们的两辆车里，向前进！主宠爱我们，在这些冒险中保持适合为他效力的欢乐和生气，这替代了我们许多事情。

我们距离齐广照神父的一个叫富唐村（音译，Fou-tang-tsuen）的教徒村不太远。我们向这个村子走去，但是，由于不认识路，马车夫带我们穿过一个我们不想经过的大镇。中午已过，人们正在街道上的阴凉处午睡。两辆车的经过显然引起了他们的注意。认出我们的第一个人发出惊叫，大家闻声而跑。几分钟内，我们被团团围住。永远是同样的辱骂，同样的死命叫喊。然而在此地，强盗们似乎组织良好，头目们备有枪械和手枪。该村是名副其实的匪巢，它名叫“冀村”。

他们放我们出村。当我们到达荒郊野外时，一个土匪靠近第一辆车，将手枪瞄准孙汝舟神父，威胁说，不停车即开枪。我们全体下车，并将两辆车交给强盗们。我们穿过农田，向富唐村方向走去。天热极了，我们只得停下来，尽可能躲在柽柳丛后面，避开行人多的道路和村边。显然，匪帮要跟踪我们，但是这种烈阳下的奔走使我们疲乏不堪，我们不能再走了。另外，我们考虑，在这种情况下逃跑是徒劳的，如果上主要我们就地死，还是毫不动摇地等待为妙。

我们分成几个小组。当我们发现有几个人向我们走来时，我正和范迪吉神父一起坐在一小片坟地的树阴下。来者中的一人是在冀村出口处拦截我们的那个拿手枪的人。他命令我们返回村子，说村里有人退还我们的车子。

我们先是拒绝，可我们是他们的俘虏，不得不照办，尽管疲劳和天热令人困扰。我们刚走几百步，遇上一人，您猜是谁？是大名府护送队的一位士官！他命令这些人放我们返回那家客栈，我们的车子正在那里。

事情到了这个阶段：与南乐县令无休止地交涉之后，我们的护送队，或毋宁说剩下来的那几个人曾在我们后面奔跑。他们在冀村得知我们在那里的遭遇时，便让人寻找我们，将我们带到客栈。请您想一想，喝上一杯茶，晚上吃一碗细面条，多么令人高兴啊。

当天剩下的时间对我们来说，是在被民众围观中度过的。这是在中国经常遇到的一种屈辱，确实难以习惯，哪怕好奇者是老实人，他们仅仅是打量你。然而当时不是。

这种情况是：当时整个村子的人都在院子里，时时刻刻都有人挤进让我们歇息的狭窄

① 由于干渴，一有人给牲口松绑，牲口就立即脱身跑到远处的农田。有人要夺我脚上的鞋，但是，我能够抗拒并保住鞋子。于是有人搜我身子，看我是否还有什么隐藏的东西。我们大家都在路上，在烈日之下，头上包着毛巾。此刻，这些卑劣的强盗中有一个悄悄地走过来，抓范迪吉神父秃顶上的毛巾，另一个也要抢齐广照神父的，我大声地叫他：“齐广照神父！注意您的毛巾。”可是在同一时刻，毛巾已被抓走。于是齐广照神父从一处树丛折几根树枝顶在头上。（F. K.）

的房间，对我们发出最不尊重的议论[①]，甚至公开说要杀死我们。最后，他们在夜晚时散去，我们得以休息。[②]

在那段时间内，这个土匪村的头领们商议过我们的命运。官兵的存在使他们为难。为了摆脱困境，土匪头领对兵勇们说，他们将把我们安然无恙地送到我们想去的地方，兵勇们可以自行返回大名府禀报道台。兵勇们看到可以摆脱所有责任，便高兴地接受了头领们的建议。至于我们，头领们说："车子和骡子必须留下来给村子，因为村里人穷，年景不好。我们还应该脱掉非常引人注意的长袍（这些坏家伙们料想我们的衣服里还藏有银子呢！）。有人把我们几个人送到距此地两小时路程的富唐村，把其他几个人送到更远一点的韩村。这两个村子有防御工事，教友们会很乐意接待我们，我们会安全的。"强盗们非常清楚，异教徒不会让我们进村，但这对这些强盗无关紧要。

一安排好，我们便并排躺在席子上，用一块砖头作枕头平静地入睡，等待天意给我们安排明天要做的事情。必须承认，礼拜五，7 月 6 日这一天是足够充实的。

次日早晨，客栈主人客气地招待我们吃早点，将近 8 点钟时我们出发。齐广照神父、孙汝舟神父和金进德神父去富唐村，范迪吉神父、冀炳业修士和我去韩村。[③]

我们有四五个土匪作向导，他们就是前一天捉拿过我们，现在还带着那些枪支的家伙，但在他们的装备中，增添了一把大刀和几根短粗木棍。他们首先请我们脱掉长袍，理由是脱掉长袍我们就不会太显眼，而且因为天热，脱掉长袍走路更轻快些。[④] 他们中的一人甚至向我提出用我的衬衣和袜子换他的，我让他注意，他可能吃亏，他便未坚持要求。随后，约一小时后，他们对我们说，他们不能再走了[⑤]，因为要到达韩村，必须穿过一个有他们仇人的村子。带枪的那个坏蛋甚至向我们透露，他在这个村子曾参与九次谋杀，如果被人家发现，人们肯定要打他。在离开我们之前，他以世上最自然的神态问我们，是否没什么可给他的了，几个铜子儿的茶钱，或藏在我们身上的几样值钱的物件。冀炳业修士说道："恶棍，你很清楚，人们已把我们偷了个精光！况且，喏，你瞧一瞧吧，如果你愿意！"他们指明韩村的方向后，丢下我们而去。

他们绝对没给我们留下比遮身蔽体更多一点的东西：衬衣、短衬裤、袜子和鞋，所有这一切，哎呀呀，根本不是新的！但是，留给我们几件土匪不可能从我们这儿拿走的物品：pax quæ exsuperat omnem sensum（拉丁文：超越一切希望的和平）。

我们完全听命于天意的引导，因此走得快快乐乐，无忧无虑。我们还有足足三个时辰

---

① 甚至有一顽童揪范迪吉神父的胡须。（F. K.）

② 在我们焦虑不安时，有一位勇敢的教友来到我们这里，建议我们同他一起离去。我们不能都跟他走。齐广照神父愿意随他而去，但是一走出客栈，那位教友即被捆绑起来，齐广照神父不得不原路返回。那位教友被面朝门捆绑着，甚至不能下蹲，稍后他被释放。（F. K.）

③ 在极度疲劳情况下，我们有一头小毛驴。（F. K.）从那时起，齐广照神父、孙汝舟神父和安进德神父走一条不同的路线，我们将另行提供关于他们的特殊奇遇的故事。（《纪事》）

④ 这确实是"真正的"圣贫，甚至没有祈祷用的念珠……我向窃贼们展示我的念珠，对他们说："你不要这东西，我留着它吧。"但是，非也，他们也要。安进德神父没有眼镜，几乎看不到路。我们三人很长时间都只穿着衬衣和短衬裤，幸亏这是夏季。（F. K.）

⑤ "剩下的路，你们完全可以自己逃跑。你们看上去很聪明么！（原话如此）"（F. K.）

的路要走，阳光开始热起来。此外，为了避免进村，有时必须穿过农田[①]，这延长了路程，我们走得非常疲劳。

由于范迪吉神父稍微熟悉这一地区，将近下午 1 点钟，我们顺利到达，看到韩村。可是怎样进村呢？这个镇子被高高的防御工事围住，城门如同在战争年代被严密把守着。范迪吉神父的打算是，根据人们可以信赖的牺牲精神，让人通知该村一位名叫“太平”（音译，Tai-ping）的教友，请他过来同我们一起看看可做的事情。在等待机会让人将这一口信传达给太平时，我们躺在一片坟地中几棵柏树的树阴下稍事休息。

一个卖馒头的商贩推着独轮车碰巧路过。他看样子相当正直，而且答应帮我们的忙。我们等候了相当长的时间，太平没来。迫于急需，我们下决心碰碰运气，向镇子的城门走去。一声枪响和一颗从我们头上飞过的子弹警告我们，有人在严密地警戒着。范迪吉神父招手示意，并向他们喊道，我们不是坏人，同时向把守城门的人请教，问他们是否有办法让我们在村里过夜。他们回答：“不可能，已接到这方面的严格命令。”我们的恳求、已降低需要的说明，一概无效。

不过有必要向您说明，这伙人并不敌视我们，他们似乎关心我们的处境，在开始围拢上来的民众中间，我们没听到一句不堪入耳的话。他们向我们表示愿意让我们在防御工事外休息乘凉，并给我们送来茶水和烤饼。一位异教徒说道：“你们拿着吧，尽管我不是基督徒，我付钱。”处处有好人，韩村的这些异教徒同基督徒和睦相处，始终阻止义和拳进村。

就在此时，几位教友突然到来，其中有太平和凯生（音译，Ka-seu）。凯生值得特别提一提。他长期以来作为在开州的工友为毕如春神父效力，而且他以非凡的牺牲精神给我们帮了大忙。

不要想违犯禁令进入韩村，甚至要尽可能小心谨慎地隐蔽到夜晚，因为人们指出周围有义和拳匪帮出没。我们休息一会儿后，即同两位向导动身，从那里走半个时辰，当太平和凯生考虑我们在郊区教友家乃至在他们的异教徒朋友家隐蔽的办法时，我们已坐在一片树丛的阴凉下等待夜晚的降临。[②]

我们躲避在一个底部有一口井的大方洞里，正吃面包和大蒜头时[③]，突然一个看守黄瓜地的坏小子拼命喊叫起来：“洋鬼子在这里！”必须赶快逃跑，并找到更安全的地方。一片有柽柳的荒地适时地出现在我们面前：每个人在干燥的细沙中，在一片柽柳丛的遮蔽下，我们席地而卧，美美地睡了一觉！[④] ……

不像我们想的时间那么长，因为 7 月 8 日尚未黎明，凯生的声音就把我们唤醒：“神父们，起来吧，我们出发吧！”“去哪儿？”“离此地不远，在一个可靠的僻静处。”

我们在黑暗中跟随着凯生穿过小路和无数个拐弯，到达一个小村。除去几条狗疯狂

---

① 不几天之前，一位基督新教主事同他的夫人和孩子一起在这一地区被杀害。（F. K.）

② 因此金道宣神父教我吃蚂蚁，有时候还觉得味很美。（F. K.）

③ 传道员到得相当晚，在他的衣袖里带来了我们的晚饭，即一块面包、一个大蒜和一个舀井水用的空瓶子。（F. K.）

④ 我记得金道宣神父给我们背诵的格言使我振作起来：“仁慈的主不要抛洒更多的寒冷，人们没有被子。”（F. K.）

地吠叫，一片寂静。

我们如同盗贼一般无声无息地进入一户农民的小住宅。在住宅后面，人们为我们准备了一个小藏身处。我们摸着黑熟悉地方：七步长，五步宽，高度足可以让冀炳业修士独自享受直立。足矣。在等待天亮之时，让我们继续被打断的美梦吧。

主人是一位善良的老异教徒，韩村一位教友的老丈人。清晨时，他来看望我们，他小声地说："你们放心，没有危险！你们可以在这里长时间躲藏，他们找不到你们的。"他给我们带来面包和热水，我们用面包和热水做成美味的面包汤；中午，土豆、高粱粥，甚至看到一小块肉和鸡蛋。

这种状态持续两天之后，我们焕然一新，精神抖擞。由于我们小心谨慎，无人会想到我们的存在。老人告诉我们，根据那个流浪孩子揭发我们在田地里出现的蛛丝马迹，第二天，有一队配有长矛、枪支和棍棒的人们来追捕我们。他们未发现我们，从而断定，我们已去西面的河南内黄；另一些人说，我们饿死了；另一些人又说，我们绝望地上吊而死。简言之，无人想到我们的安身之处来寻找我们。可是，说实话，这地方狭窄了一些。凯生在寻觅某个更好的地方。

在从 9 日礼拜日到 10 日礼拜一的夜间，当有人呼叫我们时，我们正在席子上酣睡，这仍是凯生和另一位教友。"神父们，起来吧，我们出发吧！""去哪儿？""韩村。但别出声，别说一句话！"

如同圣彼得听到天使的声音，我们扎上腰带，穿上鞋。准备就绪了吗？否，尚未准备好，因为还必须伪装自己呢。凯生和他的同伴让我们穿上他们的农夫短衫和外套，per amica silentia noctis（拉丁文：在黑夜的保护之下），我们一个紧跟一个地离去。

我自忖为了进入韩村这个城堡，我们将如何行动呢？走了半小时，我们来到防御工事下，静悄悄地从东门前走过，然后是南门，再然后仍是城墙和城门，始终无一城门开着，城墙无一漏洞。然而我们的向导走得步伐坚定，没有一点怀疑，我们即将进去。

突然，"在这儿"，凯生说道。人们立即听到一个轻轻的物件沿着城墙一直滑动到地面的声音。这是一根绳子。未耽搁一秒钟，我们的两个壮汉将绳子缠在范迪吉神父的腰上，"嗨，拉！"凯生低声地指挥，指点拽着另一头的那些人。另一根绳子保持固定，作为抓手。几秒钟之后，范迪吉神父已到防御工事之上，并消失在另一侧。接着，轮到我，轮到冀炳业修士。不到五分钟，全部结束，我们三人全都在韩村城墙里了。这正是时候，因为东方已露出鱼肚白。在另一侧有两位教友正等着我们，他们穿过花园和胡同[①]，将我们带领到他们的家。这几位勇敢的人为他们的举动而有点自豪。事实上，这是非常巧妙，又非常成功的。

我们住在一个比第一处略宽敞一些的藏身处，不过，这里仍然非常狭窄：长宽都是两米五。就陈设而言，一张瘸腿桌子，一条板凳，一把长凳和一张床，换言之，一个铺着席子的棕床，在床上可以相当舒服地躺俩人，对躺三人来说，要麻烦得多……

---

① 我们非常贴近地从几个躺在路边席子上的人身边走过，他们抬起头，但是他们知道内情，他们让不知情、开始狂吠的狗住嘴。（F. K.）

还有一个四步宽、用高粱秆隔板与卧室分开的小门庭。我们有选择站立、坐或躺的余地，也能跪在席上，至于散步或外出，那不必想，因为小院对着我们的房门，院内经常有男邻居，尤其是女邻居走动。甚至必须小声说话，避免咳嗽、打喷嚏、打鼾等等，因为任何不寻常的声音都会给主人带来麻烦。[①]

请您想象一下，您要适应持续受限制和全面匮乏的后果造成这种小苦修的具体情况。但是仁慈的主异乎寻常地帮助我们欢快地经受住这一切，其中最艰难的莫过于既不能做弥撒，也不能背诵日课经。

依然在这里，我们痛苦地获悉迫害在我们县造成的破坏，大名府的教堂彻底被毁，乃至一块墙壁荡然无存。在广平府和大名府两个府，几乎所有的教堂都被夷为平地，教友们被掠夺，被无情地敲诈勒索，有些人被处死，他们的住房被焚毁。那是不可估量的损失。而这是在几天之内，以恶魔般的狂热干完的。我们对在北方发生的事情毫无所知，我们非常担心我们在献县的神父们的命运。

终于在 7 月 15 日礼拜日，我们欣慰地收到尊敬的马泽轩神父的一封信。他告诉我们，他完全分担我们的不幸，并表示如果可能的话，希望看到我们在赵家庄聚会。我们在胜利抗击义和拳的大教友村赵家庄、魏村和潘村中间会更安全。在与教友们共同商讨之后，敲定我们动身事宜：我们将要去富唐村，会合孙汝舟神父、齐广照神父和安进德神父，从那里去木亭寺（音译，Mou-ting-seu），齐广照神父的一位富有的教友家，他可以给我们提供几辆车，直去赵家庄。

可是首先要走出韩村。出村比进村还难，因为我们必须通宵赶路，因此要夜晚动身，不过在大家还在活动的时刻，不可能经过防御工事上面而不被发现。此外，一场大雨已让雨水充满壕沟。又是凯生帮我们摆脱困境。他去找到一个看门人，对他说："我有一位大夫朋友来看病人，我一会儿要送送他，你能给我们开城门吗？"对方说："那再容易不过了，你做个手势，我就开门。"这是 7 月 17 日，我们进村整八天。我们又套上农民的衣服，中国式地盘上我们的辫子，我们出发了。凯生、太平和另外两个教友陪伴我们。凯生说："尤其不要说一句话。如果有人跟你们搭腔，我负责应对。"

当我听到身后有人落水的声音时，我们离城门还有不到十步。这是冀炳业修士掉进壕沟。他竭尽全力，却无望爬上那打滑的陡坡。[②] 人们静悄悄地搭救修士。我们通过了。看门人说道，"哎呀！有这么多人跟着你的大夫呀！"在凯生给看门人做充分解释的同时，

① 老妈妈来对我们说："神父们啊，现在请你们不要担心害怕了，因为在这儿就像在你们自己家里一样。"少数几位教友知道我们在村里。最初几天，我们很不安，因为"大刀会"绝对想进村，但本村的自卫会不答应，说几乎没有基督徒，都是穷人。然而为了满足这帮强盗，人们给他们提供一顿饭菜。大刀会还要求人们给他们募捐，人们答应了，他们才离去。当大刀会来索要人们所允诺的东西时，人们严肃地对他们说："在我们村，我们有穷人，如果我们有什么东西可给，那肯定给他们。至于你们，如果再来，人们会用棍棒来迎接你们。"因此大刀会离开了，没有再来，他们得到安定。(F. K.)

② 当我的脚又迈出一步时，我的一只鞋子仍陷在泥里。我找我的那只鞋，随后金道轩神父伸手帮我上来。我倒出鞋中的淤泥，又穿上，瞧，鞋不再太大了。

我们忠实于凯生的命令，钻进暗处，穿过半开着的城门。

我们已在城外，我们大步行走，以便尽快远去。但是毛毛细雨开始下起来，天空黑得像在炉灶里，我们花费足足半个时辰寻找落在我们后面的两位向导。他们最终追上我们，天空略微放晴，我们快速前进，尽管在坑洼地和壕沟里跌了几个跟头，摔了几跤[①]，尽管为了避开村庄必须穿过耕田。天亮前，我们已在富唐村的城墙下，但已非常疲劳。

富唐村也被防御工事所围绕，但城门不像韩村那样把守着。几位教友在城墙外等候我们，我们像人们从看黄瓜地回家那样同他们一起进城（在一年的这个季节，黄瓜是大田作物）。人们把我们带进一个粮仓，在18日一整天，我们可以在草垛上从容不迫地休息。

为了不被发觉，在富唐村必须比在韩村还要小心，因为富唐村的异教徒更疯狂。他们拆毁教堂直到地基，并破坏神父的住宅和学校。基督徒们几乎丧失他们所具有的一切。当齐广照神父同他的两个同伴来寻求避难时，人们驱赶他们，甚至不允许他们休息和纳凉。但从那同一天夜晚起，主的公道惩罚了其中一个疯子，就是这个疯子拆毁教堂最起劲，他从教堂上摔下来，被砖堆砸死。

我在上面说过，我们在富唐村应该寻找其他神父们。孙汝舟神父和金进德神父实际上在此度过前一夜，这时已离去。至于齐广照神父，他隐藏在邻村的一位异教徒家，他宁愿留在那里。

夜晚降临，必须动身了。问题在于要去距富唐村约二十五公里的木亭寺。我们的向导说，我们必须在一两个小时内穿过大运河，在运河的另一侧，我们将找到几头骡子，甚至一辆车把我们送到木亭寺。

这说起来非常轻巧而美妙，但在执行中完全是另一码事。冀炳业修士长期忆及这个夜晚！首先，天像墨水一样黑，由于向导不太识路，我们迷路了。走一小时后，我们处在同伴不认识的一个村庄边，不能辨别方向。必须去村里打听。村里人确认，我们走的方向与应该走的方向完全相反。我们折了回去，因此白费了一小时的无用功穿过农田。[②]

终于到运河了！幸亏我们乔装打扮和天黑路暗，艄公没认出我们。“可是那骡子在哪儿呢？车在哪儿？”“再远一点，在邻村的村口。”“好吧！来，走吧！”然而再远一点，一直没骡子，一直没车。我们可怜的双腿开始够呛了，这无关紧要，必须行走，时时刻刻在高低不平的路面上，穿过硬胶泥地里深深的车辙沟，在像砖头的土疙瘩中间行走……而且天上没有一颗星星可让人在此情此景中抒发一点诗意！……

终于天意给我们送来一头小毛驴。木亭寺的两位教友牵来驴，接着便给我们解释由于怎样的误解他们不能早来，为什么也未带一头更好的坐骑。[③] 看在他谦虚的样子份上，我们没小看这次帮助，我们每人轮流骑坐。而且在天刚亮时，我们到达木亭寺，高兴地再见到孙汝舟神父和金进德神父。

---

① 范迪吉神父摔了一跤，吓我一跳，但幸亏有圣天使们保护，他未受伤。我们不时地休息一下。由于地面潮湿，凯生脱去他的芦苇叶大斗篷，平铺在地上，我们非常舒适地坐在这片垫子上。（F. K.）

② 人们短时间歇脚，传道员打开一个小包，给每人几块冰糖。这经常因礼貌而为，是一种地方习俗。（F. K.）

③ 传道员对他们说，少派人，但多送牲口给我们为好。我们不能再走路了。我不能抬腿。我得用手把腿抬起来。

我请齐广照神父给您谈一谈他的木亭寺教友村，尤其是他的管理员程玉田（音译，Tcheng-u-tien）。孙汝舟神父使程玉田成为 ex abundantia cordis（拉丁文：精神生活很丰富的人），非常令人佩服的人，因为此人给了我们很大的帮助，值得我们完全钦佩。他自己提出愿意隐藏我们，并提供我们的吃喝，我们想待多长时间就待多长时间。[①]

马泽轩神父派来一位名叫李廷贤[②]（音译，Li-ting-hien）的老传道员，他以其进言和经历帮助了我们。此人也很著名。他曾长期服侍他十分了解的当地传教士。他具有牢固而有教养的虔诚和少见的奉献精神，他能够把最棘手的事情办好。他是传道员和模范管理员的典范。

李廷贤探察了路线，他的看法是，两天内我们可以到达赵家庄。赵家庄地区相对平静。谨慎而略加小心可以毫无困难地通过。

于是范迪吉神父于 7 月 20 日礼拜五，同安进德神父一起动身，我们隔一天紧跟上范迪吉神父。为了转移注意力，我们乘坐如同农民探亲时坐的那种席篷车旅行。挤在这种有蓬的小车里，人们彼此紧贴着，连续十二个小时不得伸头向外看。请您想一想是否舒服自在，但是我们就是这样穿过了各村镇，没有被人认出来，一切非常顺利。[③]

我们正要到达第一个中途站时，天意让我们遇上一位教友。他告诉我们，一时不可能去赵家庄，因为义和拳包围着赵家庄，甚至刚打过一仗，魏村的教友们获大胜，但是匪徒们还在郊区，他曾十分冒失地试图穿过他们的防线。

因此必须相应地修改我们的计划。经几番无益的波折之后，我们在李廷贤的村子李二才村（音译，Li-eull-tchai）重聚。我们没住在李廷贤家，而是住在一个既是邻居又是亲戚家的院落深处——平时当作马厩并堆放杂物的偏僻建筑里。只要避免外出，此处完全避开惹是生非的目光。我们把几块木板放在瘸腿的支架上，马马虎虎调整一下，就搭起五张床，沿墙排开，还有位置放一张小桌。

我们在这里满打满算度过了完全与世隔绝的十二天[④]，我们用充裕的时间阅读李廷贤给我们弄到的几本书籍。我们非常希望，圣依纳爵恩准我们同赵家庄的神父们一起举行家庭式的瞻礼，但是善良的天意别样地安排了事情。这一天像其他日子一样能愉快地

---

① 程玉田这人已皈化三十来年。他有一个粮食酒作坊，他靠这作坊已相当高水平地发迹。由于他富有，他比其他基督徒家庭更惹人注目。他曾将许多物品放置在他的大名府库房的安全处。由于他还有五十多包粮食，他让村里的所有穷人来，无论是异教徒，还是基督徒，他对他们说："我只有这么多粮食……你们是这么多家庭，因此，每家有这么多……"没几天，一大帮强盗突然闯来，该村立即奋起，保卫其恩人的财产。（F. K.）

② 在迫害的这些日子里，李廷贤没有被人放过，人们找他，要他背教。人们礼貌地跟他谈，因为人们尊重他，李廷贤也礼貌地回答："你们大家是有头脑的人，你们判断一下，尽管我这么多年来参加宗教活动，我可以停止，在整个地区不大丢脸，人们了解我，知道我的信仰……"人们应答他："确实，这已足够，我们不再谈这事啦。我们会对其他人说，您已经背教了，这就完结了。"传道员强烈反驳："你们不要说这些，因为我没说过。你们还说，天就是因为基督徒不下雨的。两百多年前中国就有基督徒了，从那时起就没下过雨？"人们重复说道："确实下过！"传道员心境平和地回到自己家。（F. K.）

③ 为了不必要地在客栈逗留喂牲口，我们有一些特意做的小团子，在农田里给牲口吃。（F. K.）

④ 我们共同生活在气味和闷热之中。再说，我们的可怜的衣服不断被汗水浸透，我们终于有了虱子。（F. K.）

度过，并在欢乐中做使主更喜欢的事情，但没有弥撒，没有日课经，没有领圣体。

另外，李廷贤关怀备至，缓和我们所戏称的囚禁生活之艰苦。有一天，他出乎我们意料，给我们送来咖啡，并给我们讲述他是以怎样有趣的方式花几个铜钱弄到它的。一个在南李窑（音译，Nan-li-yao）参与掠夺吴神父座堂的异教徒拿了一个盒子，盒里有他不认识的种子。他猜想这是某种食品。但是怎么吃呢？是煮糊，还是做调料？是做饼，还是油炸？他以各种方式试做都不成功，并请教这位出名的药剂师兼有其他才华的李廷贤："这是什么东西？"他说，"怎么煮它都不烂"。"你把它卖给我吧"，李说道，"我用它做麻醉药"。这样，我们在李二才村暂住的几乎整个时期，都有咖啡喝。

我们距离赵家庄不到五十公里，但如何越过这距离呢？义和拳大概三次被打退，他们这帮人被驱散一些，可是依然占据着周围的村庄。所有外国人被扣留、审问、搜查并经受着被屠杀的巨大危险。唯一实际有效的方法就是夜间行走，尽可能快地骑马赶路。这是我们认为谨慎可靠的办法。

必须有七匹马，因为我们有五人，而两位向导是不可或缺的。七匹马全在距村不远的农田装上马鞍，我们极秘密地在那里跟他们会合。[①] 骑骏马夜游是一件轻松愉快的事，但我们的坐骑几乎都是衰老的劣马，它们骨瘦如柴，以至于当作鞍子用的坐垫终不能铺平高低不平的马背，要坐在这样的马背上一阵艰苦的小跑！……因此，当我跨上这匹马时，想到要跑四十五公里的路不禁胆战心惊。然而战争时期就要像战争时期么，前进吧！

我们通宵这样骑行。[②] 然而事实和原来的估计差得很远！我们动身太晚了。天已经大亮，我们还有十六公里要走，而牲口累得只有不断地鞭打才往前走。可是必须奔跑，因为我们就在威县城墙下了，分秒的延误都可能使我们功亏一篑。马匹气喘吁吁，几位骑马人身体糟糕到极点，但不得停歇，必须奔跑。队长李廷贤带领他的队伍，马匹稍微有些活力，无人落后。

我们终于闯过威县，它的城门仍然是紧闭着。开始在大路上遇到的人们以有些惊奇的神色打量我们，但是未聚拢，他们是去集市或农田的农民。另外，他们没有时间死盯着我们，我们与其说像老实的基督徒，倒不如说更像一伙强盗。

再努把力，我们已在友好地区魏村的地盘。我们现在可以稍微放缓我们的步伐了。就在这时，有两匹马突然累垮，不能驮他们的骑士们再向前行走一步了。

在这里，在柳树丛中，屹立着顶上有十字架的赵家庄教堂。在地里劳作的农民是一些教友，他们从我们褴褛奇特的服装辨认出我们，高兴地跟我们打招呼。

当我们疲惫不堪但满怀喜悦和感激地从坐骑上下来时，已是7点多钟，太阳已经非常高了。这是8月3日，本月的第一个礼拜五，我们欣慰的是以背诵感恩经举行圣心弥撒。

---

① 我们的牲口由两个年轻的信友同伴驾驭，他们带着武器。他们也要给我一支枪，我绝对不想要。何必要呢？（F. K.）

② 人们把我们当作强盗或去北方与欧洲人作战的兵勇。我们靠近一个村庄时，有人放了一枪，接着打了一炮，同时大嚷大叫，这只是为了吓唬我们，目的是警告我们别去抢劫他们。（F. K.）

如同我们 Ipso duce et auspice(拉丁文:在他的领导和监督之下)走出大名府,依然是圣心在我们到达时接待我们,以便明白无误地表明,他在本月全面地指引着我们。

Ipsi honor,amor et gloria !

(拉丁文:光荣和爱戴归于他!)

安进德耶稣会士

您想知道大名府座堂的命运吗?在我们出发前,县官们信誓旦旦地向我们保证,要保管住宅里的全部物品,除在沿街各门张贴封条外,院内各门必得贴封条,目的是在我们回来时,我们能够找到原封未动的衣物。可是,我们走后,整个座堂交给了群氓,三十年的艰辛和勤劳在数日内化为乌有。有伊斯兰教徒的南郊最惨不忍睹。在我们动身的当天,群氓冲进我们的住宅,数他们从中抢得最多。强盗们互相抢夺,不久,所有的墙都被推倒。随后,当全都被抢光后,他们认为我们有堆满金银的地道,便开始残忍无情地拆毁建筑物,直到所有地基都被挖出地面,方告罢手。当时发生的事情是无法描述的。为了拆毁相当高而且顶部由圆柱支撑的教堂,人们用绳索捆绑上部,整体拽拉,一下子使好几个人粉身碎骨。据说有二十人被砸死,三人在井里溺死,一百多人受伤。建筑物的砖被装车卖掉。人们在院内和花园内从这头到那头翻地搜寻,所有的树木无一例外地被砍伐锯断。他们不敢喝弥撒葡萄酒,认为我们在酒里放了药,但是他们将酒瓶打碎。有人在主祭坛下挖凿一个大洞,以为在洞里可以发现财宝。

可是,大名府居民今天处在不安之中,因为传说欧洲士兵要到大名府来。当局开始追捕强盗们,然而为时已晚。

教友们强烈希望欧洲士兵来。他们称欧洲士兵是“我们的士兵”。确实,如果不是欧洲,尤其不是法国,这些穷苦的教友能指望谁来拯救他们呢?

冀炳业耶稣会士

一支临时组成的基督徒军队:保卫魏村[①]

——万其偈神父日记摘抄

魏村,1900年6月25日

我亲爱的母亲:

我不知道这封信何时以及如何能到您的手上。我们与献县和天津的联系已被切断。整个北方直到北京全都沸腾起来了。我很担心我的兄弟万其俊,他同巴鸿勋神父和萧神父一起被围困在范家疙瘩(在献县东北五十公里)。如果我们县的义和拳造反,我们定会打起来,即使不得不投入力量对比不相当的战斗。但是他们尚未造反,然而已有令人不安的谣传。我们已向圣心发誓,以求得保护。

在此地,在持续不断的圣职之事和使人困乏的气候双重作用下,我们的健康不知不觉地衰弱下来。干旱不仅毁灭了庄稼,它还逐步地扼杀着我们。第一茬收成(小麦)荒了,直到现在无法播种第二茬(黍子、高粱等)。一年多没有下雨,灾害也是可怕的,快要变得比义和拳更可怕。乞丐到处跑,一点小利就足以将他们变成抢劫者,而这将是不可避免发生的事情。我们已做九日敬礼的祈祷以及斋戒,祝愿得到多么期盼的雨水。您不了解那种磨炼。天主的手沉重地压在这个可怜的国家身上。确实,仁慈的主可能受够了这个愚蠢自负的异教国家。

6月30日

一年以来,在此地的广州兵勇全都撤离,他们被叫到北方与欧洲人作战。他们不仅没有爱国热情,而且违心地离去,他们不想隐瞒这一点,而且人人都同意他们的想法。爱国精神在中国是陌生的东西。在中国,对外国的一切只有蔑视,稍有一点借口,这种蔑视就转变成野蛮的仇恨。

我的教友们已做好战斗准备,给自己的武器装上弹药。只是整天的枪声不断。

礼拜日,7月1日

今天上午,我看到我堂区的一位信友在一块四方形茄子地里干活,尽管干旱,他还是坚持要让茄子生长起来。我对他说:"不吉利啊,你在礼拜日干活!你真觉得,仁慈的主惩罚我们还不够吗?"没有别的办法,我拾起他的篮子、水罐、雨伞,全带回我家,并郑重地全

① 原载于《支那与锡兰》1901年3月,第2卷,第275～320页。——译者注

都保管起来。当晚，他来请我原谅。

这还没完。吃晚饭时，有人给我送来一块牛排。“神父，这肉好吃，是今天宰的肉。”“今天宰的？这里礼拜日有人宰杀吗？”那人低下了头。晚饭后，人们在教堂晚祷时，我去到他们中间，要他们中止祷告，我说：“朋友们，今天有人违犯了礼拜日戒律。这就是我劝导的结果呀！你们打算就这样感动天主的宽恕啊！如果有罪的人今晚不来谢罪，明天我就走人，我不想在这样的基督徒中间再待下去了。”

祷告之后，四个罪人到我的房间来请我原谅。

和一个有宗教信仰的民族在一起，就必须如此行事，目的在于无论以何等代价，要使植根在当地的基督教道德保持纯洁，主知道这一点！

7月2日

圣母访亲节。仁慈的圣母来探望我们：今夜下雨了，而且天空仍然布满乌云。我的人开始播种晚黍，如果继续下雨，他们将会有棉花、高粱、玉蜀黍。

我今天讲了几段70年代战争的故事，雷什奥芬战役、拉奥城堡的光荣末日、帕提战役，让我的人惊得发呆。军人般的勇气使我们温顺的人们震惊，其实在欧洲人无畏精神的深处充满基督信仰。

7月3日

一直没有献县的消息。这种变化莫测的状况令人揪心。也没有战争的消息。我们与文明世界隔绝了。

大路不能通行。人们毁掉从基督徒那里发现的所有一切。我们试图再次派遣信差。这位信差是一位皈化的老和尚。他要重新穿上袈裟，承诺要直到总堂。愿主照看着他成功！这样我们就会知道献县是否挺立着，范家疙瘩是否还存在，我的兄弟万其俊是否还活着。

感谢主！我们很平静，甚至很高兴。相似的情况锤炼您的斗志，使您靠近主，也就是说，感觉到主的存在和救助。对我们来说，莫大的安慰就是尊敬的马泽轩神父健在，他以他的榜样支持了我们。我要不惜任何代价拯救这宝贵的、比我的生命更需要的生命。死几个战士不太重要，但长官不应该遇难。

7月4日

今夜特大的狂风暴雨！一场倾盆大雨终于湿透了干硬的地表，能够播种了。因此，今天上午，许多人挤满田地。这将使当前的担心挂虑得到难得的缓解。

7月6日

我们的和尚回来了。在冀州，一些马兵把守着大路，阻挡所有去北方的行人、游客。他们搜查我们的和尚，但幸好未发现他随身所带的书信。

这是本月的第一个礼拜五，我们开始(随着魏村和潘村两个堂区祝愿)感谢圣心至今给予我们的庇护。大礼弥撒并明恭圣体，有二百五十人领圣体。我劝告我的教友们要有坚定的信心。拯救次要的基督徒村似乎不再可能了,它们注定要成为牺牲品。但是我希望,魏村、潘村和赵家庄三角地区将成为义和拳匪帮难以进入的地区。赵家庄急急忙忙建起它的防御工事,潘村有带雉堞的房屋,如同一个单独的加固平台。如果有人进攻这两个阵地中的一个,魏村将以临时特遣队解救,在侧翼或背面袭击敌人。魏村本身没有防御工事,房屋太分散,不适于有效的防御。如果有人进攻魏村,我们将在光秃秃的田野里迎敌。但我们尤其仰赖圣主的庇护,主和我们在一起。主从圣体龛深处照看着他的忠实信徒们。

7月7日

最不祥的消息从四面八方传来,我还是要使我的同伴们放心。为了使他们精神振作起来,我去探望三个哨所,哨所里存放着武器,他们在听到第一声警报时应该在哨所集合。每个岗哨都有画着黑色大十字的旗帜。每个连队包括十到十二个小队,每小队十人。这是十人编和百人编的老编制。队伍的编制是统一的,魏村本身有三百至四百名战士。假定赵家庄(七百人的全基督徒村)支援给我们二百人,潘村五十人(该村只有三百名基督徒,余者为异教徒),陈家庄(音译,Tchenn-kia-tchoang)和钟管营,同样五十人,这可能组成六百或七百名战士。

至于武器,有各种口径的,但没有一个是好的。我们有二十来支“大枪”(俩人扛的大自卫长枪,一个人在前面扛着;另一个人瞄准)。我们在枪上装一个可以容纳一支发爆管的火门,发爆管比中国的灯芯要好。在没有击铁时,就用士兵手里的木块或铁块点燃发爆管。我们还有百十支中国式的灯芯枪(le fusil chinois à mèche),或老式的、由流动的工匠好歹制作出来的欧式枪。其余的为马刀、长矛、大刀等等,简言之,这是一座名副其实的枪支博物馆。可是就这个地区来说,我们装备得已非常好了,而义和拳,如果说他们在数量上多于我们,在装备上则次于我们。

我对我的人说:“好极啦!我的朋友们,有这样一个武器库,尤其是有像你们这样的勇士,我们能抗击一万拳民。不要怕。明天,我会祝福你们的各种武器和你们的战斗头盔。”

必须告诉您,教友们都做了有红十字或圣心形象的白色软帽。他们甚至给我做了一顶。这个软帽给我的印象颇像糕点师傅的帽子,但是不管怎样,它将用作联络标志。人们把辫子绕在头上,帽子包着头。我当着他们的面戴上帽子时,他们哈哈大笑起来。所有的小男孩,甚至小女孩都哭着要“头盔”,妈妈们肯定得做。要看看,我的“小兵们”以怎样冒充好汉的气派在街道上游来逛去。可怜的圣婴啊!他们不会想到,如果有人带领他们去过节,这可能是一个浴血的节日。

Aram sub ipsam simplices
Palma et coronis luditis!
(拉丁文:你们应该获得光荣)

潘村的教友秀才曾被威县的县官召去(我们的县令是目前危机的制造者之一李秉衡的女婿)。县官当真地问他,基督徒们打算进攻并夺取威县城是否属实(原话如此)!事实本身作了回答。

当秀才在公署时,有人侵入我们在城里的堂里,并掠夺了马家庄的教友们。这位可怜的县令对这些消息做出一副可怜相。他觉得,对县城本身来说,没有比让人把我们教堂门上的十字架打掉,刮去铭文"天主堂",用封条封住大门更好的了。他过去没为马家庄做过什么,可能今后也不会做什么。实际上,他没有定见。他知道,基督徒在他的县是多数。他还知道,文人和士绅们并不太抱有敌对情绪,所以他不敢公开进行迫害。在北京,全都处在无政府状态之中。由于他不知道这种混乱会出现什么结果,他静观风向哪边刮。

魏村挤满逃亡者。距魏村不远的包主教代牧区的两个教友村确实处于要么背教,要么任匪徒摆布的境地。

7月8日

义和拳和强盗今晚掠夺并放火烧了四处教友村。受害者来向我叙述他们的不幸。一个更严重的消息就是山东开始动荡起来。

晚9点

济宁州的一名信差报告,贺乐耽神父和吴神父已逃到济宁州,前者几乎立即又出发,同十来位德国传教士一起前往胶州。代理宗座代牧主教福若瑟先生同他们一起动身,但是他又秘密地返回坡里,同我们的吴神父以及千余名教友留在一起。"我过去发誓死在中国,现在我可能死在这里。"这是他的诺言。

是必须离开,还是必须留下?就这个问题而言,传教士们的处境是不相同的。我是这样觉得的,负责大堂区的人,如同我们在这里,不应该考虑离开。这些大教友村能够,而且应该尽力自卫,此刻传教士成为防御的灵魂。如果防御变得不可能,逃走更不可能:如果最终的避难所被攻占,那只有一死。不过传教士应该鼓励他的教友们为信仰慷慨赴死。每个人必须见机行事,对某个人来说,逃走是一种职责,在某一处,留在岗位上也是其职责。

今天,礼拜日,我郑重地祝福武器、帽子、弹药。大家手持武器聚集在教堂院内。我洒着圣水走一圈,然后,我指挥说道:"一膝跪地!"我也祝福他们。主啊,保佑他们吧!我们战斗是为了主的事业。

7月9日

今晚看到在地平线上有几处燃烧的火光。那可能是在东北部的第三口村(音译,Ti-san-keou)和陈村(音译,Tchenn-tsuen)。因此,在一个有限的区域内,只挺立着我们五个中心教徒村:魏村、赵家庄、潘村、陈家庄、钟管营。

在县的北部,抵抗中心是罗泽溥神父居住的张家庄。[①] 在张家庄,教友众多,且已装备好。他们的领导者,我的亲爱的堂兄弟、前副官罗泽溥可能自以为又回到了他的非洲时代比斯克拉岁月。尽管只距五六法国古里,我们却没有一点他的消息。不过我们知道,他的另外两个教友村:异教徒与基督徒采取一致行动的寺庄(Seu-tchoang)以及鱼台尚未受到破坏。

① 不要同献县毗邻的张家庄混淆。

大名府的神父们在护送下从城里出发，未走完五法国古里便被抢劫，被掠夺精光，他们会饿死，或被疯狂的群氓屠杀。是两个脱离灾祸的车夫前来告知这不幸的消息。怎么办？有四十法国古里之遥，如何接济他们的不幸呢？然而尊敬的马泽轩神父要尝试一下。他试图派人送给逃亡者一点银子。能及时到达吗？

魏村在堆筑街垒。人们关闭主要通道的出口。我准备让人给外围的房屋加上雉堞，在平原进行战斗时，我们还可以在屋顶自卫……随后，只会剩下死亡或逃跑，对多数人来说可能是死亡。

如果我死，在天上我不会忘记您，亲爱的母亲，也不会忘记我的所有欧洲朋友，我的兄弟万其俊是否已在那里等我？只有主知道。没有北方的消息。

7 月 11 日

我们的信差不走运。有一位信差被拦路抢劫后返回来。劫匪把他扒得精光，只给他留下裤子，而且搜查到他的辫子。幸好信件未被发现，否则必死无疑。

我们的巡逻队趁着月色在田野里来回巡逻。潘村的巡逻队突然发现五六个可疑分子在村子周围转来转去。人们把他们捆绑起来，对他们开了违警通知，后将他们释放。

在威县，人们情绪平静。比较严肃的士绅们谴责对基督徒的强暴行为，并且在私下说，县官是一个没有个性、没有诚意的“坏蛋”。

7 月 12 日

我差点要让人做一件可能造成不幸后果的蠢事。有一天，崔陈村（音译，Tsou-tchen-tsuen）最富有的一个基督徒遭抢劫，还有几袋粮食在那边。储存的粮食不再安全。在他家避难的一位亲戚建议套车去找粮食。他们请求我能有一支武装卫队护送车辆，以威吓抢劫者。我未太多思索即同意。然而，有几个谨慎的人来找我。“神父允许带武器外出直到陈村，是真的吗？”仅仅这一问使我警觉起来。相似的说法在大白天立即到处传播，并被各种公众议论的声音夸大，可能已使整个地区情绪不安。已有人说道：“你们看得很清楚，基督徒们造反了！镇压他们吧！”而许多正直的人会受骗上当，拿起武器反对我们。

我一边思考，一边走到街上。那辆车已套上，并放上“大枪”和弹药。一百多人准备就绪，辫子盘到白帽子里，有的人拿着红缨枪，有的人拿着弯曲的大军刀，有的人拿着步枪或手枪。人们已经列队，骡子正要开始走动，这时我极力加以阻止。

我一边称赞他们的热忱和勇气，一边向他们说明他们的行动可能的后果。我说道：“再说，归根到底，你们没有要求武装护送的理由。你们首要的义务是纪律。你们有一位首领，在我这里接受命令。没有他的命令，任何人不得带武器出村。”

7 月 14 日

地狱全因我们的堕入而摇动。威县县令（是他本人，还是公署的人滥用他的印章？）给我们送来一份公告宣称：(1)义和拳受到称赞，并被称为帝国支持的信徒；(2)基督徒要改宗并放弃他们走过的歧途；(3)欧洲传教士必定要在严格的护送下离开中国领土。这份官方文件可能具有其所有这类文件的命运：一纸空文。

我得到坡里和福若瑟先生的消息。我们的吴神父自从他逃出大名府，经过许多波折后，又回来了。经过一次又一次那么多难以忍受的焦虑之后，相互再见面多么幸福啊！可怜的吴神父筋疲力尽，而且消瘦。赵师傅(音译，Maitre Jao)是我堂区的一位教友，同吴神父一起回来，赵师傅长期服侍山东的神父们。

今晚，人们看到在东北部三四公里的火光，随后，几个教友来说，义和拳掠夺了方家营。立即有二三十名武装人员从赵家庄出发，与陈家庄的人会合，去支援方家营。他们一到达，掠夺者就要跑。然而我的人抓住他们用马刀戳伤的一个人。只有教堂被烧毁。有人说，匪帮将在今晚进攻陈家庄进行报复。我通知我的人准备去支援。

7 月 15 日

圣亨利日，我们的主教和我们尊敬的长上神父节日，献县通常以人数众多而喜悦的领圣体来庆祝这个节日。现在时代变成什么样子了！

冯广济神父 4 点半钟刚在这里做过弥撒。三百位妇女领圣体，教堂爆满。接着，男人的弥撒，教堂再次爆满。然后，为了准备过加尔默罗瞻礼，我们为男人办了告解。一百五十人告解，几乎是想要告解者的四分之一。中午，我们同马泽轩神父一起在赵家庄午餐。为了祝贺他的节日，他让人摆上一瓶装瓶储藏的葡萄酒。喝了它不是比把它留给义和拳更好吗？

我们为准备明天的节日，在教堂守夜祈祷。大家热情地领受。仁慈的圣母会禁不住被那么多的祈求所感动。

7 月 16 日

加尔默罗的圣母瞻礼。一夜虔诚的祈祷之后，举办了非常成功的男人领圣体。

开始下雨，这是第一次降福。各种小消息还算让人放心。

7 月 17 日

下雨了，毛毛细雨，但不太充沛。不过人们所播种的一切在三四天内都出土了。

田野呈现出浅绿的色调，使非常讨厌的光秃秃的荒漠有所起色。

夜间，我突然惊醒……我发现，我的几个人拿着武器站在屋外。“什么事”“喏，神父，沙西的一个年轻人来告诉我们，有六七十个马兵在(西南部三公里的)大宁集合。他们可能要来攻打我们。所以大家武装起来了。”于是，我问他，“看到了那些马兵吗？”“没有，有人告诉了他这件事。”“又是一个假消息，朋友们，保持冷静。巡逻队要更警惕，喏，就是这些。”

我去教堂，我发现教堂充满正在默默祈祷的妇女。我大声地向她们喊道：“你们回家安心睡觉吧！”

幸好人们既没敲警钟，也没放火枪，因此头脑没有过分地被冲昏。我在村里转了一圈，巡视了三个岗哨，大家都处在戒备状态，然后我回来睡觉了。

7月18日

可是出了点事。昨天下午，人们在大宁北部平原上无意中看到突然出现一支带有旗帜和军号的部队。我的人马上激动起来，而且不等命令，民团便按连队开始在平原上隐蔽起来。我带上左轮手枪，赶上队伍，他们已列阵迎敌，但相距约有两公里。

敌人的战线从东到西展开，我们非常清晰地看着两三个马兵在部队的前沿走动，红旗或黄旗随风飘动。突然发出一阵吼叫，真正是来自地狱的、由千百个胸膛同时发出的叫声：嗨！嗨！杀……啊！杀……啊！……我们的人员，按小分队排列（每个小分队排成斜线），一动不动。我们的队列十分寂静。

不久潘村，随后赵家庄的人员到达，这扩大了我们的战线。口号是：不喊叫，不射击。如果敌人进入射程之内，只有此时我们才开火。当义和拳喊累了，他们就射击几"大枪"和火枪，这让我们判断出他们武器很少。接着，吼叫重新开始。在我们这里，始终同样的平静和同样的寂静。天黑了。敌人的战线渐渐散开。我们是老样子，整整齐齐地回村。

夜晚已过，无事。

今天上午，毫无特殊之处。在那里，在大宁北面，再现敌对的表现。但是，我通知我的人不要外出，只限在村内准备着。有几个急脾气的人想去寻敌。我明确地予以反对。我不愿意让人家说我们先进攻。显然，我们的对手正设法挑起冲突。这五个在暴风雨中尚未受到损害的教徒村激起他们的盛怒。如果仁慈的主授予他们挑起冲突的全权，这可能是由我们所为。但是，我仍然有信心。人们在这里，以及……在欧洲虔诚地祈祷。现在让人受不了的，就是完全彻底地没有消息。又有一个信差未能到达献县，昨天返回来。

下午（7月18日）

今天上午似乎毫无战斗的征兆。当我在魏村突然听到报警时，我正在前往赵家庄，去看望尊敬的马泽轩神父。我立即起程，一位骑马的教友追上我，把他的坐骑让给我，我飞速地抵达。

我的全部人员已在村子的西南，在距最前面的住房不远处列队。进攻突如其来，以至于我的人没来得及在平原上向前移动一下。在那里，成千的拳民从大宁过来，在一公里多的地面上展开，向前推进。不再有疑问了，这是在进攻魏村。

我的队伍分成三个连队，相当理想地安置在矮树丛和壕沟后面，可惜在一块太低而且太靠近村子的阵地上。我看一眼我的队伍，向他们示意，大家便都跪在地上。我背诵全面赦罪的箴言，然后，我祝福他们，勉励他们英勇战斗。

我的人重新振作起来，等待着敌人进入射程。进攻者总是带着鬼脸和伴随着这个魔鬼帮会习惯的叫声向前移动。这些狂热分子匍匐在地，手臂向天，欢蹦乱跳并转动，说是迷惑我们的子弹，使自己成为刀枪不入的人。

首次射击便制止住了义和拳的冲锋。他们几乎全都卧倒，躲藏在柽柳丛后面。接着他们又站起来，再前进。再次射击把他们的队伍搅得一团混乱。前面的人四面八方逃窜，最胆小的人仍蜷缩在矮树丛里，既不敢逃跑，也不敢挪动。见此状，教友们也发出令人生畏的喊声，冲向前。这时，我出发向北去，看一看赵家庄的人是否到来，告诉他们停止逃跑，在侧翼擒敌。我未遇见援军，而是碰到了我的三个突然在村后出现的后备小分队。我喊道:“追逃兵,把他们逼到南边,包抄他们。”我的人不等我说第二遍,就疾步前进了。

在我又回到我的第一个观察点时,敌人已全面溃逃,我的人猛追。在追击中,他们打伤许多人,伤者的同伙用人力把他们抬走。一个伤者仍留在阵地上,有人给他致命的一击,砍下他的头。地上有许多血洼表明,重伤不少。威县的一位伊斯兰教徒路过大宁时告诉我们,敌人承认伤亡六十八人。

人们在战场上收集到一支极好的“大枪”、一些马刀、一大包火药、大量的子弹、一个记事簿,其中夹着一个头领的一些召集通知(这个记事本不是别的东西,而是基督新教《圣经》的硬纸板封面)、几面旗帜或小军旗等等……我们的人无一人受一点轻伤。

义和拳在这整个地区的头领赵老祝逃得最快。我们的好几个狙击人员举枪瞄着他,因为看到他在马上非常趾高气扬。

当一切都已完结,正要分享我们的喜悦时,赵家庄的人到达。正午,钟声敲响,更确切地说,三钟经钟声响起,因为我们现在还没有一台像样的钟表。人们跪在战场上,每人虔诚地背诵各自的祷文。

我的勇士们想结束乱局,径直去大宁,攻打在巢穴的敌人,要他们为其种种罪行付出代价。我反对这样做:“我们的全部职责是自卫,我们不敢行使报复权利。”

回到村里,我们看到妇女们还在屋顶上,手握念珠,念珠是属于她们的武器,在我们为她们战斗期间,她们为我们祈祷。现在大家前往教堂念诵感恩经。我很少听到如此生气勃勃使人振奋的祈祷。

这次小胜利是仁慈的主给我们这些可怜的同伴的一个恩惠,这是一种鼓励,也是一种业经体验的经历。再者,他们还会更沉着镇定,也更策略和守纪律。至于义和拳,他们的败北将使他们思索,我希望如是。如果单单魏村就使他们乱作一团,那么,他们能对付三四个村庄联合起来的力量以及赵家庄的“炮兵”吗?

我向您保证,无忧无虑的晚饭后,我要去看望尊敬的马泽轩神父,把已取得的胜利告诉他。这也没有必要,因为神父们一直在屋顶上,用望远镜盯着这场小战斗的整个过程。

我想,今晚我们可以躺在……我们的胜利上安稳地睡上一大觉了。

7 月 19 日

圣味增爵瞻礼,几天后,圣依纳爵瞻礼。我希望,在天的这两位宗族长为他们在尘世的家族遭受如此残酷考验而转祷。我为樊国梁主教和包主教的宗座代牧区祈祷,在他们那里堆积了多少废墟,不比我们这里少啊!我有幸多次见到这二位高级神职人士,体验到他们行善的效果。因此,对我来说,为他们及其信友们祈祷是一种感激的本分。

一个安静的夜晚之后,就是一个不常有的上午。幸好,魔鬼至少经常给我们留出恭恭敬敬地念晨经并举办弥撒圣祭的时间。这是莫大的慰藉。此外,我们有和我们在一起的圣体:我非常希望,如同我在一次主日讲道说过的,正祭台的这盏明灯,义和拳不可能来给我们吹灭它。

就在 8 点钟,人们又一次听到敌人的军号在大宁吹响,并看到他们的军旗飘动。为了能够获得决定性的胜利,我及时通知尊敬的马泽轩神父,请他告诉赵家庄的人带两门火炮来。我们的整个民团警戒起来,但在村内。我们用一只望远镜监视敌人的动作。赵家庄这次很抓紧时间,八十人拉着两门火炮到达我们这里。我让他们在村子北面扎营,叮嘱他们,只有行动开始才可暴露自己,突然出现在平原上,横扫敌人,用他们的枪炮肃清敌人。在村东,几个后备小分队也将尽责,或者是为了避免这方面的进攻,或者是为了做迂回动作,与潘村的队伍同心协力,在敌人撤退中包抄敌人。

我们有什么办法呢?要谋划一点策略!哎呀!很少,我们要与之作战的敌人自己对战术不懂得什么。不需要某个毛奇(Moltke)或某个马利贝勒(音译,Miribel)。把荷马的那些格斗或高卢战争的某些片段联系起来可能更有意义。我们的战斗使人稍微联想起这些原始时代,或者野蛮人的战斗:得胜者猛追受伤者,剥光他们的衣服,割破他们的皮肤……在吹嘘得那么文明的外表之下,中国人具有野蛮人的全部残暴特性。

现在我们再谈谈战斗的准备吧。我们的战斗准备好像变得无用了。大宁方面的地平线意外地恢复平静。我们两个骑马的同伴出发去摸情况。他们到达距敌村几百米处,在一棵树下驻足,有充裕的时间观察地势。在不远处,他们发现两队人,全都席地而坐,不多的几面军旗,几件武器。在那边,可能有二三百人。尽管有人发觉我们的侦察人员,但无人动一动。我们马兵的报告使我们稍稍放心。我让人给赵家庄和陈家庄的辅助部队准备饭菜,学校的修女们临时充当食堂管理人员。

7 月 20 日

今天将是我们最难忘的日子。人们从各方面预言战斗不可避免。一些异教徒甚至不无同情地告知我们,他们似乎注意到我们起码可能有的不足之处。敌方的长官们提出他们的四点主要要求;召回全部人马;一劳永逸地与魏村和赵家庄了断;“平洋教”,如同他们着力强调的,就是说,铲平西方教会。

从黎明起,我们的人就警戒着。人们仔细点名,缺席者是懦夫!给他的人员一点小“热情”的百人长特别说道:“不战斗,即已背教。”只有女人参加作弥撒。

将近 9 点钟时,第一声有可能成为决定命运的警报,潘村上下一片惊慌,派人要求我们援助,击退正向这个教徒村逼进的、为数众多的敌人队伍。我立即让八十人出发向东,他们的号令是在平原等候,如果敌人攻打潘村,即从背后擒获敌人。

不久我们获悉,用信号示意在潘村东发现的部队是崔陈村的民团,他们为阻挡任何可疑的团伙进入他们的村子而武装起来。民团的长官看出我们的攻势活动,派人将他的帖子送给潘村的秀才,以使我们放心。张县长彬彬有礼地答谢他。我们的支队因此而火速返回。陈家庄和钟管营的队伍已经到达。

这只是时间问题。在大宁方面,在西南方向,尽管有大风扬起大片尘土,我们还是看到庞大的人群在运动。

在魏村南部,相距刚刚六百或七百米有个异教的沙西村。我们许多人担心那里设有埋伏。然而我们的敌人不想在沙西本地作战。不久我们看到在沙西村东部有部队移动。

因此,我们不得不将我们的部队分成两队面对双重进攻。火炮对着大宁,对着我们认为敌人会投入其最大力量的大宁。

要说在进行这些事先准备时我感到轻松自如,那是骗人。斗争是变化无常的,甚至是极其变化无常的。一时失措,仅仅一次,都可能全局皆输。在无限相信主、我们唯一的依靠鼓舞我的同时，我不能掩饰局势的严重性。我想到留在我们身后的事不是没有焦虑不安的：两千多妇女、儿童、老人，他们的生死取决于这场战斗。实际上，您能想象得到我们所遭受的痛苦。在阴凉处，温度表显示四十摄氏度，而我们必须待在那里，在光秃秃的田地里，在火辣辣的阳光下，历时五个灼热的时辰。我必须徒步从平原的一头跑到另一头，劝导、祝福、赦罪，渴得嗓子冒烟。但我有幸为教友队伍的成功将这种忍受奉献给主。

我们占领了一个比前天要好的阵地。地势高，到处布满柽柳丛，在我们背后，有一条低洼的道路，必要时，它可用作防御和掩蔽工事。

将近1点钟时，敌人开火了。我们立即明白，事情将比那一天更严重。枪弹更密集，一些飞弹在我们头上呼啸而过，爆炸的干烈噪声使我感觉到它们来源于连发式武器。实际上，我们在战斗之后获悉，许多兵勇已与匪徒们串通一气，这就是我们所听到的他们的"毛瑟"和他们的"温切斯特"子弹发出的呼啸声，他们的"大枪"的枪弹伴随着更阴森可怕的噪声飞过。在第一次发射的火光下，我们所有人都本能地弯下腰，我发现不止一人的脸变得面无人色。有人向我喊道："神父，您卧倒，您要被杀死的。"但是我要以身作则，我仍然站立着。我说道："你们看清楚，这是些笨蛋，他们打枪时心不在焉。"

不过为了更保险起见，我派一人骑马去赵家庄，请求第二门火炮和援军。

我的计划是迅速冲破敌人的右翼，目的是通过击溃右翼使左翼恐惧，引起左翼的溃逃。于是我对我的棒小伙子们讲了几句鼓动的话，大家马上就冲向前去。

这次行动获得成功。敌人吃惊了，他们撤退，带走死伤人员。看到这一情景，我们的右翼也已向前移动，同时运来火炮，几次非常准确的射击在敌人队伍中造成混乱。当时教友们欣喜若狂。火炮被用人力径直拉到一处小山岗上，火炮的射击对敌人来说是灾难性的。

在这期间，在东南部，敌人的右翼重新发动攻势。我想，这是由于有了尚未提供的后备队，还由于有了一门不知从何处运来的火炮。这门火炮可能给我们造成许多损害，即使不危及也会推迟我们的胜利。火炮的第一次射击给我们送来一阵弹雨，一个弹片致命地伤及我们的一员。然而这第一炮也是最后一炮。火炮爆炸并炸死或伤及许多人。我们在血泊中发现两三块火炮残骸。有人说，火炮瞄准手被炸成两截。

此时此刻，更幸运的是，我们的第二门火炮从人们已看到敌人运动的赵家庄到来，并立即进入炮位。

从这时起，胜券在握了。敌人向四面八方逃窜，他们的多数人甚至谈到失败，惊慌恐惧在感染着所有人。我们这支小部队的两部分在其迂回运动中，几乎全面围住沙西村。该村村民放弃其住房，大概以为得胜者将要把全部置于火与血之中。他们的担心不完全是无中生有的……教友们陶醉于他们的胜利并被夙仇所激发，以赶走可能在住房内隐藏盗匪为借口，疯狂地扑向前面几处住房。有一处墙壁的构架在我跑步赶到时已经被拆毁。我费了很大劲儿才让他们撤出房屋，并撤退。在这种情况下号手会提供帮助。

这次胜利具有明显的神佑标志。无须相信我们的人的说法，他们断言曾感觉到子弹落在他们的胸前，并顺着衣服滑落到地上，云云（中国人擅长于处处见神奇）。考虑到斗争条件，为了自己说服自己，说没有特殊的天意，我们不能成为战胜者就足矣。从人的方面来说，全都不利于我们：人数少，我们的敌人是数千人（有人说达一万二千至一万五千，大概夸张了吧),又有强风吹着沙尘迷我们的眼睛。最后,敌人持有精良的武器,他们有炮兵,他们在不同的两点攻打我们,他们依靠两个敌视我们的村庄。尽管这一切,胜利是彻底的,除去我提及的受伤者,我们只有几个人被炮弹片擦伤。

那位伤者前额被弹丸打破一个鸽蛋大的洞,弹丸仍在其体内。在欧洲,人们定会拯救他。在这里,既无人会处理这类枪伤,也不会取出子弹。因此那可怜的人要等死。从我在战场上给他赦罪以来,他处于昏迷状态。他已吐出几升淤血,已有破伤风症状。仁慈的主将奖赏这位勇士的牺牲精神。

我的人表现得非常勇敢无畏、生气勃勃和有信心。我不说妇女们,她们在整个战斗期间不停地祈祷,将圣水洒向敌方,而且甚至男人们在给武器装弹药时亦大声祈祷。儿童们也使自己成为有用的人,他们提着水桶润湿火炮和"大枪",无此预防措施,火炮和大枪会过快地发热爆炸。水还用于湿润战斗人员被干渴折磨着的喉咙。当我问这些顽童是否害怕中弹时,他们向我炫耀他们那顶有圣心像的白帽子。事实上,他们在战场上奔跑,丝毫不担心危险。

7 月 21 日

平静的日子,但人们感到这种平静预示着新的暴风雨。义和拳并未完全散伙,他们的精神受到很大的震撼,分裂不和笼罩着他们的营地。赵老祝同邱新皋(音译,Kiu-sing-kao)发生争吵,而且他们的人员抱怨没有什么东西吃。

至于大宁的性格温顺的居民们,他们已厌倦喂养这帮总是承诺分摊从魏村得到的战利品,但始终不履行其承诺的寄生虫了。邱新皋想要带队离去。义和拳恳求他留下来,同他们一起进行一场新的、最后的战斗。胜了就掠夺魏村和赵家庄,败了就散伙。战斗应在明天进行。

这就是一位相当正派的异教徒讲给我们的情况。他相信我们明天会成功。"如果说你们那天能击败一万多敌手,更不待说,你们将打垮剩余的七八百敌手啦。"他给我们提供了关于昨天战斗的补充性细节。他觉得,如果我们再继续追赶敌人一公里远,我们可能收拾到大量的武器和战利品。当时那是真正的溃不成军。为了解释敌人的败北,异教徒们讲述了许多迷信事。如果说敌人的火炮爆炸了,那是因为基督徒们给火炮施了魔法:有人看到一个小孩钻进火炮口使之爆炸,云云。

7 月 22 日

三次战斗,三次胜利,用少许非常痛苦的牺牲赢得的胜利啊!

今天是礼拜日,是圣依纳爵九日敬礼的第一天。我让人把圣像挂在教堂内,在这幅像前有一盏灯昼夜点燃着,如果我们愿意,我们可以非常隆重地庆祝这个节日。

我做第一台弥撒。有半数人参加在院内,在开着的大门前举行的弥撒,他们担心突然袭击,全都带着武器。从赵家庄来的李神父(P. Li)做第二台弥撒。一会儿工夫,冯广济神父也到了。

我们所有的队员都已集合起来,驻扎在街道上。我们要去做一次简单的巡查。队伍的面貌极好。第一次看到队伍的冯广济神父很满意。赵家庄拉来两门火炮,第三门已套上车，准备一发出信号，就跟五十人的预备队一起过来。

按规定的三声巨响发出信号，警报声响起，队伍秩序井然地前去占领平原上的阵地。敌人也从其营地走出来。我们看到他们的战线在西南，在大宁和钟管营之间展开。由于担心突袭，我留心让人们不仅隐蔽在西南，还要隐蔽在南部和东南。如果敌人不在西南出现，守候在这两点的两个支队应该做迂回运动，从东北攻打大宁。

天气极热，阴影下四十二摄氏度。我竟轻率地只戴上我那顶（糕点师）帽子。我把未得致命的中暑归功于特殊的天意。

双方队伍相互对峙近一小时。敌人显然有一个计划，力求使我们转移注意力。这个计划，我们本来应该猜测得到，我可能应该保持我昨天产生的想法。事实上，我想保护钟管营，挽救它那座今年刚建成的、漂亮的小教堂。然而该村的教友已逃离家园，男人们在我们的队伍中战斗，人们似乎不太想按照我的计划行事。当地的异教徒还说过，他们反对掠夺。

突然，一股烟柱在钟管营隐蔽我们的树林上方升起，同时敌人在我们前方开火，他们有数门火炮。不再有疑问，这股烟就是有人在烧教堂。匪帮正在被放弃的村庄里为其失败雪耻。

一见此状，我们的人一下子怒火中烧，像踩上弹簧一样跳起来，大家一起奔向前，只有我刚说过的那两个支队尚未移动一步。但是不久，由于在他们面前没有敌人的任何活动，他们采取行动穿过沙西村的南部。如果这时我们的军队只要一次猛冲，深入到大宁，敌人便可能后退。我们稍后看到，他们的火炮没有座架，因而他们不能从原地移动火炮。此外，他们的真正打算是宁可做出报复的假象，烧毁钟管营，也不进行一场真正的战斗。然而我们的同伴们不知道这一切，他们为了炮轰敌人而停止向前跑动。

敌人还在炮轰我们，这种单方面的打炮可以持续几小时，而无严重的后果。幸好我们的更有决定性的左翼打枪比放炮更得心应手，他们分散前进，使敌人蒙受严重损失。幸好赵家庄的后备队看到战斗仍在持续，便带着第三门炮赶来救助。这门新到来的火炮未发射三次，敌人就溃散，并乱哄哄地向村子撤退。他们在村里未停留多久，因为我们的左翼几乎同时到达大宁。

我确确实实叮嘱过，不要进入该村。哎呀，你们赶快拦住那些被胜利弄得晕头转向的人啊！不过必须绝对制止掠夺。我跳上我的一名侦察兵的马，并极快地与前面的小分队同时到达大宁。一家住房已经燃烧起来，我冲进院内，我抽一马鞭，将我们的人赶出院子。我干哑的喉咙不能发出任何声音。最终幸亏有几位比较理智的人帮助，我得以让人们撤出村子。这时我筋疲力尽，人们不得不搀扶着我。我浑身冒火，有人给我送来一桶凉水，用水冲洗几下使我感到轻快。休息片刻后，人们把我扶上骡子，我返回了魏村。

我一边对与基督教毫无关系的报复感到愤慨，一边也在内心有点原谅我这些可怜的同伴们啦。你不能要求他们具有英雄般的忍耐品质。当你知道他们需要忍受欺压、苦难、不公正的待遇、公开的压迫和隐蔽的迫害，而且成年累月如此；当你想到，就在早晨义和拳还掠夺并焚烧了一个基督徒村，你就能理解胜利者的怒火达到何种程度。

只是在晚间我们才获悉，尽管善良的异教徒们苦苦哀求，义和拳在钟管营和马家庄还是犯下了种种暴行，这些无耻之徒将教友们的门窗、家具堆积在教堂里，付之一炬。一刹那，柱子和屋顶燃烧起来，这成了一座未建成即毁灭的教堂。一位可怜的六十岁老人，无意中被匪徒抓住，被冷酷无情地割喉杀害，然后被绑在教堂的一根柱子上，人们认出了他的烧焦的骸骨。两位妇女和两个儿童被杀害。当时有人要救这两个最大只有八岁的儿童，但是孩子的母亲怕异教徒迫使她背教，说道："别救了，两个都跟我一块死吧。他们和我一样是基督徒。"有几个同情者告诉义和拳："这个女人不是基督徒。""是，我是基督徒，"母亲说道，"你们杀死我吧"。

在马家庄也有好几个受害人。他们把这些受害者捆绑后，带到大宁，在大宁将他们割喉杀害。消息传说，他们将其尸体剁成块腌制。我未能核实此事。

一个十三岁的小女孩尤其以她忍受死亡的胆量惹人注目，异教徒们不禁说道："这就是一个真正的基督徒！"

主要的受害人是近七十岁的老管理员。过去我多次给他行圣事，还对他笑着说过："你具有顽强的生命力，要让你死必须重击你。"我过去不相信我能成为如此灵验的先知。义和拳承担将他从正道送到了天堂。

您看出，我们的胜利是以极大的代价获得的。确实在战斗中，甚至无人被杀，也无人受伤。

胜利之师以一定的顺序络绎不绝地行进，有许多辆衣服车，各种家具车。人们告诉我，这是从敌人手上夺得并凯旋带回的钟管营战利品。实际上，我认出其中有我的教堂还来不及安装的门和窗、小圣堂的圣体龛、铜蜡烛台等等。还有敌人丢弃的三门火炮，以及各种武器。我让人将所有这些战利品锁起来，以期将属于钟管营教友们的还给他们，或分发给其他的穷苦人。牛被宰杀吃掉，每名战士得到三法国古斤的牛肉给他及其家庭，他们受之无愧！天天能吃饱的人不多。灾难还在扩大。主何时能怜悯我们呀？现在是 7 月末，将要收割的庄稼刚才勉强出土，它们来得及成熟吗？

7 月 23 日

人们感到全面缓和。异教徒们本人，我指那些最善良的异教徒们，乐见义和拳失败，而且敢责怪他们。人们发现，我们太善良了。许多人看到我制止掠夺，现在他们以赞美之辞谈论此事。

7 月 24 日

又恢复了平静。看来我们摆脱了义和拳。有一条使我们非常欣喜的消息，我们曾经分散四处、漂泊不定的大名府的神父们，现在他们每天赶一点路靠近我们。他们也怀有兴趣地注视着我们的战斗，我们战斗的情况已传到二十以及二十五法国古里以外的他们那里。他们让人告诉我们，如果我们被打败，南部的所有基督徒就完蛋了。我们成了胜利者，他们因此得救，不久他们就要到达这里。

7 月 25 日

终于有三位盲人带来了献县的书信。尊敬的马泽轩神父给我来信，我首先从中寻找我兄弟万其俊的消息。Deo gratias！（拉丁文：感谢天主！）7 月 10 日，范家疙瘩胜利地击退义和拳的所有猛攻之后，仍旧安然无恙。

7 月 27 日

义和拳和强盗们不再有可供掠夺的教友村庄时，他们便责怪他们现在敲诈勒索的异教徒小房地产主。过去只要有人只指责我们，民团就漠不关心，无动于衷。然而现在一有人也指责异教徒，袁家庄（音译，Yuan-kia-tchoang）富有的、有影响的异教徒民团首领就来提出对付各种作恶者的攻守同盟。这正是时机！

7 月 28 日

一名信差告诉我们朱家河令人恐怖的大屠杀。我们希望在欧洲能有报仇雪耻的声音，将最近这两个月的暴行公布于历史面前。截至今日，在我们单独一个传教区内，肯定有三千多受害人。

7 月 29 日

师范学校的修女和学生们正在为我们期盼的大名府神父们准备服装、衬衣、长裤、长袜，因为他们必定是一无所有。由于这样酷热，不能换衣服是何等痛苦啊！本村愿意支付这些衣服的费用，尽管我们的人自己也是拮据的。最殷实的人家倾其所有来帮助我们的所有难民，这些难民经常数日不能解饥。一些人的慈悲，另一些人的耐心感化我，并带来各种最伟大的恩惠。

一个周围地区的士绅代表团受县官委托前来言归于好。这一举措是个好兆头，它表明异教的人民群众丝毫不会反对我们。

7 月 31 日

圣味增爵瞻礼。——我们做过九天祈祷，它使我们获得显而易见的保佑之后，我们感谢圣味增爵是公正的。我的教友们希望有一次大的弥撒。我邀请冯广济神父和李神父，我们唱弥撒。教堂点缀得如同盛大节日一般，光辉灿烂，与当时的环境确实有点强烈的对比，但是我希望，这是美好岁月的幸福预兆。

人们在议论反对义和拳的谕旨。这可能是时候了！中国政府是否会明白义和拳这帮歹徒是其最凶恶的敌人，是他们的野蛮袭击，无视人们的任何权利，给帝国带来近期的灾难？我不相信这点，傲者失明么？

8 月 3 日

多么意想不到！有一位我的确几乎没有指望过的贵客——冀炳业修士，现在却投入我的怀抱。尽管衣衫褴褛，但我们还是完全可以辨认出他来！在成群结队跑来的教友向他致意之后，这位善良的修士想给我讲一讲他的曲折逃难过程。

“我们先吃午饭吧，我亲爱的修士，因为您必须恢复体力。过一会儿您一定要给我们讲一讲您的故事。”

教友们渴望倾听这次讲述。他们围着冀炳业修士坐的方式说明了他们崇敬的心情。实际上，这是一位公开表明信仰的基督徒。他和他的同伴们看到了逼近的死亡，他们听到仇恨得发狂的一群人鬼哭狼嚎，要他们的脑袋。为了摆脱死亡，他们不得不躲藏在实在简陋污秽之处,只剩一条裤子和一件衬衫,几乎饥渴而死。

然而天道明显地关照他们。异教徒甚至强盗头子都协助拯救他们,诚实的基督徒以其生命做出牺牲。他们终于在经历了一个月的艰辛、危难和痛苦后,被交还给他们的家庭和上司。

午饭后,我们出发去赵家庄,在赵家庄我紧紧拥抱范迪吉神父、金道昌神父、孙汝舟神父和金进德神父。他们已将流放者的衣服换成更得体的服装。那天早晨他们进村时,他们更像是乞丐,而不是传教士,许多人一看见他们便大哭起来。他们的脸上还带着他们长期忍受痛苦的痕迹,可是尽管这样,喜悦和信任一分一秒没离开过他们。

在最近这八天掩护我们的神父的这位勇敢的教友,他本人陪送他们来。这位铸就英雄品质,却不过高估计自己的优秀分子,有人迫使他背教。他答道:"请你们自己看一看,我是否能背教。天主是我的圣父,我能说我不再是他的儿子吗?"这种答复是不容置辩的,尤其对中国人而言。

我们的漂亮的大名府堂里、教堂、学校等等只留下空荡荡的场地。拆毁建筑物的人把最后一块砖都卖掉了,而且是在当局的眼皮底下卖的。

我们的教友们凑份子,修女们忙于为我们的神父们做衣服,我们自己已是乞丐,但还得帮助比我们更像"乞丐"的人。

8 月 7 日

痢疾成灾。人们只剩下可怜的食物,儿童尤其容易为灾害所侵扰。

8 月 8 日

战斗似乎要重新开始。有人揭发义和拳在离张家庄不远的齐集(音译,Tsi-ki)重新集结,张家庄的罗泽溥神父堂里距齐集北部二十五或三十公里。这帮义和拳可能打算明天来攻打我们。他们来自北方,主要是深州。

8 月 9 日

我们的敌人在决断谁在前排交战问题上意见不一。来自北方的义和拳想把这份荣誉让给赵老祝和他的队伍。赵老祝说:"既然你们刀枪不入,你们就在前冲锋吧。"人们预言战斗肯定在明天。

8 月 10 日

将近 11 点钟,我们瞧见在东部有一支队伍举着随风飘扬的旗帜行进。几乎同一刻,一位伊斯兰教徒到达,他给我们带来了消息。

匪帮已离开无人再愿意养活他们这帮寄生虫的贺钊。

我们几乎惋惜这场未打起来的战斗。一次辉煌的胜利可使我们摆脱这帮恶棍,而现在不得不冒着酷暑与食物短缺继续保持警惕。

8 月 15 日

范迪吉神父和安进德神父今晚在我这里接受款待,再说他们是容易安排住宿的客人:

金进德神父睡在我的院内地面一领席上。

在6点钟，范迪吉神父做唱经大弥撒，二十年前他曾是威县的本堂神父，由于他记忆力好，他几乎认出他的所有堂区教民。他做了一次非常成功的、因人制宜的讲道。听范迪吉神父讲中文是件愉快事。范迪吉神父说中国话运用自如，流利畅快，温文尔雅，令人羡慕。教友们喜欢听他讲话。

8月20～26日

这些日子没什么很新的情况。官员们有点到处追捕义和拳和盗匪。可是不久，他们必须追捕我们教徒中成为窃贼的某些人。可怜虫们！这是饥饿使之所为，但不可原谅他们：饥饿未使这些手段合法。主教最近宣判三种错误逐出教会：(一)聚众带武器去义和拳那里挑衅；(二)掠夺他们的财产；(三)故意杀人，合法自卫情况除外。

8月30日

我们在这里避难的神父们缺乏一切，十二人只有两本日课经。秋天来临了，必须要有些衣服。尊敬的马泽轩神父在他能力所及之处借用，而我们的教友自己囊空如洗。通常我们在这个时期酿造葡萄酒，现在，可能必须仅限于为弥撒酿造，而我们将全年喝白水了。

9月4日

这是一个兜售荒谬想法的典型：大刀会，千真万确的大刀会，这次他们要去用他们的身体掩护皇帝。这些笃信者为数百名，其最年轻者有一百岁，还有二百、三百岁的，所有的人都有长长的白胡须。对这支皇家卫队，西洋鬼子的各种器械毫无办法，他们是刀枪不入的么!!!

9月13日

威县县令刚被调换。我应该指出以他的名义举善的两件事。

我们在城里的小教徒村管理人几乎单独一人留在威县。有人就近监视着他，担心他给我们的部队作密探。那么他怎么过活呢？买卖不再进行，收获尚未成熟，找不到活计……这位管理人向他的邻居、卫队长讲明他的处境。队长跟县令谈到此事，县官说道：“让他待在城里吧，如果他没钱了，我会帮助他的。”于是，县官给了四吊钱，副手加上两吊，队长加上一吊，因而我的可怜的刘(音译，Liou)竟从最可能指望不到的人那里得到了七吊施舍钱。

马家庄的一位教友耳聋得厉害，但他既不哑，也不傻，也不腼腆，他像其他人一样被掠夺过。然而在他简朴的宗教信仰中，他以为仁慈的主肯定会将强盗偷他的东西加倍地还给他。可是得吃饭啊，而强盗们甚至拿走了他的饭锅。这位教友带着一吊钱去城里买新锅。在北门，警卫问他：“你是从哪儿来的？”“从马家庄。”“基督徒？”“是。”“别走这里，从西门走吧。”“怎么，门开着，不能走？”“去西门吧，告诉你了，不用多问。”这人照办了。为此他必须穿过一片高粱秆高过一人的田地。悄悄跟着他的那个警卫早就想这样，在田地里，警卫向他猛扑过去，夺他的钱。然而马臣海(音译，Ma-tchenn-hoai)不轻饶那警卫。他去署衙控告,县官立即听诉。“你从哪儿来?”“从马家庄,而且我是基督徒。”“啊!你是基督徒,那你状告什么呢?”“首先,我家被偷,被砸,一切都被烧毁。噢,请您瞧一瞧,我甚至没有一条合身的裤子穿来见您。由于我的饭锅被人偷走了,我正来城里另买一口锅,可是警卫在北门抢走了我身上带的所有银子。”“这段时间,你最好别来城里啊。你不能在乡下找一口锅?”县官未提弃教问题。“现在,我去让人还你钱。”于是,县官召来卫队长,命令他搜查强盗,让他还钱。现在已经办到,但还差二百或三百铜钱,然而这不太重要了,我们的聋子是满意的。队长在路上劝导他背教:“你看,如果你有脑子,你就别再当基督徒了,这是我给你的友情劝告。”

如果欧洲人被打败,或者如果战争延长,我不太知道我们和我们的这位教友可能还会遇到的事情,更确切地说,我只知道他会非常……

新任县令姓黄(音译,Hoang)。人们说县令夫人是基督徒。

9月18日

冀炳业修士来看望我。立刻有许多人来找他。由于人们知道他略通医术,人们像过去一样为了主,将整整一群病秧子带给他。

七八月份的少量雨水和酷热阳光使高粱、黍子、四季豆、荞麦、玉米等每一种作物都神奇般地生长起来。仁慈的主怜悯他的生民,起码他们今年秋天不会饿死。收获不是超常的,是中等收获。

9月25日

在赵家庄,有一个团伙组织起来对义和拳进行报复,魏村十来个有污点的人是其成员。我们用了种种方法试图把他们引向倾向基督教的情感。一切都徒劳无益。礼拜日,尊敬的马泽轩神父使整个赵家庄震惊:教堂关门,弥撒禁止旁听。这项如此严肃的措施对罪犯们①毫无作用。翌日,这帮团伙甚至杀死三人,运走两车赃物。这是义和拳运动的对立面,也是一方异教徒对另一方异教徒。正直的人们在抱怨。异教的因素在所有这些人的内心深处仍然是非常根深蒂固的,而基督教的耐心、对侮辱的宽恕是一种难以适应环境的植物。

您会说,那么县官呢?县官在做什么?他什么都不做,任人无所不为。

10月3日

我的兄弟万其俊的长信给我讲述了对范家疙瘩的第二次包围。我们经受的考验与他们的相比微不足道,他们的胜利让我们的胜利黯然失色,但是两者都明显地突出了同一位天主。

我们这里来了两个距离不远的信差:第一个来自镇台,大名府军队的统领;第二位来自同一城里的道台。前者说:“如果说大名的神父们受那么多苦,如果说总堂被毁,尤其请您不要相信这是我的主人镇台的过错,全部责任在道台身上,他是一切罪恶的主犯。”后者

① 许多人此后已皈化。他们中间一人的死亡引起人们极大注意,没有为他举行公开祈祷。

则说："如果说人们保卫大名的神父这么糟糕，如果说总堂片瓦未留，发发慈悲吧，请您不要控告我的主子道台，千真万确的罪犯是镇台。"

不久，魏县县令本人给我们带来另外两位官员。这几位大人来的目的在于和我们重新建立友好关系。他们非常希望我们对过去的一切既往不咎。为了自讨一个"面子"，他们坚持所谓基督徒的掠夺行为。说不定从某些人方面看有应受指摘的行为，我们是最早责备他们并要求惩处罪犯的人。但是必须考虑可减轻罪行的情节，而且肯定他们是多数。尊敬的马泽轩神父向他们澄清事实，他得到几项承诺，消除了一些疑虑，坚持了我们教友的正当要求。

10 月 10 日

9 月 25 日，在俗赵神父（音译，Tchao）从坡里写来一封拉丁文信，他逃难到坡里，住在福若瑟神父那里。我想给您抄录其中几段。这是隔离两个月之后，我们从文明世界得到的第一批消息。

> ……欧洲人进入北京后，直接前往使馆区，发现大使们没有受伤，因此高兴得泪水夺眶而出。此后，大使们和士兵们住在宫殿里，因为他们无法体面地住在自己那些遭到破坏的楼房里。
>
> 英国人将一艘大军舰开到南京，对总督说："给我们这个东西（意指金钱。——译者注），否则向你们施压。"总督答应了。第二天，英国人启程去天津。领事们对总督说："如果英国人能有一千名士兵，我们也得有一千名。"此后，法国领事从安南召来八百名士兵。
>
> 和谈全权代表李鸿章不敢来北京，以免落入欧洲人的手里并丢面子。太后发电报："李鸿章，速进京和谈。"我不晓得他现在是否已进京。8 月 22 日，颁布一道敕令："弹压教派。"
>
> 天主眷顾，李秉衡没有攻击（献县）张家庄的总堂。
>
> 李秉衡激烈地指控李鸿章、张之洞、刘坤一与欧洲人签约，保护欧洲商人和传教士。端郡王闻讯，即命令袁世凯攻打南京。袁世凯犹豫不决，与刘坤一商量，刘劝他不要听端郡王的："因为我们是皇帝的大臣，不是贼的仆役。"由于李秉衡的指控，两个大官被处死，死前对太后说："听信贼言，天下丢矣。"
>
> 欧洲人四处寻觅端郡王，但无法找到。大使们要求的那些事情没办到，因此更加激愤。
>
> 英国人一心想占领长江。
>
> 从天津到北京，日本人死得较多，因为他们看来比较勇敢。
>
> 有十四个行省反对中华帝国，但不要分裂帝国，要扩展商贸关系，并要求补偿交通运输。

10 月 20 日

您不可能想象可怜的中国教会在这三个月期间所忍受的苦难，人们不再说在中国的生活缺乏情趣了！

我希望，不仅对情趣，而且还对牺牲精神的好感将激起新的使命感。我们需要一些新成员，以填补那么多的空缺。在从殉难者的鲜血中必然产生的收获季节，需要人手。

11月15日

当信差向孙汝舟神父宣布其葬礼的种种细节、颂词、在他所谓死亡之际发表的悼念文章时，我们开怀大笑。

可惜有真的死亡，非常悲痛的空落落的感觉。每次我去赵家庄，我都想到善良的赵席珍神父，我同他在赵家庄一起生活将近三年。在他殉难的前几天，他对我说了一声那么自信的“再见”。他很不情愿地出发，以为去最安全之地，把最危险的岗位留给我们，然而就是他去赴死了。

11月18日

我开始在魏村的年度布道。我举行年度布道，从一批优秀的青年家长们闭门隐修开始。二十三人登记，当地贫苦的人们所能有的一切都给他们用作食堂和宿舍了。人人带自己的床及其卧具，他们尽其所能地安顿住宿。人人还带他那份或者磨成面做饼子，或者颗粒状做汤的黍子。同黍子一起还有少量卷心菜和油菜，这就是他们在这三天内的全部饭菜。孤儿院为他们烤饼，其余的由我的伙夫做。

在这一批之后，可能有另一批，人数大约相同，而且还可能有第三批。我想最终培养出一批虔诚的、能够做表率的杰出的基督徒，支持传教士的各项善举和有利的改革。

魏村西部约有六十或七十户异教徒。不过，有人在商谈，使他们下决心成为基督徒。对某事而言怕洋兵在当地是好事。行政官员趁机进行一场宣传运动。如果和解，我们可以事先依靠十来户，其余各户将紧随其后。如果全村成为基督徒，那是多么幸福啊！这将构成一个一千二百多人的堂区。这梦想可能太美好了，然而听凭主的安排无所不能。

现在，我结束关于这一事件的日记，这一事件似乎宣告对我们的一连串考验结束了，而且预示美好的时期到来。一句话可概括这些篇章：Quam bonus Dominus sperantibus in eum！（拉丁文：愿仁慈的主对相信他的人们仁慈！）

万其偈耶稣会士

战斗之后：苦难与破产①

——罗泽溥神父、范迪吉神父和马泽轩神父的书信

赵家庄，1900 年 10 月 25 日

我亲爱的母亲：

从 5 月 27 日到 6 月 6 日，我仍留在大名府。这一时期，已经有人张贴恶毒攻击基督徒的揭帖，但是当局令人将其撕掉，尤其在传教士们申诉之时。我们与官员们友好相处，他们经常来家拜访范迪吉神父。

人们谈论很多北京主教区的大屠杀。然而这是义和拳所为，表面上，官府与义和拳不相干。因此，我们——马泽轩神父和我静悄悄地前往赵家庄。在村子里，人们成群地在街头游荡，因为干旱得厉害，大家无活可干。在张屯贺乐耽神父那里，我们获悉，一些团伙在乡下组成，他们是要去向富户要粮食。另外，人们借口缺粮已把麦地掠夺一空。这种情况非常有利于义和拳，可以给义和拳提供信徒。

我们毫无困难地到达赵家庄。然而马泽轩神父力图走得更远些，但是徒然，他不得不返回到此地指导自卫，而且他现在仍在那里。

当时我们正值夺取大沽炮台之际，从那时起中国官府现出了原形，在端郡王的影响之下，采取支持义和拳的立场。几天之后，义和拳运动以惊人之势蔓延开来。华北的大部分基督徒村被掠夺、屠杀、焚烧。追击基督徒被认为是正当的行动。官员们充满仇恨或阴险奸诈的公告在煽动民众反对基督徒和传教士，所有小基督徒村纷纷奔向大的中心点。

四面八方的穷人来到这里，他们的大多数什么也没能带出来。我们心神不安，如果我们受到攻击，我们该怎么办呢？没有任何自卫准备，武器数量不足，粮食在短时间内就会告罄，村子没有防御工事。

幸好匪帮在与大基督徒村较量之前，长时间地犹豫不决。人们有时间恢复镇定。人们尽可能地弄到武器。人们非常犹豫是否修筑防御工事。怎么找到钱呢？于是我让最富有的人明白，贡献出一些银两比冒着丧失全部银两、财产，甚至生命而收藏金条更明智。说服取得预期效果，人们开始动工，在人们谈判占用的土地之际，已开始在闲散地上开挖壕沟。

八天之后，我们的村子围上了一圈牢固的壕沟，有路堤、土雉堞、巡查道，以及仅有的两个门。从此时起人们会感到自在了，不再有这样的警报了，最起码的迹象是：所有的女人发疯似地涌进教堂，男人们则带着武器奔跑。女人们自己用白毛巾包头作为警戒标志，

① 原载于《支那与锡兰》1901 年 3 月，第 2 卷，第 275～320 页。——译者注

在工事上充数,吓唬敌人。有一天战斗时,一位神父在路上遇上一个六七岁的女孩,佩戴着一把大刀。神父问她:“你这个样子,到哪儿去呀?”“我去杀义和拳。”

8月10日,我的一个教徒村鱼台距此地六公里,只有七十到八十名战斗人员,受到义和拳一支大队伍的攻击。我们从此地看到教友们的房屋着火冒出的黑烟,并且一再听到枪炮声,这让我们很是惶恐不安。我们的几个去打探情况的同伴不久告诉我们,只有南面的住房起火,逃到教堂范围内的教友们一直在坚持着。①

夜晚降临,来了两个鱼台的教友向我们求援。对此我们没有犹豫不决。如果鱼台失落,义和拳会立即来攻打我们。我们答应提供一百人,但只有五十三人应召。这些勇敢的人,请神父祝福并在诵忏悔经之后,便拖着一门火炮上路了。他们祷告着来到村边,天色漆黑,他们摸黑进入了阵地。

敌人部署在异教徒的家里,控制着我们的住宅。他们从这些人家向我们射击,白天来临,张家庄的支援人员看到无法坚持,便决定在敌人仍在屋顶上的时候,带着一部分被包围人员突围。敌人未想到会看到如此大批的进攻者,而且在其惊慌失措之中还以为进攻者还会更多,便后退并逃之夭夭。敌人死亡甚多,教友们只损失二人。

从几天之后占领北京开始,义和拳不再那么放肆,逐渐冷静下来。但是太平远未恢复,前景仍是漆黑的。

罗泽溥神父

赵家庄,1900年10月29日

……我们传教区南部的所有教徒村几乎都被毁灭。

我们的大多数穷教友四处漂泊,像野兽一样被追逐,没有藏身之处,没有吃食,没有衣服,我们不能为他们做些什么,我们本身只能艰难地弄到最起码的必需品。

……尽管有使人稍许放心的谕旨和联军的出现,我们的处境仍未得到那么快的改善,对这一切我们未看到任何出路。地方当局几乎丝毫不制止帮会分子,而且继续要把所有这些罪恶的责任加到基督徒和传教士身上,这始终是狼和羔羊的寓言。

几千名教友现时在羔羊宝座前盛赞一位光荣的殉教者,每天每日有许多其他教友由于灾难的延续,以及随后的缺吃少穿和疾病而死亡和濒临死亡。当我们回到我们的县里时,我们将要列出多么悲惨的人名单啊!

范迪吉耶稣会士

赵家庄,10月22日

人们为我们得救而祈祷,因为从人的角度来说,根据在北京当地制定的计划,我们必定在六七月份全都呜呼哀哉。命令不仅下达给直隶,而且下达给中国的各省,打击已准备多年,地方当局已列出如此详尽的各教区清单,无一教区能够逃脱。

---

① 村里的异教徒们曾允诺,遭到攻击时,与基督徒们联合起来,但这些诺言一般说来很少是严肃认真的。人们对此看得很清楚。教友们被逼得走投无路,躲在家里。敌人爬到异教徒的住房上,彻底包围了勇敢自卫的小队伍。——万其俊神父注

献县的座堂被挽救。但是在传教区南部，我们害怕在传教区北部欧洲士兵到来的消息会再激起对我们变本加厉的仇恨。最蛊惑人心的谣言开始风行起来。

我们在此地有十九名传教士、十三名法国人和六名中国人。中国神父可以来来往往，而我们还不能，有点像被看管的人质。我们善良的天使们也在看管我们，他们比所有的魔鬼更强有力。

11 月 1 日

广平府颗粒未收，大名府几乎也颗粒未收。在魏县，我们收获了五成黍子和玉米；当地人通常吃的食物高粱绝收；用来织布、使三分之二人口生存的棉花同样歉收。尽管如此，可怜的人们还是找到办法为我们做几件冬衣和几床被子。现在是冬季，躺在砖上或铺着黍秸的木板上并不温暖。

还有比我们更不幸的人，首先是我们可怜的教友，还有毗邻地区的传教士们。豫北的斯卡雷拉主教(Mgr. Scarella)写信给我说："自从我们被围困在林县百日以来，我们处在绝路上，无望在近期得到解脱。因此，我们免于刀枪宰割之后，将死于饥饿和寒冷。"

斯卡雷拉主教和六位传教士一起躲藏在一位教友家里，不能外出。啊！何时，在何种条件下才有太平啊？我非常担心，在即将签订的条约中，别指望保护传教士，也别指望保护基督教徒，到那时可能是继续迫害。

11 月 21 日

自从欧洲军队占领天津、北京、保定府等地以来，尤其从处决给我们造成那么多不幸的著名的满人以来，害怕遭到同样命运的大小官员开始行动起来恢复秩序。他们因为害怕看到我们的军队到达他们的地方，便给我们作最美好的承诺，但是我们一直期待这诺言的兑现。

睿智的政治家李鸿章善于使结盟的列强同意，战争只针对义和拳，而不针对帝国的正规部队。抵达我们献县堂里的法国兵团不打扰驻扎在城里、距离我们这里两公里远的一营中国兵勇。当我们的士兵们经过时，中国兵勇们甚至举枪致敬。因此，人们既在战争之中，又不在战争之中。端郡王和 7 月份曾将其部队投入反叛的著名统领董福祥，是同老太后一起做尽坏事的两个人物。没有欧洲军队的到来，他们可能已经走得更远了。至于我们可怜的教友，他们所受的苦难一言难尽。然而，请您赞赏他们的信仰吧，他们大多数宁愿丧失财产，甚至生命，也不愿背教。

马泽轩耶稣会士

附 录

一、《直隶东南教区》中述及的外国主教、神父、修士汉语名

Le P. Amiot	钱德明
Le P. Andlauer, Modeste	路懋德
Le P. Bataille, Jules	巴鸿勋
Le P. Baudoux	杜汝梅
Le P. Becker, Emile	葛光被
Le P. de Becquevort	贝钦明
Mgr. Bruguière	包主教
Mgr. Bulté, Henri Joseph	步天衢主教
Le P. Cézard	齐广照
Le P. Damerval	马纯嘏
Le P. Denn, Lillois Paul	汤爱玲
Le P. Du Cray	苗履实
Mgr. Favier	樊国梁
Le P. Finck	范迪吉
Le P. Fleury	华芳(方)济
Le R. P. Freinademetz	福若瑟
Le P. R. Gaudissart, S. J.	金道宣
Le P. Gissinger, Jules	安进德
Le P. Gouverneur	鄂铎宣
Mgr. Guichard	易德谦主教
Le P. Heitzler	雷纯藻
Le P. Hæffel	贺乐耽
Le P. Isoré, Remi	赵席珍
Le P. Japiot	毕如春
Le P. Joseph Gonnet	鄂尔壁
Le P. Jung	雍居敬
Le F. X. Kieffer, S. J.	冀炳业修士
Le P. Liefooghe	冯广济
Le P. Lomüller	罗泽溥
Mgr. Louis Fauri	胡缚理主教
Le P. Mangin, I. S. J.	任德芬
Le R. P. H. Maquet, S. J.	马泽轩

Mgr de Marchi	马天恩主教
Le P. Monget	芮卿云
Le P. Neveux	孙汝舟
Le P. Palladius	鲍乃迪
Pierre-Xavier Mertens	谈天道传教士
Le P. Prévôt	裴省三
Le P. Rouxel,Eugenius	翁继伟
Le P. Séneschal, Alfred	林道昌
Le P. Simonel	席鸿勋
Le P. Verbiest	南怀仁
Le P. Wetterwald, Albert	万其偈
Le P. Wetterwald, Paul	万其俊
Le P. Wibaux	鲍体乾
Le P. Winsbach	魏执中

二、外国主教、神父音译名

Le P. Bosch	博斯科
Le P. Dermarquest	德马尔盖斯特
Le P. louis Gaillard	加亚尔
Mgr. Scarella	斯卡雷拉主教

第三部分

评　　论

中国、欧洲和罗马教廷[①]

中国最近发生的事件使欧洲大为震惊，以可怕地惊醒了国家政要们所谓明智的梦想而告终。

这种明智产生于18世纪和19世纪。18世纪因发现中国而沾沾自喜，19世纪欣喜于统治它。

在那之前，白色人种和黄色人种的关系问题并不存在。距离是一种阻碍；当以简单工具劳作生产刚能满足各民族需要时，追求收益并不会促使人们走得很远；最后，中国出于不信任对外国人闭关锁国，外国人只能呆在澳门，并且被置于敌视的政府监视之下，这个政府很少和世界其他地方作商品贸易，没有思想观念交流。只有传教的热忱跨越了禁闭的国界，十字架（传教）的狂热激发了一些欧洲人要向四亿亚洲人宣教天主教义的雄心。他们的意图看来越是鲁莽、大胆，他们的步子迈得越是谨慎小心：这些上帝的冒险家们掌握熟悉了这个种族自以为是的风格、文学和哲学，他们在自然科学、机械科学方面成了老师，那是这个种族唯一感到需要的学科。他们以博学之士著称，随着此名声传入而进入朝廷。他们投其所好的服务使得皇帝们很看重他们；作为对他们人文知识的回报，他们得到了传播神学的权利；他们将神学作为可以完善其本身的哲学介绍给文人阶级，他们以其优良品质和功绩获得的信任是他们传播信仰的保证。18世纪初，中国基督教徒有八十万，他们的社会地位比他们的数量更重要。有许多官员，好几位亲王，一位皇后和她的作为皇位继承人的儿子接受了洗礼，好几位皇帝曾经流露出受洗要求。在一个文人贵族一切听从于朝廷，又引导着大多数人的精神的社会中，赢得首脑们就能赢得全体人民。于是，在未为欧洲所知的情况下，在亚洲开始了一个深刻的变化，平静和工作被一场争吵打断了，这场争吵就是有关中国礼仪的著名误会。为了使得天主教更容易被接受，一部分传教士并不攻击中国祭祖、祭孔以及祭"天师"的传统礼仪。其他传教士，认为这些礼仪与迷信、偶像崇拜混淆在一起，强行要求废除。神职人员本应以统一的名义说话，罗马教廷必须结束这种因神职人员的不一致而产生的混乱局面，教廷谴责中国礼仪。一旦天主教表现出反对过去的传统习俗，它就让文人们疑窦丛生，皇帝们就下令驱逐传教士和禁止基督教。

这些关于中国的冲突的聒噪引起了其他文人的注意，这些文人以哲学家的名义，在法国建立起其权威，并以向欧洲提供思想为己任。他们参与了这场相隔遥远的争吵，因为作为天主教的敌人，他们很高兴它陷入困境。就当时的哲学来说，能得到指责教会的一切机会都是好的。他们谴责荒唐的狂热崇拜搅乱了一个快乐明智的民族的信念，他们赞扬这

① 原载《通信者》(*Correspondant*)，1900年7月25日，pp. 193－215.

个民族在外国人面前捍卫了它的民族天性，他们怀着敬佩宣扬了这个民族的法律和风俗，他们以为发现了一个几乎摆脱了宗教信仰的社会，以为颂扬了一种来源显得完全人性化的智慧，因此他们更加热情。[①]

这种偏见偏爱中华文明，反对基督教文明，是那些以思想为荣的人中的第一意见。他们以显而易见的诡辩愚弄了公众的单纯，并且影响到了政府行为，懦弱疏懒的路易十五忘了传教士中主要是法国人，他们在中国的影响是维持下去，还是衰落，不仅对于他们自己，对于法国来说，也是成败攸关的事情。当传教士们被取消了传教自由时，他不表态，错过了打开中国大门，让它接受西方和法国影响的时机，当时中国是无力用武力抵抗的。几年后，这个皇朝消灭了耶稣会士，废除了这个最能渗入亚洲自然特性和唯一在中国人中建立起威望的修会。最后，法国大革命发动了对教会的所有修会的战争，使得各传教会衰落。此后，法国人的勇气弥补了法国国内亵渎宗教的恶果，到处恢复传教活动，承担了其中最大的份额，但是没能使天主教在中国恢复往日的风光，而且也没能让法国公众精神方面遭到的损害得到自我修复。那里还存在一个学派，指责基督教在亚洲和欧洲之间传布敌意。一般舆论虽然拒绝接受这种亵渎宗教的狂热，但是对宣教的效用还保持着某种疑惑。当一些传教士被杀害，即使它不把他们看作是挑衅者，至少也把他们看作是惹麻烦的人；它不愿弃之不管，但也为不得不保护他们而怨恨。这种保护以前是被当作一种特权来要求的，现在被当作一种耗费巨大的遗产，蔑视它似乎常常成了新思想的胜利。

19世纪想通过采取其他做法来强制亚洲黄种人接受欧洲，因为人们日益关注起这个以前很陌生的亚洲。生产手段的完善使得各个国家都生产过剩，每个国家都需要更广阔的市场，人口增长迫使其中某几个国家去寻找新的领土。要争第一的野心促使列强在全世界各地加强自己的力量，你争我夺。中国引起了所有的贪婪之心，它广阔的领土可以成为富饶的殖民地，它的四亿人口可以成为广阔的市场，它的海岸，它的岛屿可以成为战争与和平的制高点。这样的企图是和主张黄色帝国独立的哲学家们的考虑相矛盾的。他们中没有谁打算在中国生活，但他们声明中国的文明是无可比拟的；一个只想着钱柜和殖民地的欧洲，不可能赞同一个排外的文明的优越性。当代欧洲，确切地说，为了和中国人建立联系，对于这个社会杰作，对于一些没见过中国人却赞赏中国人的哲学家的迷恋，知道该怎么对付。相反，它以亚洲民族低劣为由，建立起不管他们愿意与否，也要渗入他们生活的权利，好像战胜——被迫进行的——愚昧及其反抗，是属于教育者的义务。但是，它所谓的教育并不是传教士们尝试做过的。用轻飘飘的话语、仁慈的吻、悲悯的鲜花和信仰的假说来慢慢消除顽固的谬误和恶习，在它看来似乎都是异想天开。19世纪的诞生很急

---

① 只要引述一下强烈呼唤时代“理智”的伏尔泰说的话。传教士们“从如此遥远的地方来到这个最广阔的王国，地球上秩序最良好的国家，给它带来了无序和混乱，难道他们不是很不幸吗？……在思想道德方面、政治经济方面、农业方面、必需的手艺方面，中国人是至善至美的，我们教给了他们其他东西，但是在这些方面，我们应该向他们学习……。他们的帝国构成实在是世界上最好的……再次说明，儒教是值得赞赏的。没有迷信，没有荒唐的神话传说，没有咒骂理智和自然的那些教条，僧侣们对那些教条有千百种不同释义，因为它们实在毫无意义。四千多年以来，在他们看来，最简单的宗教是最好的宗教。他们就像我们心目中的塞特(Seth)、以诺什(Enoch)和挪亚(Noé)，他们乐于和一切尘世圣人一起热爱一个神，而在欧洲，人们分成托马斯派(Thomas)和波纳文图拉派(Bonaventure)，加尔文派(Calvin)和路德派(Luther)，冉森派(Jansénius)和摩利那派(Molina)”(伏尔泰：《哲学辞典》“论中国”)。

促，它以“实际”自鸣得意，它只推崇确实的结果和快速的手段，宗教和哲学在它看来只是那些不确定的学科之首，它只迷恋于实在的科学。传教士是它的商人、工程师、金融家、谈判调停人和士兵。它就是这样通过他们来使中国文明化。商人想促使中国消费他们过剩的商品，从它那里取得让他们最能赚钱的东西。谈判调停人让它签署由它来承担代价而又对他们发展事业有利的条约，把最佳位置的港口和城市让给他们。有时候，他们还同时获得了市场和顾客，也就是说还获得了各省份及其人口。工程师让中国的各个港口、各条河流、各条公路，用上有利于欧洲人的规划设计和工具。产生这些它意料之外的变化后，金融家就向它提供所需的金钱，为了保证他们的进展，金融家还对它的预算进行监督，也就是说，他们把自己的权威渗入到中国政府治理中去。如果中国拒绝这些礼物，军队就用大炮来战胜它。最佳的方法，也是最佳的讽刺，就是让中国购买一支海军，现代化的防御设施，让它的军队购买最好的武器。在让这个弱国独立自主的借口下，每个国家都逼迫它进行改革，逼迫它购买卖给它的改革，让它卷进吞噬其公众收入的这些变革中，由于向中国提供了贷款，这些国家就成了他们所促成的这个挥霍者的司法顾问了。

这种行为的唯一目的，就是那些自称为文明国家的自私利己，最后的手段就是暴力。根据这种强权法律，中国对欧洲来说是一块可供剥削的大陆和一个可供剥削的种族。尊重它的意愿，照顾它的利益，启发它的智慧和提高它的思想，对于欧洲来说都不屑一顾。这个欧洲只顾那些有分量的、值钱的、能触及的、能收买的东西。它非但不想教育中国人，还很高兴他们的愚昧无知，这能让它建立起更绝对的霸权；它非但不希望破除他们的恶习，它还培养他们的恶习，以便从中获益，“鸦片战争”便是证明，它强迫中国人接受他们要禁绝的毒品，迫使黄种人为白种人的利益而昏头昏脑。如果有一种更人性的关切使某些人对高级种族这样管理低级种族产生某种不安，那么想到机械师和化学家作为最有成效的发明的传播者。仅仅他们的存在对中国来说就是一种不可估量的好事，想到中国自身会因为这些科学进步而逐渐发生变化，赞赏他们的服务，然后消除偏见反对旧世界，这些人也就心安理得了。被欧洲操纵的剥削工具怎么变成中国的解放者，或者说，中国人怎么变得赞成起压迫他们的文明的？这就是19世纪的理性忘了解释的问题，它可是对臆测那么抱怀疑态度，那么苛求证据的呀。它只想着它为了亚洲的将来作出了贡献就必须得到回报，如果说中国人仍然相当野蛮，不感激那些挥霍他们资源的人，那么欧洲相信已经预见到反对他们霸权的造反，以及化解这些造反的危险。它能够立即得到它所想知道的一切消息，它占有了使它很容易卸船和集结军队的港口，它控制了铁路，这些铁路是按它的利益、为它的安全而作最有利于它的规划的。它坚持相信有足够的力量来抵御这个散沙般的帝国各地的反抗，相信它的迅捷足以震撼中国的缓慢，它吹嘘它的电报和铁轨已经把中国围在了一张铁网之中了。

而刚刚发生的事件戳穿了一切预见。俘虏挣脱了束缚，欧洲震惊了，中国起来了。而不仅仅和其他时代一样，只是正规军卫护皇权，大部分人却无所谓，或者某个省份，出于某些特殊的不满，打破了帝国其他地方的和平。这块土地似乎太辽阔，这块土地上的民众的惰性太强，似乎很难形成共同行动，如今却自发地统一行动起来了，文人们和民众领袖，政府官员们和秘密会社的成员们，士兵们，工人们，农民们，都因同样的激情被鼓动起来：仇恨洋人。中国的有识之士在他们的曲颈瓶中从没有遇到过的灵魂，他们从没有把其能量计算在内的灵魂爆发出来。哲学家们所颂扬的温柔表现为屠杀，挖空心思的酷刑，其残酷无微不至，不动声色，令人胆战心惊。在这个安静的种族中，欧洲文明培养出来的老板们引以为傲的应变性，如今只会积聚起满腔的愤怒。它不甘心于欧洲人凌驾于它的政治之上，也不甘心于欧洲人统治它的市场，也不甘心于欧洲人控制它的领土，它以同样的怒火憎恨所有的法律制度，憎恨所有能让欧洲人建立起这种霸权的一切新发明。对于作为现代文明标志的铁路和电报，刚开始中国人是怀有戒心的。对于这种文明，他们只赞赏欧洲人那么不谨慎地塞到他们手上的战争武器；拥有了这些武器，他们可以打败国际部队，阻击它们，或把它们推往大海，能够坚持一场严肃的斗争，让欧洲为它后来的胜利付出沉重代价。这个胜利本身还看到了在它面前的中国魂，中国魂不会解除武装，它再次表明它不甘心于凌辱，不甘心于被征服，也不甘心于亚洲的土地被欧洲占有，它将等待有一天作出新的报复。

这样的结果并不让当代明智人士因为见到教会正在寻求以其他种种手段来对亚洲民族施加影响，准备为欧洲和中国和解进行斡旋而惊讶。如果进行比较，从思想深度和对机遇的确切评估来说，天主教会的意图特别胜于推崇哲学的世纪和推崇实际的世纪的各个方面。天主教会明白，中国推崇过去和闭关锁国是出于骄傲自大，轻视其他民族，它也明白这种情感是各种社会渗透、个人安全、认可财富价值的主要障碍。像 18 世纪那些“有思想的人们”那样，对完美的中国智慧佩服得五体投地是在颂扬这种骄傲，并且在贬低欧洲的同时以欧洲作见证来确认它。像 19 世纪的经验论者所做的那样，以蔑视对蔑视，将欧洲的发现来针对亚洲的愚昧、迷信、偶像崇拜、停滞不前，强调这种差异足以证明这些种族和文明对于其他民族来说是野蛮民族。这种做法激怒了骄傲的中国，也不能使它信服，这种做法把各种社会的比较局限在于对方最不利的差异上，以这种强调不平等为它们的融合设置障碍，引起一个对另一个的镇压，使其成为对方的牺牲品。

教会在传教中于两种障碍之间赢得了很大空间，它认为中国和欧洲之间达到和平及公平不可缺少的条件，就是要强制中止种族的自尊心；不要把矛盾作为自然本性的法则来谈他们(之间)的不同，必须把它们作为偶然的情况，揭示出自然本性的真正法则，一切种族之间尊严和权益是平等的。教会持有这种平等的信念，因为它相信人类的团结。教会宣称所有人都是同一祖先的后代，从根本上消除了蒙蔽两个种族，使它们互相讨厌的双重而矛盾的虚荣心；它在给予人类博爱以存在理由的同时，让这种条件下产生出来的义务具有权威性；在同一来源、同一命运的人们之间，自然的关系不是战争、偷盗、欺骗、滥施权力，而是和平、服务、互惠、友善。如果某种知识和财富的优越性使得某些人居于某些人之上，他们不应以此优点自我高估而傲视他人，他们不能以己所有而有权滥用。为大家服务是信托给某些人的公益，是强势人们对弱势人们所负的债，是对上帝信托的必须回报，上帝是一切正义的守护神。基督教信仰就以这样的宣教渗透到每个人的悟性深处，渗透到与私利的争执之中，尽管利己是个人对他本人、他的家庭、他的民族、他的种族不公正的偏爱。这样的宣教致力于各种社会组织，各种民族的和睦一致，致力于世界的秩序。

欧洲强大的哲学家和科学家们并没有马上想到这个后果，它却没有逃过敏锐的亚洲人。中国就目前来说，并不想继续一场宗教战争，并不把复仇集中在传教士们身上，而是打击所有洋人，无论他是什么信仰。但是它把中国基督教徒当洋人一样对待，因为它注意到，中国人入了天主教，就在他们身上消除了对其他民族的仇恨；他们的灵魂就变得容易接受正义、感恩等观念，依恋传教士们的种族；中国基督徒被欧洲的智慧和感情渗入后，就准备和欧洲一起谋求和维护一个忠诚和自信的组织，来保护他们感觉与之一致的利益。而中国重新开始闭关锁国，把欧洲从它的土地上、它的生活中和它的思想中驱赶出去，它打击中国基督徒犹如打击世仇的叛徒，把他们当作是它所不情愿的和平的参与者一样。决心要与欧洲作一了结的中国人对中国基督徒的屠杀，最令人震惊地见证了天主教传教士们致力于不同种族之间的所谓和平。要是两个世纪以来这种传教在舆论界和各欧洲国家政府中找到坚定的支持，而不是无动于衷或者采取敌视态度，那么中国教区的发展就会足以预防所施行的政策引发出的不幸。

在当代人们必得加以思考之时，不妨回忆一下欧洲和亚洲之间的默契一致正是教会的一项很古老的计划，如果实现这项事业的传教热诚得助于当时的明智的话，那么，欧洲和中国之间信仰和文明的共同体从 13 世纪起就会有幸建立起来了。

那是教会结束欧洲的组成并治理它的年代。教会的主要特征和如此建立的社会的强盛，就是要让直到那时最强的力量服从它的法则。针对它的暴力，有一些护法机构保护各民族内部的和平，而在各民族之间，和平得到保障，权利也得到保护。在各负责一个民族的统治者中，一位君主负有维护基督教社会的共同利益和秩序的使命，彼此独立的国王们因为都从属于皇帝而团结在一起，皇帝在地域和物力上拥有最大权力，权力的象征就是(置于十字架上象征王权的)金球和裁判权，这权力由罗马教廷授予。也就是说，由与人类资源最无关的权力和机构来授予，但这种权力如同信仰，没有武力却不可战胜，它让物质服从义务。

然而，并非所有接受基督法则的地方都是聚集在各自的宗座代牧掌控之下的。东方和君士坦丁堡的皇帝闹教会分立，或者被伊斯兰征服。伊斯兰一直是西班牙的主人，虽说它放弃从比利牛斯山脉侵入欧洲，但它仍然从博斯普鲁斯海峡威胁着欧洲。在西方本土，教会建立起来的秩序太超常了，似乎并不坚固：教化机构强迫军事贵族作出长久的牺牲，军事贵族觉得上鞘的剑太沉重了，迟早有一天，他们会倦于既无荣耀又无收益的和平，他们将会抵挡不住暴力的诱惑的。

罗马教廷有以一项事业满足一切需要的特性，它既必须在内部巩固基督教秩序，又必须将基督教秩序向外推广：它发动了十字军东征。希腊帝国的骄傲似乎变成了恐惧，它呼唤拉丁国家来救助它，把希腊帝国从伊斯兰征服中拯救出来，这是拉丁国家将它的偏见变为感激，将它的信仰带向统一的契机。变成对伊斯兰的征服者，从伊斯兰手中夺回小亚细亚、非洲和西班牙的教会，这是通过让那些被赎救的家庭回归来扩大基督教种族的社群。提出将大量的伊斯兰战利品作为作战代价给欧洲的士兵们，这就保证了西方的和平，将那些不打仗就没法活的人的注意力引向阿拉伯人的属地，就是向君主和冒险家们提供机会，通过解放他们同信仰的兄弟，建立自己的领地或王国，而衰落的伊斯兰将返回它的老家，消失在沙漠之中。

如果从 12 世纪起，地中海就成了欧洲、亚洲和基督教非洲之间的安全通道；如果本来可以使各民族团结的商业成了它们的唯一的竞争;如果人的野心越过亚洲和非洲沿海地带,深入陌生的腹地,利用它们的能力来开发它们的财富,来使它们的民众文明化,那么,今日的世界该会是什么样?历时两个世纪,接连八次十字军东征,并没有消耗掉罗马教廷的影响,也没有消耗掉作为这项事业的战士的法国的热情。最初的结果证明成功是可能的。由于希腊帝国和德意志帝国的原因,这项事业失败了。

希腊人思忖,他们是更怕他们的敌人呢,还是更怕他们的解放者?伊斯兰的胜利终结了他们的帝国,十字军的胜利终结了他们的教会分立。他们珍视他们的教会不亚于珍视他们的民族性,只要战争处在拉锯状态,他们就会左右摇摆。他们始终不想十字军联合,往往还背叛他们,由此来维持这个平衡,这是希腊人一贯的做法。

如果西方全力以赴,东方人的这种对西方军队的狡诈是徒劳的。它有基督教共和体的首脑——神圣帝国的皇帝来激励它,领导它,将它团结起来,将它延续下去。但是这个帝国属于德国的君主,而在他们那里,十字军非但没有得到引导,反而遭到了阻碍。十字军要取得成功,只有欧洲的和平不受到破坏,而且携带武器远征的战士们对于身后的土地没有后顾之忧——皇帝自然是这种和平的保证者。然而,在这个欧洲宗教大迁徙的过程中,某种低劣的觊觎促使皇帝们试图去抢夺空了的房屋。第一次十字军的征战由于缺少增援,一次次失败,而神圣罗马帝国皇帝腓特烈一世"红胡子"七次出兵意大利:他七次动用部队去征服它,其实一支就足以拯救耶路撒冷,他却让它陷落。他无法面对欧洲的(激动)感情,他拿起了十字架,可是太晚了,他的勇气只是让他投水自尽,灰溜溜地寻死。在其他几次十字军东征中,在圣地只看到一位皇帝,那就是腓特烈二世(Frédéric Ⅱ)。必须把他逐出教会才能迫使他完成他的许愿,他进入了耶路撒冷,但是签订了只有利于穆斯林的条约,然后他又急着回去征服意大利。为了征服意大利,他和穆斯林结成联盟,豢养他们,把基督教一方制订的针对他们的计划告知他们。皇帝们这种利己和背叛的野心,不仅仅破坏了远征的机遇,也破坏了欧洲的精诚团结。他们对于本应受他们保护不受非正义打击的老百姓施加暴力的尝试,使君主们互相猜忌,各自按兵不动,然后让大家都试图模仿他们中最强者的行事。轰轰烈烈的十字军东征就这样被粉碎了,为东征的募军成效甚微,欧洲各国之间互相争斗的时代再次开始。

于是,罗马教廷下定决心,不管人们如何懈怠,都要把上帝的事业进行下去。它不得不放弃(人们)似乎向它允诺过的忠诚:它非但没有放弃它的计划,反而还要扩大。在这它想去解放而十字军骑士已经厌烦去拯救的东方,它找到辅助军来替补欧洲日渐减退的热诚,并确保十字军东征的成功。

犹如开始时它们热诚无可比拟,它们最初的胜利和坚持者的英雄行为使天主教会在圣地享有异乎寻常的威望。穆斯林不再蔑视拥有如此士兵的信仰,随这种尊敬而来的福祉扩展到所有基督教徒,尽管战争仍在持续,或者更恰切地说由于战争在持续,生活在伊斯兰治下的基督教徒,得到了更多的信仰自由。与天主教会分离了几个世纪的那些东方教会,意识到自己的渺小和天主教会的伟大,意识到自己的老朽和天主教会的生气勃勃:由于相隔甚远和无知,偏见更加深了。近看拉丁教会,在这些分离了的家庭心中,唤醒了对失去的信仰的记忆及对分离的遗憾。对于献身于教会的传教士们来说,正当他们日渐有用时,两个新修会成立了,1208年成立了方济各会,1215年成立了多明我会。它们立即在耶路撒冷建立起来，从给它们增添勇气和热诚的圣墓（Saint-Sépulcre），影响到叙利亚和亚美尼亚（这两地是拜占庭的欧迪奇教派[Eutichéenne]的所在地），到迦勒底、美索不达米亚（聂斯脱利教派[Nestorius]就是在那里产生，并且一直存在）等地。他们以温和的力量继续进行以天主教武装开始的传教，并且致力于重建团结。

而这个西方士兵和僧侣鏖战的东方只是亚洲的西部，欧洲就从这个岬角来观察它并不了解或者已经遗忘的民族，通往印度的路变近了，波斯人就在邻近，在他们背后，出现了犹如大海波涛的巨大的鞑靼部落。

他们的部落从还很陌生的中国边境起始，直至乌拉尔和里海之间。如果不是经常遭遇野蛮侵犯，欧洲各民族一点也不了解中亚的情况。只要有一个人画出一条路线，通达这些惰性十足、停滞不前的人群，一支不可抵御的军队就急驰而来。欧洲惊恐地想到了阿提拉（Attila，公元445年匈奴首领），教会对这些民族知道得多些。聂斯脱利教派在公元5世纪到8世纪曾经有过更迅速的增长，错误学说的生命力曾经似乎很强，后来也衰落了。它比印度和波斯的偶像崇拜高出许多，它在那里收了许多信徒。公元8世纪，聂斯脱利教会想把它的征服推向更远，它派出了传教士前往在波斯边境游荡的鞑靼部落，有些部落接受这种教义，通过这些部落，聂斯脱利教会一步一步地直至亚洲中部。从此，这些部落的首领和汗在他们宫廷里都保持一个聂斯脱利教士，他们自己有时候也接受圣职。但是，或者由于以讹传讹的无奈，甚至更荒唐，或者由于聂斯脱利神父的奴颜婢膝，他们急于实现他们的征服，就让他们的教义去适应当地部落的风俗，适合部落首领的口味，基督教义没有赶走偶像崇拜，它让自己与偶像崇拜互相渗透，在这种互相渗透中，谬误变成真理，真理变质了。同时，伊斯兰教曾经试图在这些部落中传布开来，他们也赢得了几个部落，在其中大部分有了一些信徒，和各部落中的汗一样，各部落的神师承认部落的共同权威，这共同权威不是由他们中间某一个来决定的，那共同权威就是大汗，这些部落的各种宗教在承认唯一一个模糊的尊神的基础上融合起来。

自从十字军打开了通往这些民族的道路时，教皇们马上就想和这些鞑靼君主们建立关系，1177年，亚历山大三世（Alexandre Ⅲ）写了信，派教皇特使送给大汗，这位大汗叫王汗（Vang-Khan），是聂斯脱利信徒，曾经受过圣职。对西方来说，“王”神父或者“汗”神父都成了“约翰神父”的名字，鞑靼本身就成了“约翰神父的王国”。罗马和鞑靼君王及其儿子（也是基督徒）建立起来的友谊刚开始就被后来的继承者——王汗的女婿成吉思汗（Genghis）中断了。成吉思汗不信其他宗教，对他来说战争就是宗教，阿提拉似乎在他身上复活了。他占领、蹂躏了东方和西方各个帝国，在他统治的二十二年中以及在13世纪下半叶，一股人的洪流淹没了俄罗斯、波兰和匈牙利大片土地。同时还席卷了波斯、格鲁吉亚和亚美尼亚等，这些基督教国家为了免遭完全覆灭，不得不接受鞑靼霸权。安条克亲王博希蒙德一世（Bohémond）也遭到同样的命运。进入了入侵种族的政治体制，君主们太软弱了，无法战胜入侵者，他们发现了一个首要的好处：他们的臣民得到自由。不久他们又得到另一个好处：他们通过参与野蛮人的会议，激起了那些野蛮人去征服哈里发的野心，他们是最先知道将他们勉强接受的这些同盟者变成十字架的守护者来反伊斯兰教的人。1245年，鞑靼人在叙利亚对巴格达的哈里发发动了首次打击。

罗马教廷明白这种局面是多么有利。在成吉思汗统治下，它只会号召天主教国家去抵抗鞑靼的入侵,现在它瞥见了另一种更有效的防卫。它想,哈里发们和鞑靼人之间的决裂,能让鞑靼人更加努力与天主教团结在一起,促进他们皈依基督教;它打算在赢得他们后,利用它对他们的影响,逐步把他们推向反对基督教敌人的战斗,使他们的攻击转向伊斯兰教,拯救欧洲。对于欧洲来说,这种做法的成功不仅是一种解脱,而且是一种胜利,是十字军东征的继续,是在欧洲的天主教热诚减退之时新军队的支援,是为了维持和扩展征服性圣战,而不总是为时已晚的远征。通常,这些远征都因为路途艰险,当远征军一离开驻地,它要进攻的邻近敌人军队就已经在它面前了,敌军也英勇善战,人数更多;这是一种补充,少了这种补充,圣地的所有事业都是成败难料,有了这种补充,它们就什么都不缺了。因为欧洲不断地训练出战斗精英,在战争时期他们能领兵打仗,在和平时期能够治理民众,但是这些精英首领们缺少士兵。如果欧洲骑士们能够指望鞑靼产生的取之不尽用之不竭的人力资源,兵源就充足了。和这些力量结盟,伊斯兰教肯定会被打败。

这项事业的开始,以及它后来的延续得以保证,促成了鞑靼人皈依天主教。教皇英诺森四世(Innocent Ⅳ)于1245年和1247年向他们派遣了使团。有的教皇使团派给他们最先遇到的军队的将军们,其他使团派给大汗。这些使团都由方济各会士和多明我会士组成,在行路充满艰难险阻、政治是一种信仰行为的年代,最常在非基督教政府的身边作最确切宣教的教廷思想的代表就是传教士们了。英诺森四世设想,鞑靼人具有相当的基督教信仰,来恭敬地接受他所发出的服从(教廷的)号召,以及负责解释他的信件的僧侣们能够以极大热诚来做这项工作。规劝归顺天主教在一个仍沉醉于其胜利的种族所期待的事情中,是排在最末位的。惊讶于他们的破坏范围的欧洲甚至没有正视其一半的疆土。从"世界屋脊"中部亚洲,鞑靼种族从所有山坡奔流而下。它同时流向中国和印度。于是在灭绝性的打击撤退的民族和收编坚持活下去的民族过程中,形成了一块幅员广达一千五百万法里的领土,形成了一个多王国的联合体。这些王国都属于同一文明,臣属于一个最高首领——大汗。

亚洲曾经接受一种类似于欧洲在建立神圣帝国时形成的组织(形式),这个亚洲声称要凌驾于欧洲之上。十字军的鼓噪,把法兰克人作为西方最强大种族的名声一直带到亚洲最深处,鞑靼人皇帝给法国国王派来了一个使团,通过使团,他命令圣路易自己承认是他的附庸。教皇就是要求这些世界统治者服从于他的。惊讶的主人回答说,他并没有得到他们授予的权力,竟敢如此大言不惭。由于口气充满骄傲,英诺森四世在他们粗俗的语言中,再次体会到在同时期读到的腓特烈二世的语言精致的信件时所体会到的所有的自命不凡。

这种骄傲不久将令他们更受鼓舞。他们要拥有世界的抱负,在他们的边境上几乎遭到了势均力敌的哈里发们的挫败。欧洲反对伊斯兰的巨大努力符合他们的利益。他们也明白这一点,1249年,当圣路易在塞浦路斯准备他的十字军时,鞑靼的使者们就来向他要求结盟,而不是要求他成为附庸。他们带给法国国王一封信,是由叙利亚邻近的一个汗王写的。这个汗王声明以贵由汗(Gayouk)的名义说话。信中宣称鞑靼人计划在即将来临的夏季攻打巴格达的哈里发,要求国王去攻打埃及,以便使亚洲和非洲的穆斯林只顾自己,而不能去救援(巴格达的哈里发)。为了促成法国军队和鞑靼军队的具体行动,细心的亚洲人没有忘记吹捧十字军的宗教感情。"我祈求上帝保佑基督教国家取得对十字架的敌人的胜利。”同时也对所有的基督教派作出平等对待的承诺：“贵由汗，地上的国王，下令说，由于他们信仰(一致)，我们对于拉丁人、希腊人、亚美尼亚人、雅各比特人(Jacobite)和所有热爱十字架的人一视同仁，他们都在我们大家庭中，我们请你们平等地善待他们。”

军事上的默契提供了太多的好处而令人无法拒绝，鞑靼人关于巴格达的计划使得圣路易决定在埃及登陆。但是他明白，为了军事联盟得以持久并且有效，必须在各种族之间建立起一个情感、利益和义务意义上的共同体。他从欧洲人记忆犹新的恐怖的鞑靼人入侵中知道，鞑靼人的残暴至少可与阿拉伯人的残暴相提并论，他看到，在没有认真的保证的情况下，支持鞑靼人打阿拉伯人是无利可图的，鞑靼人除了保证加入一个能使他们的风俗变得温和的信仰外，还能提供什么保证呢？于是，他想要了解他们的宗教状况。使者们告诉他，他们的首领是基督教徒，许多汗(王)也是基督徒，大汗的母亲是一个基督徒，她是“约翰神父”的女儿，而大汗本人刚刚和十八位鞑靼亲王一起受了洗。使者们承诺的宗教宽容有一些效果，但还不够。鞑靼人遵奉的基督教义从源头上就被一种错误的学说污染了，并且在宣教中也被聂斯脱利的神职人员的恶习污浊了，它并不是旨在改变各族人民让他们从野蛮人变成文明人的基督教义。鞑靼人对所有基督教派都同样善待，就像平等对待真正信仰的各种完美形式一样，这种善待在他们想要取得哈里发的领土时是一种危险。在鞑靼人统治下的或准备去征服的亚美尼亚、叙利亚、迦勒底、埃及汇聚了各种宗教矛盾，聂斯脱利教派，欧迪奇教派，阜丢斯(Photius)教派。是这些异教削弱了东(罗马)帝国，有利于伊斯兰教。如果说鞑靼人认为这些敌对教派的存在是合法的，是有益的，那么他们在闭关锁国、水火不相容的精神中，在一种反对基督教义的共同的敌意中更确认了这点。几个世纪以来使得宗教能量和民族能量陷于瘫痪的同样的原因，使他们的事业继续走下坡路，在新的征服下埋下炸弹。如果鞑靼人(当初)接受了基督教信仰，这一切危险就会走向反面。于是，他们的霸权和将强者的行为变成表率行为的威望，将致力于维护亚美尼亚教会、希腊教会、叙利亚教会、科普特天主教(Copte)派之间的团结，或者将他们带向团结。这种团结从信仰走向了政治，东方就会感到和西方相互团结起来了。这不仅仅是一种(有关)虔诚的神秘论，这是一种正确和深刻的总的利益观，让圣路易决定以要求宗教协作来回应军事协作的要求，这种一般利益观也使他让德·庄维尔(Joinville，写圣路易传的作家)所讲述的使团启动起来：“给鞑靼人的王中之王送去一顶帐篷，权作教堂，这教堂价值不菲，因为它是用优质细腻的猩红色织物织成的。而国王，为了看看他是否能吸引我们相信，他下令把(织物)裁剪成所谓的教堂，形象地说明耶稣报喜和其他的信仰的要点。他让两个懂撒拉逊语的传教士传达了这些话，做给他们看，并且向他们宣教应该如何信主。”

从此，和法国联盟及和罗马联合的计划就同时进行下去了。1251 年，鞑靼帝国由成吉思汗的另一个孙子蒙哥(Mangou)继位。他也成了基督徒，尽管他并没有给予明证，但是他公开声明是哈里发的敌人。他的同盟者和附庸亚美尼亚国王来向他提出一个征服穆斯林的总计划时，他刚开始他的统治。他召开了鞑靼各首领会议来讨论这些建议，决定进行三大战役，一是针对高丽和中国，二是针对印度，三是针对巴格达的哈里发。与这个计划相配套，还有权力的分配：蒙哥自己保留帝国的中央统治权，把东方给了他兄弟忽必烈(Koublaï)，把西方给了他另一个兄弟旭烈兀(Houlagou)。十字军远征埃及的失败延缓了旭烈兀进军巴格达，更显其必要性。圣路易因而变得更加关注和鞑靼人的友谊，更急于要让他们皈依天主教。1254 年,当他在被穆斯林囚禁多年被放后,他给他们派去了一个由小兄弟会(Frères Mineurs)组成的使团。旭烈兀想起了他的诺言,为了忠于诺言,1256 年投入了战斗。他首先带领他的军队攻打躲藏在腓尼基难以攻克的老巢的"山中老人"(le Vieux de la Montagne)。而旭烈兀攻克了它,横扫了它的防御工事,消灭了"谋杀者"(assassins)教派。然后,向巴格达迈进,赶走了先知家族和最后一个哈里发,成了小亚细亚的主宰。他去世前一年,1264 年,他在陶里斯(Tauris)召开了一个大会,来讨论有关他统治下的各地区的利益问题,这个大会中除了鞑靼亲王们以外,在座的还有亚美尼亚、格鲁吉亚、安条克的国王和亲王们。于是,基督教义和文明宣称得以保证,并且以它们的势力给日益强大的鞑靼人势力推波助澜。

他继续向亚洲另一端扩张。负责征服中国的忽必烈在蒙哥死后,于 1260 年成了大汗。在这个时期,他占领了当时称为"汗八里"的北京和中国北部地区。中国南部地区还是由宋朝统治,它的朝廷在南京(Nan King)[①]。他们(宋朝)和忽必烈有同样想法,中国应该服从于唯一的主人,打仗结局对他们来说事与愿违,大汗在中国建立了鞑靼皇帝的朝代,他为元世祖。他直接,或者通过附庸,统治了从第聂伯河到高丽,从印度到极地的大片土地。从来没有人像这个不为欧洲所知的鞑靼人这样统治过那么多的人。在欧洲人中,只有两个威尼斯商人——波罗(Polo)兄弟随着一个个沙漠商队深入到元朝的首都。他对西方文明了解得更多一些,意识到天主教势力最强大、最纯粹、发展最快,他考虑到要在一个明确的绝对必要的思想基础上建立起秩序和他的百姓的幸福,他就想和罗马教廷建立关系。他起用了那两位威尼斯人,给他们配上一位中国使者,1265 年派他们去见教皇,他要求教皇派一百名博学的人来中国,他们必须善于就宗教问题和其他信仰的代表们辩论,以让最完美的信仰的优越性得以宣扬。他还要求实现一个象征性的愿望:"在救世主耶路撒冷的墓前用一点点油点亮一盏灯。"漫长的旅程,加上因为亚历山大四世(Alexandre Ⅳ)的继承者未定而在圣廷逗留的日子,主教们让他们无所事事地呆了三年,直至 1271 年(这两位)使者没有能完成他们的使命。这成了格列高里十世(Grégoire Ⅹ)处理的首批事务之一。他让两位使者带信给忽必烈和传教士们。在这一天,教廷所作出的努力得到了它的首次报偿。此前鞑靼人向法国国王示好还一直令人怀疑,为了征服而与欧洲和解的愿望竟巧妙地使他们慷慨地对教会表示尊敬:这一次,由于此举,天下最辽阔帝国的君主,这个无所惧怕,无人可妒忌,也不需要任何亲王的君主,向具有强大精神力量的教会鞠躬了,要求在基督墓前点上一盏灯。

三年后,两个种族之间以团结一致的观念取得的进步有了更庄严的证明,格列高里十世在里昂召开了全体主教会议,会上处理了当时最重要的事务。鞑靼人的使者出现在这次会议上。旭烈兀的儿子阿八哈(Abaza)继承他父亲统治西亚,他邻近穆罕默德(Mahomet)的士兵从基督教徒手中夺去的地区,他建议与基督教欧洲结盟反对穆斯林。是欧洲在有机会让十字军发挥作用的时刻丧失了时机。直至此时,基督教的君主们仍把鞑靼人看成祸患,没有把他们看作是一种援助,他们思忖,这支力量摧毁一切,欧洲本身如同一堆堆散沙,靠它是否一事无成;他们担心,阿八哈只要稍稍有一点可怕的昔日强势,马上就

① 原文如此。——译者注

会无法无天。两年后，阿八哈又对法国国王和英国国王发出呼吁，尽管他并不是以孤立的首领，而是以大汗的名义声明建议建立联盟，但是仍旧没有成功。由于缺少援助，阿八哈被刚刚崛起的土耳其人打败了，他的失败又让各国宫廷确信鞑靼人中群龙无首，各行其是。阿八哈也写过信给教皇告知忽必烈的军事计划，以鞑靼皇帝名义要求再派遣一些新的传教士去。使者们甚至肯定地说忽必烈曾经受过洗。教皇并不比欧洲君主们更了解有关鞑靼的状况，他和他们一样，对于使者们的叙述的真实性心存疑虑。但是他与其他君主不同，当牵涉到让鞑靼人皈依和打败穆斯林这两项在教廷的计划中已经结合起来的利益时，他不认为忽视哪怕最小的机会是正确的。尼古拉三世（Nicolas Ⅲ）不能替代持剑的君主，但他至少于 1278 年 4 月 1 日亲笔答复了阿八哈，感谢他的努力，并且坚持了他针对撒拉逊人的措施。4 月 12 日，他给"作为耶稣最亲爱的儿子，所有鞑靼人的皇帝和调解人，忽必烈大汗"写信。他称赞忽必烈受了洗，"如果真是如此"，他派遣给忽必烈五名小兄弟会士，向他宣教所有教理。其他君主只想到鞑靼人现在的状况，而教廷想的是他们可能变成什么状况。

事实说明问题，1285 年，忽必烈以"基督的名义"向教皇和西方君主们告知他攻打叙利亚的穆斯林的计划，并要求法兰克人去攻打埃及。但是在西方，只有一个法国亲王，圣路易的弟弟，那不勒斯国王，安茹的查理（Charles d'Anjou）还保留了以往的热情，他的一些十字军计划刚刚被西西里晚祷大屠杀（Vêpres Siciliennes）搅乱了。不仅教会中那些想要聚集到基督教大家庭内并要武装起来反对伊斯兰教的人忘记了伊斯兰而互相残杀起来，而且还有人和伊斯兰结成了联盟。腓特烈二世陷入君主们的野心中，就像陷入肥沃的土地中一样；背叛信仰，成了最敌视法国之强大的君主们的一种手段。阿拉贡（Aragon）的国王，阿尔封斯三世（Alphonse Ⅲ）和他的兄弟，西西里的雅克（Jacques de Sicile），1290 年 4 月 5 日和埃及的苏丹签署了一个秘密条约：他们保证让教皇和所有基督教列强改变针对穆斯林领土的战争方向，他们不援助教皇，也不援助拉丁人、希腊人和鞑靼人，一旦这些民族中的某一个发动战争，他们都不予支持；他们还保证向苏丹透露所有可能针对他的计划；保证与从陆地和海上进攻他的人作战。

如果有辩解的理由，那不是对跑到敌人阵营的基督徒的堕落而言，而是对那些不愿为共同事业作出努力的人的惰性而言，是西方对鞑靼帝国的构成及其给予的援助的重要性的普遍无知。但是这种状况就要改变了。传教士们寄回来的情况汇报告诉欧洲，当时被称为"迦太"（Cataï）并被认为是鞑靼势力模糊不清的延展区域的中国，处于最重要的辉煌的中心。同时，这些偶然冒险来到遥远之地的人所完成的工作的成果渐渐被揭开了面纱，这个国家的沉寂曾经像坟墓一样对他们封闭。1305 年，方济各会士孟高维诺（Montcorvin）在这个国家居住了十四年后，写信给他的修会的总会长。他是在汗八里、忽必烈身边写这封信的："我不相信世界上有任何君主能和拥有这么广阔的领土、这么众多的人口的汗王相提并论。"这位传教士声明，他已经亲手给六千人施了洗，他讲到相距二十多天步行里程的那些教堂，讲到皈依天主教的国王们及其大部分的臣民，虽说他否认忽必烈作出榜样或者遵循了这种榜样，但他还是宣称皇帝是善待基督徒的。尤其是传教士们的信件得到一个见证者的确认，此人和他们一样，在这个神秘的国家度过了他生命中的一部分，这个人就是著名的旅行家马可·波罗（Marco Polo）。波罗兄弟的儿子和侄子是忽必烈和教廷之间最初的中间人,波罗陪同他们回中国,他游遍了中国,治理过一个省份,在朝廷里生活过,得到皇帝的优待,最后回到意大利,写了一本使他的同胞欣喜万分的游记。他是在俗教徒,他异乎寻常的大胆,他的判断更加公正,不偏不倚。他让人看到了一个庞大的帝国。其中各个小国似乎并不比欧洲各省占的地域更大;那里的人种繁殖力比别处强,为和平和战争提供了无数人口,他们能够同时坚持这种那种劳动,也不会显得虚弱;那里地域辽阔,因为尊重古老传统和大家明智地认同的法律,到处保持平衡和有序,他们都由一位明智的君主作最高仲裁,君主有强腕的,也有温和的。他说明基督教在这个帝国已经相当强大,以至于在1286年,一个帝国的对手就可以相信,在把十字架放到造反旗帜下时,定会有参加者并且取得胜利;他指出忽必烈十分公正,不因为一个人的罪行来报复一个宗教,他坚持善待基督教徒;他指出,在这个对宗教迫害很陌生的帝国里,有着无限广阔的田野,可以播种福音,收获真理。

从此,中国对十字军的军事援助具有欧洲无法否认的重要性。在这个欧洲,尽管所有的君主,除了一个例外,都变得惰性重重,只要有法国承担几乎所有十字军的重担,以他和中国皇帝的默契来保证基督教对伊斯兰教的胜利就够了。与法国联盟不再是某位君主的梦想,它已成为帝国的长期愿望,这在忽必烈去世后,联盟没有随之终结这一事实得到证明。忽必烈的侄子和继承者帖木儿汗(Timour-Khan),一旦他成了成宗(Tching-Tsong)皇帝,他也并不更担忧欧洲的其他君主,马上往巴黎派了一个使团,这个使团再次向法国国王建议对土耳其人采取共同行动。

教廷终于收获了一百多年前预见的结果。看到了其他君主的宗教热诚中多少夹杂了自私和背叛之后,它对法国宫廷表现出从未有过的亲近。它寄希望于圣路易的种族来完成这个物质力量和精神力量的协调,那就是文明。教廷和卜尼法斯八世(Boniface Ⅷ)一起促成法国跃居首要地位,努力预防欧洲的一切冲突,以使得具有基督教强力信念的国王的剑能为履行伟大义务而自由挥舞。但是圣路易的孙子是美男子菲力普(Philippe le Bel)。他远不像他的祖先们那样雄心勃勃,和教廷一致地来处理世界秩序问题,他马上和教廷产生冲突,确切地说是因为教廷试图缓和他所喜欢的战争。他并不梦想着去征服远东,他的野心是要效仿德国皇帝们,要征服自己的近邻。他声称要吃掉英国扩大自己,教廷试图转移他的贪婪,他向教廷发了火。菲力普和卜尼法斯八世之间的争吵由来已久,法国的国王们不仅要主导教会的意见,还要将教廷置于他们的王权之下。结果是马上发生了"百年战争",这么多年一直把教皇们拘禁在阿维尼翁(Avignon)。不久,已经降格为自己争夺土地的法国再也无暇组建十字军。中国的好意也付诸东流。

教会最无可比拟的是毫不泄气的耐心与执着。那么多教皇和传教士作了那么多准备、付出那么多智慧和德行的事业,就因为一个君主的过错丧失了,并且历时长久。圣廷只想着通过这个不幸往前看。它还有一个手段可用:通过在中国发展基督教信仰,加强发展欧洲和亚洲之间的团结智慧。政治势力的影响从它身边退下了,只有亚美尼亚国王们在鞑靼联邦中还保留了它的影响势力:它并没有忽视这个有利因素,它保持了给各位皇帝、各位受过洗的汗王、各位基督教公主们写信的习惯,它尤其越来越增加派遣传教士。1307年,克莱孟五世(Clément Ⅴ)在汗八里市中心建立了教堂,以中国第一个主教孟高维诺的名字命名,派了七位方济各会士去当副主教。对于处处受到挫折的历代教皇来说,中国始终是一个很有活力的、值得关注的目标。似乎在这些阿维尼翁的教皇们身上，民族的本能加强了宗教热诚，让他们成为很好的法国和教会团结利益的维护者。由于这些努力，基督教得以继续在亚洲扩展，皇帝们也继续保护它。1338 年，中国皇帝向本笃十二世(Benoît Ⅻ)派了一个十六人的使团，还写了一封充满敬意的信。但是，皇帝们已经仅限于礼貌，他们似乎不再有那种让忽必烈那么久地接近基督教信仰的踌躇了。他们的意识中不再仰慕被普世赞同抬到一切王权之上的教皇。他们的野心不再期待与西方强大的君主们结盟。他们的骄傲犹如他们的本能，阻止他们屈服于那样一种宗教，其领袖再也指挥不动君主们，却几乎成了国王们的附庸。一年一年就这样过去了，教廷没有抓住中国送上门来的时机，直至 1369 年，鞑靼国王们的良好愿望一直毫无结果。那时候鞑靼王朝被另一个民族的王朝推翻了，这个民族的王朝驱赶传教士，迫害基督教，关闭中国，抵御一切外国影响。

鞑靼人被赶出中国后，仍保留着其他的疆土，继续集结他们的种族以待有一天东山再起，去开始新的征服。15 世纪初，这一天来到了。由于成吉思汗好像是阿提拉再生，似乎成吉思汗又在帖木儿身上复活了。而帖木儿崛起时，正值土耳其人在巴尔干半岛的首领巴济扎得(Bajazet)的统治下，刚刚在尼科堡(Nicopolis)打败了一小支最后的十字军骑士，并对君士坦丁堡、匈牙利、欧洲造成威胁。于是，拯救文明在两支野蛮部族之间引起了很大震惊。鞑靼人为了确立自己的地位，决心要打败强大的土耳其。他们渡过幼发拉底河，占领了叙利亚、埃及。然后，他们对非洲也无所畏惧了，回到了小亚细亚，在安哥拉(Angora)打败了巴济扎得并且俘虏了他。鞑靼人独自取得了胜利，他们曾经那么久地要求欧洲和他们共同去取得这个胜利。然而，虽说他们自身有相当力量来进行战争，但他们的首领还明白，仗不能一直打下去，是和平让各帝国得以稳定，为了把他的入侵转变为治理，他需要帮助。他希望一劳永逸地消灭土耳其人，他要存活下去并继续他的事业，在他的凶残本能中下意识地又夹杂了一种对于秩序的需求，他并不是要找一个战斗伙伴，而是要找一个文明的导师。他认为已经在组成十字军的种族中找到了这位导师，这位导师在他刚刚打了胜仗的这块地方已经建立了法规制度，这些法规制度的名声在法兰克人的征服过后还留存了下来。由于这一次光荣战绩，使得为之全力以赴的民族保留了其事业的荣誉。帖木儿与戈德弗鲁瓦·德·布永(Godefroy de Bouillon)和圣路易的国家进行了沟通。1402 年，他战胜巴济扎得后，派了一些使节去向"伟大的法国国王"建议一种互相谅解。但是当时伟大的法国的国王是查理六世(Charles Ⅵ)，这是一个没有理智的、几乎疯掉的幽灵君主：法国的声誉就像一个熄灭了光辉的星座一样，还以一丝在自己家里已奄奄一息的光亮蒙骗着远方地区。由于法国追求对邻国的霸权，甚于追求它的天主教使命及针对伊斯兰教的欧洲团结，它已经失去了它在东方的领土，并且失去了通过对当时东方的主人的帮忙，重新抓住它在东方的利益的自由。帖木儿的尝试是亚洲对欧洲合作的信任发出的最后的呼唤。帖木儿对他曾经寄予幻想的基督教社会心存怨恨，当他确信欧洲不会帮助他来改变穆罕默德的社会时，他别无选择了。1405 年，当他去世时，他就只想作为伊斯兰各民族的信仰的保护者，以使他对伊斯兰民族的统治更容易些。由于野蛮的亚洲很少从欧洲学得统治艺术，只是靠一个人的剑和恐怖名字来维护的帖木儿强势寿终正寝。他的继承者们失去了波斯，土库曼人拿下了波斯，深入到印度，在那里建立了不久就从大蒙古(帝国)退化蜕变而出的帝国。但是从此以后,在他们的失败和成功之中,基督教文明也同样被战胜了。他们退到哪里,都要面对伊斯兰教和佛教。他们征服到哪里,都要面对各佛教或伊斯兰教民族,他们接受了他们的信仰,这些信仰的共同特点是一种难以对付的骄傲和蔑视一切不属于这些信仰的东西。亚洲的灵魂就这样对欧洲关闭了。

还是衡量一下所失去的东西吧。亚洲大陆上没有哪一个地区没有被鞑靼种族轮番统治过,没有哪一个种族能够征服过鞑靼民族。它的行动迅速的军队似乎就是为了把新观念带到停滞不前的亚洲而准备的。而围绕着它的中国、印度、阿拉伯是互相孤立的,又在它们的扩张中以一些互相对立、无成效的、摧毁性的崇拜互相牵制,消耗了民族的天才。唯有它没有创立特有的宗教。在其他民族迎来了他们的春天以后很久,它童年蛮荒的冬天在北部高原还漫长得很呢,幸亏了这种贫穷,它不坚持任何学说,并不因创立了某种学说而自以为荣,而顽固不化。当它必须选择它的信仰崇拜时,它只想着在世上已经创立了的信仰之间说话,它让所有信仰都有权在它面前为其事业辩护,而它的首选是基督教义。在它的野蛮中藏有某种本能的明智,让它猜到每个信仰崇拜都是一种文明,在亚洲各种族中,唯有它具有足够自由的判断力,承认欧洲文明是最佳文明。如果欧洲对这种延续了几个世纪的心灵状态感点兴趣,如果欧洲对它多次发出的呼唤作出回应,如果欧洲接受了向它本身的计划提出的援助,如果欧洲尽管缺少仁慈、宽容,至少还是表现出了利己的智慧,世界的命运就很可能会改变。反对伊斯兰教的共同事业,军队之间的团结,共同分享胜利的荣誉,有可能将欧洲人和地中海沿岸的鞑靼人混合在一起达到利益上的团结一致,很可能会使得鞑靼人熟悉起西方文明中的风俗、信仰和义务,克服他们的疑惑,使之相信基督教义,而他们的疑惑本身也是倾向于基督教义的。用亚洲来摧毁伊斯兰,用欧洲来使亚洲文明化,是一些人设想的最伟大的计划。为了这个计划的设计者教会的荣誉,也为了吸取因为人的才智而使这计划失败的教训,重提这一点不无裨益。

埃蒂安·拉米(Etienne Lamy)

中国的政治和宗教局势及其由来[①]

这是我们在最后一分册上向读者公布的信。没有比它更确切、更有权威、更公正地来研究今天在中央帝国引起激烈争执的各种复杂事件，而教会则首当其冲地成了这些复杂事件的牺牲品。

遣使会会士、北京副主教樊国梁的信

北京，1898年12月31日

我很愿意确切而公正地给您介绍一下今年所发生的一些事件，我对这些事件相当熟悉，很有经验，掌握了很多情况，它们在政治和宗教利益方面使得帝国处于最严重和最危险的局势之中。我要试着说明一下我们所处的黑暗的情况，但我并不想把我的看法强加给任何人。

当鞑靼王朝占领中国时，汉族明朝的支持者退到南方，继续坚持反抗了三十多年，南方的百姓从来只是勉强顺从胜利者。从此，他们总是在枷锁下呻吟，总是试图利用一切机会恢复明朝，把他们眼中的篡权者鞑靼朝廷赶回到满洲里。他们分成许多秘密会社组织，有“白莲教”、“在理教”、“大刀会”、“护国会”，以及一百多个其他会社组织。他们等待时机汇聚起来反对共同敌人——鞑靼。就这样，我们且不说在(满清)统治初期的许多造反，我们看到了那个大会党[②]于1860年左右选举出了一个天王，占领了南京，建立了一个新朝廷。这些造反者寻求与欧洲结盟，把十字架放在他们的旗帜上，保护基督徒，但是欧洲人认为支持“天子”和北京朝廷更谨慎，更规范，更有益。

幸亏由戈登(Gordon)、德克碑(D'Aiguebel)、勒伯勒东(Lebreton)指挥的欧洲—中国联军，帝国第一次得以保全在从前征服了它的朝廷手中。几年以后，明朝的支持者重又拿起武器，甚至占领了直隶省的一部分，到了天津城墙下。法国大炮沿帝国运河溯流而上，将他们包围，他们最终被法国大炮的猛烈炮火压倒了，帝国第二次得救了。

在后来的年代里，局部的造反经常发生，只有欧洲的援助才将它们镇压下去。后来又发生了日本战争。每个人都知道，日本人本可以毫无困难地长驱直入北京，因为再没有严整的力量来对抗他们了。预先准备好的两千辆大车要把朝廷和鞑靼朝廷最后一个皇帝拉

---

① 出自《天主教教会》(*Missions Catholiques*)31期(1899年)，pp. 97—101。

② 太平天国。——译者注

到西部边远省份。如果三大列强最后没有来救助它的话,它很可能会被一个日本人王朝替代,或者被一个汉族王朝替代。

光绪皇帝在相对和平中继续他的统治,这个和平仍被我们讲到过的那些秘密会社组织所困扰。那些秘密会社组织只是复明党的一些分支,复明党看到它以前遭到的失败都是由于欧洲人的干涉,就改变了策略。它声明坚决反对皇帝似乎想要保护的洋人和基督教,由此就发生了对传教士的迫害和谋杀。在那些传教士中,有两个德国人,威廉(Guillaume)皇帝派了他的舰船和登陆军队,不预先告知,就轻而易举地占领了胶州湾。中国政府只是间接地对杀害传教士负有责任,因为那是造反的暴民干的,中国政府认为在这种情况下,德国的行为有点……过于急切……

它首先想到的是保护自己,为此,它从甘肃调来了拥有二万五千名士兵、装备相对较精良的军队。两个月之后,这支军队到达直隶边界,但是,这时,(中国)已和德国签订了一个条约,他们只有就地驻扎。他们一路上总是声称应召和欧洲人打仗,这是真的,而当他们到达时这个说法却成了泡影,这在老百姓中引起了很大骚动。

占领胶州湾是欧洲政策发生全面变化的信号,欧洲政策旨在建立“补偿”机制。“补偿”这种说法起码是很奇怪的,因为它要求占据一部分中国领土作为另一块中国领土被另一个国家占领了的“补偿”:不管怎么样,每个国家都要它的一份。俄罗斯要了旅顺(亚瑟港,Port-Arthur),英国为了占据威海卫,认为它应该在大沽港前展示一下它的海军力量。中国政府害怕遭到突然袭击,急召甘肃军队赶赴大沽与北京之间。但是甘肃军队像第一次一样,直至条约签订后才到达目的地。

在这些事件发生的时候,被又开始作恶的秘密组织侵蚀的中国,又被进行“自我补偿”的欧洲人瓜分了,中国人必将遭到一场可怕的宫廷革命。

1862 年,同治皇帝登基,他是西太后的儿子。这个杰出的后妃的强大势力就是在这个时候开始的。那时,她儿子还是个孩子,她就为儿子摄政。同治成年后,结了婚,不久就得了一场可怕的病去世了,他年轻的妻子随葬进了坟墓。太后选了一个很幼小的孩子当皇帝,这就是光绪皇帝。这次新的摄政很漫长,直至光绪成年才结束。光绪也结了婚,在太后强大的掌控下亲政。因此实际上,这位精力充沛的女人统治了中国三十五年以上。

这年 7 月,光绪皇帝受到了他的顾问们的催促,那些顾问几乎全是汉人。也许大胆有余,明智不足,他们推动着皇帝突然进入改革的道路,他想要一下子同时进行全面改革,而中国还不习惯那种匆促。太后多次严厉地责备他。据说,这些责备过于严厉,以至于泄了气的皇帝深感悲哀,想回到沉默,重新还政于太后。他的支持者不赞同这个决定。他的支持者很可能已经加入了各个秘密会党,也可能受到某个欧洲列强的怂恿和掌控。他们对光绪说,如果有人必须退出,不应该是他,而是太后。于是,人们就想着把太后搁在一边,夺去她的一切权力。太后及时得到了消息,她抢在对手之先,说皇帝受了这些人的蛊惑。他们中有的被砍头,有的被流放,他们的领袖刚刚来得及藏在鲸鱼号(la baleine)的大炮后面从海上出逃。至于皇帝本人,他心甘情愿地——或者有另外的说法——归政给了太后，从此，太后和她的一色鞑靼人支持者们的势力比任何时候更强大了，并且是在大象[①]的庇护之下。

这个动荡后果很严重。秘密会党起来了，想要和以往一样利用混乱行动起来反对朝廷。和以往一样，造反从广西、广东等南方各省开始，然后波及到四川、河南、山东，越来越接近北京。各省的总督和官员们不知道该听谁的好，任凭火焰蔓延也不去救援。

今日势力强大的后党是否会一直强大下去呢？被打败的(帝)党该不是秘密地加入了造反，得到了某个与另一个较谨慎的国家相对立，愿意继续支持鞑靼朝廷的国家的鼓励吧？这是个悬而未决的问题。

有一点是比较肯定的，那就是欧洲发生的事件对中国发生的事件影响巨大，其中有相同的利害关系、相同的对抗、相同的野心。总理兼军队大元帅一点都不想撤出甘肃的军队，他还增加了鞑靼军队的力量，他在北京及畿辅地区聚集了所有忠于朝廷的军队，时刻待命应付突发事件，太后似乎以从未有过的坚定决不后退一步，牢牢地掌握着权力。

与此同时，传教士和基督徒们为大家付出了代价。结成了帮派的秘密会党接受了一个总的口号，出于对欧洲人和基督教的仇恨，可能也是为了使鞑靼人更难堪，它们尽可能制造最大的破坏。在广东和广西，好几个法国传教士被杀害，有一个传教士在他的教堂里和基督徒们一起被活活烧死；传教会遭到了抢劫，传教士们为了确保自身安全被迫在港口躲藏起来。在四川，六个月以来，一切都被烧了，一个法国神父和三个中国神父落到造反者的手里。在全省三分之一多的地方，所有的教堂和(传教士)住地遭到抢劫和焚烧，基督徒的村庄被洗劫一空。他们的土地被卖掉，十八名新基督徒被屠杀，两万名(基督徒)无家可归，没有吃的。在河南，一个神父和许多基督徒一起被杀害，一些教堂被破坏；在山东，许多基督徒被杀害，许多村庄被洗劫和焚毁，许多传教士住地和教堂被摧毁；在江西，一个神父被严重打伤；最后，在北直隶省南部，很多村庄被烧，威胁性的骚乱和谣言此伏彼起，没有完全停止。

德国人借口为他们死去的传教士报仇和保护基督徒，占领了胶州港。于是人们得出结论：如果没有传教士和基督徒，中国就不会被欧洲列强瓜分。由此造成了这种对与这些政治事件无关的无辜者的仇恨发泄。谁也无法预见从胶州延伸出来的宗教骚乱如何了结，它们就像从前从潘多拉盒子里冒出的所有罪恶那样。

在这种危急情况下，中国政府是怎样作为的呢？中国政府，我指的是今日唯一统治中国的太后和忠于她的鞑靼人。对它的诚意，是没有什么可怀疑的，因为它所关心的是不能失去欧洲人，保护遭到造反者攻击的基督徒。我们有证据说明这点的。从混乱之初，保护的诏书一个接一个。在许多诏书中，我选了其中之一附在这封信中。如果说中央政府的命令不总是被执行的话，那是因为人们不相信它能够躲过革命，这就让地方官员们对于将来有某种不安。再说，这场革命变得越来越迫在眉睫。总理大臣兼所有军队的统帅已经作好准备，一旦革命爆发，就将它打败，他掌握了十万军队护卫京城。我们已经能够证实，

---

① éléphant，指欧洲列强。——译者注

政府对各省的有效行动已经开始让人感觉到了，人们再也不那样犹豫不决去向造反者进军了。我今天收到了骚乱比其他地方更严重的四川的宗座代牧苏凡隆主教(Mgr. Chouvellen)12月29日的一封急件，信中说："总督和将军们带着他们的军队去攻打造反派，在最初一次战斗中，杀了一百个造反者，华芳济神父(Père Fleury)还活着，对于各传教会来说，巨大危险总还存在。"

事实上，如果说好几个造反派已经被摧毁的话，那么官员们仍不敢去攻打著名的余蛮子，这个造反者在这里很出名，在欧洲鲜为人知。这个造反者已经被政府宣判了死刑，但是，他带了一千多人藏在山里，在山里带领了一帮杀人放火的人。他抓了华芳济神父[①]，把神父关了六个月！对他来说，神父是一颗算盘珠，一个护城圣物，鞑靼军队犹豫着不敢消灭余蛮子，怕他会杀了神父，总督们试着和他谈判，给他封号，赦免他的罪，给他三十万法郎，等等。狡猾的余蛮子刚刚又多要了一千多支快枪……作为服从的条件。

在这最后的要求前，中国政府才睁开眼睛。它开始明白所有针对华芳济神父的死亡威胁都是一些借口，余蛮子自己并不想杀死这么一个人质，在最后一刻，当他走投无路时，这个人质可以替他赎回自己的生命。于是，当局下达了将这个大盗正法的正式命令。

危险是不会一下子消失的，但是显而易见，官员们开始听从太后的命令了，太后刚下达了如下的命令："我们命令四川所有官员集结他们的军队，消灭所有造反的帮派。"

法国公使毕盛(Stephen Pichon)先生接到总理衙门的最正式的承诺。我和鞑靼总理进行过一次公开的通信，并得到了法国代表的赞同，鞑靼总理也有信给我证明"不久将在四川重建和平"。无疑，事情并没有完全了结，但是这表明了太后政府的诚意，应该给它从物质上来说必要的时间走向太平。

从法国政府和它在北京的使臣这方面来说，做了些什么呢？我可以肯定地说它已经尽可能地来高度坚定地保护我们光荣的教皇利奥十三世(Léon XIII)刚刚又一次交到教会的大女儿手中的传教会。

四十年以来，中国从没有如此混乱过。尽管有最好的愿望，在找到这个政治问题和宗教问题的迷宫的出口之前，还必须花时间来认识自己。另一方面，如何为这个因山水阻隔而交通不便的不幸的四川采取有效的行动？如何采取一些强制性手段呢？这些手段不管是多么无功利性的，它们也可能被一个敌对民族说成是居心不良。如何派遣军队到远方去？派遣军队对于祖国母亲来说随时都可以成为是必须的。在其他时候，这是再简单不过的了，但是在今天，即使在欧洲，谁能确保明天呢？这些很容易回答的问题，足以让人理解法国政府的拖延与搪塞，一切公正的人都不能对它的善意有哪怕片刻的怀疑。

除非和法国在北京的现任代表一起行动，否则是不会明白他为了取得某些地位，不惜一切保留了中国政府(对他)的尊敬，以他的能力和谨慎阻止了更大的不幸，以几乎为零的行动手段(经费)最终取得真正的成绩所付出的努力。不要把毕盛当成教权主义者，他首先是个真正的爱国者，他爱他的国家。他这种品质是所有主教和所有传教士所共有的，因此他总是能和他们默契一致。他们在口头上和书信中都承认他在中国取得的成绩，尤其

① 据我们的快讯公布的消息，弗洛里神父在这封信发出时已经被释放。

是他为了捍卫法国在中国的任何利益所作出的努力。如果说结果不如不明情况的一些人所希望的那样迅速的话,那么没有人能够怪罪于(这位)从不吝惜他自己的智慧、时间和努力的(法兰西)共和国代表。再说,等待并不会失去什么。思想家们将安静下来,和平将得以重建,严肃认真的弥合工作将达成协议,不管怎样,我们将会在这里看到对法国和传教士们来说好运的日子来临。“对于善于等待的人来说,一切都会好的。”

樊国梁主教在上文中提到的有关保护基督徒的谕旨:

太后陛下懿旨

光绪二十四年戊戌八月壬寅谕内阁:钦奉慈禧端佑康颐昭豫庄诚寿恭钦献崇熙皇太后懿旨。自开埠通商以来,中外一家宜应不分畛域,即如各国教士在内地者,叠经谕令各地方官实力保护,不啻三令五申,各省官绅士民自应仰体朝廷一视同仁之意,开诚布公,无嫌无疑,以期日久相安。近日,各省民教滋事之案仍不能免,四川各起教案至今尚未了结。在愚民无知,造言生事,轻起衅端,固为可恨。而该管官吏不能随时开导,先事防维,实亦难辞其咎。用特详加申谕,各直省大吏,于教堂所在,务当严饬地方官,懔遵叠次谕旨认真保护。各国教士往来,均宜以礼相待;遇民教交涉之案,持平办理,迅速断结,并劝导绅民安分自守,毋得逞忿肇衅。其各国游历洋人所到之处,尤应一律保护,以尽怀柔之谊。经此次降旨之后,如再有防范不力,致滋事端,定将该地方官从重参办,并将该督抚等一并惩办,毋谓诰诫之不豫也。钦此![1]

光绪二十四年阴历八月二十一(1898年10月6日)

自从(帝国)各口岸开放贸易以来,中国和外国形成一个家庭,还是不要在它们之间加以区别为妥。同样,对于在内地的各国传教士来说,帝国的各地方当局经常奉旨要努力有效地保护他们,不要限于下几道命令,下几道通知、警告。绝对要紧的是,官员、知名人士、文人和各省的百姓,要听取、遵守朝廷的观点,朝廷以同样的感情关怀着所有的人,必须要做到真诚和公正,仇恨和不信任是要不得的,这样就有希望达到越来越深入的和睦协调。

然而,最近,在百姓和基督徒中发生了一些人们还无法避免的事。四川(发生)的各种宗教事件目前还没能解决。在目光有限的无知的百姓中,谣言流传,骚乱时起,微不足道的借口都能成为冲突之源。然而,担负治理百姓职责的大小官员不知道如何劝告他们在各种情况下履行自己的义务,也不知道如何防患于未然,他们实在难辞其咎。

在这道新的谕旨中,我们明令有宗教机构存在的各省当局要明白给各地方当局下最严厉命令的绝对必要性,要严格认真执行一再重复颁发的谕旨,有效地(做好)保护工作。各地方当局在它们和各国传教士的关系中都应该尊重、善待他们。如果百姓和基督徒之间发生某些事件的话,它们应该公正地来考察问题,迅捷地处理事件。另外,它们还应该劝告知名人士和百姓,每人都要安分守己或者履行自己的职责,不准他们任意所为,肆意发泄怒火,制造混乱。对于外国旅行者,在他们所到之处,也应该给他们同样的保护,“充分体现(对远方来客)的尊重和善待”。

---

① 我们已查到该懿旨收在《清实录》五七《德宗景皇帝实录》(六)卷四二八。——译者注

从本谕旨颁布之日起,必须谨慎行事,如果发生新的疏忽,因而发生了骚乱,必须揭发追究地方当局的责任,对他们严惩不贷。同样,他们的上级总督也要受到严惩。但愿他们不要说言之不预!

钦此(Respect *à* ceci)
译文(与原文)相符
法国公使馆首席翻译
法·贝尔多(F. Berteaux)

关于中国问题[①]

《法兰西评论》1898年发表了一篇文章:《东方将来的问题》。文章中指明中国将是外交首先关注的焦点,它将威胁到欧洲的和平,起码关系到直至目前大家所谓的东方问题。《法兰西评论》的读者读了这篇文章,并且愿意相信它,那么得知北京和天津发生的那些事件后,就不会像公众甚至司法部门那样惊讶,甚至惊呆了。

这些事件有些什么即时后果呢?它们是怎样酝酿而成的?有关即将开始的下世纪,它们向我们预示了些什么?这些就是我要概述一下的问题。

一

首先要紧的是,就战争条件说两句话,我们要替中国式凶残下的牺牲品和所有白人民族所遭到的辱骂报仇,因而发动了战争。

大概考察一下北京凶案的首要后果具有重要意义,因为如果无知而惊恐的公众舆论再一次过了火,陷入矛盾的状况以至于到怪诞的话,就像在我们远征东京[②]时所导致的状况,那是很危险的。

首先,我们应该避免受到我们的欧洲观念的影响。中国并不是铁板一块。中国人不像法国人、英国人、德国人,没有一种情感能让他们团结在一起。而在法国人、英国人、德国人之间,总有一种情感把他们团结在一起,这种情感使得他们能够聚集巨大力量,在这个时候产生出布尔(Boer)人的英勇抗击精神。

这个辽阔的帝国,由一个征服者的朝廷治理,这个朝廷不是全民性的,它的人民是一个同质性的种族,但是,从面貌上和语言上真正分成各不相同的多个民族,这些民族对我们所谓的爱国主义是很陌生的。仅由一小部分行政人员来治理,他们也称为官员。唯有大家所实行的对祖先的崇拜和复杂的书写文字,把中国各部分联结起来。

此外,中国人以科举考试把招收官员的民主制度发展到了极致,因而个人主义和利己主义啃噬着他们。两年前,《法兰西评论》举了一个中国苦力的例子,他们冒着自己同胞的炮火,架起了梯子让我们攻打广州城墙。四十年后,历史又重演了,在天津事件的血腥日子里,千钧一发之际,一些中国人在一些英国军官指挥下,以他们高尚的姿态和冷静的勇敢表现突出。

---

① 《法兰西评论》(*Revue Française*) 第25卷,1900,pp. 505—518.

② 见1898年8月的文章。它提到了人们如何轻而易举地就相信了沙梅拉库先生(M. Challemel-lacour)所说的中国是可以忽略不计的一个量,而在朗松(Langson)事件后,人们又是如何将这个中国看成了一个强大的军事力量。

因此，可以招募中国人来扩充欧洲军队。但是，对于另一种社会组织的黄种人来说，这种做法就不那么容易了。记住这一点是有益的，因为虽然日本人站在我们这边，但并不等于说他们不会反对我们。那个民族浸透了封建制度的爱国主义，他们很执着于它，把民族骄傲和野心发挥到极点，要想像英国人那样让这个民族来发挥优势作用，那是最不谨慎的。

日本人的勇敢、稀有品质、快乐、艺术意识，在法国为他们赢得了很大同情。这是一种真正的危险。从政治上来说，不能让感情来主导一切。我们代表了基督教文明，而日本人，虽然他们在物质上很好地效仿了我们的做法，但是根本没有加入我们的信仰和观念。我在他们中间呆了一年多，可以证实他们自视很高，他们的民族具有巨大的野心，他们的政治具有完善的利己主义。英国因为妒忌俄国而纵容日本人实现其企图是错误的，纯粹是一种盲目行为。没有比在远东玩弄工业和海上势力的对抗游戏更占便宜的事了。再说，英国政治违背自己利益，听从其坏嗜好也不是第一次了。1869 年，当曾是沙诺瓦尼(Chanoine)将军属下的参谋长布鲁奈(Brunet)船长率领德川(Tokungawa)人“大君氏”(Taïcoun 部落)占领了北海道(Yéso)时，英国因为仇恨法国，促使它冒着扩大俄罗斯的影响，进行了一场激烈的战争，当时俄罗斯在函馆市(Hokadade)势力很强大。

另外，还是不要太信赖仍在中国弥漫的思想状况为好。它已经发生了变化。一种更强大、更受欢迎的新权力，随后必将煽动和带动起这些庞大的、至今仍毫无生气的中国群众对外国人的仇恨，成了让他们蠢蠢跃动和团结起来的原则及酵母。

直至目前，我们对满清朝廷小心翼翼保持并加以发展的军事状况仍持有偏见。由于这是我们的重要优势之一，还应该加以强调一下。

文人们在这方面——也在其他方面——和我们法国知识分子很相像，他们始终妒忌和蔑视军人。

《法兰西评论》(1898 年 8 月)向文人们、民族主义知识分子发出了号召。但是辞不达意，因为在中国并不存在我们所理解的爱国主义；但是，中国人维护了他们的文明和他们的种族。而我们的知识分子让一个外国种族，让犹太种族占了便宜，低估了我们的基督教文明。

由征服者扶植的皇帝们在他们忠诚的鞑靼军队中享有最稳固的支持，为了保留无可置疑的优越感，他们使尽一切办法让中国臣民遵循文人们的情感。从百姓渣滓中招募来的军队，缺乏装备，缺乏训练，由惰性十足的军官统领，他们还无限制地将公众舆论置于文官们之下，根本无法作一切认真的抵抗。因而，四十年前，法国和英国发动了远征，《法兰西评论》上个月对此作了详尽报道。令人惊奇的战果，两万名欧洲士兵得以长驱直入北京，并且没有遭到多大损失。

由于我们的原因，也违背我们的意愿，在永不改变的中国，这一切发生了变化。文人们需要武装力量来完成他们的计划，他们自己鼓励进行体育锻炼，也宣扬军人的价值。但是，变化很缓慢，在中国比其他地方更慢。培养受过良好教育的军官需要时间，这样的军官需求量很大，尤其要采用其他的习惯、其他的看问题的方式。中国庞大的人口可以供养庞大的军队，供养好几百万士兵，但中国军队的中坚分子还很不够。要是欧洲不以一种固有的轻率，通过向他们提供德国教官和英国制造的精良武器，来帮助(中国)建立军队，这样的中坚分子就不会存在。渴望掠夺一个民族，同时又让它作好自卫准备，既愚蠢又不诚实。

这些军队目前由黑旗军组成。(他们)在东京成为我们的可怕对手，是由李鸿章和其他几个总督按欧洲方式组建的。这些军队总数达到多少呢？应该由外交官们来告诉我们。他们为了一点点好处，支持中国人建立大兵工厂，制造几乎和我们一样精良的枪炮。他们和德兰士瓦(Transvaal)的英国间谍一样是睁眼瞎，看不到中国人购买积聚了相当规模的优质精良的战争物资，自然他们也忽视了收集最重要的情报，有关中国军队的情况我们只有一些大概的数据。

此外，据《法兰西评论》所说，中国人从他的家庭组成中汲取服从和尊重的精神，这种精神培养出守规矩的人；他们的手非常灵巧，有超群的节制力和忍耐力，很少依恋生命，神经系统发展较弱，使得他们具有一种非同一般的秉性。因而他们很快就能成为一个专门适于使用远距离武器的好士兵。在天津，对我们士兵命中率极高的炮火证明了被《法兰西评论》不幸言中的事实，对于这些事实，我们既是见证也是牺牲品。

目前，中国正处于混乱的状态，它军队中的力量加上能招募来的新兵可以超过四十五万人。他们周围还聚集了众多的拳民、强盗、旧制士兵、没有称职的军官率领的乌合之众，与其说他们是危险的，倒不如说他们成事不足，败事有余。

从军事观点看，最后的胜利已经在望。也许即使强调困难重重，经过努力，也已经克服了各行其是的中国人对我们的抵抗。当我们花了很大代价从远方运来的军队到达时，毫无疑问，一切都将早已结束了。

一旦中国军队被彻底打败，我们的权威在北京建立起来，为了我们能处理事务将要建立起何种和平？

已犯下的暴行需要赔偿，这很难让极其激愤的骄傲的中国人接受，人们甚至谈到了占领中国众多的大城市，中国有八个百万人口以上的城市，有十个人口从二十五万至一百万的城市。

不管做什么，善待弱者总是要的，还要赶快重新开始。严酷，哪怕一点点惩罚都会燃起人们心中的仇恨。和平将只是一种暂时休战，对这点不要加以掩饰。我们和这个蔑视我们的民族不会有建立任何共同话语的余地。我们启发不了他们对我们的道德观一丁点的尊重，因为他们的政府和有身份的人们几乎只向他们揭露我们的缺陷。

二

要研究导致前几个月屠杀和破坏的持久原因，就得回顾一下有关文人的问题，以了解他们的活动和他们的倾向。

他们很骄傲，这种骄傲并不来自偶然的出身，也不来自转瞬即逝的财富，而是来自他们头脑里装下的学问和他们从中吸取的东西。他们没有贵族的抗衡力量，中国没有贵族阶层；他们没有大财，因为小农种植一统天下，中庸是普遍遵守的规则；他们没有有势力的神职人员，因为大家知道，中国人对宗教的淡漠比别的地方都更甚。

文人们形成一个追求功名的阶级，在这个阶级里，群体精神能够轻易地得以发展。一切功名，一切权力，一切优越感，对他们来说都能获得。此外，对他们的统治，不管它是如何最受人蔑视的、最困难的,他们都是很容易接受的,那是出于两个动机。第一,因为作为下级,心目中渗透了有关下级不能过问上级的事的观念,必须在上级面前卑躬屈膝的观念。第二,所有的父亲都想象在自己儿子身上看到杰出品质——这种人到处都很多——他们对于自己遭到的压迫会进行自我安慰,因为他们对儿子将来能通过科举考试进入掌握权力的知识阶层抱有希望。

也许我们可以从科举考试制度造就的灵魂状态中吸取某些教训。我们在法国特别地推行了以得到文凭证实的成就来判断一个人价值的制度。如果说集体主义得以建立起来的话,那么我们将能够完全实行它的纲要中的主要条款之一:全民教育,我们一下子就超越了中国人。取消教会及其代表——神职人员,消除阶级和财富不平等,将是自由独立的最后保证。人民,即使他们不想造反,也会被动地受到他们的知识分子的开导。我们甚至没有可与之相抗衡的中国式的有力的家族和村镇结构组织,我们也没有普遍遵循的习俗和对孔子道德箴言的尊重,那是天朝帝国的力量之源。

从现在起,我们二话不说地接受各种文凭所展示的意义:高等师范学校毕业证书、综合理工大学毕业证书和其他学校证书。我们都赞同必须持有一份文凭,才能教孩子们 b、a,ba。中国人还没有到这一地步。

欧洲人并不承认文人们的优越性。传教士在宗教和思想领域,工程师在自然科学领域,他们在文人面前以老师自居,让他们为其无知而脸红。至于中国基督徒,他们回避了多少世纪以来的传统影响。这是不可饶恕的致命诅咒,也是不可消除的仇恨之源。

有的法国人明白文人们对我们的威胁。在交趾支那,海军上将德·拉·格朗迪埃尔(l'amiral de la Grandière)取消了文人们的优越(地位)。他把这个国家的行政权交给了在他的军官领导下的当地人,这些当地人在兄弟会(Les Frères)办的学校里学过用拼音文字来书写他们的语言。于是,这些当地人形成了一个阶级,我们撤退时或者顺化政权重建时,他们就会失去一切。在东京没有仿效这么做,官员们得到很大荣誉,我们将会为此后悔的。

中国文人的行动也见于大屠杀和破坏中,唯有他们对此作了报道。有人想把一切归咎于对祖先的崇拜,这是一种夸张。中国人眼见为实的意识很强,理解不了对欧洲式科学的运用。许多人在加利福尼亚工作过,在我们的邮船上当过驾驶员,灵巧地操作过殖民地糖厂的大型蒸汽机,之后他们回了国。他们并不像人们所说的那样停滞不前,不愿意从现状中走出来。他们甚至开始改变自己的农业,因为他们开始大面积种植鸦片。他们知道,他们失去了制造东西的秘密。其中就有制造某种瓷器的秘密。他们也知道,如果说某些工艺消失了的话,那么其他工艺还会产生出来。

有人肯定地说,中国经济学家们非常正确地看到了铁路和大工业大大地促进了财富集中和无产阶级扩大,他们要反对引进它们。人们所知道的有关中国政治、经济的理论知识使得这种说法相当可信。但是可以肯定,某几个思想家的观点还没有时间,也缺乏手段散布到公众中去,尤其还不足以造成如此的暴行或狂热。

文人们煽动起流氓无赖们的狂热在中国到处可见,正好说明了破坏之疯狂。我们自己在大革命期间,不也见到过被知识分子煽动起来的贱民在全法国造成悲惨的废墟吗?

文人们这样做是听从了一种自然的本能:当有人要想当头时,他会一有机会就除掉做得比他好的人……及其事业。再说，破坏了铁路也可从蛮人（洋人）手里夺走长驱直入北京的强大手段。布尔（Boïrs）人可没有这么做！

只要文人们还存在，他们就始终是敌视欧洲的巨大原因，他们很有成效地让这种对欧洲的敌视不断扩大下去。

令人惊讶的是，一个有着悠久文明的民族，他们的彬彬有礼尽人皆知，竟然会使用如此残酷的暴力，有关这种暴力的叙述真是可怕得很。人们忘记了残酷是所有黄种人的特点。从美洲红种人的战争柱上的酷刑，到温和的西藏人最近让杜特伊·德·兰斯（Dutreuil de Rhins）所遭受的巧妙的肉刑，到被中央帝国成千上万的小刀活宰的牺牲品，这个人种是以同样的精致折磨人为乐。[①]

必须拿定主意，中国将长久保持这种骨子里的冷酷，它将在和我们的关系中表现出来，每次它都可以不动声色，不冒太大风险地就表现出来。也许我们本可以用基督教义来缓和一下这些危险倾向，同时寻求启发对我们的某些同情。必须承认，我们很少关心这些。

至于基督教归化工作，它也遇到了障碍，这些障碍至今没有消除的迹象。中国人从来不关心彼岸问题，他们很迷信。再说，在中国人那里，经常会发生一些乌克（Huc）神父五十多年前就指出过的奇怪现象。今天，拳民致力于念咒，召唤鬼神，有时候表现出一种真正投入的状态。在本世纪初提出一种这样的断言是很不合时宜的，但是，今天，神秘学术士们经常花了相当的功夫，老实说收效也甚微。他们要给这些在我们中间也蔓延的现象以一种科学的解释，让人们可以把一大部分对传教士、神职人员、皈依的基督教徒的可憎的屠杀归咎于它们。

如果传教士的人数更多一些，得到更好的帮助，如果他们的努力不被鸦片战争，被千百次令人伤心的行为留下的对欧洲基督徒的伤心印象抵消，他们本可以减轻西方的物质进步不可避免地给东方带来的震惊。

从现在起，传教士们深入到这四亿黄种人中去，唯有他们了解这四亿黄种人的倾向和向往，唯有他们能警示那里发生的事情。如果以前听听他们的话，外交上也不会遭遇一种传教士们已经指出过的、正在缓慢酝酿的运动，传教士们还预言这个运动将会发展壮大起来。人们佯作不在乎传教士们所取得的成绩，不久人们就会承认，对于欧洲来说，对中国基督徒的屠杀是一个巨大的不幸。屠杀消除了一个中间地带，这个中间地带虽然还很小，但是它当时正在扩大，本可以作为迥然相异的种族之间的和平相遇点。

至于那些点燃导火线的事件，人们讨论了很久。是否因为德国人太蛮横，不让幼稚虚荣的中国人把占据胶州说成是慈善的租界？是否因为不谨慎，让各种不太实际的瓜分帝国的计划充斥报刊？是否因为看到我们的分歧，想到了一个欧洲协议报不了可怕的谋杀之仇？是否因为英国夸口要统治扬子江流域？是否因为它的政策的双重性，而我们政策的软弱性和缺乏条理性？是否同时因为这一切因素？是否还有其他因素呢？这些都无关紧要，震惊是迟早要发生的。

① 博学的高比诺伯爵（Comte de Gobineau）把英国人的经常受到指责的凶残行为归咎于黄种芬兰人和英国人祖先混合的结果。

将要发生的事件在短期内会产生一些致命的后果。它们将使得列强之间的关系更紧张。悲观主义者已经对我们预言，联军取得胜利后会发生一场普遍的欧洲战争。一切都是可能的，但是观察东方的将来问题，要站得更高，还必须看得更远。

三

为了了解中国目前的发展对欧洲无疑将产生的作用，必须推翻19世纪在我们身上产生的那么笨拙、那么目光短浅、又那么自得的偏见。不要限定我们的视野，回想一下遥远过去的历史，严格地重新审视一下那些让我们相信白种人无可否认的优越性的动机缘由。

亚洲和欧洲的决斗始终存在。两年前，《法兰西评论》重提了一下这个悲剧性斗争的可怕波折中的几个。

从16世纪起，欧洲走到了它的大对手的前面。它在中世纪积聚发展起来的军队，由于一种幸运的巧合，只碰到了一个正在衰落的伊斯兰教和一个沉睡的远东。它利用其领先地位做了些什么呢？因为文艺复兴，它被异教化，由于宗教改革，它被分裂成多个相互妒忌的国家，它失去了把其他种族的人看成有待同化和皈依的兄弟的高尚观念。很可惜，它破坏了确保它统治世界的最佳条件。它在非洲，甚至在欧洲，给伊斯兰教留下了据点，这些据点应该已经历时很久了。它到哪里落脚，除了几个例外，它总是让人惧怕，但是它并没有得到尊敬和爱戴，在已经征服的国家，或者待征服的国家，它只看到可供剥削的人和可供独占的财富。

有些事件，如攻克阿尔及尔和中止日本的胜利，大体上结束了一种既有害又无先见之明的政策。这样的事件多么稀少呀！

在20世纪开始的时候，伊斯兰教蠢蠢欲动，中国自己也觉醒了。两者都仇恨欧洲，仇恨使他们很容易联合起来。铁路也好，电报也好，我们的进步也有助于他们的联合。而我们的分歧那么深刻，以至于我们的敌人在欧洲本土找到了同盟者。土耳其不正是在基督教国家陷入危机时得逞的吗？我们没能保守住麦宁炸药的秘密，我们嘲笑罗马帝国末期的衰弱和纷争，我们能否哪怕和罗马帝国末期做得一样好呢？至少，它没有把希腊火硝的配方教给敌人。

再说，我们不已经当过一次亚洲人征服的牺牲品了吗？犹太种族统治了那么多地方，它不正急于要化解我们所有传统的能量，就像要把我们变成毫无防卫力量的猎物吗？

固然，白人更强壮些，那是因为种族的缘故，也因为注重个人发展的基督教义长期的作用。它对人类说，Sursum Corda（请举心向上）；中国人对它喊道，Siao Sin（小心，缩小你的心）。但是，我们引以为荣的一切物质进步都削弱了个人的力量。拉布尔多内（La Bourdonnais）将军在法兰西岛上徒手建起了一支舰队，解放本地治理（Pondichéry，印度城市）；如今，得给他派去好几艘军舰，一根折断的传动杆都能够解除他的武装。

多亏了充沛的精力、过去给我们留下的荣誉感和骑士精神。我们刚刚经历了一个漫长的时期，在这段时期里，一小撮欧洲人，刺刀上枪膛，冲向数量众多的亚洲人，打得他们闻风丧胆，四处逃窜。这种英雄壮举已经结束。有了远距离武器，不再有肉搏战，不再有眼睛瞪眼睛所起的那种磁性作用，这种作用给了我们很强的优势。

从前职业军队的纪律性在从事世界性服务的巨型军队中，还是一种体现优越性的元素吗？这种军队的士兵是从越来越缺乏理想、越来越不耐烦于一切纪律制约、不懂得遵守纪律的人群中招募来的。正当这种致命的衰落在我们中间发生时，亚洲——正如日本和土耳其新军所证明的那样——从我们这里取得了形成我们力量的东西。亚洲在兴起，而我们却在走下坡路。

任何东西，哪怕是亚洲人的惰性，都在使我们的敌人占据优势。中国人就比许多欧洲人更容易屈从军队的纪律。

穆斯林狂热的信仰，黄种人在死亡面前的迟钝，在必须作出牺牲时，也是强大的动力。从前，我们在对永恒的希望中汲取一切忘我精神的原则；但是，从这个观点看，我们又衰退了多少，人们又如何努力执着地要让我们继续衰退下去！

最后，德兰士瓦战争表明了习惯了使人萎靡不振的安逸的当代士兵的极大重要。在这方面，法国人比英国人高尚得多，但是我们和我们朴质的父辈们相比差远了，而中国人却超过我们很多。

我们因为傲慢自大，对基督教事业心不在焉，激起了种族间的对抗，到处树敌，这些敌人都是能看、能想、能比较的聪明人。如今有了比我们的士兵更朴实、更能吃苦的亚洲士兵，他们估量所能做到的事情。他们计算了从八里桥之战到西摩勋爵(Lord Seymour)失败和天津之战走过的路。[①] 他们计算了从遭受多次失败到首次取得胜利还必须要经受的东西。他们悄悄制订了一张长长的清单，记录下欧洲人对他们的侮辱和咒骂，咬牙切齿地想着要尽早报仇，而我们却没有想到这点。一些人知道，土耳其的新月旗在西边已经到了普瓦捷，在东边已经到了萨尔茨堡。拉文纳(Ravenne)对利奥十世(Léon X)教皇的特使说："当土耳其人到了拉古萨(Raguse)，我们就向他投降。"而另一些人还在津津乐道成吉思汗的铁骑直达德国边界的战绩。

在这个时候，英国还在想象明天是属于它的。它扬言要让我们失去我们最后的好时机，因为它无法利用这些时机来满足它的帝国贪欲。它在给了伊斯兰教时间来震撼其麻木之后，它又在中国开始了。因为一种难以置信的谬误，它要让黄种人中的强国，有强大的海军、强大的工业的日本，担当一种举足轻重的角色。但是，中国人看得很清楚，他们喊道："杀死洋人！"他们向日本士兵热烈喝彩。

在结清冤仇之时，欧洲操心的一件事，自然是借口让北京政府能够制服将来的拳民，建立一支中国军队。况且德国不是重建了苏丹(Sultan——某些伊斯兰国家君主)的军队吗？

记忆当前的屠杀和纷争，只会加倍激起我们的傲慢和无情。欧洲和亚洲之间已经那么深的鸿沟还将会加深。在我们的野心和利益的争斗中，亚洲将会找到实现它的发展和准备报复的一切捷径。我们争先恐后抢着注入的资本将会有助于它。

我们的敌人准备行动难道需要很长时间吗？今天的发展很快，日本已经作了充分证明。要是涉及将灵魂提到一个相当的道德高度，那是另一回事，这个事业是长期的。但

① M. Chaffanjon先生在酷日下穿过蒙古时，看到一些蒙古小孩光着膀子在父亲的蒙古包周围玩耍。后来他在寒冷的阴历十月又经过同样的地方，他看到那些蒙古小孩仍然光着膀子在蒙古包周围玩耍。这些孩子将成为(强壮的)士兵，他们不会像罗伯特(Roberts)勋爵的士兵那样容易垮掉。

是，现在只需适应我们的物质文明。有一些工程师，一些工头，聪明、耐心、耐劳的中国工人马上就可以适应。中国在我们自愿的支持下变强大后会怎么样，用不着预言家来告诉我们。

伊斯兰教煽动那些有头脑的人，直至我们的领地，从印度到非洲中部。尽管美国士兵强暴横行，滥施淫威，菲律宾的黄种人仍让他们陷于困境。中国人在天津事件中表现得很可怕，在这第一次努力中，他们只是因为自身的分歧和缺乏准备才支持不住。在海河平原上对中国基督徒的屠杀与亚美尼亚山上对基督徒的屠杀相称，表明了孔子信徒们和穆斯林们共同的倾向，明天他们就是盟军。

关注这些事件，并力求预知这些事件后果的思想家们，很想怀疑未来。自从野蛮人入侵以来，欧洲的形势似乎从未如此阴暗过。基督教文明将会变成什么样呢？

四

相信有一个正义而仁慈的上帝，以自由引导世界走向它的目的地，以它所犯错误的逻辑性结果来纠正它。这样人们就不会听任自己走向悲观主义，他们会设想出其他的希望。在各民族经受的危机中，他们既看到了一种罪有应得的惩罚，也看到一种拯救的原则。

他们说，此时我们眼前不是有一个很能说明问题的例子吗？我们 1870 年的灾难不是培养出目前 40～50 年代出生的一代人吗？他们的爱国主义浸透了他们幼年时法国所遭遇的不幸，他们这种爱国主义来得如此及时，搅乱了最危险的政客们的算盘。尽管迟早会掌权的 9 月 4 日革命的领导者们有他们的计划，这些灾难难道没有迫使他们保持和扩大一支常备武装？没有这支常备武装，这个民族主义政党是很难组成的。我们经受了对德战争的考验，三十年后，这些考验让我们为应对反法大阴谋作好了准备，这种阴谋不管它表面取得了怎样的成效，明天总是要惨败的。

同样，欧洲各国可怕的利己主义威胁着各个国家的人民，产生出强制和暴力的统治，这种利己主义合乎逻辑地必然遭到了惩罚，遭到了派士兵到世界各地奴隶式地服役的惩罚。到世界各地服役是真正地回到野蛮，它使得所有适龄者都习惯于去当兵的想法，它让我们以最有效的方式来准备战胜野蛮亚洲的手段，正是我们的错误，将激发野蛮亚洲来反对我们。

这还没完，难道结成联盟的亚洲的可怕攻击，还没有迫使欧洲各国重新懂得他们必须团结一致吗？失败的亚洲将会消灭我们的利己主义。

此外，在每个民族中，我们希望在我们的时代不会再有极端的灾难、劫掠和屠杀发生。人们看到这些，对它们产生恐惧，就会激起对煽动不和的人的极度愤怒，这种愤怒会把一切弄得不可收拾。至于只想着自身利益的民族，如英国人，人们把他们看作共同事业的背叛者，除非他们有所改变。那些最压迫人的政府，它们需要大家忠诚的协助，它们得释放被他们置于枷锁下的人民。当事关每个人的生命，事关妇女、儿童的生命时，社会各阶级都得停止为了物质问题的争斗，签订由正义和博爱精神导引的协议。最后，确切地说，在这种到处爆发对空虚的憎恶，对信仰的饥渴，新教教义遭到各方面的否定，正处于崩溃状况的时候，有必要建立一个行动和忠诚的共同原则，以一种不可抗拒的力量，让我们重新顺应历史的潮流，消除阜丢斯和路德的可悲的分裂。由于历史循环往复，我们也会看到粉碎了伊斯兰教的努力的伟大的军事秩序也会再次复兴。

当然，要让欧洲明白它正身处其中的危险还需要时间，这种危险所引发的后果还较遥远，但是它们并不是空穴来风，相信其有的人们如此说。

将有许多人会看到，取得所有这些好处要以失去和平安宁和快乐享受为代价，尤其要以血流成河为代价，这样的代价太昂贵了。但是放弃不足以抹平已经犯下的错误，放弃也不会让我们的敌人停止发展。如果信仰上帝的人的希望一旦实现，经过骇人听闻的灾难之后，如果有信仰、有和平、有和谐、有真正自由的日子，终于与复兴的基督教文明一起出现，人类还是应该感到幸福的。

阿·诺格(A. Nogues)

中国的混乱局势[①]

在陷入无政府状态的中国面前，文明列强的形势之糟出乎想象。整整一个月，各使团都想方设法了解正在北京发生的事件，至少要知道，外交人员和在使团里避难的众多外国人是死是活，是否安全，但并未得到多少消息。欧洲以及美国、日本听凭五六位中国大员恶意戏弄，而这些高官已把揶揄和讥讽的外交语言变成了一门天才的艺术。

各国政府因情报机构的秘密警察的无能而感到惊恐，于是采取了五花八门的行动。德国皇帝对即将开赴中国的海军和陆军官兵发表的演说非同寻常，致使该国臣民不知道他想把德国引向何方。英国声称，对任何说法不再给予信任，只想看到形势的实际方面，并且已经在扬子江口集结了一支强大的舰队。

令人难以理解的是，没有一位外国公使向其政府报告自己是否仍然活着的信息。反之，在列强极度不安的目光注视下，北京的高官们却随时随刻与他们的各省要员保持着联系。久而久之，来自中国方面的有关各国使团安然无恙的大量声明，终于让谁也不能放心了。华盛顿起初以为康格[②]的电报真实可信，一周之后便无奈地接受这是一封假电报的说法。人们抛弃了此前一个短时间内抱有的希望，终于相信，关于各国使团被毁，使团馆舍内的欧洲人被杀的消息确凿无疑。关于这桩骇人听闻的悲剧，已经听到了令人不寒而栗的记述。

然而，令人宽慰的消息并非谎言。日本使团团长的电报、德国使团秘书的信札、英国公使窦纳乐爵士的电报，一件接一件到来。这些文件都并非伪造，它们带来的消息都能彼此印证。各国使团从 6 月 20 日开始遭受猛烈攻击，有的已经被摧毁，有的还在坚守；损失惨重，妇女和儿童已躲进英国使馆。7 月 16 日，炮轰和枪击都已停止，但是，被占的使馆遭到严密的围困，刻不容缓需要得到救援。太后与皇帝都在北京。

信函与电报都是 7 月 21 日发出的。由此可以推断，在黑暗中微露光明的这十天中，没有发生任何严重事件。可是，依照最坏的推测，处理北京事件的政府，且不管它是什么样的政府，可能会扣押欧洲人作为人质，直到李鸿章开启与列强的谈判，阻止联军向北京挺进的努力获得成功。[③]

---

① 原载《政治与文学杂志》(蓝色杂志)1900 年 8 月 4 日(第 5 期)。

② 康格(Coger)，美国外交官，1900 年义和团运动时被困于东交民巷。——译者注

③ 来自北京的一件邮包 27 日抵达天津，带来了美国、英国、日本和德国外交代表的电报和一批信函，证实了此前获得的的消息。

这就是说，北京正在上演一出戏，而列强直至昨天还不知道，这出戏是否已经有了结局，也不知道究竟是一个什么样的结局。列强大体上知道这出悲剧有哪些演员，但不了解他们的角色分配。因为戏刚刚开场，大幕就突然落下来了。对于大幕后面发生的事情，观众只能无奈地停留在不清楚的状态中，唯一能够得到的消息便是台前的合唱队提供的信息，也就是山东省巡抚及其同僚，即沿海各总督。

这些大人物的名字每天出现在芝罘（Tché-fou）、上海和香港的电报上。

第一位便是年迈的广州总督李鸿章，他现在兼任直隶总督，临时驻在上海。

其次是两江总督刘坤一，他管辖着江西、江苏和以南京为省会的安徽省。

此外还有因筹办铁路和电报局而名声大振的盛某[1]，他驻在上海。许多有关欧洲人遭遇的自相矛盾的消息，就是从他那里传出来的。

最后还有山东巡抚袁世凯，他的前任李秉衡眼下正率领一支大军向京城挺进。从危机开始以来，袁世凯一直通过秘密渠道与北京保持联系，并自行担起了向文明世界诠释北京政府的想法和行动的角色。

我们知道，不包括属地（西藏、突厥、蒙古）和满洲在内的中国，即确切意义上的中国，分为十八个省，由八位总督和十六位巡抚（抚台）管辖。

有两位总督仅辖一省，这便是直隶总督和四川总督。其余的总督治理两省。

湖广总督（现任总督为张之洞）管辖湖北和湖南，首府武昌在扬子江南岸，对岸便是汉口。由北京南下的铁路抵达汉口。在危机发生前夕，这条铁路是由比利时和法国工程师共同建造的，在张之洞领导下，这条铁路不久之前尚在汉口附近施工。

闽浙总督管辖浙江和福建两省，驻福州。

西北的甘肃和陕西两省由一位总督管辖。董福祥将军好像是这位总督的左膀右臂，他率领的乌合之众就是从陕甘出发的。陕西的首府是西安。据说，如不能阻止对北京的进攻，宫廷将会撤到西安。

云贵总督管辖云南和贵州。

两广总督是最重要的总督之一，他管辖广东和广西，驻广东省会广州。

江苏、江西和安徽同属一个总督府管辖，现任两江总督为刘坤一，驻南京。

大多数总督所管辖的省都有一位巡抚，只有两位总督本人兼任巡抚。

此外，有三个省的巡抚不归总督管辖，而是直属中央政府，这就是山西、河南和山东。山东省是中国最富庶地区之一，山东巡抚是个强人，其威望与总督不相上下。山东沿海地区有外国势力常驻，在胶州有德国人，在威海卫有英国人。

现任山东巡抚袁世凯，对在省政府中任职的外国人相当敌视。义和团就是在山东省最先出现并发展起来的。自从北京与世隔绝之后，袁世凯通过神秘的渠道，获得了光绪皇帝向美国、法国、德国、英国、俄国和日本呼吁的函件，在一段时间中，皇帝的这些呼吁起到了戏弄公众和误导各国政府的作用。

---

[1] 指盛宣怀。——译者注

当拳民拉开这出血腥的悲剧的大幕时，各个人物是如何表演的呢？听我慢慢道来。

慈禧太后执掌着政府的权柄。她于1898年将孱弱的合法君主，也就是她的侄子和义子光绪幽禁在宫中。1900年1月，太后逼迫光绪宣布退位，立端郡王之子溥儁为嗣君，端郡王是皇族成员，为太后所宠信的顾问之一。

如今究竟谁在掌权？人们猜想还是慈禧太后，尽管李鸿章宣布端亲王已在军队与造反者的战斗中死亡，但估计他实际上仍继续在为太后出主意。

这仅仅是一种推测，由于各国政府对此不掌握确切信息，令它们的政策陷于瘫痪。如果太后继续掌权，那就不得不因她对欧洲所施加的羞辱而把她赶下台。如果她已经失去权力，与光绪一同被囚禁，那就可以把她看作依旧握有实权，并帮助她平定骚乱。这就是各国政府至今不向中国正式宣战的原因。

外国列强的代表与宫廷几乎没有任何私人关系。经过顽强的斗争，他们仅仅争取到了在与他们的尊严和感情相容的条件下晋见皇帝的权利。奥地利特使毕格里本(Biegeleben)先生、英国公使欧格纳(O'Conor)先生，分别于1891年10月27日和1892年12月受到皇帝接见。但是，地点不在接见大殿，而是在宫墙外面的一个小楼中，对此他们也只得无奈地接受。直到1893年，经过坚定不懈的要求，法国公使和俄国公使才终于在皇宫大殿中受到皇帝的接见。

然而，此类接见纯粹只是一种形式，其实质价值仅在于：中国的天子公开承认欧洲列强有权在完全平等的条件下与中国相处。除此以外，任何一个外国人都没有机会踏进庄严肃穆的“紫禁城”一步。

总理衙门是外国使团与北京官方接触的正式机构，这个机构设立于1861年英法远征中国之后。尽管极不情愿，中国人还是同意各国的外交使团在内城建馆，并为此设立了总理衙门，专门负责与这些使团联系。

同治皇帝的皇叔恭亲王奕䜣和大学士桂良、户部左侍郎文祥这两位杰出人物，共同组建了总理衙门。总理衙门的组成人员陆续增加到十人，其中的某几位同时也是最高机构——军机处的大臣。

恭亲王主持总理衙门多年，直至1884年失宠去职。

在最近的事件中发挥过重要作用的徐用仪是北京的最重要人物之一，长期在总理衙门供职。他是一位极端保守派，心胸狭窄，排斥异己；他既是军机大臣，又是皇帝的监护人，可以经常与被监护人接触，借此对他施加影响，直至皇帝成年后数年。皇帝的上谕由他草拟，他还是中日战争的主要煽动者之一。他粗暴的行事作风使他有别于他的大多数同僚。他与汉口的总督张之洞一样，以正直和清廉享有盛誉。与总理衙门的大多数官员一样，他厌恶洋人、洋思想和西方文明的物质表现。一位于1895年来华游历的英国人，某日在会见总理衙门的老爷们时，说了下面这一番话：

“你们恶狠狠地责怪我们，说我们对你们不理解，说我们散布对你们不利的流言蜚语，因为我们对你们不了解。可是，你们不为我们提供任何了解你们的机会，你们甚至毫不掩饰地表示，你们讨厌与我们接触。你们是掌权者，可是，你们却公然炫耀不把外国人放在眼里，而且鼓励老百姓以你们为榜样，老百姓自然照着你们这些大员的做法，对我们一味地投以鄙视和仇恨。任何国家如同任何个人一样，都可以从邻人那里学到些东西；可是，中国就像是这样的一个人，他以为只要通过持续不断地照镜子，在镜子里仔细观察和欣赏自己的脸蛋，就可以认识他的同类了。”

英国人接着说道：“各位阁下颔首礼貌地表示同意，徐用仪却死死盯着我，我不用费力，就从他的目光中看到，他那天对我这张脸仔细打量了个够。”

受到李鸿章庇护的广东人张荫桓，曾任中国驻美国和西班牙公使。如同他的主子一样，他步步高升，终于进入总理衙门。他是一位自由派，欣赏西方思想。然而，他之所以能够身居高位，最重要的是因为他对本国的为官之道十分熟悉，聪明人借此便可以一帆风顺地不断升迁。直到1895年，他依然小心谨慎，不作无谓的冒险，在一个容不得西方思想的环境里推销他自己的思想。后来他投身改良运动，成为百日维新的牺牲者之一。

曾侯爵[①]在伦敦获得了开明改良主义者的美誉。他在西方的表现堪称完美。当他奉召回国供职于总理衙门时，外国使团颇感欣慰。可是，人们不久之后就发现，中国驻伦敦公使和总理衙门的曾侯爵判若两人。我们不清楚发生这种变化的缘由，究竟是他的本性重现，抑或因为无论何人，一旦置身于一群高官之中，便会受到不可抗拒的压力。

1891年，直隶总督李鸿章驻在天津。这位老人年届七十，精力充沛，仪表堂堂，坚如橡树，总是挺身而出堵缺口。年方二十的皇帝、五十七岁的太后、总理衙门、军机处、大臣和皇族的亲王们都驻在北京，驻在天津的李鸿章却掌管着帝国的所有事务，商业、陆军、海军、外交、政治等等。他位高权重，所有军政要职都由他的亲信占据。

李鸿章担当的不是闲差，严重的骚乱已在中国各地爆发，这不再是偶然的地方性事件。暴乱分子都是有组织、有纪律的队伍，有各级头领和各种机构。遍布全国各地的秘密会社哥老会，俨然已经是暴乱者的一个权力机构，向当局的权力发起挑战。各省的传教士和外国侨民纷纷向领事机构告急，他们的安全无法得到保障，已经处于危险之中，随时都可能像长江流域中的外国侨民那样遭到袭击和虐待。暴乱已经殃及直隶。

李鸿章向本省官员下达了严厉的命令，但其中不少人与暴乱分子有勾结。天津英租界和法租界的外国人采取了一些自卫的措施，组织了一支由七国志愿者参加的治安队，进行自卫。英国人、俄国人、德国人捐弃前嫌，彼此合作；上海、汉口、芜湖、广州等地，凡是有少量欧洲人生活在众多敌对的中国人中间的城市里，都采取了类似的行动。

李鸿章不喜欢外国人，但他保护外国人，因为这是他的利益所在。1891年，他曾经平息过一次骚乱，那次骚乱与此次危机的初始阶段如出一辙。

李鸿章周游列国后，于1896年11月返回中国，遭到皇帝的冷遇。

李鸿章的地位变化多端，难以预测。他时而深得皇帝信任，被安排在极其重要的位置上，时而由于一次无足轻重的冒犯，迅即失宠；可是时隔不久，他又一次登上了权力的顶峰。

李鸿章之所以起起落落，奥秘在于太后执意要以她的旨意处理国务。李鸿章是一位

① 曾侯爵，此处指曾纪泽，曾任驻英公使。——译者注

深谙朝政的权臣，他知道光绪皇帝只不过是一个傀儡，是几只灵巧的手通过几根细线操纵着他。然而，有时候傀儡不那么听话，当他心情不好时，他不敢冒犯望而生畏的太后，只得向臣下发火。李鸿章在对日和谈中表现出了一定的外交才干，争取到了略好于预估的结果，在沙皇的使臣喀西尼伯爵协助下，收回了旅顺。李鸿章在外国人中间的声望因此而大增，慈禧太后也对他的努力表示满意。

这就足以让皇帝不开心了。李鸿章前去俄国参加沙皇加冕典礼时，皇帝给他脸色看。李鸿章从俄国回来后，未到紫禁城面见皇帝，而是直接去海淀的行宫[①]觐见太后，皇帝因此而斥责他目无礼制，并给予处罚。

尽管如此，太后与李鸿章依然是中国权力最大的两个人，他们经验老到，知道需要什么，而且掌握着巨大的资源，精于权术。太后无论如何也不让皇帝摆脱她的控制，李鸿章不满足于宫中职务，希望能兼任外省职务，例如两广总督，以便让自己的威望再上一个台阶，并进一步大量敛财。1900 年 1 月的骚乱给了他机会，使他得以兼领两广总督之职。

一年前，戊戌改革的反对者们在 1898 年帮助慈禧太后甩掉改革派，实现了宫廷政变。1899 年末，太后对这伙人的宠信达到了空前程度。

兵部尚书荣禄和督办各省税务的刚毅都是大权在握的大人物，这两位大臣对于正在急速积累的危险视而不见，依然一心敛财致富。即使有时也会焦虑不安，但是一想到纵然大祸临头，毕竟还有足够的财产，于是也就不操那份闲心了。从政治层面上看，他们应该心满意足。意大利索租三门湾未果，俄国表示出妥协的姿态，英国没有得到它所要求的任何东西，英国公使馆小心翼翼，甚至让在华的英国商人不要过于苛求。这就是 1898 年 9 月的巨变和荣禄麾下的北洋军队重组带来的硕果。

国家财政方面恰好相反，情况越来越糟。国库为传统的民事支出和维持六千余位皇族成员的日常生活而捉襟见肘，尽管对地方当局严加斥责，国库的进账却并未因此而有所增加。

1898 年 7 月 12 日的一通上谕责令官员们立即整治渎职习气。这通上谕着实天真得可以，即使对于干练老成的太后来说也何尝不是如此。自古以来，高官们一直享有任意榨取公众和国家钱财的特权，太后如何能够指望他们听从劝告，为了国家利益而改邪归正，自愿放弃他们的主要收入来源呢？

上谕毫不含糊地指出，官员的腐败具有普遍性和严重性。一些官办企业的负责人自己富得流油，国库却没有一分钱的收入。上谕历数多个企业的劣迹，比如，大名鼎鼎的盛某因招商局和电报局而大发横财，开平煤矿和其他企业也莫不如此。国库日益空虚，某些官员却仗着宫廷的特许大肆捞钱，这实在让人百思不得其解。

官员们若是拒不清明廉洁，不想以身作则为老百姓提供美德的榜样，那么，这通上谕就丝毫无助于改变这种腐败的局面。各省必须每隔三个月向北京报告一次收入情况和税收总额。

这些规定大概在一段时间内产生了各省上交给北京的款项。官员们先行垫付，随后就加倍压榨百姓，以期收回垫付。他们甚至巧立名目，收取费用补偿上谕给他们带来的

---

① 此处大概指颐和园。——译者注

麻烦。

每当需要向英德贷款的管理机构交付“厘金”时，官员们就是这样做的。他们在“榨取”高于正常额度的税金时忘不了告诉纳税人，捐税不断增加的原因是洋人贪得无厌。现在发生的事情表明，这种说法确有实效。

1899 年 11 月的一通上谕更具特色，这通上谕的重要性没有引起注意，当时远东的报刊纷纷予以转载，如今这份上谕所具有的雄辩性，是所有评论都试图加以弱化的。

这份上谕斥责各地的总督和巡抚，训斥他们在与西洋蛮人打交道时过于软弱。

上谕写道：“外国列强以贪婪的目光窥视中国，它们彼此争斗，看谁能率先吃到第一口中国肉。它们以为中国既无钱又无兵，绝对不会贸然试图用武力抵挡列强的野心。然而，有些行为是慈禧太后统治下的中国无法接受的，留给她的只有一个选择，那就是相信自己的事业是正义的事业，为此应该与侵略者进行斗争。总督和巡抚们误以为，他们与外国人相处中的种种困难，应该以友好的方式求得解决，所以，他们从来不做抵抗的准备。他们的行为辜负了对皇帝的义务，应该受到最严厉的斥责。他们得到的指示是，以后若是遇到巨大压力时，应该毫不犹豫地使用武力，立即开战。”

上谕并未提到，中央政府将会支持他们，向他们派遣援军，提供所需经费。上谕仅仅承诺，他们一旦开战，中央政府将不会立即与交战国开启和谈。

另一份由总理衙门签发的文书，进一步明确了上谕的精神，并付诸实施。文书中说，胶州落入德国手中是中国示弱之举，今后不得再次发生。总督和巡抚接到命令，对意大利和法国等国的觊觎，要还以最坚决的抵抗。

进军北京会遇到很大困难吗？舆论对此存有相当分歧。

中国在 1894～1895 年的中日战争中惨败，匆匆忙忙地接受日本强加的媾和条件；欧洲各国因此以为，古老的中国从此无足轻重，谁都可以任意加害。1900 年发生的事件大出西方人的意外，西方人此前把中国视为毫无生气的老朽，因而极度鄙视这个国家，这次却发现，这群数量惊人的中国人居然尚武好战，公众舆论随之发生了急剧变化，产生了过度焦虑。

我们或许应该承认，从报道中所看到的中国军队在天津及其周围的表现来看，这支军队自中日战争以来确实有了长足的进步。

中国进口了许多新式武器和其他军火，欧洲的一些大制造商争先恐后地向中国提供这些军火，并以此为荣。此外，中国还雇佣德国军官帮助训练军队。

不过，德国军官训练的军队数量不多，训练效果也不是很好。

我们并不掌握准确的数字，但总是一厢情愿地估计，中国的人口有三亿到四亿，并为此而颇感吃惊。且不说中国人究竟有多少，乌合之众无论如何都不是军队，中国绝对不拥有欧洲人所理解的一支兵员众多的武装部队。

集结在天津华人区的一支精锐部队，在这几个星期中让驻守租界的那支外国小卫队吃尽苦头。看来，这支中国军队拥有精良的大炮，而且射击非常精准。

当外国军队的兵员达到并不算很多的八千人后，7 月 14 日就把中国军队赶出阵地，占领了他们的军火库和兵营，还缴获了他们逃跑时遗弃的大炮。

原来以为中国军队借助不为人知的神秘手段，突然变成了一支有能力抵御欧洲列强的武装力量，日本和美国当然更不在话下，现在应该从这种错误的印象中醒悟过来了。

有人以为，中国能够抵御多个列强的联合攻击，这种想法很可笑。不但如此，几乎可以认定，中国甚至无力长期抵御任何一个强国稍微强悍一点的攻击，俄国、德国、法国、日本统统包括在内。

欧洲各国政府的任务肯定有些重，但丝毫用不着害怕。报刊祭出"黄祸"这种陈词滥调，显然过于匆忙了。

任务其实很简单。对于五六个有关的欧洲强国来说，需要做的无非就是在中国集结数量足够的兵员，做好以下两件事：第一，组建卫队，保护所有通商口岸不受攻击；第二，组建一支强大的部队，在雨季结束后向北京挺进，并占领这座城市。

我们自己有责任保护东京[①]的边界，而俄国人则应保卫他们的满洲的地位。法国也罢，俄国也罢，困难都尚未严重到非要付出巨大牺牲不可的地步。

军事行动一旦结束，就应开展棘手的外交活动，借以寻找一个令人满意的解决中国问题的方案。到了那时，真正的困难方才开始。

有人认为，联军正在准备的远征将会比较容易和迅速地取得军事胜利，我们刚才已经对这种看法作了概述。

然而，还有另外的看法需要审视。这种看法认为，驻在大沽的海军将领们对于敌人的状况和人数全然无知。有消息说，一支人数众多的中国部队已经驻扎在距天津十五英里处，而对这支部队的构成和人数，我们似乎没有确切的情报。如果远征军撤走后，天津城下立即出现一支中国大军，并且威胁到交通运输，那就十分令人恼火。

想要在天津集结五万军队，绝非想象的那样容易。日本人大概可以出兵一万五千人，而且可能已经到位了。可是，俄国人此时正在黑龙江、奉天和牛庄乃至旅顺口，忙于防御中国的各种武装集团。

有人说，山东巡抚在本省拥有一支强大的部队，万一德国人需要保卫胶州，就需要得到德国刚刚派出的远征军中的一部分兵员的支持。

有消息说，属于我们"势力范围"的海南岛上的一些传教士和教民遭到杀害，广州政府向来以仇视外国人著称，它属下的黑旗军极具战斗力，我们在东京已经领教了这支军队的危险性。所以，我们有必要想一想，考虑到法国属地以及广东、广西两省民众的情绪，让我们远东派遣军中的至少一半在海防登陆，然后向河内、谅山、老街推进的计划是否谨慎。

英国人需要保护香港，而且上海没有守备部队。因此对于英国人来说，这座距海 18 公里的大城市需要一支守备队，何况上海的四周都敌视这座没有任何堡垒保护的大城市，寥寥几艘炮艇远远不足以保护上海的外国租界。从印度派来的军队必然要在香港和上海留驻一部分。

① 此处指越南北圻。——译者注

这样一来，远征军尚未组建就已经失去了其中的相当一部分。这支远征军无论最终有多少兵员，至少将由六七个国家的军队组成，军官尚不计算在内。有关政府至今尚未就总司令人选达成一致。最年长的高级军官是一位非常能干的日本将军，但他不可能被选任为总司令。因为，虽然英国能够接受，但俄国、德国和法国都不会同意。何况，日本人在天津的表现非常出色，把中国人打得一败涂地，对于日本人的这番成功的支援，欧洲人想到的与其说是热烈祝贺，莫如说是加紧提防。

不久之前，中国官员和外国领事们放出传言，这个传言如果变成事实，那意味着联军的行动将要遇到困难，如今还很难预计困难会有多大。据传言说，联军若继续向北京推进，中国宫廷打算西撤，在陕西首府西安暂时立足，西安远离海岸约一千二百公里，欧洲军队事实上难以抵达。

到那时，联军占领空无一人的京城之后，会怎么样呢？能干些什么呢？人们隐约看到的结局无非是瓜分土地这种唯一的可能，其后果则令人害怕。首先大概是俄国人确立其对满洲和直隶的统治，随之而来的大概便是一场比即将开始的这场战争更加惨烈的战争。

奥古斯特·穆瓦罗(Auguste Moireau)

最近的中国事件[①]

——樊国梁主教的演讲

1901年2月9日，礼拜六，下午3点钟，在地理学会(la Société de Géographie)赞助下，一场大型的报告会在潘厅(les salons Pain)举行，由北京宗座代牧主教樊国梁[②]做关于《最近的中国事件：它的起因，它的后果》的演讲。这位杰出的高级神职人士在非常众多的听众中获得巨大的成功。

德利勃先生(M. Delibes)作为学会主席主持这次隆重的会议。人们注意到出席会议的有：海军司令贝松(Besson)和贝朗热(Bellanger)、帕玛尔(Pamard)将军、总司令的副官德·昂塞尔姆(d'Anselme)上校、共和国检察官居荣(de M. Guyon)、几位领事、为数众多的知名人士和许许多多的夫人。秘书长雅克·莱奥塔尔先生(M. Jacques Léotard)宣读学会年度工作报告，证明学会兴旺发达及其作用之后，德利勃主席热烈欢迎我们英勇的中国传教区首长发表讲话。

樊国梁主教以朴素而令人信服的说服力、十分亲切的纯朴、非常有才智的方式描出中国局势的一番景象，他在北京旅居四十年，他对中国语言和习俗的深刻了解，使他能够比任何人都更真实地描绘这一景象。

人们回想起这位令人敬仰的英勇保卫北堂的高级神职人士，北堂这座主教座堂的兴建应归功于他。在难以忘怀的北京围城之后，他刚刚成为荣誉勋团骑士勋章获得者，这是对他的英勇无畏、爱国精神和美德恰如其分的奖赏。此外，他在天朝的京城创建了许多设施、学校和医院，而且他是精美绝伦的北京画册的博学作者，该书是出自传教区印刷厂的杰作。

樊国梁主教在其令人感兴趣的演讲中，首先指出1860年中国的第一个修会到达后不久京城和官府的状况。当时被不公正地排挤出王权的端郡王及其家眷，怀着对再一次掌权的摄政太后的仇恨撤退到满洲，端郡王也仇恨欧洲人。然而两年前，王朝的需要选择端郡王之子作为推定继承人，端郡王怀着往日的情感回到北京，他对外部世界和已获得的发展全然无知。与此同时，由于年轻的皇帝在英国煽动下尝试过于迅猛且不合时宜的改良，太后不得不重新掌握国家的最高领导权。

---

① 原载《马赛地理学会通报》(*Bulletin de la Société de Géographie de Marseille*)第25卷，1901年，pp. 41—46。

② 樊国梁主教(Mgr. Favier, Bishop Pierre-Marie-Alphonse, 1837～1905年)，1861年晋升神父，1862年来华，1897年任直隶北境代牧区助理主教，1899年2月祝圣，4月出任直隶北境代牧区宗座代牧，1900年义和团事变时被困于北京北堂六十二天，1905年客死北京。—— 译者注

端郡王怀着对所有向欧洲人让步的人的仇恨上台，其中包括对当地跟随欧洲人的基督徒的仇恨。当时端郡王联合了不满者，随后，他请山东的义和拳帮助，让他们进京。义和拳已经被激怒，对不久前占领胶州的德国人不满。义和拳迫害当地的基督徒，称基督徒为二等欧洲人。在北京有一万五千人被屠杀。义和拳在他们的旗帜上，意味深长地写着“扶清灭洋”。

因此，端郡王利用重新掌权和一时的混乱组织了一场革命，目的在于反对改良和违反中国古老原则的进步发展，将外国人从帝国驱逐出去。太后则相反，她准备利用俄国的支持，以必要的小心谨慎促进有益于中国的变化，给外国人的铁路和其他项目以特许权便证明了这一点。太后是一个高傲的女人，在最近这三十五年中做了许多事情。她批准修筑铁路，同意矿山经营权，使谕旨有益于基督徒们等等。她不大可能想顷刻间毁掉她的业绩。与端郡王相比，太后曾是势单力薄的，但她不曾是反叛的代理人，她的作用毋宁说是被动的。曾被太后选定与欧洲列强和谈的李鸿章和庆亲王是她的人。因此，端郡王和反动的元老派得到民众中名为义和拳的败类支持，造成众所周知的严重动乱，并对北京的使馆进行骇人听闻的包围。对抵抗盟国援军的端郡王的乌合之众来说，拯救使馆就必须撤离北京；端郡王的乌合之众在攻击使馆的过程中，被忠于太后的庆亲王的兵勇们取代，庆亲王谨慎地对待欧洲人，直至援军的到来。

总之，义和拳只是一些强盗造反派。因此，说中国人爱国精神的觉醒是最近事件的原因是不对的。另外，“祖国”一词对天朝人来说没有任何意义，甚至没有什么东西能把天朝人与皇帝实实在在地联结在一起。

在北京有一个以一位亲王为首的“集团”。端郡王擅自封为总理衙门大臣，攫取大印，一个接着一个地编造法令，让人斩杀了总理衙门的五位成员，罢免首席总理大臣，占有其职位。

皇帝和太后的权力被废除。当时，端郡王抛出他的著名咨文：命令所有督抚屠杀欧洲人，中国的基督徒和欧洲人一起被屠杀。中国的基督徒不是作为基督徒受到纠缠折磨的，他们是被当作半个欧洲人，当作欧洲宗教的信徒受到纠缠折磨的。中国的这个“集团”只跟欧洲人，而且如同义和拳所言，跟欧洲哪国人都过不去。幸亏总督们不曾听从端郡王。

民众不支持造反。异教徒比天主教徒更深受其害。在北京，义和拳杀死三万名拒绝追随他们的人。他们烧毁两千家出售欧洲商品的异教徒店铺和二十四家中国银号。他们毁掉北京的三分之一。仅仅在一天之内，北堂有十八次大火，吞噬掉异教徒的住宅区。在北京之外也一样。此外，在战事期间，京城性格温和的居民逃离北京。

在北京当地，新政府要拥有全体人民和整个军队还差得很远呢。在围困中，人们对这一点看得清清楚楚。在前线率领其亲信部队的端郡王不得不让庆亲王的部队留在京城。不过庆亲王的态度从未明朗过，以至于端郡王终因他未将使馆和北堂夷为平地而判处他死刑！如果庆亲王直接支持造反行动的话，所有的欧洲人就不复存在了……当然，欧洲人受到了可怕的虐待。因为除了庆亲王部队之外，在北京有四万名名义上听从庆亲王命令、但在进攻中凶猛作战的拳民。这正说明为什么进攻者迟疑不决，他们天天变动；他们的能量取决于指挥他们的统领。拯救就在于此。

端郡王被欧洲人打败。当时，8 月 14 日清晨 2 点钟，端郡王诱拐太后和皇帝，与他们一起逃跑。这次仓促出逃说明为什么联军在北京遇到这么短暂的抵抗:因为只有庆亲王的部队抵抗联军,保卫城市,而这支部队是不可靠的。

樊国梁主教热情地赞扬去救援北京的法国部队,他说法国部队是被派往中国的所有部队中最优秀的部队。法国部队第一批到达,在战斗中表现英勇,组织和军容十分令人赞赏。令人敬仰的主教指出,他在北京领导的基督教机构在法国国旗保护下,是外国人在京城建立的最重要的机构,因此他能够把我们的部队安排在比其他国家的部队更好的条件下,为我们的部队提供巨大的帮助。多亏有法国学校在人事上给铁路、邮政和电报部门提供许多学生,能给我们的所有分遣队提供翻译人员。

樊国梁主教回顾到北堂被包围这一动人心弦的情节。他赞扬三十名勇敢的水兵,他们从6月1日到8月5日,日夜守卫一千四百米的传教团围墙,抗击无数的拳民。当他讲到分遣队长、军舰掌旗官亨利(Henry)被两颗子弹击中,光荣牺牲时,他激动得哽咽起来。他回忆起"海军陆战队水兵们"终于在粮尽弹绝的时刻进入北堂,来解救传教士、士兵和当地的基督徒。在被包围在北堂里的三千人中,有四百名牺牲者,其中有二百五十名儿童或妇女。代表北京传教区四十年成果的各种设施被毁,但是,这些设施必将在废墟上重新竖立起来。

关于最新事件的后果,樊国梁主教认为,后果将是极好的。中国面向欧洲的发展将变得更为迅速。长期以来,人们用一个欧洲人的名字就使太后吓破胆,现在她开始重新获得了信心,而端郡王又变得无能为力了。朝廷可能在今春回到北京。一切将恢复秩序。从影响角度看,如同从心理角度看一样,欧洲人不会有一点损失。我们将面对三十五年来对我们作出一个又一个让步的政府,严峻的教训只能使这个政府更加随和。

必须给刚刚掌握国家事务的政府留出行动的时间。要结束京师卫队(haute police)正在进行的活动,消灭最后的义和拳、掠夺者和窃贼匪帮。总之,不要太急急忙忙断言,因为中国的外交总是先说:不,接着总是说:是。从海滨到北京,从北京到保定府的铁路已在重建。对外国人做的让步将随着曾予以同意的中国政府返回而重新实施,并将进一步扩大。另外,中国比人们想象的要富有得多,可以支付为补偿动乱造成的损害所需要的巨额赔款。

事实上,中国人是温和、善良而勤劳的。除去官员阶层之外,中国人对基督徒不像人们所说的那么仇恨,民众反而满意地看到欧洲人为居民本身的利益扩展买卖。他们比人们想象得更理解发展进步,铁路发挥很大的作用。

樊国梁主教因此指出,中国将进入一个繁荣昌盛和对外贸易大发展的新时代。他为法国在北京所占有的地位,法国传教士和士兵们在北京成为真正的英雄,显得十分自豪。

与会者向这位和蔼可亲的高级教士报以热烈的喝彩,他的炽热的爱国精神感动了所有人的心。德利勃先生热烈地祝贺樊国梁主教,并在掌声中授予他地理学会荣誉会员证书。这位令人敬仰的主教于翌日启程前往中国,他在中国将带领传教团继续他的传教者的崇高使命。

J. L.

义和拳[①]

一场可怕的骚乱刚在中国爆发，它不反对本国政府，直到现在这个政府毫无平定骚乱之意，它反对的是：在北京由使馆，在该国内地由铁路和传教团这两个看得见摸得着的标志所代表的欧洲文明。

十五天或二十天前，旅客和货运列车相当正常地，即有点远东式的正常，运行在连接大沽和天津至北京的铁路线上，在开通运营已经一年多的一百四十公里北京—保定府线路上，这是兴建中的北京至汉口漫长线路的初步施工线段。

义和拳涌进由一家法国—比利时公司在保定府线路上经营的车站和仓库。他们屠杀了当地的劳工和几位欧洲工程师。他们扒铁轨，烧车厢，洗劫物资。他们的破坏之风随后刮到一家英国公司控制的北京至天津的线路。

在北京北面几公里的通州有一个美国传教团。几位欧洲传教士被安排在保定府。他们的学校为铁路培养劳工和机械师。本地人教徒被屠杀，传教团的建筑物被焚烧。可能有几位传教士已死亡，其他的传教士想必已逃到北京。中国政府对这场反文明的野蛮行径无动于衷地静观。太后——中国政府的最高领导者颁布懿旨，督促中国的将军们提醒义和拳尊重生命和所有权；但没有忘记，他们是兄弟，不应该把杀人的武器用来对付他们，而试图通过温和的劝告平息他们。

指挥直隶的中国正规部队的统领丝毫不理解这项政策。他发现他同一万五千名兵卒被三四千拳民包围时，他不知道只能用劝导，却下令向进攻者开枪，电报称，可能已杀死四五百人。

这项战绩消息一经传到朝廷，这位倒霉的统领即遭到严厉斥责。他必须以可以减轻罪行的情节进行辩护，表达他对杀害拳民的深刻悔恨，求得太后的宽恕。他接到立即率部撤退的命令，到非常远离造反者赢得荣誉的地区扎营。

其他的将领理解了太后期望于他们的事情。其中一位名为董福祥的将领指挥著名的甘肃部队，一群几年前已经以袭击京津铁路线的英国工程师而出名的粗暴的大兵和流氓无赖们。这帮勇敢的中国士兵根本不攻击义和拳，反而出于爱国心与他们情同手足，并且帮助他们破坏铁路车站，残杀当地的基督教徒。好像就是他们掠夺并焚烧了通州的美国传教团，而并不是义和拳。

这种平定造反的方式显然不为列强的代表们所接受。北京的这些欧洲大使馆通常彼此那么妒忌，可能在稍晚一些时候他们明白了，情况不容采取外交界惯用的手段。他们让

① 原载法文政治与文学期刊《蓝色杂志》(*Revue Bleue*)第13卷，1900年6月16日，第24期。——译者注

停泊在中国海域的战舰代表各国的海军分遣队进京。

示威演习是不够的。义和拳在继续杀人、掠夺、纵火。今天，京城被隔离，使馆区挤满狂怒的人群和无纪律的兵勇，他们准备攻击列强的代表们。

在此期间，欧洲的一些政府把在这片海域内的所有后备役战舰调集到海河滩。

这支国际舰队已有三十余艘舰只。登陆部队已上岸。在10日这一天里，英国、日本、俄国、法国、美国、意大利、奥地利、德国的约两千人用装甲车运送到路况允许之处。他们必须同一队速射轻炮兵一起从那里步行，奔向中国的京城。

他们会遇上甘肃的不可一世的战士们吗？鲜血流淌了吗？这几行文字出现时，电报机将会获悉。最新消息，在旅顺港驻防的四千名俄国人和二十门火炮，可能已经登陆并向北京进发。

因此，共同行动已在进行。在议会11日礼拜一的会议上，德尔卡塞(M. Delcassé)在回答德尼·科尚先生(M. Denys Cochin)的问题时，证实所有的列强已同意，然而他并未说明海军司令们是否以各自政府的名义签订一项赔偿议定书。

*　　*　　*

义和拳造反是反洋舆论运动的最新激烈表现，这在中国以常态存在，而且几年前已造成扬子江流域的骚乱。

“西洋鬼子”最近侵略中国本土在整个帝国造成的激动，非常强烈地推动了这个运动。自从1898年9月21日宫廷革命剥夺改良派君主光绪的权力，交还给慈禧太后[①]以来，这个运动已经达到特别强烈的程度。

当时掌权的光绪皇帝二十六岁。出生的偶然性使他成为真命天子，他有足够的想象力梦想他的国家进行激进的改革，有足够的鲁莽劲要在几个月之内，在一时能满足维新的狂热中实现改革，这位不幸的君主好像已预见到，命运留给他完成这一事业的时间为时不多了，这样的事业即使不需要几个世纪，也可能需要几代人来完成。

因此，这位远东的约瑟夫二世(Joseph Ⅱ)每天早晨把一批维新的诏书抛在保守的、年老的满族官员的头上，这些官员在这一阵吓人的、雨点般袭来的维新中先是晕头转向，惊慌失措。不过，不久他们便摆脱这一阵惊愕，哀求皇太后拯救在皇家的摧毁者撞击下将要坍塌的古老的中国。

光绪想同时全面改革教育、军队、海军、行政、财政。他想创建大学、报刊、议会、诚实的公务员队伍。这些必须完成，或如同用魔棍要一挥即变。光绪异常冒失地对抗庞大的、受到威胁的利益联盟，即几个世纪以来，为了最大荣耀及其成员独占利益而专门经营帝国的整个官员队伍。光绪将抵制改革的顾问撤职，裁汰冗员，甘冒使庞大的管理机器发怒的危险，予以沉重的打击。

中日战争的失败和耻辱使光绪惊恐。他看到，中国如果不像日本那样从下到上图新的话，就要完蛋。光绪被日本的榜样迷住。

日本先是有兴趣地，随后不安地注视着突然顿悟的君主的未遂行为，他思想上只看到

① 《蓝色杂志》于1898年11月12日发表一篇注明(日本)东京9月30日，署名“远东”(Far East)的通讯，文章对几天以前太后及其满族顾问们进行政变的意义和影响有受人注目的报道。

追逐的目标，而不考虑种种障碍。伊藤侯爵(le marquis Ito)在政变前数日赴京。他可能肩负向皇帝说明其使命有失败危险的责任。他在途中的一次访谈中说："皇帝很有头脑，但他走得太快了。"他见到光绪，并与他长时间交谈。他的进言为时过晚。从翌日起，政变已完成。

光绪被囚禁在他的宫中，他的年轻的改良顾问们或被捕，或在逃。光绪不得不签署废黜诏，慈禧太后重新掌握最高权力。慈禧太后从 1861 年以来，在两位皇帝年少时，作为摄政统治中国，于 1889 年正式还政于光绪。

对改良思想的反动是可怕的。光绪的六位亲信被斩首。康有为得以逃脱，尽管悬赏拿他的脑袋。满人们几乎在各地取代省府中的汉人。皇帝，被幽禁在皇城的一阁屋内，只给他留下一条阴郁的、几乎不现实的生命。1900 年 1 月，摄政的慈禧为光绪钦定继承人，一个十到十二岁的孩子"大阿哥"溥儁，有一特殊的偶然性：他的父亲端郡王在六个月前还是义和拳秘密会社的首领。

*　　*　　*

如果外国大使馆稍稍支持一下改良运动，太后大概不敢政变。

政变刚一发生，太后即为外交使团举行有使团夫人们出席的招待会。她们光临这样的招待会被视为双方接受既成事实。义和拳的谋反是政变和欧洲赞同政变的自然而直接的产物。

从这时开始，北京政府不再力图愚弄列强了。

英国获得伦敦议会十分重视的租界，但是中国人并未执行其条款。英国外交界丧失全部影响。其他大使馆未显示出坚定性，俄国大使馆可能例外。

帝国河流对外国船只开放仍是一种诱惑物。作为支付外国借款利息担保的厘金(likins)或内地通行税的改革并未进行。赫德阁下(Sir Robert Hart)应该负责管理这些厘金，他召集过这方面的专门人才，至今丝毫未完成将厘金转用于帝国海关。

1900 年 5 月初，英国官员及其指挥的中国新军在威海卫附近遭到攻击。

月末，义和拳登上舞台。

*　　*　　*

义和拳会社的真正名称是"义和拳"，意思是"爱国志士团"之类的东西。只有词的最后部分"拳"写成不同的字，但发音相同，也意为"拳头"。因此，文字游戏给该会社冠以绰号"拳头团"或"拳击团"。

人们还提供这样的事实作为民间称谓的解释，即：义和拳如同许多其他同类会社，激励共同仇外的感情，装出特别关切适合发展体力的操练，并以这种方式创造出体操和爱国精神的混合物，这在中国毫无特殊之处，在其他地方也有发现。

有人还用他们承认不太明白易懂的"合法的和谐拳"这一句话来说明"义和拳"。不管这些不同说法怎么样，足可以看出，在这个会社选定的名称中，有平等和团结的思想，继而或多或少明显地表达出力量和保卫民族的思想。

中国遍地是秘密会社。义和拳秘密会社出现于最近的年代。继造成德国占领胶州的事件后，义和拳在山东省的边界形成。而德国占领的借口或原因是两名天主教传教士在该省被杀。爱国者们把这首次损害领土完整，随后不久俄国人侵占旅顺口和大连湾，英国人侵占威海卫，法国人侵占广州与传教士们的传教紧密联系起来。如果因此能够一下子清除所有传教士和他们皈化的当地人，这种悲惨时代不就结束了吗？这就是目前在中国迅速蔓延的观念，而上层丝毫不阻止它的传播。

现时发生的民众骚乱一点不具有反对统治帝国的"满族"之意，相反，它具有一种非常明显、非常明确的支持王朝的意义。这是造反，你爱这么说也可以，但是是反外国，是民族运动，几乎可以说是民族主义情感在中央大帝国的爆发。

* * *

摄政者慈禧太后是一位野心勃勃的女人，坚强，机灵，今年六十六岁，四十年来在北京扮演塞米勒米斯(Sémiramis)和卡特琳娜二世(Catherine Ⅱ)的角色。

咸丰皇帝于1861年死于他避难的蒙古热河，当时他的弟弟恭亲王正在同欧洲人、八里沟的战胜者们和谈。慈禧是咸丰的妻子之一。咸丰留下一个有几个月大的儿子，并组成一个由怡亲王主持的赞襄政务王大臣会议(un conseil de régence)。这个孩子在热河，在其母亲慈禧太后和咸丰的第一位妻子、法定夫人东宫太后慈安监护之下。

人们起码没想到，怡亲王和他的赞襄政务王大臣会议的同僚们为了巩固权势，密谋暗杀两位皇太后和幼皇的叔父们恭亲王和醇亲王。公主们向恭亲王揭露阴谋，恭亲王在稍后几天，进宫并向怡亲王赞襄政务王大臣会议出示(当时九个月的)皇帝所谓亲手书写的谕旨，解除他们的职权，指定咸丰的两位皇后为摄政，恭亲王协助。

原赞襄者中，有两位以其亲王身份获得本人以丝绳自缢的特权，第三位则被斩首。

皇太后们获得权力，便补偿恭亲王，任命他为皇族的议政王、军机大臣。

两位女人共同统治，直到1881年慈安去世。说实在话，咸丰的法定妻子东宫皇后慈安是一位温和而谦逊的人，没有一点欲望。西宫皇后慈禧完全是另一种性格的女人，是她从1861年以来管理中国事务和皇宫事务。

从那时起，敢于反对皇太后意见的所有杰出人物被处决，被疾病侵袭，或被流放，再没有比他们消失的方式更值得注意的了。

在1874年，慈禧为他的儿子，十四岁的同治皇帝娶亲。年轻的君主自以为解除了监护。这年的9月10日，同治刚颁布贬黜恭亲王及其儿子的谕旨，太后们(慈安尚健在)于翌日颁布另一懿旨，恢复恭亲王及其儿子的爵位和职权。

在这次公开展现摄政者的君王权威后不久，皇帝被宣布病重。1875年1月12日，皇帝驾崩，留下他的正在怀孕的未亡人。未亡人可能生下皇位继承人，在这种情况下，她将成为摄政者。因此她将妨碍皇太后们，于是她病倒而死。

光绪，道光皇帝的第七子醇亲王之子，三岁的小孩被扶上帝位。慈禧在新君主年幼时期，继续在北京执掌最高权力。

1889年，慈禧正式还政于已成年的皇帝，然而这次隐退只是表面的，慈禧表明，除偶然情况外，她始终是君主。

曾侯爵(le marquis Tseng)曾长期在欧洲代表中国，他于1890年回到国内时，满脑子欧洲的观念，表现出要鼓励并准备改良的意愿，他甚至会见了光绪帝的父亲醇亲王的手下中一位活跃的副手。

然而他没有时间表明他能做的事情，因为他病倒了，并在他回国那年去世。醇亲王紧随其后，于 1891 年 1 月暴死。人们在上文已看到慈禧在 1898 年如何中止了光绪的维新热忱。

*　　*　　*

这就是慈禧太后的过去，这个女人现在统治着中国，刚刚对外国人激起如此强烈的风暴。必须迅速制止这个运动，纵令在这方面采取的措施势必导致太后执掌的权力衰落。

1898 年政变之后，列强采取的态度，经由 1900 年 1 月政变使之完整，合理地考虑到不动摇脆弱的帝国权力大厦，不加速毁灭在中国构成的任何权威。

很显然，像人们造成最近两年的意外事端那样，中国政府的存在命悬一线。中国政府的存在取决于列强的联合是否一劳永逸地切断这根线，或者如果决定维持它不断，就要使满清王朝处于不能更长久地发挥其坏作用的状态。

奥古斯塔·穆瓦罗(Auguste Moireau)

义和拳危机的由来[①]

人们都很惊讶义和拳造反发展得那么迅速，造成了在中国猖獗而可怕的危机。但是，高端政治圈里的人们并不很惊讶，他们消息灵通，并且应对此事件负有沉重的责任。

令人尊敬的北京宗座代牧樊国梁主教在他的信中阐明了这场运动的起因，同时他提到不是没有发出警告。已经遭受了几个月的打击和驱赶的传教士们早就发出了呼喊警报。法国公使毕盛先生已经以其令人尊敬的敏锐洞察力看到了日益严重的危险，多次发出过警告。但是在高端政治圈里，只是看到针对传教士们的又一种迫害，他们只是在中国人激发出的爱国主义促使运动爆发时才给予认真对待。此时要阻止事态恶化已经太晚了。

问题不仅仅在于屠杀基督徒和毁坏教堂，造反具有一种更高的诉求，首先是反对欧洲。这场运动不仅仅从底层起头，它更得到了高层有力的怂恿。大小官员和文人是欧洲人的死敌，自从看到欧洲人占领了他们的港口，在那里修建工事，修筑铁路，到处搅乱中国人民平静的心灵，他们的仇恨有增无减。

传教士文德来神父(P. Chavannes)在其信中准确地描述了中国人的这种精神状态，我们在里昂的天主教遣使会(Missions Catholiques de Lyon)中找到了这封信。

……此外，他们很难过地看到外国传教士、工程师、商人等在损害他们的影响力的同时，取得了很大的影响力。巨大的骄傲使得他们把我们看成西方野蛮人，但他们的骄傲每天都受到损害，或者是因为装备精良、纪律严明的野蛮人打败了他们，或者是因为(西方人)修了铁路，建起了电报线等等。那么多的考验，孔夫子没有全说过，认识一万个方块字是不够的，能背孔子或庄子的语录，沾到一点点人文知识的边也是不够的，只知道这一点点东西的官员们阻止了刚刚在中国兴起的运动，而这个运动却那么迅速地改变了日本。但是他们不能原谅欧洲人替代他们做了日本人自己做成功的事。所以他们荒诞地希望摆脱欧洲人的一切，欧洲的人和事物。

据说，有的人，甚至非常高层的人物绝不愿意在他们的屋子里见到一点非中国的东西，他们指责政府引进了铁路、蒸汽机、完善的长枪和火炮。据说太子的老师每天早上为了不经过使馆区都要绕一个弯，因为仇恨火柴，他只愿意使用他的先辈们留下的老式打火器具来点他的烟斗，这就不让我们看好未来的皇帝，再说，其父亲思想也很狭隘。

他们对传教士比对工程师和商人更讨厌。因为有多少基督徒，就有多少欧洲人的朋友，就有多少不怕被他们任意敲诈勒索、棒打、杖击的压不倒的中国人。再说，基督教义是

① 原载《法兰西评论》(*Revue Frangaise*)第25卷，1900年，pp. 464－471。

从欧洲进口的。

如果这就是许多文人的情绪倾向的话，那么请判断一下那些会社头儿们狂热时的情绪倾向，判断一下被迷信诬蔑、流言蜚语煽动起来的对抢劫的希冀，被邪恶本能唤醒的大众的情绪倾向吧！这正是目前北京和北方各省一大部分民众的精神状况，他们这种精神状况还会和其他（地区）人作交流。

目前危机中有一点新的特殊的东西，就是产生了一个新的相当奇怪的教派，起码表面上，这个教派在危机中起了主要作用，那就是所谓的“义和拳”。德国人占据胶州湾后，它产生于山东省。它受到山东省巡抚的优待，蹂躏了教廷的两位副本堂神父，然后，它扩展到直隶，进而扩展到北京。下面是我收集到的一些有关这个既特别又危险的教派的详细情况。

几个密使跑遍全国招募门徒，鼓吹发动反对欧洲人，尤其针对基督徒的战争，他们还向大家许诺可以让他们刀枪不入。当他们找到足够的未来拳民，他们让这些拳民成群地集结在街上、家院、乡野、亭子里，据说，甚至还在王府里练拳。在一个拳师的领导下，徒弟向东南方向叩三下头。拳师在他的脸上划几下催眠术的手势，于是，徒弟开始做扭体动作，并挥舞他的手臂，像是在拳击。

当他停下来时，重新开始念咒、催眠和比划，拳师花了大约半小时左右，之后徒弟就精疲力竭了。于是，施催眠术的拳师把手放在在他脸上将他唤醒。徒弟似乎从梦中醒来，但是一点不知道在他睡着时拳师对他做了些什么。

有时候，施催眠术的拳师尽管用尽全力，徒弟并没有醒过来，他好像鬼魂附身似地打起他周围的所有人来了。于是，人们就把他捆绑起来，把他带到一个房子里，请出一个大头领来让他醒过来。有的人仍旧木呆不醒，或者狂暴不已。

你们看到，这事很简单，完全是一种催眠术，魔鬼对此或许也不陌生。

人们让这些可怜的人相信，经过一段相当时间的练习以后，他们就能够刀枪不入了。于是，当带他们去进攻一个基督徒村庄时，他们是赤手空拳，或者只是让火器处于空膛状态去的，他们相信枪弹是打不倒他们的。自卫的基督徒或者士兵，从骚乱一开始，就打倒了几百个人。于是人们就向后续的人解释，那些死去的人练习时间不够，再说，那些人一个星期或三年后还会复活，这得根据练拳的人各自所需时间而定。

站在拳民背后的人最危险，因为他们不像拳民那样轻信，他们要利用时机来满足异教徒对于基督徒的那种本能的仇恨，或者是为了获取战利品，不花代价获取衣服、食物和商人不会白给的一切不可缺少的东西。许多富人都以满足他们亲爱的同胞的愿望来寻求庇护，他们同狼一同嚎叫，把宅院借给拳民练拳，用食物犒劳他们，等等。

这时，中国政府派了不足的兵力，他们力图和欧洲人交涉，也和这些暴乱分子交涉，试图既平息老百姓的激奋，又不镇压他们。这种谨慎态度使得造反的人越来越多，激愤情绪越演越烈，危险日益加剧。

下文是樊国梁主教的信，这封信很有教育意义，这位勇敢的传教士和中国人一样了解中国，他解释了那些促使百姓和朝廷走向爆发反对欧洲人运动的政治事件。

北京 1900 年 5 月 8 日

我在法国逗留的时间过去得非常快。虽然大家热情对我，但是我不能在远离本堂神父职位之外逗留太久。我很庆幸回到了我的职位上。我直觉地感到严重的事件正在酝酿之中，一场暴风雨即将爆发。旋风刮起时，指挥员应该站在司令塔上，他应该坚守岗位。

为了弄明白这场发展如此迅速的反基督教运动，必须追究其原因。请允许我给你们作几点初步解释。

太后看到光绪皇帝无法有一个继承者，此外，光绪还要搞阴谋反对她，要让她交出摄政权，她就任命了一个新皇帝，或者更确切地说，指定了一个继承人。这个未来的中国君主，约十二至十四岁，是 1860 年去世的咸丰皇帝的五弟端郡王的孙子。这位端郡王的儿子，也就是新皇帝的父亲，也有同样的头衔。他对欧洲人及其宗教有同样的憎恶，这很容易解释。

其实，恭亲王，即 1860 年摄政的六王子，和他的弟弟，作为光绪皇帝的父亲替其摄政的七王子，两人都是端郡王的弟弟。因此，按照法律，1860 年就该由端郡王摄政。此外，在事关挑选死后无嗣的同治皇帝的继承者时，选中了七亲王的儿子，而按法律本应该选端郡王的儿子。端郡王受到这两点不公正对待，被大大激怒，带全家去了奉天。

现在，新皇位继承人的选择使端郡王在慈禧太后身边有很大的影响力。他带着对欧洲人的仇恨，对以前所签订的条约和 1860 年以来发生的所有事情的仇恨回来了；他带着对欧洲事务，对所取得的进步，对已经形成的租界地的完全无知，满脑子都是四十年前中国的旧思想观念回来了。

中国的旧党和对欧洲人及教会怀有仇恨的高层人物，赶忙和端郡王结盟。由此形成了泾渭分明的两派：一派为端郡王派，一派为接受进步，准备颁布保护教会的法令通谕的、1860 年事件后接任的亲王们和官员们。在这些诏书和通谕中，1899 年 3 月 5 日颁布的法令是巅峰之作，太后本人是该法令的始作俑者，她签署了这道懿旨，永不废除。

中国的旧党终于胜利了。众多的教派在义和拳、大刀会的名下集结在了一起。在山东最先发生了造反，七八个月前已经在直隶散布开来的众多教派正向北京进发。

义和拳真是个妖魔般的组织：他们祈求保佑，念咒语，强迫观念萦绕脑际，甚至中了邪，无奇不有。学者们可能会把它的门徒非同寻常的事实记在磁性吸引力或催眠术的账上，将它称之为歇斯底里。对于我们来说，魔鬼的作用是显而易见的。

对基督教名称的仇恨使拳民做出了最过分的行为。他们分布在每个村庄，他们约定时日集结在一起去攻打某个基督教徒集居点。5 月 12 日星期六，他们焚烧了高洛村，屠杀了七十个人。后来的日子里，其他好几个村庄被烧毁。基督徒们放弃他们的财产，四下逃命。

北京城也不安稳，拳民们数量众多，他们到处张贴了布告，要烧教堂和消灭欧洲人。这运动似乎有强有力的人物在统领着，运动从四面八方向北京汇集，造反的旗帜上还写着“扶清灭洋”或者“奉旨灭洋”。

危险迫在眉睫。我们时时小心翼翼。我写了许多信给高层官员们。应我的要求，向不少基督教集居点派了一些军队，那些军队几乎都是兵力不足，士气低落。然而，没有它们，我相信损失会更大。我们忧心忡忡，我下令进行了几次公开祈祷，向上帝祈求和平，唯有上帝能给予我们和平。

我写了一封正式的信给法国公使，他召见了外交官们。他们一致决定要求中国政府迅速进行镇压，否则就要派欧洲军队来登陆了。尽管危险迫在眉睫，我们每个人面对风暴昂首挺胸，坚守岗位。基督徒们的表现令人敬佩，他们不听背教的劝说，情愿逃离，破产，甚至死亡。不少新入教者在他们的血泊中受了洗。

5 月 28 日。——这封信在十天前就开始写了，因为焦虑不安，中断了十天，我们每天都得到新的不幸消息，高洛村的屠杀可怕之极。八十多个牺牲者，好些幼儿被分尸，妇女们在教堂里被烧死，男人们被长矛刺死或被长枪打死。据说，甚至还有好些人被钉在十字架上。有二十个人幸免于难，因为屠杀的时候他们正好不在村里。一个满十八岁的年青人跳入深井中，他在井下捱了十八个小时，等到凶手们走了才爬出来，刚刚逃到我们这里。

在另外一个村子里，两个基督徒被分割成好几块。在第三个村子里，好些村民被屠杀。至少有三十个村子的基督徒背井离乡。六个村子及其教堂完全被烧毁。我们可怜的被驱逐的中国人，逃到山里去，或者逃进我们的大座堂。我们已经收留了两千多人。

最近这些日子特别可怕。5 月 26 日，拳民武装集结，攻打位于北京前门口的大栅栏座堂。那天夜里，座堂能幸免于难真是个奇迹。我们为小心起见，预先让修女们进了城。从第二天起，新的可怕的不幸就散布开了，拳民的胆大妄为超乎人们的想象，他们竟烧毁了一百五十公里左右的京汉铁路，直至首都附近的终点站。沿线各站和各仓库的物资，全都损失殆尽。我们还不知道沿线所有的欧洲人是否获救。那天晚上，他们还要烧我们的大教堂——北堂，他们好几天前已经贴出告示，宣布了这个计划。我们今天还存活于世，我将此看作是奇迹。

各国公使们聚集在一起开会，最终决定要求派军队来。如果说一个星期过去了，军队还没有到达此地，那不是我们的公使毕盛先生的错，他总是表现出最令人敬佩的充沛精力。驻天津总领事杜士兰先生(M. Du Chaylard)也和他一样。中国军队被派去重新掌握了铁路，重新建立了和天津中断了四十八小时的联系。

今天早晨，朝廷颁布了一个不令人满意的谕旨，但是这一切并没有能让教会机构和北京使团免于打击。至于地方上的各基督教集居地，则处于最危险的境地。每一分钟我们都会听到发生一场新灾难的消息。然而，希望还是有的：我们是在上帝的手中，没有上帝的允许，我们的头发不会掉下一根。这是我们的立场，今天是 5 月 30 日。

但愿过几天，我会给你们一些好一点的消息，但是反对欧洲人的革命运动和对基督徒的迫害似乎组织得很好，以至于我们预料任何事情都会发生。

樊国梁

义和拳和中国的秘密会社[①]

中国发生的大部分政治事件都归因于秘密会社组织;按照这个传统,人们相信在这些秘密会社中看到出现了一种联合组织,一种合并组织,它的名字很奇怪,叫"义和拳",很可悲,这个名字一下子出了名。这个联合组织是怎么回事呢?这些会社是怎么回事呢?在缺乏直接资料的情况下,很难而且几乎不可能确切了解它。只有以后才能掌握——如果收集得到的话——决定性地全面研究这个神秘莫测的课题的材料。但是至少有一种好奇心促使我们埋头于最近在各主要国家报刊上——尤其在德国报纸和英国报纸上——繁多的文章、谈话、通信,我们力图能从中摘出更站得住脚的、更可能真实的东西。以下是我们暂且能够勾画出的、没有经过修正的形象。

一

一般来说,这些情况很不幸地相当不太确实。刚开始时,人们告诉我们"义和拳"只是一个外号,或者是一种文字游戏,或者是拳民进行操练的体操,或者是他们互相之间交往的习俗,动作很美,是"爱国拳,和平拳",或者说得好听一点,"正义和谐拳"。一个外号没有什么大不了的,尤其必须知道它名称的含义是什么。然而,在这个问题上,矛盾开始出现了,在义和拳之下,人们相继发现了至少三个不同的秘密会社。

第一天,有人对我说,他们的组织不是别的,正是金钟罩和大刀会中的"红灯罩"。这就形成了两个派:"大刀会"派和"金钟罩"派。人们告诉我们一个叫朱红灯的老强盗,他是"红灯罩"的首领。然后,因为对罗马天主教在山东南部的安治泰主教"访谈"的错误理解,人们以为义和拳就在"大刀会"教门之内,其首领是个文人,姓单[②](Chan)。最后,人们把它们纳入第三个教门"义和团",意思是"爱国者联合团"。这是继其他两个称呼后发现的。由于这点发现,并没有什么不妥,可以说是这个组织的"最新称呼"。

要在那么多称呼中将其定位是很难的。人们很可能会将之与互相之间毫无关联的各行会混淆起来。这就首先要对义和拳存在年代的问题提出质疑。因为,如果要追溯到"红灯罩"的话,那么这个会社组织诞生就很久了。如果坚持要追溯到"大刀会"或者"爱国者联合会社"(Patriotes unis)的话,那么它的起源就比较近。

这样就印证了某种怀疑论。说到底,可以下结论说,"义和拳"的名称不能轻易地用到

---

① 原载《两个世界》(*Revue des Deux Mondes*),1900年8月1日。——译者注

② 这里的"单"不是姓而是县名,因为大刀会的首领出现在单县,作者系外国人不知首领的真实姓,而且单县的"单"特音读为:Shan,即法文 Chan,所以就用县名音作为首领的姓。——译者注

那么多各种各样的秘密会社身上去，因为它并不与任何一个会社相称——甚至没有称作“义和拳”的会社。但是，受到造反者攻击和“拳击”的欧洲人极力想把他们所谓的“义和拳”看作他们后来所抱怨的秘密会社之一，或者看作一个与之相类似的一个秘密会社。这有点像在我们那里，当要某个法国社团为某次可能发生的群众性骚乱负责时人们的做法那样，其实，这种骚乱完全具有普遍性。阅读我们报纸的中国人会误解我们的打算，就像我们误解他们的打算那样，如果他们一定要把“民族主义者”这个词和“爱国者联合会社”视为同一的话。因此，我们要小心谨慎地关注“义和拳”的骚动、暴动或运动，而不要把它说成是一个专门的秘密会社组织。我们是有根据的，根据可靠消息，甚至根据各种相互一致的消息来源，我们知道义和拳运动是如何产生的。

它发源于山东。自中日战争以来，那里笼罩着一种反对外国人的强烈怒火，1897 年这种怒火首先表现为杀害两个德国天主教传教士。这两起杀害事件引发了先是德国，接着是英国和俄国入驻山东和北直隶海湾。中国朝廷不得不把胶州割让给德国，把威海卫割让给英国，把旅顺口和大连湾割让给俄国。由此，在华北老百姓中滋长了对外国人的仇恨。义和拳运动就是在这种情况下，在这个阶层中诞生的。

它是否是由中国朝廷的官方人士怂恿煽动的呢？这一点似乎出自于我们已经提到过的安主教的很有意思的“访谈”[①]。安治泰主教说，中国朝廷在把山东的土地特许给了欧洲人之后，派了一位名叫毓贤的巡抚到那里去煽动一个反对外国人的运动。这个毓贤是这位天主教主教的熟人，他以前曾经在皈依的问题上徘徊过，但没有作出决定，他似乎是一个相当特别的人物。他让属下开始反对欧洲人的行动。官员们只能服从。他们煽动老百姓按他们的意思行动。老百姓对此响应不力。于是，那位巡抚就去找他省里的秘密会社组织，尤其是找“大刀会”。在那里，人们对他并不太客气。他只得求助于邻近省份的会社来组织骚乱。这是去年 5、6、7 月的事。那时候，安治泰主教警告中国政府，“大刀会”很可能会掉转头来反对朝廷。他说，“大刀会”的首领自视为中国的皇帝，这是一个姓单(Chan)的文人，他是满人和朝廷的敌人，他已经多次穿着黄袍出现在公众场合，黄色是皇家专用颜色。

这是我们从正面获得的全部消息：一个北京朝廷官员，担负了组织反对外国的运动的任务。为此，也因为对此项任务陷于失望，他最终求助于一个与朝廷为敌的秘密组织，这个秘密组织的首领声称要登基当皇帝。这个运动迅速发展起来，从山东发展到其他省份。中国政府疯狂地动员起帝国中所有的秘密组织，百姓就这样卷入了漩涡之中。

目前的动乱表现出如同各秘密组织的普遍情况。用通常语言说，动乱打着义和拳起义的旗号，但是没有任何动机可让人想象出有一个义和拳的秘密组织。且不去追究纲领，毫无疑问，那是很难发现的，也不用去追究这个成问题的组织的鲜为人知的首领，清理出中国秘密会社的一般精神是比较有用的。

二

有两个词可以给它下定义。它矛头指向西方外国人，它也指向一个更近的外来民族，

① 这篇“访谈”刊登在维也纳的《祖国报》上，1900 年 6 月 9 日《泰晤士报》转载。

即不请自来把它的统治和它的朝廷强加给古老的中国人的满洲征服者。

所有的中国教门都有一个创始人,也即领路人或预言家,他摆脱所有尘世的联系,从一个村庄到另一个村庄,他握有不可思议的权力,具有振奋人们精神的能力。这些远东的"马赫迪"们(Mardis)为了迷惑和吓唬老百姓,用了最奇怪的手段。关于这一点,我们可以想起1875年在南京发生的"辫子之恐慌"(panique des queues)。白莲教的大师们用红纸人覆盖了这个地区,红纸人右手拿着剪刀,左手拿着剑,这些具有代表性的人影似乎就是那些令人生疑的精灵。同时,大师们开始神秘地剪断那些可怜的过路人的辫子。当其中一个大师拦住一个闲逛的人要卖给他一个护符,并要这人听他讲法时,另一大师从他身后,用藏在手心中的锋利的剪刀剪断他的辫子,然后就消失了。那人突然惊恐地发现被剪辫子了,以为自己碰上了魔鬼,他害怕自己马上要被处死了,慌乱万分,胡言乱语起来。整个国家受到了一种精神瘟疫的打击。"心情沉重"和恶梦萦绕压迫着南京的市民们。当某个中国人感到压抑了,他就会把所在的街区或村庄搞得鸡犬不宁:他的家人敲鼓来驱赶坏精灵。邻居们听到报警的鼓声,也敲起鼓来。慌乱就像大火似地蔓延开来,这种情况延续了几个月,把官员们在地方上的权威消灭殆尽,差点造成一场革命。

义和拳也搞这种装神弄鬼的伎俩。报纸也指出了他们在目前这场造反运动中,为了激发老百姓的想象力所搞的这种欺骗活动。他们在一个村庄附近的高地上放了一个班的人,那都是他们的好朋友,训练有素的正规的中国士兵,是他们的同谋者。战斗打响了。正规军的军官命令第一排士兵将长枪上了假子弹。他们向集结在山下的一百多名拳民开了枪,第一排的橡皮子弹或者软木子弹在拳民的衣服上留下了痕迹,有的子弹尖声地从拳民们头上掠过去。由此,拳民就轻易地在村民们的眼皮下获得了刀枪不入的美名。一个住在中国的法国人另外告诉我们,在拳民的队伍中,有几个能干的魔术师,例如,他们会向自己嘴里开枪,然后又将子弹吐出来,或者,让人相信他们可以随心所欲地升上天……

就这样,一些起源于宗教狂热、迷信的、着了魔似的会社组织怀着对外国人的仇恨得以生存下来了。中国人把西方人看作是其信仰和习俗的敌人。他们恨西方人,他们尽人皆知的虚荣心使得他们容不得西方人强加于他们什么。当中国人不得不目睹使他们惊呆的发明创造,他们把它们说成是某种巫术所致而心安理得。四川有一位传教士最近告诉我,中国人看到他拍照,从一块普通的玻璃片上印出与本人非常相似的肖像,他们想象这是不是用了中国孩子的眼睛制成毒品来达到这种效果。同样,当他们感受到欧洲士兵的勇敢,他们就将它归因于这些野蛮人吞吃了中国孩子的心。唯有中国人是聪明、漂亮、诚实的。这就是中国老百姓的信仰。

对中国人来说,这种情感和呼吸一样自然。秘密教门更是推波助澜激发出这种情感。那些重要的教门,如"三合会"、"白莲教"等典型的教门,都疯狂地敌视外国人。指责他们迫害天主教传教士或新教传教士,以及在本世纪频繁屠杀西方人不是没有理由的。甚至还有专门针对外国人的会社组织,如"哥老会",即"老兄弟会"(Uieux frères)。它的宗旨是互相帮助,但实际上是中部的中国人反对入侵者的一个团体。他们的口号是"中国是中国人的"。他们纯粹代表汉民族,一点也瞧不起野蛮人,同样也瞧不起边远省份的居民,或者很少瞧得起他们。所以,他们用不着再去组织某个像义和拳那样的教门来反对外国人。所有现存的教门都已经是外国人的敌人了。

这种对外国人的仇恨,扩大到针对占统治地位的朝廷,它也是外来的。众所周知,大约六百年以来,满洲征服者占据了中国的宝座。汉人还痛苦地记得他们被蒙古武士忽必烈征服的时代。对他们来说,尽管自我感觉比满洲鞑靼人更聪明,更精细,六个世纪以来却被排斥在朝廷的一切职能之外,从最高的臣位到最微不足道的职位,直至最不起眼的通译,那是很痛苦的。

所以,秘密教门总是成为造反的工具。用不着追溯到造反的“赤眉军”,基督教公元之初,他们和汉朝第二个创始人争夺帝国,也用不着追溯到两百年后推翻汉朝的“黄巾军”。再追溯下去的话会扯远了。只需回想一下,满清征服以后,各秘密教门的这种造反策略愈演愈烈就够了。著名的“白莲教”就是在蒙古人到来的翌日建立起来反对他们的。在几个世纪中,它与皇帝们进行斗争,皇帝们颁布法令来取缔他们。在“天地人会”中,它找到了与之相当的追随者。这个组织也称为“我们的真祖会”(Société de notre Véritable Ancêtre),我们的真祖就是天帝(Tien-ti),或称作“三合会”,“三合会”是它最通用的名称。“三合会”的口号是“反清复明”(“清”是指满洲篡权者,“明”是指中国的旧朝代)。这场革命将会带来老辈中国人所谓的“光明之治”。为了完成这项任务,白莲教于 1814 年策动了反嘉庆的“白莲教”暴动。

暴动的首领叫李文成,他在河南有大量的门徒,另一个首领林清在直隶和山东有大量门徒。林清诱惑了太监们,安插了他的亲信入宫。他们头上都得戴白巾或白手帕。由于一次误会,并且幸亏皇二子即后来的道光皇帝勇敢机智,林清的企图失败了。林清被抓住了,在河南被处死。李文成也被拘捕,并被砍去了一只脚。他的三千弟子把他抢了出来并杀死了司法官。暴动被残酷地平息了,其残暴闻所未闻:一万名造反者被烧死在他们隐藏的滑县。第二年,杨唐(Yang-Tang)将军彻底消灭了白莲教的军队。

至于“三合会”,它参加了著名的太平天国叛乱,成为其一支有生力量。大家都很了解太平天国了,用不着再赘述了。它将朝廷置于前所未有的危险境地。它在南京建都,明朝曾经建都南京,太平天国尊奉一个反凯撒(un anti-César)的人作首领,太平天国威胁着天津和北京。直至皇帝为了让太平天国就范,求助于西方人的支持,太平天国才最终失败。它是被两支外国武装打败的:一支叫“常胜军”,由美国人华尔(Ward)指挥,继而由白齐文(Burgevine)指挥,然后由奥伦(Holland),接着由戈登少校统领,戈登少校死在喀土穆。

在南方,协助第一支军队作战的是法中联军,相继由海军上将卜罗德(Protet)、买忒勒(Tardif)、德克碑、日意格(Prosper Giquel)指挥,然而,根据施列格(Schlegel)(《三合会揭秘》[*Curieuses révélations sur la Triade*]的作者)所说,太平天国首领洪秀全属于“三合会”成员,“太平”这个称谓是从这个教门借用来的,在这个教门中,它被用来指称平等的意思,它的驻地被称作“太平市”(Taï-Ping-Si),即大家一律平等的地方。

这里是几个令人震惊的事例。如果允许我回到我刚才提到过的“辫子之恐慌”的话,我要补充一句,它是由白莲教为了反对朝廷煽动起来的。辫子是满族人的醒目属性,降临到辫子上的神秘灾疫被当作征服者民族走向衰落的标志。

三

这就是中国秘密会社的历史走向。但是,目前发生的事件为我们指出了最有意思的再转向之一。如此明显反西方的义和拳运动不再反满人了，也不再反朝廷了。秘密会社和朝廷讲和了，并且和它行动协调一致了。《泰晤士报》(*Times*)上一份署名“上海”的通讯叙述道，根据中国报纸报道，“会社”的旗帜上写有口号：“朝廷万岁，洋人滚出去!”一位在北京到杭州的法国一比利时租界上的铁路开发的法国随员证实，那是他的一个朋友给《自由报》(*La Liberté*)写的信中报道了这个情况。他说，义和拳的口号如下：“保清灭洋”，即支持清廷，消灭洋人。如果我们报纸发表的义和拳宣言是真实的话，那么它的作者是把消灭西洋鬼子作为“大清朝永久繁荣”的专项任务。

朝廷——也就是说太后——也只能承认这样的做法。从一开始，欧洲报界已经指出了清政府对于义和拳的软弱。人们应该记得由毓贤巡抚在山东组织的运动。当在德国政府要求下，毓贤被调任时，他的后任袁世凯仍将泰然坚持他的政策，并没有感到有什么不妥。人们正好注意到清朝官员们从来不会在没有朝廷密令的情况下，因为试图或者如此处理事件而不受处罚的。从骚乱兴起时慈禧太后的旨令中可以看出最明显的合谋的痕迹。我们在此提一下欧洲各报所提到的一些要点。

首先，太后迫不得已摆出要满足各外国政府的姿态，颁发了反对秘密会社的谕旨。但是这道谕旨措辞模棱两可，明显地指出以健身和军事操练为目的的强身团体，如体育协会，即一些练操会社可以例外，人们认为这种例外指的是义和拳。这点和我们上文中提到的说法是不一致的，根据那种说法，义和拳是不存在的。但是我们相信上文中所提到的例外是清政府对所有秘密会社所提供的一种托词，让他们有一种可以引用的依据：“我们只是练练操，为朝廷提供强壮的士兵而已。”

第二道谕旨：它形式上指责拳民，但是实际上认为他们对外国人和中国本土基督徒的侵犯是合法的。它指责中国本土基督徒完全是出于“有利可图的低劣动机”才皈依基督教的。它并不称拳民为“反叛者”，而是称他们为“我们的兄弟”。它并不提拳民犯下的杀人、破坏铁路、抢劫教会等罪行，它把这些都归罪于那些可能混迹于忠诚的拳民中间，以图浑水摸鱼的流氓无赖，这些无赖的暴行损害了中国勇士们的名誉。

最后，那是最有力的证明，一道密旨严厉地指责了认真地执行了他的角色的、负责镇压造反的聂统领。密旨指责他使用了暴力镇压而不是进行温和的调解。(密旨)命令他将其军队带到距离他和义和拳交战地点八十三里远的芦台营。聂统领有一千五百名士兵，欧式装备，经过欧式训练。他曾经在杨村和落垡之间与一支四千人的义和拳对抗，杀了其中五百人。在通往大沽的路上，他带了三十个马兵杀了二十一个叛乱分子。这是一把实在过于愚钝的刺刀：人们摆脱了他，并且将对董福祥的士兵感到满意。这是太后的卫队，它在光天化日之下杀害了一个穿着正式服装的外国人，他是日本公使馆的书记生。

所有这些事实从6月中旬起都足以让舆论明白了。自从中国“正规军”在天津包围、轰炸欧洲人，德国大使被杀，北京的各国使团被毁，我们直到此时才有所觉悟，想起了这些事件。此外还发生了一件相当特别的事：太平天国战争形势完全发生了转变，于是，朝廷曾经召唤西洋鬼子来帮助它打击造反的秘密会社组织；今天，朝廷让这些在中国历史上司空见惯的暴动之一掉转头来反对外国人，和秘密会社组织一起来反对西方人。

这种看来很奇怪的转向是宫廷政变的必然结果。两年前，宫廷政变让慈禧老太后掌了权。慈禧夺了光绪皇帝的权，把他幽禁在一个监狱般的地方，让他在那里变得孱弱、苍白、无力、半死不活，不久就死在那里。这个政变是在满洲人和最反动、最凶恶的守旧派中国人的帮助下完成的。他们指责光绪倾向改良。光绪周围的年轻大臣们、城市里的大商人们以及许多大小官员组成了帝党，原本想让中国学日本的榜样，净化它的行政组织，从西方借鉴对一切要求进步的国家实用的发明、习俗、法律。慈禧周围的满洲人指控这个进步的帝党图谋造反。光绪皇帝被幽禁，随之而来的是对改良派的迫害。受西方影响的报纸，天津的《国闻报》和上海的《苏报》被取缔了；数百名改良派被屠杀，一大批高级官员被流放。在被处死的人中有不少国家级的大人物，"资政院"的一个成员，另外一个是被皇帝任命为总理的。他们都是光绪的私人朋友。他们都不经审判就被砍了头，而数百名低级官员和数千名普通臣民被流放。天津、上海、澳门、新加坡、日本等地的自由报界都把这场政变称为在远东发生的一次文明大退步。

慈禧老太后夺了权就倾向反动的"后党"。她宣布一位强势的满人端郡王的儿子为指定继承人。从此端郡王在朝廷中拥有举足轻重的影响力。她信赖继承者的监护人徐桐和高层大官董福祥，他是侍卫统领，这支卫队长期以来威胁着直隶的外国人的安全。最后，太后个人因其无知、软弱，以七十岁老妇人的精神状态和从幼年起就投身于最荒淫的生活中去的性格上的所有缺陷，非常依赖"闭关"派。

如果还需要朝廷完全倒向满人派的证据，还可以在太后掌控的政府和行政方面的最近措施中找到。德尔卡塞先生在议院谈到了总理衙门最近的改组。对于太后来说，总理衙门的八位老臣并不是那么不可放心的。他们的胆怯和犹豫保证他们会听命于她。然而，她认为要开除其中支持改良派的庆亲王，增加端郡王和另外四个最暴烈的满族大臣。

最近发生的另外一个插曲也能说明问题。我想讲一下针对那些曾经在皇帝允许下参与某些铁路线管理的不幸的官员所采取的措施。这些铁路线让给了一些欧洲公司，它们是用西方资本建设起来的。最近几天，山西巡抚因为管理太原府铁路的刘(Liu)，也参与了同样事务的山西商务局前主席曹(中裕)(Chiu)，在正定到太原府的铁路问题上取得了俄国的让步的盛(宣怀)(Sing)和外国人的关系，颁发了对他们的逮捕令。顺便提请注意，这位巡抚正是在山东组织义和拳运动的毓贤。还好，这几位被告感觉到风暴来临躲了起来，躲过了警察的搜捕，没有被逮住。

用不着再赘述更多类似的例子。随便哪个读报人今天都相信在慈禧政府和义和拳之间存在着一种绝对的默契。然而，我从拳民中听到的情况给我留下了深刻印象。这不是一个太后给予殊遇，可以由她驾驭，以对抗其他组织的敌对影响的秘密会社组织；这是一个声势浩大的起义运动，它带动了中国中部地区、直隶、北京地区的所有秘密会社组织，联合了激烈反对欧洲人的所有民众。

太后放纵了这股力量——她犯下了和一个欧洲政府相类似的不谨慎的错误。欧洲政府为了捍卫一个政党的统治，或者甚至为了捍卫一个政党的制度，号召反社会的、无政府主义的力量，或者聚众闹事的力量，这股力量目前正在欧洲到处泛滥。太后玩弄这种手段，不仅是冒着摧毁她本人权力和朝廷的危险，还可能摧毁中国本身。在最近的情况下，欧洲干涉是有必要的。它不能不以有别于先前的干涉方式来结束。在北京，只是简单地恢复对西方有利的影响是远远不够的。列强要求更多，从现在起，他们要找到的无疑是更彻底的解决办法。

首先在于瓜分中央帝国，让有权声称要求满足贪欲的各个西方国家来分享。对于中国来说，也许它并没有(得到)最大的机遇。如果说英国、德国、日本垂涎于她的话，与之相反，她似乎并不令俄国，也不令法国满意。

就目前现状来说，法国想要继续对中国南部的经济征服。俄国没有任何理由要求分享中国，它的外交传统在于惋惜 18 世纪末对波兰的瓜分。这次瓜分的最主要错误是分享，也就是说让普鲁士和奥地利分得了一杯羹，俄国本可以独享全部的。通过保护权，可以最好地一下子控制一个庞大帝国。俄国在这方面也具有良好传统。它在中国的突厥斯坦(Turkestan Chinois)的保护权很容易就转化为直接占有。它对波斯拥有保护权，它甚至不需要得到其他列强赞同，正在北京准备类似伸长手的计划。英国在中国危机爆发时，正在南非忙着争夺。目前围绕着中国，多少觊觎，多少希望在跃跃欲试！多少世纪以来，中国政府轻率地、盲目地纵容秘密会社组织的暴徒们在天子帝国作乱，对于这个政府来说，只需两年，列强们的贪婪、垂涎就会四起。“义和拳”这个阴暗的名字迟早有一天就是毁灭中国的邪恶象征。

卡斯特兰(Castellane)

传教士与义和拳[①]

义和拳突然一下子起来造反、屠杀无辜的基督徒的传说已经过去了。今天,人们比以往更清楚地认识到,中国的叛乱和继之而来的狂杀滥屠来源于各种信仰崇拜,是各种出身的外交官和传教士挑起的。正当列强的代表极尽狡诈欺骗之能事,力图从中国人那里取得海上的港口和陆地上的租界之时,传教士们只是一味地要增加基督的仆人的数量,他们使用的手段不完全是基督教式的。总有一天要写欧洲在华的外交史的。死神长期威胁着欧洲人,继对死神的忧虑之后,我们要想讲讲他们的笨拙或他们糟糕的信仰显然是不合时宜。此外,他们让中国得益于欧洲的行为和谎言,他们的错误扭曲了国际关系,使之非正常化。目前来说,审视、批评外交是一项徒劳的、不可能有结果的任务。对于传教士和传教会来说,情况并非如此。错误已经犯了,并且还在继续犯,这不仅威胁着他们本身的前途,同时也会威胁到远东教会的前途和国际和平的前途。

一

现代生活的各种困难对传教士界也产生了很大影响。以爱人如己铸造的心灵,在炽烈的信仰启发下行动,不怕牺牲来宣扬神圣的真理,这一切变得越来越稀少了。忠贞坚守教德、善良、无功利心、坚持信仰、勇敢和基督徒的谦卑的传教士经常让位于出身可悲、身份低贱的人,或让位于贪图安逸、唯利是图的懒汉,或让位于追逐辉煌前途的野心家。中国尤其有权抱怨,不仅抱怨传教士的涌入,而且还有权抱怨那些不惜一切代价给它救赎的人们的精神伦理价值观。承认以下一点是令人伤心的:被派到中国的传教士们经常缺乏一个普通商会代表所应有的品质。他们似乎忘了必须具备某种灵活精神,某种细微的敏感性,某种热情而又不动声色的说服力。最后,还必须具备某种纯真和动人的善良,去谋求人最可珍贵的善:他的信仰。中国正是在此关系下,一个得到传教士们称道的国家。

那些以他们自己方式为哲学家的黄种人似乎很少坚持他们的信仰。一位中国官员对旅行者明恩溥(Arthur Smith)说的话,再好不过地说明了中华民族的宗教冷淡:“人们尽可以说有神存在而不必冒大风险。如果说没有神存在,也不会因为搅混一种思想而负疚。如果说有神存在,就可以让它们相信我们总是把它们的名字挂在嘴上的。它们会相信的。作为神,它们会表示宽容。”

在这些情况下,传教士们的道路上好像应该洒满了玫瑰。作为高级真理的拥有者,头上罩着善良人的光环,享有绝对的独立自主,尊严体面,备受尊敬,他们会在中国的救济中

① 原载 *Revue des Revue*, No. 22 (Paris, 15 Novemer 1900), pp. 385—399; 又:Tome 35, 1900, 4e trinester.

心光彩夺目，令人倾倒。他们出现在中国人枯燥单调的生活中，犹如乐善好施的，几乎是超自然的精灵，定会轻易赢得中国人的心和灵魂。如果他们再加注意不要去触犯黄种人唯一执着的对先人的崇拜，他们的宣教没有理由不取得辉煌成绩。但愿皈依入教者们多么实在地在他们精神父亲们身上看到向他们宣扬的新宗教的品德，但愿被神的圣宠深深感动的中国的虔诚信徒们，将成为极其宝贵的同盟军，让福音取得决定性胜利。

这就是聂斯脱利派和其后的耶稣会神父们过去在中国所采用的传教纲领。他们所皈依的基督徒数量增长有目共睹，传教士们本身在中国人中间也能够安然无恙地生活并备受尊敬。

那时期，听教理者人数并不多，他们尤其要保持听教理者的质量，而不是数量。当第一个教皇使团到达北京时(17 世纪)，中国基督徒已经有了一定数量，他们和地方上其他各宗教的信徒和睦相处。利玛窦神父有幸受到明朝万历皇帝的召见，17 世纪下半叶，改革中国历法的汤若望神父被任命为清朝皇帝康熙的太傅，而南怀仁神父(le père Verbiest)被提升为工部大臣或中国钦天监正。在柯尔倍(Corbert)任期中，十位法国耶稣会士被派往中国，他们受到了殊遇。中国人委托他们监理皇宫修建工程和绘制中华帝国地图。同一时期，朝廷中几乎有一半人，包括康熙的儿子，他的母亲和他的妻子都公开地皈依了基督教。

耶稣会士们很明白让皇帝皈依入教对基督教的重要性，他们对皇帝承诺去向罗马取得对其祖先封圣。教皇断然拒绝了这个要求。后来，方济各会士们和多明我会士们妒忌耶稣会士们取得的成就，指责他们为异教徒的共谋者。教廷因为耶稣会士允许祖宗崇拜给了他们一记耳光。其他修会的传教士被派往中国去。他们的不宽容和对中国人心灵的不理解，严重地伤害了黄种人。随后，基督教的进展长期受到了牵累。雍正皇帝急匆匆地取消他的前任们给予传教士们的所有特权，其中包括剥夺了他们的官位。他的继承人乾隆皇帝以与伏尔泰的通信关系著称，是通过钱德明神父 (Père Amiot)为中介。他的态度有所松动，跟基督教神父们有所接近，但是朝廷对克莱孟十一世(Clément Ⅺ)的断然态度记忆犹新，坚决地反对。受到仇恨和蔑视的耶稣会士们认为还是撤退为妥。19 世纪初，耶稣会的最后一所教堂被放弃，或者按中国人的说法，它被卖给了国家。1860 年，法国人对中国政府强调，要求让它接纳传教士。

耶稣会士重返了北京。他们首先恢复北堂。在法国政府保护下，他们的修会在中国获得了巨大发展。樊国梁主教的精力和智慧也发挥了很大作用。在这位主教和他的同伴们面前有两条道路。遵循首批入华基督徒指出的道路的话，他们可以让自己谦卑、简朴地把基督的话语传到小百姓和不幸的人们中去。但是，另一方面，他们可以张扬法国刺刀的说服力，在它们的庇护下索要官位和荣誉，以这种方式来让人们热爱神理，极尽世间权力的所有威望来美化它。很遗憾，第二种政策战胜了某些看得更清的僧侣们所采取的所有抵制。主教大人为他的同事们取得了如同对待总督大人或者高官们一样的待遇。此外，他为皈依的中国基督徒们取得了司法审判权和专有的特权。新基督徒们非但未面临迫害或者其他牺牲，反而在许多情况下得到了免除处罚的特权。神圣的教会和近视的外交因而变成了一些道德沦丧的人的保护伞。这些“世纪末”的皈依者们在欧洲列强庇护下，被怂恿成了内部令人生畏又令人可恨的力量……很不幸，这股力量并不是可以用基督的圣宠来感动的最优秀的中国人，更确切地说，他们是最狡诈的中国人。获得尘世利益，或者丰富的食物等等诱惑，使(皈依)这项任务相对容易些。

唉！宣教的人太有钱有势了，而听他说教的人又太贫困了。

二

当时大约有九万中国人皈依基督教。然而，根据我朋友中的一位天主教传教士的估计，其中一半以上的人要求马上成为基督徒，甚至等不及受一丁点神理启示……

1860 年后在中国建立的新教传教会，只是丰富了一些天主教传教会所采用的做法。他们数量更多，更有钱，他们认为有义务把黄种人带进他们教会的怀抱中，使世界为之震惊。他们的许多分支机构在数百名传教士帮助下，在皈依的“纯”数字上互相进行竞争。不断公布他们的宣教成绩这种令人讨厌的习惯，只是激增了他们的这种不合时宜的热情。他们这种热情对于高级的神理和文明的利益来说，被白白消耗掉了。为了大概说明传教士们狂热活动的情况，我们列下表来说明 1900 年初仅新教各派获准在中国传教的各教会的数字：

美国部分：

传教会名称	正式传教士数	在俗传教士数
浸礼会(Union des missionnaires baptistes[américains])	24 名	7 名
美部会 (Société américaine)	36 名	11 名
美以美会(Méthodistes épiscopale)	41 名	9 名
北长老会(Presbytérienne[Nord])	58 名	18 名
中长老会(Presbytérienne[Midi])	21 名	8 名
基督教外方传教会(Mission chrétienne étrangère)	5 名	53 名
瑞典美国协同会(Mission américaine suédoise)	3 名	0
(主教)监理会(Eglise méthodiste épiscopale)	13 名	1 名
宣道会(Mission chrétienne)	5 名	53 名

等等。

总计：在美国部分，有二十三个传教会，二百七十六名正式传教士，一百二十六名在俗传教士，共计四百零二名传教士。

下面是英国的情况：

传教会名称	正式传教士数	在俗传教士数
伦敦会(La Société Londonnienne)	45 名	5 名
教会联合会(Association des missionnaires)	40 名	23 名
浸礼会(Les Missions baptistes)	26 名	0
英国长老会(Les presbytériens anglais)	12 名	6 名
爱尔兰长老会(Les presbytériens irlandais)	8 名	4 名
英国圣公会传教会(L'association pour propager l'Evangile)	8 名	4 名

等等。

总计：在英国部分，有十七个修会，二百五十九个传教士！

最后,关于德国、瑞士、瑞典、挪威等传教会或者关于那些只依赖于福音的传教会,其中仅爱尔兰中国传教会就拥有三百二十六名传教士,该说些什么呢?

当涉及作每年的年终依皈总结时,所有这些高贵的灵魂都不假思索地变成了一种情有可原的竞相争逐的牺牲品。传教会成员们很诚实,不想公开不确切的数字,他们竭力做皈依工作,有的做得很仓促,很不完善。他们抓住那些思想抵触不太大的人们。由于某种奇怪的巧合,那些下三滥的中国人,监狱逃犯,或者被判刑的人,通常最容易受影响。他们尤其愿意衡量一下皈依的得失。纽约浸礼会(Société baptiste de New-York)只有二千二百皈依者,却有三十一名传教士。长老会情况更不妙,它有三十一名传教士,却只皈依了三百七十人。可怜的丹麦传教会(la Mission danoise)有五名传教士,却只皈依了四个人。而浸礼会拥有二十五名传教士,皈依入教者有四千零八十八人!人们徒劳地宣讲教理,甚至面临殉教,但是当人们必得向其上司汇报时,当美好时机触手可及时,却因为(担心)被指责工作不尽力或者落后于近邻而退却了。

三

看到精英们的心灵被不可言明的竞争或者低劣的野心玷污,真令人痛心!传教士们经常就此失去了他们神圣的火焰,只能给予困境中的灵魂一些伤心懊恼的余烬。

皈依仍在继续,入教的人越来越多,越来越突然而至,不假思索。竟然有一天,在北京附近的一个小城,几乎所有的作恶者都受到福音圣宠的感动。然而,他们并没有终止游手好闲的生活,他们只是相信他们已经在基督教恩人的庇护之下,要求他们干预中国当局。海尼(Heine)讲了一个神父被当作恶人抓起来的事件,他在被执行绞刑时叫了起来:“这是教会在受难。”这件不幸让我们的新基督徒兄弟经常太多地想起他们新宗教的强大,也让传教士们以向他们证明这一点为荣。中国权力当局和温和的百姓的愤怒从此陷入无边无际。他们太弱了,无法对抗法国、英国、美国或德国的意志,这些国家接受了他们的传教士所表达的意愿。中国权力当局和百姓保留了他们的怒火和复仇心,以待良机。这点发人深思,令人对基督教在中国的前途产生某种担忧,这样就令基督教徒和恶人成为同义词了。一个有影响的英国长老会成员告诉我,他经常听中国商人问:“你们为何要把一个与小偷、乞丐、杀人犯为伍的教会强加给我们?”

因为,应该为传教士们说些好话,他们也经常把最贫穷的人吸引到教会的怀抱里来。这些穷人并不总是可靠的新成员。他们一旦从尘世的贫穷中轻松一些了,就又经常回到他们的拜物教中,或者回到他们的宗教冷淡中去。有人甚至因为听启示真理和受洗礼可以获得礼物,又跑到其他传教会去了,以能再一次享受更多的皈依好处。至于受了新教洗礼后,又跑去当天主教徒,对他们来说无关紧要。这种对中国灵魂如此温和的交易既让传教士们高兴,也增加了皈依的统计数。

上天也许在其中得到了报偿。那些饥饿可怜的穷鬼吮吸了他们的新神明的养料,最终也明白了他们新信仰的优越性……

这却不是希腊正教修道院院长巴拉第乌斯神父(Père Palladius)的意见。这位神父在北京居住了快四十年了,他说他没有皈依过两个以上真诚皈依入教者,就是这两人也转了向,其中一个成了新教教徒,另一个拿到了受洗的礼物后,便不知去向。

这位杰出的神父补充道:"这让我想起了果戈理(Gogol)作品中很有意思的一段话。所谓检查人和市里监督公务员们的副总督说:'我们只有检察官可作为人们的表率,但是,这是一头猪……'"

某些目光敏锐的传教士很清楚他们的努力是徒劳的。此外,看到他们的宣教事业多次成为杀戮战争的工具,他们也深感痛苦。因此,他们以一种深沉的痛苦全心全意地享用薪俸,他们做的工作经常是低于他们的道德观的,因为要做好徒劳无益的工作,必须要有钱,要有许多钱。可以举出一些年俸高于法国高级官员或中国官员的传教士,他们也并不情愿享有如此高薪。好几个新教传教会付给他们的传教士的年俸最高达一万法郎,这个数目对于天朝帝国来说是非常可观的,这还不算给他们的妻子和每个孩子的专门款项。此外还有不入年俸账的额外收入:旅费报销,住所或者超过某个数字的皈依工作所得的专项奖励。也有某些穷人的卓越教会的代表并不总是能做好简朴生活的榜样。当人们走近去观察一下他们用来"美化"给新基督教徒施洗的慷慨大度时,就能更理解中国的一句话,这句话说,在中国的基督教会,钱比信徒多……

就这样,1899 年,美国为他们的传教会花了二千四百万法郎,英国把三千四百五十万法郎扔进了同样的无底洞,天主教各传教会也花了差不多同样数量的钱财。可是,这些钱也不总是用于耶稣最大限度地赢得穷人和不幸的人的事业上。

四

以上所述让我们抓住了引发中国会社组织造反的情感。在数千名令中国得益于他们的福音品德和他们稀有的雄辩的传教士中,毋庸置疑也有一些值得敬佩的人。在众多的新基督徒中,无疑地,同样可以看到一些精英灵魂,真诚地由救赎品德拯救出来的精英灵魂。但是,这些受祝福的特例淹没在很不值得赞许的新教徒及其头领的大海之中。收集到的一些招贴画即是证明,中国百姓的激愤状况,只要让随便几个拳民触及这个总在流血的疮口,天朝帝国就会陷于熊熊烈火之中。

因为,我们好好看看,在所有这些成百万地印刷的招贴画中,人们对皈依入教的中国基督徒特别痛恨,把他们当作强盗、恶人对待,人们对他们的共谋者——传教士也非常痛恨。

以下是义和拳招贴画的译文,它比其他招贴画更形象地宣扬了 1900 年 8 月民众的暴动。

神将会派志愿军帮助义和拳,
洋鬼子在我们国家泛滥成灾,
他们强迫大家加入他们的教会,
然而他们并不是走在天路上,
他们还蔑视我们的祖宗。
等等……

在另一张招贴画中我们读到:

要让大家明白新教和天主教的传教士们往井里放毒药,凡是喝井水解渴的人十天之内肠子会被烧坏……请互相转告基督徒的这种恶行，让我们的兄弟防备基督徒对他们准备实施的恶行……

招贴画几乎都是针对皈依入教者和传教士的。两者都非常令人讨厌，连有头脑的中国人也认为对他们的最荒诞的指控是真实的。

人们越加以思索，越发现各教会在中国走错了路。它们远未将中国基督教化，反而引发了一种对基督圣教的强烈仇恨和深沉的蔑视。另一方面，外交和传教士的事业结合得太露骨，太不得当，严重地损害了各民族的政治利益，又没有为教会利益服务。每次对某个传教士的冒犯，总是以某种为其所属国家谋利的方式而告终。两个德国传教士的被害让威廉皇帝(Empereur Guillaume)得到了最富庶省份之一的全部，还不算其他经济上的和“思想上”的好处。你们让非常聪明的中国人如何想这些明目张胆的行为？他们在灵魂深处既蔑视出卖其教会的“寺庙商人”和利用传教士的外交家们，也蔑视这个被这两个狼狈为奸的盟友牺牲了的可怜的教会。

最近发生的事件应该让外交家们和他们的不幸盟友——传教士们睁开眼睛。外交家们和传教士们都太急于征服。他们思想中对在中国白白流淌的鲜血和文明及基督教的倒退耿耿于怀。有太多的传教士，太多的假皈依，太多的对宣教的庇护。但愿传教士们像以往美好的时期一样，冒着艰难险阻去宣教，他们的事业将会特别地蒸蒸日上。必须为他们着想，让某种英雄主义到处伴随着他们。

对他们的自尊心来说，让他们在精良的长枪护卫下去宣教不正是一种羞辱吗？面对祭坛上方基督受难像感动万分是无济于事的，我们的意识拒绝相信这点。随着事情发展，不久将看到乘坐巴黎有轨电车比去中国宣教更危险。就好像去中国当传教士已经比去那里当医生或工程师更有利可图一样。

然而，宣教是必须的。我们的灵魂只有以爱和牺牲精神才能真正变得伟大，只有以克制、节俭和忍受痛苦才能爱他人。5月份和6月份发生的令人伤心的事件成了拯救性的警告。必须不惜一切代价阻止不公正，它会混淆好人和坏人。在改良中国人的灵魂之前，我们先要改良他们的先知们。当传教士群体失去了列强适得其反的支持时，它也将摆脱那些低劣因素，这些低劣因素潜入传教士群体，就像潜入变成了一种太诱惑人的职业之中。世界和平将不再被搅乱，将不再被无数人有害的工作搅乱和累及，这些人以人类道德利益的狂热和愚蠢，宣扬仇恨和兄弟相残的战争，而不是在他们的路上播撒救世主的爱。

阿·邦兹蒙博士(Dr. A. Banzemont)，天津

假目击者诋毁传教士[①]

倘若不了解对传教士的攻击，那么，对传教士工作的报道就算不得完整。在 1901 年年末那几个月中，持有帮派偏见的报刊如同听命于某一个命令那样，竭力罗织最恶毒的罪名，扣在传教士头上。由于被指控的人不在，无法为自己辩护，公众舆论就有可能被误导。重要的是不能对这些诬陷之词听之任之，不加反驳。直隶东南传教团主管出面做了这件事，他在 1905 年 12 月 5 日《研究》上发表了一篇文章。此文对于传教史关系重大，我们决定再次发表此文的绝大部分内容，想必能得到读者的认同。

一段时间以来，在华传教团和传教士始终是法国报刊关注的话题。他们的住所被毁，教堂被焚，传教受阻，教徒四散，教友被拳民杀害。有关他们的消息当然不只是这些，他们至少维护了自己的荣耀，堂堂正正地捍卫了基督教和文明的神圣事业。可是，事情有些离谱，他们的荣耀居然遭到本国同胞的质疑。不错，有那么一帮豺狼般的人，对着一切纯洁、高贵和伟大的事物，其中首先是旗帜，一刻不停地狂吠。对于如此低下的凌辱，或许应该报以蔑视，然而，谣言一再重复的结果，竟然使得那些自以为绝不会受其蛊惑的人也出现了动摇，不知不觉地产生了疑惑。由于缺少控制事态的时间和手段，人们于是停留在尴尬的不信任状态中。伏尔泰说得对：谎言总会留下一些难以消除的残迹。

然而，我却偏要试一试，尽管不可能重建被恶意或无知歪曲的事实（需要写几部书才能做到这一点），但是仅仅借助若干真实可信的文书，我要澄清整个事件中的一小部分。

从 1899 夏季起，拳民在直隶东南开始了他们的暴行，接连不断地劫掠和纵火，负责保护教民的中国兵勇们却视若无睹。由于他们不加干预，于是就成了拳民们名副其实的帮凶。

1900 年春季，骚乱再起，而且愈演愈烈，西方列强于是不得不派兵前往中国，保护它们受到斩尽杀绝威胁的国民。

在这些恐怖的日子里留在中国，无异于拿生命开玩笑，可是直隶东南的传教士们偏要这样做。他们自认为负有保护生灵的责任，因为牧羊人不能抛弃羊群，必要时还得为羊群献出自己的生命。他们还认为，手持武器的教民能够自卫，至少可以抵挡一阵子，传教士们着手对教民进行传授和组织。我们曾经谈到过临时组建的这支小小的教民武装。[②]

---

① 原载《支那、锡兰和马达加斯加》(*Chine*, *Ceylan*, *Madagascar*)第 4 卷(1902 年 6 月)，pp. 57—63。

② 见本刊第 7 期第 275 页，第 8 期第 381 页及以下多页。

可是，这些无所不能的人——也就是大家所说的记者们反问道："那么，法国军队在那里干什么了？耶稣会士们既然能独自脱身，而置他人于不顾，为何还要向军队求援呢？""我控诉"[①]式的老调又开始重弹。记者们纷纷指责耶稣会士，说他们的唯一目的便是敲诈勒索自己的国家；还说他们对法国军队的长官进行"卑劣的讹诈"，威胁这位长官说，他若不领兵前来解救，他们就转而求助于德国军队。有人私下散布说，耶稣会士们其实并未身处险境，拳民们的行动对他们并不构成威胁。

事实是，张家庄的传教团总堂在6月中旬就已经被围。总堂有夯土筑成的围墙，能够抵挡一阵围攻，可是难以应对断炊之虞。数以千计的无家可归的教民纷纷涌入总堂，粮食很快就消耗殆尽。拳民倘若终于突入总堂，会发生什么事情呢？大家心里再明白不过了，在不设防的教堂里发生的事情就是前车之鉴。6月19日，一伙暴徒在武邑杀害了赵席珍神父和路懋德神父。7月20日在朱家河，汤爱玲神父和任德芬神父也倒在教堂中，成为光荣的殉教者。在这场骇人听闻的杀戮中，三千余名教民惨遭屠戮。这就是有人所说的不构成威胁的行为！

除非故意视而不见，否则就不会说，在这种情况下传教士并未身处险境。当受它保护的人和自己的国民面临险境时，法国应该如何行动呢？

尽管责任显而易见，但还是犹豫不决。8月底和9月，被围者已经粮食短缺，而且没有任何办法自行补给。围困者人数虽多，但他们也承认，只要出现为数不多的几个欧洲士兵，就足以让他们闻风而逃，只要在河上出现一条溯流而上的小汽船，拳民们就会抱头鼠窜，火烧眉毛的粮食补给问题也就会迎刃而解。法军司令部对于这些紧急呼吁充耳不闻。在此期间，英国和美国派出远征军，解救了景县的五位新教传教士，而法国的耶稣会士在张家庄的处境与他们一样险恶。

法国落在后面了，不过为时不久。华伦将军[②]率兵前来，他立即察觉法国方面不采取行动的严重后果，他向离张家庄不远的献县派去一支提供救援和给养的部队。

这支部队于1900年10月7日从天津出发后，胡编乱造的有关这支部队的怪异传闻迅即接踵而来。省报《萨瓦人报》刊出了一位所谓目击者（有人甚至说是一位军官）寄来的如下骇人听闻的详细报道："我们见到了由一位将军指挥的一支军队，这位将军由耶稣会士苗履实神父随侍左右，神父告诉他应该摧毁哪些村子，应该保留哪些村子。神父厚颜无耻地说道：'烧掉这个村子，它未向我们纳税；那个村子不必烧，它乖乖地听我们的话了。'"

把一位少校军官称作将军是一个重大错误，而把苗履实神父（他说，他的名字应该写作du Cray）说成是随侍这位军官的目击者，也是一个重大错误，因为在这支部队行动期间，这位神父没有离开过天津一天。

---

① "我控诉"是法国军官德雷福斯在1898年遭到诬陷时，法国著名作家左拉挺身而出，在报上为之辩护而撰写的名篇的题目。——译者注

② 华伦（Voyron，又译瓦龙），法国陆军将领，1900年率法国军队进据北京。——译者注

这支部队里确有一位耶稣会士，他兼具随军神父和翻译双重身份。这位在天津人人都认得的耶稣会士就是贝钦明(Becquevort)神父。他在中国传教将近二十年后，曾因健康原因返回法国治疗。如今，鉴于他原属的传教团处于水火交加之中，上级于是把他派回中国，竭尽全力帮助他的同伴。

不过，正当《萨瓦人报》信口雌黄的时候(1900 年 2 月 21 日)，贝钦明神父已经回到天津。如果当时他被在报上指名道姓，他肯定会对谣言进行反击，并将之提交法庭处理。苗履实神父并不在场，他在中国大概读不到这些报纸，尤其是《萨瓦人报》，攻击他最为放肆。胡说八道居然能受到欢迎。《震旦报》、《共和国小报》以及《共和党人报》和外省的《进步报》的同伙们，都全文转载。有人就是这样书写历史的！

至于传言中所说的耶稣会士向若干中国城市和村庄收取捐税，只有幼稚的读者才会相信。因为，这种传闻实在太离谱，除非对于在华传教团一无所知，否则就不会不知道，传教士不可能向教民收取捐税，因为教民通常都是穷人，向他们进行施舍才对。至于不信教的民众，应该设法与他们进行接触！官员就在那里，他们与所有优秀的官员一样，十分珍惜自己的权力。不应该向那些对中国只有极其肤浅的了解的人说那些废话。但是，可笑的是，在写了许多无稽之谈后，这位记者居然还说："我只谈我熟悉的那些地方。"

说什么前去收税，绝无此事。这支远征队唯一真实的目的，是为正在挨饿的人送去粮食。耶稣会士非但不会挑动小兵们的好斗与狂热，应该还会抑制这种狂热。

在一封私人信件中，贝钦明神父毫不隐晦地写道：

"对于我们士兵的吃苦耐劳、生气勃勃、纪律严明和自我克制，军官的忠于职守、自我牺牲精神和风度翩翩，我找不到确切的字眼来表达我的钦佩之情。

少校确定宿营地后，立即向当地乡绅派出一个传令兵，并以中文字条通知对方：尽快撤走妇孺和不良分子，并将两条活牛交给后勤军官，他会按章付费。

一路上，农民都站在村口，拿出他们最好的东西——大量的梨、苹果、葡萄、枣子、甜瓜等等送给法军，此外还有上千个鸡蛋、鸭子以及羊和猪。这说明，法国军队尽量避免冒犯这些慷慨的乡下人。法军的这些行动使法国人和中国人始终和谐相处。

那些罪恶分子大概都受到了惩罚。欧洲人来到中国不就是为了惩罚这些人吗？可是，何其宽大！没有一个人被杀，没有一个人被强暴。五个村子被部分烧毁，其中最大的那个叫做叶桥楼(音)。这个村子骚乱前有四十二个教民，其中三十一人被村子里的不信教者杀害，胡作非为的乡民烧杀劫掠教民的财产时，未遭杀害的教民悉数逃往他乡。军事当局经过调查，下令放火烧房，但烧掉的不是全体不信教者的房屋，而是其中罪大恶极的那些人的房屋，被烧的村子之一可能是匪徒们的巢穴，有些不信教的民众也要求我们的士兵把他们从这个巢穴中解救出来。[①] 但是，没有一个杀人犯被杀，他们仅仅把一些极其简陋、一钱不值的茅屋付之一炬。其余的民众以热烈欢迎来表达他们的感激之情，向法军送上食物和礼物。

① 一位县官对雍居敬(Jung)神父说："您看，义和团就是强盗，强盗就是义和团。"

事实是，我们的远征军觉得惩罚太轻，四位法国传教士和三千教民被害的那两个镇（武邑和朱家河），在传教士和殉教者的兄弟们的请求下，并未受到惩罚。”

“这些和平使者为了可鄙的金钱，不但不传播圣恩，反而挑动不和与战争。”作这样的指控很容易，令人痛心的是此类言辞竟然出现在法国的法院上。所有这些指控全都是谎言，这便是唯一的不幸。

此外，我们应该对某些人的善意作一番思考，例如令人尊敬的贝尔托（Berteaux）先生，他居然把传教士和主教们称作小偷和强盗！

这些恶名虽然由于太过分而无法令人相信，可是，至少还可以指控传教士和主教们富得流油。

在这个问题上，不妨听一听一位比利时政论家温文尔雅的解释，顺便说一句，他自认为是一个虔诚信教的人。他写道：“1870 年，耶稣会在天津的一所小屋被人拆毁，屋里存放着一位神父的服饰，其中有一条非常值钱的短裤。耶稣会士们为此提出赔偿要求，赔偿额之高足以在法租界购置一大片土地。”

且让那些神智清醒的人在这桩消息面前惊得目瞪口呆吧！一条短裤可以换取一大片土地，这无疑是一大天才的创造。哦！传教士们若能以如此少的花费发财致富，那么，他们不妨把自己的破衣烂衫统统卖掉，中国的传教事业将立即就突飞猛进！

笑话归笑话。有人说，传教士特别是耶稣会士在中国拥有巨额财富，“全中国有朝一日有了财产登记册，全世界都将为传教士的富有而大吃一惊”，这种说法显然是虚假的。把所有的一切都计算在内，直隶东南传教团在天津的全部财产，也就是十余公顷土地；况且，这些土地并不是因小屋被拆而得到的赔偿，而是用钱买来的。为什么要买？如何买来的？这得让当时的法国当局来回答了。创建法国租界的那些人，无法为这些泡在水里难以开发的土地找到买主，如何才能不让这些土地落到中国人手里呢？他们于是就对耶稣会士施压，非让他们买下不可。耶稣会士为了替法国的代表“挽回面子”，才不得不这样做，这说明他们都是爱国者，可是如今他们却被指责为掠夺者。①

他们若能改良这些土地，从而为他们在内地的传教事业提供一些资源，谁能把他们的所作所为说成是罪行呢？只要还有一点良心就不难懂得，一个离法国这么遥远的传教团，管理着七百个教民点，一个比一个穷，而且时而水灾，时而饥荒，时而暴乱，它确实很需要从本地获得一些资源。在过去五十年间经历了无数艰辛乃至争斗，好不容易建成的宗教建筑变成了一片废墟，如今必须重建。

恶意中伤到处尾随着这些耶稣会士，他们原来以为，在遥远的地方能够比较自由地做好事。他们即将向各国宣布的那件好事，不是对此早就预见到了吗？其实他们不必惊奇，今天，他们在中国被指控为巫师，在法国被指控为经商发财，明天说不定又会出现新的说法。总之，有人想方设法在公众面前诋毁他们。其实，那些人归根结底是在自欺欺人，只有他们相信自己的话。这些所谓的“目击者”其实什么都没看见，他们却总是支着耳朵去

① 参见葛光被（Emile）神父《在华传教五十载——鄂尔璧（Joseph Gonnet）神父的一生》，1900 年，河间府。

打听。真正的目击者发出的完全是另一种声音,他们之中摇笔杆的人很少。但愿能让这些人开口说话,冬天在献县安营扎寨的三百名法国士兵,他们就近见到了耶稣会士,因为他们和耶稣会士住在一起。但愿能让正经的商人和外交官开口说话,他们到中国不是来旅游,事先没有成见,而且也没有接受过把充满敌意的文章发回法国的任务。[①] 这些人一致认为,包括耶稣会士在内的所有传教士都毫无私念,为文明和祖国奉献了难以估量的服务。

约瑟夫·德马尔凯(Joseph Desmarquest)

(原文载 *Mission de Chine*,期号不明)

① 上海出版的《中国回声》报在1902年2月25日这一期上,提到这篇文章时善意地指出,不受邀把少数几个人做的事归咎于所有报刊,其实也有人毫不犹豫地为传教士的事业说公道话。此话很正确,我们都知道,《中国回声》有别于耶稣会士。本文作者之所以没有明确指出这种差别,那是因为作者所做的一切已经明白无误地表明了这一点。

义和拳起义与法国的对华政策[①]

最近中国爆发了最严重的动乱。以义和拳为名的叛乱在山东出现，并扩展到了直隶。他们进攻天津，切断铁路和电报，威胁到北京。有几名欧洲人被杀。在上述地区，大多数白人侨民、公使、官员或商人的生命正处于极度危险中。他们随时随地都可能面临一场大灾难。

中国政府对这场叛乱的态度看来岂止是暧昧。被派去镇压造反者的聂提督受到了斥责。在这种形势下，文明国家达成协议，先集中他们在事发地所拥有的部队，然后再派遣新的部队来对抗共同的敌人。

这就是目前的形势。没有掌握大量情报信息就报道在我们几千公里之外发生的事情，想要预料在古老大陆的一端此时正在发生的我们尚且不知道结论的历史性篇章，那是无用的。在我正要动笔的时候，想到这个未知数可能留给了法兰西的仆人们，留给了那些被围困在北京、正在保卫他们国家旗帜的欧洲人时，我的心就抽紧了，我想首先是借此机会向他们致以我深深的敬意。

现在不是在批评过去中为刚刚打击了古老世界的邪恶寻找补救办法的时候。因此，我并不想对目前正在发生的事件作历史性叙述，也不想提出权宜之计。本文并不是一部激情之作。

面对共同的敌人，我们应该紧密合作。但是就应该在对外政策上联合起来这点而言，却不应该就此得出结论：在此采取补救措施行动之时，不能研究、探讨发生事件的起因。从公正的审察中得出教训、阐明教训是好公民的义务，尽管他们不经常受益。因为真理不会经常被重复。

如果说，在我们古老的欧洲，大部分人对目前在中国发生的事情感到惊奇，把当前的动乱看作是突发事件的话，那么了解中国事务的人则只是对事情直到今天才发生感到惊奇。

当前动乱的部分原因在于中国人的思想本身、他们的种族天性和民众性格。他们当时是被一次直接的行动激发起来的，列强的态度激怒了他们，使他们作出了相应的行动。在这种情况下，两种层面的起因自然而然紧紧地连结在了一起。我们要依次予以分析研究。

① 原载《外交和殖民地问题》（*Questions Diplomatiques Et Coloniales*）第 10 卷，第 82 期，1900 年 7 月 15 日。——译者注

对中国人的性格进行确切的分析是极其困难的。我们缺少对比点。我们在西方人大脑中找到的一些机能，中国人的大脑中似乎很缺乏，例如，与祖国概念对应的大脑机能。但是他们具有同乡情感通常所产生的抱团精神，他们是由于种族精神和合群观念而抱团的。任何地方孕育出的种族精神的天性都不比中国强烈。中国人骄傲无比，对他们来说，一切非黄色人种好像都是劣等的。因而，他们不加区分地藐视或仇视外国人。当政的朝廷本身是取代明朝的鞑靼朝廷，也未能免受这种情感的侵蚀。

他们对外国人的憎恨始终潜伏着，有时会爆发出来。我们已经经受过太平天国起义、天津屠杀、对传教士的攻击及 1892 年扬子江流域的动乱，我们现在正目睹义和拳运动。

令人无法忍受的贫困，或者一位官员、一个帮会头目的一声号令，足以引发暴乱。

有些作家陷入谬误，想把中国人描绘成幸福的人。他们说，有些迹象让人相信他们是幸福的：他们蔑视军人职业；他们有许多孩子；他们从事园艺，做买卖。

我相信，以上所援引的任何一个幸福迹象在现时情况下都不是决定性的。如果中国人在自己家里其乐融融，那么他们就不企求走出家门。寇松[①](Curzon)援引中国驻新加坡的一位领事在 1893 年作的报告说，他的同胞大批逃到英国领区，避免在国内成为不公道行为的目标。中国人之所以比其他种族的人较少感到不幸，是因为他们不怕死，由于神经麻木，使痛苦得以减轻。马塞尔·莫尼埃(Marcel Monnier)很有判断力，将中央帝国有时令我们很吃惊的禁欲主义归结为这个缘故。中国人肯定不如我们感觉强烈，但是他们也是人，他们也总有他们的悲苦。他们知道饥饿是怎么回事，有时饥荒会引发席卷整个中国的动乱。

中国人还忍受着当权者做的坏事。没有一个地方的行政管理像在中国这样独断专行。有一部分民众很会自我安慰，他们想，如果他们当权，他们会同样为之。然而，中国人也设法自卫，他们正在组织会社积聚反抗力量。可以说，会社的两个支撑是崇拜祖先和帮规。

帮规在任何地方都比不上在中国受到的尊重和得到的应用。中国居民们流动性强，他们按下述方式互帮互助：一旦他们来到一个大城市，某个外省人群形成了一定数量，便集合到某个互助会里。这个团体赡养它的入狱成员，当成员有经济困难时，在一定程度上给予帮助。如果他们中间的某人离开了，它就会把他推荐给邻省相应的互助会。

为了彻底理解中国百姓的结帮需要及其作用，必须记住，中国比欧洲大，这个省的语言和观念与那个省的语言和观念互相很陌生，犹如西班牙对瑞典。面对外国人，中国本土各省的老百姓始终想着他们是中国人。而欧洲的各国并不总想到他们彼此由于种族和文明而是相互依赖的。我们将会再谈到这个问题。

中国人不光在同一省的老乡之间结社。他们还在同一行当中结成行会，或者组织互助会。有为埋葬死者的协会，有强盗帮会，有官员们为互相帮助晋级的拉党结派。

---

① 寇松(Lord Curzon，1859～1925)，英国政治家，曾任英国驻印度总督(1898～1905)，英国外相(1919)，著有《中亚的俄罗斯》(1889 年)、《波斯和波斯问题》(1892 年)和《远东问题》(1894 年)。——译者注

尤其有秘密会社。[①] 秘密会社遍布中国。有一些秘密会社会员众多,组织严密,还有管理人员、等级制度和头目。白莲教名列最强大的会社之列,它以河南为策源地,就是三合会发动了太平天国战争。众所周知,经过十一年战争之后,由于英国人和法国人对中国政府的支持,三合会造反者才在1864年被消灭。所谓的天地会要为从前由清朝一位王下令谋杀的堂主们报仇,并以明王朝取代清王朝。

这些会社,不仅会聚了中国的知识精英,还不断地用小册子、文章、著作使民众保持对外国人的某些仇恨思想,这种仇恨思想很容易被激发起来。

这些会社的协作自然而然地由义和拳来担当,义和拳似乎并非直接从这些会社而来,但是义和拳运动直截了当地显露出激动的民间情感的总和。义和拳中当然有许多指望利用动乱进行掠夺或盗窃的门徒,偷盗在中国几乎是一种习俗。暗地里反对朝廷的人将其倾向隐藏在义和拳背后,也希望跟随其后浑水摸鱼。

至于政府本身,虽然有一些成员比另一些成员聪明,他们不得不承认欧洲的优势,但是他们也不能忽视舆论,也许他们希望能既不打击义和拳,又试图使列强们相信,他们已尽其所能地保护了外国人,以摆脱僵局。他们想必特别希望欺瞒我们,再一次地分化我们,他们的战术经常获得成功!

如果必须从中国人自身找出义和拳叛乱的一个原因的话,那么每个列强肯定都负有一份责任。而如果无法挽回的不幸已经发生了,欧洲人想必应该多加自责才是。

欧洲人在本世纪第一次严重干预中国事务,始于英国炮轰中央帝国,强制中央帝国接受英国向它提供鸦片的战争。当人们想到,按照一位英国牧师所说,现时十分之一的中国居民被毒品毒害时,当人们读到寇松先生的非凡著作《远东问题》(*The Problem of Far East*)的献词时,不禁会发笑。我不加评论地引述这段献词,它值得一读——"本书献给相信英帝国是天主之下人间所见最伟大的行善工具,并同作者一样认为英国在远东尚未功成名就的人们。"

从本世纪中叶到最近这几年,看来是由英国领导着欧洲在中国的政策,或者说,当其他各国的努力无意给它带来利益时,英国则予以抵制。我们是英国我行我素的、高超的功利主义行动的最先受害者。在我们与同盟者同心协力进行的战斗中,我们好像在上演贝特朗[②](Bertrand)和拉顿(Raton)的寓言故事。我们是在火中取栗。

在征服东京后签订条约时,当我们想要扩展在上海的领地,镇压广西暴动,或从1885年条约获得有关铁路的特别优惠时,我们并没有因为往日所作的大力支援而得到更多补偿。

---

① 请见《人种志杂志》(*la Revue d'Ethnographie*)戈迪埃(M. Cordier)在《中国秘密会社》(*les Sociétés secrètes de la Chine*)中值得注意的研究。

② 贝特朗(Bertrand, Louis, 1807～1841),法国作家,他研究古勃艮第首府第戎,为一家自由派报纸撰稿,从事报纸的经营。他在自己经营的报纸上发表的作品曾得到雨果的好评,但他在世时并未得到应有的地位,尤其1836年完成的以中世纪第戎为题材的作品《夜间的加斯帕》在他身后于1842年才得以刊行,但仍未引起人们的重视。数年后,《夜间的加斯帕》显现出影响,成为散文诗引进法国文学并成为象征派诗人的灵感源泉之一,作者贝特朗亦因此在文学史上争得一席之地。——译者注

在此我不用重提西方与中国的关系史，也不用重述为逐步开放中国港口，公使们得以在北京安居所作的一系列努力。人们要维持帝国的完整；尽管事实明显证明了帝国政府的背信，人们仍坚持相信它的政府。列强们甚至接受被作为附庸或朝贡者看待，而它们的公使们则被中国人视作人质。英国还承认中国在缅甸的宗主权。

我们卑躬屈节，贬低自己，期望获得更多优惠，然而却很少取得进展。我们同中国人打交道不断遭遇同样的困难。反对欧洲人的局部或普遍的运动每间隔几年就以类似的方式爆发，运动爆发前的征兆相同。

《关于中国的事件》(*Sinicæ res*)的博学的作者大概在1892年写道："当前在中国发生的一切，在芜湖、宜昌、重庆同时发生的暴动，华北的这次暴乱等，关于(华北)这次叛乱人们只掌握了相互矛盾的情况，在这些相互矛盾的情况中，实情可能永远不会公诸于世，所有这些事件只是1869年和1879年事件在更大程度上的翻版。1867年末，曾国藩在呈送御座的密奏中强调指出，外国人进入中国，可能在贸易、交易等方面以及在大量的苦力和船夫赖以生存度日的运输业中引起骚乱，为了使所有这些百姓不信任欧洲人，这位高官提出了可行的办法，以图让这种仇恨达到不超出官员控制的程度。在沿海地带，将采取防卫措施，积极推进军备。一旦有利时机到来，如有必要，在全帝国同时驱逐蛮子，消灭蛮子。"

当时奉行的政策是对英国完全有利的"门户开放"政策，英国实际上是海洋的主人，它反对全面的领土干涉，它以其海军和商船、它的煤炭货场在各海岸保持着老大地位。

当寇松先生谈到日本时，他概述了并令人钦佩地捍卫这同一政策。"鉴于同日本的友好关系，英国帮助日本发展贸易和工业，同时这种友谊承认我们对大洋各航线的持续指挥权。"

在其他地方，寇松先生回到中国问题上时，补充说道："落入法国人或俄国人手里的每一港口、每一城市、每一村庄，都是曼彻斯特、布拉德福德或孟买丢失掉的销售市场。"

没有什么比英国对其强大和排他权的信念表达得更直截了当的了；听到英国的国务活动家们相继声称，"英国政府决心维护它从《天津条约》(1858年)得到的所有权利，或英国政府决心不惜代价，甚至冒战争危险，不让(中国)大门关闭"，请不要惊奇。

关于对外事务，英国的大臣们总提及他们的权利，很少提及他们的义务。在其他国家发生的事却恰恰相反，实在令人愤慨。

随着世纪末的到来，在英国出现了一个有利于中国事务的强大运动，甚至刚刚成立了一个协会——中国协会。英国人指责他们的政府忽视远东问题。事情的面貌在英国实际上已发生了变化。

1895年在远东历史上将是难忘的年代。它确认了中国军事上的劣势。比我们的某些外交官较少盲目的日本人轻易获胜，表明直到那时欧洲的对华政策所依据的理论是错误的。新的因素将被考虑。英国的游戏规则必须进行修订。英国不太可能再像过去那样，以它我行我素的外交获得同样的成功，至今它一直自如地以中国的参谋自居，在它的对外关系中担当公开的或隐蔽的中间人。那属于"门户开放"政策，这种政策将让位于"势力范围"政策。

过去似乎很少关心中国问题的列强们现在提高了声调。当俄国步履沉重，但稳稳当当地前进时，已经强有力地介入远东事务的德国通过其国民的贸易，及其军官们对中国部队提供的训练取得了使德国皇帝满意的成就，已经强有力地登上了远东舞台。意大利本身也力图在合唱中让人听到它的声音。

在各方都急于发出的要求中，人们相信都已经看到了继承者们正围着棺材瓜分遗产的急切。在这里，要继承的遗产太重了。每一方都想欺骗邻人，互相争夺租借地。俄国以占据旅顺口和大连湾来回应德国占领胶州。

英国不得不眼睁睁地看着他的亚洲竞争对手在冰海之外找到出口，将在它的对面，在北直隶湾的南面，在威海卫确立它的地位。英国不会忘记在可能发生的、它并不赞同的瓜分中，为自己留下最优的部分，即富庶的扬子江流域。它不敢公开表明，但它会以中立的面貌来阻挠其他列强进入（这块地区）。英国知道自己是第一个准备好贸易占领的。此外，我们知道中立以及互惠保证对于我们的价值。埃及的例子已能使我们得到教益；不用走得离中国很远，尽管有关于我们的协议，香港还是得到了扩展。英国外交部肯定宁愿安安静静地筹划英国的未来，让列强离开蛋糕，甚至使中国的行政管理英国化。太后对此则并不以为然。

必须甘心忍耐，这不是没有苦涩的。英国大臣窦纳乐(Macdonald)的努力流露了英国的情绪，他步步为营地应对欧洲人，保卫他的政府认为不可转让的每一寸土地，好像这些地方就是它（英国）的。关于公开反对俄国的扩张，事情似乎已失去理智，如同想制止冰川漂移计划似的。甚至在英国素称老大的纯外交领域，它已被人抢先，俄国第一个为中国的一笔借贷作了担保。英国向德国献殷勤，他们试图在暗底下通过胶州的占有者据为己有的铁路来咬上一口。然而诡计太明显了，事情拖着悬而未决。只剩下法国还可以招惹一下，他们不遗余力地对法国设置陷阱，挖苦讽刺。毕盛先生忆及欧格讷先生(M. O'Connor)对施阿兰先生(M. Gérard)的态度时，大概不止一次地感到，从他的前任以来，毫无改变。

这些争斗，这些竞争，这些竞赛，不是为了扩大关于我们在中国的舆论。欧洲人在北京如同面对一面镜子，被赤裸裸地映照出来，中国人注视着，（列强）都留心特别让他们看到旁人的缺点，夸大旁人的弱点。某些列强在力图贬低竞争对手的同时，天真地相信，他们可以抬高自己，而且可能从中国人那里赢得更多。他们最终只能增加（中国人）对欧洲人固有的蔑视，更加激起民众的偏激。1870年战争被翻译出来并在中国数千册地散发。"法绍达事件"[①]在中国也为人熟知。至于东京战争，民间传说我们已被打败，但是由于我们贫穷，皇帝为了体现他的怜悯，给了我们一个省居住谋生。这就是在中国流传的印象，不幸的是，不仅仅是中国人在传播这种印象。在公开舆论之中，人们很少进行辨别。我们都是白人"洋鬼子"，人们憎恨我们，把我们都列入"洋鬼子"之列。

---

① 法绍达(Fachoda)，今科多克城(Kodok)，苏丹地名。1881年，苏丹爆发全民起义，反对欧洲，主要是英国殖民者。领导起义的是穆罕默德·艾·本·阿卜杜拉。阿卜杜拉自称"马赫迪"，意即"前来完成先知事业的救世主"。经过四年的武装斗争，形成马赫迪国家——独立的封建神权国家。1896年，英国和法国直接进攻马赫迪国家。英国军队从北部进攻，1898年攻占首都。之后，向南推进到法绍达，与7月从西部入侵到达法绍达的法军不期而遇，直面相对，战争一触即发。这就是"法绍达危机"。经长时间的谈判，1898年11月4日，"危机"以法军妥协，退出法绍达而结束。——译者注

“不要惊异于一些亚洲官员，那些各种阴谋诡计的见证人和煽动者，急切地在其中找到他们对所有外国人、对所有蛮子蔑视和仇恨的理由，尤其因为其他大国的代理人们，尤其三国同盟的代理人们尽力不让别人在同一条路上抢先，在这点上争相卑躬屈节和口是心非。中国人绝对是让欧洲政府闹矛盾的行家里手，即使在只涉及人们的权利和基督教国家集体荣誉的事务上，他们也不再感到任何顾忌，他们运用从 16 世纪以来就一直使用的方法来摆脱蛮子。这就是所谓的大规模的民众骚乱，但实际上是由文人和北京政府的代理人在现场从上面组织和领导的。北京政府为了它自身的利益，表面上总是保留国际合法性，一旦发生意外，欧洲的干预看来变得当真和有效的情况下，它就否认其(欧洲)密使的权力……

“这样的结果大部分是由于为中国政府或总督们服务的德国人和英国人，以及欧洲为一定数量的中国官员提供的教育造成的，他们来到欧洲只是希望能有一天利用他们从欧洲接受的教育来对付蛮子。还可以说的是，推动中国人走上这条路，以及克服对他们必须改变古老习俗的强烈反感的唯一办法是，经常地激励他们反对外部的危险和其他欧洲国家：俄国和法国。

“1891 年最近发生的事件和所有在华外国人面临灭绝的威胁证明，这颗种子已经落到肥沃的土地上。多年来不断在这方面进行活动的政治代理人们面对历史，面对文明世界，面对他们的良知，必须承担起最可怕的责任。由于他们的阴谋诡计和丧失理智的罪过，他们自己国家的利益和其他国家一样，也许会在不自觉地背叛文明事业的同时，甚至更紧迫地受到了威胁。”[①]

我不认为竞争中的欧洲列强在北京会多年保持协调一致。可是其中某几个国家不应该谋求与共同的敌人勾结反对其他列强。现在，在同一危险面前，别无选择，他们达成了一致：人们将看到欧洲军队以文明的名义来承受德国造的子弹，或遭受克虏伯造的炮火。在每一方特别为他人的不幸而高兴之后，他们一起感到悲痛。他们共同承担了所犯错误的严重后果。

我们特别感兴趣的是，在当前事件中我们应该承担多大的责任，这是我要尽力研究的。

法国的贸易远没有以与德国人或美国人相同的比率增长，除保卫其殖民利益之外，只有保护传教士才让它有更恰当的理由在北京加入列强的大合唱。通过维持对所有天主教徒的保护，法兰西共和国继续了国王(王政)时代已经开始的、帝国(时代)曾通过《天津条约》的一项条款，得以在远东延伸的伟大的文明使命。法国因为看到它的贸易力量起码暂时在削弱，因此维护其崇高的精神权威更有利。我不必在这里赞扬传教士们，尤其是我们的传教士。那些不了解传教士又攻击他们的人，如果他们在远方旅行，如果能生病、受伤或处于危险境地，我希望(他们)能遇到一位传教士。不管他们的信仰、观念，或经历如何，他们会在传教士身上发现爱心、奉献和忘我精神。他们还会看到善良难以觉察地在他们周围散播，如同灯光辐照全家。在亚洲和在非洲一样，这些就要为信仰和祖国默默无闻地

① 见《关于中国的事件》，1892 年。

死在最前方岗位上的义务士兵,会使各种信仰和各种国籍的人不由得肃然起敬。他们心怀三色旗,把它带到各地。然而他们的事业从未得到应有的支持。

长期以来,人们相信,或者想让人相信,迫害传教士只是由于宗教冲突,而拒绝进一步看到那是对欧洲人的普遍仇恨。

“官员们不满足于讽刺挖苦,他们有恃无恐,便组织一场反对欧洲人的运动。他们从传教士下手。借口是所谓狂热民众的仇恨,实际上,民众在信仰方面非常冷漠,但是他们受到了一个傲慢民族嫉妒一个高等种族的情感的驱使。没有比传教士更好的牺牲品了。

“自我牺牲是传教士的职业。”获悉传教士死亡时,他们会对公使团说:“他那么不谨慎!”我们的公使依照程式进行抗议,他们会用承诺予以答复,结果是不了了之,可是中国人在酝酿反欧洲人的事业中可能已前进了一步。这是现在已经发生的事情。这还只是开端:暗杀、纵火、掠夺,有时甚至是小规模的屠杀;多少次小规模武装冲突,我们的同胞以一对万;有多少次中国人的胜利,即懦夫们的胜利,其消息一经歪曲、变更、夸大,立即传遍整个帝国。谣言已经传到甘肃,说北京遣使会的教堂北堂已被烧毁,不遗余力地使民众保持沸腾状态,人们只待大屠杀欧洲人的钟声敲响。

我在1891年写的这几行文字,是据当时从西藏、四川、云南获得的印象记录的。目前发生的事件又给了我作记录的理由。

当时我们正处于这样一个时期,人们仅满足于在1870年天津大屠杀后,梯也尔先生(M. Thiers)所接受的不足额赔偿;人们相当轻松地嘲笑那些凭其经历议论中国人缺乏诚信的旅人,而当旅人们说出瓜分这个词时,人们就怜悯地看看他们。

直至1895年,欧洲人的身价相对比较低廉,而且为获得支付的谈判,历经极漫长的时间。中国人的放纵无边无际,反欧洲人的运动在官员们的庇护下公开进行。大的宣传中心在湖南。另外,法国并不是唯一对正在发生的事情熟视无睹的列强。在华的欧洲人徒劳地向他们的公使抱怨。我有一份镇江侨民1892年寄给索尔兹伯里勋爵(Lord Salisbury)[①]的请愿书。还有一件相同的致美国总统请愿书。我认为应该转载如下:

> 勋爵,我们是镇江领事区的侨民,我们请求勋爵关注一下一些反外国人和反基督徒的刻毒文章和揭帖在中国流传一事,这些文章和揭帖属于最具刺激性的一种,它们竭力刺激愚昧、无知、迷信的民众的想象力,极尽其凌辱外国人或侵犯外国人产业之能事。它们全力鼓励民众起来反对外国人,屠杀外国人,摧毁他们的产业。
>
> 他们任其屠杀两位英国人,凌辱两位外国夫人,整片地彻底毁掉外国产业。这是有目共睹的。目前暴风雨暂时平息下来了,暴行的组织者们赢得了胜利。一大批人被砍了头,其中许多是最近骚乱中整个共谋的无辜者,而真正的罪犯,特别是湖南的周汉被他们的官府赦免,并给以荣誉。那些了解实情并经过考验时期的在华人士,对这种平静持有怀疑。他们料想,这些场面在一定时间内定会再现,那时他们的生存和产业将会处于严重危险之中。这种事态将无限期延续下去,直至大家对中国政府施加压力,以让中国不敢再怂恿它的臣民如此妄为。

---

① 索尔兹伯里,即索尔兹伯里勋爵(第三)(Robert Cecil Salisbury,3rd marquess,1830～1903),英国保守党领袖,三次出任首相,四次担任外相,是19世纪后期英国政界重要人物。——译者注

为了防止所有这些事件再发生,我们请求勋爵对此加以关注,以便避免最近的凌辱事件再次发生。

1892 年 2 月 16 日

从其他各省也发出了一些请愿书。少不了发出警告,从未缺少过警告。

可是为了让官府行动起来,必须有必要的措施来推动它。在 1895 年,人们睁开了眼睛,发生了一起有益于我们的国民,甚至有益于传教士的对抗。只是在日本战争之后,阿诺托先生[①](M. Hanotaux)才将阿尔及尔号(l'Alger)和伊斯利号(l'Isly)两艘军舰派到南京城下,为的是继续追索通过外交未能得到的赔偿。

人们本可以相信日本军队获胜给我们提供的教训会使我们在对中国的战术方面继续受益。事实并非如此。我们却必定经常陷入同样的谬误之中。

最近,我们的驻云南省领事,还有几位同胞和其他一些欧洲人处于严重的危险之中。外交部长在议会的讲坛上宣称,人们给他派了军队,他作为中国事务专家,拒绝了。每个人都会这样做的。但是派军队救助被狂热的中国人包围的一个人,是另一回事,中国人可能会将他杀害。过去杜梅先生(M. Doumer)要求确保云南省大路上的安全,用部队和殖民地经费镇压云南的某些动乱时,他曾得以采取行动是另一回事。而且对某些条约的解释是非常灵活的,按照缔约方之一英国所作的解释,肯定会让我们保护对铁路的考察。

关于北京,外交部长先生说,他完全同意毕盛先生的观点。这是可能的,而且是令人非常高兴的。但是,他过去一贯这样吗?在肯定的回答情况下,我们要思量,为了派遣所要求的援军来打下广州湾,为什么要等到我们有两人被杀、六人受伤才派兵呢?可是,巴黎(当时)已经被告知动乱正在酝酿了。我们法国公使的函件说得非常明确。

我们总是碰到同样的问题;人们似乎不想未雨绸缪。当人们被马蜂窝缠上了时,非常想摆脱。还是不要去碰它为好。

缺乏预见让我们两年前在非洲遭到"法绍达事件"的可怕教训。这种缺乏预见是由于总体上的原因,对其具体研究超过了目前的工作范围。

可是,我们在远方有一些很能干的代理人,他们的意见往往无人倾听。人们有时以抑制热情为借口抛弃他们的意见,这种热情在线的另一端产生时,可能使法国卷入更大麻烦。牵这条线的人希望避免"惹事"。

我们的对外政策尚未与我们的殖民政策相联系。两头牲口套车,每头牲口拉一边,力量抵消,车子就不前进了。在法国,有一个党派,它拥有一些杰出的人物,它惊异于对外政策的条件如此迅速变化,它无视对外政策必须走出地中海地区。这些人不理解东方问题的转移,从达达尼尔(les Dardanelles)[②]海峡经帕米尔(Pamir)[③],转移到北直隶湾;他们不了解,目前去吉布提(Djibouti)所花的时间并不比在七月王政下前往君士坦丁(Constan-

① 阿诺托先生(Albert-Auguste-Gabriel Hanotaux,1853～1944),法国历史学家、政治家,1894～1898 年任外交部长。——译者注

② 达达尼尔(les Dardanelles),土耳其地名。——译者注

③ 帕米尔(le Pamir),亚洲中部的山脉地区。——译者注

tine)[①]所需的时间多；当戈蒂埃(Théophile Gautier)[②]穿过西班牙时，他的远足肯定比现在从巴黎到上海的旅行困难得多。

当从事殖民事业的人同这个党派谈论中国某个港口时，例如，法国应该在哪个港口建一个煤炭仓库将会获得好处时，他们遭到反对，而外国人不常提出这种反对意见。

因此，从事殖民事业的人和大陆人(请原谅我用这个词)中，前者有时太热心设计未来，而后者害怕走得太快，双方经常相互冲撞，从而让第三者渔翁得利。

这个第三者，无须我说名字，人们就已猜到是谁了。

英国了解我们的观念并加以戏弄。例如，在中国，关于上海租界之事，在1898年，索尔兹伯里勋爵竟至于预先告知帝国政府，如果它拒绝我们的扩张要求，英国会有效地支持帝国政府的需要。此事发生在“法绍达事件”之后数月，似乎未引起人们注意，舆论不会屡屡被过度刺激起来，舆论刚经过一场危机，好像对外交问题暂时不感兴趣。

几年前，暹罗、湄公河事务在议会引起了辩论，比人们目前似乎仅满足讨论的普通问题更广泛、更精心研究的辩论。

然而我们不应该灰心。时间会起作用，磨去棱角。几年以来，殖民观念已有进展，维护殖民观念的党派特别壮大了。当费里(Ferry)[③]将东京交给我们时，谁会说十几年后，铁路借款将得到三十多倍的补偿？但是，我们不应该忘记，在非洲和亚洲的殖民和经济斗争中，犯一点点错误，浪费一点点时间，都会有利于我们的竞争者。他们在窥伺着。

就我们的对华态度来说，我认为应该先展示其反面；我已试着审视犯过的主要错误。我冒昧地说我们不只是犯错误。

在北京，五十年来，在我们的失误中，大部分我们和其他国家利益一致，我们发挥了巨大的开化与调解作用。虽说我们经常受骗上当，但我们的行为使我们在制度的改变、战争、政治争执中，部分地维护了法国有理由自豪的道德威信。

有很多的人，太多的公使们，被任命为我们的使团掌舵。在波浪翻滚的海洋上，他们用力地划桨，坚持了航向。过去的传统依然长存。

特别是从1895年以来，一记强劲的闷棍使我们顺利地窥测到风向，不至于太落后于与日本分享胜利的其他列强。

进攻，接着后退，要求有节制的特权，甚至示好，持续敌对争夺，挖苦讽刺，进行对各方利益都有害的争斗；从1895年以来，为了领土、贸易和工业角逐；张开了巨大的胃口：这就是列强的远东政策的特点。

继日本战争使欧洲人提出要求之后，中国长期以来隐蔽着的保守的反动势力表现出来。

---

① 君士坦丁(Constantine)，阿尔及利亚地名。——译者注

② 戈蒂埃(Théophile Gautier，1811～1872)，法国作家。——译者注

③ 费里(Jules Ferry，1832～1893)，法国政治家，曾任塞纳省行政长官、巴黎市长、驻希腊公使，两次出任总理。他以实行反教会的教育政策和在扩大法国殖民地方面取得的成就而闻名，如：为免费义务教育立法，解散耶稣会并禁止教会人员在任何学校任职；和少数狂热的殖民主义者取得突尼斯、越南东京地区、马达加斯加和法属刚果。因他在东京实行的政策激起公愤而被迫下台。——译者注

它反对一切欧洲桎梏，不管是用戴“铁手套的右手”强加的，或者只是透过天鹅绒式的外交感觉到的。当西太后重新掌权，排除了英国对皇帝的干预，同时让被圣乔治（Saint-Georger）的马兵①击中的那些人的头落地时，中国的旧党已通过所谓的“耳光”政变获胜了。老百姓对欧洲人是不分类别的，他们几乎分不清他们的国籍，他们把欧洲人都囊括在共同的仇恨之中。就是从这种普遍的民众情感中迸发出了义和拳暴乱。

人们很快忘却了日本人造成的挫折。此外，我已讲过，战争的报道在中国深入到大众之中时，已完全变了模样。欧洲人凭着刺刀以外的手段得到了新租界，还是有其不利之处。黄色民众不会理解的。一切从此得重新开始。埋怨事先未作准备而措手不及，恐怕从中无所得益，列强们原先阻止日本完成的事业，现在落在了他们的身上。

经过从“门户开放”到划分“势力范围”的欧洲政策将进入第三阶段，坦率地说吧——瓜分政策，或属地政策。

瓜分大业是否会迅速、立即完成呢？我不知道，但它必定会进行的。

我们见到了本世纪最伟大的事件，现代最伟大的事件之一：文明人侵入野蛮地区，从西方向东方进军，瓜分古老世界。

问题不在于思考我们是否有权扰乱表面宁静的外国百姓。文明潮流滚滚向前，它不可阻挡。文明一旦奔流起来，可推翻抵制它的一切东西。文明进攻中国，文明必将通过。这是最强者的法则，优胜劣汰的法则。感情的政策从未形成风气。

此外，对于被猛烈而不可抗拒的法则惊呆了的人们，可以提醒他们，需要金钱的中国应该为它的借贷提供保证，因为海关收入不足，借贷者必须在给商业或工业企业、铁路，就是说，给渗透提供的便利中获益。

人们看到，我们与黄祸离得很远。

相信黄祸的人，大多数只是对中国人的天性不完全了解。从实业角度看，如博尔先生（M. Bord）这样有才干的人，表明了得到中国劳动力的夸大的见解，又如勒鲁瓦一博利厄（M. Leroy-Beauliu）等旅行者们，以及诸多其他人，他们都对这种担心很不以为然。

“这似乎完全证明，在许多人担忧的黄祸中，有一部分是幻影，无疑这不仅仅是挥动的棍棒。但无论如何，危险不是迫在眉睫，纵令远东人民有一天能生产出他们目前从欧洲进口的各种产品，西方及其变得比今天更富有的各共同体所进行的贸易依然会有大幅度的增加。尽管如此，中国引进欧洲工业的第一个作用，如最初所证明的，不会坐失当地人消费能力的巨大增长，随着他们工薪的增加，他们的生活水准也随之提高。如果因此欧洲对远东的出口在有关方面受到打击，例如，在中国生产的棉纱方面，西方的工业会在其他方面，重新得到巨大的补偿，道理很简单，中国人越富裕，购买力就越强。”

我还要补充说，一旦中国的工业变得很强大，威胁到欧洲或美国的工业——我现在还不相信这一点——为了生活奋斗之需，会轻易地让有关的一些强国找到寓禁性的税率，或采取措施禁止天朝帝国产品，保护自己的产品。美国不是已经突然拒绝中国劳力的涌入吗？

① 圣乔治（Saint-Georger）的马兵，指英国货币上的圣乔治骑马像。——译者注

至于中国的军事力量，像普尔热瓦尔斯基(Prjevalski)[①]或《关于中国的事件》的作者一样了解情况的人所作的预测，已由日本负责证实。

只要在中国旅行过就足以了解，这个最古老的深深扎根于其传统的种族，这个以其固执地保持不变状态——我要说是停滞状态——令人类惊异的民族，正处于各方面向它进攻的进步发展之中，不可能在一朝一夕间迅速改变观念，改变几千年来形成的思想，来遵守令他们畏惧的纪律，尊重他们所蔑视的军事职业。

产生东京游击队这类其他种族的叛乱分子和职业强盗的条件，不一定能让我们对中国人的军事价值进行任何推断。

1894 年，寇松有理由说："中国军官指挥下的中国军队，即使手持枪支，衣袋里装满子弹，也是一伙无纪律的流浪汉，用他们来抵抗欧洲军队，就像是一支海德公园的仪仗队，胜任不了警卫的任务。"

可是人数多呀？有人反驳我。您怎么办？我不相信中国会具备足够的军事素质，建立一支军队，能抵抗欧洲列强的军队。

黄种人的侵略及和平渗入，可能会在南亚发生，他们也会取得居住权。此外，在中国的领土上，在帝国的西部和北部，有几乎无人居住的、可耕作的广袤土地，在今后漫长的岁月中，可用来疏散太稠密的人口。

"再说，可以进一步援引寇松的非凡著作，种族扩张与帝国扩张不是一回事，人口数量增长甚至可能成为政治衰败的征兆。"

不管遥远的将来情况如何，如果我们就近况观察，我们能肯定地预言：在外国列强与中国的关系中，原状(拉丁文：statu quo ante)将发生深刻的变化。

我们对这种变化喜欢与否，不太重要。我们的愿望改变不了世界的进程。任何避免纠纷的意愿，必然会与目前在中国发生的事件产生冲突。

现在人们花了高昂的代价才懂得，对中国政府的诺言，只能相信一点点。

——但是，人们知道应该坚持什么。为了不走回头路，由于欧洲外交界在五年中一次次地认识到中国军力衰弱，背信弃义，它将不得不依靠对它来说是全新的背景。

欧洲外交界必须为他们的国民取得——更确切地说——强制得到在远东的安全保证。

在新的事业中，日本人将是什么样的角色？他们是否愿意扮演拯救者角色随后丧失其努力的成果呢？在前进之前，难道他们不想获得公平的报偿吗？我们是否面临腹地及其周围属地的瓜分呢？抑或时机尚未到？

(建立)类似监管埃及财政的财团，能够摆脱目前的混乱状况吗？或者，由北直隶湾周边的列强们安排士兵来共同保护，以便每个列强可以阻止其邻近的列强过于侵犯其权益，行吗？在这种广泛的列强——我把日本包括在内——控制形式下，中国政府在保护者(列强)和民众之间是一个木楔，起了居间缓冲的作用。我觉得这样的解决办法最合适，即使不能彻底解决纷争，至少可以指望能为大家的利益尽量减少摩擦，让时间和新的平衡条件

① 普尔热瓦尔斯基(Nikolaï Mikhaïlovitch Prjevalski ，1839～1888)，俄罗斯探险家。——译者注

引领我们进入亚洲历史的新阶段。

虽说我隐约看到的这种转变阶段难以确定，但它并不是不可能的。不应忘记，没有民族团结的中国人曾相继被蒙古族和满族统治，后者目前还在掌权。

在欧洲的殖民地中，华人对强加于他们的治理很适应。在交趾支那，居住有十万中国人的堤岸地区很繁荣。在新加坡，有二十万华人，住在香港的十三万华人非常适应英国的官吏。而且，在中国本土，在欧洲人的监督下，海关和邮政管理不是运行得非常好吗？

在中国进行任何协商的巨大障碍并不在于该国本身及其民众，而是在于有关列强，眼前的危机一旦消除，列强之间就不断发生敌对和冲突。

在这方面，我们的前景似乎不妙。对战争普遍的担心，在当前也许是和平的最可靠保证。一切都可能转瞬即逝。

在正在酝酿的军事或外交争端中，法国的作用应该是坚定而自尊的。法国首先应该维护自己的权利。

我们在华势力存在的首要理由是保护天主教徒和我们在印度支那属地的权利。我们应该有力地维护前者。

至于和次要任务有关的事情，我们不应该忘记，本身如此富庶的东京，是我们殖民地的珍宝，它曾被视为深入中国之路。深入中国的目标应该是四川，并且经云南深入到扬子江流域。

要考虑将老街和云南府的铁路作为干线，其支线将铺设到湄公河一西藏、四川和贵州，以便将产品从这些地方运到我们的殖民地，在这些地方扩展我们的贸易。

这就是目标，有时我们好像远离了这个目标，只考虑云南的矿产资源的情况，不过，我并不怀疑这个目标的巨大价值。

没有人比英国更加了解我们能够和它竞争。西康的开放，扬子江流域的中立化，香港的扩大和加强，对我们在东京的商业前途产生那么多的直接打击。这也是以值得赞扬的毅力继续实现计划的各个阶段：英国的“加尔各答一上海”商业大道。

几年前，人们谈论开普敦至开罗的铁路时，许多怀疑者对这个想法都只是耸耸肩。

在亚洲，我们事先得知消息，但是事情似乎比想法进展得更迅速。在华南，我们条件最佳。我们曾是第一批播种者，我们应该首先收获。

在我们以努力和战斗可以采摘的成果中，必须包括华北地区的一个港口吗？大家都同意这个意见。在几个月之前不曾置疑，而且目前更有理由得到肯定的回答，这个问题现在可能得依照事件的后果加以修改。可以肯定，要向中国政府提要求，最好的支持就是让几艘军舰在北直隶湾入口存在；如果那里有一个悬挂法国国旗的避难港和煤炭仓库，就非常有利于这种存在。

我们的军舰长期在中国沿海航行，进入了北京，又兴建了芝罘兵工厂，要是我们在欧洲共管中缺席，这似乎是不正常的。通过对胶州、旅顺口、大连湾和威海卫的占领，欧洲共管正不知不觉地在华北酝酿着。

非常谨慎的一些人曾经提醒，占据一个良港对英国人来说成为新的火中取栗。支持这种论点的人们回忆起，在“法绍达事件”时期，极好的迭戈一苏阿雷斯(Diégo-Suarez)锚地没有水雷，谁先占领，就为谁所用。

已犯的错误不是“不作为”的理由，因为在对外政策中，“不作为”也是一种错误。因为我们失去了加拿大，这肯定不是没有殖民地的理由。

目前在中国发生的事情导致新的事态产生。这由冒着生命危险在现场目睹事件进展的那些人来向我们说明。政府的责任是考虑他们的见解。严峻的经历让政府记住，它不应该再陷入科尔倍犯过的错误。政治，就这个词最起码的意义来说，它应该限定在我们的国境内。在国境之外，只有法国的利益。因为，即使在国内，恶劣情绪使我们分裂、不和，让外人高兴，而在法国之外，我们只是同一国家的子女。

当我们远在他乡时，我们只在十五个世纪的历史遗产中寻求过去的荣耀，去争取将来的光荣。我们要牢记，一个想繁荣强盛的民族应该向前看，始终向前看，我们在为建立祖国的长期奋斗中只看到团结的动机。

法兰西种族没有丧失她令世界惊奇的活力和忠诚。在远方举起或保卫法兰西旗帜的人首先具有这些品质。他们能提供的无私建议，是由于他们深深热爱祖国。让我们倾听他们吧，现时是严峻的：“世界的命运仍要在亚洲决定。各帝国将在亚洲创建，增强，巩固；善于在远东让人倾听其声音的人，也定会在欧洲高声说话。”①

七年前千真万确的事情，今天依然是千真万确的。

亨利·德·奥尔良(Henri d’Orléans)

① 《关于东京问题》(*Autour du Tonkin*)，1894年。

后　记

《义和团运动文献资料汇编》(简称《汇编》)采自不同语种之文献资料，其编、译、审工作经历了艰辛的过程。撇开内容不提，仅从出版类型言，它具有本文献丛刊他书所未有的特点：一、除中文外，尚有四种外文(包括西文和日文)之译文；二、所选译之西方传教士文献，相当部分仍具古典色彩，而日文几乎全系“文语”；三、本《汇编》体例，先是采取中文繁体竖排、译文简体横排，中经反复，最后又统一为简体横排。本《汇编》之能出版，实与国家清史编纂委员会各级领导和国家清史纂修工程领导小组等大力支持分不开。在此，我要特别向国家清史编纂委员会马大正副主任、国家清史纂修工程领导小组办公室顾春副主任，以及编委会项目中心徐兆仁主任，文献组陈桦组长，清史纂修工程出版中心赵海明、孟超主任等致以衷心的感谢！

还要特别指出的是，文献组派出著名清史专家黄爱平和王汝丰两位教授具体指导我们的编译工作，数年来极力督促，在各个重要环节上同我们艰苦与共，克服道道难关；出版中心派出王立新和乐嘉辉两位同志审核，为提高本书质量亦付出心血。他们之功，实不可没。

最后，还要感谢山东大学出版社马新总编辑、于良春社长、刘旭东副社长等的大力支持，他们高度重视，为本书出版创造了有利条件；陈海军、马银川、武迎新等责编加班加点认真编校，其敬业精神令我难忘。特志此以为后记。

路　遥

二〇一〇年九月

图书在版编目(CIP)数据

义和团运动文献资料汇编．法译文卷/路遥主编.—济南:山东大学出版社,2012.2

ISBN 978-7-5607-4206-9

Ⅰ.①义…

Ⅱ.①路…

Ⅲ.①义和团运动—史料

Ⅳ.①K256.706

中国版本图书馆 CIP 数据核字(2010)第 187782 号

责任编辑 陈海军
美术编辑 张　荔

出版发行 山东大学出版社
地　　址 山东省济南市山大南路 27 号(250100)
印　　刷 山东新华印刷厂
规　　格 787×1092 毫米
印　　张 237.5
字　　数 5475 千字
版　　次 2012 年 2 月第 1 版　2012 年 2 月第 1 次印刷
定价(全八册) 1380.00 元